Self-Sovereign Identity

Identity

마스터링 자기주권신원

SELF-SOVEREIGN IDENTITY

마스터링 자기주권신원

분산 신원 및 검증 가능한 자격증명 가이드

1쇄 발행 2022년 3월 30일

지은이 알렉스 프록샤트, 드러먼드 리드
옮긴이 정상효, 이민호
펴낸이 장성두
펴낸곳 주식회사 제이펍

출판신고 2009년 11월 10일 제406-2009-000087호
주소 경기도 파주시 회동길 159 3층 / **전화** 070-8201-9010 / **팩스** 02-6280-0405
홈페이지 www.jpub.kr / **원고투고** submit@jpub.kr / **독자문의** help@jpub.kr / **교재문의** textbook@jpub.kr

편집부 김정준, 이민숙, 최병찬, 이주원, 송영화
소통기획부 이상복, 송찬수, 배인혜 / **소통지원부** 민지환, 김수연 / **총무부** 김유미

진행 및 교정·교열 김정준 / **내지디자인** 이민숙 / **내지편집** 성은경
용지 신승지류유통 / **인쇄** 해외정판사 / **제본** 일진제책사

ISBN 979-11- 91600-71-1 (93000)
값 38,000원

제이펍은 독자 여러분의 아이디어와 원고 투고를 기다리고 있습니다. 책으로 펴내고자 하는 아이디어나 원고가 있는
분께서는 책의 간단한 개요와 차례, 구성과 저(역)자 약력 등을 메일(submit@jpub.kr)로 보내 주세요.

Self-Sovereign Identity

마스터링 자기주권신원

알렉스 프록샤트, 드러먼드 리드 지음

정상효, 이민호 옮김

Jpub
제이펍

이 책의 집필처럼 새로운 것이나 프로젝트를 추진할 때 항상 나를 인내해 준 가족에게 고마움을 표하며, 나의 진정한 자아와 분산화된 기술로 세상이 나아갈 방향을 발견하고 배울 수 있도록 도와준 신원 커뮤니티와 블록체인 커뮤니티에 감사를 드린다.

— 알렉스 프록샤트

결혼 후 33년 동안, 그리고 '&^%$#'과 같은 비밀번호를 없애겠다고 그녀에게 했던 단 하나의 약속을 위해 디지털 신원이라는 토끼굴에 빠져 허우적거린 22년을 기다려준 내 인생의 사랑에게,
그리고 내 두 아들아, 이것은 너희가 태어난 이래로 내가 열심히 달려온 더 나은 세상으로 가는 길이다. 손자 세대 이후까지 모두가 그날을 누릴 것을 기대한다.

— 드러먼드 리드

PART I 자기주권신원이란?

CHAPTER 1 인터넷에 신원 레이어가 없는 이유 — SSI가 어떻게 이를 제공할 수 있는가? 3

CHAPTER 2 SSI의 기본 구성 요소 23

PART Ⅱ SSI 기술

CHAPTER **17** 신원은 화폐다 371

P A R T IV SSI는 여러분의 비즈니스를 어떻게 변화시키는가?

CHAPTER **18** 비즈니스에서 SSI의 가치 설명하기 381

우리는 다양한 웹 사이트와 스마트폰 애플리케이션을 이용하면서 매일 수차례 우리 자신을 증명하게 되는데, 최근에는 그 횟수도 늘어나고 있습니다. 특히 코로나-19 대유행을 통해 우리의 일상적인 삶 속에서 업무, 구매, 교육 등 전 영역에 걸쳐 온라인이 차지하는 비중이 늘어나고 있습니다. 이러한 영향으로 e-커머스, O2O 등 전통적인 온라인 비즈니스뿐만 아니라 최근 인공지능, 메타버스, NFT 기반의 새로운 비즈니스도 급성장하는 긍정적인 측면이 있으나, 서비스를 제공하는 대부분의 기업 및 기관이 이용자의 개인정보를 보관 및 활용하고 있지만 상대적으로 개인정보의 보호에 대해서는 도외시하는 경향을 보이기도 합니다.

거의 매월 크고 작은 기업들과 기관에서 개인정보가 탈취되었다는 뉴스 보도를 심심찮게 볼 수 있습니다. 또한 정부의 코로나 방역 정책으로 확진자 동선 파악을 했던 초기에 개인정보가 공개되어 논란이 일기도 하였습니다. 물론 현재의 기술로 개인정보의 유출을 완벽하게 막을 순 없을 것입니다. 하지만 중앙화된 조직에서 이용자의 정보를 저장하여 관리하는 것이 아닌, 개인이 주도적으로 자신의 정보를 통제할 수 있다면 어떻게 될까요? 중앙화된 서버를 해킹하면 한 번에 수십만 또는 수백만 명의 개인 정보를 탈취할 수 있는 반면, 개인이 자신의 정보를 관리하고 필요한 정보만 제공하는 방식으로 통제한다면 해커는 한 번에 한 명에 대한 정보만 탈취할 수 있게 됩니다. 나아가 기존의 방식처럼 중앙화된 기관을 거치지 않고도 나 자신을 제시하고 증명함으로써 보유자인 나와 발급자 및 검증자 간에 신뢰 관계를 구축하여 안전하면서도 다양한 서비스를 창출할 수 있게 됩니다.

그런데 이것은 어떻게 가능할까요? 바로 이 책의 주제인 **자기주권신원**self-sovereign identity, SSI을 활용하면 됩니다. 약 4년 전에 소버린 재단에 의해 SSI란 개념이 널리 퍼지면서 분산 신원에 대한 관심이 높아지면서 SSI를 적용한 프로젝트들이 개발되기 시작했으며, 현재는 다양한 온라인 서비스에 적용되고 있습니다. 이러한 노력으로 인해 국내에서는 민간 차원에서 분산 신원 협의체 4개가 결성되었고, KISA에서도 표준화 추진을 위한 기구를 설립하여 활동하고 있습니다. 하지만 4년이 지난 현재까지 분산 신원에 대해 그저 기존 인증체계와 유사한 방식 중 하나로 여기거나, 소위 돈이 되지 않는 사업 아이템 중 하나로 보는 인식이 많은 듯합니다.

이러한 상황에 대하여 다양한 민간 및 정부 프로젝트들을 평가하고 분석할 기회가 있었던 역자가 느끼기에, 대다수의 프로젝트들이 구현에만 집중한 나머지 기술적으로만 접근하고 기술 및 거버넌스 프레임워크와 비즈니스 모델을 심각하게 고민하지 못한 것은 아닌지 자문해 봅니다. 개선할 방법은 없을까요? 무엇부터 시작해야 할까요? 다른 시각으로 바라보는 것이 필요하지 않을까요? 신원 분야 전문가들이 가지고 있는 경험과 지식을 들어보면 어떨까요? 이런 차원에서 이 책은 기술, 회계, 사업 개발 및 법률 분야 등에서 종사하고 있는 54명의 전문가들의 다양한 시각을 제공하고 있어서 적합하다고 봅니다. 이 책엔 SSI를 구현하기 위한 코드는 거의 없습니다. 하지만 자기주권신원이 무엇인지, 기본적인 배경 기술에 대한 이해와 더불어 어떻게 대중에게 접근해야 하는지, 그리고 우리 삶에서 어떻게 적용할 수 있는지를 구체적으로 보여주고 있습니다. 이러한 맥락에서 **기업의 대표와 임원을 포함한 소프트웨어 개발자, 서비스 기획자, 사업 기획자/개발자, 법률 전문가 등 IT 분야에서 종사하는 모든 분들께 이 책을 추천해 드립니다.**

이 책을 번역하면서 감사를 드려야 할 분들이 있습니다. 먼저 SSI란 주제로 더할 나위 없는 책을 집필하고 번역 과정에서 도움을 준 드루먼드 리드와 알렉스 프록샤트를 포함한 54명의 공저자들, 그리고 부족한 저희에게 번역이라는 새로운 길을 열어주신 제이펍의 장성두 대표님께 감사를 드립니다. 번역을 하는 과정에서 도움을 주신 편집팀 김정준 부장님과 마케팅팀 민지환 팀장님, 그리고 교정에 참여해 주신 베타리더들과 추천사를 작성해 주신 모든 분들께도 고마운 마음을 전합니다. 또한 번역에 도움이 되는 각종 정보를 제공해 준 매닝 출판사의 편집팀 폴 웰스와 레이첼 깁스에게도 감사를 드립니다. 이 책을 읽을 독자들께 도움이 되길 바라는 마음에서 번역했지만, 혹여 부족한 점을 발견하신다면 해량해 주시기 바랍니다. 그리고 지금도 많은 학교, 기업, 공공 기관 및 비영리단체 등에서 SSI를 적용하여 보다 나은 삶을 위해 서비스 및 사업을 개발하는 분들을 격려하며 박수를 보내드립니다.

마지막으로 번역을 하는 과정에서 격려를 아끼지 않은 아버지, 어머니와 동생 정혜림, 사랑스러운 나의 조카 서동규에게 사랑을 고백하며, 무엇보다 나를 사랑하고 그 사랑으로 '이웃을 네 몸과 같이 사랑하라' 하신 하나님께 이 책을 바칩니다.

정상효 드림

인터넷과 핸드폰이 없이는 살 수 없는 시대가 되었습니다. 모든 생활이 모바일로 가능한 세상이 지금 우리가 사는 세상입니다. 이런 환경에서 나에 대한 신원은 매우 안전하지 못한, 아니 모바일과 인터넷의 발전으로 인해 더욱 위험한 상황이 되었다고 해도 과언이 아닐 정도가 되었습니다. 혹자는 우리나라에서 유독 피싱과 관련된 금전 사고가 많은 이유가 잘 발달한 인터넷과 모바일 때문이라고도 합니다. 신원에 대한 안전을 등한시한 채로의 기술 발전이 이 같은 결과를 낳은 것은 아닌지 IT 업계에 몸담고 있는 입장에서 반성하게 됩니다.

불과 1년 전까지만 하더라도 우리는 공인인증서로 대표되는 인터넷 인증의 시대(매우 중앙화되고 다소 혹은 매우 불편했던)에 살았으며, 그것이 매우 발전된 신원 체계인 줄 알고 사용했었습니다. 당시는 그 외 특별한 대안이 없기도 했었지만, 이제는 4차산업혁명과 예기치 못했던 코로나-19로 인해 신원은 더욱 많은 관심과 발전의 발판을 마련하게 되었습니다. 분산화 혹은 탈중앙화로 표현되는 권력 분산에 대한 대중의 욕구와 관심 그리고 이를 구현할 수 있는 분산 원장 및 블록체인과 같은 기술적 바탕에서 자기주권신원SSI이라는 보다 안전하고, 중앙화되지 않았으며, 선택적으로 나의 정보를 공개하거나 특정 사실의 유무만을 제시할 수 있는 기술이 현실로 다가와 있습니다. 아직 해결해야 할 과제들이 남아있기는 하지만 매우 희망적입니다. 자기주권신원이 바탕이 된 온-오프라인에서의 생활은 매우 안전하며 환상적일 것입니다. 중앙화되거나 자동 로그인이 아닌, 진짜 로그인 없는 인터넷과 매우 번거로운 각종 인증 절차가 없으면서도 안전한 거래, 개인정보 수집으로 인한 보관, 관리, 해킹으로부터의 해방 등을 상상해 볼 수 있을 듯 합니다.

이런 세상을 만들기 위해 많은 분들이 애써주시고 계십니다. 이 지면을 빌려 애써주시는 모든 분들, 특히 많은 이들이 관심을 가지고 동참할 수 있도록 책으로 엮어 주신 드루먼드 리드와 알렉스 프록샤트를 포함한 54명의 공저자들께 깊은 감사를 드립니다. 그리고 이 책을 번역하면서 아직은 생소할 수 있는 자기주권신원에 대한 전반적인 이해에 조금이나마 도움이 되었으면 하는 바람이며, 앞으로 함께 동참할 수 있는 계기가 되기를 바랍니다. 이에 번역이 서툴고 잘못된 부분이 있더라도 양해하여 주시기 바랍니다.

좋은 책에 대한 소개와 번역을 맡겨주신 제이펍의 장성두 대표님과 번역, 편집, 검수까지 모든 부분에 있어 많은 도움을 주신 김정준 부장님께 감사드립니다. 그리고 여러 가지 일에도 시간을 할애할 수 있도록 배려하고 격려해 준 아내 김가연, 함께 했어야 할 저녁 시간과 주말을 모두 양보해 준 7살 아들 이지한에게 무한한 감사와 사랑을 전합니다.

이민호 드림

베타리더 후기

 김다운(현대모비스)

전반적으로 새로운 기술에 대한 다양한 시각과 최신 정보를 빠르게 습득할 수 있다는 점에 있어서 좋았습니다. 책의 구성 자체가 챕터마다 자기신원증명에 대한 서로 다른 주제를 전개하기 때문에 지루함 없이 흡입력 있게 읽을 수 있었던 것 같습니다. 책 자체가 아무래도 관련 업이나 해당 분야에 관심이 있는 독자를 기준으로 작성되어 있기 때문에 해당 분야에 입문하려는 사람들이나 호기심에 찾아보는 독자에게는 어느 정도 난이도가 있겠습니다만, 자기주권신원 인증 분야에 어느 정도 관심 있는 사람이라면 빠르게 업계 동향을 이해하는 데 좋은 책입니다.

 김병연(삼성전자)

개발자에게 실습서로는 조금 부족한 면이 있지만, 설계와 기술 전반에 대해서 쉽게 잘 설명되어 있습니다. 특히 개발만 하다 보면 그 본질에 대해서 잊기 마련인데, 이 책은 SSI 기술과 그 배경에 있는 사회 및 정치 그리고 정체성과 같은 철학적 본질에 대해 다루고 있어서 좋았습니다. 또한 청중에게 SSI를 어떻게 설득력 있게 전달할 것인지에 대해서도 다루고 있어 이와 관련하여 사업이나 강의를 앞두고 있다면 꼭 읽어보아야 할 책입니다.

 김택훈(서울대학교 의과대학 연구원/마로니에 디지털랩)

탈중앙화 생태계에서 가장 중요한 개념인 SSI를 제대로 이해하는 것이 쉽지 않고, 참고할 만한 서적이 많지 않은 상황에서 바이블과 같은 책이 번역되어 매우 다행이라 생각합니다. 특히 W3C VC 모델 작업에 참여한 저자를 포함한 전문가들이 SSI의 개념과 구조부터 암호학 등 관련 기술뿐만 아니라 각종 활용사례에 이르기까지 SSI에 관련된 전반적인 것을 모두 다루고 있어 이 책 한 권이면 SSI에 대한 모든 지식을 얻을 수 있을 것이라 확신합니다.

박선욱(한국예탁결제원)

이 책은 에릭 레이먼드가 쓴 《성당과 시장》을 처음 읽었을 때와 같은 느낌을 주었습니다. 즉, 소프트웨어로 세상을 바꿀 수 있고, 아니 더 나은 세상을 만들 수 있다고 믿는 사람들의 이야기입니다. 그렇다고 단순히 사상에 대한 책은 아니며, '블록체인=코인(모든 노드에 분산저장)'이라는 인식만 있었던 나에게 온라인 세계의 신원인증을 매우 자세히 알려준 책입니다. IT 종사자가 아니더라도 지금(또는 가까운 미래)의 세상을 이해하고 싶은 분들에게 좋은 가이드가 되어줄 것이라고 생각합니다.

박성룡(GS ITM)

최근 유럽의 일반개인정보보호법GDPR, 미국의 소비자 프라이버시 권리장전의 시행으로 개인정보를 다루는 데 많은 변화가 필요한 상황입니다. 이러한 상황에서 SSI는 새로운 인증의 패러다임으로 부상하고 있고, DID 기술이 다양하게 활용되고 있습니다. 이 책에서는 기본적인 개념부터 시장 흐름, 실제 사례 등을 전반적으로 다루고 있어서 저희처럼 이 분야에 업무를 추진해야 하는 분들에게는 유용할 것이라고 생각됩니다. 출간되면 팀원들과 같이 읽어보려고 합니다.

신진규(CISA/CISSP/CPPG/PIA 전문인력)

전 세계 SSI 리더들의 통찰을 모아놓은, SSI 분야의 최고의 책이 아닐까 생각합니다. 이 책엔 SSI를 왜 써야 하는지, 어떻게 써야 하는지, 어떻게 미래를 바꾸게 될지에 대한 비전이 담겨있었습니다. 최근 우리나라도 EU 일반개인정보보호법과 유사한 법률을 통과시켰습니다. 이제 우리나라도 GDPR 수준으로 정보 주체의 권리를 보장해야 합니다. 그 도구가 SSI가 될 것입니다. 이 책을 통해 무엇을, 어떻게 준비해야 하는지 살펴보시길 바랍니다.

오세광(코드스테이츠)

SSI의 기술적인 내용들을 구체적이면서 심도 있게 살펴볼 수 있어 좋았고, 전 세계에서 시도되고 있는 여러 가지 사례들을 먼저 접할 수 있어서 더 좋았습니다. 앞으로의 표준화와 발전해 나갈 부분들이 기대됩니다.

최재영(SKT)

자기주권신원에 대한 모든 것이 담겨있는 책입니다. 깊이가 있으면서 다양한 관점에서 접근하고 있어서 챕터별로 연결고리를 잘 제시하고 있습니다. 한 번에 이해하기보다는 옆에 두고 관심 있는 부분을 읽어도 인사이트를 얻을 수 있습니다.

한국어판 추천사 _____

복잡한 수식이 하나도 없으며, 어려운 개념을 쉽게 풀어 설명하고, 사례를 풍부하게 제공하는 자기주권신원 분야의 독보적인 책입니다. 인터넷에서 영어 원본을 볼 수 있으니 번역본과 비교하며 읽는 재미도 있습니다. 분산 식별자DID 분야의 독자들에게 필독서로 추천합니다.

김형중_고려대학교 정보보호대학원 특임교수, 한국핀테크학회 회장

가상화폐, NFT, DAO 등 기존 웹에 블록체인 기반의 새로운 소유권과 협업 및 경제 모델이 등장하면서 웹의 변화를 주도하고 있고, 인증 역시 중앙화된 인증에서 벗어나 탈중앙화된 자기 주도 인증으로 발전하고 있습니다. 이를 통해 개인 정보를 특정 회사가 독점적으로 전유하거나 사업 수단으로 이용하는 것에서 벗어나 진정한 개인 프라이버시를 보장하고 이를 기반으로 새로운 웹3.0 세상의 관문으로 자리잡게 되리라 생각합니다. 이 책은 이러한 인증 변화에 중요한 기술인 SSI에 대한 자세한 설명을 하고 있어 강력히 추천합니다.

박재현_람다256 대표이사, 《코어 이더리움》 공저자

이 책은 자기주권신원 기술에 대한 핵심 이론과 서비스 사례, 그리고 탈중앙화에 대한 배경까지 소개하고 있어서 자기주권신원을 개발하고, 사업화를 모색하며, 탈중앙화로 발전하는 인터넷 환경의 향후 변화 방향에 대한 인사이트를 얻는 데 훌륭한 책입니다.

박찬익_포항공과대학교 컴퓨터공학과 교수

자기주권신원기술 표준을 설계한 구성원들이 출간한 정석과도 같은 책으로서, 이 책을 통해 자기주권신원 기술이 어떤 의미로 세상에 나오게 되었는지 이해할 수 있습니다.

윤대근_한국전자통신연구원 연구원, 《자기주권 신원증명 구조 분석서》 저자

다가올 웹3.0 시대에 걸맞은 자기주권신원 기술을 이해하고자 하는 독자들에게 강력히 추천합니다.

이강효_한국인터넷진흥원 블록체인정책팀 선임연구원

자기주권신원은 국가와 산업의 경계를 아우르며 성장하고 있는 탈중앙화된 신원증명의 핵심이자 신뢰 기반의 디지털 세상으로 나아가기 위한 필수 조건입니다. 국내 최초의 디지털 신분증인 모바일 운전면허증의 등장으로 자기주권신원 모델은 이제 우리 일상 속 가까이에 자리하게 되었고, '진정한 의미의 자기주권신원은 무엇이고, 또 이를 어떻게 구현할 것인가'에 대한 고민이 필요한 지금, 좋은 지침서가 될 이 책의 등장이 더욱 반갑습니다.

이순형_라온시큐어 대표이사, DID Alliance 창립자

최근에 NFT, 메타버스와 관련하여 다양한 시각의 책들이 나오면서 블록체인에 관한 정보의 홍수를 이루고 있지만, 조금은 더 심층적인, 실질적인 정점에 가깝게 다가가는 책이 없을까 하는 목마름이 있었습니다. 그 목마름에 이 책은 한 줄기 빛처럼 눈을 확 뜨게 하였는데, 자기주권신원 분야에 대한 모든 이론적인 내용과 사례들을 담고 있어서 SSI를 개발하고 사업화하는 분들이 참고하면 좋을 도서라고 추천합니다.

임명수_서울블록체인지원센터 센터장

자기주권신원과 분산 식별자에 관한 매우 포괄적인 안내서입니다. 이 개념이 등장한 배경, 기본 구성 요소, 작동 원리, 기술적 아키텍처, 다양한 사례 분석, 비즈니스 응용 등 거의 모든 부분을 빠짐없이 포괄하는 방대한 내용입니다. 아이덴티티 문제는 다가오는 메타버스와 탈중앙화된 생태계에서도 필수적으로 다뤄야 하는 주제인 만큼, 많은 분께 요긴한 안내서가 되리라 판단합니다.

정우현_아톰릭스랩 대표, 서울 이더리움 밋업 운영자

메타버스 사업의 성공을 준비하는 이들은 반드시 이 책의 16장과 17장을 읽고 이해할 필요가 있습니다.

한호현_공학박사, 한국전자서명포럼 의장

한국의 독자들께

2021년 6월에 《마스터링 자기주권신원》의 영문판을 출간한 이후 분산 신원decentralized identity, DID 분야는 가파르게 성장하고 있는데, 첫 번째로 정부 지원을 통한 분산 신원과 검증 가능한 자격증명 의 활용이 증가하고 있습니다.

- 유럽 연합 위원회는 전자식별, 인증 및 신뢰 서비스(eIDAS 2.0)으로도 불리는 유럽 연합 디지털 신원 지갑 이니셔티브EU Digital Identity Wallet Initiative를 발표했습니다.[1] EU 회원국들은 회원국 간 에 적용할 수 있는 디지털 신원 지갑과 정부 발행 신원 자격증명을 위한 표준 사양에 대하여 합 의했습니다.

- 캐나다 온타리오주,[2] 브리티시 콜롬비아주[3] 및 퀘벡주는 오픈 소스와 디지털 신원 지갑 및 각 주 에서 시민들에게 발급할 검증 가능한 자격증명에 대해 유사한 방식으로 협력하고 있습니다.

- 핀란드는 '전자 서비스에 필요한 정보의 신뢰성을 보장하는 방법으로서 범용적이고, 공유되며, 검증 가능한 데이터 네트워크를 민관이 협력하여 개발하는 조직'인 Findy Cooperative를 출범했 습니다.[4]

- 독일은 유럽의 가치와 규제를 기반으로 하여 전 세계에서 활용이 가능한 분산 신원 관리를 위한 개방적 생태계를 구축하기 위해 IDUnion을 구성했습니다.[5]

---

1 https://ec.europa.eu/commission/presscorner/detail/en/ip_21_2663
2 https://www.ontario.ca/page/ontarios-digital-id-technology-and-standards
3 https://www.ibm.com/blogs/blockchain/2021/11/building-a-digital-trust-ecosystem-for-mining-in-british-columbia/
4 http://findy.fi/en/
5 https://idunion.org/?lang=en

- 글로벌 법인체 식별자 재단Global Legal Entity Identifier Foundation, GLEIF은 검증 가능한 법인체 식별자verifiable LEI, vLEI[6] 생태계를 위한 거버넌스 프레임워크[7]를 발표했습니다.[8] vLEI는 주식회사, 합자회사, 협회, 개인사업자, 비정부기구 등 다양한 법인이 자신의 신원을 암호화로 검증 가능한 자격증명의 새로운 형태입니다. vLEI는 법인이 사원, 임원, 이사 및 계약 담당자와 법인을 대리하는 자에게 자격증명을 위임하는 것을 가능하게 합니다.

두 번째로, 검증 가능한 자격증명의 상용화가 증가하기 시작했습니다.

- 국제 항공 운송 협회의 트래블 패스International Air Transport Association Travel Pass[9]는 현재 12개 이상의 항공사에서 매월 10,000명 이상의 탑승객에게 신원, 일정 및 COVID-19 예방 접종 자격증명을 제공하는 데 활용됩니다.

- 애플과 구글은 디지털 운전 면허 자격증명을 지원할 iOS와 안드로이드 운영체제에 통합되는 디지털 지갑을 각각 발표했습니다.[10]

- 마이크로소프트는 보안과 Azure Active Directory에 자격증명을 위한 지원 기능을 추가하는 중입니다.[11]

- Bonifii 디지털 지갑과 MemberPass 신원 자격증명은 북미 지역에서 20여 개 이상의 신용 협동 조합에서 사용 중입니다.[12]

- 사이버 보안 분야에서 선도 기업인 Avast는 2021년 12월 자기주권신원SSI 플랫폼 공급자인 Evernym을 인수했는데, Avast는 사이버 보안 제품군에 디지털 지갑과 검증 가능한 자격증명을 통합할 예정입니다.[13]

세 번째로, DID와 SSI 표준화가 매우 빠르게 추진되고 있습니다.

- W3C의 DID 1.0 사양의 최종 버전은 W3C DID 워킹 그룹에 의해 승인되었고, 선체 W3C의 표준으로의 확정을 기다리는 중입니다.[14]

---

6   https://en.wikipedia.org/wiki/Legal_Entity_Identifier
7   https://github.com/trustoverip/egf-vlei-review
8   https://www.gleif.org/en/newsroom/press-releases/gleif-advances-digital-trust-and-identity-for-legal-entities-globally
9   https://www.iata.org/en/programs/passenger/travel-pass/
10 https://www.washingtonpost.com/technology/2021/10/11/digital-drivers-license-mdl/
11 https://www.microsoft.com/en-us/security/business/identity-access-management/verifiable-credentials
12 https://bonifii.com/
13 https://press.avast.com/avast-to-acquire-evernym
14 https://www.w3.org/TR/did-core/

- Trust over IP ToIP 재단은 분산 거버넌스 프레임워크를 위한 최초의 공식적인 사양을 발표했습니다.[15]

- 가장 강력하고 이식성이 있는 DID 메서드 중 하나인 키 이벤트 수신 기반구조Key Event Receipt Infrastructure, KERI의 표준이 국제 인터넷 표준화 기구Internet Engineering Task Force, IETF로 이관 중입니다.[16]

- DID에 기반하는 P2P 보안 메세징 프로토콜인 DIDComm 2.0은 분산 신원 재단Decentralized Identity Foundation, DIF에서 거의 개발이 완료되었고, DIDComm 3.0의 표준화는 IEFT에서 진행될 예정입니다.[17]

- W3C 자격증명 워킹 그룹은 자격증명 사양 2.0을 위한 헌장을 마련 중입니다.[18]

마지막으로 Exodus,[19] BRD,[20] Ledger,[21] 그리고 Trezor[22]와 같은 암호화폐 지갑은 Connect.Me,[23] esatus,[24] Trinsic,[25] 그리고 MATTR[26]과 같은 DID/SSI 지갑과 연계하여 빠르게 주목받고 있습니다. 2021년 11월 Square(현재의 Block)는 명목화폐와 암호화폐를 이어주는 TBDex Protocol 백서[27]를 발표했습니다.

앞서 언급한 것들은 이 책의 주요 내용이 그 어느 때보다 시의적절하다는 것을 말해 줍니다. 디지털 ID 인프라의 3세대(중앙화와 연합화 시대 이후)가 도래했으며, 인터넷에서 신뢰 관계를 관리하고 데이터를 교환하는 전체 지형을 지속적으로 변화시킬 것입니다.

또한, 월드 와이드 웹World Wide Web이 채택된 것과 같은 방식으로 생태계별로 채택될 것입니다. 그리고 모든 디지털 신뢰 생태계 중 가장 중요한 것은 국가입니다. 이 분야에서 한국의 디지털 신뢰 생태계가 큰 역할을 할 것입니다. 한국은 아시아 전역에서 디지털 혁신의 선두주자였으며, DID 분야에서도 예외는 아닙니다. 라온시큐어는 2021년 6월 행정안전부와 한국조폐공사가 발주한 '모바일 운

---

15 https://trustoverip.org/our-work/deliverables/

16 https://keri.one/

17 https://didcomm.org/

18 https://www.w3.org/groups/wg/vc/charters

19 https://www.exodus.com/

20 https://brd.com/

21 https://www.ledger.com/

22 https://trezor.io/

23 https://connect.me/

24 https://esatus.com/solutions/self-sovereign-identity/?lang=en

25 https://trinsic.id/trinsic-wallet/

26 https://learn.mattr.global/docs/concepts/digital-wallets

27 https://github.com/TBDev-54566975/white-paper/blob/main/whitepaper.pdf

전면허증 서비스 개발사업'의 사업자로 선정되었다고 밝혔는데,[28] LG CNS와 공동으로 컨소시엄을 구성해 국책과제를 수주한 것이며, 이는 한국 최초의 디지털 신분증으로서 한국 정부가 추진하는 디지털 뉴딜의 초석 중 하나가 되었습니다.

이것은 한국에서 진행되고 있는 DID 적용 사례 중 하나에 지나지 않습니다. 2021년 6월 〈Tech Wire Asia〉는 다음과 같이 보도했습니다.[29]

> 한국 정부와 과학기술부, 한국인터넷진흥원, 방위사업청, 정보통신산업진흥원, 우정사업본부 등과 같은 여러 정부 산하 기관들은 블록체인 기술의 도입이 필수적이라 보고 있으며, 지속적인 연구 개발을 지원하고 있습니다.

이 기사는 분산 ID 기술에 대하여 다음과 같이 끝을 맺고 있습니다.

> ...위조, 변조 및 도난과 같은 문제는 블록체인 기술을 통해 해결될 수 있습니다. 또한, DID는 사용자 이외의 주체에 의한 변조, 개입 및 보호되지 않은 접근을 방지할 수 있습니다. 검증 목적으로 신원 확인이 필요한 경우 더욱 중요하므로 개인정보보호 및 감시 문제를 제거합니다.

결론적으로, 우리는 공동 저자로서 한국어판을 보게 되어 기쁩니다. 그리고 이 번역서를 출간하는 데 힘써 준 역자 정상효 님과 이민호 님 그리고 Korea DID Council에 진심으로 감사드립니다. 우리는 이 책이 EU, 캐나다, 호주, 부탄 및 여러 나라에서 SSI 솔루션 개발을 가속화하는 데 도움이 된 것처럼 한국의 DID 산업을 강화하는 데 기여하게 되길 바랍니다.

2022년 2월

알렉스 프록샤트 Alex Preukschat, **드루먼드 리드**Drummond Reed

---

28 https://medium.com/raonsecure/raonsecure-to-develop-the-korean-digital-drivers-license-9269aacc74e0
29 https://techwireasia.com/2021/06/koreas-decentralized-identity-approach-to-identity-management/

서문 _____

자기주권신원self-sovereign identity, SSI은 사회와 컴퓨팅의 중요한 과제 중 하나인 디지털 신원을 안전하게 관리하는 새로운 관점을 제공한다. 이 분야의 얼리어답터이자 선도자인 드러먼드 리드Drummond Reed와 알렉스 프록샤트Alex Preukschat는 SSI의 기술과 잠재력을 독창적으로 소개하고 있으며, 이들의 통찰력뿐만 아니라 다른 전문가들의 경험도 보게 될 것이다.

우리가 '신원identity'이라고 하면 그 대부분은 식별자identifier인데, 이는 시민, 운전면허 소지자, 회원, 학생 등 어떤 조직에서 여러분을 식별하는 방법이다. 조직은 여권, 면허증 또는 회원 카드의 형태로 'ID'를 발급할 수 있지만, ID는 신원이 아닌 식별자다. 여러분의 신원은 훨씬 더 대단한 것(여러분 스스로 그리고 다른 사람들이 여러분을 어떤 사람으로 알고 있는가)으로서, 보다 더 개인적이고 자기주권적 인간인 여러분의 통제하에 있는 것이다.

SSI를 사용하면 다른 사람이 여러분에 대해 검증하는 것이 무엇인지에 대하여 필요할 때에 필요한 것만 알려주는 방식으로 여러분이 통제하도록 해준다. 간단하게 말해서 식별자를 검증 가능한 자격증명verifiable credential, VC으로 대체하고 그 과정에서 개인과 조직을 위해 디지털 세상에서 신원이 작동하는 방식을 크게 단순화하고 가속화한다.

SSI는 아직 초기 단계에 있지만, SSI가 어떻게 작동하는지와 적용될 분야가 무엇인지에 대한 답을 얻을 수 없을 정도로 너무 이른 것은 아니다. 이 두 가지 질문은 매우 중요하며, 현 시점에서 이 책이 왜 디지털 기술의 역사에 있어서 필수적인가를 말해 주고 있다. 이 책에서 학습하게 될 내용은 향후 10년 동안 여러분이 가장 많이 활용하는 것이 되리라고 기대한다.

우선 우리가 살아가는 자연계에서 현재 신원이 어떻게 작용하는지 살펴보는 것이 도움이 될 것이다.

사실, 이것은 복잡할 수 있지만, 문제가 될 것은 없다. 예를 들어, 키키크타알루크Qikiqtaaluk 지역[30]의 이누이트족Inuit이 자녀의 이름을 아누운Anuun 또는 이소라투요크Issorartuyok로 작명하여 사용할 수 있지만, 이 아이가 나중에 스스로 스티브Steve라고 개명할 수 있을 것이고, 그렇게 되면 세상은 그를 스티브로 받아들이게 되며, 스티브 또한 그러할 것이다.

스티브의 행위 대부분에 있어서 필요한 만큼만 자신을 드러내고 그 이상은 밝히지 '않아도' 된다. 스티브는 서비스를 이용하려는 것이 아니라 단순히 다른 사람과 교류할 뿐이기 때문에 상대방이 자신의 이름이나 자신을 소개한 방법을 잊어버려도 교류함에 있어서 아무런 문제가 되지 않는다. 사실, 자연계에서 일어나는 대부분의 행위에서는 식별자나 내가 누구인지 기억할 필요가 없다.

최근에 디지털 신원 분야에서 나처럼 강박적인 사람들이 우리가 자연계에서 신원을 만들고 받아들이는 방법을 '자기 주권'이라고 부르고 있는데, 지금은 나와 같은 사람들이 상당히 많다. ('self + sovereign + identity'를 검색하고 그 결과가 얼마나 많은지 확인해 보라.)[31]

SSI는 부모나 종족 또는 자기 자신이 작명한 이름이,[32] 자연계에서 신원이 작동하는 방식에 있어서 근본이 된다는 것과 이를 디지털 세계에서 시작할 필요가 있다는 것을 인식하는 것에서 비롯된다. 이를 요약해서 말하자면 '우리는 신원을 통제할 필요가 있다'는 것이다.

디지털 세계에서 신원에 대한 주요 문제는 개인의 통제가 전혀 없는 상태에서 시작했다는 것이다. 신원과 관련된 모든 것은 데이터베이스에 이름을 넣어야 하는 조직의 필요에 의해 시작되었다. 이는 해당 조직의 관리적 편의성에 기여했고, 우리를 아는 모든 조직이 개별적으로만 알고 있기 때문에 우리의 편의에도 도움이 되었다.

SSI가 인터넷에서 동작하게 하려면 자기 결정에 대한 인간의 욕구를 존중해야 하는데, 그러기 위해서는 킴 카메론Kim Cameron의 7가지 신원 법칙(1장에서 설명) 중에서, 특히 **개인 통제 및 동의, 제한된 사용을 위한 최소한의 공개, 정당한 사용자**를 준수하는 새로운 방법을 개인에게 제공해야 한다는 것이다.

---

30 (옮긴이) 캐나다 누나부트(Nunavut)의 동쪽 관리 지역(위키피디아)

31 (옮긴이) 구글 검색 엔진을 활용하면 검색 건수가 2022년 2월 12일 현재 약 26,000,000개로 나타난다. 참고로 'Blockchain'을 검색하면 약 2,440,000,000개의 검색 결과가 나타남을 알 수 있다.

32 (옮긴이) 일반적으로 아이가 태어나면 부모나 친척이 작명하게 되는데, 이 경우 성장한 이후에 개명을 신청할 수 있고, 그 사유에 대해서 우리나라의 경우 대법원이 '이름의 주체인 본인의 의사가 개입될 여지가 없어 본인이 그 이름에 대하여 불만을 가지거나 그 이름으로 인하여 심각한 고통을 받은 경우에 가능하다고 판결하였다(대법원 2005.11.16.자 2005스26 결정). 그리고 개명허가 신청인은 개명하려는 사람 또는 법정대리인이 신청할 수 있고, 의사능력이 있는 미성년자는 자신의 개명허가를 직접 신청할 수도 있다.

간단하게 말하자면, 우리는 관리 시스템에 필요한 것 이상으로 많은 개인 정보를 제공할 필요가 없다. 이 정보는 **검증 가능한 자격증명**이지만 여전히 **신원**은 아니다. 검증 가능한 자격증명은 상대방이 알아야 할 것 그 이상도 이하도 아니다.

이 책에서 SSI가 어떻게 작동하는지 설명한다. 이 책의 저자들은 새로운 시스템을 만들고 기존 시스템이 적응하도록 돕는 개척자이자 탐험가다. 이 책을 읽을 때 **SSI는 개인적인 것이다**라는 것을 명심하기 바란다.

SSI는 관리 시스템에 대한 것이 아니다. 이것은 여러분과 나, 우리에 대한 것으로, 다른 사람이 알아야 하는 것에 대해서만 개인 정보를 선택적으로 공개하는 것과 대규모 적용 및 확장 가능성에 대한 것이다. SSI를 전 세계로 확장하려면 기존 신원 시스템의 많은 지원과 조정이 필요하다. 그런데 기존 시스템은 자기주권적이지 않다. 여러분과 나는 자기주권이라는 것이 핵심이고, 이는 디지털 신원의 진정한 미래를 열어줄 유일한 요소가 된다.

닥 설즈 Doc Searls

2021년 2월 4일, 뉴욕타임즈에 오른쪽의 이미지와 함께 '백신 여권을 취득하라'는 기사가 게재되었다. 여행 기자 타리로 므 제와Tariro Mzezewa가 쓴 기사는 다음의 새로운 개념을 설명하 는 것으로 시작한다.

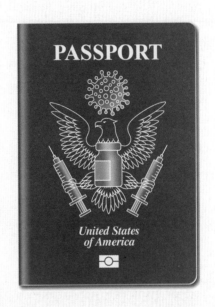

> 백신 접종 증명서/여권은 Covid-19 백신 접종을 받았음을 증명하는 문서다. 이는 사람들이 바이러스 검사에서 음성 의 결과를 받았음을 보여주므로 보다 자유로운 여행이 가 능하다. 현재 항공사, 산업체, 비영리 단체 및 기술 기업에 서 활용하고 있는 것을 스마트폰 앱 또는 디지털 지갑에서 구현할 수 있다.

여기에서 말하고 있는 기술, 즉 '검증 가능한 자격증명'이 바 로 이 책의 주제이다. 기사의 내용과 같이 COVID-19 백신 접종은 개인이 바이러스 검사 결과에서 음성으로 나왔거나, 백신 접종한 것을 쉽고 안전하면서도 개인적으로 증명할 수 있는 검증 가능한 디 지털 자격증명의 수요를 일으켰다.

이러한 프로젝트 중 가장 눈에 띄는 것은 세계보건기구WHO의 스마트 백신 접종 인증 워킹 그룹 (https://www.who.int/groups/smart-vaccination-certificate-working-group)이다. 공동 저자인 드러먼드 리드 가 2021년 1월 이 워킹 그룹에 참여하도록 초청받았을 때, 워킹 그룹은 공개 표준, 오픈 소스 코드, 거버넌스 프레임워크와 검증 가능한 자격증명의 실제 배포에 대한 속도를 높이는 데 참고할 만한 자 료를 요청했다.

54명 이상의 전문가가 2년 동안 작업한 책의 집필 막바지 즈음에 드러먼드는 가장 관련성이 높은 몇 개의 장을 추천했고, 매닝 출판사는 관련 장들을 세계보건기구에 24시간 이내에 디지털 버전으로 제공함으로써 2021년 2월 3일부터 5일까지 워킹 그룹의 첫 회의를 개최할 수 있었다.

이 일화는 COVID-19 전염병이 검증 가능한 자격증명과 자기주권신원 기술이 인터넷의 주류가 되는 특별한 방법을 보여준다. 제약회사들이 일반적으로 4년에서 5년이 걸리는 백신 개발 과정을 몇 달로 단축하도록 요청을 받은 것처럼, 검증 가능한 자격증명의 개발자들과 시스템 통합 기업들도 수년이 걸리는 기술 채택 주기를 몇 달로 단축하라는 요구를 받고 있다.

이 책을 읽을 즈음, 여러분은 '백신 접종'한 시점이나 그 직후에 이를 증명할 수 있는 디지털 지갑 앱[33]을 다운로드하고 QR 코드를 스캔하여 검증 가능한 디지털 자격증명을 받았을지도 모른다. 간단히 말해서 여러분은 이미 SSI를 사용하고 있을 것이며, SSI는 수백만 명의 사람들이 세계 여행을 재개하도록 하여 경제에 도움을 줄 것이다.

하지만 이것은 SSI가 우리 모두를 위해 할 수 있는 것에 비하면 빙산의 일각에 불과하다. 물론 2년 전에 우리가 책을 집필하기 시작했을 때 이것을 예상할 수 없었지만, 이는 우연이 아닌 우리의 경력이 빛을 발한 결과라고 본다. 우리 두 사람에 대한 다음의 글을 참고하길 바란다.

알렉스 프록샤트Alex Preukschat

2014년에 대중들의 암호화폐에 대한 관심에 힘입어 나는 비트코인에 관한 세계 최초의 그래픽 노블[34] 《비트코인: 사토시 나카모토를 위한 사냥Bitcoin: The Hunt for Satoshi Nakamoto》을 선보였고, 이는 그 후 몇 년 동안 영어, 스페인어, 러시아어, 한국어, 브라질에서 쓰는 포르투갈어로도 번역되었다. 2017년에는 《블록체인: 인터넷의 산업 혁명Blockchain: the industrial revolution of the Internet》을 출간했다. 이 책은 스페인어권 국가에서 블록체인 분야 주요 도서가 되었다. 그 직후에 데이비드 버치David Birch의 저서 《신원은 새로운 화폐다Identity Is the New Money》에서 영감을 받아 분산 디지털 신원 분야에서 일을 시작하게 되었다. 이 분야의 선도적인 기업에 들어가서 SSI 선구자인 드러먼드 리드와 제이슨 로Jason Law와 함께 일할 수 있었다.

자기주권신원 또는 **SSI**라고 부르는 새로운 분야에서 큰 잠재력을 발견하게 되어 나는 드러먼드와 제이슨의 지원을 통해 SSI에 관련된 지식을 전 세계에 공유할 수 있는 개방형 커뮤니티 플랫폼인 SSIMeetup.org를 구성하여 SSI 분야의 전문가들과 웨비나webinar를 열기 시작했고, 모든 내용은 크리에이티브 커먼즈 라이선스Creative Commons Share-Alike, CC BY SA를 통해 저작권자 표시와 함께 무료

---

33 ⌜옮긴이⌟ 우리나라의 경우, 대표적으로 질병관리청의 COOV(did:infra), 이동통신사의 PASS, 카카오의 카카오톡 지갑이 있다.
34 ⌜옮긴이⌟ 만화와 소설의 중간 형식을 취하는 작품

로 사용할 수 있게 하였다. 웨비나와 소셜 미디어에서의 토론을 통해 전 세계에서 분산 디지털 신원의 역할이 커질 것이라는 것을 깨달았으며, 2006년 이후에 화폐를 이해하고, 블록체인을 배우며, 새로운 유형의 디지털 신원의 힘을 발견한 것들을 모두 통합했다.

이 즈음에 드러먼드에게 개발자만이 아니라 일상 생활에서 SSI를 적용할 수 있는 기업인, 정책 입안자, 대학생 및 수많은 사람들에게도 매력적인 SSI에 대한 바이블이 될 법한 책을 집필하자고 했다.

분산 디지털 신원은 신원이라는 단어가 의미하는 것 이상을 내포한다. 분산 디지털 신원은 자유 소프트웨어/오픈 소스 세계, P2P 기술, 암호화 및 게임 이론의 교차점에 있다. 그래서 비트코인이 새로운 것을 창조하기 위해 여러 지식을 재결합할 수 있음을 우리에게 가르쳐 준 것과 같이, 분산 디지털 신원은 '신원을 위한 인터넷'이라고 부를 정도로 독특하고 강력한 것으로 재창조된 것이다. 비트코인은 사회를 이루는 한 축인 화폐를 다루지만, 신원은 보다 더 중요하다고 본다. 인간의 삶은 인류의 주기와 변화를 완전히 파악하기엔 너무 짧지만, 블록체인, 인공지능, 생명공학 등 많은 최신의 기술은 역사상 그 어느 때보다 변화의 속도가 빨라졌다. 그리고 우리는 이 변화로 인해 주어지는 기회가 있기 때문에 변화를 원하면서도 삶에서 무언가를 잃을 수도 있다는 생각에 변화를 두려워한다.

SSI는 우리가 알고 있는 세상이 어떻게 완전히 재편될 수 있는지 보여주고 있다. 재편된 세계의 결과는 예측하기 매우 어렵다. 더 좋고 균형 잡힌 사회를 위한 가장 아름다운 유토피아적 꿈을 이룰 수도 있고, 반대로 끔찍한 악몽이 될 수도 있다. 물론 전자가 SSI에 대한 나의 희망이다. 그러나 우리가 어떻게 도달할 것인지, 어떤 기술이 미래의 '신원 스택identity stack'을 만들 것인지는 정확히 알 수 없으나, 내가 아는 것은 가능한 한 많은 사람들이 참여하고 함께 그 세계를 만들 수 있는 기회를 이해하는 것이 중요하다는 것이다. 따라서 미래에 대한 비전을 공유하기 위해 최고의 전문가, 사상가, 개척자, 사업가들을 찾고 모으는 것에 마음과 영혼을 쏟아부었다.

그들은 각자 자신의 목소리로 말하고 비전을 공유하지만, 결코 같을 수 없다. 여기에서 배우게 될 많은 것은 비전을 수립하기 위해 그들이 내세우는 다양한 길과 도구이다. 그러나 SSI는 개인적, 직업적, 경제적, 심지어 정치적으로도 여러분의 삶에서 판도를 바꾸는 도구가 될 수 있다는 믿음을 공유한다. 요컨대, 여러분이 이 길을 선택하고 언젠가 되돌아 본다면 기뻐할 수 있을 것이라 생각한다.

드러먼드 리드Drummond Reed

알렉스는 설득력 있는 친구다. 우리가 지금 SSI라고 부르는 기술이 2018년에 본격적으로 자리 잡기 시작한 이래로 내 인생에서 어느 때보다 바빴는데, 그가 이 주제에 대한 책을 집필하자고 했을 때 나는 소버린 재단Sovrin Foundation에서 이사를 겸직하고 있었는데다 에버님Evernym에서의 업무 중 하나인 SSI에 대한 문서와 블로그 게시물을 쓸 시간조차도 없었을 만큼 여유가 없었다.

알렉스는 제정신이었을까? 그가 구성한 SSIMeetup.org 사이트에서 내가 발표한 웨비나는 놀라울 정도로 인기를 얻고 있었고, 알렉스는 SSI의 성장과 인터넷의 주류로 이끌기 위해 SSI에 대한 책을 '누군가는' 집필해야 한다는 주장을 했는데, 나를 설득한 것은 내가 가장 깊이 관여한 분야에 대한 몇 개의 장만 쓰면 된다는 것이고, 다른 부분은 성장하는 SSI 산업과 SSI를 채택하는 다른 산업 전반에 걸쳐있는 다른 전문가들이 쓰도록 하면 된다는 것이다.

우리는 약 1년 동안 이미 많은 내용을 작성하였고 공동 저자들로부터 많은 내용을 취합하는 노력을 했는데 갑자기 COVID-19로 인해 세상이 바뀌어서 책을 쓰는 작업을 중단했고, 한동안 집필을 계속할 수 있을지 확신할 수 없었다. 그러나 몇 달 후 SSI가 시장에서 계속해서 발전하고 있을 뿐만 아니라 COVID-19 검사와 백신 접종을 증명하는 도구로서 검증 가능한 디지털 자격증명의 필요성이 SSI 기반 솔루션에 대한 훨씬 더 큰 수요를 견인할 수 있음을 깨달았다.

그럼에도 불구하고 2020년 늦여름에 집필을 재개했을 때 우리는 COVID-19 대유행으로 촉발될 SSI 수요의 쓰나미에 대해 전혀 인식하지 못했다. 2020년 말에 최초의 백신 접종이 임박해지자 개인이 자신의 건강 상태를 쉽고 빠르며 위조가 불가능한 증명 가능한 솔루션에 대한 시장 수요가 급증했다. 몇 주 내에 세계보건기구 스마트 백신 증명서, 국제항공운송협회International Air Transport Association, IATA의 트래블 패스, 백신접종 증명 이니셔티브, AOK 패스 및 GHPCGood Health Pass Collaborative를 포함하여 디지털 백신 자격증명을 발급하기 위한 여러 프로젝트가 발표되었다.

갑자기 SSI가 주류가 될 것이라는 사실이 분명해졌다. 2021년 말에는 검증 가능한 디지털 자격증명이 전 세계 수천만 명의 디지털 지갑에 저장되어 여행, 일, 스포츠 및 공공 보건을 위한 건강 상태 증명이 필요한 상황에서 매일 수차례 사용될 것이다.

물론 SSI가 각광받게 된 것이 세계적인 공중보건 위기였다는 사실에 마음이 편하지 않다. 하지만 SSI가 백 년에 한 번 있을 전염병으로 인해 엄청난 인간적, 경제적 고통을 다루는 데 도움을 줄 수 있다면 내가 할 수 있는 최선을 다하고 싶다. 그리고 이 책을 통해 정부, 보건 당국, 의료 기관, 회사, 대학, 도시 및 지역 사회가 SSI를 더 빨리 이해하고 구현하는 데 도움이 된다면 알렉스가 나에게 책을 쓰도록 설득한 것에 더욱 감사할 따름이다.

감사의 글

처음부터 우리는 각광받는 SSI 분야의 전문가들이 공동의 노력으로 책을 집필하기로 했기 때문에 기여한 저자 모두에게 감사의 인사로 시작하고자 한다. 이들이 없었다면 이 책은 나오지 못했을 것이다.

여러 장을 기고, 검수 및 편집하는 데 도움을 준 최고의 저자인 다니엘 하드만Daniel Hardman, 마커스 사바델로Markus Sabadello와 섀넌 아펠클린Shannon Appelcline을 포함한 저자들에게 특별히 감사를 드린다. 오스카 레이지Oscar Lage를 매닝 출판사의 마이크 스티븐스Mike Stevens에게 소개했을 때, 그 만남은 이 책을 시작한 2018년에 논의를 시작한 계기가 되었으며, 특히 19장에서 사물 인터넷에 대하여 소개해 주고 공동 집필한 오스카에게 특별히 감사드린다.

우리의 첫 집필과 팬데믹으로 인해 모든 사람이 더 인내하게 해 준 매닝의 개발 편집자 토니 아리톨라Toni Arritola에게 감사드리고 싶다. 한 번에 한 걸음씩 나아간다는 그녀의 명언은 약속한 대로 성과를 보여주었다. 또한 편집하기 매우 복잡한 책을 빠르고 꼼꼼하게 읽어준 교열 담당자 티파니 테일러Tiffany Taylor에게도 감사드린다. 이 책을 출판하기 위해 바이러스 대유행의 어려움을 극복한 마이크 스티븐스와 매닝의 다른 편집팀에게도 감사를 표한다.

미셸 아두시Michele Adduci, 삼바시바 안달루리Sambasiva Andaluri, 다비데 카다무로Davide Cadamuro, 조 저스티슨Joe Justesen, 저스틴 콜스턴Justin Coulston, 콘스탄틴 에레민Konstantin Eremin, 크리스 기블린Chris Giblin, 밀로라드 임브라Milorad Imbra, 마이클 젠슨Michael Jensen, 에이단 매카티Aidan McCarty, 스티븐 맥코운Steven H. McCown, 산켓 나이크Sanket Naik, 주 블라드 나비츠키Zhu Vlad Navitski, 줄리앙 포히Julien Pohie, 시몬 스콰자Simone Sguazza, 스티븐 존 워넷Stephen John Warnett, 브라이언 밴 덴 브룩Brian van den Broek, 힐데 반 기젤Hilde Van Gysel, 수미트 팔 빈센트Sumit Pal Vincent, 크리스 비너Chris Viner, 알렉산더 비엘고르스키Aleksander Wielgorski, 마우라 와일더Maura Wilder 및 샌더 제그벨드Sander

Zegveld의 감수와 제안으로 더 나은 책으로 나올 수 있었다.

또한 2016년부터 SSI를 함께 개발한 에버님의 동료들, 특히 공동창립자인 티모시 러프Timothy Ruff, 제이슨 로Jason Law와 뛰어난 경영진, 이사회, 직원들, 협력사 및 투자자에게 감사드린다. 이 책의 초기 초안 단계를 도왔던 미스터 블레드소Misty Bledsoe에게 특별히 고마운 마음을 전한다.

또한 SSI를 위한 최초의 글로벌 공공 플랫폼의 구축을 지원했고, 이를 현실로 구현한 소버린 재단의 모든 이사진, 임직원 및 자원봉사자에게도 감사를 드린다.

마지막으로, ToIPTrust over Internet Protocol 재단의 토대를 마련한 〈하이퍼레저 애리즈Hyperledger Aries 의견 제시 요구Request For Comment, RFC〉의 공동 저자인 존 조던John Jordan, 댄 지솔피Dan Gisolfi, 대럴 오도넬Darrell O'Donnell, 다니엘 하드먼Daniel Hardman과 매튜 데이비Matthew Davie에게 감사의 인사를 드린다.

드러먼드 리드

분산 데이터 공유와 디지털 신뢰 인프라의 비전을 함께 나눈 파트너와 투자자들이 없었다면 이 책을 쓸 수 없었을 것이다. 나의 패턴 랭귀지Pattern Language 컨설팅 파트너의 닉 덕스타인Nick Duckstein, 인터마인드Intermind의 공동 설립자 피터 헤이만Peter Heymann, 리딩 투자자 배리 포먼Barry Forman과 빌 바우스Bill Bauce와 함께 시작했으며, 코던스Cordance의 이사회 의장 존 조던John Jordan, 최고경영자 빈스 칼루리Vince Calouri와 최고재무책임자 론 와이즈Lon Weise와도 계속 함께 하고 있다. 그리고 리스펙트 네트워크Respect Network의 경영진 스티브 하바스Steve Havas, 레 체센Les Chasen과 게리 짐머만Gary Zimmerman, 이사회 의장 게리 로Gary Rowe와 이사 배리 포먼Barry Forman, 존 켈리John Kelly와 빌 도넬리Bill Donnelly에게 특별한 감사를 드린다. 나는 리스펙트 네트워크의 비전에 대한 믿음을 통해 에버님이 인수하도록 만든 빌 도넬리Bill Donnelly, 마이크 피터스Mike Peters와 트리시 피터스Trish Peters 가 이끄는 모든 투자자들에게 큰 마음의 빚을 졌다.

또한 인터넷 신원 워크숍의 창립자이자 신원 분야 여성 전문가인 칼리야 영Kaliya Young, 필 윈들리Phil Windley 및 닥 설즈Doc Searls의 지속적인 기여에 매우 감사드린다. 이분들은 SSI의 운동의 중심으로 15년간 올바른 길을 걸어왔다. 또한 조이스 설즈Joyce Searls가 모든 단계에서 지혜롭고 명료하게 SSI 커뮤니티를 지속적으로 이끌어 준 것에 감사드린다.

마지막으로, 칼리야와 비공개 저자가 16장에서 기술한 글로벌 SSI 커뮤니티의 구성원 모두에게 감사를 표한다. 여러분은 우리가 이 책에서 설명한 모든 것을 구현했는데, 이것은 여러분의 열정과 삶의 힘이 있었기에 가능했다. 계속 전진하자!

자기주권신원의 세계에 온 것을 환영한다! 이 책의 목표는 먼저 SSI의 기본 개념을 소개하고 우리가 인터넷 신원의 진화에 있어서 분수령에 도달했는지에 대한 명확한 이해를 제공하는 것이다. 이 책의 나머지 부분은 그 이해를 더 깊고 넓힐 수 있도록 구성했다.

주요 저자뿐만 아니라 전 세계의 SSI 전문가를 통해서도 기술, 비즈니스 및 법률적 함의, 사회적 영향 및 철학과 같은 SSI의 다양한 측면에 대한 관점을 공유한다. SSI가 실제 문제를 해결하는 데 어떻게 사용될 수 있는지 구체적인 사례를 제시하여 일, 가족, 회사, 학교, 산업, 도시 또는 국가에 적용하는 방법을 확인할 수 있다. 모쪼록 이 책이 사회의 다른 이해 관계자들과 관점들에 대한 토론의 장이 되기 바란다.

대상 독자

이 책을 쓴 우리의 철학은 성공적인 개발자, 제품 관리자 및 비즈니스 리더가 큰 그림을 보고, 여러 분야의 흐름을 이해하며, 다가오는 주요 시장 변화를 업무에 적용하기 위해 기초적인 신기술의 전체적인 개요를 활용한다는 것이다. SSI는 우리가 원하는 미래로 만들기 위해 비전과 기술을 결합해야 하는 사례 중 하나다.

이 책의 대상 독자는 매우 다양하므로 이들이 관심을 갖는 내용은 상이할 것이다.

- 아키텍처 설계자 및 개발자
- 프로덕트 매니저
- 사용자 경험user experience, UX 디자이너
- 기업 임원 및 정부 고위 공무원

- 법률 전문가

- 개인정보보호, 분산화 및 블록체인 전문가

이러한 이유로 우리는 이 책을 네 부분으로 구성했다.

1부는 SSI의 출처, 작동 방식, 주요 기능 및 이점에 대해 전반적으로 소개하므로, 관심 있는 모든 독자가 읽어야 할 내용이다.

2부는 코드를 보지 않고도 SSI 아키텍처의 주요 구성 요소와 설계 패턴에 대해 더 깊은 이해를 원하는 기술 전문가를 위해 특별히 쓰게 되었다.

3부는 다른 방향으로 전개된다. SSI의 문화적, 철학적 기원과 더불어 이것이 인터넷과 사회에 미치는 궁극적인 영향에 대한 의미에 초점을 맞추고 있는데, 특히 개인정보보호에 관심이 있는 독자와 SSI 및 분산화 운동의 기원을 이해하려는 독자에게 적합할 것이다.

4부는 SSI를 특정 시장에 적용하는 방법을 아는 산업 전문가를 통해 SSI가 비즈니스와 정부에 어떤 의미가 있는지 살펴본다. 특히 SSI가 기회, 위협 또는 중단 등 사업 부서에 중요한 이슈를 사업 담당 책임자에게 보고해야 하는 아키텍처 설계자와 프로덕트 매니저가 읽어야 한다.

1부는 다음과 같은 네 개의 장으로 구성된다.

- 1장: SSI의 기본 개념을 소개하고, 그것이 인터넷을 위한 디지털 신원의 제3의 시대를 어떻게, 그리고 왜 대변하는지에 대한 설명

- 2장: 디지털 자격증명, 지갑, 에이전트, 분산 식별자, 블록체인과 거버넌스 프레임워크의 소개

- 3장: 디지털 신뢰의 어려운 문제를 해결하기 위해 구성 요소를 조합하는 방법에 대한 7가지 사례 제시

- 4장: SSI 인프라의 25가지 주요 이점을 요약한 5개의 범주

여러분이 주목하고 있는 분야가 기술, 제품, 비즈니스 또는 정책에 관계없이 SSI에 관심이 있는 모든 사용자에게 적용되는 이 장들을 순차적으로 읽어보는 것이 좋을 것이다.

2부에서는 SSI 기술이 작동하는 방식을 깊이 있게 이해하고자 하는 독자를 위해 썼다. 7장과 8장의 일부 코드 예제를 제외하곤 코드를 참고하지 않지만 SSI 아키텍처의 주요 내용을 다루며, 아키텍처 설계자, 개발자, 시스템 관리자 등 SSI '스택stack'을 이해하려는 모든 사람을 위한 것으로 내용은 다음과 같다.

- 5장: SSI 아키텍처 – 큰 그림
- 6장: SSI를 위한 기본 암호화
- 7장: 검증 가능한 자격증명
- 8장: 분산 식별자
- 9장: 디지털 지갑 및 디지털 에이전트
- 10장: 분산 키 관리
- 11장: SSI 거버넌스 프레임워크

3부에서는 SSI를 전통적인 산업 경계를 넘어 더 큰 기술, 법률, 사회 또는 정치적 인프라를 넘나드는 운동으로 보는 데 초점을 넓힌다. SSI를 지원하는 분산화 기술이 철학, 사회 및 문화의 더 큰 변화에 어떻게 뿌리를 두고 있는지 살펴본다. SSI로 간주되는 것과 그렇지 않은 것은 무엇이고, 왜 그렇게 구분하는지에 대한 역사적, 정치적, 사회학적으로 다양한 관점에 대해 논의한다. 모든 독자가 관심을 가지길 바라지만, SSI 기술이나 비즈니스 솔루션에 관심이 있다면 이 부분은 넘어가도 좋다.

- 12장: 오픈 소스로 신원 제어하기
- 13장: 사이퍼펑크: 분산화의 기원
- 14장: 평화로운 사회를 위한 신원
- 15장: 중앙화 추종자와 분산화 추종자
- 16장: SSI 커뮤니티의 진화
- 17장: 신원은 화폐다

4부에서는 각 산업의 전문가가 작성한 내용을 통해 SSI가 다양한 비즈니스, 산업 및 정부에 미치는 영향을 살펴본다. 대부분의 내용은 SSI가 특정 시장에 미치는 영향을 평가하는 SSI 스코어카드 요약으로 마친다. SSI 스코어 카드에 대해서는 4장을 참고하라.

- 18장: 비즈니스에 대한 SSI 가치 설명
- 19장: 사물 인터넷의 기회
- 20장: 평화로운 사회를 위한 신원
- 21장: 열린 민주주의와 전자투표
- 22장: 제약 분야의 SSI에 의해 구동되는 공급망 관리
- 23장: 캐나다: 자기주권신원의 활성화

- 24장: eIDAS에서 유럽 연합의 SSI로

마지막으로 부록에서 SSI에 대해 자세히 실펴볼 수 있는 추가 도구와 관점을 제공한다.

- 부록 A: 4부에서 시작하는 탐색을 이어서 전문가들이 설명하는 수직적 시장vertical market 응용 분야와 관련하여 이 책의 라이브 북에 추가되는 11개의 장으로 구성된 목록이다.

- 부록 B: 웹에 게재된 SSI에 대한 유명한 에세이들로 SSI 및 분산 디지털 신뢰 인프라에 대한 특별한 주제를 다룬다.

- 부록 C: 크리스토퍼 앨런Christopher Allen의 〈자기주권신원을 향한 여정The Path to Self-Sovereign Identity〉으로, 웹에서 암호화를 표준화한 SSL 프로토콜의 공동 저자가 작성한 SSI에 대한 최초의 에세이다.

- 부록 D: 파비안 포겔슈텔러Fabian Vogelsteller와 올리버 테르부Oliver Terbu의 〈이더리움 블록체인 생태계에서의 신원Identity in the Ethereum Blockchain Ecosystem〉으로, 이더리움 생태계에서 가장 잘 알려진 개발자와 컨센시스ConsenSys의 DID 프로덕트 매니저가 SSI에 대해 쓴 에세이다.

- 부록 E: 〈SSI의 원리〉로서 소버린 재단이 주관하고 글로벌 커뮤니티 프로젝트가 제시한 SSI의 12가지 기본 원칙을 나열한 것이며, 이는 2021년 8월 현재 16개 언어로 번역되었다.

코드에 대하여

이 책의 기술 부분은 주로 2부에 있다. SSI에 광범위한 아키텍처와 설계의 선택 때문에 일반적으로 이 책은 코드를 참고하진 않지만, 7장의 JSON 및 JSON-LD와 8장의 DID 및 DID 도큐먼트의 검증 가능한 자격증명의 예에서는 코드를 참고한다. 또한 전 세계의 SSI 구성 요소에 대하여 대부분은 접근하기가 쉬운 주요 오픈 소스 프로젝트에 대한 수많은 참조를 포함한다.

기타 온라인 자료

모든 장에 참고 문헌/자료가 있지만, 특히 인터넷 신원과 SSI 커뮤니티의 진화를 다루는 16장의 참고 문헌을 꼭 읽어볼 것을 추천한다.

책 전반에 걸쳐, 내용에 대한 더 많은 정보를 가진 웨비나가 있을 때마다 SSIMeetup.org 웨비나에 대한 언급을 해두었다. IdentityBook.info에서 책과 관련된 더 많은 업데이트를 볼 수 있는데, 특히 SSI 분야에서 최신 내용을 업데이트하려면 다음을 참고하기 바란다.

- W3C 검증 가능한 자격증명 워킹그룹, https://www.w3.org/groups/wg/vc
- W3C 분산 식별자 워킹그룹, https://www.w3.org/2019/09/did-wg-charter.html
- W3C 자격증명 커뮤니티 그룹, https://www.w3.org/community/credentials
- 분산 신원 재단DIF, https://identity.foundation
- 소버린 재단, https://sovrin.org
- ToIP 재단, https://trustoverip.org
- COVID-19 자격증명 이니셔티브, https://www.covidcreds.org

표지에 대하여 _____

이 책의 표지에 있는 인물 그림의 제목은 〈프랑스의 마거리트Marguerite of France〉다. 리고 다우렐리Rigaud D'Aurellie가 그린 것으로, 1852년 프랑스 도서관 관리국이 출판한 《프랑스의 의상 역사학 Costumes Historiques de la France》이라는 제목의 작품집에서 가져온 것이다. 이 작품집에는 역사적인 의상, 기념비, 조각상, 무덤, 물개, 동전 등의 멋진 그림이 포함되어 있고, 손으로 정교하게 그려지고 색칠되어 있으며, 다양한 그림들은 세계의 지역과 마을이 문화적으로 얼마나 분리되었는가를 생생하게 보여준다. 서로 떨어져 있던 사람들은 다른 방언과 언어를 사용했으며, 당시에는 도시 거리나 시골 길에서 옷만 보아도 그 사람이 어디에 사는지, 무엇을 거래하는지, 어느 지역 출신인지 쉽게 알 수 있었다.

그 이후로 우리가 옷을 입는 방식은 변했고, 풍부했던 지역별 다양성은 사라져 갔다. 지금은 마을, 지역, 나라는 고사하고, 서로 다른 대륙에 사는 사람들을 구분하는 것도 힘들다. 아마도 우리는 문화적 다양성 대신에 더 다양해진 개인적 삶, 또는 빠른 속도로 변해 가는 기술적인 생활을 선택했던 것 같다.

두 세기 전 여러 지역의 다채로운 생활상을 보여주는 그림 중 하나를 표지에 실어 IT 업계의 독창성과 진취성을 기리고자 한다.

자기주권신원이란?

자기주권신원이 2015년에 시작되었지만 기술, 산업, 활동 면에서는 아직 성숙하지 못했다. 디지털 신원 업계에서 일하는 사람들은 잘 알고 있겠지만, 다른 업계, 특히 관련 기술 외적 분야에서 일하는 사람들에게는 새로운 개념일 수 있다.

1부는 어떤 업계에 있거나 상관없이, SSI에 친숙해지기 위해 알아야 할 모든 것을 제공하며 4개의 장으로 구성되어 있다.

- 1장은 디지털 신원이 필요한 근본적인 이유와 기존의 두 가지 솔루션(중앙형 신원과 연합형 신원)이 문제를 왜 해결하지 못했는지에서부터 시작한다. 그리고 블록체인, 클라우드 및 모바일 컴퓨팅 기술을 기반으로 한 새로운 인터넷 신원 모델로서 SSI의 기원과 SSI가 이커머스, 금융, 의료 및 여행에 미치는 영향을 설명한다.
- 2장은 비전공자에게도 쉽게 이해될 수 있는 수준으로 디지털 자격증명, 디지털 지갑, 디지털 에이전트, 블록체인을 포함한 SSI의 기본 구성 요소 7가지에 대해 소개한다.
- 3장은 디지털 신뢰의 다양한 시나리오를 해결하기 위해 2장에서 설명하는 이 7가지 구성 요소를 어떻게 조합할 수 있는지 보여준다.
- 4장은 **SSI 스코어카드**SSI Scorecard에 대해 소개한다. SSI 스코어카드는 SSI의 주요 기능과 이점을 체계적으로 평가하기 위한 도구이며, 4부에서 SSI가 여러 산업 및 시장에 미치는 영향을 평가하기 위해 사용한다.

PART 1
An introduction to SSI

CHAPTER 1

인터넷에 신원 레이어가 없는 이유
— SSI가 어떻게 이를 제공할 수 있는가?

알렉스 프록샤트Alex Preukschat, 드러먼드 리드Drummond Reed

자기주권신원self-sovereign identity(일반적으로 SSI로 약칭)은 인터넷에서 디지털 신원을 나타내기 위한 새로운 모델이다. 즉, SSI는 개인 정보에 접근을 허용하고 보호하기 위해 신뢰관계를 맺어야 하는 웹 사이트, 서비스, 앱에서 자신을 증명하는 방법이다. 또한 SSI는 암호화, 분산 네트워크, 클라우드 컴퓨팅 및 스마트폰에서의 새로운 기술과 표준에 의해서 주도되는 디지털 신원digtial identity의 패러다임 전환이다. 이는 키보드 사용자 인터페이스(MS-DOS)에서 그래픽 사용자 인터페이스(예 윈도우, 맥, iOS)로, 또는 일반 폰에서 스마트폰으로 바뀌는 것에 견줄만한 패러다임 전환이다.

그러나 SSI 패러다임의 변화는 단순히 기술의 변화가 아니라 인터넷 자체의 기본 인프라와 힘의 역학적 변화이다. 이러한 방식의 변화는 아래와 같은 여행이나 운송과 같은 다른 인프라 패러다임의 전환에 더 가깝다.

- 말을 타고 하던 여행에서 기차 여행으로의 전환
- 기차 여행에서 자동차 여행으로의 전환
- 자동차 여행에서 비행기 여행으로의 전환

이러한 기술의 변화는 사회와 상업의 형태 및 역학에 더 깊고 구조적인 변화를 가져왔다. SSI로의 패러다임 전환도 이와 마찬가지다. SSI의 세부 내용은 빠르게 진화하고 있지만, 그 큰 그림이 일관되고 설득력이 있어서 SSI의 채택을 촉진하고 있다.

이 책에서는 이런 SSI 패러다임의 변화를 가능한 한, 가장 접근하기 쉬운 방식으로 설명하려고 노력했다. 우리의 목적은 여러분에게 우리의 비전을 심어주고자 하는 것이 아니라, SSI를 가능하게 하는 기술, 사업 및 사회 운동을 전달하는 것이다. 우리의 출발점은 다음과 같은 주장에서 비롯되었다.

"인터넷은 신원 레이어 없이 구축되었다."

—킴 카메론Kim Cameron, 마이크로소프트의 신원 부문 최고설계자[1]

2004년부터 2019년까지 마이크로소프트의 신원 부문 최고설계자를 역임한 킴 카메론의 이 말은 무엇을 의미할까? '신원 레이어'란 무엇일까? 카메론은 2004년과 2005년에 걸쳐 블로그에 게시한 〈신원의 법칙〉이라는 에세이에서 다음과 같이 말하고 있다.

"인터넷은 여러분이 누구와 연결되는지, 그리고 무엇에 연결되는지 알 수 있는 방법 없이 구축되었다. 이것은 우리가 할 수 있는 일을 제한하고 커져가는 위험에 노출시킨다. 우리가 아무것도 하지 않는다면, 인터넷에 대한 대중의 신뢰를 지속적으로 약화시킬 수 있는 절도와 사기 사건 증가에 직면하게 될 것이다."

카메론은 인터넷이 1960년대와 1970년대 미국 방위고등연구계획국Defense Advanced Research Projects Agency, DARPA의 지원에 의해 처음 개발되었을 때, 여러 네트워크를 통해 정보와 자원들을 공유하기 위해 **기계**machine들을 어떻게 상호 연결할 것인지를 해결하기 위해 설계되었다고 말했다. 이를 위한 솔루션, 즉 패킷 기반 데이터 교환 및 TCP/IP 프로토콜은 매우 훌륭해서 마침내 진정한 '네트워크들의 네트워크'[1]가 가능하게 되었다. 그리고 그 이후 인터넷은 역사적 사건이 되었다.

그러나 카메론은 인터넷 TCP/IP 프로토콜이 단지 연결된 기계의 주소만 알 수 있다는 것에 주목했다. 인터넷 TCP/IP 프로토콜은 기계만 다루면서 여러분과 의사소통을 하는 **사람, 조직, 사물**에 대한 아무런 정보도 말해주지 않는다. 해커들은 컴퓨터의 하드웨어 주소(MAC address) 또는 IP 주소가 원격 네트워크 장치로 전송되기 전에 변경하는 방법을 시연했다. 이로 인해 현재 네트워크 수준에서 식별자를 신뢰 또는 의존하는 것이 거의 불가능해졌다.

이 문제를 해결하는 것은 매우 쉬워 보일 수 있다. 결국 사람과 조직은 인터넷을 구축했고, 우리는 인터넷을 사용하는 '모든 것(사람과 조직, 기계machine 포함)'을 제어(또는 적어도 제어할 수 있다고 생각)한다. 그렇다면 인터넷을 통해 연관되는 사람, 조직 또는 사물을 식별하는 간단하고 표준적인 방법을 설계하는 것은 어느 정도나 어려울까?

대답은 '매우, 매우 어렵다'이다.

왜일까? 간단히 말해서, 초창기에 인터넷은 그다지 크지 않았다. 네트워크를 사용하는 사람들은 대부분 컴퓨터 과학자였고, 그들 대부분은 서로를 알고 있었으며, 인터넷에 참여하려면 비싼 장비와 정교한 기술에 대한 접근이 필요했다. 따라서 분산화되고 단일 실패 지점이 없도록 설계되었지만, 초기에는 그 규모가 비교적 작은 클럽 수준이었다.

그렇지만, 인터넷은 완전히 바뀌었다. 현재 인터넷에는 수십억 명의 사람과 수십억 개의 장치가 연결되어 있으며 거의 모두가 서로 낯선 사람들이다. 이런 환경에서 유감스러운 사실은 인터넷을 통해 여러분이 누구와 연결되고 무엇을 다루고 있는지에 대해 **여러분을 속이려는** 사람들이 많다는 것이다. 그러므로 신원(또는 신원이 없다는 것)은 사이버 범죄의 주요 원인 중 하나가 되었다.

1.1 문제가 얼마나 악화되었는가?

인터넷의 신원 레이어identity layer 부재에 대한 킴 카메론이 쓴 2005년 글의 마지막 문장을 상기해보자. "우리가 아무것도 하지 않는다면, 인터넷에 대한 대중의 신뢰를 지속적으로 약화시킬 수 있는 절도와 사기 사건 증가에 직면하게 될 것이다."

인터넷 신원 문제를 해결하기 위한 많은 노력에도 불구하고 획기적인 솔루션의 부재는 킴의 예측이 사실임을 입증했다. 2017년까지 인터넷 사용자는 191개의 암호를 기억해야 했고[2], 사용자 이름/암호 관리는 인터넷에서 소비자가 가장 싫어하는 경험이 되었다.

왜 실패하고 있나? 더 심각한 피해는 사이버 범죄, 사기, 경제적 마찰, 그리고 지속적으로 증가하는 온라인 개인정보보호에 대한 위협이다.

이와 유사한 수많은 통계들이 더 있다.

- IBM 사장 겸 CEO 지니 로메티Ginni Rometty는 사이버 범죄를 '전 세계의 모든 직업, 모든 산업, 모든 회사에 가장 큰 위협'이라고 설명했다[3].
- 글로벌 사이버 범죄 피해액은 2021년까지 연간 6조 달러에 이를 것으로 예상된다[4].
- 미국 소비자의 90% 이상이 모든 유형의 기관에서 수집하고 사용하는 개인 정보에 대한 자신의 통제력을 상실했다고 믿는다[5].
- 역사상 가장 큰 사건 중 하나는 2016년에 발생한 것으로 30억 개의 야후 계정이 해킹된 사건이다[6].
- 해킹 관련 침해의 80%는 사용자 암호가 유출되어 발생한다[7].
- 에퀴팩스Equifax는 데이터 유출[1]로 인해 총 40억 달러 이상의 손실을 입었다[8].

1 　[옮긴이] 2017년 개인 신용정보업체 에퀴팩스(Equifax)로부터 수억 건의 고객 기록이 유출된 사건

- 2014년 컨트롤-시프트Ctrl-Shift의 연구에 따르면, 신원 확인 프로세스 비용은 영국에서만 연간 33억 파운드를 초과한다[9].

이와 같은 인터넷 신원 문제는 이제 한계점에 도달했다. 문제를 해결하지 못한다면 인터넷의 미래는 불확실하다.

1.2 블록체인 기술과 분산화로의 진입

많은 파괴적인 혁신과 마찬가지로 돌파구는 예상치 못한 곳에서 나올 수 있다. 사토시 나카모토Satoshi Nakamoto가 2008년 10월에 처음으로 〈Bitcoin: P2P 전자 화폐 시스템〉[10]을 발표했을 때, 아무도 그것이 온라인에서 신원과 신뢰에 대해 생각하는 방식에 근본적인 변화를 가져올 것이라고 예상하지 못했다.

그러나 신원과 화폐는 수세기 동안 매우 밀접하게 얽혀 있었다. 데이비드 버치David Birch의 2014년 책 《Identity is the New Money》에서는 풍부하고 재미있는 세부 사항으로 역사를 살펴보았다[11](자세한 내용은 이 책의 화폐와 신원에 관한 17장을 참고하라). 따라서 2015년 비트코인의 분산형 블록체인 모델이 업계와 세계 언론의 관심을 끌기 시작하자 마침내 인터넷 신원 커뮤니티의 관심도 끌게 되었다.

2004년부터 매년 2회씩 개최된 3일간의 인터넷 신원 전문가 모임인 인터넷 신원 워크숍Internet Identity Workshop, IIW에서는 2015년 봄 '블록체인 신원'에 대한 여러 세션이 열렸다. 이는 IIW가 10년 이상 작업해 온 사용자 중심의 신원 관리 문제에 블록체인 기술을 가장 잘 적용하는 방법을 연구하기 위한 비공식 그룹의 시작이었다. 2015년 가을, 이 그룹의 블록체인 신원에 대한 발표는 IIW 커뮤니티에서 가장 인기 있는 세션이 되었다.

2개월 후 미국 국토안보부의 과학기술부서U.S. Department of Homeland Security Science & Technology division는 중소기업혁신연구Small Business Innovation Research, SBIR 프로그램에 '신원 관리를 중심으로 하는 개인정보보호에 대한 블록체인 기술의 적용[12]'이라는 프로젝트를 발의하여 다음과 같이 발표했다.

"블록체인 기술의 잠재적인 적용은 암호화폐(단순히 그 기술 위에 구축된 응용 프로그램)를 넘어 스마트 컨트랙트, 출처 및 속성 정보의 분산 검증 등과 같은 많은 다른 용도로 확장된다.
SBIR의 이 주제는 기밀성, 무결성, 가용성, 부인 방지 및 출처와 같은 고전적인 정보 보안 개념뿐만 아니라 익명성 및 선택적 정보 공개와 같은 개인정보 개념이 블록체인 위에서 구축되어 신원ID 관리와 관련된 개인정보보호에 대한 분산되고 확장 가능한 접근 방식을 제공할 수 있는지 확인하고 시연하는 데 중점을 둔다."

미국 정부기관은 비트코인을 강화하는 블록체인의 동일한 기술 원칙이 인터넷의 신원 레이어의 부재로 인한 중요한 문제들을 잠재적으로 해결할 수 있다고 제안하고 있다. 그리고 미국뿐만 아니라, 유럽연합은 여러 이니셔티브를 통해 분산 디지털 신원을 탐색하고 있었고(신뢰할 수 있는 블록체인 응용을 위한 국제 협회International Association for Trusted Blockchain Applications, https://inatba.org; EU 블록체인 전망 및 포럼EU Blockchain Observatory & Forum, https://www.eublockchainforum.eu; 유럽 SSI 프레임워크European SSI Framework, eSSIF, https://ssimeetup.org/understanding-european-self-sovereign-identity-framework-essif-daniel-du-seuil-carlos-pastor-webinar-32 참조), 중국 정부는 블록체인 기술을 국가 우선순위로 만들었으며[13], 특히 한국은 민간의 주도로 활용 가능한 디지털 신원 협회Accountable Digital Identity, ADI Association, https://adiassociation.org를 만들었다. 그리고 그들은 모두 디지털 신원이 중앙형에서 **분산형**으로 이동할 수 있다는 이유에서 사업을 시작하였다.

하지만 분산화가 왜 그렇게 중요할까?

1.3 디지털 신원의 세 가지 모델

이 질문에 대한 가장 좋은 답변은 인터넷 신원 모델의 점진적 진보다.

> **NOTE** 인터넷 신원의 진화를 설명하는 방법은 2018년 티모시 러프(Timothy Ruff)가 처음 제안했다. 〈디지털 신원 관계의 세 가지 모델(The Three Models of Digital Identity Relationships)〉, 에버님(Evernym), https://medium.com/evernym/the-three-models-of-digital-identity-relationships-ca0727cb5186.

1.3.1 중앙형 신원 모델

첫 번째 모델은 설명하기 가장 쉽다. 정부 발급 ID,[2] 여권, 신분증, 운전면허증, 송장, 페이스북 로그인, 트위터 핸들[3] 등과 같은 거의 모든 식별자 및 자격증명과 함께 오랫동안 사용한 모델이다. 이 모든 것은 중앙 정부 또는 은행 및 통신회사와 같은 서비스 제공 업체에서 발급한다. 이 중앙형 모델은 실제 세계에서 매우 널리 사용되고 있고, 두 가지 유형으로 나눌 수 있다.

- **스칸디나비아형 모델**Scandinavian model: 사기업(금융 및 통신 회사)은 중앙형 디지털 ID 서비스를 제공하며, 정부와 상호 작용한다(핀란드의 TUPAS, 스웨덴의 BankID 등).
- **대륙형 모델**Continental model: 유럽에서는 정부가 기업에 디지털 신원 서비스를 제공하여 시민과 상호 작용하도록 허용한다.

---

2   옮긴이 우리나라의 주민등록증에 해당
3   옮긴이 Twitter 핸들: '@' 기호로 시작하는 사용자 아이디(핸들)는 사용자 계정마다 고유하며 프로필 URL에 표시된다. https://help.twitter.com/ko/managing-your-account/change-twitter-handle

NOTE 이러한 중앙형 모델은 2016 세계경제포럼 보고서 〈디지털 신원을 위한 청사진〉에 설명되어 있다(http://www3. weforum.org/docs/WEF_A_Blueprint_for_Digital_Identity.pdf).

또한 중앙형 모델은 인터넷 신원의 초기 형태이며, 오늘날에도 여전히 많은 경우에 사용되고 있다. 웹 사이트, 서비스 또는 애플리케이션에 **계정**(일반적으로 사용자 이름과 비밀번호)을 등록하여 신원을 설정한다. 이러한 이유로 이 모델을 **계정 기반 ID**라고도 한다.

그림 1.1에서 'You'는 점선으로 된 원이다. 왜냐하면 중앙형 신원의 세계에서 실제 'You'는 중앙형 시스템 안에서 계정 없이는 존재하지 못하기 때문이다. 실제 'You'에게는 웹 사이트, 서비스 또는 애플리케이션에 연결할 수 있는 권한이 부여된다. 이는 Org가 제한된 제어 및 권한으로 여러분을 나타내는 자격증명을 부여해 주기 때문이다. 자격증명의 사용이 끝나면 이러한 자격증명은 다시 Org에 귀속된다. 여러분이 중앙형 제공 업체에서 계정을 삭제하면, 여러분의 서비스 접근 권한 또한 사라진다. 이 경우 그림 1.1의 'You'는 인터넷에서 완전히 사라진다. 그러나 아직 여러분에 대한 모든 데이터는 여러분의 통제가 미치지 않는 Org에 남아있다.

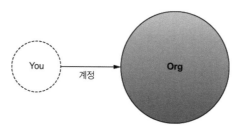

그림 1.1 계정 기반 ID 모델인 초기 인터넷의 중앙형 모델에서 웹 사이트(또는 애플리케이션)와 개인의 관계

이는 중앙형 신원의 많은 문제 중 하나일 뿐이다. 다음과 같은 또 다른 문제들이 존재한다.

- 모든 사용자 이름과 암호(몇몇의 경우에는, 일회성 코드와 같은 멀티팩터 인증 도구)를 기억하고 관리하는 부담은 전적으로 **여러분**에게 있다.
- 모든 사이트는 서로 다른 자체 보안 및 개인정보보호 정책을 시행한다. 간단한 예로 최소 길이, 허용되는 특수 문자 등 암호에 대한 엄청나게 다른 규칙들이 그것들이다.
- 여러분의 신원 데이터는 어디로도 옮길 수 없고 재사용할 수 없다(사용자는 암호를 재사용하지 않도록 경고를 받음).
- 이러한 중앙형 개인 정보 데이터베이스는 역사상 가장 큰 데이터 침해를 일으킨 거대한 허니팟[4]이다.

4 　[옮긴이] 허니팟(honeypot): 비정상적인 접근을 탐지하기 위해 의도적으로 설치해 둔 시스템을 의미한다. 예를 들어, 네트워크 상에 특정 컴퓨터를 연결해 두고 해당 컴퓨터에 중요한 정보가 있는 것처럼 꾸며두면, 공격자가 해당 컴퓨터를 크래킹하기 위해 시도하는 것을 탐지할 수 있다(위키피디아). 여기서는 한 곳에 많은 중요한 정보를 담고 있어 해커들의 표적이 되었다는 의미로 사용되었다.

1.3.2 연합형 신원 모델

중앙형 신원 모델의 일부 문제점을 완화하기 위해 업계는 **연합형 신원**이라는 새로운 모델을 개발했다. 기본 아이디어는 간단하다. **ID 공급자**identity provider, IDP라 부르는 서비스 공급자를 중간에 추가하는 것이다(그림 1.2).

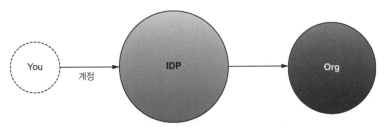

그림 1.2 **연합형 신원 모델과 관련된 3자 관계**

이제 여러분은 IDP에 단지 하나의 ID 계정만 가지고 있으면 된다. 그러면 그 IDP를 사용하는 어떤 사이트, 서비스, 앱이든지 간에 로그인할 수 있고 기본적인 신원 정보도 공유할 수 있다. 동일한 IDP(또는 IDP 그룹)를 사용하는 모든 사이트들의 모음을 **연합**이라고 한다. 연합 내에서 각각의 Org는 종종 **신뢰 당사자**relying party, RP라고 불린다.[5]

SAMLSecurity Assertion Markup Language, OAuth 및 OpenID Connect와 같은 3세대 통합 ID 프로토콜은 2005년부터 개발되었으며, 모두 실질적인 성공을 거두었다. 이러한 프로토콜을 사용하는 싱글 사인 온Single Sign On, SSO은 이제 대부분의 기업 인트라넷 및 엑스트라넷의 표준 기능이 되었다.

또한 **연합형 신원 관리**Federated Identity Management, FIM는 소비자를 대상으로 하는 인터넷consumer internet에서도 적용되기 시작했으며, **사용자 중심 ID**로 불린다. 그리고 OpenID Connect, 페이스북, 구글, 트위터, 링크드인 등의 **소셜 로그인**social login 버튼 같은 프로토콜을 사용하는 것은 이제 많은 웹 사이트에서 표준 기능이 되었다(그림 1.3).

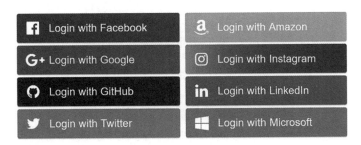

그림 1.3 **인터넷 신원의 번거로움을 덜어주려는 소셜 로그인 버튼의 예시**

---

5 옮긴이 서비스 제공자(service provider)라고도 한다.

2005년 이후 연합형 신원에 많은 노력을 기울였음에도 불구하고, 여전히 인터넷에 신원 레이어를 제공하지는 못했다. 여기에는 몇 가지 이유가 있다.

- 모든 사이트, 서비스 및 앱에서 작동하는 하나의 IDP는 없다. 따라서 사용자들은 여러 IDP의 계정이 필요하다. 그리고 사용한 IDP를 잊어버리기 일쑤이다.
- IDP는 너무 많은 사이트들을 서비스해야 하기 때문에, '최소 수준의' 보안 및 개인정보보호 정책을 가져야 한다.
- 많은 사용자(그리고 많은 사이트)는 여러 사이트에 걸친 사용자 로그인 활동을 감시할 수 있는 '중간자'가 있다는 것이 거북하다.
- 대규모 IDP는 사이버 범죄의 가장 큰 허니팟이다.
- IDP 계정은 중앙형 ID 계정만큼이나 이식성이 없다. 구글, 페이스북 또는 트위터와 같은 IDP를 탈퇴하면 계정의 모든 로그인 정보가 손실된다.
- 보안 및 개인정보보호 문제로 인해, IDP는 사용자의 가장 중요한 개인 데이터(여권, 정부 발급 ID, 의료 정보, 재무 정보 등) 중 일부를 안전하게 공유하도록 지원할 수 있는 입장이 아니다.

1.3.3 분산형 신원 모델

블록체인 기술에서 영감을 받은 새로운 모델은 2015년에 처음 등장했다. FIDO 얼라이언스Fast IDentity Online Alliances는 2013년에 시작되었고, 이는 연결에 P2P를 사용하지만 키 관리는 블록체인이 아닌 FIDO 얼라이언스가 중앙에서 수행하는 하이브리드 접근 방식을 사용한다. 이 모델은 더 이상 중앙형 또는 연합형 ID 공급자에 의존하지 않고 근본적으로 **분산화**되었다. 이는 암호화, 분산 데이터베이스 및 분산 네트워크의 새로운 개발과 융합되면서 빠르게 가속화되었으며, 이 책의 2장과 2부에서 자세히 설명하는 검증 가능한 자격증명verifiable credential, VC 및 분산 식별자decentralized identifier, DID와 같은 새로운 분산 ID 표준을 생성하기 시작했다.

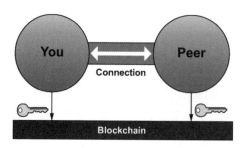

그림 1.4 **분산형 신원 모델에 의해 가능해진 P2P 관계:**
사람들을 공개키/개인키 암호화로 보호되는 직접적인 비공개 방식으로 연결함

이 모델의 가장 중요한 차이점은 더 이상 계정 기반이 아니라는 것이다. 그렇지만 실제 세계에서의 ID 처럼 작동한다. 즉, 여러분과 **피어**peer처럼 서로 다른 당사자 간의 직접적인 관계를 기반으로 한다(그림 1.4). 그리고 어느 누구도 다른 사람과의 관계를 **제공**하거나 **통제**하거나 **소유**하지 않는다. 이는 상대가 사람, 조직, 사물이든지 관계없이 적용된다.

P2P 관계에서 누구도 **계정**을 가지지 않는다. 오히려 서로 **연결**을 공유한다. 누구도 연결을 완전히 **소유**하지 않으며, 이 연결은 함께 붙잡고 있는 줄과 같아서 둘 중 한 명이 놓으면 끊어지게 된다. 그러나 서로 연결이 계속되길 원한다면 연결은 유지된다.

P2P 연결은 모든 피어가 어디서나 다른 피어에 연결할 수 있기 때문에 본질적으로 분산되어 있다. 이는 정확히 인터넷이 작동하는 방식과 동일하다. 그러나 이것이 어떻게 신원 레이어가 되고 왜 블록체인 기술이 필요할까?

대답은 **공개키/개인키 암호화**에 있다. 이는 각 당사자가 보유한 암호화 키를 기반으로 하는 수학 알고리즘을 통해 데이터를 보호하는 방법이다. 신원 관리는 블록체인 기술을 암호화폐를 위해 사용하는 대신, **분산형 공개키 기반구조**decentralized public key infrastructure, DPKI에 사용한다. 다음 몇 장에서 이에 대해 더 자세히 다룰 것이지만, 본질적으로 블록체인 기술 및 기타 분산 네트워크 기술은 다음과 같은 강력하고 분산된 솔루션을 제공할 수 있다.

- 공개키를 직접 교환하여 두 피어 간에 비공개 보안 연결을 구성한다.
- 이러한 공개키 중 일부를 공개 블록체인에 저장하여 피어가 실제 신원 증명을 제공하기 위해 교환할 수 있는 디지털 신원 자격증명(일명, 검증 가능한 자격증명)의 서명을 확인한다.

아이러니하게도, 이것은 중앙화된 신원 모델에 대한 가장 좋은 비유가 실제로 우리가 현실 세계에서 매일 우리의 신원을 증명하는 방법, 즉 지갑을 꺼내 신뢰할 수 있는 당사자로부터 얻은 자격증명을 보여주는 것임을 뜻한다. 차이점은 **디지털** 지갑, **디지털** 자격증명 및 **디지털** 연결을 통해 이를 수행한다는 것이다. 이를 위해 분산화된 디지털 신원을 사용한다(그림 1.5).

그림 1.5 분산화된 디지털 신원의 본질: 물리적 지갑의 신원 자격증명을 디지털 지갑의 디지털 자격증명으로 전환

1.4 왜 '자기 주권'인가?

분산화된 디지털 신원 모델이 인기를 얻기 시작하면서 **자기주권신원**이라는 이름과 약어 'SSI'가 만들어졌다. 처음에 이 용어는 그 의미로 인해 상당한 논쟁의 여지가 있었다[14]. 현재 업계 최고의 분석 기업들과 전 세계의 주요 디지털 ID 컨퍼런스에서 사용되는 이 새로운 신원 모델의 표준 용어를 이렇게 주목하도록 만든 것은 무엇이었을까?[15] 매년 봄 EU의 분석 기업인 커핑거 콜Kuppinger Cole이 주최하는 유럽 신원 컨퍼런스European Identity Conference에는 '자기주권신원Self-Sovereign Identity'이라는 트랙이 있다.

주권sovereign이라는 단어부터 알아보자. 이것은 우리 대부분이 일상적인 말에서 사용하는 단어가 아니므로 그 자체로 특별한 무언가가 있다. 정의에 따르면 때로는 **왕**이나 **국가 원수**와 동의어로 사용되기도 했지만, 오늘날에는 **자율적**이거나 **독립적**인 의미로 사용되기도 한다. 이와 달리 자주 사용되는 의미로서 **주권 국가**nation 또는 **주권 주**state가 있다. Dictionary.com에서는 **주권**sovereignty을 다음과 같이 정의하고 있다.

> 주권적이거나 최고의 권력 또는 권위를 갖는 자질 또는 상태; 주권자의 지위, 지배권, 권력 또는 권위; 왕실 계급 또는 지위; 왕족.

그 앞에 **self**라는 단어를 추가하면 갑자기 의미가 '다른 권력이나 국가에 의존하지도 않고 종속되지도 않는 사람'으로 두드러진다. 그 점을 감안할 때 누가 '자기주권'을 갖고 싶지 않을까? 반대로, 어떤 정부가 '자기주권'이라고 불리는 신기술에 집단적으로 몰려드는 시민들에 대해 심각하게 우려하지 않을 수 있을까?

그러나 물론, 우리가 논의하는 용어는 **자기주권**이 아니라 **자기주권신원**이다. 우리의 논리에 따라 그 용어를 사람에게 적용하면 문자 그대로 다음과 같이 번역된다.

다른 힘이나 상태에 의존하지도 않고 종속되지도 않는 사람의 정체성.

마침내 우리는 이 용어가 왜 붙었는지 이해할 수 있게 되었다. 개인의 정체성을 표현할 때 전 세계의 많은 사람들은 이 정의가 매력적이라는 것을 알게 될 것이다. 그리고 23장에서 볼 수 있듯이 많은 자치국가의 정부가 발급한 신원은 자기 주권적 신원과 경쟁하지 않기 때문에 시민들에게 자기 주권적 신원의 힘을 기꺼이 부여하도록 도울 수 있다. 이 두 가지는 매우 상호보완적이다.

그러나 우리는 왜 이 용어가 논란거리가 되는지도 알 수 있다. 왜 그 영향력에도 불구하고 때때로 분산형 신원 모델의 가치를 이해하는 데 방해가 되는지 말이다. 불행히도 SSI라는 용어를 다음과 같이 오해하는 경향도 있다.

- **자기주권신원은 자기 주장의 신원이다.** 이는 자신에 대한 신원을 주장할 수 있는 사람이 자신뿐이라는 뜻이다. 실제 지갑에 있는 모든 자격증명의 발급자가 자신이 될 수 있다는 것이 사실이 아닌 것처럼 이 또한 사실이 아니다. 여러분의 신원에 대한 대부분의 정보는 신뢰할 수 있는 다른 출처에 의해 제공된다. 이것이 다른 사람들이 지갑에 있는 자격증명에 의지하는 이유이다.
- **자기주권신원은 단지 사람만을 위한 것이다.** SSI 모델은 보안, 개인정보보호 및 개인 데이터 제어에 대한 개인의 요구에 따라 많은 정보를 얻지만, SSI 모델은 조직과 사물에도 동일하게 적용된다. 사실, 이는 인터넷에서 신원이 필요한 **모든 것**에 적용된다.

SSI라는 약어는 현재 인터넷 신원 분야에서 널리 사용되고 있기 때문에 이 책에서도 이 약어를 사용한다. 공동 저자 알렉스 프록샤트Alex Preukschat는 같은 이유로 그의 웨비나 시리즈 SSIMeetup을 https://ssimeetup.org로 명명했다.

1.5 SSI가 왜 그렇게 중요한가?

여러 면에서 이 질문에 답하는 것이 이 책의 전체적인 요점이 될 것이다. 이어지는 장들에서는 SSI가 인터넷에서 매일 벌어지는 거의 모든 일에 어떻게 그리고 왜 영향을 미치는지 설명한다. 이러한 변화 중 일부는 실제로 1980년대와 1990년대의 인터넷 자체만큼 깊고 심오할 수 있으며, 그 이후에 웹도 마찬가지였다.

오늘날 많은 사람들이 이 두 가지 기술적 진보(인터넷과 웹)를 당연하게 여기고 있다. 그러나 잠시 멈춰 심사숙고해본다면(그 시절로 돌아가 실제 산다고 생각해보라), 수십억 명의 직장과 사회 심지어 정치 분야에서의 삶까지 인터넷과 웹에 의해 근본적으로 변화되었다는 것을 알 수 있다. 이것이 과장된 것처럼 보인다면, **현재 세계에서 가장 가치 있는 기업 10개 중 7개가** 인터넷과 웹 없이는 존재하지 않았을 것이라는 사실을 생각해보면 쉽게 이해가 될 것이다[16].

FORECAST 우리는 SSI 기술의 영향과 모든 계층에 걸쳐 신뢰하는 상호 작용의 무수한 새로운 패턴이 똑같이 깊은 영향을 줄 것이라 예측한다.

이러한 변화의 근본적인 이유는 우리가 방금 **자기주권신원**이라는 용어에 대해 설명한 것에 근거한 다. 그것은 **통제의 변화**shift in control를 나타낸다. 우리는 인터넷에서 누락된 신원 레이어에 대한 해결 책을 찾기 시작했다. 결국 이러한 문제를 해결하려면 통제권을 네트워크의 중심(많은 '권한')에서 우리 모두가 존재하고 동료로서 상호 작용하는 네트워크의 가장자리로 전환해야 한다는 사실을 알게 되었다. 이러한 통제권의 변화는 23장의 공동 저자인 팀 보우마Tim Bouma의 그림 1.6에서 제대로 보여주고 있다.

중앙형 신원 모델과 연합형 신원 모델에서 통제권은 네트워크의 발급자와 검증자에 있다. 분산화된 SSI 신원 모델에서 통제의 중심은 이제 완전한 피어로서 다른 모든 사람과 상호 작용할 수 있는 개별 사용자로 이동한다.

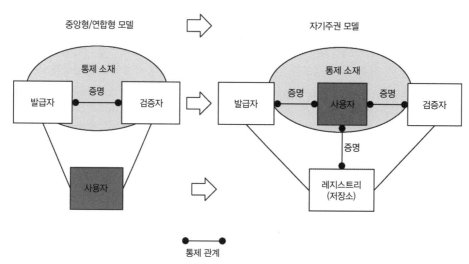

그림 1.6 **중앙형 또는 연합형 신원 모델에서 자기주권 모델로 전환할 때 발생하는 통제의 전환. 자기주권 모델만이 개인(사용자)을 중심에 둔다.**

SSI가 기술 이상의 의미를 가지는 이유는 이런 통제의 전환에 있다. 이는 비즈니스, 법 그리고 사회적 차원에서 중요성을 지닌다.

이제까지, 우리는 SSI를 마치 하나의 움직임인 것처럼 언급했다. 그 움직임은 인터넷 신원 워크숍(앞에서 설명함), 리부팅 신뢰의 웹Rebooting the Web of Trust, RWoT(http://www.weboftrust.info), 마이데이터 MyData(https://mydata.org), W3C 분산 식별자 워킹 그룹Decentralized Identifier Working Groups(https://

www.w3.org/2019/did-wg) 및 검증 가능한 자격증명 워킹 그룹Verifiable Credentials Working Groups(https://www.w3.org/2017/vc/WG)들에 의해 주도된 움직임이다. 그러나 SSI가 주류가 됨에 따라 SSI의 다양한 종류와 비전이 구현될 것으로 예상되며, 이러한 종류와 비전의 차이는 SSI를 구현하는 여러 커뮤니티의 필요, 요구 및 우선 순위에 따라 달라진다. 핵심은 인터넷이 서로 다른 로컬 네트워크를 상호 운용 가능하게 만든 것과 동일한 방식으로, 서로 다른 SSI 아키텍처가 상호 운용 가능한 방식이 될 것이라는 것이다. 이렇게 될 경우에만 하나의 통합된 SSI 인프라가 존재할 수 있을 것이다.

1.6 SSI의 시장 요인

SSI의 성장 동력과 SSI 아키텍처의 차이점을 이해하는 한 가지 방법은 수요를 유발하는 요인을 살펴보는 것이다. 비즈니스 지향적인 독자에게는 이러한 범주 중 일부가 이질적이거나 이념적으로 다가올 수 있지만, 우리의 목표는 시장에서 관찰한 내용을 반영하는 것이다. 요인은 크게 세 가지 범주로 분류된다.

- **비즈니스 효율성 및 고객 경험**: 이 시장은 보안, 비용 절감 및 편의성에 중점을 둔다. 이는 SSI를 초기 단계에서 추진하는 주요 시장 수요이며, 4장에서 논의된다. 기업, 정부, 대학, NGO는 모두 데이터 보안을 개선하고, 개인정보보호 및 데이터 보호 규정을 준수하며, 워크플로를 개선하여 비용을 절감하고, 고객에게 더 나은 사용자 경험을 제공하여 경쟁력을 높이기를 원한다.

  이러한 SSI 애플리케이션은 기존의 신원 및 접근 관리identity and access management, IAM 시장을 분열시킨다. 다른 혁신적인 기술들처럼, 그들은 새로운 기업, 새로운 비즈니스 모델 그리고 IAM 시장에서 새로운 영역을 만들어 낸다.

- **감시 경제에 대한 저항**: 이것은 오늘날 인터넷에서 가장 지배적인 일부 기업의 비즈니스 모델과 전술에 대한 반발이다. 미디어에서 광범위하게 다루어졌듯이 웹의 주요 비즈니스 모델(Web 2.0)은 디지털 광고이다. 이것은 하버드대학교의 쇼샤나 주보프Shoshana Zuboff 교수가 '감시 자본주의'라고 부르는 세계적인 산업으로 이어졌다. 이 모델에 대한 반발은 기술 혁신 및 성장의 다음 물결을 타는 것 이상의 일을 하고자 하는 특정 정부, 개인정보보호를 중시하는 개인, 일부 기업에게는 시장 원동력이 되었다. 또한 글로벌 애그리게이터aggregator, 리셀러 및 개인 데이터 유통 업체의 비즈니스 모델을 약화시키고자 했다.

  이 부문의 수요는 이데올로기(예 프라이버시 옹호자), 소비자 정서 및 전략적 포지셔닝의 융합이다. 일반 데이터 보호 규정General Data Protection Regulation, GDPR이 있는 유럽연합과 같은 지역이나 국가는 특히 급진적인 기술 변화가 계속해서 '구세계'를 혼란에 빠뜨리는 가운데, 인터넷 거대기업들과 더 공평한 경쟁을 할 수 있도록 하기 위하여 이러한 움직임을 주도하고 있다.

- **개인 주권 운동**: 이 운동은 자신의 삶과 데이터에 대한 더 많은 통제권을 되찾으려는 사람들이 주도한다. 아마도 이 SSI 시장 요인을 설명하는 가장 좋은 방법은, 비트코인의 목표가 '분산 화폐'를 지향했던 것을 '분산 신원'으로 바꾸어 말하는 것이다. 비트코인과 같은 비허가형permissionless 블록체인 기반의 암호화폐 기술은 운영을 위해 중앙 당사자에 의존하지 않는 완전히 분산된 경제를 만들고자 한다. 이 시장 요인 부문의 개인은 분산화를 극대화하는 SSI 아키텍처를 선택하면서 동일한 철학을 디지털 신원에 적용하기를 원한다. 그들의 동기를 이해하기 위해 제임스 데일 데이비슨James Dale Davidson과 윌리엄 리스-모그William Rees-Mogg의 《The Sovereign Individual》[17]을 읽는 것을 추천한다. 이 책은 아이러니하게도 비트코인과 분산화가 주류가 되기 훨씬 전인 1997년에 출판되었지만, 분산화 운동에 대해 선견지명이 있어 보인다. 이 주제는 3부에서 자세히 살펴본다.

일부는 두 번째와 세 번째의 두 시장 요인에 대해 더 많은 관심을 가지기도 하지만, SSI 채택의 가장 큰 초기 요인은 비즈니스 효율성 및 고객 편의성의 첫 번째 범주이기 때문에 이에 대한 몇 가지 예를 살펴보자.

1.6.1 이커머스

그림 1.7은 이커머스e-commerce의 엄청난 성장을 보여준다. 오늘날 모든 이커머스 거래에는 중앙형이든 연합형이든 일종의 디지털 ID가 포함된다. 소비자가 다음과 같은 일들을 모두 수행할 수 있는 SSI 디지털 지갑을 갖게 되면 어떻게 될까?

- SSI가 활성화된 모든 웹 사이트 또는 서비스에서 비밀번호 없이 등록(가입)하고 로그인할 수 있다.
- 연결 중인 사이트 또는 서비스가 자체적으로 신뢰할 수 있는 디지털 자격증명을 제공할 수 없는 경우, 자동으로 알람을 해준다.
- 타사 지갑 제공 업체 또는 외부 결제 게이트웨이를 사용하지 않고도 디지털 지갑에서 직접 결제를 할 수 있다.

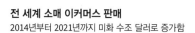

전 세계 소매 이커머스 판매
2014년부터 2021년까지 미화 수조 달러로 증가함

그림 1.7 **지난 10년간 이커머스의 매출 증가**

- 디지털 영수증의 비공개 개인 로그를 자동으로 유지하고 자신이 선택한 판매자 또는 추천 엔진에 구매의 증거를 제공한다.

이렇게 되면 이커머스에 대한 평균 소비자의 경험이 변화될 뿐만 아니라 SSI가 글로벌 디지털 경제에서 발생시킬 추가적인 잠재력은 수천억 달러에 이를 것이다.

1.6.2 은행과 금융

씨티은행Citi bank의 2018년 모바일 뱅킹 연구에 따르면 미국 성인의 거의 1/3이 현재 모바일 뱅킹을 사용하고 있다. 소셜 네트워킹 앱 다음으로 가장 인기있는 모바일 앱인 것이다. 밀레니얼 세대의 경우 거의 2/3가 사용하고 있다[18].

대다수의 모바일 뱅킹은 은행, 신용 조합 및 기타 다른 금융기관이 그들의 고객에게 직접 제공하는 전용 앱을 통해서 이뤄진다. 이들 중 일부는 유용성, 보안 및 개인정보보호 기능으로 수상 경력이 있다. 그러나 대부분은 여전히 단일 공급자와 연계하여 작동하는 자체 로그인/비밀번호가 있는 전용 앱이다. (벨기에에서는 Itsme(https://www.itsme.be/en)와 같은 이니셔티브가 솔루션을 제공한다.)

개인이 다음을 수행할 수 있는 SSI 디지털 지갑을 얻게 되면 어떻게 될까?

- SSI를 지원하는 모든 금융 기관과 협력할 수 있으며, 동일한 양식을 반복해서 작성해야 하는 번거로움 없이 모든 공급자가 제공하는 서비스를 이용할 때 금융 서비스에 접근할 수 있다.
- 모든 금융 기관에서 요구하는 KYCknow your customer, 고객 확인와 AMLanti-money laundering, 자금세탁 방지의 절차를 통과하는 데 필요한 신뢰할 수 있는 제3자의 디지털 자격증명을 제공할 수 있다.
- 대출 또는 모기지 신청에 필요한 신뢰할 수 있는 발급자가 발급한 디지털 서명과 같은 모든 정보를 디지털 방식으로 순식간에 공유할 수 있다.
- 단일 또는 여러 당사자가 디지털 서명과 암호화로 보호된 감사 추적을 통해 수백만 달러 규모의 중요한 거래를 승인할 수 있다.

NOTE 또한 SSI 디지털 지갑은 암호화폐 및 중앙은행 디지털화폐(central bank digital currencies, CBDC)의 규제를 준수하는 교환(환전) 솔루션으로 고려되고 있다.

이러한 획기적인 이점들은 단순히 이상적인 것만은 아니며, 일부는 제품화 단계에서 제공되고 있다. 예를 들어, 글로벌 신용 협동 조합 업계는 세계 최초의 신용 협동 조합 회원 자격(https://bonifii.com/)인 MemberPass를 소개하기 위해 컨소시엄을 구성했다.

1.6.3 헬스케어

미국 최대의 클라우드 기반 전자 의료 기록Electronic Health Record, EHR 제공 업체 프랙티스 퓨전 Practice Fusion은 2014년 EHR 채택에 대한 다음의 통계를 제공했다.

"10년 전, 미국의 의사 10명 중 9명이 환자의 진료 기록을 수작업으로 업데이트하여 색상 분류 파일로 저장했다. 2017년 말까지 전국 사무실 기반 의사의 약 90%가 전자 의료 기록EHR을 사용할 것이다."[19]

안타깝게도 'Healthcare IT News'는 병원에 평균 16개의 다른 EHR 공급 업체가 제휴하고 있다고 보고한다[20]. 이 문제는 다음과 같이 요약될 수 있다.

"서로 다른 EHR 플랫폼 간의 상호 운용성을 달성하는 것은 매우 어렵다. 사실 미연방 메디케어[6] 및 메디케이드[7] 서비스Centers for Medicare and Medicaid Services, CMS는 상호 운용성에 대한 주요 공공 및 민간 의료 기관을 담당하는 연방 기관인 보건 IT 국가 코디네이터와 협력하여 기본적으로 EHR 인센티브 프로그램을 의미있게 사용하여 환자 진료 기록을 보다 통합하여 볼 수 있도록 한다. 미국 전역의 의료 IT 매장에서 '상호 운용성 증진' 프로그램을 만날 수 있다."[20]

이 모든 것이 의사, 병원 및 의료 기관을 위한 의료 IT 시스템의 맥락에 있음을 명심해야 한다. 환자가 자신의 의료 데이터에 대한 '통합된 관점'에 어떻게 참여할 수 있는지는 고려조차 되지 않는다. 환자가 자신의 SSI 디지털 지갑을 사용하여 다음을 수행할 수 있다면 전체 EHR 이식성 문제가 얼마나 쉬워질까?

- 진료받은 후 즉시 EHR 기록 사본을 즉시 확보하여 저장(자신의 핸드폰이나 사설 클라우드에 안전하게 저장)
- 선택한 의사와 간호사에게 수 초 내 EHR을 안전하게 비공개로 공유
- 자신, 가족, 부양 가족 등 의료 절차에 대한 안전하고 법적으로 유효한 감사 가능한 동의를 스마트 폰이나 기타 네트워크 기기에서 직접 제공
- 예방 접종, 알레르기, 면역 등의 평생 이력을 검증 가능한 전자 기록을 통해 학교, 고용주, 의사, 간호사 또는 검증이 필요한 모든 사람과 직접 또는 원격으로 수 초 내에 공유

---

6 [옮긴이] 메디케어(Medicare)는 65세가 되면서 메디케어 대상자가 되며, 정부가 제공해 주는 의료보험이다. 일반적으로 10년 이상 미국 내에서 일을 하면서 세금을 납부한 사람에게 제공되며, 65세 미만이라도 질병, 사고로 장애인 판정을 받게 되면 메디케어 수혜자가 된다.

7 [옮긴이] 메디케이드(Medicaid)는 주로 소득과 관련해 65세 미만 저소득층과 장애인을 지원해 주기 위한 가장 큰 의료보험 제도로, 치과 치료까지 포함한다.

다시 말하지만, 앞서 언급한 것들은 이론적인 것만은 아니다. 의료를 위한 SSI 디지털 자격증명의 환자 주도적인 교환을 위한 최초의 네트워크인 Lumedic Exchange는 2020년 11월에 발표되었으며, 2021년 미국에 배포될 예정이다(https://www.lumedic.io/perspectives/introducing-lumedic-connect). 그러나 여기에서는 개인 EHR을 자신의 건강관리를 위한 디바이스 앱을 통해 어떻게 사용되는지, 우리의 공중 보건 상태를 발전시키기 위해 그것을 사용할 수 있는 대학이나 의료 연구원과 자신의 의료 데이터가 안전하게 익명으로 어떻게 공유될 수 있는지는 언급하지 않는다. (제약 산업의 건강 및 공급망 관리에 관해서는 22장에서 자세히 살펴보겠다.)

1.6.4 여행

해외 여행을 해본 사람이라면 누구나 비행기에서 내려 세관으로 걸어갈 때(종종 매우 긴) 여러 가지 걱정에 대한 두려움이 생긴다는 것을 알고 있다. 이런 질문이 여러분의 마음에 넘쳐날 것이다. "줄이 얼마나 길까?", "몇 시간이나 걸릴까?", "연결 항공편을 놓치면 어떡하지?"

각국의 정부와 공항은 해외 여행에서 발생하는 특정 문제에 대한 제거 방안을 찾기 위해 고심하고 있다.

미국의 Global Entry 및 CLEAR, 캐나다의 Nexus, 영국의 Registered Traveller 및 기타 전 세계의 프로그램들은 신원 자격증명을 자세히 확인하고 생체 인식을 등록하여 세관을 신속하게 통과할 수 있도록 설계되었다. 그러나 이러한 프로그램을 설치하는 데 수천만 달러가 소요되고 등록하는 데 수천 또는 수백 달러가 들며 모든 공항에 전용 시설과 인력이 필요하다.

다음을 수행할 수 있는 SSI 디지털 지갑이 있는 스마트폰으로 여행을 할 수 있다면 해외 여행이 얼마나 더 간편해질 수 있을까?

- 스마트폰에 보유하고 있는 모든 디지털 자격증명을 모바일 탑승권처럼 단일 QR 코드로 즉시 증명한다.
- 동시에 특정 공항에서 보안 및 세관을 통과했다는 새로운 자격증명을 발급받고, 여행 중 다른 체크 포인트에서 제공할 수 있는 개인적이고 검증 가능한 여행 감사 추적을 구축한다.
- 특히, 각 체크 포인트에서 정부 규정을 충족하는 데 필요한 정보만 공개하는 암호화 증명을 사용하도록 개인정보보호 중심 설계를 통해 이 모든 작업을 수행한다.
- 항공권, 기차표, 호텔, 식당 예약 등 필요한 모든 여행 문서가 디지털 지갑에 자동으로 저장되므로 필요할 때 항상 사용할 수 있다.

마치 해리 포터의 세계처럼 들릴지 모르지만, 이 특별한 SSI 요술 카펫에 올라타는 것이 세계적으로 많은 공항과 여행 컨소시엄 및 정부 기관들의 목표가 되었다. 이는 전 세계 COVID-19 대유행의 엄청난 영향으로 가속화되었으나(2020년 11월 국제 항공 운송 협회International Air Transport Association, IATA Travel Pass의 발표(https://www.iata.org/en/programs/passenger/travel-pass/ 참고), 글로벌 디지털 여행 자격증명이 현실화되기 전에 극복해야 할 중요한 장애물들이 여전히 남아 있다.

1.7 SSI 채택에 대한 주요 과제

저자로서 우리는 SSI 패러다임 전환이 이미 진행 중이라고 믿는다. 그러나 우리는 중대한 도전이 없다고 생각하지 않는다. Citi Ventures가 주최한 '디지털 신원의 미래The Future of Digital Identity'라는 2019년 행사에서 씨티Citi의 신흥 기술 책임자인 비노드 바야Vinod Baya 이사는 SSI 채택에 다음의 세 가지 주요 과제가 있다고 지적했다[21].

- 새로운 SSI 생태계 구축
- 분산 키 관리
- 오프라인 접근

1.7.1 새로운 SSI 생태계 구축

SSI의 일부 혜택(4장 참조)은 개별 기업이나 커뮤니티에 의해 실현될 수 있다. 그러나, 전체 네트워크의 효과는 여러 산업, 정부, 그리고 다른 생태계들이 각기 서로 다른 디지털 자격증명을 받아들이기 시작해야만 경험할 수 있다. 이는 SSI의 필수 구성 요소 간의 실제 상호 운용성을 달성하는 데 달려 있다. 이에 대해서는 2장에서 논의하고 2부에서 좀 더 자세히 살펴볼 것이다. 예를 들어, 다른 공급 업체의 다양한 디지털 지갑에서 작동하려면 디지털 자격증명이 필요하다. 이 중 일부는 디지털 화폐(CBDC 명목 화폐 또는 암호화폐)도 통합한다. 이러한 인프라의 구축은 진행 중이지만 아직 완료되지 않았다. 그리고 인터넷 규모에 맞게 완전히 준비되기까지 해야 할 일이 아직 많이 남아 있다.

1.7.2 분산 키 관리

앞서 설명했듯이 SSI의 핵심key은 말 그대로 키key이다. 이는 SSI 신원 보유자가 자신의 디지털 지갑에 개인키를 저장한 곳에 있는 암호화 키 쌍이다. 그래서 개인키의 분실은 보유자의 디지털 신원을 분실하는 것과 같다. 키 관리는 항상 암호화와 공개키 기반구조public key infrastructure, PKI 채택의 걸림돌이었다. 많은 전문가들은 그것이 너무 어려워서 대기업, 은행, 정부 기관과 같은 중앙형 서비스 제공 업체에서만 처리할 수 있다고 믿었다.

암호화폐의 성장은 이미 분산 키 관리에서 상당한 발전을 이끌었지만, SSI의 등장으로 이 분야에서 훨씬 더 많은 연구가 진행되고 있다. 우리는 이것이 SSI의 궁극적인 시장 성공에 대한 주요 장애물 중 하나라고 생각하며, 분산 키 관리의 핵심 혁신에 대해 10장에서 매우 자세히 다루는 이유이기도 하다.

1.7.3 오프라인 접근

SSI는 디지털 네트워크를 통해 공유되는 디지털 자격증명을 기반으로 한다. 그러나 인터넷이나 디지털 장치 없이도 우리의 신원을 증명할 수 있어야 하는 상황이 많이 있다. 예를 들어, 캐나다 기마 경찰Canadian Mounted Police은 인터넷 접속이 불가능한 북쪽 지역에서 운전면허증을 검증해야 할 수 있다. 따라서 SSI 솔루션은 오프라인에서나 인터넷의 간헐적이거나 불확실한 연결로도 작동할 수 있어야 한다. 이것은 SSI 설계자가 직면하고 있는 주요 엔지니어링 과제이지만 아직 해결된 문제는 아니다.

또한 SSI 채택에 대한 기술적 과제 외에도 기하급수적 기술의 채택adoption of any exponential technology과 관련된 위험도 있다(https://www.youtube.com/watch?v=vXrZjx3zkg8 참조). SSI도 이러한 도전들에 예외가 아니다. SSI가 신뢰를 구축하고 위험을 완화하기 위해서는 인프라 초기 단계에서 이루어진 아키텍처의 선택이 매우 중요하다. 이 인프라는 현재 신원과 같이 복잡한 주제에 필요한 더 광범위한 전문 지식이 필요하다. SSI를 추진하는 많은 전문가들은 기술적 배경을 가지고 있으며, 법률적 이슈로 인해 인터넷 분야 지식과 경험이 풍부한 변호사를 끌어들였다. 하지만, 사회학자, 심리학자, 인류학자, 경제학자 등 모든 사회 분야의 전문가들이 더 필요하다. 우리는 시간이 지남에 따라 이들과 기술 커뮤니티 외부의 다른 사람들의 참여가 확대되기를 바란다.

> **SSI 참고자료**
>
> SSI에 대해 더 자세한 내용은 IdentityBook.info와 SSIMeetup.org/book을 참고하라.

참고문헌

[1] Cameron, Kim. 2005. "The Laws of Identity." Kim Cameron's Identity Weblog. www.identityblog.com/?p=352.

[2] Security. 2017. "Average Business User Has 191 Passwords." https://www.securitymagazine.com/articles/88475-average-business-user-has-191-passwords.

[3] Morgan, Steve. 2015. "IBM's CEO on Hackers: 'Cyber Crime Is the Greatest Threat to Every Company in the World.'" Forbes (November 24). www.forbes.com/sites/stevemorgan/2015/11/ 24/ibms-ceo-on-hackers-cyber-crime-is-the-greatest-threat-to-every-company-in-the-world.

[4] Zaharia, Andra. 2020. "300+ Terrifying Cybercrime and Cybersecurity Statistics & Trends." Comparitech. https://www.comparitech.com/vpn/cybersecurity-cyber-crime-statistics-facts-trends.

[5] Rainie, Lee. 2018. "Americans' Complicated Feelings about Social Media in an Era of Privacy Concerns." Pew Research Center. www.pewresearch.org/fact-tank/2018/03/27/americans-com plicated-feelings-about-social-media-in-an-era-of-privacy-concerns.

[6] Oath. 2017. "Yahoo Provides Notice to Additional Users Affected by Previously Disclosed 2013 Data Theft." Verizon Media. https://www.oath.com/press/yahoo-provides-notice-to-additional-users-affected-by-previously.

[7] Neveux, Ellen. 2020. "80% of Hacking-Related Breaches Leverage Compromised Passwords." Secure-Link. https://www.securelink.com/blog/81-hacking-related-breaches-leverage-compromised-credentials.

[8] Lim, Paul J. 2017. "Equifax's Massive Data Breach Has Cost the Company $4 Billion So Far." Money. https://money.com/equifaxs-massive-data-breach-has-cost-the-company-4-billion-so-far.

[9] Ctrl-Shift. 2011. "Economics of Identity." https://www.ctrl-shift.co.uk/insights/2014/06/09/economics-of-identity.

[10] Nakamoto, Satoshi. 2008. "Bitcoin: A Peer-to-Peer Electronic Cash System." https://bitcoin.org/bitcoin.pdf.

[11] Birch, David. 2014. Identity Is the New Money. London Publishing Partnership. https://www.amazon.com/Identity-Money-Perspectives-David-Birch/dp/1907994122.

[12] SBIR. 2015. "Applicability of Blockchain Technology to Privacy Respecting Identity Management." https://www.sbir.gov/sbirsearch/detail/867797.

[13] Foxley, William. 2019. "President Xi Says China Should 'Seize Opportunity' to Adopt Blockchain." CoinDesk. https://www.coindesk.com/president-xi-says-china-should-seize-opportunity-to-adopt-blockchain.

[14] Cameron, Kim. 2018. "Let's Find a More Accurate Term Than 'Self-Sovereign Identity.'" Kim Cameron's Identity Weblog. https://www.identityblog.com/?p=1693.

[15] Heath, Chip and Dan Heath. 2007. Made to Stick: Why Some Ideas Survive and Others Die. Random House. https://smile.amazon.com/Made-Stick-Ideas-Survive-Others-dp-1400064287/dp/ 1400064287.

[16] Statista. 2020. "The 100 Largest Companies in the World by Market Capitalization in 2020." https://www.statista.com/statistics/263264/top-companies-in-the-world-by-market-value.

[17] Davidson, James Dale and William Rees-Mogg. 1997. The Sovereign Individual: Mastering the Transition to the Information Age. Touchstone. https://www.goodreads.com/book/show/82256.The_Sovereign_Individual.

[18] Citi. 2018. "Mobile Banking One of Top Three Most Used Apps by Americans, 2018 Citi Mobile Banking Study Reveals." Cision PR Newswire. https://www.prnewswire.com/news-releases/ mobile-banking-one-of-top-three-most-used-apps-by-americans-2018-citi-mobile-banking-study- reveals-300636938.html.

[19] Vestal, Christine. 2014. "Some States Lag in Using Electronic Health Records." USA Today (March 14). www.usatoday.com/story/news/nation/2014/03/19/stateline-electronic-health- records/6600377.

[20] Sullivan, Tom. 2018. "Why EHR data interoperability is such a mess in 3 charts." Healthcare IT News. https://www.healthcareitnews.com/news/why-ehr-data-interoperability-such-mess-3- charts.

[21] Baya, Vinod. 2019. "Digital Identity: Moving to a Decentralized Future." Citi. www.citi.com/ventures/perspectives/opinion/digital-identity.html.

CHAPTER 2

SSI의 기본 구성 요소

드러먼드 리드 Drummond Reed, **리에크스 주스턴**Rieks Joosten, **오스카 반 데벤터**Oskar van Deventer

SSI 아키텍처의 핵심 구성 요소를 설명하기 위해 유럽 SSI의 두 리더인 리에크스 주스턴과 오스카 반 데벤터(네덜란드 응용 과학 연구기구인 TNO 소속)를 초대했다. 리에크스는 비즈니스 정보 프로세스 및 정보 보안에 중점을 둔 선임 과학자이며, 오스카는 블록체인 네트워킹의 선임 과학자이다. 이들은 유럽 SSI 프레임워크 연구소European SSI Framework Laboratory, eSSIF-Lab의 공동 설립자이기도 하다.

1장에서 설명했듯이 SSI는 2016년에 인터넷 무대에 등장한 비교적 새로운 개념이다. 한 가지 면에서 보면, SSI는 디지털 네트워크에서 신원과 개인 데이터 통제가 작동하는 방식에 대한 일련의 원칙이 다. 다른 면에서 보면, SSI는 신원 관리, 분산 컴퓨팅, 블록체인 또는 분산 원장 기술distributed ledger technology, DLT 및 암호화의 핵심 개념을 기반으로 하는 일련의 기술이다. 이러한 핵심 개념은 수십 년 동안 확립되었다. 새로운 것은 디지털 신원 관리를 위한 새로운 모델을 만들기 위해 그것들을 결합하는 방법이다. 이 장의 목적은 3장에서 소개할 시나리오에 적용되는 방법을 보여주기 전에 SSI의 7가지 기본 구성 요소에 대해 개념적 관점에서 빠르게 익숙해지도록 하는 것이다. 이 7가지 구성 요소는 다음과 같다.

- 검증 가능한 자격증명verifiable credential, VC(일명 디지털 자격증명)
- 신뢰 삼각형: 발급자, 보유자, 검증자
- 디지털 지갑

- 디지털 에이전트
- 분산 식별자decentralized identifiers, DID
- 블록체인 및 기타 검증 가능한 데이터 레지스트리
- 거버넌스 프레임워크(일명 신뢰 프레임워크)

이 책의 2부에서는 이러한 구성 요소들에 대해 훨씬 더 심층적인 기술 세부 사항으로 들어가고, 이 장에서는 디지털 기술에 대한 기본적인 지식이 있는 사람이라면 누구나 이해할 수 있는 수준에서 이를 소개하고자 한다.

2.1 검증 가능한 자격증명

1장에서 우리는 '물리적 신원 자격증명의 유용성과 휴대성을 디지털 장치로 이식하기'로 분산 신원의 본질을 설명했다. 이것이 바로 **검증 가능한 자격증명**verifiable credential, VC이 SSI의 핵심 개념이 되는 이유이다.

첫째, **자격증명**이라는 용어는 정확히 무엇을 의미할까? 신분을 증명하기 위해 지갑에 들고 다니는 종이나 플라스틱(또는 경우에 따라 금속) 조각을 의미한다. 예를 들어 운전면허증, 정부 발급 신분증, 사원증, 신용 카드 등이다(그림 2.1).

그림 2.1 **자격증명의 일반적인 예 – 모두가 기존 지갑에 적합하지는 않음**

그러나 이 그림에서 알 수 있듯이 모든 자격증명이 실제 지갑에 적합한 것은 아니다. **자격증명**이라는 용어는 어떤 기관이 자격증명의 주체에 대해 사실이라고 주장하는 모든 (변조 방지) 정보의 집합까지로 확장되어 주체가 다른 사람(해당 기관을 신뢰하는 사람)에게 이러한 진실을 주장할 수 있도록 한다. 예를 들면 다음과 같다.

- 병원이나 출생신고 기관에서 발급한 출생 증명서는 여러분이 언제 어디에서 태어났으며 부모가 누구인지 증명한다.
- 대학에서 발급한 졸업장은 학위가 있음을 증명한다.
- 한 국가의 정부에서 발급한 여권은 여러분이 그 국가의 시민임을 증명한다.
- 공식적인 비행기 조종사 면허는 여러분에게 비행기를 조종할 권한이 있음을 증명한다.
- 공과금 청구서는 여러분이 청구서를 발급한 서비스 제공업체에 등록된 고객임을 증명한다.
- 관할지역 내의 해당 기관에서 발급한 위임장은 다른 사람을 대신하여 합법적으로 특정 행위를 할 수 있음을 증명한다.

이 모든 것은 **사람**에 대한 자격증명의 예이다. 그러나 VC는 사람에게 제한되지 않는다. 예를 들어 수의사는 애완 동물 예방 접종에 대해 VC를 발급할 수 있다(20장 참조). 농부는 가축의 사료 공급에 대해 VC를 발급할 수 있다. 또한 제조업체가 IoT 센서 기기에 대한 자격증명을 발급할 수도 있다(19장 참조).

모든 자격증명은 자격증명의 **주체**subject에 대한 **클레임**claim(주장)의 집합을 포함한다. 이러한 클레임은 SSI에서 자격증명 **발급자**issuer라고 하는 단일 기관에 의해 이루어진다. 자격증명이 발급된 주체(사람, 조직 또는 사물), 즉 디지털 지갑에 보관할 사람을 자격증명 **보유자**holder라고 한다. 자격증명의 주체는 일반적으로 보유자와 동일하지만 7장에서 논의할 바와 같이 경험적으로 중요한 예외가 있다.

자격증명에서 클레임은 **속성**attribute(나이, 키, 몸무게 등), **관계**relationship(어머니, 아버지, 고용주, 시민 등), **자격**entitlement(의료 혜택, 도서관 특권, 멤버십 보상, 법적 권리 등)으로 주체에 대한 모든 것을 나타낼 수 있다.

자격증명으로 자격을 얻으려면 어떤 방식으로든 클레임은 **검증 가능**해야 한다. 이는 **검증자**verifier가 다음 사항을 검증할 수 있어야 한다.[1]

- 자격증명을 발급한 사람
- 발급 후 조작되지 않았음

---

[1] 옮긴이 25페이지의 주요 용어를 이해하기 위해 7.2절 VC 생태계(148~149페이지)를 참고하길 바란다.

- 만료되거나 해지되지 않았음

물리적 자격증명을 사용하면, 일반적으로 자격증명에 직접 포함된 일부 진위 증명((에) 워터마크, 홀로 그램 또는 기타 특수 인쇄 기능) 또는 만료 날짜를 명시하는 클레임을 통해 검증된다. 자격증명이 유효하고 정확하며 최신 상태인지 발급자에게 직접 확인하여 검증할 수도 있다. 그러나 이와 같은 수동 검증 프로세스는 어렵고 시간이 많이 소요될 수 있다. 이로 인해 전 세계적으로 위조된 자격증명에 대한 암시장이 형성된다.

이는 암호화와 인터넷(그리고 표준 프로토콜)을 통해 순식간에(수 초 또는 밀리 초 내에) 디지털 방식으로 검증 가능하게 하는 VC의 근본적인 장점 중 하나를 제공한다.

- 자격증명에 검증자가 요구하는 표준 형식의 데이터가 포함되어 있는지?
- 발급자의 유효한 디지털 서명이 포함되어 있는지(따라서 원본을 설정하고 전송 중에 변조되지 않았는지)?
- 자격증명이 여전히 유효한지? 즉, 만료되거나 해지되지 않았는지?
- 해당되는 경우, 자격증명(또는 자격증명의 서명)이 자격증명 보유자가 자격증명의 주체라는 암호화 증명cryptographic proof을 제공하는지?

NOTE 영지식증명(zero-knowledge proof, ZKP)을 포함한 다양한 종류의 암호화 증명은 검증 가능한 자격증명에서 중요한 역할을 한다. 자세한 내용은 6장을 참조하라.

그림 2.2는 W3C 검증 가능한 자격증명 데이터 모델Verifiable Credentials Data Model 1.0 사양(https://www.w3.org/TR/vc-data-model)의 공동 편집자인 마누 스포니Manu Sporny의 그림을 기반으로 하고, 이 네 가지 질문에 답하기 위해 디지털 자격증명을 구성하는 방법을 보여준다. VC 패키지의 첫 번째 부분은 운전면허증이나 여권에 표시되는 고유 번호와 마찬가지로 자격증명의 고유 식별자이다. 두 번째 부분은 운전면허증 만료일과 같이 자격증명 자체를 설명하는 메타 데이터이다. 세 번째 부분은 자격증명에 포함된 클레임으로, 그림 2.2에서는 다른 모든 데이터 항목(이름, 생년월일, 성별, 머리 색깔, 눈 색깔, 키, 몸무게)을 나타낸다. 자격증명 주체의 서명(운전면허증에서 사진 아래에 표시되는 서명)[2]에 해당하는 것은 암호화를 사용하여 만든 디지털 서명이다.

---

2 옮긴이 미국 운전면허증의 사진 아래에는 개인의 서명이 있다.

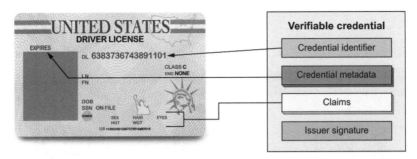

그림 2.2 **W3C 검증 가능한 자격증명의 네 가지 핵심 구성 요소 중 세 가지가 물리적 자격증명과 동등한 것으로 매핑된다. 네 번째 구성 요소인 발급자의 디지털 서명은 특정 형태의 워터마크, 홀로그램 또는 기타 위조하기 어려운 봉인을 통해서만 물리적 자격증명으로 생성할 수 있다.**

2.2 발급자, 보유자 및 검증자

그림 2.3은 VC 교환과 관련된 세 가지 주요 역할에 대해 W3C 검증 가능한 클레임 워킹 그룹 Verifiable Claims Working Group에서 정의한 용어를 보여준다(소버린 재단 용어집 V2의 부록 G, https:// sovrin.org/library/glossary).

1. **발급자**는 자격증명의 출처이다. 모든 자격증명에는 발급자가 있다. 대부분의 발급자는 정부 기관 (여권), 금융 기관(신용 카드), 대학(학위), 기업(재직 증명서), NGO(회원 카드), 교회(수료증) 등과 같은 조직이다. 또한 개인도 발급자가 될 수 있고, 사물도 가능하다. 예를 들어, 제대로 장착된 센서는 센서 판독 값에 대해 디지털 서명된 자격증명을 발급할 수 있다.

2. **보유자**는 발급자에게 VC 발급을 요청하고, 보유자의 디지털 지갑에 보관하며(다음 절에서 설명), 검증자가 요청하고 보유자가 승인한 경우 하나 이상의 자격증명에 대한 클레임의 증명을 제시한다. 일반적으로 개인을 보유자/증명자로 생각하지만 보유자/증명자가 사물 인터넷IoT에서는 엔터프라 이즈 지갑 또는 사물을 사용하는 조직을 의미할 수도 있다.

3. **검증자**는 자격증명 주체에 대해 일종의 신뢰 보장을 원하는 사람, 조직 또는 사물이 될 수 있다. 검증자는 하나 이상의 VC로부터 하나 이상의 클레임에 대한 보유자/증명자에게 증명을 요청한 다. 보유자가 동의하면(보유자는 항상 선택권이 있음) 보유자의 에이전트는 검증자가 검증할 수 있는 증거로 응답한다. 이 프로세스에서 중요한 단계는 일반적으로 분산 식별자decentralized identifier, DID를 사용하여 수행되는 발급자의 디지털 서명을 검증하는 것이다(이 장의 뒷부분에서 자세히 설명 한다).

워킹 그룹은 지금 만들어지고 있는 명세서가 '검증 가능한 자격증명 데이터 모델(Verifiable Credentials Data Model) 1.0'이라고 불리더라도 'W3C 검증 가능한 자격증명 워킹 그룹(Verifiable Claims Working Group)'이라는 이름을 가진다. 검증 가능한 자격증명의 용어 및 표준에 대한 자세한 내용은 검증 가능한 자격증명 입문서(https://github.com/WebOfTrustInfo/rwot8-barcelona/blob/master/topics-and-advance-readings/verifiable-credentials-primer.md)와 W3C 검증 가능한 데이터 모델 1.0(https://www.w3.org/TR/verifiable-claims-data-model)을 참고하면 된다.

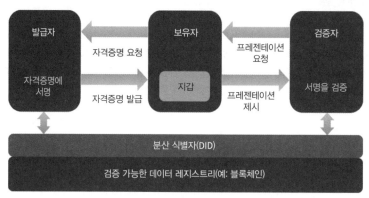

그림 2.3 VC 교환과 관련된 주요 역할. 디지털 서명 검증은 퍼블릭
또는 프라이빗 블록체인 네트워크에서 작동하는 프로세스의 일부이다.

발급자, 보유자/증명자 및 검증자 간의 관계는 기본적으로 인간의 신뢰 관계가 디지털 네트워크를 통해 전달되는 방식이기 때문에 종종 **신뢰 삼각형**trust triangle이라고도 한다. 그림 2.4는 **검증자가 발급자를 신뢰하는 경우에만 VC가 신뢰를 전달**하는 방법을 보여준다. 이것은 검증자가 발급자와 직접적인 비즈니스 또는 법적 관계를 가지고 있어야 함을 의미하지는 않는다. 이는 검증자가 발급자에 대한 신뢰 보장 수준에 따라 비즈니스 결정(이 신용 카드를 받아도 될까?, 이 승객을 탑승시켜도 될까?, 이 학생을 입장시켜도 될까?)을 내릴 수 있음을 의미한다.

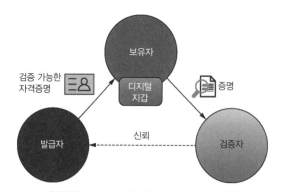

그림 2.4 SSI 생태계의 모든 인간에 대한 신뢰 관계의 핵심인 '신뢰 삼각형'

신뢰 삼각형은 비즈니스 거래의 **한쪽**만 설명한다. 많은 비즈니스 거래에서는 양쪽 모두 상대방에게 정보를 요청한다. 따라서 단일 거래에서 양 당사자는 보유자와 검증자의 역할을 함께 수행한다. 또한 많은 비즈니스 거래들로 인해 한 방향 또는 양 방향으로 새로운 자격증명이 발급되기도 한다.

소비자가 여행사로부터 고가의 휴가 여행 상품을 구매할 때 거치는 단계를 설명하는 그림 2.5는 이와 같은 좋은 예시이다.

1. 소비자는 여행사가 보증 보험이 있는지 검증하고 싶어 한다.
2. 여행 사이트는 소비자가 18세 이상인지 검증하고 싶어 한다.
3. 결제 후, 여행 사이트는 소비자에게 티켓을 보낸다.
4. 여행 후, 소비자는 그 여행사에 만족했다고 확인해 준다.

이러한 각 정보는 발급 당사자의 디지털 서명이 있는 VC로 전송될 수 있다. 이는 두 당사자가 신뢰 삼각형에서 모든 역할을 간헐적으로 수행하는 방법을 보여준다.

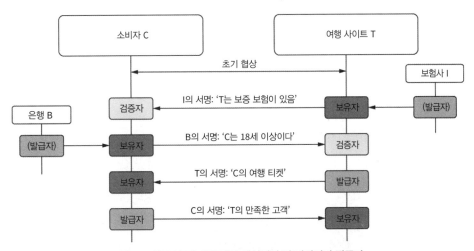

그림 2.5 **여러 VC가 사용되고 생성되며 양 당사자가 발급자, 보유자 및 검증자의 역할을 수행하는 일반적인 다단계 트랜잭션**

2.3 디지털 지갑

일반적으로 오프라인에서 우리는 모든 자격증명을 한곳에 보관하여 가까이 두고 보호할 수 있으며, 필요할 때 쉽게 휴대하고 사용할 수 있는 실제 지갑에 자격증명들을 저장한다. 디지털 지갑의 역할도 다르지 않다.

- 자격증명, 키/카드식 키, 청구서/영수증 등을 저장한다.

- 도난이나 훔쳐보는 것으로부터 그것들을 보호한다.
- 모든 기기에서 쉽게 사용하고 휴대할 수 있다.

수년 동안 많은 개발자들이 디지털 지갑의 개발에 많은 시도를 했지만, 불행히도 그 용어의 사용은 붐을 일으키지 못했다. 그러나 다음의 두 가지 트렌드가 이 용어를 다시 유행시켰다. 그 첫 번째는 **모바일 지갑**이다. 이는 특히 신용카드, 티켓, 탑승권 및 기타 일반적인 금융 또는 여행 자격증명을 보관하기 위해 스마트폰 운영 체제에 내장된 지갑이다(그림 2.6).

그림 2.6 가장 인기 있는 스마트폰 모바일 지갑 2개: 애플 월렛과 구글 페이.[3]
이것들은 모든 애플과 안드로이드 스마트폰에 탑재되어있기 때문에 광범위하게 사용된다.

두 번째는 **암호화폐 지갑**이다. 비트코인bitcoin, 이더ether, 라이트코인litecoin 등과 같은 암호화폐를 구입하는 모든 구매자는 다음 중 하나를 필요로 한다.

- 코인베이스[4]와 같은 거래소 지갑이다. 이것을 **서버측 지갑**('수탁 지갑' 또는 '클라우드 지갑')이라고 한다.
- **클라이언트측 지갑**(비수탁 지갑 또는 에지 지갑). 이는 전용 하드웨어 지갑(그림 2.7) 또는 하나 이상의 사용자 장치(스마트폰, 태블릿, 노트북 등)에서 실행되는 앱이다.

그림 2.7 암호화폐를 위한 일반적인 전용 하드웨어 지갑. 이 Ledger[5] Nano S에는 자체 보안 디스플레이가 있다.

---

3 [옮긴이] 한국에서는 지원하지 않는다. 자세한 내용은 https://pay.google.com/about/ 참조.

4 [옮긴이] 코인베이스는 나스닥에 등록된 미국 최대 암호화폐 거래소(https://www.coinbase.com).

5 [옮긴이] Ledger(https://www.ledger.com)

SSI는 이러한 일반적인 형태의 지갑에서도 모두 잘 작동하지만, 암호화폐 지갑과 SSI 지갑에는 상당한 차이점 또한 있다. 이러한 특징들에 대해서는 9장에서 자세히 살펴볼 것이지만, 가장 두드러진 특징은 아래와 같다.

- SSI 지갑은 개방형 표준을 구현해야 한다. 이는 휴대성, 자기주권 VC 및 기타 민감한 개인 데이터를 위한 것이다.
- SSI 지갑은 디지털 에이전트와 연계하여 연결을 구성하고 자격증명을 교환한다(다음 절에서 설명).

각 지갑이 해당 공급업체의 자체 API와 VC 설계를 사용하는 서로 다른 공급업체의 전용 지갑 대신, 우리는 주머니나 핸드백에 들어 있는 실제 지갑과 훨씬 더 유사한 기능을 하는 범용 디지털 지갑이 필요하다. 다른 말로 하자면,

- **디지털 지갑은 표준화된 VC를 수용할 수 있어야 한다.** 적합한 크기의 종이 또는 플라스틱 자격증명을 물리적 지갑에 넣을 수 있는 것처럼 수용할 수 있어야 한다.
- **자주 사용하는 모든 기기에 디지털 지갑을 설치할 수 있다.** 어떤 주머니나 핸드백에도 실제 지갑을 넣을 수 있는 것처럼. 물리적 지갑과 달리 많은 전자 메일 및 메시지 앱이 여러 기기에서 메시지를 동기화된 상태로 유지하는 것과 동일한 방식으로 디지털 지갑을 서로 다른 장치에서 자동으로 '동기화된' 상태로 유지하기를 원할 것이다.
- **필요에 따라 디지털 지갑의 내용을 백업하고 다른 디지털 지갑으로 이동할 수 있다.** 물리적 인증 정보를 하나의 물리적 지갑에서 다른 물리적 지갑으로 이동할 수 있는 것처럼, 서로 다른 공급업체에서도 그렇게 할 수 있어야 한다.
- **어떤 지갑을 사용하든(다른 공급업체의 지갑에서도) 동일한 기본적인 경험을 할 수 있어야 한다.** 이는 지갑을 안전하게 사용하는 데 매우 중요하기 때문이다.

`NOTE` SSI 디지털 지갑 간의 상호 운용성 및 표준화에 대한 자세한 내용은 9장을 참조하라. 이 장은 디지털 지갑에 대해 '휴대폰을 잃어버리면 어떻게 되죠?'와 같은 가장 자주 묻는 질문들에 대한 답변도 제공한다. (이 질문에 대한 답변은, 디지털 지갑이 핵심적인 부분의 손실 없이 암호화된 백업을 자동으로 유지함으로써 어떤 실제 지갑보다 분실, 도난 또는 해킹으로부터 더 안전하다는 것이다.)

IBM에서 블록체인 신뢰 신원Blockchain Trusted Identity의 전무이사로 역임한 에퀴팩스Equifax 부사장 아담 건터Adam Gunther는 이 마지막 요점을 '하나의 지갑, 하나의 경험'[1]으로 표현한다. 이는 사용하는 지갑이나 기기에 관계없이 VC와 신뢰 관계를 관리하는 하나의 표준 방식이다. 이는 사용자들에게 가장 쉬운 경험이 될 뿐만 아니라, 신원 소유자를 속이거나 피싱하여 잘못된 일을 하도록 하기 훨씬 더 어렵게 만들기 때문에 가장 안전한 접근법이 될 것이다.

마이크로소프트의 전직 수석 신원 아키텍트인 킴 카메론은 이것이 매우 중요하다고 생각하여 7가지 신원 법칙[2] 중 마지막 '전반적인 상황에서의 일관된 경험'을 만들었다. 그는 그것을 운전을 배우는 것과 비교했다. 전 세계 자동차 산업은 모든 자동차 제조사와 모델에서 운전 제어(예 스티어링 휠, 가속기, 브레이크, 방향 지시등)를 표준화하여 학습 경험을 최소화하고 운전자의 안전을 극대화했다. 이렇게 하는 이유는 분명하다. 운전자가 일반적으로 예상하는 대로 작동하지 않는 자동차는 결국 운전자나 다른 사람들에게 해를 끼칠 수 있다. 우리는 디지털 라이프의 안전에 대해 동일한 수준의 관심이 필요하다.

2.4 디지털 에이전트

디지털 지갑과 물리적 지갑의 또 다른 큰 차이점은 어떻게 작동하느냐이다. 실제 지갑은 소유자에 의해 직접 '작동(운영)' 된다. 그들은 지갑을 준비하고, 발급자로부터 받은 자격증명을 넣고, 증명이 필요할 때 검증자에게 제시할 자격증명을 선택하고, 필요에 따라 지갑을 주머니에서 주머니로 또는 핸드백에서 핸드백으로 옮긴다.

일반적으로 사람들은 이진 데이터로 '말'하지 않기 때문에, 디지털 지갑은 그것을 작동시키기 위해 소프트웨어가 필요하다. SSI 인프라에서는 이러한 소프트웨어 모듈을 **디지털 에이전트**라고 한다. 그림 2.8에서 알 수 있듯이 에이전트는 디지털 지갑을 보호하기 위해 '둘러 싸고' 있고, VC와 암호키를 책임지는 자신만 사용하기 위한 디지털 보호 장치로 생각할 수 있다.

그림 2.8 SSI 인프라에서 모든 디지털 지갑은 소프트웨어 보호자 역할을 하는 디지털 에이전트에 의해 '둘러 싸여' 있어 지갑의 컨트롤러(일반적으로 신원 보유자)만이 저장된 VC와 암호키에 접근할 수 있도록 한다.

SSI 인프라에서 에이전트는 신원 소유자의 지갑 관리를 돕는 것 외에 두 번째 역할을 가지고 있다. 에이전트는 소유자의 지시에 따라 인터넷을 통해 서로 연결하고 자격증명을 교환한다. 디지털 에이전트 간의 개인 통신을 위해 설계된 분산 보안 메시징 프로토콜을 통해 이 작업을 수행한다. 5장에서는 이 프로토콜, 즉 DIDComm에 대한 자세한 내용을 볼 수 있다.

그림 2.9는 SSI 생태계에서 에이전트와 이들의 지갑이 어떻게 연결을 형성하고 통신하는지를 개괄적으로 보여준다. 에이전트는 위치에 따라 두 가지로 분류된다. **에지 에이전트**edge agent는 신원 보유

자의 로컬 기기edge of the network에서 작동한다. **클라우드 에이전트**cloud agent는 클라우드에서 운영되며, 표준 클라우드 컴퓨팅 플랫폼 공급자 또는 **에이전시**라고 하는 전문 클라우드 서비스 공급자가 호스팅한다.

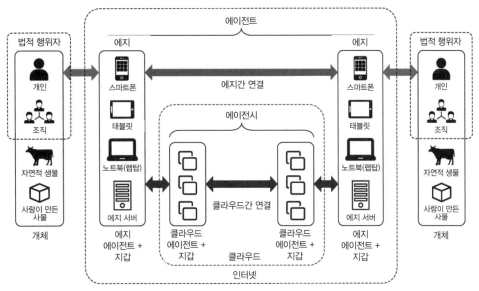

그림 2.9 **SSI 생태계에서 에이전트와 지갑의 역할에 대한 개요도.**
신원 소유자는 로컬 기기에서 작동하는 에지 에이전트와 직접 상호 작용하고 클라우드에서
원격으로 작동하는 클라우드 에이전트와 간접적으로 상호 작용한다.
출처: Sovrin 용어집 부록 F(https://sovrin.org/wp-content/uploads/Sovrin-Glossary-V3.pdf).

또한 클라우드 에이전트는 신원 소유자를 대신하여 파일, 사진, 재무 기록, 의료 기록, 자산 기록 등 다른 데이터를 저장 및 동기화하도록 설계될 수 있다. 기존 클라우드 스토리지와 달리 데이터는 모두 신원 보유자에 의해 암호화되므로 **보안 데이터 저장소**secure data stores, SDS(분산 신원 재단Decentralized Identity Foundation, DIF에 속하는 보안 데이터 저장소 워킹 그룹Secure Data Storage Working Group, https://identity.foundation/working-group/secure-data-storage.html 참조)라고 한다. 디지털 지갑과 함께, SDS는 개인의 평생 동안 모든 종류의 디지털 신원 데이터를 처리하고 유지하는 디지털 라이프 관리 애플리케이션과 서비스의 백본 역할을 할 수 있다. 그리고 SDS는 소유자가 사망한 후 디지털 자산을 관리하고 처분하는 데에도 큰 도움이 될 수 있다.

그래서 다음 질문은, 어떻게 에이전트들이 그들의 신원 소유자들을 대신해서 서로 연결되고 소통할 수 있는가 하는 것이다.

2.5 분산 식별자

인터넷을 가능하게 한 것은 인터넷상의 어떤 장치도 다른 장치에 연결하여 데이터 패킷을 보낼 수 있도록 하는 새로운 주소 지정 시스템이었다. 그림 2.10은 IPInternet Protocol 버전 4 주소의 다이어그램이다.

이 책의 시작 페이지에서 설명했듯이, 인터넷에 있는 기계의 IP 주소를 안다는 것은 '그 기계를 제어하는 사람, 조직 또는 사물의 신원'에 대해서는 아무것도 말해주지 않는다. 이런 신원 정보를 알기 위해서 컨트롤러(신원 보유자)는 자신의 신원, 속성,

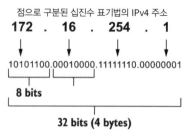

그림 2.10 IP 주소의 예: 인터넷에 있는 장치가 다른 장치와 대화할 수 있도록 하는 주소 지정 형식

관계 또는 자격에 대한 '증거'를 제공할 수 있어야 하고 그 증거는 어떤 방식으로든 입증될 수 있어야 한다.

우리는 수십 년 동안 **공개키/개인키 암호화**라는 디지털 증명을 만드는 기술을 가지고 있었다(6장에서 공개키/개인키 암호화 방식의 기본적인 내용을 설명한다). 개인키의 소유자는 이 키를 사용하여 메시지에 서명하고, 다른 사용자는 소유자의 해당 공개키를 사용하여 이 서명을 검증할 수 있다. 서명 검증은 서명이 개인키 소유자에 의해 생성되었으며 이후 메시지가 변경되지 않았음을 보여준다.

그러나 이 검증에 의존하려면, 검증자가 소유자의 올바른 공개키를 알고 있어야 한다. 그래서 디지털 에이전트와 지갑 간의 분산 메시징이 안전하게 보호되고 에이전트가 VC의 암호화된 검증 가능한 증거를 서로 보낼 수 있도록 하기 위해서는 신원 소유자와 해당 에이전트가 **공개키의 소유권을 입증**할 수 있는 강력하고 안전하며 확장 가능한 방법이 필요하다.

지난 수십 년 동안 이 문제의 해결 방법은 전 세계의 소규모 인증기관certification authority, CA으로부터 공개키 인증서를 얻는 시스템인 공개키 기반구조public key infrastructure, PKI였다. 그러나 8장에서 자세히 살펴보겠지만, 기존의 PKI는 모든 사용자가 여러 세트의 암호화 키를 관리하는 전 세계 SSI 인프라의 수요를 충족시키기에는 상당히 중앙 집중적이고, 너무 비싸며, 매우 복잡하다.

인터넷의 IP 주소와 마찬가지로, 해결책은 새로운 유형의 식별자였다. 디지털 에이전트와 그들의 공개키를 위해 새로운 유형의 식별자만 설계하면 되었다. 그리고 이 식별자는 매우 안전해야 했기 때문에 다음과 같은 네 가지 속성이 필요했다.

- **영구적**: 신원 소유자가 얼마나 자주 이사를 하든, 다른 서비스 제공 업체를 사용하든, 다른 장치를 사용하든 식별자는 변경되지 않아야 한다.

- **리졸브 가능**: 식별자는 신원 소유자의 현재 공개키뿐만 아니라 소유자의 에이전트에 도달하기 위한 현재 주소도 검색할 수 있어야 한다.
- **암호화 검증 가능**: 신원 보유자는 암호화를 사용하여 자신 또는 그것이 해당 식별자와 관련된 개인 키에 대한 제어권을 가지고 있음을 증명할 수 있어야 한다.
- **분산화**: 단일 기관의 통제하에 중앙형 레지스트리에 의존하는 X.509 인증서 트리와 달리 이 새로운 유형의 식별자는 블록체인, 분산 원장, 분산 해시 테이블, 분산 파일 시스템, P2P 네트워크 등과 같은 분산 네트워크를 사용하여 단일 실패 지점을 피할 수 있어야 한다.

이 네 가지 속성 중 마지막 속성에는 분산 식별자decentralized identifier, DID라는 이름을 부여했다. 목적이 다르기 때문에 DID는 IP 주소의 구조와는 상당히 다르다. DID의 예는 그림 2.11에 나와 있다.

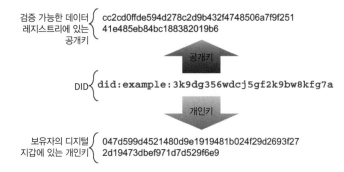

그림 2.11 분산 식별자(DID) 및 관련 공개키와 개인키의 예. DID는 블록체인 또는 기타 분산 네트워크에서 공개키의 주소로 작동한다. 대부분의 경우 DID를 사용하여 DID 주체(DID로 식별되는 엔티티)의 에이전트를 찾을 수도 있다.

인터넷을 위한 초기 연구가 미국 정부 기관(미국 방위고등연구계획국, DARPA)의 후원을 받은 것처럼 최초의 DID 규격의 연구 개발은 미국 국토안보부Department of Homeland Security, DHS와의 계약에 의해 후원을 받았다. 2016년 말에 발행되었으며, 이후 W3C 자격증명 커뮤니티 그룹Credentials Community Group, CCG에 기부되어 공식 표준이 되었다. 그 결과 2019년 9월 W3C DID 워킹 그룹(https://www.w3.org/2019/did-wg)이 출범됐다. DID, DID 도큐먼트, DID 메서드 및 DID 사양에 대한 자세한 내용은 8장을 참조하라.

DID는 대상 시스템을 위해 특별히 작성된 DID 메서드를 통해 모든 최신 블록체인, DLT(분산 원장 기술) 또는 기타 분산 네트워크를 활용할 수 있도록 설계되었으며, DID 메서드는 모든 DID에 대해 다음 네 가지 원자적 연산[6]을 정의한다.

---

6 [옮긴이] 원자적 연산: 기능적으로 분할할 수 없거나 분할되지 않도록 보증된 연산

- **작성(쓰기) 방법**: DID 및 그에 수반되는 DID 도큐먼트(공개키 및 DID 서브젝트를 설명하는 기타 메타 데이터를 포함하는 파일)에 대한 작성 방법
- **읽기(조회) 방법**: DID를 사용하여 대상 시스템에서 DID 도큐먼트를 조회하는 방법
- **업데이트(수정) 방법**: DID에 대한 DID 도큐먼트를 업데이트하는 방법(예 공개키 순환)
- **비활성화(종료) 방법**: 사용을 종료하여 DID를 비활성화하는 방법(일반적으로 DID 도큐먼트를 업데이트하여 정보가 포함되지 않도록 함)

W3C DID 워킹 그룹이 유지 관리하는 DID 사양 레지스트리(https://www.w3.org/TR/did-spec-registries)에는 발급 당시 비트코인 3가지, 이더리움 6가지 메서드를 포함하여 80개 이상(2021년 12월 현재, 112개)의 DID 메서드가 포함되어 있다. 또한 완전히 P2P로 작동하기 때문에 분산 원장이 필요하지 않은 적어도 두 가지 메서드(did:peer, did:git)를 포함한다(https://identity.foundation/ peer-did-method-spec/index.html). 자체 IP 주소를 가진 두 장치가 TCP/IP 프로토콜 스택을 사용하여 연결을 형성하고 데이터를 교환할 수 있는 것처럼, DID가 있는 두 신원 소유자는 SSI 프로토콜 스택을 사용하여 암호화 보안 연결을 형성해 데이터를 교환할 수 있다. DID 간 연결의 기본 개념(그림 2.8 및 2.9 참조)은 새로운 것이 아니며, 많은 다른 네트워크에서 연결이 작동하는 방식과 매우 유사하다. 그러나 DID 간 연결은 디지털 관계에 다음과 같은 5가지 강력한 새로운 특성을 가져다준다.

- **영구적**: 한쪽 또는 양쪽이 원하지 않는 한 연결은 끊어지지 않는다.
- **비공개**: 연결을 통한 모든 통신을 자동으로 암호화하고 디지털 서명을 할 수 있다.
- **종단간**: 보안 연결에 중개자가 없다.
- **신뢰**: 연결은 VC 교환을 지원하여 필요한 보증 수준에 대한 신뢰를 구축한다.
- **확장성**: 연결은 안전하고, 비공개적이며, 신뢰할 수 있는 디지털 통신이 필요한 다른 모든 응용 프로그램에 사용할 수 있다.

2.6 블록체인 및 기타 검증 가능한 데이터 레지스트리

DID는 모든 유형의 분산 네트워크 또는 **검증 가능한 데이터 레지스트리**(W3C 검증 가능한 자격증명 데이터 모델 및 분산 식별자 명세에서 사용되는 공식 용어)에 등록되거나 심지어 P2P에 등록될 수도 있다. 그렇다면 블록체인에 DID를 등록하기로 선택한 이유는 무엇일까? 그리고 블록체인은 우리가 수십 년 동안 사용해 온 다른 유형의 전자 식별자 및 주소(전화 번호, 도메인 이름, 이메일 주소)가 제공하지 않았던 것 중에서 무엇을 더 제공할까?

그 대답은 암호화, 데이터베이스 및 네트워크에 깊이 뿌리를 두고 있다. 이 용어의 표준 산업 용도에

서 블록체인은 **어느 한 당사자가 통제하지 않는 고도의 변조 방지 트랜잭션 분산 데이터베이스**이다. 이는 블록체인이 단일 피어를 통제하지 않고도 많은 다양한 피어가 신뢰할 수 있는 데이터 소스를 제공할 수 있다는 것을 의미한다. 블록체인은 공격에 저항하기 위해 신중하게 설계되고 구현되었다. 블록체인은 성능, 효율성, 확장성, 검색 가능성, 관리 용이성 등 분산 트랜잭션 데이터베이스의 다른 많은 표준 기능을 의도적으로 대체하여 매우 어려운 문제 중 '하나'인 신뢰할 수 있는 중앙화된 기관에 의존할 필요가 없는 권위 있는 데이터라는 문제를 해결한다. 그림 2.12는 전통적인 데이터베이스(중앙형 데이터베이스나 분산형 데이터베이스)와 블록체인의 근본적인 설계의 차이를 보여준다.

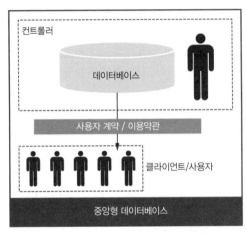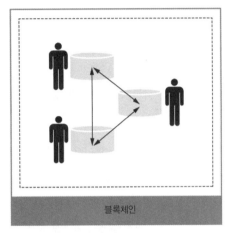

그림 2.12 데이터베이스로서의 블록체인의 근본적인 혁신은 중앙형 관리자나 컨트롤러가 없다는 것이다.
즉, 암호화 방식을 사용하여 서로 다른 많은 피어들이 각자 자신의 트랜잭션을 제어할 수 있게 하는 동시에,
블록체인에 작성된 모든 트랜잭션을 변경하는 것이 거의 불가능하게 만든다.

블록체인이 데이터의 무결성에 대한 매우 높은 신뢰도를 유지하면서 중앙 권한의 필요성을 제거하는 기능을 수행하는 방법을 이해하는 것이 중요하다. 그것은 **암호화의 3가지 역할**이라고 불려왔다.

1. **블록체인에 대한 모든 트랜잭션(새로운 기록 작성)은 디지털로 서명된다.** 이것이 분산 데이터베이스의 제어가 모든 피어에 분산되는 방식이다. 각 피어는 블록체인으로 개인키를 관리하고, 분산 데이터베이스의 제어는 트랜잭션에 서명하는 방식으로 모든 피어로 분산된다. 서명이 검증되지 않으면 새로운 트랜잭션이 허용되지 않는다.
2. **트랜잭션은 암호화 방식으로 해싱되고 이전 블록에 연결된 블록으로 그룹화된다.** 이 단계에서 요청된 트랜잭션의 변경 불가능한 체인을 생성한다.
3. **모든 새로운 블록은 서로 다른 피어에 의해 실행되는 블록체인 네트워크의 모든 피어 노드에 암호화 방식으로 복제된다.** 이 단계는 많은 블록체인의 중심에 있는 합의 알고리즘에 의해 수행된다. 합의 알고리즘에는 비트코인에서 사용하는 마이닝이라는 암호화 작업 증명proof-of-work, POW을 포함해 다

양한 알고리즘이 있다. 그러나 특정 알고리즘에 관계없이 결국 네트워크의 모든 피어 노드는 항상 최신 블록의 복사본을 가지고, 모두 해당 복사본에 동의한다. 각 노드가 서로 다른 피어에 의해 실행된다는 사실(어떤 경우에는 게임 이론과 결합됨)은 51% 이상의 노드가 블록체인을 공격하거나 그 기록을 다시 작성하기 위해 결탁할 가능성을 훨씬 낮게 만든다.

암호화의 3가지 역할은 블록체인을 공격하기 어렵게 만든다. 이미 블록체인에 기록되어 모든 피어 노드로 복제된 단일 트랜잭션에서 단 하나의 비트라도 수정하려면 수십, 수백 또는 수천 대의 시스템으로 분할하여 한꺼번에 변경해야 한다.

SSI의 관점에서, 특히 디지털 지갑과 디지털 에이전트가 안전하게 통신하고 VC를 교환할 수 있는 DID와 공개키를 등록하고 리졸브하기 위한 관점에서 다양한 유형의 블록체인(비허가형, 허가형, 하이브리드 등) 간의 차이는 크게 문제가 되지 않는다. DID 메서드는 거의 모든 최신 블록체인과 기타 분산 네트워크를 모두 지원하도록 작성될 수 있다. 블록체인과 DLT의 차이점에 대해서는 15장에서 자세히 설명한다.

중요한 것은 블록체인이나 기타 검증 가능한 데이터 레지스트리가 암호화 역사에서 해결책이 없었던 문제를 풀 수 있다는 것인데, 즉 전 세계적으로 분산된 데이터베이스가 단일 실패 지점이나 공격의 영향을 받지 않고 공개키에 대해 신뢰할 수 있는 기반이 될 수 있다는 것이다. 이것이 SSI의 핵심인 검증 가능한 디지털 자격증명의 채택에 필요한 강력한 기반을 제공한다.

2.7 거버넌스 프레임워크

모든 SSI 인프라의 궁극적인 목표는 인터넷에서 상호 작용하는 두 당사자 간에 상호 수용 가능한 수준의 신뢰를 달성하는 것이다. 이는 오늘날 많은 유형의 트랜잭션에서는 불가능한 목표이다. SSI를 사용하면 이 신뢰 계층의 기반이 먼저 **암호화 신뢰**에 의해 마련된다. 즉, 분산 네트워크에서 자격증명 발급자를 위해 공개적으로 리졸브 가능한 DID와 공개키가 적용된 것이다. 이는 그림 2.13과 같이 그림 2.4의 신뢰 삼각형을 확장하여, 검증자가 발급자의 디지털 서명에 의존할 수 있도록 한다.

그러나 암호화 신뢰는 인간의 신뢰가 아니다. 예를 들어 비트코인은 암호화폐 신뢰와 게임 이론을 사용하여 가치 교환 시스템을 가동하지만, 자체만으로는 고객확인Know Your Customer, KYC, 자금 세탁 방지Anti-Money Laundering, AML, 테러자금조달방지Anti-Terrorism Financing, ATF과 같은 자금 이체 규제의 어려움에 대한 해결책을 제공하지 않는다. 그러나 비트코인 블록체인 네트워크의 암호화 신뢰는 VC 발급자의 DID를 비트코인 거래 당사자에게 부여하는 데 사용될 수 있다. 발급자가 자신의 권한 (예 신용 조합, 은행, 보험 회사 또는 정부 기관)에 대한 충분한 인적 신뢰를 가지고 있다면, 그러한 VC는 검증자가 KYC나 AML 규정을 충족하는 데 사용할 수 있다.

암호화 신뢰 위에 인적 신뢰가 쌓이는 것은 SSI가 VC를 기반으로 신뢰를 제공할 수 있다는 것이다. 하나의 발급자로부터 발급된 자격증명을 신뢰하는 것은 한 번에 확장되지 않는다. 이것은 1960년대 신용 카드가 초기에 직면했던 것과 동일한 문제이다. 각 주요 은행은 자체 브랜드의 신용 카드를 발급하려 했지만, 업주들은 수백 개의 다른 은행에서 발급한 수백 개의 다른 신용 카드를 처리할 수 없었다.

따라서 은행들이 모여 신용카드 네트워크를 형성할 때까지 신용카드는 도입되지 않았다. 비자카드와 마스터카드가 가장 잘 알려진 **신용카드 네트워크**이다. 이러한 규칙은 **거버넌스 프레임워크**(디지털 신원 산업에서는 신뢰 프레임워크로 알려져 있음)로 알려진 일련의 비즈니스, 법률 및 기술 규칙에 의해 관리된다. 거버넌스 프레임워크를 만들고 관리하는 개체를 **거버넌스 기관**이라고 한다.

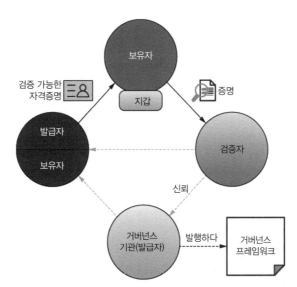

그림 2.13 **거버넌스 기관과 거버넌스 프레임워크는 검증자가 특정 VC 집합에 대해 승인된 발급자를 결정할 수 있도록 하는 두 번째 신뢰 삼각형을 나타낸다.**

거버넌스 프레임워크는 그림 2.13의 하단에 표시된 두 번째 신뢰 삼각형을 생성한다. 이 그림은 거버넌스 프레임워크가 검증자의 작업을 더 쉽게 하는 방법을 보여준다. 검증자가 알지 못하는 발급자의 자격증명을 제시하면 검증자는 검증자가 신뢰하는 거버넌스 프레임워크에 따라 발급자가 승인되었는지 여부를 검사할 수 있다. 이 검사는 간단한 화이트리스트, 블록체인이나 보안 디렉터리, 거버넌스 기관의 VC에서 조회 등 여러 가지 형태를 취할 수 있다. 모든 경우에, **재귀적 신뢰 삼각형**의 이러한 접근 방식은 모든 신뢰 커뮤니티, 심지어 검증자가 모든 발급자(예 마스터카드와 비자카드)를 직접 알지 못하는 인터넷 규모의 신뢰 커뮤니티에도 적용될 수 있다.

거버넌스 프레임워크는 VC의 한 단면이며, 발급자가 자격증명을 발급하기 위해 따라야 하는 정책과 절차를 명시한다. 경우에 따라 보유자가 자격증명을 얻기 위해 동의해야 하는 약관 또는 검증자가 자격증명을 검증하기 위해 동의해야 하는 약관도 지정한다. 거버넌스 프레임워크는 또한 오늘날 신용카드 네트워크에서 작동하는 '검증자가 발급자에게 지불'하는 모델과 같은 신용 교환을 위한 비즈니스 모델(CI 책임 정책, 보험 및 기타 법적 및 비즈니스 요구사항 포함)을 지정할 수도 있다.

거버넌스 프레임워크는 VC가 한 도시에서 전체 산업으로, 또는 하나의 주state에서 인터넷 전체에 이르기까지 모든 규모의 신뢰 커뮤니티에서 작동하도록 확장할 수 있는 비결이다. 이러한 **디지털 신뢰 생태계**는 신용카드 네트워크가 상거래에서 보여 준 것처럼 우리의 디지털 라이프를 변화시킬 수 있다.

2.8 기본 구성 요소에 대한 정리

SSI의 7가지 기본 구성 요소만으로도 책 한 권을 모두 채울 수 있겠지만, 이 장의 목표는 기술적이든 비기술적이든 모든 사람들이 SSI 인프라에서 그들이 수행하는 기본 역할을 이해할 수 있도록 이를 소개하는 것이었다. 우리는 기본 구성 요소를 한 문장으로 요약할 수 있다.

- **검증 가능한 자격증명**은 거의 매일 우리 신원의 일부 측면을 증명하기 위해 지갑에 가지고 다니는 물리적 자격증명과 동일한 디지털 자격증명이다.
- **발급자, 보유자 및 검증자**는 모든 종류의 작업에 대해 자격증명을 만드는 신뢰 삼각형의 세 가지 역할이다. 이는 자격증명 발급, 지갑에 보관, 보유자가 제시할 때 검증하는 것이다.
- **디지털 지갑**은 스마트폰, 태블릿, 노트북 등 모든 최신 컴퓨팅 장치에서 검증 가능한 자격증명을 보유하기 위한 것으로서 물리적 지갑의 디지털 대용품이다.
- **디지털 에이전트**는 디지털 지갑을 사용하여 자격증명을 획득 및 제시하고, 연결을 관리하고, 다른 디지털 에이전트와 안전하게 통신하고, 검증 가능한 자격증명을 교환할 수 있게 해주는 앱 또는 소프트웨어 모듈이다.
- **분산 식별자**는 최신 암호화 방식으로 구동되는 새로운 유형의 디지털 주소이므로 중앙형 등록 기관이 필요하지 않다.
- **블록체인과 검증 가능한 데이터 레지스트리**는 단일 실패 지점이나 공격의 영향을 받지 않고 DID와 공개키에 대한 신뢰할 수 있는 소스 역할을 할 수 있는 암호화로 보호된 분산 데이터베이스이다.
- **거버넌스 프레임워크**는 다양한 유형과 규모의 거버넌스 기관에서 발급되고, 모든 크기와 규모의 상호 운용이 가능한 디지털 신뢰 생태계를 가능하게 하는 SSI 인프라를 사용하기 위한 비즈니스, 법률 및 기술 규칙의 집합이다.

SSI 인프라에 대한 일관된 전체 그림을 구축하기 위해 이 7가지 기본 구성 요소를 어떻게 결합하면 좋을까? 그 답은 Trust over IP_ToIP 스택이다.[7] SSI 기반 디지털 신뢰 인프라를 위한 4-레이어 아키텍처 모델은 이제 ToIP 재단(https://trustoverip.org, Linux Foundation에서 호스팅)에 의해 표준화되고 있다. 그림 2.14의 ToIP 스택 그림을 살펴보면 7개의 기본 구성요소가 어디에 적합한지 알 수 있다.

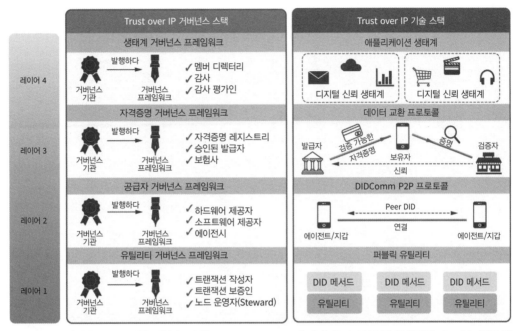

그림 2.14 **4-레이어 ToIP 스택은 머신 투 머신(machine-to-machine) 레이어(1과 2)의 암호화 신뢰와 비즈니스, 법률 및 소셜 레이어(3과 4)의 인적 신뢰가 결합되어 상호 운용 가능한 디지털 신뢰 생태계를 지원한다. 퍼블릭 유틸리티(public utility)라는 용어는 DID에 대한 블록체인 또는 검증 가능한 데이터 레지스트리를 지칭하기 위해 사용된다.**

우리는 책의 후반부, 특히 2부에서 ToIP 스택과 각 계층의 세부 사항에 대해 더 자세히 설명한다. 그러나 먼저 3장에서 이러한 구성 요소를 결합하여 일련의 일반적인 SSI 사용 시나리오에서 실제 디지털 신원 문제를 해결하는 방법을 보여준다.

SSI 참고자료

SSI에 대해 더 자세한 내용은 IdentityBook.info와 SSIMeetup.org/book을 참고하라.

---

7   [옮긴이] ToIP에 대한 최신 정보(ToIP 2.0)는 해당 문서(https://trustoverip.org/wp-content/uploads/Introduction-to-ToIP-V2.0-2021-11-17. pdf) 또는 이를 소개하는 블로그(https://trustoverip.org/blog/2022/01/24/the-trust-over-ip-foundation-publishes-new-introduction-and-design-principles/)를 참고하라. ToIP 스택을 위한 설계 원칙(Design Principles for the ToIP Stack V1.0)은 https://trustoverip.org/wp-content/uploads/Design-Principles-for-the-ToIP-Stack-V1.0-2022-01-17.pdf를 참고하라.

참고문헌

[1] IBM Blockchain Pulse. 2019. "Episode 1: The Future of Protecting Your Wallet and Identity." https://www.ibm.com/blogs/blockchain/2019/04/episode-1-the-future-of-protecting-your-wallet-and-identity.

[2] Cameron, Kim. 2005. "The Laws of Identity." Kim Cameron's Identity Weblog. https://www.identityblog.com/stories/2005/05/13/TheLawsOfIdentity.pdf.

SSI 작동 원리를 보여주는 시나리오

드러먼드 리드Drummond Reed, 알렉스 프록샤트Alex Preukschat, 다니엘 하드맨Daniel Hardman

에버님Evernym에서 수석 아키텍처와 최고정보보호책임자를 역임했고 현재 SICPA의 수석 생태계 엔지니어인 다니엘 하드만Daniel Hardman은 SSI라고 불리기 이전부터 SSI 인프라를 설계해왔다. 그는 이 장에서 설명하는 기본적인 SSI가 상호 작용하는 여러 사례를 실제로 필드에서 직접 목격했다.

2장에서는 자기주권신원SSI의 핵심 구성 요소를 살펴보았다면 여기에서는 비교적 단순하거나 합리적으로 복잡하게 구성된 7가지 시나리오를 통해 구성 요소를 조합해서 SSI를 구현하는 것을 보여준다. 이것의 목적은 SSI 디지털 신원 모델이 중앙형 또는 연합형 디지털 신원 모델과 어떻게 다르게 작동하는지 보여주는 것이다.

우리가 설정한 시나리오는 다음과 같다.

1. 앨리스와 밥은 회의에서 직접 만나 연결을 형성한다.
2. 앨리스와 밥은 앨리스의 블로그를 통해 연결을 형성한다.
3. 밥은 앨리스의 블로그에 댓글을 남기기 위해 로그인한다.
4. 앨리스와 밥은 온라인 데이트 사이트를 통해 만나 연결을 형성한다.
5. 앨리스는 은행 계좌를 개설한다.
6. 앨리스는 자동차를 구매한다.
7. 앨리스는 밥에게 자동차를 판다.

예제 시나리오는 암호학과 사이버 보안 분야의 문헌에 자주 등장하여 이 분야의 상징이 되어 위키피디아에 게재된 가상의 인물 앨리스와 밥의 캐릭터를 사용한다(https://en.wikipedia.org/wiki/Alice_and_Bob). 각 시나리오는 이 책의 4부에서 살펴보게 될 산업별 SSI 시나리오에서 SSI 활용의 기본 유형을 보여준다.

3.1 SSI 시나리오 다이어그램에 대한 간단한 표기

이 장에서는 그림 3.1에서와 같이 간단한 표기를 사용할 것이다. 11개의 아이콘은 SSI 디지털 자격증명의 개념이 매일 소비자와 기업이 직면하는 수많은 신뢰와 관련한 문제에 어떻게 적용할 수 있는지를 보여주기 위한 것이다. 다음은 아이콘에 대한 핵심적인 설명이다.

- 사람: 개인 SSI 신원 보유자(예 앨리스와 밥)
- 조직: SSI 신원을 보유한 조직 또는 그룹
- 사물: SSI 신원이 있는 물리적, 논리적 또는 자연적 개체(예 사물 인터넷IoT의 기기)
- 에지 에이전트 및 지갑: 개인 또는 조직에서 SSI 디지털 자격증명을 저장, 관리 및 공유하기 위해 사용하는 기기 및 소프트웨어(2장 및 9장 참조)
- 클라우드 에이전트 및 지갑: 에지 에이전트와 동일하지만 클라우드에서 작동함
- QR 코드(빠른 응답 코드): 스마트 폰, 태블릿 또는 기타 컴퓨팅 장치에서 카메라가 판독하여 상호작용이 가능한 2차원 바코드
- 개시initiation: 두 명의 SSI 신원 보유자(예 앨리스와 밥) 사이에 디지털 신원 관계를 형성하는 첫 번째 단계
- 연결connection: 에이전트가 서로 암호화 키를 교환하여 안전한 비공개 통신 채널을 형성하는 두 명의 SSI 디지털 신원(ID) 보유자 간 동의에 의해 설정된 관계
- 자격증명credential: 검증 가능한 디지털 신원 자격증명(2장 및 7장 참조)
- 증명(또는 증거)proof[1]: 자격증명으로부터 특정 정보에 대해 디지털 방식으로 서명되고 암호화로 검증 가능한 증명
- 검증verification: 에이전트가 증명을 성공적으로 검증한 결과

---

1 옮긴이 증명(proof): 클레임의 암호화 검증. 디지털 서명은 간단한 형태의 증명이다. 암호화 해시는 증명의 한 형태이기도 하다. 증명은 투명 또는 영지식의 두 가지 유형 중 하나이다. 투명한 증명은 클레임의 모든 정보를 보여준다. 영지식 증명은 클레임에서 정보의 선택적 공개를 가능하게 한다. 또한 DID 도큐먼트에 대한 증명은 DID 도큐먼트의 무결성에 대한 암호화 증명이다(KISA의 DID 기술 및 표준화 포럼, DID 용어집). 이것은 역자가 credential을 **자격증명**으로 번역한 것과 구분된다. 그리고 매끄러운 번역을 위해 proof를 **증거**로도 번역하기도 했다.

그림 3.1 SSI 시나리오에 대한 다이어그램에서 사용한 아이콘

모든 시나리오에서 우리는 2장에서 소개한 검증 가능한 자격증명 신뢰 삼각형(그림 3.2)의 세 가지 기본 역할(발급자, 보유자 및 검증자)을 활용한다.

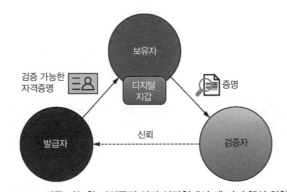

그림 3.2 검증 가능한 자격증명 신뢰 삼각형에서 세 가지 핵심 역할

3.2 시나리오 1: 밥은 회의에서 앨리스를 만난다

모든 형태의 디지털 신원은 **관계**에서의 연관성이 존재한다. 일반적인 기업의 신원 및 접근 관리identity and access management, IAM 시나리오에서, 그 관계는 직원과 회사의 관계, 소비자와 웹사이트의 관계 또는 IoT 분야에서는 IoT 기기와 제조업체 또는 소유자와의 관계일 수 있다.

모든 시나리오는 전형적인 **클라이언트-서버** 관계로, 신원 보유자는 브라우저와 같은 클라이언트 소프트웨어를 사용하여 기업에서 관리하는 서버에 신원을 등록하기 위해 설정하고, 로그인하기 위해 인증한다. 기존의 계정 기반 신원은 1장에 설명한 중앙형 또는 연합형 신원 모델을 사용한다.

SSI 신원 모델은 더 광범위하다. 신원 모델은 두 사람 간 **P2P** 관계를 기반으로 하는 것으로 클라이언트-서버 관계는 한 종류에 불과하다. 이를 강조하기 위해 첫 번째 시나리오는 비즈니스에서 가장 일반적인 상호 작용이다.

앨리스와 밥이 회의에서 만나서 명함을 교환하는 시나리오에서는 다음의 내용을 가정한다.

- 앨리스와 밥은 서로의 '고객'이 아닌 타인이다.
- 앨리스와 밥은 '서버'를 운영하지 않는다.
- 둘 다 상대방과 함께 '계정'을 생성하는 것이 아니라 P2P 연결을 구성한다.

디지털 시대 이전에는 이러한 간단한 P2P 교환이 그림 3.3과 유사했을 것이다.

그림 3.3 **명함을 교환하여 비즈니스 연결하는 아날로그 행위**

그림 3.4 **휴대전화와 링크드인을 이용하여 명함 정보를 교환하는 디지털 행위**

그러나 오늘날은 그림 3.4와 유사하게 비즈니스 회의에서 링크드인과 같은 스마트폰 및 비즈니스 네트워크를 사용하여 디지털 방식으로 연결한다.

여기에서 디지털 버전은 단지 종이를 없애는 것이 아니라, 가장 유용하게 사용하는 핸드폰에 연락처 정보를 입력하는 것이다. 더욱이 링크드인과 같은 비즈니스 네트워크를 통해 연결이 이루어진다면 앨리스와 밥이 재직하는 회사, 이메일 주소 또는 전화 번호를 변경하더라도 연결이 지속된다. 그런데 이러한 편의는 링크드인에 정보를 공유하는 데 비용을 지불함으로써 제공된다. 많은 사람들에게 이것은 문제가 되지 않는데다, 오히려 개인정보 공개에 따른 불편함은 편리함으로 상쇄된다. 하지만 네트워크가 기밀이거나 보안에 민감한 다른 사람들에게는 링크드인, 페이스북 또는 트위터와 같은 소셜 네트워크를 사용하는 것은 적합하지 않다.

앨리스와 밥이 **어떠한** 중개자도 없이 **직접적으로** P2P 연결을 구성하는 쉽고 빠른 방법이 있다면 어떨까? 이러한 연결이 앨리스와 밥이 사용할 수 있는 보안이 적용된 비공개 채널을 만들면 어떻게 될까? 만약 이 연결을 **영구적으로** 하거나 한 명이 연결을 끊고자 할 때까지 지속한다면 어떻게 될까?

2장에서 소개한 SSI 구성 요소로 우리는 중앙 조직에 의존할 필요가 없는, 완전히 분산화된 방식으로 연결을 구성할 수 있다. 실제 이러한 연결은 앨리스와 밥의 스마트폰과 에이전트의 특정한 기능과 성능에 달려 있다. QR 코드를 스캔하는 방식은 비행기 탑승을 위해 모바일 탑승권을 사용한 사람들에게 친숙하다(그림 3.5).

어떤 사람들은 더 쉽게 연결하기 위해 명함에 QR 코드를 이미 삽입해서 사용한다. 그러나 이러한 QR 코드는 대개 **서비스 제공자가 관리하는 네트워크**에 연결을 구성하는 링크드인과 같은 중앙형 서비스 제공업체에 저장된다.

그림 3.5 **새로운 SSI 연결을 구성하는 것은 QR 코드를 스캔하는 것처럼 쉬울 수 있다.**

SSI에서는 **중개 서비스 제공자 또는 독점 네트워크를 사용하지 않고** 연결한다. 앨리스와 밥은 휴대폰에 있는 지갑과 에이전트를 직접적으로, 암호화하여 연결하므로 이 연결은 서로에게 완전히 비공개된다. 앨리스와 밥 중 누가 먼저 QR 코드를 스캔하는지는 중요하지 않다. 앨리스와 밥이 모두 승인하면 그림 3.6과 같이 두 에이전트 사이에 직접적으로 비공개 P2P SSI 연결이 구성된다.

그림 3.6 각자의 에이전트에 의해 구현되는 앨리스와 밥의 단순한 연결

SSI를 이용하여 중개자 없이 연결을 구성하는 것은 사람들 간의 의사소통과 신뢰에 있어 미래에 깊은 의미를 갖는다. 중개자가 더 이상 필요하지 않을 때, 그 중개자가 설정한 모든 조건과 제한은 사라진다. 두 사람은 관계를 구조화하고 신뢰를 구축하며 자신에게 가장 잘 맞는 방식으로 데이터 교환을 할 수 있는데, 이것이 초기 인터넷의 목표였다. 여러 측면에서 SSI는 인터넷에 대한 원래의 분산화 비전을 재확립하는 것을 돕고 있을 뿐이다.

물론 그림 3.6은 지나치게 단순화된 것으로 특정 하드웨어와 네트워크가 사용되거나 DID와 DID 도큐먼트의 교환이 보이지 않는다. 하지만 개념적으로, 앨리스와 밥이 관계를 설정한 것을 보여준다.

내부에서는 무슨 일이 일어나고 있는가?

기술에 관심이 있는 독자를 위해 다음 그림은 그림 3.6을 자세하게 설명한다. 자세한 기술적 설명이 필요하지 않은 경우 이 내용은 넘어가도 된다.

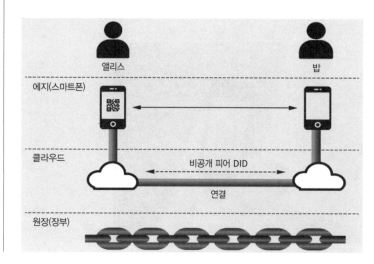

앨리스와 밥 사이에 연결에 대한 상세한 내용은 에지 에이전트(앨리스와 밥의 스마트폰)와 앨리스와 밥의 에이전시에 호스팅되는 클라우드 에이전트 간의 통신을 보여준다.

먼저 앨리스와 밥이 각각 그림에 나타난 에지 에이전트/지갑 및 클라우드 에이전트로 어떻게 프로비저닝[2]되는지 설명해보자. 그들은 SSI 모바일 지갑 앱(또는 스마트폰에 설치된 앱)을 다운로드하는 것으로 시작한다. 브라우저 또는 이메일 앱과 마찬가지로 앨리스와 밥이 SSI 상호운용성에 대한 공개 표준을 지원한다면, 같은 모바일 지갑 앱을 사용하는지는 중요하지 않다(5장을 참고하라).

앨리스와 밥이 처음으로 각각의 모바일 지갑 앱을 열었을 때, 그들의 에지 에이전트 소프트웨어는 클라우드 에이전트를 설치하도록 해야 한다. 이것은 클라우드 백업 서비스를 사용하기 위해 스마트폰을 설정하는 것과 유사하다. 다른 앱들은 클라우드 에이전트 호스팅 서비스를 제공하는 'SSI 에이전시'라 일컫는 다른 클라우드 에이전트 서비스 제공업체와 함께 동작한다. 이 과정은 1분도 안 걸리고 한 번만 하면 된다. 에지 에이전트가 클라우드 에이전트와 연결되면, 이 연결을 끊지 않고 다른 클라우드 에이전트와 연결하지 않는 이상, 지속적으로 원활하게 작동해야 한다.

앨리스와 밥이 모바일 지갑, 에지 에이전트와 클라우드 에이전트를 설치하면 시나리오가 진행되는데, 앨리스가 생성한 QR 코드를 밥이 스캔하고, 같은 방식으로 밥이 QR 코드를 생성할 때에는 반대로 진행된다.

1 앨리스는 QR 코드를 생성한다.

앨리스는 모바일 지갑 앱(에지 에이전트)에서 메뉴 옵션을 클릭하여 **연결 초대**(connection invitation)라고 불리는 새로운 연결에 대한 QR 코드를 생성한다. 이 요청에는 밥의 에이전트가 암호화된 채널을 통해 신뢰할 수 있는 커뮤니케이션 방법에 대한 정보가 포함되어 있다. QR 코드의 데이터는 비밀이 아니어서 강력한 보안이 필요하지 않다. 암호화된 채널은 추후에 보안 기능을 추가한다.

QR 코드를 생성하기 전에 앨리스의 에지 에이전트는 보안에 사용되는 난수와 같은 **넌스**(nonce)를 생성하여 앨리스의 클라우드 에이전트로 보내고, 그 넌스와 관련된 메시지를 예상하도록 통보한다.[3] 이 넌스는 QR 코드에 포함되어 밥의 고유한 QR 코드로 만든다. 만약 다음에 앨리스가 캐롤과 연결을 구성할 때에는 QR 코드가 변경된다.

2 밥은 모바일 지갑 앱을 사용해 QR 코드를 스캔한다.

밥의 에지 에이전트가 이것을 새로운 연결 초대로 인식하자마자 지갑에 다음의 내용을 생성하도록 한다.

- 유일하고 새로운 **공개키/개인키 쌍**(기초 암호에 대한 자세한 내용은 6장을 참고하라).

- 공개키/개인키 쌍을 기반으로 한, 하나의 **피어 DID**. 피어 DID는 둘만 알고 있는 개인정보보호 방식으로 앨리스에 대한 밥의 고유한 연결을 식별하는 데 사용할 개인의 가명 식별자이다.

공개키/개인키 쌍과 피어 DID가 밥의 지갑에 저장되면, 그의 에지 에이전트는 DID 도큐먼트가 포함된 **연결 요청**(connection request) 메시지를 구성한다. (각각의 DID와 함께 사용되는 메타데이터 파일은 2장과 8장을 참고하라). 이 DID 도큐먼트는 앨리스 전용으로 준비된다. DID 도큐먼트에는 새로운 피어 DID, 해당 공개키 및 밥의 클라우드 에이전트의 비공개 네트워크 주소가 포함되는데, 이 네트워크 주소는 다른 에이전트가 밥의 에이전트에게 메시지를 보내기 위해 '호출(call)'할 수 있기 때문에 **서비스 엔드포인트**라고도 한다.

밥의 에지 에이전트는 연결 요청 메시지를 밥의 클라우드 에이전트에게 보내 앨리스가 연결 초대에서 확인한 암호화된 채널을 통해 앨리스의 클라우드 에이전트로 전달하도록 지시한다.

---

2 [옮긴이] 사용자의 요구에 맞게 시스템 자원을 할당, 배치, 배포해 두었다가 필요 시 시스템을 즉시 사용할 수 있는 상태로 미리 준비해 두는 것을 말한다. 서버 자원 프로비저닝, OS 프로비저닝, 소프트웨어 프로비저닝, 스토리지 프로비저닝, 계정 프로비저닝 등이 있다. 수동으로 처리하는 '수동 프로비저닝'과 자동화 툴을 이용해 처리하는 '자동 프로비저닝'이 있다(위키피디아).

3 [옮긴이] 앨리스의 클라우드 에이전트가 앞으로는 밥의 에이전트로부터 보안 목적으로 넌스(nonce)를 포함하는 메시지를 받을 것이라는 것이다.

3 이제 앨리스의 차례다.

앨리스의 클라우드 에이전트는 밥의 에이전트로부터 메시지를 수신하고, 앨리스의 에지 에이전트로 푸시하여 앨리스가 연결을 확인할 것인지 묻는다. 앨리스의 에지 에이전트가 앨리스에게 연결을 확인하라고 지시하고 앨리스가 '예'를 클릭하자, 앨리스의 에지 에이전트가 밥의 연결 정보 중 절반을 지갑에 저장해 둔다.

이제 앨리스의 에지 에이전트는 밥이 한 것과 동일한 작업을 수행한다. 고유한 새로운 공개키/개인키 쌍과 밥에게만 알려진 피어 DID를 생성하여 지갑에 저장하고 밥의 연결 요청의 복사본인 **연결 응답**(connection response)을 생성한다. 여기에는 앨리스의 피어 DID, 공개키, 연결을 위한 서비스 엔드포인트를 포함한다.

앨리스의 에지 에이전트는 밥의 DID 도큐먼트에서 공개키를 사용하여 이 메시지를 암호화하여 오직 밥만 읽을 수 있도록 할 수 있다. 그리고 밥이 앨리스에게 사용하도록 지정한 비공개 서비스 엔드포인트로 보낼 수 있다. 무엇보다도 앨리스의 에지 에이전트는 이 메시지를 사용하여 밥이 원래 앨리스에게 사용했던 서비스 엔드포인트 및 키를 업데이트할 수 있다. 이렇게 하면 연결 초대에서 안전하지 않은 정보를 가로채려고 하는 자로부터 새로운 보안 정보로 대체할 수 있다.

준비가 되면 앨리스의 에지 에이전트는 밥의 에이전트가 앨리스에게 제공한 비공개 서비스 엔드포인트로 전달하라는 지침과 함께 앨리스의 연결 응답을 그녀의 클라우드 에이전트로 보낸다.

4 밥의 에이전트가 마지막 단계를 수행하여 연결을 완료한다.

밥의 클라우드 에이전트는 연결 응답을 밥의 에지 에이전트에 전달하여 앨리스의 피어 DID 연결 정보의 절반을 묘사하는 DID 도큐먼트를 밥의 지갑에 저장한다. 이제 밥의 에지 에이전트는 연결이 양방향으로 완료되었음을 밥에게 알린다.

이제 앨리스와 밥은 어떠한 종류의 암호화 보안 통신에도 사용할 수 있는 영구적이고, 비공개적인 연결을 구성하였다. 다음은 추가 참고 사항이다.

- 이 연결은 직접 구성하였었기 때문에 앨리스와 밥이 서로를 신뢰하기 위해 **검증 가능한 증명 자격증명을 교환할 필요가 없다.** 그렇다고 이것이 미래에 어떤 유형의 자격증명 교환도 필요하지 않다는 것을 의미하지 않는다. 큰 규모의 거래를 할 때에는 자격증명이 필요하겠지만 지금은 충분한 신뢰가 구축된 상태이다.

- **공개 원장이나 블록체인과 상호 작용이 필요하지 않다.** 전체 프로세스는 완전히 오프체인 상태로 생성 및 교환된 피어 DID 및 DID 도큐먼트를 사용하여 수행되었으며, 이는 개인정보보호와 확장성에 도움이 된다. 퍼블릭 블록체인에 등록된 공개 DID는 일반적으로 누구나 검증할 수 있어야 하는 자격증명 발급자에게만 필요하다.

이 연결은 완전히 비공개로 구성되며 앨리스와 밥만 알고 있다. 클라우드 에이전트를 호스팅하고 암호화된 메시지를 전달하는 것 외에는 중간 서비스 공급자가 관여하지 않는다. 클라우드 에이전트 호스팅 공급자(에이전시)는 두 에이전트 간에 트래픽이 있었다는 것만 알고 있어서 누가 무엇에 대해 누구와 이야기하고 있었는지 알기 위해 내부 메시지를 '보는 것'이 불가능하다. (이것은 에이전트간 어니언 라우팅(Onion Routing, OR)[4]을 사용하여 개인 정보를 추가로 보호할 수 있다.)

- **앨리스 또는 밥(또는 둘 다)이 클라우드 에이전트를 변경하면 구성된 연결도 함께 이동한다.** 각 에이전트는 새로운 에이전시의 새로운 비공개 클라우드 에이전트 주소로 연결 정보에 대한 업데이트만 보낸다.

---

4 옮긴이 컴퓨터 네트워크를 통한 익명 통신을 위한 기술로 이 네트워크에서 메시지는 양파의 껍질과 유사한 암호화 레이어로 캡슐화된다(위키피디아).

- **이러한 연결 초대 과정은 어디서나 작동할 수 있다.** 그것은 미리 구축된 보안 채널을 필요로 하지 않으며, 초대를 받은 사람은 SSI, DID 또는 모바일 지갑에 대해 아무것도 알 필요가 없다. 따라서 중앙형 기업이나 네트워크에 의존하지 않고도 SSI가 '바이러스처럼' 성장할 수 있는 한 가지 방법이다.

3.3 시나리오 2: 밥은 온라인 블로그를 통해 앨리스를 만난다

이 시나리오도 앨리스와 밥이 연결되지만 이번에는 직접 만나지 않는다. 대신 밥은 앨리스의 최신 웹 사이트 디자인 비즈니스에 대한 블로그를 발견하고 자신의 웹 사이트 제작을 위해 앨리스와 연락하고자 한다.

소위 잘나가는 웹디자이너인 앨리스는 자신의 블로그를 통해 자신과 직접 연결하고자 하는 방문자들의 요청을 자신의 블로그를 통해 받을 수 있게 했다. 이렇게 하기 위해 블로그에 클라우드 에이전트를 추가하고 에지 에이전트에 연결한다. (자세한 내용은 다음 페이지의 '내부에서 무엇이 일어나고 있는가?' 박스를 참고하라.) 이것은 앨리스의 개인 블로그이기 때문에, 클라우드 에이전트는 앨리스의 또 다른 대표 역할을 한다. 하지만 그것이 하나의 구별된 '사물'로서 그녀의 블로그를 대표하는 것은 아니다.

이것은 SSI의 핵심 원칙을 보여준다. 앨리스는 기기나 웹에서 **그녀가 원하는 만큼 많은 에이전트를 가질 수 있다.** 각각의 기기는 앨리스가 자신의 정체성을 표현하고 새로운 관계를 형성할 수 있게 해주는데, 이 경우에 앨리스는 온라인에 존재하는 웹 디자이너이다.

NOTE 앨리스는 원한다면 독립적인 SSI를 갖도록 블로그를 설정해 방문객들이 앨리스를 대신해서 블로그와 직접 연결할 수 있다. 자세한 내용은 다음의 내용을 참고하라.

그림 3.7은 시나리오에서 설정된 에이전트 및 연결을 보여주며, 숫자는 작업이 수행되는 순서를 나타낸다.

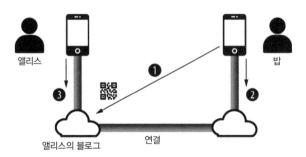

앨리스

밥

❸

❶

❷

앨리스의 블로그   연결

그림 3.7 밥이 먼저 블로그를 읽고 나서 블로그에서 QR 코드를 스캔하여 앨리스와의 연결을 요청하는 시나리오

밥이 앨리스의 블로그를 통해 연결을 요청하면서 시나리오는 시작한다.

1. **밥은 에지 에이전트를 사용하여 연결 초대용 QR 코드를 스캔한다.** QR 코드는 앨리스가 블로그용으로 설치한 SSI 플러그인에 의해 구성된다(자세한 내용은 아래 '내부에서 무엇이 일어나고 있는가?' 박스를 참고).

2. **밥의 에지 에이전트 앱은 연결 초대를 수락하라고 한다.** 밥이 연결 초대를 수락하면, 밥의 에지 에이전트는 아래 '내부에서 무엇이 일어나고 있는가?' 박스에서 설명한 대로 연결 요청 메시지에 대하여 키 쌍, 피어 DID 및 DID 도큐먼트를 생성하여 밥의 클라우드 에이전트로 보내어 앨리스의 에지 에이전트로 전달하기 위한 앨리스의 클라우드 에이전트로 전달한다.

3. **앨리스는 접속 요청을 받고 승인한다.** 이 시나리오의 나머지 부분은 앞의 시나리오에서와 같이 진행된다. 앨리스의 에지 에이전트는 클라우드 에이전트를 통해 밥의 에지 에이전트에 전송하는 응답 메시지에 연결하기 위해 키 쌍, 피어 DID 및 DID 도큐먼트를 생성한다.

시나리오 1과 마찬가지로 이 시나리오에서는 검증 가능한 자격증명을 교환할 필요가 없다. 앨리스가 블로그의 독자로부터 연결 요청을 수락할 경우, 그녀의 에이전트는 신원 정보를 요청할 필요가 없다. 그러나 이것은 앨리스가 스팸 연결 요청을 받을 수 있음을 보여준다. 이러한 문제를 방지하기 위해 앨리스의 에지 에이전트는 앨리스가 신뢰하는 하나 이상의 공통의 검증 가능한 자격증명의 증거(증명)를 요구할 수 있다. 이는 시나리오 4에 자세히 설명되어 있다.

내부에서 무엇이 일어나고 있는가?

앨리스는 워드프레스에서 블로그를 호스팅하기 때문에 워드프레스가 SSI 플러그인을 가지고 있다고 가정한다. 앨리스가 이 플러그인을 설치하면 클라우드 에이전트를 설치하는 데 필요한 QR 코드를 보여준다. 앨리스는 QR 코드를 스캔하기 위해 핸드폰의 에지 에이전트 앱을 사용한다. 그리고 앨리스의 에지 에이전트 앱은 그녀의 블로그에 클라우드 에이전트를 설치하는 것을 승인하라는 메시지를 표시한다.

앨리스가 승인을 하면, 에지 에이전트는 앨리스의 기존 클라우드 에이전트(그림 3.7)에 a) 새로운 블로그 클라우드 에이전트를 제공해 달라는 요청 메시지를 보내고, b) 그것과 앨리스의 에지 에이전트 사이에 연결을 형성한다. 이것이 완료되면, 앨리스의 기존 클라우드 에이전트는 새로운 블로그 클라우드 에이전트와의 암호화된 통신을 위해 비공개 네트워크 주소와 공개키가 들어있는 피어 DID 및 DID 도큐먼트와 함께 앨리스의 에지 에이전트에 연결 응답을 보낸다.

이제 앨리스의 블로그에는 앨리스와 새로운 연결을 요청하려는 독자에게 고유한 QR 코드를 표시할 수 있는 기능이 생겼다.

이 프로세스는 앨리스가 에이전트를 사용하고자 하는 SSI 지원 온라인 리소스, 즉 링크드인 페이지, 페이스북 페이지, 그녀가 디자인한 웹사이트, 심지어 이메일의 서명에도 같은 방식으로 작동한다는 점에 유의하라. 이것은 앨리스가 갤러리에 걸려있는 그림 중 하나를 위한 명함이나 현수막과 같은 에이전트를 설정하려는 것과 같은 오프라인에서의 모든 작업에서도 구현할 수 있다.

만약 앨리스가 자신의 블로그에 블로그만의 연결고리를 갖기를 원한다면?

방금 설명한 시나리오에서 앨리스가 자신의 블로그가 자신의 대리인 역할을 하기를 원한다고 가정했다. 그러나 예를 들어 방문자가 그림을 주문할 수 있는 그녀의 작품 포트폴리오처럼 그녀의 블로그가 사용된다면 어떻게 될까? 이 경우 연결을 요청한 방문자는 앨리스의 블로그에 사람이 아닌 '사물'에 직접 연결된다. 앨리스는 여전히 '사물'에 대한 클라우드 에이전트를 제어한다. 법적 관점으로 아티스트로서 자신의 단독 소유권을 나타낼 수 있지만 해당 클라우드 에이전트는 자신을 나타내는 앨리스의 개인의 에이전트와 분리된다.

이상적으로 SSI 플러그인은 블로그 소유자에게 클라우드 에이전트를 구성하는 방법, 즉 사람이나 사물을 대표하는 방법을 선택할 수 있다.

3.4 시나리오 3: 밥은 앨리스의 블로그에 댓글을 남기기 위해 로그인한다

일단 밥이 앨리스와 연결되면 밥은 언제든지 앨리스에게 자신을 인증하기 위해 그 연결을 사용할 수 있다. 예를 들어, 밥이 나중에 앨리스의 블로그로 돌아와서 댓글을 남기고 싶다면, 밥은 앨리스의 블로그에서 '계정'을 만들 필요가 없다. 그의 인맥이 바로 계정이다. 따라서 밥은 앨리스의 블로그에서 새로운 사용자 이름과 암호를 만들 필요가 없을 뿐만 아니라 그것들을 기억할 필요도 없을 것이다!

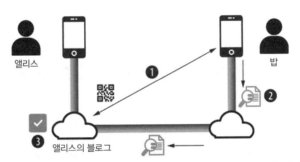

그림 3.8 **밥은 앨리스의 블로그에 돌아와 새로운 게시물 중 하나에 댓글을 남길 때마다 유사한 패턴을 사용하여 '로그인'한다.**

암호 없는 로그인(또는 자동 인증)은 SSI의 주요 특징 중 하나로, SSI의 주요 특징과 이점에 대해서는 4장을 참고하라. SSI가 적용된 웹사이트나 응용 프로그램에서도 같은 방식으로 작동한다. 그림 3.8은 기본 순서를 보여준다.

1. **앨리스의 블로그는 QR 코드를 생성한다.** 시나리오 2에서와 같이 첫 번째 단계는 앨리스의 블로그가 인증해야 할 경우, 독자가 스캔할 수 있는 QR 코드를 생성하는 것이다(때 댓글을 남기거나 승인이 필요한 다른 작업을 수행할 때). 이번에는 밥이 QR 코드를 스캔할 때, 그의 에지 에이전트는 밥이 이미 앨리스와 관련이 있다는 것을 인식하므로 밥의 에지 에이전트는 밥에게 자신이 인증을 하고 싶은

지 확인하라고 요청한다(혹은 밥이 에지 에이전트에게 이러한 확인을 건너뛰라고 말했다면, 그의 에지 에이전트는 그냥 진행될 것이다).

2. **밥의 에지 에이전트가 증명을 생성하고, 서명한 후 보낸다.** 이 증명은 **개인 피어 DID 연결에 대해서만** 밥의 모바일 지갑에 있는 개인키로 서명된다. 그런 다음 그의 클라우드 에이전트로 전송된 증명은 앨리스의 블로그에 대한 클라우드 에이전트로 전달된다.

3. **앨리스의 블로그 클라우드 에이전트가 증명을 수신하고 검증한다.** 밥과의 비공개 연결(연결되었을 때 밥이 공유하며, 에지 에이전트가 암호화키를 순환rotation[5]할 때마다 밥이 업데이트함)을 위해 가지고 있는 공개키를 사용하여 서명을 검증한다. 서명이 검증되면 밥은 '로그인'하게 된다.

자동 인증에서 특히 강력한 것은 특정 트랜잭션에 대해 검증자가 요구하는 인증 수준을 요청하도록 '조정'할 수 있다는 점이다. 예를 들어, 블로그에 댓글을 남기는 것은 상대적으로 위험성이 낮은 활동이기 때문에, 밥이 자신만 알고 있는 연결을 위한 개인키가 있다는 것을 증명하는 것으로 충분하다. 그러나 만약 밥이 자신의 신용 조합에게 10만 달러짜리 거래를 요청했다면, 신용 조합에 의해 생성된 QR 코드는 이것이 진짜 밥이라는 훨씬 더 강력한 증명을 요구할 수 있을 것이다.

SSI 에이전트는 오픈ID 커넥트OpenID Connect 및 WebAuthn과 같은 다른 웹 인증 프로토콜에 필요한 인증 토큰을 생성할 수도 있다. 자세한 내용은 5장을 참조하라.

3.5 시나리오 4: 밥은 온라인 데이트 사이트를 통해서 앨리스를 만난다

이 시나리오에서는 앨리스와 밥이 시나리오 1과 2에서와 같은 연결을 형성하게 된다. 그러나 이번에는 온라인 데이트 사이트인 중개 업체를 통해 소개한다. 앨리스와 밥 모두 사전에 설정된 신뢰 관계를 구축하고 있지 않기에 검증 가능한 자격증명이 필요한 첫 번째 시나리오이다.

`IMPORTANT` 이 장의 시나리오에서는 정부에서 발급한 신원 자격증명을 예시 목적으로 사용하지만, SSI 인프라에서 정부 신원 자격증명 또는 기타 특정 유형의 자격증명을 사용할 필요는 없다. 결국 검증자는 특정 목적을 위해 어떤 유형의 자격증명을 수락할지 결정한다. 정부가 발급한 신원은 널리 이해되고 받아들여지는 자격증명이다.

그림 3.9는 관련된 단계를 나타낸 다이어그램이다.

---

5 올긴이 키 순환(key rotation)은 암호화 키를 폐기하고 새로운 암호화 키를 생성하여 이전 키를 교체하는 것으로, 정기적으로 키를 순환하면 업계 표준 및 암호화 모범 사례를 충족하는 데 도움이 된다. 매일 키가 교체되면 공격자는 해당 날짜의 정보만 해독할 수 있게 된다.

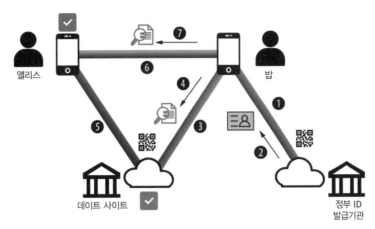

그림 3.9 온라인 데이트 사이트를 통해 새롭게 형성된 연결에 대해 밥이 앨리스에게 진위를 증명하는 시나리오

1. **밥은 정부 신원 발급기관과 연결한다.** 밥은 데이트 사이트가 자신이 신뢰하는 발급자로부터 신원 증명을 요구한다는 것을 알고 있으며, 한 가지 선택할 수 있는 것은 정부가 발급한 신원 자격증명이다. 그래서 밥은 먼저 시나리오 2에서 설명한 대로 정부 신원 발급기관의 웹사이트상의 QR 코드를 스캔하여 정부 기관의 클라우드 에이전트와 연결을 형성한다.

2. **밥은 정부가 발급한 신분증을 요청한다.** 밥의 에지 에이전트는 정부 신원 발급기관에 그의 신원을 증명하기 위한 데이터(또는 그가 취해야 하는 다른 조치)를 그에게 요청한다(이것은 밥에게 검증 가능한 다른 자격증명에 대한 증거proof를 요청하는 기관이 포함될 수 있다). 밥이 새로운 정부 신원 자격증명을 발급하기 위한 기관의 정책을 충족하면, 그 기관은 밥이 자신의 지갑에 저장할 수 있도록 그 자격증명을 밥의 에지 에이전트로 보낸다.

3. **밥은 시나리오 2에 따라 데이트 사이트에 연결한다.**

4. **데이트 사이트는 밥의 정부 신원 자격증명을 요청한다.** 밥은 정부 신원의 자격증명의 증거를 요청하는 QR 코드를 스캔한다. 밥의 에지 에이진드는 밥에게 해당 증거의 발송을 승인하라는 메시지를 표시한다. 밥은 이에 동의하고, 에지 에이전트가 증거를 생성하며, 이 연결에 대한 개인키로 서명하고, 그것을 데이트 사이트의 클라우드 에이전트로 보낸다. 데이트 사이트의 클라우드 에이전트는 공개키로 DID 도큐먼트를 검색하기 위해서 비트코인, 이더리움, 소버린 등 퍼블릭 블록체인에서 정부 신원 발급기관의 DID를 조회해 밥이 제시한 증거를 검증한다. 이 증거가 확인되면 밥은 데이트 사이트를 이용할 수 있다.

5. 같은 방법으로 **앨리스도 데이트 사이트에 가입한다.** 데이트 사이트는 앨리스에게 자격증명의 증거(그림 3.9에는 표시되지 않음)를 보내도록 요구할 수도 있고 그렇지 않을 수도 있다. 그런 다음 앨리스는 프로필 정보의 일부를 공유한다. 이미 지갑에 있는 다른 자격증명에 저장된 경우 에지 에이전트로부터 증거를 보낼 수 있다.

6. **밥은 앨리스와 연결을 요청한다.** 밥은 데이트 사이트에서 앨리스의 프로필을 발견하고 시나리오 2에서 그녀의 블로그를 통해 했던 것처럼 QR 코드를 스캔하여 연결을 요청한다. 하지만 이것은 다른 유형의 연결이기 때문에 앨리스는 더 신중하게 된다. 그녀의 에지 에이전트는 밥에게 그의 정부 신원 자격증명의 증거를 공유할 것을 요청한다. 앨리스는 남성 회원들이 데이트 사이트에 정부 신원 자격증명의 증거를 제공해야 한다는 사실을 알고 있지만 SSI를 이용하면 **앨리스가 밥에게 직접 증명을 요청할 수도 있다.** 그녀는 데이트 사이트가 회원들을 제대로 심사하지 않아도 걱정할 필요가 없다.

7. **밥은 앨리스에게 자신의 정부 신원 자격증명의 증거를 보냈다.** 밥은 에지 에이전트가 모든 것을 할 수 있으므로 클릭 한 번으로 자격증명을 보낼 수 있다. 앨리스의 에지 에이전트는 밥과 설정한 비공개 연결을 통해 증거를 수신하고 데이트 사이트가 했던 것과 같이 이 증거를 검증한다. 검증하게 되면 앨리스는 새로운 연결을 수락하고 검증에 실패하면 앨리스의 에지 에이전트는 **앨리스를 성가시게 할 필요 없이** 즉시 연결을 삭제할 수 있다. 그녀의 에지 에이전트는 모든 남자회원이 앨리스의 최소 검증 요건을 충족하는지 확인하기 위해 효과적으로 앨리스의 보호자 역할을 하고 있다.

훨씬 더 강력한 것은 SSI를 사용하면 **앨리스가 데이트 사이트에서 지원하는 필터만 사용하지 않아도 된다는 것이다.** 앨리스는 남자회원에게 정부 신원 자격증명의 증거를 요청할 수 있으며, 남자회원은 앨리스에게 접근하기 전에 해당 증거를 제공해야 한다. 이것은 관련된 모든 사람의 신뢰를 높이는 방식으로 온라인 데이트 생태계를 크게 바꿀 수 있다.

3.6 시나리오 5: 앨리스가 신규 은행 계좌를 개설한다

다음 시나리오는 검증 가능한 자격증명의 가치에 대한 명확한 비즈니스 사례로, 2018년 10월 4개 회사가 협업하여 'Job-Creds'[1]라는 영상에서 해당 자격증명의 작동 방식을 시연했다. 이 영상은 앨리스가 운전면허발급기관으로부터 정부 신원 자격증명을 처음 발급받은 후 고용주로부터 재직 자격증명을 발급받아서 은행계좌를 개설하는 방법을 보여준다. 그림 3.10은 전체 연결 및 상호 작용을 보여준다.

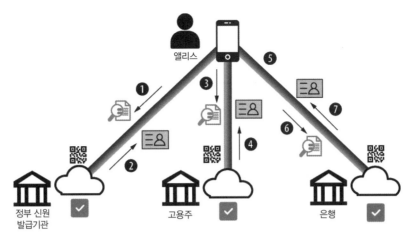

그림 3.10 앨리스가 은행 계좌 발급 자격을 갖추기 위해 필요한 증명
(정부 발급 신원 및 재직 증명)을 발급하기 위해 제공해야 하는 증거들

1. **앨리스는 신원 증명을 요청하는 정부 신원 발급기관에 연결한다.** 이것은 앨리스가 이미 모바일 지갑을 가지고 있고 수도/전기 사용자 계정 또는 학생 신원과 같은 정부 신원 발급기관이 수락할 수 있는 일부 자격증명을 가지고 있다고 가정한다.

2. **앨리스는 정부 신원 자격증명을 받는다.** 정부 신원 발급기관이 앨리스의 증명을 검증하고 이 증명이 신원 자격증명 발급에 대한 정부의 정책을 충족한다는 것을 확인했다면, 그 자격증명은 앨리스의 에지 에이전트에 발급된다.

3. **앨리스는 그녀의 고용주와 연결되는데, 고용주는 그녀의 정부 신원 자격증명의 증거를 요청한다.** 이 단계는 일반적으로 앨리스가 신입 사원으로 입사하기 위한 과정으로 진행된다(일부 관할 지역에서는 법률에 규정됨). 고용주는 디지털 방식으로 그 절차에 대한 비용을 절약할 수 있다(4.2절을 참고하라).

4. **앨리스는 재직 자격증명을 받는다.** 고용주의 신입 사원 교육 정책이 만족되면 고용주는 앨리스에게 새로운 재직 자격증명을 발급한다.

5. **앨리스는 그녀가 새로운 계좌를 개설하려는 은행과 연결된다.** 앨리스는 은행으로부터 계좌 개설 안내서를 받을 수 있는 곳, 즉 버스, 지하철, 신문 광고, 이메일, 은행의 웹 사이트 등 어디에서나 QR 코드를 스캔하여 이 작업을 수행할 수 있다.

이 단계에서 앨리스의 에이전트는 먼저 은행의 자격증명의 증거를 요청해야 한다는 점을 유념해야 한다. 연결이 근본적으로 양방향이라는 사실은 SSI 인프라가 스푸핑spoofing 및 피싱phishing[6] 시도로부터 보호할 수 있는 방법이다. 앨리스가 이것이 진짜 은행이라는 것을 확인하고 연결 설정을 완료하면, 스푸핑이나 피싱을 당할 염려가 없을 것이다. 왜냐하면 **오직** 은행만 앨리스에게 메시지를 전송하기 위해 그것을 사용할 수 있을 것이고 각 메시지는 은행의 개인키로 서명될 것이기 때문이다.

6. **앨리스는 그녀의 정부 신원 자격증명과 재직 자격증명의 증거를 은행에 보낸다.** 이 두 가지는 은행이 새로운 계좌를 개설하기 위해 요구하는 것이다. 그러나 앨리스에게는 이것은 한 단계로 처리된다. 그녀의 에지 에이전트가 앨리스에게 승인을 요청하면, 그녀는 보내기를 클릭하고 에지 에이전트는 나머지를 처리한다.

7. **앨리스는 은행 계좌 증명을 받는다.** 은행의 클라우드 에이전트는 앨리스의 에지 에이전트가 보낸 두 가지 증명을 모두 확인한다. 확인이 되면 새로운 계정을 프로비저닝하는 모든 디지털 프로세스를 완료하고 앨리스에게 새로운 은행계좌 자격증명을 보낸다.

이제 앨리스는 새로운 은행계좌를 발급받고, 은행은 새로운 고객을 확보했다. 은행계좌를 개설하기 위해 직접 방문하는 등의 몇 시간이 걸리는 과정을, 앨리스는 정부 신원 자격증명과 재직 자격증명을 받은 후 디지털 방식으로 1분 이내에 처리할 수 있다. 그리고 이 프로세스는 오프라인보다 더 안전한데, 왜냐하면 은행 직원들이 위조하기 쉬운 종이나 플라스틱 카드 기반의 자격증명을 확인하는 대신 강력한 암호화 방식을 사용하여 모든 자격증명을 즉시 검증할 수 있기 때문이다.

3.7 시나리오 6: 앨리스가 차량을 구매한다

새로운 자격증명으로 무장한 앨리스는 이제 자신과 상호 작용하는 기업 및 기관의 이익을 위해 많은 종류의 트랜잭션을 단순화하고 자동화할 수 있다. 그림 3.11은 앨리스가 새로운 차를 구매하는 과정을 보여준다. 이 시나리오에서는 다음을 가정한다.

- 앨리스는 이미 은행, 자동차 딜러, 면허발급기관과 연결되어 있다.

---

6 [옮긴이] 스푸핑(spoofing)은 1995년 미국에서 처음 보고되었던 최고 수준의 해킹 수법이다. 스푸핑은 '속이기'라는 뜻으로, 외부 악의적 네트워크 침입자가 임의로 웹사이트를 구성하여 일반 사용자들의 방문을 유도, 인터넷 프로토콜인 TCP/IP의 구조적 결함을 이용하여 사용자의 시스템 권한을 획득한 뒤 정보를 빼가는 해킹 수법이다. 종류에는 IP 스푸핑, DNS 스푸핑, 이메일 스푸핑, ARP 스푸핑 등이 있다. 피싱(phishing)은 개인정보(private data)와 낚시(fishing)의 합성어로 개인정보를 낚는다는 의미로 금융기관 또는 공공기관을 가장해 전화나 이메일로 인터넷 사이트에서 보안카드 일련번호와 코드번호 일부 또는 전체를 입력하도록 요구해 금융 정보를 몰래 빼가는 수법이다(https://priv.tistory.com/66).

- 앨리스는 구매할 차량을 선택하고 자동차 딜러와 가격을 협상했다.
- 앨리스는 은행에서 자동차 대출을 받을 자격이 있다.

다음은 앨리스가 차량을 구매하는 과정이다.

1. **앨리스는 그녀의 은행에 대출을 요청하기 위해 그녀의 신원을 증명한다.** 자동차 구매는 중요하기 때문에, 은행은 대출을 요청하는 사람이 앨리스가 맞는지 확인하기 위해 하나 이상의 다른 자격증명(**예** 그녀의 정부 발급 신원)을 요청한다.

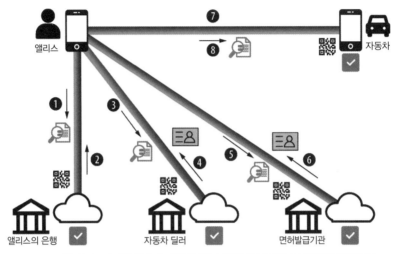

그림 3.11 앨리스는 디지털 연결과 자격증명을 사용하여 자동차를 구입하고 등록한다.
마지막 단계에서 앨리스는 차량의 문을 열고 운전하기 위해 자신의 소유를 증명한다.

2. **앨리스는 은행으로부터 대출 자격증명과 지불 승인 자격증명을 받는다.** 앨리스는 대출 자격증명을 사용하여 자신이 대출을 받을 수 있고 지불 승인 자격증명을 사용하여 자동차 딜러에게 지불할 수 있다.

3. **앨리스는 자동차 딜러로부터 차량 구매를 완료한다.** 앨리스는 지불 승인 자격증명의 증거를 자동차 딜러에게 보낸다(그림 3.11에는 없지만, 이 프로세스는 자동차 딜러와 앨리스의 은행도 SSI 연결을 사용할 수 있다).

4. **앨리스는 자동차 딜러로부터 구매 영수증 자격증명을 받는다.** 이는 검증 가능한 자격증명 형태로 제공되는 디지털 영수증의 예로서, 모든 거래에 있어서 소비자와 판매자 모두를 위한 강력한 새로운 도구다(4장을 참고하라).

5. **앨리스는 그녀의 새로운 차를 등록하기 위해 면허발급기관에 신청한다.** 앨리스는 차량에 대한 구매 영수증 자격증명의 증거와 은행에서 받은 대출 자격증명의 증거를 제시한다. 이것들은 차대번호 vehicle identification number, VIN를 포함한 모든 정보가 포함되어 있으며, 면허발급기관은 앨리스의

은행에 저당권이 포함된 차량 등록 자격증명을 앨리스에게 발급해야 한다.

6. **앨리스는 차량 등록 자격증명을 받는다.** 이것은 그녀의 다른 자격증명과 함께 디지털 지갑에 바로 저장된다.

7. **앨리스는 자신이 구매한 새로운 차와 연결된다.** 이것은 앨리스가 사람이나 조직 대신 사물과 연결되는 사례이다. 언급한 다른 사례와 동일하게 동작한다. 단, 이 경우 앨리스는 자동차에서 QR 코드를 스캔한다(◉ 차량의 창문에 부착된 스티커나 디지털 디스플레이에서 표시된 QR 코드를 활용함).

8. **앨리스는 차의 소유권을 증명한다.** QR 코드는 차량 등록 자격증명의 증거를 요청한다. 모든 차량뿐만 아니라 특정 차대번호(VIN)가 있는 차량에도 해당된다. 이것이 바로 앨리스가 면허발급기관에서 발급한 것이므로 앨리스의 에지 에이전트는 이를 차량의 에지 에이전트(차량 내장 컴퓨터의 일부로 작동)에 보낸다. 차량의 에지 에이전트가 차량 등록 자격증명의 증거를 확인하면 자동차는 잠금 해제되고 앨리스는 차량을 운전할 수 있다.

비록 마지막 단계가 공상과학 영화의 한 장면처럼 보일지라도 매우 현실적이다. 2018년 3월 이 책의 저자 중 한 명이 미국 국토안보부의 R&D 부서에서 검증 가능한 자격증명을 이용해 자동차의 문을 여는 시연을 하였다. 모든 전기 자동차, 내장 컴퓨터, 그리고 자율 주행 차량으로 진화되는 동안, 미래의 자동차 열쇠는 스마트폰에 저장된 검증 가능한 자격증명이 될 수 있다. (또한 이렇게 하면 물리적 복사본을 만들지 않고도 가족, 친구 등에게 자동차 키를 '위임'할 수 있다. 그리고 이러한 디지털 '키'는 운행 시간이나 사용 자체를 제한할 수도 있다. 아이가 자동차를 타고 영화를 보러 갈 수도 있지만, 시외에서는 운전하지 못하도록 할 수도 있다.)[7]

3.8 시나리오 7: 앨리스가 밥에게 차량을 판매한다

마지막 시나리오에서는 앞에서 언급한 모든 시나리오를 종합하여 개인과 개인, 개인과 기업, 개인과 사물 관계가 포함된 시나리오를 보여준다. 앨리스는 시나리오 6에서 구매한 차를 밥에게 팔았다(앨리스는 시나리오 1, 2, 4에서 밥을 만났다). 이 예제를 두 개의 다이어그램으로 나누어서 쉽게 따라 할 수 있다. 파트A(금융 약정)는 그림 3.12에 나타나 있다. 이 시나리오에서는 다음을 가정한다.

- 밥과 앨리스는 이미 관계를 맺고 차량의 가격을 협상했다.
- 밥은 신용조합으로부터 자동차 대출를 승인받았다.
- 밥과 앨리스는 둘 다 동일한 면허발급기관의 관할지역에서 거주하고 있다.

---

[7] 〔옮긴이〕 미국의 대부분의 주에서 16세에 제한된 면허를 취득할 수 있다. 즉, 주에 따라 특정 시간에는 운전을 할 수 없거나 동승자가 있어야 운전할 수 있다.

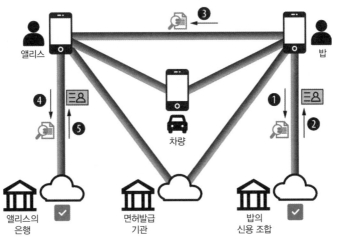

그림 3.12 시나리오의 파트 A는 밥의 자동차 구매를 위해 앨리스와 밥이 금융 약정을 어떻게 하는지 그 과정을 보여준다.

파트 A는 다음과 같다

1. 시나리오 6에서 앨리스가 한 것과 같이, **밥은 그의 신용조합에서 대출하기 위해 신원을 증명한다.**
2. 시나리오 6에서 앨리스가 한 것과 같이, **밥은 신용조합으로부터 대출 자격증명 및 지불 승인 자격증명을 받는다.**
3. **밥은 앨리스에게 지불 승인 증명의 증거를 보낸다.** 이제 거래를 완료하기 위해 앨리스가 할 일만 남았다.
4. **앨리스는 그녀의 은행에 자신의 지불 승인 자격증명의 증거를 송부하고** 또한 대금 지급을 위해 대출 자격증명의 증거도 보낸다. 앨리스의 은행은 밥의 은행으로부터 지불 약정을 위해 이러한 증명을 사용한다.
5. **앨리스는 대출의 상환을 보여주는 대출 자격증명의 업데이트를 받는다.** 앨리스는 업데이트된 자격증명을 단지 피트B에서 자동차 등록의 이전뿐만 아니라, 앞으로 자신의 신용 기록을 다른 사람에게 증명하는 데 사용할 수 있다. **앨리스가 중앙형 신용평가기관에 의존할 필요 없이 이 작업을 수행할 수 있다는 점에 주목하기 바란다.**

파트 B(그림 3.13)는 차량 소유권을 양도하고 등록하기 위한 나머지 단계를 보여준다.

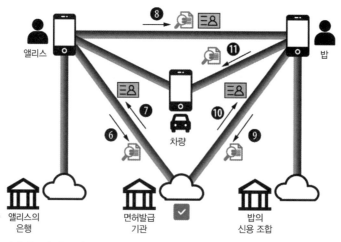

그림 3.13 시나리오의 파트 B는 앨리스와 밥이 차량 소유권을 양도하고 등록하는 과정을 보여준다.

6. **앨리스는 업데이트된 대출 자격증명의 증거를 면허발급기관에 보낸다.** 이것은 앨리스의 은행이 저당권을 해지하였고, 앨리스는 차량을 자유롭게 팔 수 있다는 것을 증명한다.

7. **앨리스는 면허발급기관으로부터 업데이트된 차량 등록 자격증명을 받음으로써** 이제 밥에게 자동차를 판매를 할 수 있다.

8. **앨리스는 밥에게 구매 영수증과 업데이트된 차량 등록 자격증명의 증거를 보낸다.** 두 가지 디지털 문서는 밥이 앨리스로부터 차량의 소유권을 이전받아 차량 등록을 위해 필요하다.

9. **밥은 차량을 면허발급기관에 등록을 신청한다.** 시나리오 6의 앨리스처럼 밥은 구매 영수 자격증명 및 대출 자격증명의 증거를 면허발급기관에 보내고 앨리스의 차량 등록 자격증명의 증거도 면허발급기관에 제출한다. 면허발급기관은 앨리스가 저당권이 설정되지 않은 차량을 소유하고 있는지, 차량을 밥에게 팔았는지, 그리고 밥이 신용조합으로부터 대출을 받은 것을 확인하기 위해 모든 증명을 검증한다.

10. **밥은 차량 등록 자격증명을 받는다.** 동시에, 면허발급기관은 앨리스의 차량 등록 자격증명을 해지하기 때문에, 자동차의 에지 에이전트가 앨리스의 차량 등록 자격증명이 해지되었다는 것을 알게 되는 즉시 앨리스의 가상 '키'는 작동하지 않는다(자격증명 해지의 작동 방법에 대해서는 5장을 참고하라).

11. **밥은 차량에 연결되고 잠금을 해제한다.** 이것은 시나리오 6의 마지막 단계에서 앨리스가 한 것과 동일한 단계로, 이제 밥은 차량의 새로운 소유자가 된다.

3.9 시나리오 요약

이 장에서는 2장의 SSI 구성 요소를 취합하여 신원과 신뢰가 필요한 다양한 시나리오를 보여주었다.

- 경제사범의 수사 지침으로 '돈의 흐름을 추적하면 된다'는 말이 있는데, SSI의 작동 방식을 이해하기 위해서는 '자격증명과 그 증거를 추적하면 된다'라고 할 수 있다.
- 기본적인 기술적 흐름을 이해하는 데 필요한 것은 신뢰(사람, 조직, 사물과)를 구축하고, 에이전트 (에지 및 클라우드)를 할당하고, 이들의 연결을 설정한 다음, 모든 신뢰 요구사항을 충족하기 위한 자격증명을 발급하고 그것의 증거를 제시해야 하는 행위자를 파악하는 것이다.
- 에이전트 간의 교환은 종종 물리적 세계에서 대면 교환을 직접적으로 반영하지만, 오늘날 웹에서는 동일한 교환이 어떻게 이루어지는지를 반영할 수 있다. 즉, 한 사람을 대표하는 웹 사이트나 소셜 네트워크, 데이트 사이트 및 온라인 커뮤니티와 같은 여러 사람을 소개하도록 설계된 웹 사이트 또는 서비스를 통해서도 알 수 있다.
- SSI가 연결이 되면 SSI가 지원하는 웹 사이트나 앱에서 비밀번호 없이 로그인을 제공할 수 있고, 어느 누구든지 자격증명과 그것의 증거를 주고받을 수 있으며, 서로 필요로 하는 한 지속하게 되므로 중개인에게 의존할 필요가 없다.
- 입사 지원, 자동차의 구입 및 판매 등 모든 다자간 업무 프로세스에 동일한 기본 SSI 구성 요소를 조합하여 적용할 수 있다.

아직 명확하지 않은 것은 디지털 신뢰를 구축하기 위해 이러한 새로운 패러다임으로 얼마나 많은 가치를 창출할 수 있느냐 하는 것이다. 이것이 4장의 주제이며 SSI 스코어카드를 소개한다.

SSI 참고자료

SSI에 대해 더 자세한 내용은 IdentityBook.info와 SSIMeetup.org/book을 참고하라.

참고문헌

[1] Gisolfi, Dan. 2018. "Decentralized Identity: An Alternative to Password-Based Authentication." IBM. https://www.ibm.com/blogs/blockchain/2018/10/decentralized-identity-an-alternative-to-password-based-authentication.

SSI 스코어카드: SSI의 주요 특징과 이점

드루먼드 리드, 알렉스 프록샤트

이제 SSI는 웹 쇼핑 카트나 매핑 앱과 같은 단순한 기술이 아님이 분명하다. 이것은 인터넷이나 웹 자체와 유사한 근본적인 기술의 변화이다. 따라서 주요 기능이나 이점이 하나뿐이거나 일부만 있는 것도 아니다. 오히려, SSI는 특정 사용 사례, 응용분야 또는 산업에 따라 그 영향이 각기 다른 전체적인 범위의 기능과 이점을 제공한다.

그 이유는 SSI 디지털 신원 모델이 디지털 신뢰의 근본적인 문제를 인프라 수준에서 해결하기(인터넷이 인프라 수준에서 데이터 공유의 근본적인 문제를 해결하는 것과 같이) 때문이다. 따라서 인터넷과 마찬가지로 SSI도 개방형 표준 인프라의 견고한 레이어를 제공함으로써 수천 개의 소규모 '밴드 솔루션[1]'을 필요로 하지 않는다.

이 접근 방식은 인터넷을 사용하는 거의 모든 사람들에게 광범위한 혜택을 제공하며, 이것이 바로 이번 장에서 살펴볼 내용이다. 이를 위해 SSI의 25가지 주요 기능과 이점을 표 4.1에 표시된 5가지 범주로 분류하는 SSI 스코어카드를 개발했다. 이 책의 4부에서는 이 SSI 스코어카드를 사용하여 대표적인 업종별 사용 사례 전반에 걸쳐 SSI가 미치는 영향을 분석한다.

5가지 범주는 다음과 같다.

1 　[옮긴이] '밴드 솔루션(bandage solution)'은 오류나 불편한 기능을 임시방편으로 해소하기 위해 사용하는 프로그램 또는 방법이다.

1. **수익**bottom line: SSI를 통한 비용 절감이나 새로운 수익 기회로 인해 회사의 수익에 직접적으로 제공하는 기능과 이점.

2. **비즈니스 효율성**: 비즈니스 프로세스 자동화business process automation, BPA를 통해 비즈니스의 디지털 전환을 가능하게 하는 SSI의 기능과 이점.

3. **사용자 경험과 편의성**: 비즈니스 효율성 범주와 동일한 5가지 기능과 이점을 제공하지만, 최종 사용자에게 어떤 혜택을 제공하는지를 보여줌.

4. **관계 관리**: SSI가 고객 관계 관리customer relationship management, CRM, 디지털 마케팅 및 충성도 프로그램의 측면을 어떻게 변화시킬 것인가에 초점을 맞춘 기능과 이점.

5. **규정 준수**: SSI가 사이버 보안과 사이버 개인 정보 인프라를 강화하고 기업이 규정을 준수하기 위해 자동화하는 방법에 기초한 기능 및 이점.

표 4.1 SSI 스코어카드는 SSI가 모든 사용 사례, 애플리케이션, 산업 또는 수직 시장(vertical market)에 미치는 영향을 분석하기 위한 도구이다.

SSI 스코어카드	
범주	기능/이점
1. 수익	사기 감소 고객 온보딩 감소 이커머스 매출 향상 고객 온보딩 비용 감소 새로운 자격증명 발급자의 수익
2. 비즈니스 효율성	자동 인증 자동 승인 워크플로 자동화 위임과 후견 결제와 가치 교환
3. 사용자 경험과 편의성	자동 인증 자동 승인 워크플로 자동화 위임과 후견 결제와 가치 교환
4. 관계 관리	상호 인증 영구적 연결 프리미엄 비공개 채널(4.4.3절 참고) 평판 관리 충성도와 보상 프로그램

	데이터 보안
	데이터 프라이버시
5. 규정 준수	데이터 보호
	데이터 이동성
	규제 기술(RegTech)

4.1 기능/이점 범주 1: 수익

이 범주는 비즈니스에서 가장 쉬운 거래를 나타낸다. 이는 회사의 **순이익을 직접적으로** 높일 수 있는 방법으로 빠르게 수익을 높이거나 비용을 절감하는 기능과 이점에 대한 것이다. 다음은 SSI가 이를 가능하게 하는 5가지 방법이다.

4.1.1 사기 감소

SSI가 수익 창출에 도움이 되는 첫 번째이자 가장 빠른 방법은 사기를 줄이는 것이다. 재블린 전략 연구소Javelin Strategy는 2016년에 '1,540만 명의 소비자가 신분 도용 또는 사기 피해'를 입었고, 총 160 억 달러의 손실을 입었다고 밝혔으며[1], 또한 새로운 계정 사기(피해자의 이름으로 새로운 계정을 개설하는 범죄)가 2017년 30억 달러에서 2018년 34억 달러로 증가했다고 보고했다[2].

사기 감소로 인한 잠재적 절감 효과는 산업 부문에 따라 다르지만 일부 산업에서는 가장 큰 잠재적 절감의 요인이 될 수 있다. 예를 들어, 의료 사기 방지 협회National Health Care Anti-Fraud Association는 2017년에 의료 사기로 인해 미국이 **연간 약 680억 달러**의 손실을 입었다고 추정한다. 이는 미국의 의료 지출 2조 2,600억 달러의 약 3%에 해당한다.

수익: 사기를 줄이는 것이 SSI의 유일한 이점이라고 해도 전 세계 기업과 정부의 막대한 투자를 이끌어 낸다. 실제로 사기 감소는 전 세계 신용 협동 조합 업계가 모든 신용 협동 조합 회원이 자신의 신원을 증명할 수 있는 표준 방법으로 MemberPass(https://www.memberpass.com) 디지털 신원을 도입함으로써 블록체인 기술을 처음 적용하여 SSI를 채택하게 된 주된 이유 중 하나이다.

4.1.2 고객 온보딩 비용 감소

고객 온보딩onboarding 비용은 산업별로 다르지만 금융 서비스, 특히 고객 확인Know Your Customer, KYC 규정 준수의 비용은 천장을 뚫을 정도다. 톰슨 로이터Thomson Reuters에 따르면 조사 대상 기업 중 92%가 **KYC 비용으로 평균 2,850만 달러**를 쓴다고 답했다[3]. 세계 최고의 금융 기관의 10%가 연간 1억 달러 이상을 지출한다[4]. 그리고 새로운 금융 서비스 고객을 온보딩하는 데 평균 1~3개월이 걸린다[5]. 이러한 규정을 준수하지 않으면 막대한 비용이 발생한다. 2018년 페너고Fenergo는 지난 10년 간 고객 확인KYC, 자금 세탁 방지Anti-Money Laundering, AML 및 제재 규정을 준수하지 않아 전 세계 금융 기관에 **260억 달러의 벌금**이 부과되었다고 보고했다[6].

일반적으로 SSI와 특히 검증 가능한 자격증명이 고객 온보딩 자동화와 KYC 및 AML 준수의 복잡성에 대한 만능 해결책은 아니지만, 이것들은 이러한 경쟁에서 고객, 금융 기관 및 규제 기관의 세 가지 측면 모두에 도움이 되는 중요한 새로운 무기이다. SSI는 이러한 규정에 따라 기업이 고객으로부터 수집해야 하는 정보를 안전하고 비공개적으로 디지털화하고 전체 감사 추적을 통해 실시간으로 암호화 검증할 수 있도록 지원함으로써 고객, 금융 기관 및 규제 기관 모두 매년 수십억 달러를 절약할 수 있는 잠재력을 가지고 있다. 또한 고객 온보딩 시간을 몇 달에서 며칠 또는 몇 시간으로 줄일 수 있다.

4.1.3 이커머스 매출 향상

스태티스타Statista는 2019년에 약 19억 2천만 명의 사람들이 온라인으로 상품이나 서비스를 구매했으며, 온라인 소매 판매가 3조 5천억 달러를 돌파했다고 보고했다[7]. 나스닥(Nasdaq)은 2040년까지 **전체 구매의 약 95%**가 이커머스를 통해 이루어질 것으로 예상했다[8].

2018년 블랙 프라이데이 시즌에는 온라인 판매의 1/3 이상이 스마트폰으로 이뤄졌다[9]. 그러나 평균적으로 이커머스 웹 사이트 방문의 2.58%만이 구매로 전환됐다[10]. **이커머스의 전 세계 장바구니 이탈률[2]은 70%에 가깝다.** 이 수치는 베이마드 연구소Baymard Institute의 40여 개 연구에서 얻은 최저 55%에서 최고 81%까지의 비율들을 평균하여 산출된 값(69.89%)이다[11].

온라인 쇼핑의 80%가 열악한 고객 경험으로 인해 거래를 중단한다는 사실을 추가하면[12], 개선된 편의성(작성할 양식 없음), 개인정보보호(영지식증명을 통한 최소한의 공개), SSI 디지털 지갑을 사용한 쇼핑의 안전성(구매 데이터 자동 블라인드)은 SSI가 이커머스 판매 개선에 미치는 영향을 온라인 판매자가 무시할 수 없는 것임을 의미한다.

물론 SSI 기술만으로는 열악한 웹 사이트 디자인, 누락된 정보 또는 품질이 낮은 제품을 보완할 수는 없다. 그러나 SSI 디지털 지갑은 인터넷 쇼핑의 경험에서 상당수의 마찰을 제거함으로써 소규모 이커머스 사이트와 아마존이나 알리바바와 같은 거대 기업 간의 경쟁 강도를 평준화하는 데 도움이 될 수 있다.

---

2 옮긴이 장바구니 이탈률: 장바구니에서 구매로 이어지지 않고 떠나는 비율

4.1.4 고객 서비스 비용 감소

고객 서비스는 현대 비즈니스의 주요 경쟁 분야 중 하나가 되었다. 가트너는 89%의 기업들이 주로 고객 경험 차별화를 위해 경쟁할 것으로 예상한다[13].

하지만 고객 경험 관리에는 비용이 많이 소요된다. 포브스는 2018년 기업이 열악한 고객 서비스로 인해 연간 750억 달러의 손실을 보고 있으며, 2016년 이후 130억 달러가 증가했다고 보고했으며[14], 인포시큐리티 매거진Infosecurity Magazine은 암호 분실로 인해 사고당 평균 60달러 이상의 비용이 발생한다고 했다[15].

SSI는 고객 경험을 개선하고 고객 서비스 비용을 줄이는 데 상당한 영향을 미칠 수 있다. 암호 없는 인증은 시작에 불과하다. 이 장의 나머지 부분은 영구적인 연결(더 이상 고객을 잃지 않음), 프리미엄 개인 채널, 워크플로 자동화와 통합 충성도 관리와 같은 예시로 가득 차 있다. 이 모든 것이 곧바로 수익으로 이어진다. 고객 경험을 개선한 기업의 84%가 매출 증가를 달성했다[16].

4.1.5 새로운 자격증명 발급자의 수익

앞에서 언급한 모든 기능과 이점은 회사의 기존 사업 손익에 적용된다. SSI는 또한 놀라울 정도로 다양한 회사에 새로운 수익 기회를 제공한다. 고객과의 상호 작용으로 고객의 속성과 관심사에 대한 인식의 정도, 또는 그들의 행동에 대한 신뢰의 척도를 만들어 내는 모든 사업은 권한이 있어야 접근이 가능하고 개인 정보를 존중하는 방식으로 해당 데이터를 수익화할 수 있다. 즉, 고객(공급자, 파트너, 계약자 등)이 이 지식을 사용할 수 있도록 지원하는 검증 가능한 자격증명을 발급함으로써 가능하다. 더 좋은 점은 고객이 필요한 검증자에게 이러한 지식을 배포할 수 있는 채널이 될 수 있다는 것이다.

그리고 검증자들은 고객 프로필 데이터(데이터 중개업자로부터), 신용 이력(신용 평가 기관으로부터), 배경(개인의 학력, 재정, 가족 관계 등) 확인(배경 검증 회사로부터) 및 기타 고객 데이터에 대한 비용을 지불하고 있는 이유로 그러한 가치가 있는 정보에 대하여 비용을 지불할 것이다. SSI는 웹이 신문 광고 시장, 경매 시장, 소매 시장을 변화시킨 것처럼 현재의 시장을 변화시킬 수 있다. 예를 들어 SSI는 다음과 같은 것들을 제공할 수 있다.

- 오늘날 다른 기업이 제공하는 것보다 더 광범위하고 풍부하며 다양한 고객 프로필
- 고객이 자신의 이익을 위해 정보를 공유하는 수단이기 때문에 완전히 허가되고 GDPR을 준수하는 데이터
- 선호도, 관심사 및 관계에 대한 보다 최신의 풍부하며 상황에 맞는 데이터

- 속성의 선택적 공개(데이터 소유자가 공유할 데이터의 일부를 선택할 수 있음): 고객의 뒤에서 이루어지는 B2B 데이터 공유는 불가능함

4.2 기능/이점 범주 2: 비즈니스 효율성

즉각적인 수익이 중요하듯이 SSI의 더 큰 영향은 **비즈니스 프로세스 자동화**business process automatioin, BPA 또는 보다 광범위하게는 **디지털 전환**digital transformation으로 알려진 비즈니스 프로세스 재설계가 될 것이다. 이러한 패러다임 전환은 자주 발생하지 않는다. 이는 일반 우편에서 이메일로, 전화에서 팩스로, 종이에서 웹으로의 비즈니스의 전환과 유사하다.

3장에서 설명했듯이 이러한 효율성은 비즈니스의 한 영역에만 국한되지 않고 전체 워크플로와 전체 산업에 걸쳐 축적된다. 이 절에서는 SSI가 비즈니스 효율성에 직접적으로 영향을 미칠 수 있는 5가지 영역을 살펴본다.

4.2.1 자동 인증

인터넷 경험 중에서 로그인에 대한 불만(개인과 기업 모두의)이 가장 클 것이다. 2015년 텔레사인 소비자 계정 보안 보고서TeleSign Consumer Account Security Report는 다음과 같이 보여주었다[17].

- 54%의 사람들이 전체 온라인 라이프에서 5개 이하의 암호를 사용한다.
- 47%의 사람들이 5년 이상 된 암호를 사용한다.
- 10명 중 7명은 온라인 계정을 보호하는 수단으로 더 이상 암호를 신뢰하지 않는다[18].

2019년, Auth0는 다음과 같이 보고했다.

- 보통 미국인의 이메일 주소에는 130개의 계정이 등록되어 있다[19].
- 사용자당 계정 수는 5년마다 두 배로 증가하고 있다[20].
- 58%의 사용자가 비밀번호를 자주 잊어버린다[20].
- 일반적인 인터넷 사용자는 매년 약 37개의 '비밀번호 분실' 이메일을 받는다[20].

그러나 단순한 번거로움 외에도 사용자 이름/비밀번호 기반 로그인의 실질적인 영향으로 다음과 같은 문제가 있다.

- 보통의 사람은 매일 7 ~ 25개의 계정으로 로그인한다[21].
- 약 82%의 사람들이 웹 사이트에서 사용하는 비밀번호를 잊어버렸다[22].
- 암호 복구는 싱글사인온SSO 포털 기능이 없는 인트라넷 업무 부서에 가장 많이 요청하는 것이다[20].

간단히 말해, 기존 로그인 방식에서 SSI 자동 인증으로 변경하면, 사용자 이름과 비밀번호 대신 강력한 암호화 증명을 자동으로 교환하는 SSI 디지털 지갑을 사용하여 마침내 '비밀번호를 제거'할 수 있다 (이 작동 방식의 예시는 3장의 세 번째 시나리오를 참조. 기술적인 세부사항은 5장과 7장 참조). 비교하자면, 이는 오류가 빈번하고 발생하기 쉬운 고속도로 통행료 요금소를 넓게 개방되고 말끔하게 포장된 하이패스 요금소로 교체하는 것과 같다. 이로 인해, 누구나 더 빠르고 쉽고 안전하게 업무를 수행할 수 있다.

4.2.2 자동 승인

인증(로그인)은 가장 신뢰할 수 있는 비즈니스 프로세스의 첫 번째 단계에 불과하다. 그것은 여러분이 계정의 정당한 소유자임을 증명한다. 그러나 어떤 권한이 있는가, 어떤 특권을 부여받았는가, 어떤 행위가 가능한가와 같은 질문에는 답을 하지 못한다.

신원 및 접근 관리identity and access management, IAM의 세계에서는 이를 **승인**authorization이라고 한다. 승인은 인증authentication보다 훨씬 더 어려운 문제이지만, 검증 가능한 자격증명이 진정으로 빛나는 세계이다. 그림 4.1에 나와있는 것처럼 검증 가능한 자격증명이 망치라면 인증은 압정일 뿐이고, 승인은 3.5인치 길이의 못에 비유될 수 있다.

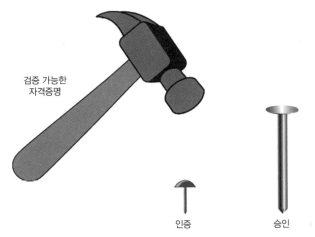

그림 4.1 인증이 중요하지만, 실제로 승인은 SSI 검증 가능한 자격증명의 망치로 박을 수 있는 훨씬 더 큰 못이다.

검증 가능한 자격증명이 권한 부여를 위한 강력한 도구인 이유는 세 가지 어려운 문제를 한 번에 해결할 수 있기 때문이다.

1. **검증 가능한 자격증명은 승인 결정에 필요한 올바른 클레임을 정확하게 제공할 수 있다.** 이러한 결정은 검증자의 접근 제어 정책을 적용하여 이루어진다. 속성 기반 접근 제어attribute-based access control[23]는 연령, 성별, 우편 번호, 브라우저 유형 등 신원 소유자의 특정 속성을 기반으로 한다. **역할 기반**

접근 제어role-based access control는 신원 소유자(직원, 계약 담당자, 고객, 규제 기관 등)의 역할을 기반으로 한다. 어느 쪽이든, 검증 가능한 자격증명은 검증자가 요청하고 보유자가 필요한 정확한 클레임을 제공하는 가장 빠르고 쉬운 방법을 보여준다(자세한 내용은 7장을 참고하라).

2. **검증 가능한 자격증명은 실시간 암호화 방식으로 검증될 수 있다.** 승인 결정에 확신을 가지려면 검증자가 제시된 클레임을 신뢰해야 한다. 2장에서 설명했듯이 SSI 아키텍처의 요점은 검증자의 에이전트가 보유자의 증명에 대한 발급자의 서명을 몇 초 만에 검증할 수 있도록 하는 것이다.

3. **검증 가능한 자격증명은 승인된 당사자로서 자격증명 보유자를 인식시킬 수 있다.** '사기의 가장 큰 원인' 중 하나는 '사용자 이름/비밀번호의 도난'이다. 승인을 검증할 수 없기 때문에 사기가 발생하며, 이로 인해 발생하는 문제를 해결하기 위한 시장은 연간 60억 달러 규모로 성장했다[24]. 검증 가능한 자격증명을 사용하면, 포함된 클레임이 자격증명 보유자에게 발급된 것이 맞는지 증명하는 몇 가지 기술이 있다. 이런 기술에는 보유자의 생체 정보의 증명을 공유하는 것과 영지식증명zero-knowledge proof, ZKP을 사용하여 자격증명을 보유자에게 암호화 방식으로 연결하는 것을 포함한다. 자세한 내용은 5, 6, 7장을 참조하라.

검증 가능한 자격증명 모델을 사용하면 검증자의 작업을 다음 세 단계로 단순화할 수 있다.

1. 검증자가 특정 승인 결정에 필요한 검증 가능한 자격증명(**예** 연령, 위치(지역), 고용, 교육)의 주체를 설명하는 속성인 **클레임 집합을 결정**한다.

2. 검증자가 해당 클레임을 신뢰하는 **발급자 또는 거버넌스 프레임워크를 결정**한다. 자세한 내용은 11장을 참조하라.

3. **사용자가 이러한 자격증명을 쉽게 획득**할 수 있도록 하여 사용자 경험이 최대한 간단하고 원활하게 이루어지도록 한다. 7장을 참조하라.

그러나 SSI 모델은 비즈니스 효율성에서 한 단계 더 나아갈 수 있다. 사용자가 검증자와 연결을 설정하고 검증자의 정책을 충족하는 데 필요한 클레임 공유를 승인하면, 이 프로세스에 **사용자는 자신의 정책을 적용할 수 있다.** 예를 들어, 사용자는 자신의 SSI 에이전트(**예** 모바일 지갑 또는 클라우드 에이전트-9장 참조)가 향후 비즈니스 프로세스(공급 주문, 예산 승인, 웹 페이지 게시)를 반복해야 할 때 검증자에게 동일한 클레임을 자동으로 공유하도록 지시할 수 있다.

사용자를 위한 전체 인증과 승인 프로세스는 매우 복잡하더라도 **사후 책임을 위해 필요한 감사 추적을 포함**하여 사용자와 검증자의 각 에이전트가 수행하는 전 과정을 자동화할 수 있다. 분명히 이것은 사용자에게 큰 이점을 준다(4.3절 참조). 그러나 검증자의 경우, 자동 승인의 이점은 판매자를 위한 신용카드의 이점과 동일한 차원일 수 있다. 고객은 필수적인 정보의 교환을 훨씬 쉽고 문제없이 수행할 수 있어, 모든 사람들의 비즈니스를 가속화할 수 있다.

4.2.3 워크플로 자동화

모든 비즈니스 프로세스에는 워크플로가 있다. 워크플로는 종단간end-to-end 수행하기 위한 일련의 단계다. 지점에서 지점으로, 고객에서 소매 판매점으로, 공급 업체에서 판매자로, 회사에서 정부로 신뢰 경계를 넘는 각 단계는 일반적으로 앞에서 설명한 인증과 승인 프로세스를 필요로 한다. 따라서 SSI 에이전트는 자동 인증과 자동 승인을 수행하는 것만으로도 큰 비효율성을 제거할 수 있다.

그러나 동일한 에이전트는 얼마나 많은 신뢰 경계를 넘든지 프로세스의 단계를 조정하는 데 필요한 비즈니스 로직을 적용할 수 있다. 이것은 인간이 전문 지식, 인식, 판단 및 공감이 필요한 단계만 수행하도록 비즈니스 프로세스를 설계하는 비즈니스 프로세스 자동화business process automation, BPA의 핵심이다. 나머지는 디지털 에이전트에 맡길 수 있다(경우에 따라 로봇에 다시 맡길 수 있음). 이 작업을 안전하게 수행하는 데 필요한 신뢰 인프라를 제정하는 것 외에도 SSI 에이전트는 문자 그대로 '스크립트를 따를' 수 있기 때문에 비즈니스 프로세스 자동화에 이상적이다. 이 경우 스크립트는 비즈니스 프로세스 흐름의 각 단계를 적용하도록 지시하는 자바스크립트JavaScript 또는 유사한 프로그래밍 언어이다. 에이전트는 이러한 스크립트로 사전 프로그래밍되거나 특정 비즈니스 프로세스에 필요한 현재 스크립트의 라이브러리를 유지 관리하는 오케스트레이션 에이전트와의 SSI 연결을 통해 동적으로 다운로드할 수 있다.

프로세스 개선이 더 이상 단일 회사 또는 단일 공급망에 국한될 필요가 없기 때문에 SSI는 비즈니스 프로세스 자동화에서 중요한 도약이다. 인터넷 및 웹과 마찬가지로 SSI를 사용하면 참가자가 동의한 정책 집합(거버넌스 프레임워크-11장 참조)에 따라 모든 신뢰 경계 집합에서 BPA 워크플로를 수행할 수 있다. 이것이 진정한 '세계적인 BPA'이다.

4.2.4 위임과 후견

디지털 에이전트는 프로그램 코드를 통해 지침을 받고 책임이 부여될 수 있다. 그러나 대부분의 비즈니스 프로세스는 특정 작업자가 특정 기능을 수행하거나 프로세스의 일부로 특정 결정을 내리도록 요구한다. 그 사람들에게 그러한 책임이 부여될까?

이것은 **위임 자격증명**delegation credential이라고 하는 검증 가능한 자격증명의 하위 작업이다. 보유자가 특정 작업을 수행하거나 비즈니스 프로세스의 일부로 특정 결정을 내릴 권한이 있음을 증명할 수 있는 방법이다. 다음은 기업 환경의 몇 가지 일반적인 예시이다.

- **직원**은 회사의 트위터 계정에서 트윗을 보내거나 회사 블로그에 새로운 기사를 게시할 수 있는 위임 자격증명을 받을 수 있다.

- **배송 기사**는 회사를 대신하여 상품을 픽업하고 배달할 수 있는 위임 자격증명을 받을 수 있다.
- **임원**은 회사를 대신하여 특정 유형의 계약을 실행할 수 있는 권한을 부여하는 특정 위임 자격증명(고용 계약에 서명할 HR 담당 임원, 구매 주문에 서명할 조달 담당 임원, 은행과 거래하는 CFO 등)을 받을 수 있다.
- **이사회 구성원**은 회의에 오프라인으로 참석할 필요 없이 전자투표를 할 수 있는 위임 자격증명을 받을 수 있다.

정부, 학교, 비영리 단체, 교회, 가계 등 비즈니스 프로세스를 수행해야 하는 모든 상황에서 무수히 많은 예시가 있다. 예를 들어, 부모는 위임 자격증명을 사용하여 자녀에게 IT 기기를 사용하거나 TV를 시청하는 시간 또는 학교에서 점심으로 구입할 수 있는 음식의 종류를 지정할 수 있다.

부모의 활용 사례를 통하여 스스로 SSI 기술을 사용할 수 없는 위치에 있는 미성년 자녀에 대한 책임을 지는 또 다른 경우도 제시할 수 있다. 영유아 외에도 노인, 장애인, 난민 및 실향민, 휴대폰이 없거나 인터넷을 사용할 수 없는 개인 등 다양한 적용 대상이 있을 수 있다.

다른 모든 사람과 마찬가지로 SSI에 대한 동일한 권리를 누리기 위해 이러한 개인은 **디지털 후견인**, 즉 SSI 에이전트와 지갑을 대신 운영할 수 있는 개인 또는 조직이 필요하다. 이러한 형태의 '완전한 위임'은 **후견인 자격증명**guardianship credential을 사용하여 수행된다. 이는 법원의 후견 명령을 디지털화 하는 것과 매우 유사하다. 법원 시스템이 공식적으로 검증 가능한 자격증명을 인식하기 시작하면 그러한 명령에 의해 승인될 수 있다. 이를 통해 후견인은 피보호자를 대신하여 SSI 에이전트와 지갑을 설정 및 운영할 수 있으며, 필요한 경우 후견인의 자격으로 행동하고 있음을 증명할 수 있다. 이것은 신체적, 정신적 또는 재정적 능력에 관계없이 SSI의 혜택을 모든 사람에게 확장한다.

NOTE 치매 환자의 후견을 위한 검증 가능한 자격증명에 대한 공식적인 법적 승인에 대해서는 이미 캐나다 온타리오 주에서 검토되고 있다. https://www.secours.io를 참고하라.

4.2.5 결제와 가치 교환

많은 사람들에게 **디지털 지갑**이라는 문구를 언급하면 가장 먼저 생각하는 것이 결제이다. 이는 오늘날 우리가 실제 지갑을 사용하는 주요 기능이기 때문이다(그림 4.2). 디지털 지갑이 SSI의 핵심적인 수단이라면 사람들은 신원 외에 지불에도 사용되기를 기대할 것이다.

그림 4.2 **디지털 지갑은 SSI의 핵심적인 수단이므로 지불에 적용되는 것이 당연하다.**

실제로 SSI 디지털 지갑은 신뢰할 수 있는 디지털 정보(DID, 비공개 연결, 개인키, 에이전트 엔드포인트) 교환에 필요한 모든 것을 통합하기 때문에 디지털 결제를 안전한 교환으로 확장하는 것은 매우 자연스러운 일이다. SSI 적용 시 긍정적인 소식이다.

- SSI 에이전트의 관점에서 볼 때 결제는 또 다른 유형의 워크플로일 뿐이다.
- SSI 지갑은 모든 유형의 통화(암호화폐 포함)뿐만 아니라 모든 유형의 결제 시스템 또는 네트워크(신용/직불 카드 네트워크 포함)와 함께 연동하도록 설계될 수 있다.
- 디지털 지갑과 검증 가능한 자격증명을 사용하면 앞에서 설명한 것처럼 KYC와 AML이 필요한 워크플로에 결제를 직접 통합할 수 있다.

더 좋은 소식은, **결제가 SSI를 사용하여 자동화할 수 있는 가치 교환 중 하나의 유형에 지나지 않는다는 것이다.** 결제라는 용어는 일반적으로 특정 유형의 통화(달러, 파운드, 유로 및 엔과 같은 명목 화폐 또는 비트코인과 이더와 같은 암호화폐)와 관련이 있다. 그리고 가치 저장과 교환에는 포인트, 항공사 마일리지, 쿠폰 및 기타 멤버십 프로그램과 같은 많은 추가적인 수단이 있다. 그리고 SSI 디지털 지갑과 에이전트는 이러한 가치 교환 시스템이 검증 가능한 자격증명과 에이전트간 프로토콜로 변환될 수 있는 만큼 빠르게 모든 곳에 사용될 수 있다(4.4.5절 참조).

즉, 거의 모든 수준의 보증과 규정 준수에서 대부분의 비즈니스 프로세스 워크플로에 결제를 통합할 수 있다. 결제 자동화는 SSI 지원 비즈니스 프로세스 자동화라는 케이크에 있어서 프로스팅frosting[3]과 같은 필수적인 것이다.

---

3 [옮긴이] 프로스팅: 아이싱(icing)이라고 부르는 설탕으로 만든 달콤한 혼합물을 말하며, 케이크, 페이스트리, 쿠키 등을 채우고 입히는 데 사용된다(두산백과).

4.3 기능/이점 범주 3: 사용자 경험과 편의성

이 범주는 비즈니스 효율성과 동일한 5가지 기능과 이점을 설명하겠지만, 이번에는 최종 사용자에게 어떤 이점이 있는지 살펴본다.

4.3.1 자동 인증

사용자는 패스워드를 얼마나 싫어할까? 모바일아이언MobileIron의 2019년 7월 연구에서 Security InfoCenter[25]에 보고된 바에 따르면 사용자가 패스워드 문제를 겪을 때,

- 68%는 혼란을 느낀다.
- 63%는 짜증과 좌절감을 느낀다.
- 62%는 시간을 낭비했다고 느낀다.

같은 연구에서

- IT 보안 책임자들은 패스워드를 제거함으로써 침해 위험을 거의 절반(43%)까지 줄일 수 있다고 생각했다.
- 해당 보안 책임자들의 86%는 가능하다면 패스워드를 제거할 것이다.
- 해당 보안 책임자들의 88%는 가까운 장래에 모바일 기기가 기업 서비스와 데이터에 접근하기 위한 개인의 디지털 ID 역할을 할 것이라고 판단했다.

2019년 2월 사용자 중심의 생체 인증 분야 업계 선두주자인 베리디움Veridium은 생체 인식(예 애플의 TouchID 또는 FaceID) 사용 경험이 있는 미국 성인 1,000명 이상을 대상으로 한 연구를 발표했는데, 70%는 일상적인 로그인으로 사용을 확대하고 싶어했다[26]. 속도(35%), 보안(31%), 패스워드를 기억할 필요 없음(33%)을 주요 이유로 언급했다.

2018년 5월 1일, 마이크로소프트는 블로그 게시물을 통해 '패스워드 없는 세상 만들기'[27]를 발표했다.

> 아무도 패스워드를 좋아하지 않는다. 불편하고 안전하지 않으며 비용이 많이 든다. 사실 우리는
> 이것들이 너무 싫어서 패스워드가 없는 세상을 만들기 위해 바쁘게 일하고 있다.

이것이 바로 마이크로소프트가 SSI의 핵심인 분산 식별자DID를 지원하는 주요 기업이며, DID 기반 패스워드 없는 인증을 여러 제품에 구축하고 있는 이유다(https://www.microsoft.com/en-us/security/business/identity/own-your-identity 참조).

간단히 말해서, 모든 사용자들에게 적용하기까진 오래 걸리겠지만, 패스워드의 시대가 저물고 있다. 곧 패스워드 없이 온라인 활동을 할 수 있는 날이 도래할 것이다.

4.3.2 자동 승인

패스워드 없는 자동 인증이 로그인 화면을 대체하는 경우 **자동 인증이 많은(전부는 아님) 웹 양식을 대체**할 것이다. 이보다 더 좋은 소식이 있을까?

온라인 양식에 대한 아래와 같은 몇 가지 사실이 있다.

- 81%의 사람들이 작성을 시작하자마자 포기했다[28].
- 29%의 사람들이 온라인 양식을 작성할 때 보안을 주요 관심사 중 하나로 꼽았다[29].
- 사이트 방문자의 67%이상이 상황을 더 복잡하게 만드는 문제가 발생하면 양식 작성을 영원히 포기한다. 단지 20%만이 어떤 방식으로든 회사에 후속 조치를 취할 것이다[29].
- 23%의 사람들은 사용자 계정 생성을 요구하는 경우 구매를 위한 결제 양식을 작성하지 않는다[29].
- 개선된 결제 프로세스는 양식 작성 이탈을 35%까지 줄일 수 있으며, 이는 이탈한 주문을 복구한 것으로 따졌을 때 거의 2,600억 달러에 달한다[29].

이에 대해 심사숙고해보면, SSI 자동 승인이 온라인 양식에 대한 거의 모든 기존의 불만 사항들을 해결할 수 있음을 알 수 있다.

- **입력할 필요가 없다.** 검증자가 요청하는 모든 정보는 클레임claims에서 디지털 지갑으로 전송된다. 새로운 증명 데이터가 요청되더라도 에이전트가 데이터를 확인할 수 있으므로 다시 입력할 필요가 없다.
- **여러분의 연결이 바로 여러분의 계정이다.** '이 양식 데이터로 계정을 자동으로 만들려면 여기를 클릭하십시오'라는 개념은 완전히 사라졌다. 연결되어 있는 모든 곳에서 자동으로 '계정'을 갖게 된다.
- **데이터 검증 기능이 내장되어 있다.** 검증 가능한 자격증명의 핵심 내용은 발급자가 이미 클레임 데이터를 검토했다는 것이다.
- **보안 기능이 내장되어 있다.** SSI 에이전트가 보낸 모든 증거와 데이터는 자동으로 검증자와 암호화된 비공개 연결을 사용한다.
- **개인정보보호와 선택적 공개 기능이 내장되어 있다.** 첫째, 검증자는 이제 필요한 최소한의 정보만 요청할 수 있으므로 잠재적인 책임을 줄일 수 있다. 둘째, 에이전트가 보내는 증거는 검증자만 읽을 수 있다. 검증자가 기본 데이터의 사본을 필요로 하는 경우(예 18세 이상임을 증명하는 대신, 실제 생년월일을 공유하도록 요청) 에이전트는 해당 데이터가 만족스러운 개인정보보호 정책 또는 거버넌스

프레임워크가 적용되지 않는 경우 자동으로 경고할 수 있어야 한다.

- **감사 기능이 내장되어 있다.** 에이전트는 다른 사람과 기록을 공유하지 않고도 공유하는 모든 정보를 자동으로 추적할 수 있다.

또한 검증 가능한 자격증명을 통해 개인, 학생, 직원, 자원 봉사자 또는 기타 역할에서 현재의 웹 양식을 통해 증명할 수 있는 것보다 더 많은 것을 증명할 수 있다. 자동 승인을 사용하면 **온라인으로 작업을 수행하는 능력**이 실제 지갑, 문서 자격증명 및 대면 검증을 사용하는 것과 같이 **실제 환경에서 동일한 작업을 수행하는 것에 훨씬 가까워지고,** 더 빠르게 된다.

4.3.3 워크플로 자동화

최종 사용자의 관점에서 SSI는 현재 몇 시간 또는 며칠이 걸릴 수 있는 워크플로 단계를 스마트폰에서 몇 개의 버튼을 누르는 것만으로 줄일 수 있는 가능성이 있다. 이러한 시나리오 중 하나로 자동차를 판매하고 다른 사람에게 소유권과 등록을 이전하는 것에 대해서는 3장에 자세히 설명되어 있다.

4부에서는 다수의 이러한 시나리오를 보여주며, 다양한 산업과 수직 시장vertical market⁴에서 SSI의 영향을 조사한다. 직원, 계약자, 공급 업체, 규제 기관 및 기타 참여자가 에이전트와 지갑 간에 검증 가능한 자격증명(또는 이러한 자격증명에 의해 승인된 디지털 서명된 메시지)을 교환하면서 단계적으로 수행되는 비즈니스 프로세스가 계속해서 반복되는 것을 볼 수 있다. 모든 단계에서 다음과 같은 모든 작업들이 사용자를 위해 자동으로 수행된다.

1. 사용자가 올바른 당사자임을 **인증**authentication.
2. 권한이 있는 사용자 **승인**authorization.
3. 단계가 비즈니스 프로세스의 올바른 순서로 수행되고 있는지 **검증**verification(그리고 해당 전제 조건이 충족됨).
4. 클레임 또는 메시지가 비즈니스 프로세스의 요구 사항을 충족하는지 **유효성 확인**validation.
5. 생성된 자격증명 또는 메시지를 프로세스에 필요한 다음 에이전트로 **라우팅**routing.⁵
6. 완전한 디지털 서명 감사 추적을 제공하기 위해 취한 조치 **기록**logging(또는 규제 기관에 대한 자동 보고: 4.5.5절 참조).

---

4 [옮긴이] 전자, 패션, 화학, 철강, 조선 등의 업종별로 시장을 형성하는 것. 이의 반대 개념인 수평적 시장은 각각의 업종들이 골고루 모여 하나의 마켓플레이스를 이룬 유형이다. 구체적 예로서, 소프트웨어 임대를 기본으로 하는 ASP(Application Service Provider)가 초기에는 어느 사업체에나 해당되는 일반적 패키지로 수평적 ASP로 출발했으나 호응이 별로 없어, 최근에는 특수 분야의 전문화된 패키지로 수직적 ASP 사업에 집중하여 성과를 보고 있다(한국정보통신기술협회 정보통신용어사전).

5 [옮긴이] 라우팅(routing): 어떤 네트워크 안에서 통신 데이터를 보낼 때 최적의 경로를 선택하는 과정이다. 최적의 경로는 주어진 데이터를 가장 짧은 거리로 또는 가장 적은 시간 안에 전송할 수 있는 경로다(위키피디아).

SSI 지원 워크플로 자동화의 편리함을 경험하는 소비자에게 있어서 가장 중요한 사례는 반복적으로 주소를 변경해야 하는 것이다. 개인이 이사를 하면 수백 개는 아니더라도 수십 개의 기관, 공급 업체 및 필요한 곳에 새로운 주소에 대해 알려야 한다. 인터넷과 웹이 등장한 이후에도 이것은 여전히 개인에게 상당히 손이 많이 가는 번거로운 작업인데, 주된 이유는 **계정 탈취** 때문이다. 허위로 주소를 변경하는 것은 은행 계좌, 신용 카드 계정, 회사 계정 또는 다른 중요한 계정을 도용하거나 다른 사람들로부터 그것들을 훔치기 위해 그 계정을 사용하기 위한 첫 번째 단계이다. 따라서 회사는 주소 변경을 요청하는 사람이 실제로 본인인지 확인하는 과정을 건너뛸 수 있도록 별도의 작업을 추가해야 한다.

SSI와 검증 가능한 자격증명을 사용하면 다음과 같은 세 가지 간단한 단계로 주소 변경을 수행할 수 있다.

1. 널리 신뢰할 수 있는 발급자로부터 **새로운 주소의 검증 가능한 자격증명을 얻는다.**
2. 새로운 주소를 알아야 하는 **모든 연결을 통해 해당 자격증명의 증거를 보낸다.**
3. **각 백엔드 시스템은 증거를 검증**하고 유효하다는 확신을 가지고 새로운 주소로 업데이트할 수 있다.

자, 이제 주소 변경 알림을 받을 때마다 인건비를 포함한 많은 비용이 절감된다. 미국에서만 매년 평균 3,500만 명의 사람들이 새로운 집으로 이사한다는 점을 감안할 때[30], 이것만으로도 **매년 수억 시간과 수천억 달러가 절약**된다.

4.3.4 위임과 후견

앞서 설명한 것처럼, 위임 자격증명은 이러한 워크플로 자동화의 대부분을 가능하게 한다. 다행히, 위임 자격증명을 얻거나 할당하는 프로세스는 또 다른 워크플로일 뿐이다. 위임자는 먼저 위임과 연결 (또는 그 반대)을 설정한 다음 필요한 권한을 부여하는 자격증명을 발급한다.

2부에서 더 기술적인 세부사항을 다루겠지만, 요구 사항과 현재 상태가 오케스트레이션 에이전트에 의해 유지되는 상태에서 조건과 위치 변경에 따라 위임 자격증명을 수정하거나 해지할 수 있다. 이 모든 것은 모든 산업과 공급망에 걸쳐 한 회사의 내부 또는 여러 산업 및 국가에 걸쳐 있는 국제 운송과 같은 광범위한 프로세스에서 비즈니스 프로세스에 적용되는 법률 및 비즈니스 규칙을 정의하는 하나 이상의 거버넌스 프레임워크에 명시될 수 있다. 일반적으로 사람이 언제 어떤 결정을 내릴 수 있는지를 포함하여 프로세스의 규칙을 정의할 수 있다면, SSI 에이전트, 지갑 및 검증 가능한 자격증명을 사용하여 필요한 데이터 교환을 자동화할 수 있다. 그 결과, 오늘날 가장 어려운 사용자 경험 문제, 특히 기계가 제공하는 데이터를 입력하거나 해석하는 문제는 인간이 실제로 수행해야 하는 분석과 의사 결정에 집중함으로써 단순화할 수 있다는 것이다.

4.3.5 결제와 가치 교환

수십 년 동안 안전하게 자금을 이동하는 문제는 은행, 신용 조합, 신용 카드 및 암호화폐 등 모든 분야의 관심사였다. 그것은 인간 경제 활동의 핵심이고, 인간의 마음과 마찬가지로 공격하는 자들에게 있어 가장 취약한 부분이다. 윌리 서튼Willie Sutton[6]이 은행을 강탈한 이유에 대해 "돈이 있는 곳이니까."라고 한 말과 일맥상통한다.

따라서 돈을 더 쉽게 옮기는 것과 안전하게 보관하는 것 사이에는 항상 긴장감이 있었다. 포니 익스프레스Pony Express[7]에서 페이팔PayPal[8]로 가치를 이전하는 모든 수단은 이를 악용하는 새로운 형태의 범죄자를 양산했다. 암호화폐(아마도 지금까지 발명된 돈을 이동하는 가장 마찰 없는 방법)도 다르지 않다. 코인데스크CoinDesk[9]는 2018년 첫 9개월 동안 암호화폐 거래소와 기타 암호화폐 보유자로부터 거의 10억 달러가 도난당했다고 보고했다[31]. 이것은 돈을 옮기는 것이 더 쉬워질수록 적절한 보호 조치를 취하지 않으면 돈을 훔치기가 더 쉬워진다는 것을 보여준다.

NOTE 2017년 코인대시(CoinDash)의 ICO[10] 기간에 해커가 코인대시 웹 사이트(Wordpress로 제작한)를 해킹하여 합법적인 코인대시의 지갑 주소를 자신의 지갑 주소로 대체했다. 결과적으로 코인대시에서 구매한다고 생각하는 고객들은 결국 해커에게 7백만 달러 이상을 보냈다. 검증 가능한 SSI 인증이 있었다면, 고객들은 공격자의 지갑 주소가 제대로 인증되지 않았다는 경고를 즉시 받았을 것이며, 이는 잘못된 지갑으로 돈을 보내고 있다는 것을 알아차렸을 것이다. 2017년, Yuval M의 글인 'CoinDash TGE Hack findings report 15.11.17', https://blog.coindash.io/coindash-tge-hack-findings-report-15-11-17-9657465192e1을 참고하라.

SSI는 만병통치약은 아니지만 신뢰할 수 있는 정보 교환을 위한 완전한 인프라를 제공한다. 여기에는 앞에서 논의한 지불 및 다른 형태의 가치 교환이 포함된다. SSI 디지털 에이전트, 지갑, 연결 및 검증 가능한 자격증명이 제공하는 모든 보호 기능을 갖춘 SSI는 최종 사용자 경험의 관점에서 디지털 결제를 한 번의 클릭으로 쉬우면서도 안전하게 구축하는 인프라가 될 수 있다.

디지털 상거래에 미치는 영향은 클 수 있다. 아마존의 원 클릭 구매 기능은 아마존이 이커머스의 선두주자가 될 수 있었던 요인으로 유명하다. 아마존의 원 클릭 특허[32]가 만료되고 SSI 결제 인프라가 도래함에 따라, 한때 아마존에 독점적으로 속했던 기능은 이제 '어디서나 원 클릭'이 될 수 있다.

---

6 〔옮긴이〕 William Francis Sutton Jr.(1901년 6월 30일 – 1980년 11월 2일)는 미국 은행 강도였다. 40년 동안 강도 생활을 하는 동안 그는 약 2백만 달러를 훔쳤으며 결국 성인 생활의 절반 이상을 감옥에서 보냈고 세 번이나 탈출했다(위키피디아).

7 〔옮긴이〕 포니익스프레스(Pony Express)는 조랑말 릴레이를 통해 미국 미주리 주와 캘리포니아 주 사이의 우편물을 배달하던 속달우편 사업이었는데, 1861년 10월 미국 내 대륙횡단 전신선이 완성되면서 사라졌다(지식백과).

8 〔옮긴이〕 전 세계적으로 사용되는 온라인 전자 결제 시스템을 제공하는 미국 기업이다(두산백과).

9 〔옮긴이〕 CoinDesk 는 비트코인 및 디지털 통화를 전문으로 하는 뉴스 사이트다(https://www.coindesk.com).

10 〔옮긴이〕 ICO(Initial Coin Offering): 사업자가 블록체인 기반의 암호화폐 코인을 발행하고 이를 투자자들에게 판매해 자금을 확보하는 방식이다.

4.4 기능/이점 범주 4: 관계 관리

시간과 비용을 절약하는 것도 중요하지만, 기능과 이점의 다른 범주는 순전히 금전적인 것이 아닌 신뢰, 생산성 및 관계의 가치를 높이는 것이다. 고객 관계 관리customer relationship management, CRM는 이미 그 자체로 지배적인 산업이다. 2019년 1월, 포브스는 다음과 같이 보고했다[33].

- CRM은 **이제 전체 엔터프라이즈 소프트웨어 수익 시장의 거의 25%를 차지한다.**
- CRM 소프트웨어에 대한 전 세계 지출은 15.6% 증가하여 2018년에 482억 달러에 도달했다.
- 세일즈포스Salesforce가 CRM 시장의 점유율을 19.5%로 리드하고 있으며, SAP가 8.3%로 그 뒤를 따르고 있다.

SSI가 CRM에 미치는 영향은 오랫동안 **벤더 관계 관리**vendor relationship management, VRM라고 알려진 움직임에 의해 예상되어 왔다. 3년 동안 하버드 버크만 센터Harvard Berkman Center에서 **Project VRM**을 이끌었던 닥 설즈Doc Searls는 VRM을 'CRM의 반대'로 요약했다. 즉, VRM은 기업이 고객과의 관계를 제어하는 방법이 아닌 고객이 기업과의 관계를 제어하는 방법에 관한 것이다. 지난 10년 동안 SSI와 VRM이 깊이 얽혀 있었기 때문에 닥은 이 책의 서문을 쓰게 되었다.

이 절에서는 SSI가 양방향에서 더 나은 관계 관리를 가능하게 하는 5가지 주요 방법을 살펴본다.

4.4.1 상호 인증

SSI가 관계를 개선할 수 있는 첫 번째 장소는 시작부터 명확하다. 이것은 당사자들이 가장 취약할 때, 특히 디지털 방식으로 처음으로 만날 때이다.

오늘날 웹에서 이것은 동전의 양면과 같다. 첫째, **피싱 사이트**와 **피싱 이메일**이 너무 정교해져서 숙련된 전문가 조차도 이를 발견하기 어려울 수 있을 때, 웹 사이트가 진짜임을 증명하는 것이 얼마나 어려운지 상상해보라. 이 책을 쓰는 동안 공동 저자 중 한 명이 자신의 은행(누구나 알 만한 브랜드)으로부터 이메일을 받았는데, 이는 매우 현실적이어서 피싱 시도인지 확인하기 위해 전화 통화를 세 차례나 했다. 버라이즌Verizon의 2018년 데이터 침해 사고 보고서에 따르면 모든 데이터 침해의 93%가 피싱이라고 한다[34]. 미국 연방수사국FBI은 2013년 10월부터 2018년 5월까지 피싱으로 인한 기업의 손실이 125억 달러라고 보고했다[35].

이제 판을 뒤집어서 최종 사용자인 **여러분**이 웹 사이트에 자신에 대한 **모든 것**이 진짜임을 증명하는 것이 얼마나 어려운지 생각해보라. 우리 대부분은 우리가 **사람**이라는 것을 증명하기조차 어렵다. 얼마나 많은 사람들이 그림 4.3과 같은 것을 통과했을까?

여러분이 인간이라는 것을 증명하는 것이 그렇게 어렵다면 다음을 증명하는 것이 얼마나 어려운지 상상해보라.

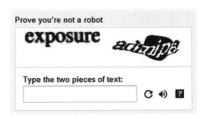

그림 4.3 CAPTCHA(컴퓨터와 사람을 구분하기 위해 완전히 자동화된 공개 튜링 테스트)는 실제 사람조차 통과하기 어려울 수 있다.

- 특정 연령 이상이거나 미만이다.
- 특정 장소에 살고 있다.
- 특정 학위가 있다.
- 특정 직업이 있다.
- 특정 수입이 있다.

일반적으로 이러한 작업은 먼저 웹 사이트에 여러분의 실제 신원을 증명(어떻게든)한 다음 웹 사이트가 신뢰할 수 있는 출처(예 신용 평가 기관) 혹은 더 나쁜 경우 여러분에 대한 정확한 정보를 보유하거나 그렇지 않을 수 있는 데이터 브로커(공유 허가는 고사하고)로부터 여러분에 대한 정보를 독립적으로 검증하도록 하지 않고는 인터넷을 통해 불가능하다.

이 문제는 웹 사이트와 여러분 모두 양방향으로 심각해졌으나 **SSI는 이를 해결할 수 있다**. SSI 자동 인증(이전 절 참조)의 장점은 에이전트가 웹 사이트와 검증 가능한 자격증명을 공유할 수 있고, 웹 사이트의 에이전트가 사용자와 검증 가능한 자격증명을 공유할 수 있다. 두 에이전트는 소유자를 대신하여 자격증명을 자동으로 검증하여 각자의 정책을 충족하는지 확인할 수 있다. 그렇다면 에이전트와 소유자의 관계는 장애없이 진행될 수 있다. 에이전트 중 하나가 문제를 발견하면, 소유자에게 즉시 알리거나 연결을 거부할 수 있으므로 소유자는 전혀 개의치 않는다. 이것이 우리의 모든 디지털 관계가 작동해야 하는 방식이다. 양측의 상호 자동 인증은 피싱을 영구적으로 불가능하게 만들 것이다.

4.4.2 영구적 연결

SSI가 관계 관리에 제공하는 두 번째 주요 이점은 이전에는 네트워크가 제공하지 않았던 기능인 **영구적 연결**이다. 이는 양쪽 당사자가 원할 경우 **영원히** 지속될 수 있는 연결을 의미한다. DID를 생성하는 데 사용되는 수학적 기술은 수천 년 후에도 동일한 것을 생성할 가능성이 극히 적을 정도로 아주 큰 숫자를 생성한다.

SSI는 어떻게 그러한 약속을 할 수 있을까? 전화 번호, 이메일 주소, 트위터 핸들, 페이스북 친구, 링크드인 연결 등 다른 어떤 디지털 연결도 그러한 약속을 할 수 없다. 그 이유는 **그들 모두 연결을 계속 유지하기 위해 어떤 형태의 중개 서비스 제공 업체에 의존하기 때문이다.** 그리고 어떤 중개 서비스 제공 업체도 계속 사업을 지속하고 여러분과 여러분의 연결이 무엇을 하든 항상 연결을 유지한다고 약속할 수 없다.

그들 대부분은 **정반대**로 약속한다. 그들은 어떤 이유로든 언제든지 서비스를 종료할 수 있다. 서비스 약관을 읽어보라.

SSI와 이를 작동시키는 분산 네트워크를 사용하는 **중개 서비스 제공 업체는 없다. 여러분의 연결은 여러분의 것이다.** 여러분과 상대방 중 한 사람 또는 둘 다 연결을 종료하고 싶다면, 그 연결을 종료할 수 있는 사람은 여러분과 상대방뿐이다.

이사, 직업 변경, 학교 졸업 또는 서비스 제공 업체 변경 시 여러분의 삶에서 사람, 조직 및 기업과 연락을 유지하고자 하는 개인에게 이것이 얼마나 가치가 있나? 그리고 여러분을 연결을 지속하려는 모든 연락처 및 공급 업체에게 얼마나 가치가 있나? 이 장의 앞부분에서 단순히 주소 변경 프로세스를 자동화하면 연간 수억 시간과 수십억 달러를 절약할 수 있음을 설명했다. 영구적 연결을 통해 서로 동기화를 유지하려는 다른 모든 정보를 곱하면 총 절감액은 훨씬 더 많아질 수 있다.

4.4.3 프리미엄 비공개 채널

영구성은 SSI 연결의 유일한 이점이 아니다. DID, DID 도큐먼트(공개키 포함) 및 DIDComm 프로토콜(5장 참조)을 기반으로 하기 때문에 SSI 연결은 기본적으로 **종단간**end-to-end **보안 암호화 통신**을 지원한다.

이를 마케팅 관점에서, **프리미엄 비공개 채널**이라고 부를 수 있다. 이렇게 부를 수 있는 이유는 아래와 같다.

- **프리미엄:** 다른 어떤 사람에게도 공유되지 않고 여러분과 여러분의 연결에만 독점됨
- **비공개:** 여러분의 모든 커뮤니케이션이 여러분의 노력없이 각 에이전트에 의해 자동으로 암호화와 복호화됨
- **채널:** 이를 이용하여 각 에이전트가 '전할 수 있는' 메시지 또는 콘텐츠를 보내고 받을 수 있음

따라서 다른 사람의 허가없이 메시징 앱, 음성 및 비디오 앱, 데이터 공유 앱, 소셜 네트워킹 앱, 생산성 앱, 결제 앱, 게임 등 SSI를 지원하는 모든 애플리케이션에서 연결을 사용할 수 있다. 이러한 모든 앱은 이 장에 설명된 모든 SSI 기능에 접근할 수 있다.

메시징 앱은 한동안 이런 방향으로 이동해 왔다. 애플 아이메시지iMessage, 왓츠앱WhatsApp, 시그널 Signal 및 텔레그램Telegram은 모두 하나 또는 다른 형태의 종단간 암호화를 지원한다. 중국의 위챗 WeChat과 알리페이Alipay와 같은 다른 업체들도 보안 결제 및 다른 많은 플러그인 기능과 메시징을 통합하여 많은 중국인이 하루 종일 이러한 앱으로 일하면서 생활한다[36].

SSI는 프리미엄 비공개 채널을 모든 앱과 통합할 수 있고 인터넷 및 웹과 마찬가지로 모든 신뢰 경계에서 작동할 수 있는 범용 기능으로 만들 수 있다. 이 책의 3부와 4부에서 여러 예제를 찾을 수 있다. 예를 들어, 신용 협동 조합 산업을 위한 SSI 인프라를 개발하는 글로벌 신용 협동 조합 컨소시엄 CU레저CULedger는 프리미엄 비공개 채널을 사용하여 회원이 팩스를 보내거나 신용조합 사무실을 직접 방문하도록 요구하는 행위에 대해 회원들에게 안전하고 디지털로 서명된 승인과 동의를 요청할 계획이다(https://www.memberpass.com 참조).

4.4.4 평판 관리

평판 시스템은 웹에서 비즈니스 수행에 필수적인 기능이 되었다. 예를 들어 스피겔 연구 센터Spiegel Research Center 연구에 따르면 구매자의 거의 95%가 구매하기 전에 온라인 리뷰를 읽었다[37]. 2016년 하버드 비즈니스 스쿨Harvard Business School 연구에 따르면 Yelp[11]에서 별 1개를 더 받으면 판매자의 수익이 5 ~ 9% 증가할 수 있다[38].

그러나 평판 시스템이 매우 가치가 있기 때문에 이를 조작하는 것이 큰 사업이 되었다. 고객 리뷰를 분석하는 페이크스팟Fakespot의 2019년 2월 연구에 따르면 아마존 리뷰의 30%가 가짜이거나 신뢰할 수 없으며 월마트(Walmart.com)에 게시된 리뷰의 무려 52%가 사실과 다르다[39]. 더 큰 악영향은 가짜 리뷰의 증가로 인해 평판 시스템에 대한 소비자의 신뢰가 약화되고 있다는 것이다. 브라이트 로컬 Bright Local 2018 조사에 따르면 모든 소비자의 33%가 가짜 리뷰를 '많이' 발견했다고 보고했으며 가짜 리뷰를 감지하는 데 능숙한 18 ~ 34세의 경우 89%까지 증가했다.

아마존은 오랫동안 리뷰어가 제품을 실제로 구매했는지 확인하는 아마존 검증 구매Amazon Verified Purchase 프로그램(그림 4.4)을 포함하여 다양한 보호 조치를 통해 이 게임에 맞서 싸우려고 노력해 왔다.[12] 그러나 이것은 리뷰어가 실제로 아마존에서 제품을 구매한 경우에만 유효하며, 그럴 경우에도 정통한 마케팅 회사가 이러한 구매를 보조하거나 아마존의 규정을 회피하는 다른 방법을 찾는 것이

---

11 [옮긴이] 옐프(Yelp): 크라우드 소싱 리뷰 포럼, 캘리포니아주 샌프란시스코에 본사를 둔 미국의 다국적 기업에 의해 지원되는 지역 검색 서비스이다(위키피디아).

12 [옮긴이] 아마존 검증 구매 리뷰: 리뷰를 작성한 사람이 아마존에서 제품을 구매했음을 확인한다는 의미다(https://www.amazon.com/gp/help/customer/display.html?nodeId=G75XTB7MBMBTXP6W).

비교적 쉽다. 그리고 아마존조차도 이런 문제에 직면하고 있는데, 아마존보다 보안 예산이 극히 적은 소규모 사이트의 문제는 어떨지 상상해보라.

이 시점에서 SSI는 이 문제를 어떻게 해결할 수 있는지 명백해야 한다. 첫째, 평판 시스템은 리뷰어에게 검증 가능한 자격증명을 요구하여 봇을 제거할 수 있다. 둘째, 제품 구매에 대해 검증 가능한 자격증명(**검증 가능한 영수증**)이 필요하다. 따라서 아마존 검증 구매와 같은 프로그램들은 특정 소매업자들과 독립적으로 작동할 수 있다. 셋째, 리뷰어는 제품 공급 업체뿐만 아니라 소매 업체와 상관없이 신뢰할 수 있는 평판을 구축할 수 있다. 그래서 우리는 월스트리트 저널Wall Street Journal의 월트 모스버그Walter Mossberg나 바이트 매거진Byte Magazine의 존 우델Jon Udell이 말한 것처럼 웹이 될 수 있는 널리 신뢰받는 독립 리뷰어의 생태계를 개발할 수 있다.

그림 4.4 아마존 검증 구매(Amazon Verified Purchase) 마크는 리뷰어가 리뷰한 제품을
직접 구매했음을 확인하는 것으로 간주되지만, 조작하기는 어렵지 않다.

요컨대, 평판 관리는 관계 관리의 필수적인 요소가 될 수 있다. 구매, 계약, 컨설팅 또는 커뮤니티 참여와 같이 연결을 구축하고 서로 상호 작용하는 두 당사자는 상대방과 규모가 큰 커뮤니티에 검증 가능한 평판 피드백을 제공할 수 있어야 한다.

그 영향은 다음과 같이 중요한 온라인 설문 조사, 여론 조사 또는 투표로 확대된다.

- 봇이 아닌 실제 인간이 참여하고 있다.
- 각 개인에겐 하나의 투표권만 있다.
- 사람들은 정직하게 투표하고 그 시스템을 조작하지 않는다.

부정 투표로 이러한 유형의 시스템을 조작하는 것이 너무 흔해서 보안 커뮤니티는 1973년 출간된 책과 1976년 영화의 소재로 유명한 다중인격장애의 사례를 따서 **시빌 공격**Sybil attack이라는 이름을 붙였다. 가짜 리뷰, 가짜 사이트 및 가짜 뉴스가 온라인에서 토끼처럼 번성함에 따라 시빌 공격에 대응하고 평판 시스템의 신뢰성을 확보하는 SSI의 능력은 웹의 건강한 미래에 대한 가장 가치있는 기여 중 하나가 될 수 있다.

4.4.5 충성도와 보상 프로그램

모든 관계에는 두 당사자 간의 어떤 가치의 교환이 수반된다. 비록 그것이 이웃 간에 환담을 주고 받을지라도 말이다. 만약 그 교환이 금전적인 것이라면 SSI가 어떻게 새로운 형태의 지불을 가능하게 하는지에 대한, 이전에 언급한 내용이 적용된다. 그러나 관계가 더 강해질수록, 어떤 형태의 비화폐성 가치 교환과 관련될 가능성이 더 높아진다.

보상 프로그램은 좋은 예이다. 마일리지, 포인트, 스탬프 또는 기타 가치 측정과 관련이 있든지, 없든지 과거 충성도에 대해 고객에게 감사하고 미래 충성도를 유도하는 비공식적이고 직접적인 관계 기반의 방법으로 아래와 같이 작동한다.

- 소비자의 69%가 소매점을 선택함에 있어서 고객 충성도/보상 프로그램 포인트에 영향을 받는다고 답했다[40].
- 고객 충성도가 5% 증가하면 고객당 평균 수익이 25 ~ 100% 증가한다.
- 소비자의 76%는 충성도 프로그램이 브랜드와의 관계의 일부라고 생각한다[41].
- 충성도 관리 시장은 2016년 19억 3천만 달러에서 2023년 69억 5천만 달러로 성장할 것으로 예상된다[42].

그러나, 오늘날 소비자에게 충성도 프로그램을 관리하는 것은 약간 불편한 것부터 완전히 짜증나는 일까지 어느 곳에서나 일어난다. 거래한 모든 업체가 다른 유형의 돈과 **특정 매장 전용 지갑**을 사용해야 한다고 가정해 보자. 그것은 말도 안 되는 일이지만, 오늘날 충성도 프로그램이 작동하는 방식이기도 하다.

SSI 기반 관계 관리(앞에서 언급한 바와 같이 공급 업체 관계 관리 또는 VRM이라고도 함)는 이러한 문제를 해결할 수 있다. 이제 모든 충성도 프로그램은 **소비자의 자체 SSI 디지털 지갑**에 대해 자체 프리미엄 비공개 채널을 사용하도록 설계할 수 있다. 어떤 종류의 통화 및 리워드 포인트가 관련되어 있더라도 모두 한곳에서 안전하고 비공개적으로 관리할 수 있다. 소비자는 훨씬 더 편리하고 쉽게 제어할 수 있고, 소매 업체는 SSI의 다른 모든 기능을 활용할 수 있는 더 간단하고 효과적인 충성도 프로그램을 얻을 수 있다.

4.5 기능/이점 범주 5: 규정 준수

마지막 범주는 가장 덜 흥미로울 수도 있겠지만, SSI가 글로벌 사이버 보안과 사이버 개인 정보 인프라의 강점에 어떻게 기여할 수 있는지를 다루기 때문에 여전히 매우 중요하다. 이 절에서는 SSI가 세계 경제의 모든 주체가 우리를 안전하게 지키는 동시에 개방적이고 공정한 경쟁을 통해 더 큰 경제 활동을 장려하도록 설계된 규정을 준수하도록 도울 수 있는 5가지 주요 방법을 다룬다.

4.5.1 데이터 보안

인터넷에서 보안 현황에 대한 통계로 이 절을 시작할 수도 있지만, 통계를 대신하여 IBM의 CEO인 지니 로메티Ginni Rometty가 24개 산업 123개 기업의 CISO정보 보안 책임자, CIO, CEO들에게 한 연설문을 2015년 《포브스》가 인용하여 요약한 글[43]로 시작하려고 한다.

> "우리는 데이터가 우리 시대의 현상이라고 믿는다. 그것은 세계의 새로운 천연 자원이다. 이는 경쟁 우위의 새로운 기반이며 모든 직업과 산업을 변화시키고 있다. 이 모든 것이 사실이고 피할 수 없을지라도 사이버 범죄는 정의에 따라 전 세계 모든 직업, 모든 산업, 모든 회사에 가장 큰 위협이 된다."

같은 《포브스》 기사에 따르면 전 세계 사이버 보안 산업 규모에 대한 시장 전망은 2015년 770억 달러에서 2020년까지 1,700억 달러에 이른다. 이는 모든 엔터프라이즈 소프트웨어 부문 중에서 가장 빠르게 성장하는 것 중 하나다.

디지털 신원에 대한 공격이 문제의 근원이 되면서, SSI는 사이버 보안의 커다란 변화를 대변한다. 2부에서 기술적으로 자세히 설명할 것이지만, SSI 디지털 지갑과 에이전트는 사용자가 개인키를 생성 및 관리하고, 짝을 이루는 가명의 DID를 자동으로 교환하고, 보안 연결을 형성하고, 미국의 건강 보험 정보의 이전 및 책임에 관한 법률Health Insurance Portability and Accountability Act, HIPAA과 유럽의 GDPRGeneral Data Protection Regulation과 같은 규정에서 요구하는 데이터 보안을 제공하는 프리미엄 비공개 채널을 통해 통신하는 데 도움이 될 것이다. 이것만으로도 현재의 수많은 취약점을 막을 수 있다. 이는 미국 국토안보부가 SSI의 기반인 분산 식별자와 분산 키 관리 표준에 대한 많은 연구 과제에 자금을 지원한 이유 중 하나이다.

NOTE https:// www.sbir.gov/sbirsearch/detail/867797의 SBIR 연구 자금 조달 주제인 '신원 관리를 존중하는 개인정보보호에 대한 블록체인 기술의 적용(Applicability of Blockchain Technology to Privacy Respecting Identity Management)'과 https://www.dhs.gov/science-and-technology/news/2017/07/20/news-release-dhs-st-awards-749k-evernym-decentralized-key의 보도자료를 참조하라.

또한 SSI는 개인 데이터에서 **위험성을 제거**하여 신원 도용과 관련 사이버 범죄에 더 이상 활용할 수 없도록 할 수 있다. 오늘날 개인 데이터는 가치가 있다. 왜냐하면 도둑이 충분한 정보를 가지고 있다면, 여러분을 가장하여 계정에 침입하거나 여러분의 이름으로 새로운 계정을 만들 수 있기 때문이다. 그러나 검증 가능한 자격증명을 사용하면 **개인 데이터만으로는 더 이상 신원을 도용할 수 없다**. 도둑이 여러분의 개인키를 가지고 있지 않으면 검증 가능한 자격증명을 사용할 수 없다.

즉, 개인 데이터가 포함된 거대한 기업 데이터베이스의 침해는 과거의 일이 될 것이다. 오늘날의 사용자 이름, 패스워드 및 기타 개인 데이터와 달리 개인키는 범죄자들을 위한 거대한 허니팟[13] 역할을 하는 기업의 중앙화된 데이터베이스에 저장되지 않을 것이다. 클라우드에서 암호화된 백업본은 항상 여러분의 로컬 장치(또는 여러분이 지정한 어디든)에 저장된다. 도둑이 신원을 도용하려면 한 번에 하나씩 개인의 SSI 지갑에 침입해야 한다는 것을 의미한다.

이것은 범인에게 고래를 잡게 하는 것 대신에, 한 번에 한 마리씩 작은 피라미를 잡아서 먹도록 강요하는 것과 같다(그림 4.5). 범죄자들에게 그 선택권을 주면, 그들은 다른 방법을 찾을 것이다.

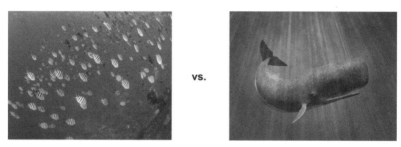

그림 4.5 SSI는 개인 데이터의 거대한 기업 허니팟(오른쪽)에 침입하기보다
개인키를 한 번에 하나의 지갑에서 훔칠 수밖에 없게 할 것이다.

4.5.2 데이터 프라이버시

보안과 개인정보보호는 밀접한 관련이 있으며 개인정보보호는 오늘날 인터넷에서 중요한 문제이다. 2018년 6월, 잡지 《Entrepreneur》는 인터넷 사용자의 90%가 인터넷 개인정보보호에 대해 '매우 우려'한다고 보고했다[44]. 같은 기사에 따르면 케임브리지 애널리티카Cambridge Analytica 데이터 스캔들[14]로 인해 페이스북의 평판이 너무 훼손되어 사용자의 3%만이 페이스북이 개인 데이터를 처리하는 방식을 신뢰한다(구글을 신뢰하는 경우는 4%)고 했다.

인터넷 프라이버시를 이 위기 수준으로 밀어붙인 이유 중 하나는 오늘날의 디지털 경제에서 개인 데이터의 경제적 가치이다. 2019년 4월 쇼샤나 주보프Shoshana Zuboff의 저서 《감시 자본주의의 시대The Age of Surveillance Capitalism(https://shoshanazuboff.com/book)'에 대한 잡지 《The Nation》의 리뷰는 다음과 같다[45].

---

13 옮긴이 허니팟(honeypot): 비정상적인 접근을 탐지하기 위해 의도적으로 설치해 둔 시스템을 의미한다. 예를 들어, 네트워크 상에 특정 컴퓨터를 연결해 두고 해당 컴퓨터에 중요한 정보가 있는 것처럼 꾸며두면, 공격자가 해당 컴퓨터를 크래킹하기 위해 시도하는 것을 탐지할 수 있다(위키피디아).

14 옮긴이 페이스북-케임브리지 애널리티카 정보 유출 사건(영어: Facebook-Cambridge Analytica Data Breach)은 2018년 초에 케임브리지 애널리티카 회사가 수백만 페이스북 가입자의 프로필을 그들의 동의없이 수거해서 정치적 선전을 하려는 목적으로 사용했다는 사실이 세상에 밝혀지면서 일어난 사회적 물의 및 정치적 논쟁이다(위키피디아).

"주보프는 이러한 점점 더 빈번한 개인 정보 침해가 우발적이거나 선택적인 것이 아님을 보여준다. 대신 21세기에서 가장 성공한 많은 기업의 주요 수익원이다. 따라서 이러한 기업은 이미 이익을 얻고 있는 감시의 확대, 강화 및 완성과 합법성을 유지하는 데 직접적인 금전적 이해 관계를 갖고 있다."

프라이버시와 개인 데이터 통제에서 힘의 균형을 바꾸는 것은 쉽지 않을 것이다. 그러나 SSI는 기업이 다음과 같은 세 가지 방법으로 관련 개인정보보호법을 준수하도록 도울 수 있다.

- **선택적 공개**selective disclosure: 특히 영지식증명zero-knowledge proof, ZKP 암호화를 사용하는 자격증명(6장 참조)과 같은 SSI 검증 가능한 자격증명 교환 기술을 통해 기업이 필요한 개인 데이터에 대한 증명을 정확하게 요청할 수 있게 한다. 예를 들어, 기업에서 실제 생년월일이 아닌 특정 연령 이상이라는 증명을 요청할 수 있다.
- **검증 가능한 동의**: 많은 소비자는 기업이 개인 데이터를 어디서 얻는지 알지 못한다. 그들이 작성한 온라인 양식에서 왔을까? 마케팅 파트너로부터? 타사 데이터 브로커가? 검증 가능한 자격증명을 사용하면 개인으로 시작하는 데이터 공유에 대한 명확하고 검증 가능한 동의로 연결되어 있고 해당 SSI 에이전트가 쉽게 추적하고 감사할 수 있다.
- **거버넌스 프레임워크**: 오늘날 대부분의 개인정보보호 정책은 개인 정보가 아닌 특정 기업을 보호하기 위해 변호사가 작성한 고도로 맞춤화된 문서이다. 이것이 개인정보보호 연구자 로리 페이스 크래너Lorrie Faith Cranor와 알리시아 맥도널드Aleecia McDonal의 2012년 연구에 따르면 '일반적인 사람이 매년 방문하는 웹 사이트에서 개인정보보호 정책을 읽는데 76일의 영업일이 필요하며 미국에서만 538억 시간 또는 7,810억 달러의 인건비가 추가될 것'이라고 추정했다[46]. SSI를 사용하면 회사별 개인정보보호 정책이 다음과 같은 거버넌스 프레임워크로 대체될 수 있다.
  - 이를 채택한 모든 사이트에서 동일
  - 모든 이해 관계자의 이익을 대변하는 공개 포럼에서 개발 가능
  - 규제 기관의 요구 사항을 준수하기 위해 사전 승인 가능
  - SSI의 다른 보호와 장점을 통합하도록 설계 가능

이러한 단계는 온타리오 주의 정보와 프라이버시 위원회의 위원이었던 앤 카부키양Ann Cavoukian이 개발하고 지지한 개인정보보호 중심 설계 원칙을 인터넷에서 최초로 구현한 것일 수 있다.

4.5.3 데이터 보호

데이터 보호는 개인정보보호와 밀접한 관련이 있지만, 개인 정보 통제를 뛰어넘어 개인의 데이터를 보호하기 위해 더 많은 특정 원칙을 열거한다. 유럽연합의 GDPR(https://gdpr.eu)이 가장 잘 알려진

데이터 보호 법안이지만 이것이 유일한 법안은 아니다. 캘리포니아 소비자 개인정보보호법California Consumer Privacy Act, CCPA(https://oag.ca.gov/privacy/ccpa) 및 최근에는 캘리포니아 개인정보보호법이 미국의 데이터 보호 규정에 대한 새로운 표준을 설정하고 있다. 다른 많은 국가에서도 동일한 방식으로 데이터 보호법을 제정했거나 제정하고 있다.

이전 절에서 나열된 데이터 개인정보보호 준수 메커니즘 외에도, SSI가 개인이 자신의 권리를 행사하고 기업이 이러한 데이터 보호 행위에 따른 책임을 준수할 수 있도록 하는 매우 구체적인 방법이 있다.

- **익명 식별자**: GDPR은 상관 관계를 최소화하기 위해 익명 사용을 권장한다. SSI 연결은 기본적으로 짝을 이루는 가명 피어 DID를 사용한다.

- **데이터 최소화**: GDPR은 처리되는 목적에 필요한 것보다 더 많은 개인 데이터를 수집하지 않도록 요구한다. SSI의 선택적 공개와 영지식증명 기반 자격증명은 이 요구 사항을 충족하는 데 이상적이다.

- **데이터 정확성**: GDPR에서는 개인 데이터가 정확하고 최신 상태로 유지되어야 한다. SSI를 통해 데이터 컨트롤러는 신뢰할 수 있는 발급자로부터 검증 가능한 자격증명으로 제공되는 개인 데이터를 요청할 수 있으며, 데이터가 변경되면 해당 발급자가 자동으로 업데이트할 수 있다.

- **삭제 권리**(잊혀질 권리라고도 함): GDPR 17조에 따라, 이는 데이터 관리자(기업)가 데이터 주체(개인)에게 기업이 보유한 개인 데이터를 확인하는 동시에 공격자에게 취약한 보안 허점을 노출하지 말아야 한다는 것을 의미하기 때문에 가장 까다로운 요구사항 중 하나가 될 수 있다. 다행히 이것이 바로 SSI 연결과 프리미엄 비공개 채널이 설계된 이유이다. 데이터 주체는 자동 인증과 자동 승인을 사용하여 데이터에 대한 접근을 요청할 수 있으며, 필요한 경우 연결을 통해 디지털 서명된 삭제 요청을 보낼 수 있다. 이러한 모든 작업은 나중에 규정 준수 여부를 확인하기 위해 안전하게 감사될 수 있다.

4.5.4 데이터 이동성

GDPR은 자체적으로 논의할 가치가 있는 데이터 보호 권한인 데이터(개인정보) 이동권을 추가로 시행한다. 이 권리는 데이터 주체가 데이터 컨트롤러가 보유한 데이터를 가져와 자신의 목적에 맞게 재사용할 수 있도록 하는 권리이다. GDPR 제20조 제1항의 문구는 다음과 같다.

'데이터 주체는 자신이 관리자에게 제공한 개인 데이터를 구조화되고, 일반적으로 사용되며, 기계가 읽을 수 있는 형식으로 수취할 권리를 가지며, 개인 데이터를 제공한 관리자의 방해 없이 다른 관리자에게 전송할 권리를 가진다.'

GDPR은 데이터 관리자 간에 부분적 또는 완전한 데이터 이동성을 요구하는 많은 새로운 규정 중 하나일 뿐이다. 또 다른 EU 규정인 2차 지불 서비스 지침Second Payment Services Directive, PSD2은 EU 에서 오픈 뱅킹 도입을 추진하기 위해 설계되었다. 또한, 5차 자금세탁방지지침(AML5, https://www. electronicid.eu/aml5-new-anti-money-laundering-directive); 전자 식별, 인증 및 신뢰 서비스 규정(eIDAS); 네트워크 및 정보 시스템 보안 지침(NIS 지침, https://ec.europa.eu/digital-single-market/en/network-and-information-security-nis-directive)에는 모두 SSI와 관련된 데이터 이동성 조항을 포함하고 있다. 이 모든 것은 1996년 미국 통신법U.S. Telecommunications Act에서 지역 전화번호 이동성Local Telephone Number Portability, LNP에 대한 요건이 선행되었으며, 미국에서도 휴대폰 번호 이동성Mobile Number Portability, MNP에 적용된다. MNP는 또한 아프리카, 아시아, 호주, 중남미, 캐나다의 법률에 따라 다양한 수준으로 요구되고 있다.

SSI는 앞에서 설명한 많은 심층 보안과 프라이버시 문제를 해결하기 때문에 데이터 이동성에 이상적이다. 그 비밀은 SSI 연결을 통해 데이터가 **개별 데이터 주체의 자체 에이전트(들)와 연결되어 들어오고 나가는 것**을 쉽게 할 수 있으며, 개인은 자신의 데이터를 다른 당사자와 공유하기 위한 약관에 대해 항상 완전한 통제권을 행사할 수 있다.

이 아키텍처에서, 특히 이 아키텍처와 함께 작동하도록 특별히 설계된 거버넌스 프레임워크에서 개인 데이터는 GDPR 및 기타 데이터 보호 규정의 보안, 개인정보보호 및 제어 요구 사항을 충족하면서 시스템 간에 자유롭게 이동할 수 있어야 한다.

4.5.5 규제 기술

이러한 모든 돌파구가 중요하지만, 규제 기관이 가장 흥미로워할 수 있는 것은 SSI 생태계 **자체**에 직접 연결할 수 있는 능력이다. 즉, 자체 SSI 디지털 에이전트를 배포하고 규제 대상 회사에 직접 연결함으로써 **규제 기관은 은행 계좌 개설을 위한 KYC, 자금 송금을 위한 AML, 또는 특정 유형의 상품 구매를 위한 테러 방지 금융**Anti-Terrorist Finance, ATF**과 같은 특정 규제 요건을 갖춘 거래의 순환을 직접 형성할 수 있다.**

예를 들어, SSI 연결이 가능한 두 당사자 간의 송금이 금융 기관이 추가 AML 규정 준수 조치를 적용해야 하는 임계 값을 초과하는 경우, 은행의 SSI 에이전트와 규제 기관의 SSI 에이전트 간에 실시간으로 전달할 수 있다. 이는 규제 집행의 본질을 사후 현장 점검 감사 활동에서 실시간 규칙 중심 모니터링 활동으로 바꿔서, 집행 비용을 줄이고, 집행 조치를 가속화하며, 집행 데이터의 품질을 동시에 향상시킬 수 있는 1석 3조(정부 규제에서는 드물다)의 잠재력을 가지고 있다.

이것은 이 장의 앞부분에서 언급한 규정 준수 비용이 치솟는 것을 고려할 때 매우 바람직한 발전이다. 또한 Research and Markets가 2018년 43억 달러에서 2023년에는 123억 달러로 23.5%의 연평균 성장률로 성장할 것으로 예상하는 글로벌 규제 기술Regulatory Technology, RegTech 시장의 급속한 성장과도 일치한다[47]. SSI 기술이 안전하고 허가된 개인 SSI 에이전트를 규제가 필요한 모든 비즈니스 프로세스에 연결하는 기능을 통해 이러한 성장률은 훨씬 더 높아질 수 있다.

이름에서 알 수 있듯이, SSI 스코어카드는 특정 사용 사례, 애플리케이션, 산업 또는 수직 시장에 대한 SSI의 영향을 분석하기 위한 도구이다. 이 책의 4부에서는 다양한 수직 시장에서 SSI에 대한 심층적인 사용 사례를 살펴본다. 각 장은 SSI가 해당 시장에 미칠 수 있는 영향과 그 이유에 대한 스코어카드로 마무리된다. 이는 1부에서 다룬 기본 구성 요소, 예시 시나리오 및 기능/이점을 4부에서 살펴볼 실제 시나리오와 연결하는 데 도움이 될 것이다.

그러나 먼저, SSI 아키텍처와 기술의 기술적 측면에 대해 더 깊이 알고 싶다면, 이러한 주제의 주요 전문가들이 설명해 놓은 2부를 참고하면 된다. 그리고, 전반적인 경제적, 정치적, 사회적 영향에 더 관심이 있는 경우 3부로 바로 건너뛸 수도 있다. 또는 특정 산업 및 업종에서 SSI의 사용 사례에 대해 읽고 싶다면 4부로 이동할 수 있다.

SSI 참고자료

SSI에 대해 더 자세한 내용은 IdentityBook.info와 SSIMeetup.org/book을 참고하라.

참고문헌

[1] Grant, Kelli B. 2018. "Identity Theft, Fraud Cost Consumers More Than $16 Billion." CNBC. https://www.cnbc.com/2017/02/01/consumers-lost-more-than-16b-to-fraud-and-identity-theft-last-year.html.

[2] Marchini, Kyle, and Al Pascual. 2019. "2019 Identity Fraud Study: Fraudsters Seek New Targets and Victims Bear the Brunt." Javelin. https://www.javelinstrategy.com/coverage-area/2019-identity-fraud-report-fraudsters-seek-new-targets-and-victims-bear-brunt.

[3] FinTech Futures. 2018. "The Future of Client Onboarding." https://www.fintechfutures.com/2018/09/the-future-of-client-onboarding.

[4] Callahan, John. 2018. "Know Your Customer (KYC) Will Be A Great Thing When It Works." Forbes. https://www.forbes.com/sites/forbestechcouncil/2018/07/10/know-your-customer-kyc-will-be-a-great-thing-when-it-works.

[5] Dickenson, Kelvin. 2019. "The Future of KYC: How Banks Are Adapting to Regulatory Complexity." Opus. https://www.opus.com/future-of-kyc.

[6] Fenergo. 2018. "Global Financial Institutions Fined $26 Billion for AML, Sanctions & KYC Non-Compliance." https://www.fenergo.com/press-releases/global-financial-institutions-fined-$26-billion-for-aml-kyc.html.

[7] Statista Research Department. 2020. "E-Commerce Worldwide—Statistics & Facts." https:// www.statista. com/topics/871/online-shopping.

[8] Nasdaq. 2017. "UK Online Shopping and E-Commerce Statistics for 2017." https://www.nasdaq.com/ article/uk-online-shopping-and-e-commerce-statistics-for-2017-cm761063.

[9] Adobe. 2020. "2020 Holiday Shopping Trends." http://exploreadobe.com/retail-shopping-insights.

[10] Khandelwal, Astha. v2020. "eCommerce Conversion Rate Benchmarks—Quick Glance At How They Stack Up." VWO Blog. https://vwo.com/blog/ecommerce-conversion-rate.

[11] Baymard Institute. 2019. "44 Cart Abandonment Rate Statistics." https://baymard.com/lists/cart-abandonment-rate.

[12] Redbord, Michael. 2018. "The Hard Truth About Acquisition Costs (and How Your Customers Can Save You)." HubSpot. https://research.hubspot.com/customer-acquisition-study.

[13] Sorofman, Jake. 2014. "Gartner Surveys Confirm Customer Experience Is the New Battlefield." Gartner. https://blogs.gartner.com/jake-sorofman/gartner-surveys-confirm-customer-experience-new-battlefield.

[14] Hyken, Shep. 2018. "Businesses Lose $75 Billion Due to Poor Customer Service." Forbes. https://www. forbes.com/sites/shephyken/2018/05/17/businesses-lose-75-billion-due-to-poor-customer-service.

[15] Palfy, Sandor. 2018. "How Much Do Passwords Cost Your Business?" Infosecurity. https://www. infosecurity-magazine.com/opinions/how-much-passwords-cost.

[16] Morgan, Blake. 2019. "50 Stats That Prove the Value of Customer Experience." Forbes (September 24). https://www.forbes.com/sites/blakemorgan/2019/09/24/50-stats-that-prove-the-value-of-customer-experience.

[17] Okyle, Carly. 2015. "Password Statistics: The Bad, the Worse, and the Ugly (Infographic)." Entrepreneur. https://www.entrepreneur.com/article/246902.

[18] Auth0. n.d. "Password Reset Is Critical for a Good Customer Experience." https://auth0.com/learn/ password-reset.

[19] Dashlane. 2015. "Online Overload: Worse Than You Thought." http://blog.dashlane.com/wp-content/ uploads/2015/07/MailboxSecurity_infographic_EN_final1.jpg.

[20] Nielsen Norman Group. n.d. "Intranet Portals: UX Design Experience from Real-Life Projects." www. nngroup.com/reports/intranet/portals.

[21] Chisnell, Dana. 2011. "Random Factoids I've Encountered in Authentication User Research So Far." Authentical. http://usablyauthentical.blogspot.com/2011/09/random-factoids-ive-encountered-in.html.

[22] PasswordResearch.com. 2020. http://passwordresearch.com/stats/statistic97.html.

[23] Axiomatics. n.d. "Attribute-Based Access Control—ABAC." https://www.axiomatics.com/attribute-based-access-control.

[24] Detrixhe, John. 2018. "Hackers Account for 90% of Login Attempts at Online Retailers." Quartz. https:// qz.com/1329961/hackers-account-for-90-of-login-attempts-at-online-retailers.

[25] Security. 2019. "8 in 10 IT Leaders Want to Eliminate Passwords." https://www.securitymagazine.com/ articles/90530-in-10-it-leaders-want-to-eliminate-passwords.

[26] Business Wire. 2019. "Veridium Survey Reveals Strong Consumer Sentiment Toward Biometric Authentication." https://www.businesswire.com/news/home/20190213005176/en/Veridium-Survey-Reveals-Strong-Consumer-Sentiment-Biometric.

[27] Microsoft Security Team. 2018. "Building a World Without Passwords." https://cloudblogs.microsoft.com/microsoftsecure/2018/05/01/building-a-world-without-passwords.

[28] Delgado, Michelle. 2018. "6 Steps for Avoiding Online Form Abandonment." The Manifest. https://themanifest.com/web-design/6-steps-avoiding-online-form-abandonment.

[29] Liedke, Lindsay. 2020. "101 Unbelievable Online Form Statistics & Facts for 2021." WPForms Blog. https://wpforms.com/online-form-statistics-facts.

[30] Holmes, Colin. 2018. "The State of the American Mover: Stats and Facts." Move.org. https://www.move.org/moving-stats-facts.

[31] Khatri, Yogita. 2018. "Nearly $1 Billion Stolen In Crypto Hacks So Far This Year: Research." Coin-Desk. https://www.coindesk.com/nearly-1-billion-stolen-in-crypto-hacks-so-far-this-year-research.

[32] Pathak, Shareen. 2017. "End of an Era: Amazon's 1-Click Buying Patent Finally Expires." Digiday. https://digiday.com/marketing/end-era-amazons-one-click-buying-patent-finally-expires.

[33] Columbus, Louis. 2019. "Salesforce Now Has Over 19% of the CRM Market." Forbes. https://www.forbes.com/sites/louiscolumbus/2019/06/22/salesforce-now-has-over-19-of-the-crm-market.

[34] Verizon. 2018. "2018 Data Breach Investigations Report." https://enterprise.verizon.com/resources/reports/DBIR_2018_Report.pdf.

[35] 3FBI. 2018. "Business E-mail Compromise: The 12 Billion Dollar Scam." Alert number I-071218-PSA. https://www.ic3.gov/media/2018/180712.aspx.

[36] WeChat Mini Programmer. 2018. "Alipay vs. WeChat Pay: An Unbiased Comparison." https://medium.com/@wechatminiprogrammer/alipay-vs-wechat-pay-an-unbiased-comparison-52eafabc7ffe.

[37] Spiegel Research Center. 2017. "How Online Reviews Influence Sales." http://spiegel.medill.northwestern.edu/online-reviews.

[38] Luca, Michael. 2016. "Reviews, Reputation, and Revenue: The Case of Yelp.com." Harvard Busi-ness School. HBS Working Paper Series. https://www.hbs.edu/faculty/Pages/item.aspx?num=41233.

[39] Picchi, Aimee. 2019. "Buyer Beware: Scourge of Fake Reviews Hitting Amazon, Walmart and Other Major Retailers." CBS News. https://www.cbsnews.com/news/buyer-beware-a-scourge-of-fake-online-reviews-is-hitting-amazon-walmart-and-other-major-retailers.

[40] Maritz Loyalty Marketing. 2013. "Holiday Shoppers' Generosity Extends Beyond Friends and Family to Themselves." Cision. www.prweb.com/releases/2013/11/prweb11372040.htm.

[41] Saleh, Khalid. 2020. "The Importance of Customer Loyalty Programs—Statistics and Trends." Invesp. https://www.invespcro.com/blog/customer-loyalty-programs.

[42] Sonawane, Kalyani. 2020. "Global Loyalty Management Market Expected to Reach $6,955 Million by 2023." Allied Market Research. https://www.alliedmarketresearch.com/press-release/loyalty-management-market.html.

[43] Morgan, Steve. 2015. "IBM's CEO on Hackers: 'Cyber Crime Is the Greatest Threat to Every Company in the World.'" Forbes. https://www.forbes.com/sites/stevemorgan/2015/11/24/ibms-ceo-on-hackers-cyber-crime-is-the-greatest-threat-to-every-company-in-the-world.

[44] Byer, Brian. 2018. "Internet Users Worry About Online Privacy but Feel Powerless to Do Much About It." Entrepreneur. https://www.entrepreneur.com/article/314524.

[45] Fitzpatrick, Katie. 2019. "None of Your Business." The Nation. https://www.thenation.com/article/shoshana-zuboff-age-of-surveillance-capitalism-book-review.

[46] Madrigal, Alexis C. 2012. "Reading the Privacy Policies You Encounter in a Year Would Take 76 Work Days." The Atlantic. https://www.theatlantic.com/technology/archive/2012/03/reading-the-privacy-policies-you-encounter-in-a-year-would-take-76-work-days/253851.

[47] Research and Markets. 2018. "RegTech Market by Application (Compliance & Risk Management, Identity Management, Regulatory Reporting, Fraud Management, Regulatory Intelligence), Organization Size (SMEs, Large Enterprises), and Region—Global Forecast to 2023." https://www.researchandmarkets.com/research/r8ktnm/global_12_3?w=5.

SSI 기술

아서 C. 클라크Arthur C. Clarke는 '충분히 발전된 기술은 마법과 구별할 수 없다.'라고 말했다. 1부에서는 비기술자들에게 편안한 수준에서 SSI의 기본 구성 요소를 소개했다. 2부에서는 이러한 기본 구성 요소를 훨씬 더 깊이 살펴보고 SSI라는 '마법'을 구성하기 위해 조립하는 방법을 살펴본다.

- 5장에서는 SSI 아키텍처에 대한 큰 그림과 같은 개요와 SSI 설계자가 직면한 주요 설계 선택 사항 중 일부를 제공한다.

- 6장에서는 SSI가 '완전히 암호화된' 이유를 설명하고 SSI를 가능하게 하는 암호화의 혁신을 소개한다.

- 7장은 SSI의 가장 중요한 VC에 대한 미니 교과서이다. 이는 W3C 검증 가능한 자격증명 데이터 모델Verifiable Credentials Data Model 1.0 사양의 핵심에 있는 JSON과 JSON-LD 데이터 구조의 예제가 있는 유일한 장이다.

- 8장은 SSI의 다른 기본 개방형 표준인 W3C 분산 식별자decentralized identifier, DID의 핵심 사양에 대해 자세히 설명한다. 여기에는 DID가 기존의 공개키 기반구조public key infrastructure, PKI에서 가장 어려운 문제를 해결하는 방법에 대한 심층 분석이 포함된다.

- 9장에서는 SSI 사용자의 손에 있는 두 가지 주요 도구인 디지털 지갑과 디지털 에이전트를 다루고, 1세대 구현 개발자로부터 얻은 교훈을 다룬다.

- 10장은 SSI의 핵심인 분산 암호화 키 관리에 대해 더 자세히 설명한다. 여기에는 이 분야에서 가장 중요한 혁신인 키 이벤트 수신 인프라Key Event Receipt Infrastructure, KERI에 대한 전체적인 분석이 포함된다.

- 11장에서는 이 모든 멋진 신기술이 비즈니스, 법률, 사회 정책에 '접착제' 역할을 하는 **거버넌스 프레임워크**(신뢰 프레임워크)와 같은 다른 종류의 신뢰 도구에 이용될 경우에만 실질적인 이익을 창출하는 이유를 설명한다.

PART 2
SSI technology

SSI 아키텍처: 큰 그림

다니엘 하드맨 Daniel Hardman

이 장의 목적은 1부에서 소개한 SSI의 기본 구성 요소, 사용 시나리오, 기능 및 이점을 SSI 아키텍처의 전체적인 그림에 배치하는 것이다. 계속 반복하겠지만, SSI는 미성숙한 상태이며 많은 측면에서 여전히 진화하고 있다. 그럼에도 불구하고, 몇 가지 핵심적인 기본 표준과 함께 기본 계층화가 등장했기 때문에, 이러한 표준이 어떻게 구현될 것인가와 특정 설계 선택에 따라 얼마나 상호운용성이 좌우될 것인가에 관한 것이 주요 질문이다. 이 장에서는 현재 SICPA의 수석 생태계 엔지니어이며, 여기서 논의되는 대부분의 핵심 표준 및 프로토콜의 기여자인 에버님Evernym의 전 수석 설계자이자 CISO로 재직했던 다니엘 하드맨이 SSI 아키텍처의 4-레이어, 각 레이어의 주요 구성요소 및 기술, 그리고 스택 전반에 걸쳐 설계자와 구현하는 개발자가 직면하는 설계상 중요한 결정사항들을 소개한다. 이 장에서는 특정 SSI 기술에 대해 자세히 설명하는 2부의 나머지 장에 대한 기반을 설명한다.

2장에서는 SSI의 기본 구성 요소에 대해 살펴봤다. 이러한 구성 요소는 문제에 대한 모든 접근법이 동의할 만한 중요한 공통점을 제시한다. 그러나 1900년대 초반의 자동차 디자인처럼, 미성숙된 시장은 세부적인 부분에서 많은 혁신과 분기를 일으킨다. 누구는 이륜 혹은 삼륜이나 사륜으로 발명하고, 누구는 증기기관을 선호하지만 가솔린이나 디젤 엔진을 선호하는 사람들도 있다.

이 장에서는 분산 디지털 신원 아키텍처, 각각의 아키텍처에서 주목할 선택 사항과 아키텍처가 수반하는 이점과 과제를 확인한다.

5.1 SSI 스택

일부 유형의 차이점은 무시할 수 있지만, 어떤 것들은 엄중하게 받아들여야 한다. 이 두 가지를 분리하는 것은 상호운용성에 영향을 미치기 때문에 신원 설계자들 사이에서 중요한 주제이다. SSI 스택의 모든 주요 선택 사항을 설명하는 최초의 시도는 2018년 10월 인터넷 신원 워크숍Internet Identity Workshop, IIW에서 이루어졌다[1]. 참가자들은 SSI 솔루션에 등장할 가능성이 높은 11가지 기술 레이어를 나열하고 종속성에 대해 설명했다.

그러나 이후 경험에 따르면, 이는 SSI의 기본 아키텍처 종속성을 설명하는 데 필요 이상으로 세분화되어 있다. 다양한 배경의 SSI 아키텍트는 2019년 하이퍼레저 에리즈Hyperledger Aries 프로젝트 산하에서 협업하여 이 장에서 사용하는 그림 5.1에 표시된 4-레이어 패러다임을 만들었다. 하위 레이어도 중요하지만 본질적으로 눈에 보이지는 않는다. 상위 레이어는 일반 사용자가 볼 수 있는 개념을 구현한다. 각 레이어는 비즈니스 프로세스, 규제 정책 및 법적 관할권에 직접 연결된다.

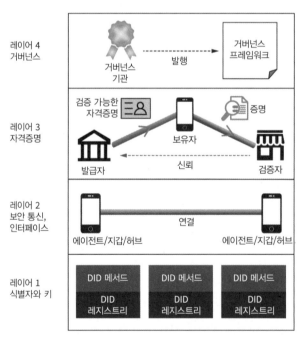

그림 5.1 SSI 스택은 4-레이어 모델로, 하위 2개의 레이어는 주로 기술적 신뢰를,
상위 2개의 레이어는 인적 신뢰를 달성하기 위한 것이다.

이러한 각 레이어는 주요 아키텍처 결정을 상징하며, 상호 운용성에 중요한 영향을 미친다. 이 장의 중간에서 우리는 상향식 방식으로 구축하는 각 레이어의 세부 사항에 대해 논의한다.

5.2 레이어 1: 식별자와 공개키

레이어 1은 식별자와 공개키가 정의되고 관리되는 스택의 맨 아래에 있다. 이것들은 종종 **신뢰 루트** trust root라고 불리는데, 실제 나무와 마찬가지로 뿌리가 강할수록 나무는 강해진다. 이 레이어는 모든 이해관계자가 식별자가 무엇을 참조하고 이 식별자에 대한 제어가 암호키를 사용하여 증명될 수 있는지에 대한 사실에 동의한다는 것을 보장해야 한다. 또한 이를 통해 생태계의 모든 참여자가 중앙 기관에 의존하거나 간섭받지 않고 데이터를 읽고 쓸 수 있어야 한다. 이는 블록체인 커뮤니티에서 **검열 저항**censorship resistance으로 널리 언급되는 특징이다.

SSI 커뮤니티에서는 이러한 기능을 제공하는 가장 좋은 방법은 **검증 가능한 데이터 레지스트리**(**DID 레지스트리** 또는 **DID 네트워크**라고도 함)를 사용하는 것이라는 데 널리 공감하고 있다. 이는 검증 가능한 데이터 레지스트리가 분산 식별자(DID, 2장에서 소개하고 8장에서 자세히 설명함)를 위한 분산된 사실의 원천이기 때문이다. 각 DID 레지스트리는 특정 유형의 DID 레지스트리와 상호 작용하기 위한 특정 프로토콜을 정의하는 **DID 메서드**를 사용한다. 이것은 레이어 1에 필요한 전체적인 추상적 개념을 표준화하지만, 이 접근 방식은 여전히 세부적으로 여러 방식을 허용한다.

예를 들면 다음과 같다.

- 분산 시스템을 구현하는 가장 좋은 방법은 무엇인가? 허가를 받아야 하나, 받지 않아도 되나? 어떻게 관리되어야 하나? 얼마나 확장성이 좋은가?
- 개인 정보를 보호하면서 보안을 유지하기 위해 분산 시스템에서 DID를 어떻게 등록, 조회 및 검증해야 하나?
- SSI 스택의 상위 레이어를 지원하기 위해 분산 시스템에 저장해야 하는 다른 데이터는 무엇인가?

8장에서 설명하는 것처럼, 80개 이상(2021년 12월 현재, 112개)의 DID 메서드가 W3C DID 워킹 그룹(https://www.w3.org/TR/did-spec-registry)에서 유지 관리하는 DID 메서드 레지스트리에 정의되어 있으며, 앞으로 더 많은 메서드가 추가될 것이다. 이는 지금까지 개발된 DID 메서드의 다양성을 반영한다. 이 절에서는 메서드가 속하는 주요 아키텍처 범주에 대해 설명한다.

5.2.1 DID 레지스트리로서의 블록체인

이 책의 시작 부분에서 언급했듯이, SSI는 블록체인 기술이 6장에서 자세히 설명할 분산 공개키 기반구조decentralized public key infrastructure, DPKI를 구현하기 위한 흥미롭고 새로운 옵션을 제공했기 때문에 탄생했다. 이는 차례로 7장에서 설명할 검증 가능한 자격증명verifiable credential, VC의 장점을 드러낼 수 있다. 그래서 자연스럽게 다양한 형태의 블록체인이 레이어 1의 첫 번째 옵션이 되었다. 실제로 이 책을 쓰는 시점에서 W3C DID 사양 레지스트리에 있는 DID 메서드의 90% 이상이 블록체인이나 분산 원장 기술distributed ledger technology, DLT을 기반으로 한다.

암호화폐(예 비트코인과 이더리움)를 지원하는 퍼블릭 블록체인 외에도 이 기술 범주에는 허가형 원장(예 Hyperledger Indy), 분산 방향성 비순환 그래프distributed directed acyclic graph(예 IOTA) 및 분산 해시 테이블distributed hashtable(예 IPFS)이 포함된다. 전문가들은 이러한 정의를 정확히 적용하는 방법에 대해 논쟁하지만, '블록체인'은 이와 같은 기술 제품군들을 위한 일반적으로 포괄하는 용어가 되었다[2]. 원칙적으로 이 장에서 간략히 설명한 아키텍처 선택에 따라, 이러한 모든 기술은 강력한 보안, 검열 저항 및 중앙에서 관리하지 않는 셀프 서비스라는 SSI 설계 목표를 달성할 수 있을 것으로 기대된다.

그러나 이러한 블록체인도 중요한 측면에서 다음과 같은 차이점들이 있다.

- 신원 문제로 그들이 암호화폐 및 결제 워크플로와 얼마나 통합되는지.
- 신원 관리가 블록체인의 가장 중요한 기능인지 아니면 특정 경우에만 신원과 상호작용하는 일반적인 기능(예 스마트 컨트랙트)인지 여부
- 운영 및 확장 비용
- 제공하는 지연 시간 및 처리량
- 허가 및 관리 방법
- 규정 준수 및 검열 저항을 다루는 방법

요약하면, 블록체인의 설계 및 구현과 해당 블록체인을 사용하기 위한 특정 DID 메서드의 설계 및 구현에 의존하는 레이어 1의 요건을 충족하는 하나의 옵션으로 블록체인을 바라보는 것이 최선이다. 그러나 이는 유일하거나 좋은 옵션은 아니다. 예를 들면 다음과 같다.

- 사용 비용이 엄청나게 비싼 블록체인은 세계의 많은 경제적 약자들이 SSI를 사용할 수 없게 만들 수 있다.
- 너무 느린 블록체인은 채택되지 않을 수 있다.
- 허가형 블록체인은 검열 저항에 대한 우려를 적절히 해결하지 못할 수 있다.
- 코드베이스가 소규모 그룹에 의해 엄격하게 통제되는 블록체인은 광범위하게 채택하기에 충분히 신뢰할 수 없는 것으로 간주될 수 있다.

이러한 범주는 매우 광범위하므로, 다음으로 범용 퍼블릭 블록체인과 특수 목적용 SSI 블록체인의 두 가지 주요 하위 부문을 구체적으로 살펴보겠다.

5.2.2 SSI를 위한 범용 퍼블릭 블록체인 적용

블록체인 기술이 10년도 채 되지 않았지만, 이미 비트코인과 이더리움이라는 대중적이고 신뢰할 만한 두 가지 블록체인이 있다. 2021년 초에 그들의 시가총액(각각의 암호화폐 총 가치로 측정됨)은 다른 모든 암호화폐의 4배 이상이었다[3]. 따라서, 그들은 공공 인프라에 대한 신뢰를 높이는 데 필요한 안정성과 광범위한 개발자 지원을 받을 수 있는 기술이다. 이것이 Learning Machine[1](Bitcoin)과 uPort(Ethereum)와 같은 최초의 SSI 구현 중 일부가 블록체인을 활용하여 구현한 이유이다. 또한 W3C DID 사양 레지스트리에 등록된 12개 이상의 DID 메서드가 비트코인 또는 이더리움과 함께 작동하도록 설계된 이유이기도 하다[4].

블록체인 활용의 공통 사항은 원장에 있는 거래의 암호화 주소(**트랜잭션 주소**)를 DID로 사용한다는 것이다. 트랜잭션 주소는 알 수 없는 문자열이면서 고유하고 암호키로 관리된다. 검증 가능한 자격증명과 DID를 위한 W3C의 표준보다 먼저 나왔지만, Learning Machine에서 지원하는 교육 자격증명에 대한 Blockcerts(https://www.blockcerts.org) 표준은 이러한 접근 방식을 기반으로 하며, 자격증명 발급과 검증(레이어 3)에서 잘 작동한다.

하지만, 트랜잭션 주소에는 풍부한 메타 데이터가 없거나 주소 보유자에게 연락할 수 있는 확실한 방법을 제공하지 않는다. 이는 '전화하지 마세요. 저희가 전화하겠습니다'와 같은 모델로 상호 작용을 제한한다. 또한, 결제 주소는 개인정보보호 문제를 야기하는 글로벌 상관기correlator[2]이다. 법 집행 기관은 트랜잭션 주소를 추적할 수 있었기 때문에 Silk Road(온라인 암시장과 불법 약물 판매 플랫폼으로 가장 잘 알려진 최초의 다크넷 시장)의 운영자를 확인할 수 있었다. 이 사건으로 인해 불법 상품 시장이 폐쇄되었지만, 동일한 기술을 사용하여 합법적인 행위자를 괴롭히거나 반체제 인사를 찾고 감시할 수 있다. 트랜잭션 주소로 이러한 결과를 완화하기 위해 몇 가지 흥미로운 기술 솔루션이 제안되었지만, 아직 구현은 되지 않았으며 더 많은 기술과 법적 조치가 필요할지도 모른다.

또한 일부 블록체인은 자금이 이동하거나 키가 교체될 때 트랜잭션 주소가 폐기되도록 설계되었다. 다른 해결 방법이 없다면, 이는 SSI에 대한 좋은 사용자 경험user experience, UX에 필요한 참고 기준을 더 복잡하게 만들 수 있다.

1 　[옮긴이] Learning Machine: 블록체인 기반 디지털 자격증명 솔루션 회사로, 2020년 2월 Hyland(https://www.hylandcredentials.com)가 인수했다.

2 　[옮긴이] 일반적으로 디지털 통신시스템은 수신기에서 신호를 검출하기 위해서 상관기(correlator)를 사용하는데, 이 책에서는 트랜잭션 주소를 활용하여 거래 내역을 추적 및 감시할 수 있다는 의미에서 비유적으로 사용했다.

5.2.3 SSI를 위해 설계된 특수 목적용 블록체인

2016년에 이르러 개발자들은 SSI를 지원하도록 제대로 설계된 최초의 블록체인을 만들었다. 첫 번째는 모든 노드가 신뢰할 수 있는 기관에 의해 운영되는 퍼블릭 허가형 원장을 위한 오픈 소스 코드베이스를 개발한 에버님Evernym에서 나왔다. 에버님은 블록체인의 비영리 거버넌스 기관이 되도록 소버린Sovrin 재단(https://sovrin.org)을 조직하는 데 도움을 줬고, 재단에 오픈 소스 코드를 제공했다.

이후 소버린 재단은 리눅스 재단에서 주관하는 하이퍼레저 프로젝트에 오픈 소스 코드를 제공했으며, 이것이 하이퍼레저 인디Hyperledger Indy(https://wiki.hyperledger.org/display/indy)가 되었다. 그리고 패브릭Fabric, 소우투스Sawtooth 및 이로하Iroha를 포함한 다른 하이퍼레저 기반 비즈니스 지향 블록체인 운영 체제에 합류했다. SSI를 위해 특별히 설계된 유일한 하이퍼레저 프로젝트인 하이퍼레저 인디 코드베이스는 현재 세계 최대의 소액 대출 플랫폼의 비영리 운영 업체인 키바Kiva가 구현한 네트워크를 포함하여 다른 퍼블릭 허가형 SSI 네트워크에서 운영되고 있다[5].

목적에 맞게 구축된 SSI 블록체인의 다음 주자는 디지털 바자르Digital Bazaar에서 만든 베레스 원Veres One(https://veres.one)이었다. 이는 DID와 DID 도큐먼트를 자원 기술 프레임워크resource description framework, RDF[3] 기반의 풍부한 의미 그래프semantic graph 형식인 JSON-LD로 저장하도록 최적화된 퍼블릭 비허가형 블록체인이다. 베레스 원 블록체인은 공급망과 원산지에 대한 검증 가능한 자격증명을 포함하는 여러 SSI 시범 프로젝트에 사용되고 있다[6].

베레스 원과 하이퍼레저 인디와 같이 SSI에 특화되어 구축된 블록체인에는 DID 관리를 쉽게 하는 트랜잭션 및 레코드 유형이 있다. 그러나 레이어 1에는 DID 이상의 것이 있다. 특히, 하이퍼레저 인디 코드베이스는 W3C 검증 가능한 자격증명 데이터 모델Verifiable Credential Data Model 1.0 표준과 하이퍼레저 에리즈 오픈 소스 코드베이스에서 영지식증명zero-knowledge proof, ZKP 자격증명 형식을 지원한다(레이어 2와 3에 대한 절에서 논의됨). 영지식증명의 자격증명은 레이어 1에서 몇 가지 다른 암호화 기본 요소가 필요하다[7].

- **스키마:** 이는 발급자가 검증 가능한 자격증명에 포함될 클레임(속성)을 정의하는 방법이다. 퍼블릭 블록체인에 스키마 정의를 적용하면 모든 검증자가 의미론적 상호 운용성(사일로 간 데이터 공유의 중요한 지점)을 결정하기 위해 검사할 수 있다.
- **자격증명 정의:** 자격증명 정의와 스키마의 차이점은 자격증명 정의가 특정 버전의 검증 가능한 자격증명에 대해 특정 발급자가 사용할 특정 클레임, 공개키 및 기타 메타 데이터를 선언하기 위해

3　[옮긴이] 자원 기술 프레임워크(resource description framework, RDF): 웹상의 자원의 정보를 표현하기 위한 규격이다. 상이한 메타데이터 간의 어의, 구문 및 구조에 대한 공통적인 규칙을 지원한다(위키피디아).

원장에 게시된다는 것이다.

- **해지 레지스트리**: 검증 가능한 자격증명의 프라이버시를 고려하여 해지하는 데 사용되는 암호화 누산기cryptographic accumulator라고 하는 특수 데이터 구조이다. 자세한 내용은 6장을 참조하라.
- **에이전트 승인 레지스트리**: SSI 인프라에 보안을 추가하는 데 사용되는 다른 유형의 암호화 누산기 이다. 예를 들어 분실, 도난, 해킹 등의 사유로 특정 기기에서 특정 디지털 지갑을 승인하거나 해 지할 수 있다.

> **NOTE** '의미론적 상호 운용성'은 컴퓨터 시스템이 공유된 의미로 명확하게 데이터를 교환하는 능력이다. 의미론적 상호 운용성은 데이터 패키징(구문, syntax)뿐만 아니라 데이터와 함께 의미를 동시에 전송하는 것(의미론, semantics)과 관련이 있다. 이는 데이터에 대한 데이터(메타데이터)를 추가하고 각 데이터 요소를 통제된 공유 어휘에 연결함으로써 이루어진다.

마찬가지로 중요한 것은 원장에 '어떤 개인 정보'도 기록되지 '않는다'는 것이다. 블록체인 기반 신원의 초기 실험은 개인의 자격증명 등 개인 데이터를 직접 블록체인에 암호화 데이터 개체로 넣는다는 개 념을 갖고 있었지만, 이후 이어진 연구와 분석 결과 이는 잘못된 생각이라는 결론이 나왔다. 첫째, 모 든 암호화는 수명이 한정돼 있어, 변경 불가능한 공개 원장에 개인 데이터를 기록하면 원장 자체에 사용되는 암호화가 업그레이드되더라도 결국 깨질 위험이 있다. 둘째, 암호화된 데이터도 누가 쓰고 읽는지 지켜보는 것만으로도 개인정보보호에 영향을 미친다. 셋째, 데이터 주체에 대한 '삭제 권한'을 제공하는 EU 일반 데이터 보호 규정General Data Protection Regulation, GDPR 및 전 세계 다른 데이터 보호 규정과 관련된 대규모 문제를 야기한다(자세한 분석은 소버린 재단의 GDPR 및 SSI 백서 참조: https://sovrin.org/data-protection)

5.2.4 DID 레지스트리로서의 전통적인 데이터베이스

분산 접근법과 반대되는 것처럼 보일 수 있지만, 인터넷 대기업의 사용자 데이터베이스는 현대의 웹 지원 데이터베이스 기술이 DID 레지스트리에 필요한 견고성, 전역적 규모 및 지리적 분산을 달성할 수 있다는 것을 보여주었다. 일부에서는 페이스북과 같은 대규모 소셜 네트워크 데이터베이스나 인도 의 아다하르Aadhaar와 같은 포괄적인 정부 신원 데이터베이스가 광범위한 적용 범위, 입증된 사용 편 의성 및 기존 채택을 이유로 DID를 신속하게 채택 가능한 기반이 될 수 있다고 제안하기도 했다.

그러나 이러한 데이터베이스는 셀프 서비스도 아니고 검열에도 강하지 않다. 데이터베이스에서의 신 뢰는 그들이 식별하는 개인의 관심과 상충 가능한 중앙형 관리자에 기반을 두고 있다. 제3자가 모든 로그인 또는 상호 작용을 중재할 때 개인정보보호를 해치지 않을지 의심스럽다. 이를 운영하는 조직 이 정부, 민간 기업 또는 자선 단체이든 상관없이 이는 사실이다. 중앙화는 SSI(및 인터넷)의 중요한 설 계 목표 중 하나인 단일 제어 지점과 장애 제거를 약화시킨다. 이러한 이유로, 대부분의 SSI 실무자 들은 전통적인 데이터베이스를 레이어 1의 실행 가능한 구현 방법으로 고려하지 않는다.

5.2.5 DID 레지스트리로서의 P2P 프로토콜

DID 메서드가 성숙함에 따라, SSI 설계자들은 백엔드 블록체인이나 데이터베이스에 등록할 필요가 없는 전체 범주의 DID가 있다는 것을 깨달았다. 오히려 서로를 식별하고 인증하는 데 필요한 DID와 DID 도큐먼트는 **상호 간에 직접** 생성 및 교환할 수 있다.

이 경우 'DID 레지스트리'는 각 피어의 디지털 지갑이다. 각각의 디지털 지갑은 **피어 DID**를 교환하는 데 사용되는 프로토콜에 대한 신뢰와 더불어 서로 '신뢰의 근원'이 된다. 이 접근 방식은 블록체인 또는 데이터베이스 기반 DID 메서드보다 확장성과 성능이 훨씬 우수할 뿐만 아니라, DID와 공개키 및 서비스 엔드포인트가 완전히 비공개라는 것을 의미한다. 즉, 퍼블릭 블록체인은 말할 것도 없고, 외부 당사자와 공유할 필요도 없다.

'did:peer:'라고 하는 기본 P2P DID 메서드는 하이퍼레저 에리즈 프로젝트의 후원으로 개발된 후 분산 신원 재단Decentralized Identity Foundation, DIF으로 이관되었고, 이는 '피어 DID 메서드 사양'(https://identity.foundation/peer-did-method-spec)에 정의되어 있다. 피어 DID는 관련된 두 피어의 디지털 지갑에서 직접 생성되고 디지털 에이전트를 사용하여 교환되므로 실제로 피어 DID는 SSI 스택의 레이어 2에서 구현된 레이어 1 솔루션이다. 그러나 피어 DID 메서드는 피어 중 하나 또는 둘 다(CII 휴대폰으로 대표되는 두 사람) 새로운 서비스 엔드포인트(CII 새로운 휴대폰 사업자)로 이동하고 서로 연락이 끊기는 상황을 고려한 솔루션을 개발하고 있다. 솔루션 중 일부는 레이어 1의 퍼블릭 블록체인에 대해 현명한 접근이 필요하다.

3중 서명 방식triple-signed receipt은 블록체인 없이도 이 문제를 해결하는 또 다른 프로토콜의 사례이다. 그것은 원래 표준 복식 부기 방식 회계의 발전으로 설명되었지만, 신원에서의 이중 지불 문제(CII 한 당사자에게 키가 승인되었다고 주장하는 동시에 다른 당사자에게 키가 승인되지 않았다고 주장)를 해결하는 데도 사용될 수 있다. 프로토콜의 각 당사자는 입력뿐만 아니라 출력(대차)도 포함하는 트랜잭션 설명에 서명하고, 외부 감사인도 서명한다. 세 가지 서명이 모두 완료되면 거래의 진실성에 대해 의문의 여지가 없다. 서명된 데이터에는 입력과 함께 '대차가 포함'되기 때문에 거래의 효과를 알기 위해 이전 거래를 참조할 필요가 없다.

키 이벤트 수신 인프라Key Event Receipt Infrastructure, KERI는 피어 DID의 중심에 있는 자체 인증 식별자 개념을 중심으로 개발된 휴대용 DID를 위한 완전한 아키텍처다. KERI는 해당하는 분산 키 관리 아키텍처를 정의한다. 자세한 내용은 10장을 참고하라.

다양한 적용 가능성을 감안할 때 레이어 1 기능에 대한 추가 피어 기반 프로토콜 솔루션이 향후 몇 년 동안 개발될 것으로 예상되며, 이 모든 것이 SSI 스택 기본 레이어의 전반적인 강점에 추가될 것이다.

5.3 레이어 2: 보안 통신과 인터페이스

레이어 1이 공개적으로 검증 가능하거나 P2P로 분산된 신뢰 루트trust root를 설정하는 것이라면, 레이어 2는 해당 신뢰 루트에 의존하는 피어 간에 신뢰할 수 있는 통신을 설정하는 것이다. 이것은 2장에서 소개한 디지털 에이전트, 지갑 및 암호화된 데이터 저장소가 활성화되고 안전한 DID 간 연결이 형성되는 레이어이다.

모든 종류의 참여자(사람, 조직 및 사물)가 레이어 2에서 디지털 에이전트와 지갑으로 대표되지만, 참여자 간에 설정된 신뢰는 여전히 **암호화 신뢰**이다. 다시 말해, 여기서 신뢰란 다음과 같다.

- DID는 다른 피어에 의해 제어된다.
- DID간 연결은 안전하다.
- 연결을 통해 전송된 메시지는 인증되었으며 변조되지 않았다.

이러한 조건들은 모두 DID에 의해 식별된 사람, 조직, 또는 사물에 대해 아직 아무것도 확증하지 못하기 때문에 인간의 신뢰를 확증하는 데 **필요하지만 충분하지 않은** 조건들이다. 예를 들어, DID간 연결은 당사자가 윤리적인지, 정직한지 또는 자격을 갖췄는지 여부에 상관하지 않는다. 다만 나누고 있는 대화를 변조 방지 및 기밀로 수행할 수 있는지만 중요하게 생각한다. 이를 해결하기 위해서는 레이어 3과 4를 적용해야 한다.

이 레이어의 아키텍처 문제는 프로토콜 설계와 인터페이스 설계의 두 가지로 나뉜다. 이 절에서는 주요한 두 가지 프로토콜 설계 옵션과 세 가지 인터페이스 설계 옵션에 대해 설명한다.

5.3.1 프로토콜 설계 옵션

물론, 프로토콜은 인터넷 자체의 핵심이다. TCP/IP 프로토콜 스택은 인터넷을 가능하게 하고 HTTP와 HTTPS 프로토콜은 웹을 가능하게 한다. SSI에서 프로토콜 설계는 에이전트, 지갑 및 허브가 통신하는 규칙을 정의하기 때문에 중요하다.

SSI 커뮤니티에서는 다음 두 가지 주요 프로토콜 설계 아키텍처를 추구하고 있다.

- **웹 기반 프로토콜 설계**는 W3C의 고전적인 'World Wide Web의 아키텍처' 문서(웹 아키텍처의 '바이블'로 널리 간주됨; https://www.w3.org/TR/webarch)에 자세히 설명된 것과 동일한 기본 HTTP 프로토콜 패턴을 따른다. 이 접근 방식은 HTTPS 프로토콜에 사용되는 전송 계층 보안transport layer security, TLS 표준에 특별하게 의존한다.
- **메시지 기반 프로토콜 설계**는 에이전트 간의 P2P 통신을 위해 DIDComm 프로토콜을 사용한다. 이는 이메일과 매우 유사한 아키텍처 접근 방식이다.

5.3.2 TLS를 이용한 웹 기반 프로토콜 설계

첫 번째 접근 방식은 우리가 이미 전송 계층 보안의 형태로 안전한 웹 통신을 위한 유비쿼터스적이고 강력한 메커니즘을 가지고 있다는 간단한 관점에 기반을 두고 있다. 그런데 왜 쓸데없이 시간을 낭비할까?

이 관점을 지지하는 자들은 RESTful 웹 서비스 호출(대표적인 상태 전송representational state transfer, REST는 웹 서비스 작성에 사용될 일련의 제약 조건을 정의하는 소프트웨어 아키텍처 스타일이다)을 통해 당사자들이 서로 대화하는 시스템을 구축하고 있다. 이러한 메커니즘을 위한 도구와 라이브러리는 이해하기 쉽고, 수백만 명의 개발자가 이러한 메커니즘에 익숙하므로 개선하는 것은 비교적 쉽다.

그러나 다음과 같은 문제들이 있다.

- TLS는 다른 프로토콜에 적용될 수 있지만, HTTP에서 주된 채택이 이루어졌다. 이는 TLS가 최소한 당사자 중 한 명이 웹 서버를 실행할 때만 즉시 응답한다는 것을 의미한다.
- 본질적으로 쌍방(클라이언트 및 서버)이다.
- 양 당사자가 동시에 온라인 상태에 있는 비교적 직접적인 요청–응답 상호 작용을 필요로 한다.
- 서버는 수동적이다. 호출될 때 응답하고 웹 후크나 콜백 URL로 트리거[4]할 수 있지만, 다른 서버가 웹 서버를 실행하지 않는 한 단독으로 상대방에게 연락할 수 없다.
- TLS의 보안 모델은 비대칭적이다. 서버는 X.509 디지털 인증서(2장에서 소개했고 8장에서 자세히 설명함)를 사용하고 클라이언트는 암호, API 키 또는 OAuth 토큰을 사용한다. 이는 평판이 높은 서버 인증서를 보유한 조직이 평판이 낮은 클라이언트의 동작을 지시하는 **힘의 불균형**을 지속시키는 경향이 있다. SSI의 분산화 철학과는 정반대이다. 또한 DID 및 해당 암호화 키의 제어를 부수적인(심지어 중복되는) 문제로 만든다.
- 개인정보보호와 보안 보장이 불완전하다. **SSL 가시성 솔루션**SSL visibility appliance은 한 기관의 LAN을 통해 실행되는 TLS 세션마다 중간자man-in-the-middle를 삽입하는 잘 알려진 해킹 툴로서 X.509 인증 기관은 사람이 운영하여 농락을 당할 수도 있다. 또한 TLS는 정지 상태나 보안 채널 외부에 있는 통신 데이터를 보호하기 위한 어떠한 정보도 가지고 있지 않다.

이러한 모든 이유로, HTTPS를 사용하는 기존의 웹 아키텍처 경로를 따르는 SSI의 개발 코드가 많이 있지만, 개발에 대한 노력이 보다 더 포괄적인 접근 방식으로 진행되고 있다.

---

4 [옮긴이] 트리거(trigger): 어느 특정한 동작에 반응해 자동으로 필요한 동작을 실행하는 것을 뜻한다(위키피디아).

5.3.3 DIDComm을 이용한 메시지 기반 프로토콜 설계

두 번째 접근 방식을 **DID 통신**communication(줄여서 DIDComm)이라고 한다. 레이어 2는 메시지 지향적이고 전송에 구애받지 않고 피어 간의 상호 작용에 기반을 두고 있다. 이 패러다임에서 에이전트 간의 통신은 이메일과 개념적으로 유사하다. 본질적으로 비동기적이며, 동시에 여러 당사자에게 브로드캐스팅할 수 있으며, 전달이 최선이며, 응답은 다른 채널을 통해 도착하거나 전혀 도착하지 않을 수도 있다.

NOTE 아키텍처 관점에서 DIDComm은 오늘날 많은 보안 메시징 앱에서 사용하는 전용 프로토콜과 많은 공통점이 있다. 유사한 그룹화 구성도 지원한다. 하지만, 이 둘은 중요한 면에서 다르다. DID 기반은 중앙형 서버를 통해 라우팅하는 데 모든 트래픽이 필요한 대신 P2P로 작동하도록 한다. 그것은 사람이 읽을 수 있는 메시지보다는 기계가 읽을 수 있는 메시지의 전달에 초점을 맞추고 있다. 이는 문제의 영역을 단지 메시지만 주고받는 안전한 채팅보다 훨씬 더 넓힌다. 소프트웨어는 기관과 IoT 기기뿐만 아니라 사람 간에 상상할 수 있는 모든 종류의 상호 작용을 촉진하기 위해 DIDComm 메시지를 사용한다. 이는 DIDComm의 일부 사용자가 상호 작용이 기존의 보안 메시징 앱과 유사하다고 인식하지 않을 수 있음을 의미한다.

그러나 DIDComm은 다음과 같은 면에서 SMTP 이메일과 차이가 있다.

- 수신자는 이메일 주소가 아닌 DID로 식별된다.
- 모든 통신은 DID와 연결된 키로 보호(암호화, 서명 또는 둘 다)된다. 이것은 저장된 데이터에도 해당된다.
- 메시지는 HTTP, 블루투스, ZMQ[5], 파일 시스템/스니커넷[6], AMQP[7], 모바일 푸시 알림, QR 코드, 소켓, FTP, SMTP, 스네일 메일[8] 등 모든 전송 방법을 통해 전달될 수 있다.
- 보안과 개인정보보호는 전송 방법에 관계없이 동일하다. 단일 경로는 이러한 전송 방법 중 하나 이상을 사용할 수 있다.

---

5 〔옮긴이〕 ZeroMQ는 비동기 메시징에 사용하기 위한 라이브러리, 배포 또는 동시 응용 프로그램. 메시지 큐를 제공하지만 메시지 지향 미들웨어와 달리 이 시스템은 전용 메시지 브로커 없이 실행될 수 있다(위키피디아).

6 〔옮긴이〕 Sneakernet: 컴퓨터 간의 데이터 이동을 외부기억매체에 복사하여 인편으로 이동하고 있는 상태로 네트워크를 활용하지 않는 낮은 수준의 컴퓨터 이용법을 의미한다. 네트워크 인프라가 충분치 않았을 때의 데이터 전달법이었으나 최근에는 네트워크의 광대역화로 거의 찾아볼 수 없다(두산백과).

7 〔옮긴이〕 AMQP(Advanced Message Queuing Protocol)는 메시지 지향 미들웨어를 위한 개방형 표준 응용 계층 프로토콜이다. AMQP의 정의 기능들은 메시지 지향, 큐잉, 라우팅(P2P 및 발행-구독), 신뢰성, 보안이다(위키피디아).

8 〔옮긴이〕 이메일을 보내는 속도와 대조되는 일반 우편으로 편지를 보내는 시스템을 말한다(Oxford Learner's Dictionaries).

- 전송 독립성 때문에 보안도 이식 가능하다. 즉, 두 당사자는 벤더 A와 B의 전용 도구를 사용하여 이메일을 통해 부분적으로 상호 작용할 수 있으며, 벤더 C가 제어하는 소셜 미디어 기반의 채팅과 복수의 모바일 통신사를 사용하는 SMS를 통해 부분적으로 상호 작용할 수 있다. 그러나 이러한 모든 상황을 보호하기 위해 오직 두 세트의 키(각 당사자의 DID에 대한 키)만 필요하며, 상호 작용 이력은 채널이 아닌 DID와 연계되어 있다. 채널을 소유한 벤더라도 보안을 독점하여 강제로 머물게 할 수 없다.
- 라우팅은 개인정보보호를 위해 조정되며, 메시지의 발신지 또는 최종 목적지를 아는 중개인이 없도록 설계되었다(즉, 중개인은 오직 다음 이동만 알 수 있다). 이를 통해 혼합 네트워크[9] 및 유사한 개인정보보호 도구를 사용할 수 있다(필수는 아님).

DIDComm은 요청-응답 패러다임에서 HTTP 또는 HTTPS를 쉽게 사용할 수 있으므로 프로토콜 설계에 대한 이러한 접근 방식은 웹 기반 접근 방식의 상위 범주이다. 그러나 DIDComm은 당사자가 간헐적으로 연결되거나 채널에 신뢰할 수 없는 중개자가 많은 경우를 포함한 다른 상황들에 대해서도 유연성을 제공한다.

DIDComm의 가장 중요한 기술적 약점은 이 기술이 낯설다는 점이다. 세계의 수많은 웹 개발자들이 사용하는 도구(CURL, 와이어샤크Wireshark,[10] 크롬 개발자 도구, 스웨거Swagger[11] 등)는 DIDComm과 관련이 있고 다소 도움이 되지만, DIDComm을 이해하는 도구로는 부족하다. 이로 인해 SSI 생태계 초기에 DIDComm은 더 비싼 선택을 하게 된다.

그럼에도 불구하고, DIDComm은 빠르게 추진력을 얻고 있다. 원래는 하이퍼레저 에리즈 개발자 커뮤니티(Aries; https://github.com/hyperledger/aries-rfcs/tree/master/concepts/0005-didcomm) 내에서 2019년 12월에 육성되었지만, 하이퍼레저를 넘어서 관심이 높아지면서 분산 신원 재단Decentralized Identity Foundation, DIF에서 DIDComm 워킹 그룹DIDComm Working Group이 결성되었다[8]. 이미 DIDComm은 12개의 다른 프로그래밍 언어로 구현되어 있다(https://github.com/hyperledger/aries).

---

9 [옮긴이] 혼합 네트워크(mixed networks): 여러 발신자로부터 메시지를 받아 썪은 다음 무작위 순서로 네트워크에 다시 보내는 믹스로 알려진 프록시 서버 체인을 사용하여 추적하기 어려운 통신을 생성하는 라우팅 프로토콜이다(위키피디아).
10 [옮긴이] 와이어샤크(Wireshark): 네트워크 프로토콜 분석기, 패킷 추적기(https://www.wireshark.org)
11 [옮긴이] 스웨거(Swagger): 개발자가 REST 웹 서비스를 설계, 빌드, 문서화, 소비하는 일을 도와주는 대형 도구 생태계의 지원을 받는 오픈 소스 소프트웨어 프레임워크다(위키피디아).

5.3.4 인터페이스 설계 옵션

아키텍처 관점에서 인터페이스 설계는 개인과 기관의 실제 문제를 해결하려는 개발자가 프로그래밍 방식으로 SSI 인프라를 사용하는 방법에 관한 것이다. 여기에서의 접근 방식은 프로토콜 설계에 따라 어느 정도 달라진다. 웹 기반 클라이언트/서버 프로토콜의 경우, 스웨거 스타일의 API 인터페이스가 자연스러운 도구(모델)이며, DIDComm의 경우는 P2P 프로토콜이 보다 더 자연스러운 모델이다. 그러나, 두 기본 프로토콜 모두 두 가지 인터페이스 형태와 쌍으로 구성할 수 있으므로 문제는 다소 복잡하다.

SSI 솔루션은 인터페이스 문제에 대한 다음 세 가지 중 하나를 강조하는 경향이 있다.

- API 지향 인터페이스 설계는 API와 함께 분산 웹 또는 모바일 지갑 분산앱(Dapps)을 사용하는 것을 선호한다.
- 데이터 지향 인터페이스 설계는 암호화된 데이터 저장소를 사용하여 신원 데이터에 대한 접근을 검색, 공유 및 관리한다.
- 메시지 지향 인터페이스 설계는 공유하는 메시지와 상호 작용을 라우팅하는 디지털 에이전트(에지 기반 또는 클라우드 기반)를 사용한다.

그러나 이러한 솔루션은 상호 배타적이지 않다. 모든 접근 방식이 겹친다. 다른 점은 어디에 초점을 두느냐이다[9].

5.3.5 지갑 디앱을 이용한 API 지향 인터페이스 설계

API 기반 접근 방식은 SSI 기능이 분산 웹 및 모바일 앱과 상호 보완적인 서버측 컴포넌트(구성요소)의 연합된 웹 2.0 또는 웹 3.0 API를 통해 가장 잘 나타난다는 철학에서 비롯된다. 여기서, 개인용 SSI 디앱Dapp의 프로토타입은 모든 암호화 자료를 보유하고 신원에 대한 자격증명 기반 증명을 요청하고 제공하기 위한 간단한 UX를 제공하는 모바일 지갑이다. 이 지갑은 또한 데이터를 검증하기 위해 직접 또는 간접적으로 블록체인과 상호 작용한다.

Blockcerts 앱과 uPort 앱이 이 모델의 예이다. 이러한 앱은 각각 Learning Machine의 서버 측 발급 시스템 또는 uPort의 Ethereum 기반 백엔드와 연결된다. 프로그래머는 이러한 백엔드 API를 호출하고 신원 생태계를 사용하기 위해 자체 앱 또는 자동화를 개발하는 것이 좋다. 접근방식이 개념적으로 간단하기 때문에 학습이 어렵지 않아 채택에 도움이 된다.

개인이 모바일 기기를 휴대하고 있고 기관이 API로 서버를 운영하기 때문에 개인이 기관에 사물을 증명하려는 SSI 활용 사례에 이 패러다임이 잘 맞는다. 다만 개인이 증명 제공자가 아닌 수신자일 때,

신원 소유자가 사람 대신 IoT 기기나 기관일 때는 전체 모델에 어느 정도 장애impedance가 있다. 예를 들어, IoT 기기가 어떻게 지갑을 들고 디앱을 제어할 수 있겠는가? 아마도 우리는 미래에 이 모델의 뛰어난 확장을 보게 될 것이다.

5.3.6 신원 허브(암호화된 데이터 저장소)를 사용한 데이터 지향 인터페이스 설계

디지털 바자르Digital Bazaar, 마이크로소프트 및 분산 신원 재단Decentralized Identity Foundation, DIF과 W3C 자격증명 커뮤니티 그룹Credentials Community Group, CCG의 다양한 참여 기업들은 데이터 중심의 신원 관점을 지지해 왔다. 이 패러다임에서 SSI 인프라를 사용하는 참여자의 주요 임무는 신원 데이터에 대한 접근을 발견, 공유 및 관리하는 것이다.

이러한 관점에서, 관리자들은 웹 API가 신원 데이터에 접근하는 클라우드 기반 존재 지점point of presence, PoP[12]인 **신원 허브**(또는 W3C 용어로 **암호화된 데이터 저장소**)에 초점을 맞추고 있다. 허브는 신원 컨트롤러에 의해 구성되고 제어되는 서비스이다. 개인의 경우 일반적으로 일종의 '개인 API'를 제공하는 SaaS 구독으로 판매되는 것으로 예상된다. 기관 또는 장치에서도 허브를 사용할 수 있다. 중요한 것은 허브가 반드시 특정 신원 컨트롤러를 직접 나타내는 것으로 간주되는 것은 아니다. 각 개별 컨트롤러의 지시에 따라 여러 신원 컨트롤러를 대신하여 데이터를 관리하는 독립적인 서비스일 수 있다. 그림 5.2는 DIF가 구상한 SSI 생태계에서 신원 허브가 하는 역할을 보여준다.

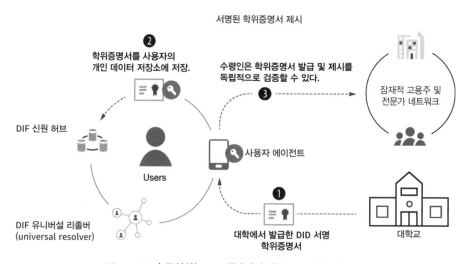

그림 5.2 **DIF가 구상하는 SSI 생태계의 일부로 표시된 신원 허브**

---

12 [옮긴이] 존재 지점(point of presence): 통신 엔터티 간의 인위적인 경계 지점 또는 네트워크 인터페이스 지점을 말한다. 일반적인 예는 사용자가 인터넷 서비스 공급자(ISP)를 통해 인터넷에 연결할 수 있도록 하는 로컬 액세스 지점인 ISP 접속 지점이다(위키피디아).

이론적으로, 허브는 일정이나 트리거에 따라 코드를 실행할 수 있지만, 대부분의 설계 문서는 허브를 외부 클라이언트에 대한 수동적인 대응을 하는 역할에 중점을 둔다. 대부분의 예는 상호 작용을 위한 안정적인 포털을 제공하고 전문 웹 서버처럼 동작하기 위해 항상 온라인 상태라고 가정한다. 따라서, 그 사례들은 원래 DID 도큐먼트에 정의된 서비스 엔드포인트를 가진 HTTP 지향과 RESTful로 생각되었다(http://github.com/decentralized-identity/identity-hub/blob/master/explainer.md). 그러나 DIDComm이 발전함에 따라, 일부 허브 API는 메시지 기반으로 재구성되었으며, 블루투스, 근거리 무선 통신, 메시지 큐 또는 HTTP 외에 다른 전송 메커니즘을 사용할 수 있게 되었다. 그럼에도 불구하고 허브 설계의 구조적 핵심은 근본적으로 데이터 공유에 기반을 두고 있다.

허브에 대한 보안은 DID 도큐먼트에 선언된 키를 사용하여 메시지를 암호화해 제공된다. JOSE JavaScript Object Signing and Encryption 스택의 일부인 JSON 웹 토큰(JWT, JSON Web Token) 포맷을 중심으로 한 암호화 접근 방식에 대한 초기 논의는 여전히 진행 중이다. 2021년 초에 DIF의 보안 데이터 저장소 워킹 그룹Secure Data Storage Working Group은 상호 운용 가능한 신원 허브와 암호화된 데이터 저장소를 지정하기 위한 다양한 노력을 하고 있다(https://identity.foundation/working-group/secure-data-storage.html).

데이터 허브 모델은 소비자와 기업에 호스팅 서비스를 판매하고자 하는 회사에게 매력적이다. 소비자와 계약을 원하는 기관이 데이터를 통해 가치를 창출하는 것도 편리하다. 장점은 허브에 대한 프로그래밍이 개발자들에게는 매우 쉽다는 것이다. 단점은 소비자가 클라우드에서 자신의 신원을 서비스로 관리하기를 원하는지 모른다는 것이다. 또한 호스트 제공자에 대한 개인정보보호, 보안 및 규제 문제도 조사해야 한다. 이것은 특히 시장 검증이 필요한 영역이다.

5.3.7 에이전트를 이용한 메시지 지향 인터페이스 설계

하이퍼레저 에리즈 프로젝트와 소버린 커뮤니티는 활성 에이전트와 그들이 공유하는 메시지 및 상호 작용에 가장 많이 초점을 맞춘 SSI 인터페이스 패러다임을 지지했다. 에이전트는 허브와 같은 간접적이거나 외부적인 대표자가 아니라 정체성을 직접적으로 대변하는 것이다. 에이전트와 상호 작용할 때 에이전트가 나타내는 신원이 있는 개체와 최대한 직접적으로 상호 작용한다.

2장에서 소개했고 9장에서 자세히 살펴볼 SSI 디지털 에이전트는 모바일 기기, IoT 기기, 노트북, 서버 또는 클라우드 등 모든 곳에서 호스팅될 수 있다. 에이전트 생태계를 위한 아키텍처 다이어그램은 블록체인을 중심에 두지 않으며 클라이언트나 API 같은 단어는 일반적으로 빠져 있다. 멘털 모델은 그림 5.3에 표시된 것처럼 시각화할 수 있다.

여기에는 느슨한 관계의 에이전트 모음(순환 노드)이 다양한 방식으로 상호 연결된다. 에이전트 노드 사이의 점선은 연결을 의미하며, 기업 Acme과 직원 앨리스, 학교 Faber College와 학생 밥 및 지인관계에 있는 앨리스와 밥의 관계를 나타낼 수 있다. 일부 에이전트에는 연결이 많고, 일부 에이전트에는 연결이 거의 없기도 하며, 또 일부 에이전트에는 같은 피어에 두 번 이상 연결될 수도 있다(앨리스와 캐롤은 동료 또는 아마추어 무선ham radio 친구로 연결된다).

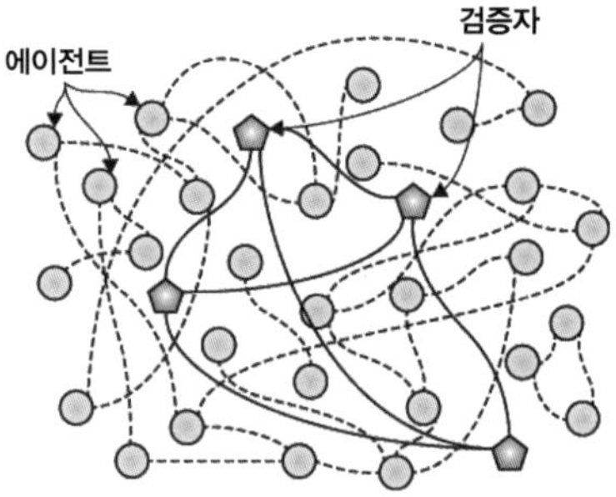

그림 5.3 레이어 2 하이퍼레저 에리즈 생태계의 예: 레이어 1에서 DID의 검증자 노드 역할을 하는 일부 피어 에이전트와 서로 교차하는 느슨한 네트워크 망

연결이 지속적으로 형성되고, 새로운 에이전트 노드가 지속적으로 나타난다. 각 연결에는 각 당사자에 대해 쌍으로 구성된 개인 피어 DID가 필요하다. 이 장의 앞부분에서 설명한 것처럼 이러한 DID와 DID 도큐먼트는 블록체인에 기록되지 않고 각 에이전트의 지갑에 저장된다. 전체 네트워크는 유동적이고 완전히 분산되어 있다. 연결은 피어 간에 직접 이루어지며 개입된 권한을 통해 필터링되지 않는다.

노드의 네트워크는 수평적으로 확장 가능하며, 노드의 성능은 전체 노드의 처리 가능 용량이 데이터를 상호 작용하고 저장하는 기능이다. 따라서 인터넷과 동일한 방식으로 확장되고 수행된다. 대부분의 프로토콜 교환과 비즈니스 또는 사회적 가치를 창출하는 의미 있는 상호 작용은 에이전트 노드 간에 직접 발생한다. DID와 DID 도큐먼트의 교환을 통해 피어 DID 연결이 형성되면 결과 채널(그림 5.3의 점선과 실선)은 자격증명 발급, 자격증명 제시/증명, 데이터 교환, 사람 간의 안전한 메시징 등 각 에이전트가 필요로 하는 모든 것에 사용할 수 있다.

그림 5.3에 원형 에이전트 노드와 혼합된 몇 개의 오각형이 있다. 이들은 퍼블릭 블록체인 서비스를 나머지 생태계에 유틸리티로 제공하는 검증 노드들이다. 블록체인이 업데이트될 때 합의를 하기 위해 서로 연결을 유지한다. 모든 에이전트 노드는 커뮤니티 신뢰를 테스트하기 위해 블록체인에 접근할 수 있다(**CII** DID 도큐먼트에서 공개키의 현재 값 확인). 또한 블록체인에 쓸 수도 있다(**CII** 자격증명을 발급할 수 있는 스키마를 만든다). 대부분의 DID와 DID 도큐먼트는 이 생태계에 공개되지 않기 때문에 에이전트 노드 간 트래픽의 대부분은 블록체인을 포함할 필요가 없으므로, 수반되는 확장성, 개인정보보호 및 비용 문제를 피할 수 있다. 그러나 블록체인은 널리 신뢰할 수 있는 자격증명을 발급(및 해지)하는 기관의 DID 및 공개키와 같은 퍼블릭 신뢰 루트를 설정하는 데 여전히 매우 유용하다.

이러한 환경에서의 인터페이스는 **분산 다자간 프로토콜**이다. 이는 애플리케이션이 해결한 비즈니스 문제를 나타내는 RESTrepresentational state transfer 아키텍처의 핵심 개념인 상태 저장 상호 작용의 시퀀스에 대한 규약이다. 에이전트는 서버처럼 지속적으로 연결되어 있지 않으며, 데이터 공유는 에이전트의 관심사 중 하나이기 때문에 프로토콜은(기본 API가 특정 메시지를 트리거하기 위해 호출될 수 있지만) 호출되는 것이 아니라 교환되는 암호화된 JSON 메시지로 나타난다.

이러한 프로토콜을 지원하기 위해, 개발자는 에이전트의 타깃 모집단이 지원하는 전송 집합에 대해 JSON을 생성하고 사용하기만 하면 된다. 특정 프로토콜들은 다음 절에서 논의하는 검증 가능한 자격증명 교환 프로토콜을 포함하여 잘 알려진 상호 작용 패턴에 대하여 다양한 표준화와 구현이 추진 중이다.

결론적으로, 에이전트 지향 아키텍처agent-oriented architecture, AOA는 실제 환경에서 상호 작용의 다양성과 유연성을 모델링하는 동시에 훨씬 더 높은 비용과 더 느린 속도로 직접적인 인적 개입이 필요한 트랜잭션을 수행하는 데 필요한 보안, 개인정보보호 및 신뢰 보장을 제공하도록 설계되었다. 단점으로는, AOA 모델은 관습에 의해 유도되는 행동을 가진 느슨하게 조정된 참여자에 초점을 맞추기 때문에, 다른 접근법보다 더 복잡하고, 네트워크 영향들에 더 민감하며, 구축과 디버깅이 더 어렵다. 또한 최근에 부상한 것으로 확신을 가지고 특징짓기가 더 어렵다. 그래서 AOA가 시장에서 성공할지 여부는 시간이 흘러야 판단이 가능할 것이다.

5.4 레이어 3: 자격증명

레이어 1과 2가 **암호 신뢰(기계 간의 신뢰)**의 설정이었다면, 레이어 3과 4는 **인적 신뢰**의 등장이다. 구체적으로, 레이어 3은 2장에서 소개된 검증 가능한 자격증명 신뢰 삼각형으로 구성된 것이다. 편의를 위해 그림 5.4에 다시 한 번 보여준다.

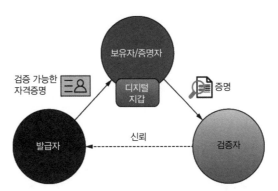

그림 5.4 모든 자격증명 교환(물리적 또는 디지털)의 핵심인 검증 가능한 자격증명 신뢰 삼각형

이 신뢰 삼각형은 인간이 다음과 같은 질문에 대답할 수 있는 영역이다.

- 내 전화번호를 묻는 당사자가 정말 내가 거래하는 은행이 맞나?

- 이 계약서에 디지털로 서명한 사람이 정말 X사의 직원인가?
- 이 직장에 지원하는 사람이 정말 Y학위를 가지고 있나?
- 내가 사고 싶은 제품의 판매자가 정말 Z나라에 있나?
- 내 차를 사려는 사람이 유효한 여권을 가지고 있나?
- 벽 소켓에 꽂혀 있는 장치가 Underwriter Laboratory[13]의 승인을 받은 장치인가?
- 이 봉지에 담긴 커피가 정말 니카라과_{Nicaragua}에서 지속가능한 방식으로 재배되었나?

물론 이와 같은 질문은 끝이 없다. 개인의, 기업의, 정부/시민의, 사회적 역량 등 신뢰 결정을 내리기 위해 인간으로서 알아야 할 모든 것을 포함한다. 레이어 3의 목표는 모든 발급자, 보유자, 검증자에 이르기까지 모든 역량에 사용될 수 있는 상호 운용 가능한 검증 가능 자격증명을 지원하는 것이다.

레이어 1과 2에서 설명한 모든 기능을 고려할 때 레이어 3의 상호 운용성은 다음과 같은 두 가지 간단한 질문으로 귀결된다.

- 당사자들은 어떤 형식의 검증 가능한 자격증명을 교환하나?
- 당사자들은 어떤 프로토콜을 사용하여 교환하나?

불행하게도, 이 질문들에 대한 대답은 결코 간단하지 않다. SSI 커뮤니티는 상당히 다른 답변을 가지고 있으며, 이는 레이어 3이 상호 운용되지 못할 가능성이 있다는 것을 의미한다.

이 절에서는 먼저 자격증명 형식(유선과 디스크 상에서 자격증명이 어떻게 보이는지)과 관련된 다양한 답변과 이를 교환하는 데 사용되는 프로토콜에 대해 자세히 설명한다. 다음의 세 가지 주요 자격증명 형식이 있다.

- JSON 웹 토큰_{JSON Web Token, JWT}
- Blockcerts
- W3C 검증 가능한 자격증명_{Verifiable Credentials}

5.4.1 JWT 형식

자격증명 형식에 대한 한 가지 접근 방식은 잘 구축된 JWT 사양(RFC 7519, https://tools.ietf.org/html/rfc7519)을 사용하는 것이다. JWT(종종 '조트_{jot}'로 발음됨)는 인증과 승인을 위해 설계되었다. OAuth, Open ID Connect 및 기타 최신 웹 로그인 기술에서 광범위하게 사용된다. JWT는 다양한 프로그래

---

13 〔옮긴이〕 Underwriter Laboratory: 미국 일리노이주 노스브룩에 본거지를 두고 있는 미국 최초의 안전 규격 개발 기관이자 인증 기관이다(위키피디아).

밍 언어를 잘 지원한다('JOSE JWT 라이브러리' 검색). 한 예로 **uPort** SSI 생태계도 JWT를 기반으로 한다.

JWT 도구의 한 가지 과제는 자격증명에서 다양한 메타 데이터를 해석하는 데 도움이 되지 않는다는 것이다. JWT 라이브러리는 대학 성적 증명서가 서명되었는지 확인할 수 있지만, 대학 성적 증명서가 무엇인지, 어떻게 해석해야 하는지는 알지 못한다. 따라서 자격증명에 대한 JWT 솔루션은 의미 처리 레이어를 추가해야 하거나, 이러한 모든 작업을 상호 운용이 불가능한 전용 소프트웨어나 인간의 판단에 맡겨야 한다.

검증 가능한 자격증명에 JWT를 사용할 때의 또 다른 단점은 서명된 문서에 모든 것이 드러난다는 것이다. 자격증명 보유자가 자격증명의 특정 클레임만 공개하거나 클레임 내용을 공개하지 않고 해당 클레임에 대한 사실을 증명할 수 있는 기능(예 생년월일을 밝히지 않고 '나는 21세 이상'임을 증명)과 같은 선택적 공개 옵션이 없다.

NOTE 선택적 공개(selective disclosure)라는 용어는 개인정보보호 분야와 금융 분야 모두에서 사용된다. 개인정보보호 커뮤니티에서는 이 절에서 논의되는 긍정적인 의미를 가지고 있다. https://www.privacypatterns.org/patterns/ Support-Selective-Disclosure를 참조하라. 금융 분야에서는 부정적인 의미(모든 투자자가 아닌 한 사람 또는 한 그룹에게만 중요한 정보를 공개하는 상장 기업)로 사용된다.

JWT는 원래 생성 후 짧은 순간을 인증하거나 승인하기 위해 단명 토큰으로 구상되었다. 수명이 긴 자격증명으로 사용할 수도 있지만, 자격증명 해지를 위한 사전 정의된 메커니즘이 없다. 예를 들어, 발급 후 몇 달이 지난 JWT 운전면허증의 유효성을 테스트하는 방법이 명확하지 않다. 그래서 해지 목록을 사용하여 그러한 해지 메커니즘을 구축할 수는 있지만, 현재는 이에 대한 표준이 없어 이를 지원하는 도구가 없다.

5.4.2 Blockcerts 형식

'Blockcerts'는 컴퓨터 친화적인 자격증명과 이러한 자격증명을 검증할 수 있는 메커니즘에 대해 제안된 오픈 소스 표준이다. 이는 자격증명을 위한 앵커로 여러 블록체인(특히 비트코인과 이더리움)을 사용할 수 있다. Blockcerts는 Learning Machine에 의해 설계되고 지원된다(2020년, Hyland에 의해 Learning Machine이 인수되었으며, 회사명은 Hyland Credentials이다: https://www.hylandcredentials.com).

Blockcert는 자격증명 보유자를 설명하는 속성을 인코딩하는 디지털 서명된 JSON 문서이다. 보유자가 제어해야 하는 트랜잭션 주소로 발급되며, 트랜잭션 주소는 서명된 JSON에 포함된다. 그런 다음 보유자는 트랜잭션 주소의 개인키를 제어할 수 있다는 것을 보여줌으로써 자격증명이 자신의 것임을 증명할 수 있다. DID를 사용하도록 각각의 Blockcerts를 조정하는 작업이 진행중이지만 외부에 공개되진 않았다.

Blockcerts는 일반적으로 배치batch로 발급된다. 개별 Blockcerts는 해시로 암호화되고, 배치에 있는 모든 인증서의 해시는 그림 5.5와 같이 블록체인에 기록된 배치의 루트 해시와 함께 머클 트리Merkle tree에서 결합된다. 머클 트리는 6장에서 자세히 설명한다.

DEFINITION 머클 트리는 데이터 해시, 하위 해시, 상위 해시 등을 포함하는 데이터 구조이다. 이러한 해시는 데이터가 수정되지 않았음을 효율적으로 증명할 수 있다.

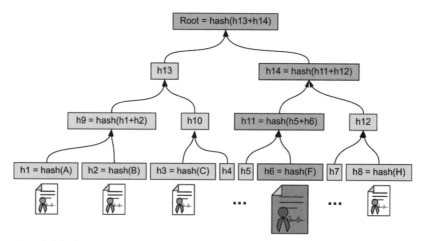

그림 5.5 **루트 해시가 비트코인이나 이더리움과 같은 퍼블릭 블록체인에 고정되는 Blockcerts 해시의 머클 트리**

Blockcerts를 검증하면 자격증명에 대해 다음이 입증된다.

- 발급 이후 수정되지 않았다.
- 올바른 발급자가 서명했다.
- 해지되지 않았다.

검증에는 자격증명의 해시가 원장에 저장된 해시로 끝나는 해시 체인에 매핑되는지 보여주는 머클 증명에 대한 평가가 포함된다. 원장에 저장된 해시는 사용자 인증 정보에도 포함된 URIuniform resource identifier에서 발급자가 기록한 트랜잭션(발급자가 청구한 키로 디지털 서명됨)이어야 한다. '해지'는 해지 목록이 저장된 다른 URI에서 발급자를 호출하여 테스트된다. 개인정보보호를 향상시키는 스마트 컨트랙트 기반 해지 기능이 기술되어 있지만, 아직 구현되지는 않았다[10].

5.4.3 W3C 검증 가능한 자격증명 형식

검증 가능한 클레임 태스크 포스를 먼저 구성한 다음, W3C의 자격증명 커뮤니티 그룹Credentials Community Group(https://www.w3.org/community/credentials)을 구성하게 된 주요 이유 중 하나는 검증 가능한 자격증명의 상호 운용성에 대한 세계 표준의 제정이 필요하기 때문이다. 초기인 2017년에는 검증 가능한 클레임 워킹 그룹Verifiable Claims Working Group이 구성되었으며, 마지막으로 2019년 11월에 완전한 W3C 권장 사항(공식 표준)으로 검증 가능한 자격증명 데이터 모델Verifiable Credentials Data Model 1.0이 발표되었다(https://www.w3.org/TR/vc-data-model).

검증 가능한 자격증명은 SSI 인프라의 핵심이므로 7장에서 상세히 설명한다. 검증 가능한 자격증명 데이터 모델은 서로 다른 스키마와 디지털 서명 형식을 가질 수 있는 자격증명을 설명하기 위해 JSON-LDJava-Script Object Notation for Linked Data(다른 W3 표준, http://www.w3.org/TR/json-ld)를 사용하는 추상 데이터 모델이라고 요약할 수 있다. W3C 검증 가능한 자격증명 사용의 일반적인 두 가지 형태는, 단순 자격증명 공유에 중점을 두는 것과 특수 암호화 서명을 사용하여 영지식증명을 용이하게 하는 것이 있다.

uPort, 디지털 바자르, 마이크로소프트 등이 지원하는 **단순 자격증명 공유 모델**simple credential-sharing model에서, 자격증명은 보유자(📱 발급받은 사람)의 DID를 포함한다. 자격증명이 제시되면 보유자는 이 DID를 포함한 전체 자격증명을 공개한다. 그런 다음 보유자는 이 DID를 제어하는 암호화 키를 소유하고 있기 때문에 자격증명이 자신의 것임을 증명할 수 있다. 이러한 자격증명에 대한 해지에는 **해지 목록**revocation lists이 사용된다.

단순한 자격증명 공유 모델의 한 가지 과제는 본질적으로 거부할 수 없다는 것이다. 일단 공유된 자격증명은 보유자의 허락 없이 여러 당사자들에게 다시 공유될 수 있다. 아마도 법률은 그러한 재공유에 대한 동의를 관리할 수 있는 방법을 제시할 것이다.

또 다른 문제는 자격증명의 해시 또는 자격증명의 DID를 포함하여 자격증명 전체를 공개하게 되면 자격증명을 공유하는 모든 검증자에 걸쳐 보유자를 연관시킬 수 있는 매우 쉽고 강력한 방법을 제공하게 된다. 이 접근 방식의 광범위한 개인 정보 위험은 검증 가능한 자격증명 데이터 모델 사양 (https://www.w3.org/TR/vc-data-model/#privacy-considerations)에 명시되어 있다. 단순 자격증명의 공유를 지지하는 사람들은 이러한 개인정보보호 문제가 일반적으로 기업 또는 기업의 자산(📱 IoT 기기들)에 대한 자격증명에는 적용되지 않는다고 지적한다. 이것이 사실이지만, 개인정보보호 기술자들은 만약 단순한 자격증명 모델이 사람들에게 확장된다면, 역사상 가장 강력한 상관 관계가 있는 기술이 될 것이라는 매우 심각한 우려를 가지고 있다. 따라서 이것이 모든 SSI 아키텍처에서 가장 활발한 논쟁 중 하나라고 말하는 것이다.

영지식증명zero-knowledge proof, ZKP 모델은 이러한 개인정보보호 문제를 해결하는 것을 추구한다. 검증 가능한 자격증명을 위한 영지식증명 모델의 가장 잘 알려진 구현은 하이퍼레저 인디 프로젝트다. 마이크로소프트는 최근 자체 영지식증명 모델 계획을 발표했으며, 하이퍼레저 에리즈와 하이퍼레저 인디가 공유하게 될 JSON-LD-ZKP 하이브리드 접근 방식에 대한 검토도 시작했다.

영지식증명 기반 자격증명은 검증자에게 직접 제시되지 않는다. 대신 검증자가 증명에 필요한 데이터의 영지식증명을 생성하는 데만 사용된다. 영지식증명 기술은 6장에서 자세히 설명한다. '증명proof'은 본질적으로 증명 기준과 정확히 일치하는 파생된 자격증명이다. 증명은 검증자가 요청할 때만 생성된다. 또한 증명이 요청될 때마다 고유한 증명이 생성되며, 증명의 재공유 가능성은 보유자의 암호화로 제어할 수 있다. 증명의 각 프레젠테이션은 고유하기 때문에, 동일한 자격증명을 사용하여 발생하는 사소한 상관 관계를 피할 수 있다.

예를 들어, 앨리스가 주민들에게 무료 전기 자동차 충전 서비스를 제공하는 도시에 살고 있다고 가정해 보자. 충전소가 그곳을 통과하는 앨리스의 움직임을 추적하지 않더라도, 앨리스는 수년 동안 매일 충전소에서 거주지를 증명할 수 있을 것이다. 증명의 각 프레젠테이션은 서로 다르며 상관관계가 있는 것은 아무것도 공개하지 않는다.

이 기술이 모든 경우에 있어서 상관관계를 제거하지는 않는다는 점에 유의해야 한다. 예를 들어, 검증자가 앨리스에게 증명에서 자신의 실명이나 휴대폰 번호를 공개하도록 요구하면, 그녀를 쉽게 연관시킬 수 있다. 그러나 앨리스의 에이전트는 증명이 관련성이 높은 개인 데이터를 요구하면 그녀에게 경고하여 정보에 따른 결정을 내릴 수 있도록 한다.

영지식증명 지향 자격증명은 해지에 대해 고유한 접근 방식을 취할 수도 있다. 해지 목록 대신, 개인 정보보호를 위한 암호화 누산기나 블록체인에 기반한 머클 증명을 사용할 수도 있다(자세한 내용은 6장 참조). 이를 통해 검증자는 상관 관계를 가져오는 방식으로 특정 자격증명 해시나 식별자를 조회가 불가능하더라도 자격증명의 유효성을 실시간으로 확인할 수 있다.

영지식증명 모델에 대한 주요 비판은 구현의 복잡성이다. 영지식증명은 높은 수준의 암호화 영역이며 기존의 암호화와 디지털 서명 기술만큼 널리 알려져 있지는 않다. 그러나 영지식증명의 채택은 다양한 기술 분야에서 그 장점이 인정됨에 따라 빠르게 자리를 잡고 있다. 지캐시ZCash와 모네로Monero를 포함한 다수의 새로운 블록체인은 영지식증명 기술을 기반으로 하고 있다. 영지식증명 지원은 차세대 이더리움에서도 구축되고 있다[11]. 영지식증명 지원은 현재 모든 하이퍼레저 프로젝트의 표준이 된 강력한 암호화 라이브러리인 하이퍼레저 우르사Hyperledger Ursa(https://wiki.hyperledger.org/display/ursa)의 핵심 부분에 내장되어 있다. 개발자들이 강화된 라이브러리를 이용할 수 있게 될 때까지 새로운 TCP/IP 프로토콜에 대한 지원이 어려웠던 것처럼, 영지식증명에서도 마찬가지일 것이다.

5.4.4 자격증명 교환 프로토콜

검증 가능한 자격증명의 형식에 관계없이, 상호 운용성은 자격증명이 교환되는 방식에 따라 달라진다. 여기에는 여러 복잡한 프로토콜의 질문들이 포함된다. 예를 들면 다음과 같다.

- 잠재적인 검증자가 보유자에게 연락을 사전에 취해야 하는가, 아니면 보유자가 보호된 자원에 접근하려고 시도할 때 이의를 제기할 때까지 검증자는 기다려야 하는가?
- 검증자는 다른 자격증명에 있을 수 있는 클레임을 어떻게 요청하나?
- 검증자는 특정 발급자의 클레임만 수락하거나 특정 날짜 이전이나 이후에 자격증명이 발급된 경우에만 증명 요청에 필터 또는 자격을 추가할 수 있나?
- 검증자가 자격증명 데이터를 얻기 위해 보유자 이외의 당사자에게 연락할 수 있나?

여기에서 레이어 3은 레이어 2에 직접적으로 의존한다. 예를 들어, 자격증명을 주로 비활성 데이터로 가정하고 신원 데이터를 배포하는 가장 좋은 방법이 허브를 통한 것이라고 믿는 경우, 해당 데이터를 교환하는 자연스러운 방법은 웹 API를 호출하여 데이터를 제공하도록 요청하는 것이다. 자격증명 보유자는 요청하는 사람에게 제공하기 전에 충족해야 하는 기준을 허브에 알리는 정책을 사용하여 자격증명을 허브에 남겨 둘 수 있다. 이것은 DIF ID 허브에 대해 구체화되는 자격증명 서비스 API에 의해 취해진 접근 방식에 구현된 일반적인 패러다임이다(https://identity.foundation/hub-sdk-js).

반면, 탈중개화와 개인정보보호에 더 중점을 두고 특정 연결 상황에서 자격증명 데이터를 동적으로 생성하려면, 에이전트와 DIDComm을 사용하는 P2P 자격증명 교환 프로토콜을 사용하는 것이 더 자연스러운 방법이다. 이것은 하이퍼레저 인디, 하이퍼레저 에리즈 및 소버린 커뮤니티의 접근 방식이다. 프로토콜은 Aries RFC 0036: Issue Credential Protocol 1.0 및 Aries RFC 0037: Present Protocol Proof 1.0에 지정되어 있다. 이러한 프로토콜의 구현은 이미 개발 중이다.

다시 말하지만, 이것은 이 책을 쓰는 시점에서 아키텍처와 프로토콜 철학에서 가장 큰 차이가 있는 레이어이다. 표준화 노력은 활발하지만 아직까지는 합의되지 않았다. 그러나 '낙관적' 관점에서 볼 때 이것은 OSIOpen System Interconnection 대 TCP/IP와 같은 이전의 '프로토콜 전쟁'에서 최종적으로는 인터넷을 탄생시킨 것처럼 실제 채택이 융합을 가장 빠르게 촉진하는 분야이기도 하다. 이에 대한 좋은 예로 DIF의 프레젠테이션 교환 사양Presentation Exchange Spec(https://identity.foundation/presentation-exchange)을 들 수 있다. 이 사양은 검증자가 어떤 자격증명 기술을 사용하든 관계없이 자격증명을 요청하는 방법을 설명한다.

5.5 레이어 4: 거버넌스 프레임워크

레이어 4는 최상위 레이어일 뿐만 아니라, 거의 전적으로 기계와 기술에서 인간과 **정책**으로 옮겨가는 레이어이기도 하다. 2장에서 거버넌스 프레임워크를 소개할 때 그림 5.6에 표시된 다이어그램을 사용했다. 이는 거버넌스 프레임워크가 검증 가능한 자격증명을 기반으로 구축되는 방식을 보여주기 때문이다.

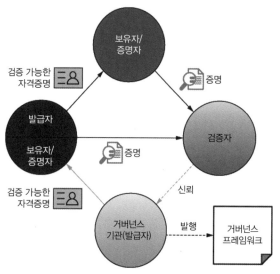

그림 5.6 거버넌스 프레임워크는 또 다른 신뢰 삼각형이며 검증 가능한 자격증명의 사양,
채택 및 확장성 문제를 해결한다.

거버넌스 프레임워크를 통해 검증자는 검증 가능한 자격증명에 대해 완전히 다르지만 관련성이 있는 일련의 질문에 답할 수 있다. 예를 들면 다음과 같다.

- 이 운전면허증이 실제 정부 기관에서 발급한 것인지 어떻게 알 수 있나?
- 이 신용 카드에 대한 청구를 실제 은행이나 신용 조합이 한 것인지 어떻게 알 수 있나?
- 이 학위가 캐나다 대학에서 발급되었는지 어떻게 알 수 있나?
- 오스트리아의 고등학교에서 어떤 유형의 자격증이 발급되는지 어떻게 알 수 있나?
- 이 모기지 자격증명을 발급한 브라질 대출 기관에서 고객 확인을 요구했나?
- 일본 건강 보험 증명서의 생년월일에 근거한 증명을 신뢰할 수 있나?

거버넌스 프레임워크는 많은 SSI 솔루션의 핵심 구성 요소이기 때문에 11장 전체를 할애하고 있다. 또한 SSI 스택의 최신 구성요소 중 하나이기 때문에 아직 각각의 SSI에서 거버넌스 프레임워크가 많이 만들어지지는 않았다. 이는 전 세계적으로 꽤 많은 연합 신뢰 시스템을 위해 설계된 **신뢰 프레임워크**와 대조적이다(https://openidentityexchange.org).

그러나 SSI 거버넌스 프레임워크에 대한 초기 작업은 많은 SSI 설계자들에게 이러한 프레임워크가 SSI를 폭넓게 채택하는 데 필수적이라고 말해왔다. 왜냐하면 이러한 프레임워크가 SSI의 진가가 시험 되는 장이기 때문이다. 다시 말해, SSI 스택의 기술 구현과 SSI 솔루션의 실제 비즈니스, 법률 및 사회 요구 사항 사이의 가교 역할을 한다. 더욱이, 설계자들은 거버넌스 프레임워크가 SSI 스택의 네 가지 레벨 모두에 적용된다는 것을 알게 되었다. 캐나다 브리티시 컬럼비아주의 디지털 이니셔티브 담당 전무 이사 존 조던John Jordan은 이러한 기술 및 거버넌스의 조합에 대해 **IP 기반 신뢰**Trust over IP, ToIP **스택**이라고 한다. 그림 5.7에 표시된 전체 ToIP 스택은 오른쪽이 기술 계층을 나타내고 왼쪽이 거버넌스 계층을 나타내는 '이중 스택'이다. 자세한 내용은 10장을 참조하라.

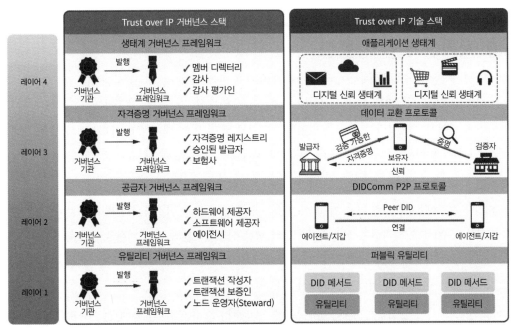

그림 5.7 IP 기반 신뢰(ToIP) 스택은 서로 다른 유형의 거버넌스 프레임워크가
SSI 스택의 4개의 레이어 모두에 적용된다는 것을 보여준다.

이 책을 쓰는 동안 ToIP 스택에 대한 지원은 리눅스 재단이 하이퍼레저와 분산 신원 재단 Decentralized Identity Foundation의 자매 프로젝트로 ToIP Foundation(https://trustoverip.org)이라는 새로운 프로젝트를 시작하기에 충분한 추진력을 얻었다. 2020년 5월 27개의 창립 회원 조직에서 2021년 12월 현재 250개 이상의 회원으로 성장했다. 그리고 현재 분산 디지털 신뢰 인프라의 모델로서 ToIP

스택을 정의, 강화 및 홍보하기 위해 적극적으로 작업하는 8개의 워킹 그룹이 있다.[14]

거버넌스가 SSI 환경 내에서 서로 다른 신뢰 네트워크와 생태계가 가장 크게 다를 수 있다는 사실에도 불구하고, ToIP 스택의 약속은 상호 운용 가능한 메타 모델을 사용하여 거버넌스 프레임워크를 정의할 수 있다는 것이다. 이를 통해 인간과 디지털 에이전트는 이 절의 시작 부분에 나열된 많은 질문과 같이 서로 다른 신뢰 커뮤니티에서 **전이적 신뢰** 결정을 훨씬 더 쉽게 내릴 수 있다.

이 책을 쓰는 시점에서 전 세계 모든 종류의 거버넌스 기관에서 4단계 모두에서 ToIP 호환 거버넌스 프레임워크를 생성하기 위한 작업이 매우 활발하게 진행되고 있다. 이에 대해서는 11장에서 자세히 설명한다.

5.6 융합을 위한 가능성

SSI 분야는 시장이 아키텍처에서 많은 변형을 일으키고 있을 만큼 미성숙된 상태이다. 이 장에서, 우리는 이 책을 쓰는 시점에서 시장이 어떤 위치에 있는지에 대한 큰 그림을 제공하려고 노력했다. 우리는 다양한 분야가 존재한다는 사실을 현실적으로 알고 있다. 이는 레이어 1의 DID 메서드, 레이어 2의 프로토콜과 인터페이스, 레이어 3의 자격증명 형식과 프로토콜, 레이어 4의 거버넌스와 디지털 신뢰 생태계에 대한 다양한 접근 방식의 네 가지 수준 모두에서 적용된다.

그러나 각 수준에는 융합을 위한 가능성도 있다. 긍정적인 것은 '이것이 시장세력이 원하는 것'이라는 것이다. 1900년대 초 자동차 산업에서 시장의 힘은 산업을 4륜과 내연 기관으로 표준화시켰다. 그리고 그들은 인터넷을 통해 우리를 TCP/IP 스택에서 표준화하도록 이끌었으며, 웹을 통해 우리를 HTTP기반 브라우저와 웹 서버로 표준화시켰다.

우리는 동일한 시장 참여자들이 SSI에서 수렴을 주도하여 유비쿼터스적 채택으로 이어질 수 있기를 희망한다. 그러나 더 많은 놀라움이 우리를 기다리고 있는 것 같다. 디지털 신원 아키텍처는 오랫동안 혁신을 위한 비옥한 토양으로 남아있을 것이다.

다음 장에서는, 2부의 나머지 장들, 특히 VC와 DID를 이해하는 데 도움이 되는 몇 가지 기본적인 암호화 지식을 제공한다. 이미 암호화에 대해 깊이 이해하고 있다면 6장을 건너뛰어도 된다. 그러나 SSI에서 이러한 암호화 기술이 어떻게 적용되는지 알아보고자 한다면 6장을 살펴보기 바란다.

---

14 [옮긴이] Ecosystem Foundry Working Group (EFWG), Governance Stack Working Group (GSWG), Technology Stack Working Group (TSWG), Concepts & Terminology Working Group (CTWG), Human Experience Working Group (HXWG), Inputs and Semantics Working Group (ISWG), Utility Foundry Working Group (UFWG), Interoperability Working Group for Good Health Pass (IWG-GHP)

참고문헌

[1] Terbu, Oliver. 2019. "The Self-sovereign Identity Stack." Decentralized Identity Foundation. https://medium.com/decentralized-identity/the-self-sovereign-identity-stack-8a2cc95f2d45.

[2] Voshmgir, Shermin. 2019. "Blockchains & Distributed Ledger Technologies." https://block chainhub.net/blockchains-and-distributed-ledger-technologies-in-general.

[3] CoinMarketCap. 2021. "Today's Cryptocurrency Prices by Market Cap." https://coinmarketcap.com (as of 02 January 2021).

[4] W3C. 2020. "DID Methods." https://w3c.github.io/did-spec-registries/#did-methods (as of 19 January 2021).

[5] Krassowski, Alan. 2019. "Kiva Protocol: Building the Credit Bureau of the Future Using SSI." SSIMeetup. https://www.slideshare.net/SSIMeetup/kiva-protocol-building-the-credit-bureau-of-the-future-using-ssi.

[6] Annunziato, Vincent. n.d. "Blockchain: A US Customs and Border Protection Perspective. Enterprise Security. https://blockchain.enterprisesecuritymag.com/cxoinsight/blockchain-a-us-customs-and-border-protection-perspective-nid-1055-cid-56.html.

[7] Tobin, Andrew. 2017. "Sovrin: What Goes on the Ledger?" Evernym. https://sovrin.org/wp-con tent/uploads/2017/04/What-Goes-On-The-Ledger.pdf.

[8] Terbu, Oliver. 2020. "DIF starts DIDComm Working Group." Medium. https://medium.com/decentralized-identity/dif-starts-didcomm-working-group-9c114d9308dc.

[9] Hardman, Daniel. 2019. "Rhythm and Melody: How Hubs and Agents Rock Together." Hyperledger. https://www.hyperledger.org/blog/2019/07/23/rhythm-and-melody-how-hubs-and-agents-rock-together.

[10] Santos, João and Kim Hamilton Duffy. 2018. "A Decentralized Approach to Blockcerts Credential Revocation." Rebooting Web of Trust 5. http://mng.bz/w9Ga.

[11] Morris, Nicky. 2019. "EY Solution: Private Transactions on Public Ethereum." Ledger Insights. https://www.ledgerinsights.com/ey-blockchain-private-transactions-ethereum.

SSI를 위한 기본 암호화 기술

브렌트 준델Brent Zundel, **사지다 주아리**Sajida Zouarhi

암호화는 모든 자기주권신원self-sovereign Identity, SSI에 동력을 제공하는 연료다. 이 장의 목표는 암호화의 기본 구성 요소인 해시 함수, 암호화, 디지털 서명, 검증 가능한 데이터 구조 및 증명뿐 아니라 이들 요소가 결합되어 SSI가 제공하는 암호화 매직에 대한 일반적인 패턴을 숙지하도록 돕는 것이다. 암호화 전체를 주제로 다루기에는 너무 광범위하고 복잡하여 몇 페이지로 요약할 수 없다. 우리는 이 장이 여기에 설명된 기본 암호화 기술을 이해하고자 하는 독자를 위한 참고 자료이자 보충 자료가 될 것이며, 암호화 기술을 접해본 경험이 적은 사람들을 위해서는 더 깊이 학습할 수 있는 지침이 될 것이라 생각한다. SSI 분야에서 직접 경험을 쌓은 기술 암호화 전문가로 에버님Evernym의 수석 암호화 엔지니어 브렌트 준델과 컨센시스ConsenSys의 엔지니어 겸 연구원인 사지다 주아리가 여러분의 가이드가 되어줄 것이다. 준델은 또한 DID 표준(8장의 주제)을 만드는 W3C 분산 식별자 워킹 그룹Decentralized Identifier Working Group의 공동 의장으로도 활동하고 있다.

많은 SSI 설계자들은 유명한 철학적 문구인 '거대한 거북이가 밑에서 세계를 지탱하고 있다It is turtles all the way down'를 '암호화가 밑에서 세계를 지탱하고 있다It is cryptography all the way down'로 바꾸어 말한다. 현대 암호화는 수학과 컴퓨터 공학의 기술을 사용하여 전 세계의 디지털 통신을 보호하고 인증한다. 암호, 디지털 서명 및 해시는 SSI를 구성하는 데 암호화의 일부로 사용하고, 블록체인 및 분산 원장을 가능하게 하는 데에도 사용된다. 검증 가능한 자격증명VC, 분산 식별자DID, 디지털 지갑 및 에이전트, 분산 키 관리를 포함하여 2장에서 소개한 SSI의 기본 구성 요소와 다음의 장에서 다룰 내용은 암호화 기술을 근간으로 한다.

이 장은 SSI 인프라에 사용되는 암호화 기술에 대한 기본적인 이해를 돕기 위한 것이다. SSI를 살펴보는 데 이러한 기술이 꼭 필요한 것은 아니지만, SSI '마법'에 대해 자신감을 높여줄 것이다. SSI 인프라의 기반 암호화는 다음과 같은 5가지 기본 요소로 구성된다.

- 해시 함수
- 암호화
- 디지털 서명
- 검증 가능한 데이터 구조
- 증명

6.1 해시 함수

암호화 해시는 디지털 메시지 또는 문서의 고유한 디지털 지문과 같다. 이는 입력 데이터가 **해시 함수**를 통해 생성되는 고정된 길이의 문자열이다. 모든 입력 데이터는 다른 출력 해시를 생성한다. 동일한 해시 함수에 동일한 데이터를 입력하면 항상 동일한 결과의 해시가 생성된다. 그렇지만, 입력 데이터의 한 비트라도 변경되면 결과는 완전히 달라진다. 표 6.1은 SHA-256 해시 함수를 사용하는 해시의 몇 가지 예를 보여준다(웹 사이트 또는 기타 다른 리소스를 사용하여 온라인으로 직접 사용해 볼 수 있다: https://www.xorbin.com/tools/sha256-hash-calculator).

표 6-1 **SHA-256 해시 함수를 사용하는 해시의 예**

메시지(입력)	16진수 해시 결과(출력 또는 다이제스트)
"identity"	689f6a627384c7dcb2dcc1487e540223e77bdf9dcd0d8be8a326eda65b0ce9a4
"Self-sovereign identity"	d44aa82c3fbeb2325226755df6566851c959259d42d1259bebdcd4d59c44e201
"self-sovereign identity"	3b151979d1e61f1e390fe7533b057d13ba7b871b4ee9a2441e31b8da1b49b999

해시의 목적은 메시지를 인코딩하거나 숨기는 것이 아니라 메시지의 무결성을 검증하는 것이다. 문서가 변조되지 않은 경우 해당 해시는 그대로 유지된다. 예를 들어, 해시는 소프트웨어 회사가 해당 해시와 함께 소프트웨어 프로그램을 게시할 때 사용된다. 사용자는 소프트웨어를 다운로드할 때 소프트웨어의 해시와 회사에서 제공하는 해시를 비교하여 파일의 무결성을 확인할 수 있다. 해시가 동일할 경우, 사용자가 받은 파일은 회사에서 게시한 파일의 정확한 사본이므로 파일이 변조되거나 손상되지 않았다는 것을 사용자는 확인할 수 있다.

6.1.1 해시 함수의 유형

해시 함수는 **단방향 함수**unidirectional(one-way) function라고도 부르는 함수의 한 예이다. 단방향 함수는 합리적인 시간 내에 계산을 되돌릴 수 있는 알려진 방법이 없는, 빠르고 효율적인 계산 방법을 제공하는 수학적 함수이다.

MD5[1]와 SHA[2]-256과 같은 다양한 해시 함수가 있다. 해시 함수는 다음과 같은 몇 가지 기본 특성으로 구분된다.

- **효율성**:해시를 생성할 수 있는 속도와 계산 비용.
- **역상**preimage**에 대한 내성**: 해시 함수의 입력을 '역상'이라고 한다. 역상에 대한 내성은 주어진 해시에 대한 입력을 찾아내는 것이 매우 어렵다는 것을 의미한다. 역상 내성 해시 함수의 출력은 무작위로 나타나며 계산되지 않는 한 예측할 수 없다. 예를 들어 해시 값이 689f6a627384c7dcb2dc c1487e540223e77bdf9dcd0d8be8a326eda65b0ce9a4인 경우, 입력이 'identity'라는 단어라는 것을 계산하는 일은 불가능하다.
- **두 번째 역상 또는 충돌에 대한 내성**: 두 번째 역상에 대한 내성은 주어진 해시에 대해 하나의 역상만 있음을 의미한다. 즉, 두 개의 다른 입력이 동일한 해시를 생성하지 않는다. 두 입력이 동일한 해시를 생성하는 경우 이를 '충돌'이라고 한다. 두 번째 역상에 저항하는 해시 함수를 '충돌 방지'라고도 한다. 예를 들어 689f6a627384c7dcb2dcc1487e540223e77bdf9dcd0d8be8a326eda65b0ce 9a4를 'identity'의 해시로 생성하는 충돌 방지 해시 함수는 다른 입력에 대해 동일한 출력을 생성하지 않는다.

> **NOTE** 단방향 함수에는 여러 유형이 있다. 잘 알려진 방법은 두 개의 큰 소수를 곱하는 것이다. 이는 빠르고 효율적이지만, 결과물(소수의 곱)을 사용하여 두 개의 입력 소수를 찾는 것은 매우 어렵다. 이 문제를 **소인수분해**라고 한다.

MD5와 SHA-1과 같은 일부 해시 함수는 암호분석가들이 이에 대한 공격하기 좋은 벡터들을 발견했기 때문에 더 이상 암호학적으로 안전하지 않다.

SHA-256Secure Hash Algorithm, SHA은 국가안보국National Security Agency, NSA에서 설계하고 미국국립표준기술연구원National Institute of Standards and Technology, NIST에서 인정한 SHA-2 함수 계열에 속한다.

---

1   옮긴이 MD5(Message-Digest algorithm 5): 128비트 암호화 해시 함수이다. RFC 1321로 지정되어 있으며, 주로 프로그램이나 파일이 원본 그대로인지를 확인하는 무결성 검사 등에 사용된다. 1991년에 로널드 라이베스트가 예전에 쓰이던 MD4를 대체하기 위해 고안했다(위키피디아).

2   옮긴이 SHA(Secure Hash Algorithm, 안전한 해시 알고리즘): SHA 함수들은 서로 관련된 암호학적 해시 함수들의 모음이다. 이들 함수는 미국 국가안보국(NSA)이 1993년에 처음으로 설계했으며 미국 국가 표준으로 지정되었다. SHA 함수군에 속하는 최초의 함수는 공식적으로 SHA라고 불리지만, 나중에 설계된 함수들과 구별하기 위하여 SHA-0이라고도 불린다. 2년 후 SHA-0의 변형인 SHA-1이 발표되었으며, 그 후에 4종류의 변형, 즉 SHA-224, SHA-256, SHA-384, SHA-512가 발표되었다. 이들을 통칭해서 SHA-2라고 하기도 한다(위키피디아).

6.1.2 SSI에서 해시 함수의 사용

해시 함수는 검증 가능한 데이터 구조의 구성 요소이자 디지털 서명 알고리즘의 일부로 사용되며, 둘 다 자기주권신원에 필요한 구성 요소를 가능하게 한다. 블록체인과 분산 원장, 검증 가능한 자격증명 및 DID는 모두 암호화 보안 해시 함수를 기반으로 한다.

6.2 암호화

'암호화'는 비밀을 아는 사람만 읽을 수 있도록 메시지나 문서의 내용을 숨기는 방법이다. 암호화의 초기에는 주로 대체 암호와 텍스트 셔플링(섞기) 방법으로 구성되었다. 비밀 메시지는 일반적으로 보안을 위해 몇 가지 방법에 의존했다. 만약 상대방이 이 방법을 안다면, 그들은 비밀 메시지를 읽을 수 있을 것이다. 일반적으로 비밀 메시지는 **암호문**ciphertext이라고도 한다.

최신 암호화는 더 이상 암호화 방법을 비밀로 유지하는 것에 의존하지 않는다. 대신 암호화 방법은 공개적이고 잘 연구되어 있으며, 보안은 풀기 매우 어려운 몇 가지 근본적인 문제에 기초하고 있는데, 이 문제를 **계산 경도**computational hardness라고 하고, 암호문의 비밀은 비밀키에 의존한다. 암호화 방법이 계산적으로 어렵고, 키가 비밀로 유지되는 경우, 비밀키를 모르는 사람은 암호문을 읽을 수 없다.

암호화는 **대칭키**symmetric-key와 **비대칭키**asymmetric-key의 두 가지로 나뉜다. 대칭키 암호화에서 메시지를 암호화하는 데 사용되는 비밀키는 암호문을 복호화하는 데 사용되는 것과 동일하며, 대칭키 암호화는 **비밀키 암호화**secret-key encryption라고도 한다.

비대칭키 암호화에는 두 개의 키가 있는데, 하나는 메시지를 암호화하는 용도이고, 다른 하나는 암호화된 메시지를 복호화하는 용도이다. 비대칭키 암호화에서 메시지를 암호화하는데 사용되는 키를 **공개키**public-key라고 하기 때문에 **공개키 암호화**public-key encryption라고도 한다. 암호문을 복호화하는 데 사용되는 키를 비밀키 또는 **개인키**라고 한다.

> **NOTE** 공개키/개인키와 DID 간의 밀접한 관계는 8장에서 자세히 설명한다.

6.2.1 대칭키 암호화

암호화와 복호화에 동일한 키가 사용되는 대칭키 암호화에서 가장 큰 문제 중 하나는 받는 사람과 비밀키를 안전하게 공유하여 암호문을 복호화해야 한다는 것이다. 따라서 대칭키 암호화의 가장 편리한 용도는 비밀키를 공유할 필요가 없을 때이다. 예를 들어, 하드 드라이브를 암호화하려는 경우 동일한 키로 암호화 및 복호화를 수행할 수 있다. 대칭키 암호화의 또 다른 장점은 공개키 암호화보다 효율적이라는 점이다. 암호화는 동일한 수준의 보안을 제공하지만, 훨씬 작은 키와 훨씬 빠른 컴퓨팅을 사용한다. 대칭키 암호화를 위해 가장 잘 알려진 알고리즘 중 하나는 고급 암호화 표준advanced encryption standard, AES이다. AES는 최대 256비트[3]의 비밀키를 사용한다. 아래 예와 같이 임의 시퀀스는 256개의 0과 1이다.

```
0111010100101011101011110100101011010010000101101010100100111010111110100001
0100100101011101001001101000011011001001001011100110111111001110111011110010
1011100001010011011001101111101100110011100111011000011100000011010100011111
000111101010100001001000100111111
```

비밀키의 크기는 암호의 보안을 결정하는 데 중요한 요소이다. 사용 가능한 키의 수가 많을수록 컴퓨터가 **무차별 대입 공격**(한 번에 하나의 가능한 비밀키를 시도하는 공격)을 통해 유효한 키를 발견하기가 더 어려워진다.

6.2.2 비대칭키 암호화

공개키 암호화라고도 하는 비대칭키 암호화는 그림 6.1에 표시된 것처럼 한 쌍의 키(1개의 공개키와 1개의 비밀키)를 사용한다. 키는 수학적으로 관련되어 있으며 항상 쌍으로 사용된다. 하나의 키를 사용하여 메시지를 암호화하면, 다른 키로만 메시지를 다시 복호화할 수 있다.

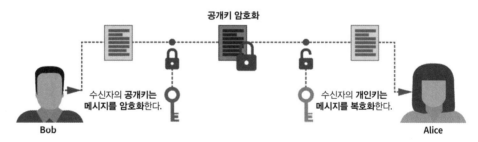

그림 6.1 이 예에서 밥은 앨리스의 공개키를 사용하여, 오직 앨리스만 자신의 개인키로 복호화할 수 있도록 메시지를 암호화한다.

비밀키는 비공개로 유지해야 하지만 공개키는 전 세계 누구와도 공유할 수 있다. 누구나 공개키를 사용하여 비밀키를 가진 사람만 복호화할 수 있도록 메시지를 암호화할 수 있으며, 비밀키는 개인키라고도 한다.

대부분의 공개키 암호 시스템에서는, 개인키를 사용하여 공개키를 계산하지만 공개키에서 개인키를

---

3   이는 0과 1의 2^{256}개의 가능한 조합을 의미한다. 가능한 256비트 키의 수는 115,792,089,237,316,195,423,570,985,008,687, 907,853,269,984,6 65,640,564,039,457,584,007,913,129,639,936개이다.

파생할 수는 없다. 공개키를 유도하는 함수는 단방향 함수의 또 다른 유형이다.

개인키는 큰 임의의 숫자에 불과할 수 있다. 이 비밀 숫자는 너무 커서 무차별 대입 공격으로 찾는 것은 거의 불가능하다. 일부 공개키 암호화 시스템에는 RSARivest-Shamir-Adleman[4]와 같은 알고리즘이 포함된다.

공개키 암호화를 사용하여 메시지를 암호화하려면 수신자의 공개키를 알아야 한다. 공개키는 메시지를 암호문으로 변환하는 데 사용된다. 암호문은 수신자의 개인키를 사용하여 메시지로 다시 복원할 수 있다.

DID는 비대칭키 암호화를 사용한다. 동일한 원칙에 따라 DID 보유자는 디지털 지갑에 DID에 대한 개인키를 저장하고, DID에 대한 공개키는 공개적으로 검색할 수 있다. 그림 6.2는 소버린(Sovrin) DID 메서드를 사용하는 DID에 해당하는 공개키와 개인키의 예이다. DID에 대한 자세한 내용은 8장을 참조하라.

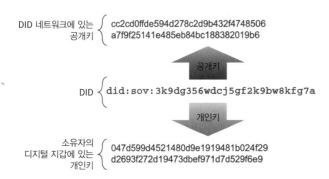

그림 6.2 소버린(Sovrin) DID 네트워크의 DID 사례. DID는 블록체인이나 기타 분산 네트워크에서 공개키의 식별자 역할을 한다. 대부분의 경우 DID로 식별되는 엔터티와 상호 작용하기 위한 에이전트를 찾을 때에도 사용할 수 있다.

NOTE 2021년 초부터 소버린 DID 메서드는 하이퍼레지 인디 DID 메서드 중 하나로 개발되고 있으므로, DID 접두사는 'did:indy:sov'가 된다.

---

4 [옮긴이] RSA 암호: 공개키 암호시스템의 하나로, 암호화뿐만 아니라 전자서명이 가능한 최초의 알고리즘으로 알려져 있다. RSA가 갖는 전자서명 기능은 인증을 요구하는 전자 상거래 등에 RSA의 광범위한 활용을 가능하게 하였다. 1978년 로널드 라이베스트(Ron Rivest), 아디 샤미르(Adi Shamir), 레너드 애들먼(Leonard Adleman)의 연구에 의해 체계화되었으며, RSA라는 이름은 이들 3명의 이름 앞글자를 딴 것이다 (위키피디아).

6.3 디지털 서명

수기 서명이나 '잉크'를 사용한 날인은 문서의 진위 여부를 확인하거나 서명자의 동의를 표시하거나 둘 다 표시하기 위해 매일 사용된다. 디지털 서명은 동일한 목적으로 암호화 기능을 사용한다. 메시지에 서명한다는 것은 개인키를 사용하여 검증 가능한 방식으로 메시지를 변환하는 것을 의미한다. 변환된 메시지를 **서명**이라고 한다. 그런 다음 메시지는 서명과 함께 수신자에게 전송된다. 수신자는 개인키를 가진 사람이 해당 메시지에 서명 가능함을 검증하기 위해 서명의 유효성을 확인할 수 있다.

디지털 서명은 앞에서 설명한 것처럼 공개키 암호화에 의존한다. 디지털 서명은 키 쌍에서의 개인키를 사용하여 생성되고 연결된 공개키를 사용하여 검증할 수 있다. 개인키를 생성하는 데 사용되는 난수가 클수록 무차별 대입 공격으로 그 개인키를 찾기가 더욱 어렵다. 일부 공개키 암호화 시스템에는 타원 곡선 디지털 서명 알고리즘elliptic curve digital signature algorithm, ECDSA과 같은 디지털 서명에 대한 특정 알고리즘이 포함되어 있다.

디지털 서명은 5장에 설명된 SSI 스택 4개 레이어 모두에 걸쳐 SSI 인프라의 모든 부분에서 사용된다. 예를 들면 다음과 같다.

- 레이어 1에서는 블록체인을 통한 모든 트랜잭션에 사용된다.
- 레이어 2에서는 DID 간 연결을 형성하고 모든 DID-Comm 메시지에 서명하는 데 사용된다.
- 레이어 3에서는 모든 검증 가능한 자격증명에 서명하는 데 사용된다. 일부 VC에는 자격증명의 개별 클레임에 대한 디지털 서명이 포함되어 있다.
- 레이어 4에서는 거버넌스 프레임워크에서 할당된 역할에 대해 발급된 VC의 진위를 확인하고 서명하도록 하기 위해 거버넌스 프레임워크 문서에 서명하는 데 사용된다.

6.4 검증 가능한 데이터 구조

암호화는 또한 데이터 검증에 유용한 특정 속성을 가진 데이터 구조를 만드는 데 사용할 수 있다.

6.4.1 암호화 누산기

누산기accumulator는 대규모 숫자 집합에 대한 일부 계산의 결과를 나타내는 단일 숫자이다. 누적된 값 중 하나를 아는 사람은 자신의 번호가 집합을 구성하고 있음을 증명하거나, 자신의 번호가 집합의 구성 요소가 아님을 증명할 수 있다. 일부 누산기는 소수prime number의 집합을 기반으로 하고, 또 다른 누산기는 타원 곡선의 점 집합을 기반으로 한다. 암호화 누산기를 사용하면 누적된 값의 크기는 최소가 되지만, 누적된 값에 대한 증명을 생성하는 데 사용해야 하는 데이터 크기는 엄청나다.

6.4.2 머클 트리

가장 흥미로운 암호화 데이터 구조 중 하나는 공개키 암호화 초기에 랄프 머클Ralph Merkle이 발명했는데, **머클 트리**Merkle trees라고 하는 이 트리는 매우 큰 데이터 집합의 무결성을 검증하는 매우 간결하고 계산 효율적인 방법을 제공한다. 머클은 자신의 1979년 논문 〈A Certified Digital Signature〉에서 머클 트리를 처음 설명하고 이후에 특허를 출원하여 등록했다. 머클 트리는 2008년 사토시 나카모토가 처음 설명한 블록체인 아키텍처를 기반으로 하는 비트코인 프로토콜로 시작하여, 많은 블록체인 및 분산 컴퓨팅 기술의 핵심 구성 요소가 되었다.

머클 트리(해시 **트리**라고도 함)의 기본 아이디어는 **머클 루트**라는 단일 해시를 생성하는 수학적 프로세스를 통하여 블록체인 트랜잭션과 같은 특정 데이터 항목이 방대한 양의 정보(예 모든 비트코인 트랜잭션의 기록) 내에 존재한다는 증거를 제공할 수 있다는 것이다.

머클트리 생성

머클 트리가 어떻게 만들어지는지 보여주기 위해 공식적인 정의부터 시작해보자.

> '머클 트리는 많은 양의 데이터를 단일 해시로 압축할 수 있는 변조 방지 데이터 구조이며 대수(logarithmic) 공간에서 구성된 증명을 통해 데이터에 특정 요소가 있는지 검색할 수 있다.'[1]

즉, 머클 트리에 1백만 개의 데이터가 포함되어 있어도 트리에 단일 데이터가 있다는 것을 증명하는 데는 약 20번만 계산하면 알 수 있다.

머클 트리를 구축하기 위해, 컴퓨터는 모든 입력의 해시를 수집한 다음, 쌍으로 그룹화한다. 이 작업을 연결이라고 한다. 예를 들어, 20개의 입력으로 시작하면 첫 번째 연결 라운드 후에 10개의 해시를 갖게 된다. 작업을 반복하면 5개의 해시, 3개, 2개, 1개가 생긴다.[5] 이 마지막 해시는 머클 루트라고 한다. 이 전체 구조는 그림 6.3과 같이 나타난다.

이와 같은 구조의 목표는 전체 데이터 세트를 저장하거나 전송하는 것이 아니라 컴퓨터 간에 쉽게 저장하고 교환할 수 있을 만큼 작은 형태로 존재의 증명을 저장하는 것이다.

---

5 5는 홀수이므로 다섯 번째 요소가 복제되고(이제 6개의 요소가 있음) 자체 그룹화된다. 따라서 다음 라운드에서 3개의 해시가 생성된다. 이 라운드의 세 번째 요소에 대해서도 동일한 프로세스가 반복된다. 복제되고(이제 4개의 요소가 있음) 다음 라운드에서 두 개의 해시가 생성되도록 자체적으로 그룹화된다.

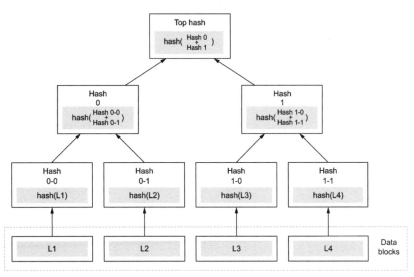

그림 6.3 머클 트리에서는 트리에 포함된 모든 트랜잭션에 대해 고유한 해시가 생성될 때까지 다른 트랜잭션이 해시된다.

머클 트리 검색

컴퓨터(비트코인과 같은 블록체인의 **노드**로서 블록에 있는 모든 트랜잭션의 로컬 사본을 가지고 있음)는 특정 정보(⑩ 비트코인 트랜잭션)가 머클 트리 내에 존재하는지 빠르게 검증할 수 있다. 이렇게 하려면 시스템에 다음과 같은 **증명 정보**만 있으면 된다.

- 정보(트랜잭션 해시 등)의 해시인 **리프** 해시.[6]
- **머클 루트** 해시.
- 루트 **경로**를 따르는 해시. 루트 경로는 리프에서 루트까지의 경로이며, 리프에서 머클 루트까지의 경로에 있는 해시를 계산하는 데 필요한 형제 해시로 구성된다.

전체 트랜잭션을 검증하는 대신 시스템이 머클 트리에 특정 해시가 있는지 빠르고 효율적으로 검증할 수 있다. 이는 데이터 무결성을 보장하는 데 도움이 될 수 있으며, 합의 알고리즘에서도 사용되어 컴퓨터가 다른 사람들과의 트랜잭션에 대해 거짓말을 하고 있는지 여부를 밝힐 수 있다.

머클 트리는 주로 다음의 용도로 사용된다.

- **스토리지 최적화**: 대량 데이터의 경우 전체 데이터 세트를 저장할 필요가 없다.
- **검증 속도**: 검증을 위해 전체 데이터 세트가 아닌 몇 개의 데이터 지점만 필요하다.

머클 트리를 조작할 수 없도록 만드는 핵심 개념은 특정 해시 값이 있는 메시지를 찾으려고 시도하는 공격인 **역상 공격**에 대한 해시 함수의 저항이다. 간단히 말해서 머클 루트까지 경로의 각 수준에 대

6　[옮긴이] 리프 해시(leaf hash): 트리의 말단 노드인 더 이상 자식이 없는 노드를 의미하는 리프 노드의 해시를 의미

한 결과 해시를 계산하여 값이 머클 트리에 속하는지 쉽게 검증할 수 있다. 그러나 특정 해시를 생성하는 데 사용된 입력 값을 찾을 수는 없다. 해싱은 단방향 함수이므로 해시에서 원래 입력된 값을 검색하는 것이 계산적으로 불가능하다는 것을 의미한다.

6.4.3 패트리샤 트라이

우리는 프로토콜(예 비트코인 프로토콜)에 대한 머클 트리의 가치를 확인했다. 이 개념을 바탕으로 이제 **패트리샤 트라이**Patricia trie('trie'라는 단어는 'reTRIEval(검색)'에서 나옴)라는 또 다른 흥미로운 암호화 데이터 구조에 초점을 맞춘다. 이러한 트라이는 해시 대신 영숫자 문자열로 구성된다. 하지만 먼저 트라이가 무엇이고, 왜 SSI에서 필요한지부터 알아보자.

기수 트라이(radix trie 또는 'compact prefix trie')는 루트 값을 가진 계층 트리 구조와 상위 노드를 가진 하위 트리처럼 보이는 데이터 구조로, 연결된 노드 집합으로 표시된다. 기수 트라이의 미묘한 차이점은 노드가 정보를 저장하지 않는다는 것이다. 문자열에 분할이 있는 트라이에서 위치를 나타내기 위해서만 존재한다. 키를 알고 있기 때문에 알고리즘은 이전 접두사(**가장자리 레이블**)를 재조립하여 트라이에서 해당 위치로 이끄는 방법을 알고 있다. 그림 6.4는 사전의 단어들을 사용한 예를 보여준다.

패트리샤PATRICIA는 'Practical Algorithm To Retrieve Information Coded In Alphanumeric'의 약자이다. 도널드 R. 모리슨Donald R. Morrison이 1968년에 처음으로 패트리샤 트리Patricia trees라고 하면서 설명했다. 패트리샤 트라이는 방금 살펴본 트리의 변형이다. 하지만 노드에는 모든 키를 명시적으로 저장하는 대신 첫 번째 비트의 위치만 저장되므로 두 하위 트리가 구별된다. 따라서 패트리샤 트라이는 표준 바이너리 트라이보다 컴팩트하여 공통 접두사를 찾는 속도가 빨라지고 스토리지 측면에서는 가벼워졌다.

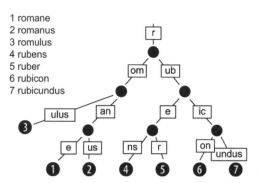

그림 6.4 기수 트라이(Radix trie)에서 노드는 정보를 저장하지 않는다. 노드는 트라이에서 위치를 나타내는 지표이다. 알고리즘은 단어를 찾기 위해 트라이를 통해 '키'라는 경로를 따라간다. 위치 6의 노드를 키로 삼고 알고리즘처럼(위에서 아래로) 트라이를 통해 'rubicon'이라는 단어로 재구성된다.

6.4.4 머클-패트리샤 트라이: 하이브리드 접근법

머클 트리와 패트리샤 트라이는 속도, 메모리 효율성 또는 코드 단순성과 같이 프로토콜을 최적화해야 하는 측면에 따라 다양한 방식으로 데이터 구조를 생성하는 데 사용할 수 있다. 특히 흥미로운 조합의 예는 이더리움Ethereum 프로토콜(https://ethereum.github.io/yellowpaper/paper.pdf#appendix.D)에서 찾을 수 있는, 수정된 머클 패트리샤 트라이Merkle Patricia trie, MPT[2]이다. MPT는 또한 SSI 인프라에서 사용하도록 설계된 코드베이스인 5장에서 논의된 하이퍼레저 인디 분산 원장의 아키텍처 기반을 구성한다.

모든 MPT 노드에는 키라는 해시 값이 있다. 키-값은 MPT의 경로이다. 그림 6.4의 기수 트라이에서 살펴본 것과 같다.

MPT는 **암호화 방식으로 인증된 데이터 구조**를 제공하며, 이를 통해 키-값 바인딩을 완전히 확정적으로 저장할 수 있다. 즉, 동일한 시작 정보가 제공되면, $O(\log(n))$[7] 효율성으로 동일한 트라이를 얻게 된다.

6.5 증명

증명proof은 계산상의 사실이 참임을 설명하기 위해 암호화를 사용하는 방법이다. 예를 들어, 패트리샤 트라이를 통해 전체 집합을 저장하지 않고도 대규모 데이터의 집합이 올바른지 **입증**할 수 있다. 이는 블록체인에 매우 유용하다. 예를 들어 지난 24시간 동안의 거래를 모두 저장하는 대신 새로운 '증명 정보'만 **온체인**on-chain에 저장하면 되기 때문이다. 나머지 데이터는 **오프체인**off-chain에 안전하게 저장할 수 있다. 온체인에 저장된 데이터의 나머지 부분이 명확하지 않으면 누구도 데이터를 조작할 수 없다.

> **NOTE** **온체인**(On-chain) 거래는 공개 원장에 반영되어 블록체인 네트워크 상의 모든 참여자들이 볼 수 있다. **오프체인**(Off-chain) 거래는 둘 이상의 당사자 간의 양도 계약이다.

온체인과 오프체인 기능을 결합한 하이브리드 시스템은 일부 블록체인의 한계(๗ 확장성, 개인정보보호)를 극복하는 데 사용된다. 이는 개인 정보를 오프체인으로 유지하여 보호해야 하는 경우가 많은 SSI와 같은 애플리케이션에 특히 유용하다. 하이브리드 시스템을 통해 소프트웨어 설계자는 두 가지 장점을 모두 활용할 수 있다.

이전에 논의한 바와 같이, 디지털 서명도 증명의 한 형태이다. 공개키를 알고 있지만 개인키를 모르는 사람은 해당 개인키를 사전에 알고 있는 사람이 실제로 특정 서명을 생성했음을 증명할 수 있다. 서

---

7 옮긴이 대문자 O 표기법(빅-오): 점근 표기법(asymptotic notation)의 한 가지로, 어떤 함수의 증가 양상을 다른 함수와의 비교로 표현하는 수론과 해석학의 방법이다. 알고리즘의 복잡도를 단순화할 때나 무한급수의 뒷부분을 간소화할 때 쓰인다(위키피디아).

명한 **증명자**는 키에 대한 정보를 공개하지 않고(메시지와 서명만 공개) 그 정보(개인키)에 대해 알고 있음을 **검증자**에게 증명할 수 있다.

6.5.1 영지식증명

이제 서명과 서명된 메시지의 일부를 비밀로 유지하는 것이 가능한지 상상해 보자. 알려진 유일한 내용은 선택적으로 공개된 메시지의 일부와 증명자가 서명을 '알고' 있다는 것이다. 이것이 **영지식증명** zero-knowledge proof, ZKP 암호화의 목표이다.

영지식증명은 다음과 같은 세 가지 특성을 가져야 한다[3].

1. **완전성**completeness: '문장이 정말 참이고 두 사용자 모두 규칙을 제대로 따른다면, 검증자는 인위적인 도움 없이도 납득할 수 있을 것이다.'
2. **건전성**soundness: '진술이 거짓인 경우 검증자는 어떤 시나리오에서도 납득할 수 없다.' 이 방법은 거짓일 확률이 0과 같은지를 보장하기 위해 확률적으로 확인된다.
3. **영지식**zero-knowledge: '모든 경우에 검증자는 더 이상 정보를 알 수 없을 것이다.'

디지털 서명 증명과 같은 모든 대화형 증명 시스템에는 속성 1과 2가 필요하다. 속성 3은 증명을 '영지식'으로 만드는 것이다.

5장에서 설명했고 8장에서 더 자세히 설명하겠지만, 영지식 디지털 서명은 몇몇 검증 가능한 자격증명 시스템과 함께 사용된다. 다른 영지식증명에는 산술 연산 회로[8] 기반 증명 시스템의 'zk-S*ARK' 계열이 있다.

1. **'zk-SNARK(개인정보보호와 합의에 최적화됨)'**: 이것은 지식에 대한 영지식의 간결한 비대화식 논증이다. 지캐시Zcash[9]와 같은 블록체인 프로토콜에서 송신자 및 수신자와 관련된 정보와 거래 금액 자체를 숨기는 동시에, 네트워크에서 이 트랜잭션을 검증하고 블록체인에서 확인할 수 있도록 한다.
2. **'zk-STARK(확장성과 투명성에 최적화됨)'**: 엘리 벤-새슨Eli Ben-Sasson이 도입한 영지식증명 형식은 그들이 나타내는 데이터 집합을 기준으로 기하급수적으로 확장하여 훨씬 빠르게 검증할 수 있는 증명을 제공한다.

---

8 〔옮긴이〕 산술 연산 회로(arithmetic-circuit): 사칙연산(+, −, *, /) 등의 산술 연산을 수행할 수 있는 회로(위키피디아)

9 〔옮긴이〕 Zcash: Zerocoin 프로젝트에서 파생된 암호화폐이다. 암호화폐 사용자들의 익명성을 높이기 위한 목적으로 만들어졌다(위키피디아).

6.5.2 SSI용 영지식증명 애플리케이션

영지식증명은 다른 민감한 개인 신원 정보를 완전히 공개하지 않고도 개인의 자격증명에 관한 정보를 증명하는 데 매우 유용할 수 있다. 필요한 것보다 더 많은 개인 데이터를 공개하지 않고도 서비스에 접근할 수 있는 권리가 있음을 증명해야 하는 모든 시나리오는 영지식증명의 잠재적인 대상이 될 수 있다. 다음 절에서는 SSI의 여러 가지 사례를 살펴보겠다.

개인정보보호와 개인 통제

개인정보보호에 대한 우려로 인해 데이터 수집, 저장 및 사용 방식에 큰 변화가 일어나고 있다. 지속적인 데이터 침해에 대한 뉴스 보도는 개인정보의 취약한 보안에 대한 국민들의 불안감을 증가시켰고, 정치적 논란은 완전하고 명확한 개인의 동의 없이 개인정보를 수집하고 판매하는 것에 대한 경종을 울렸다.

개인 데이터의 가용성이 낮으면 신원 도용과 부정 행위를 줄일 수 있다. 이를 위한 가장 좋은 방법은 EU의 GDPRGeneral Data Protection Regulation과 같은 데이터 보호 규정 측면에서 '정보 주체data subject'인 사람들이 온라인 리소스에 접근하기 위해 공개해야 하는 정보를 개인별로 쉽고 실질적으로 통제할 수 있게 하는 것이다.

서명 블라인딩

기존의 공개키/개인키 암호화를 사용하면 디지털 서명이 공개키만큼 상호 연관성이 높다. 영지식 암호화 방법은 **실제 서명을 드러내지 않는다.** 대신, 그들은 유효한 서명의 암호 증명만 보여준다. 서명 보유자만이 인증 정보를 인증자에게 제공하는 데 필요한 정보를 가지고 있다. 이는 영지식증명 서명은 서명자와의 상관 관계의 위험을 증가시키지 않고, 자동으로 서명자를 사칭하는 것으로부터 보호한다는 것을 의미한다.

선택적 공개

선택적 공개는 자격증명에 포함된 모든 속성('클레임')을 공개할 필요가 없음을 의미한다. 예를 들어, 이름만 입증하면 되는 경우에는 주소나 전화번호를 공개하지 않아도 된다. 마찬가지로, 검증자는 트랜잭션을 완료하는 데 필요한 것보다 더 많은 데이터를 수집하지 않아도 된다. 선택적 공개는 개인에게만 이득이 되는 것이 아니라, 검증자가 필요하지 않은 개인 데이터를 취급하거나 보유해야 하는 책임도 줄여준다.

영지식 암호화를 통해 자격증명 보유자는 **어떤 방식으로든 자격증명 발급자를 참여시킬 필요 없이,** 사례별로 어떤 속성을 공개하고 보류할 것인지를 선택할 수 있다. 또한 자격증명에 포함된 모든 속성에 대해 영지식증명은 다음과 같은 두 가지 선택적인 공개 옵션을 제공한다.

- 속성이 자격증명에 존재하는지 증명하되 그 속성의 값은 드러내지 않는다.
- 다른 속성을 드러내지 않고 하나의 속성 값만 드러낸다.

술어 증명

술어 증명은 속성 값에 대한 참/거짓 질문에 답하는 증명이다. 예를 들어 자동차 렌트 회사에서 귀하가 자동차를 렌트할 수 있는 나이라는 증거를 요구하는 경우 정확한 생년월일을 알 필요가 없다. '18세 이상입니까?'라는 질문에 대한 검증 가능한 답변만 있으면 된다.

영지식 방식을 사용하여, 검증자에게 제시할 때 **발급자의 개입 없이** 자격증명 보유자에 의해 술어 증명이 생성된다. 예를 들어, '이름, 생년월일 및 주소' 속성을 가진 자격증명은 프레젠테이션을 통해 자신의 이름을 밝히고 18세 이상임을 증명하는 동시에 다른 모든 것을 보류할 수 있다. 같은 자격증명을 다른 프레젠테이션에 사용하여 25세가 넘었다는 증거와 주소만 공개하면서 생년월일은 공개하지 않을 수 있다.

다중 자격증명

영지식증명 기반의 검증 가능한 자격증명의 또 다른 이점은 보유자의 지갑에 있는 모든 자격증명에 걸쳐 증명을 생성할 수 있다는 것이다. 검증자는 특정 발급자의 특정 인증 정보 콘텍스트에서 특정 속성을 요청할 필요가 없다. 그러나 검증자는 필요한 경우, 즉 속성이 특정 자격증명 및 발급자의 것이어야 한다고 명시할 수 있다. 보유자의 지갑에 있는 모든 영지식증명 기반 자격증명에 대한 속성 집합의 증명을 요청하는 것만으로도 검증자의 업무가 훨씬 수월해지고 선택적 공개가 크게 촉진된다.

해지

발급자가 자격증명을 해지해야 하는 이유는 여러 가지가 있다. 데이터가 변경되었거나, 보유자가 더 이상 자격을 갖추지 못했거나, 자격증명이 잘못 사용되었거나, 자격증명이 잘못 발급된 경우 등이다. 이유와 상관없이 인증 정보를 해지할 수 있다면, 그 인증 정보의 현재 해지 상태를 검증할 수 있어야 한다.

이 장의 앞부분에서 설명한 바와 같이, 암호화 누산기와 같은 영지식 방식을 통해 검증자는 해지된 자격증명 목록(개인 정보에 심각한 영향을 미칠 수 있음)을 공개하지 않고 자격증명이 해지되지 않았음을 검증할 수 있다. 보유자는 해지되지 않은 증명서를 생성할 수 있으며, 검증자는 공개 원장에 있는 해지 목록과 대조하여 이 증명서를 검증할 수 있다. 자격증명이 **해지되지 않았다면** 증명이 검증되고, 해지되었다면 증명은 실패할 것이다. 그러나 검증자는 암호화 누산기에서 다른 정보는 확인할 수 없다. 따라서 네트워크 감시자(모니터)가 보유자의 자격증명 프레젠테이션의 상관 관계를 분석할 수 있는 방법이 줄어든다.

반-상관성

상관 관계는 여러 상호 작용의 데이터를 단일 사용자에게 연결하는 기능이다. 상관 관계는 검증자, 함께 작업하는 발급자와 검증자, 또는 네트워크에서 상호 작용을 관찰하는 제3자에 의해 수행될 수 있다. **인증되지 않은 상관 관계**란 사용자의 동의 없이 또는 알지 못하는 사이에 사용자에 대한 데이터를 수집하는 경우이다. 여기에는 개인 트랜잭션을 실명화하는 당사자가 포함된다. 예를 들어, 어떤 사람이 자격증명을 사용하여 법적 신원을 증명하여 선거에서 투표할 권한이 있다고 가정해보자. 그런 다음 익명으로 처리해야 하는 비밀 투표 용지를 제출한다. 투표 데이터를 실명화하고 그 사람의 자격 증명을 비밀 투표 용지와 연관시킬 수 있는 경우 투표는 특정 유권자와 연결될 수 있다. 이것은 보복 및 기타 부정적인 결과를 초래할 수 있기 때문에 민주적 절차에 대한 명백한 위반이다.

상관 관계를 줄이는 한 가지 방법은 **공개 데이터 최소화**를 통한 것이다. '선택적 공개'와 '술어 증명' 절에서 앞서 설명한 것처럼 트랜잭션을 완료하는 데 필요한 정보만 공유하는 것이다.

상관 관계를 줄이는 두 번째 방법은 여러 트랜잭션에서 동일한 고유 식별자를 사용하지 않는 것이다. 정부 ID 번호, 휴대폰 번호 및 재사용 가능한 공개키와 같은 고유 식별자를 통해 관찰자는 여러 상호 작용을 단일 사용자에 쉽게 연결할 수 있다. 영지식증명은 모든 거래에 대해 고유한 증명을 생성하여 이러한 연결성을 회피한다.

상관 관계는 완전히 제거할 수는 없으며, 범죄 기록 검색과 같은 **의도적인 상관 관계**가 비즈니스 요구 사항인 경우도 있다. 영지식 방식의 목표는 **의도하지 않은 상관 관계**의 확률을 줄이고, 상관 관계의 수준에 대한 제어를 자격증명 보유자의 손에 맡기는 것이다.

6.5.3 증명과 진실성에 대한 최종 참고 사항

앞서 논의한 바와 같이 검증 가능한 자격증명은 사실로 검증할 수 있는 하나 이상의 암호화 증명을 포함하기 때문에 '검증 가능'하다. 일부 VC 증명은 여러 가지 작은 증명으로 구성된다. 예를 들어, 정부에서 서명한 디지털 출생 증명서에 대한 클레임을 기반으로 내 이름이 사실임을 증명하려면 다음 사항도 증명해야 한다.

- 나**에게** 출생 증명서가 발급되었다.
- 나**에 대한** 출생 증명서가 발급되었다.
- 출생 증명서는 사실상 정부가 발급한 것이다.
- 출생 증명서는 변조되지 않았다.

이런 증명에도 불구하고, 검증자는 정부가 실수한 것이 아니라는 것을 확인할 필요가 있다. 즉, 자격증명의 **무결성**을 입증한 후에도(즉, 변경되지 않았고, 나에 대한 것이며, 정부에서 발급한 것임), 검증자는 발급자(이는 거버넌스 프레임워크가 작동하는 또 다른 곳이다. 11장 참조)에 대한 신뢰 수준을 넘어서 자격증명에 있는 데이터(즉, 사실인지 여부-일부는 **유효성**이라는 용어도 사용)의 **정확성**을 보장하지는 않는다.

이는 모든 암호화 사용에 적용된다. 예를 들어, 블록체인 네트워크에 전송된 정보가 저장되기 전에 검증되지 않으면, 잘못된 정보가 변경 불가능한 블록체인에 저장된다('가비지 인, 가비지 아웃garbage in, garbage out'). 정보가 단순히 암호화되었으므로 정확하다는 가정은 위험하다. 특히 시스템에 오류를 일으키지 않고 스마트 컨트랙트와 같은 다른 암호화 구성 요소에 제공되는 경우 더욱 그렇다.

요점은 블록체인 기술에 사용되는 암호화 속성이 시스템이 무엇이 진실인지 거짓인지를 알 수 있도록 도와줄 수 없으며, 단지 무엇이 언제 저장되었는지 만 알 수 있다는 것이다. 암호화는 데이터의 **무결성**과 **추적 가능성**을 검증할 수 있기 때문에 SSI에 필수적이지만, **정확성**이나 **유효성**은 검증할 수 없다. 암호화 증명이 최첨단이거나 얼마나 복잡한지와 관계없이, 데이터에 대한 계산적 사실만 증명할 수 있으나, 현실 세계에 대한 사실을 증명할 수는 없다. 인간만이 그렇게 할 수 있다(적어도 매우 진보된 인공지능을 갖기 전까지는).

그러나 암호화 증명은 인간이 진실성과 유효성에 대한 결정을 내리는 데 도움이 **될 수** 있다. 예를 들어, 특정 종류의 증명은 **부인 방지**를 가능하게 할 수 있다. 부인 방지는 누군가가 암호화로 검증 가능한 작업을 수행할 때, 나중에 해당 작업을 수행하지 않았다거나 다른 누군가가 했다고 주장할 수 없는 속성이다. 부인 방지는 또한 어떤 사람이 허가없이 다른 사람에 대한 정보를 추가하거나 삭제하는 것을 방지한다. 따라서 부인할 수 없는 증명은 디지털 상호 작용에 대한 인간의 책임을 높이는 데 도움이 된다.

이 장에서 우리는 블록체인 기술이 매우 강력한 보안 속성을 가진 고도로 분산된 시스템에 암호화가 대규모로 구축될 수 있음을 증명했기 때문에 SSI의 출발점이 되었다는 것을 보여주었다. SSI는 SSI 생태계 참여자의 신원과 속성에 대한 디지털 사실을 증명하는 암호화를 활용하여 다음 단계를 수행한다. 5장에 설명된 SSI 아키텍처의 모든 레이어는 이 장에 설명된 암호화 구조(해시 함수, 암호화, 디지털 서명, 검증 가능한 데이터 구조와 증명)를 사용한다.

다음 장에서는 이 모든 암호화(신뢰 삼각형 전체에 걸쳐 '신뢰 전달자')에 의해 활성화된 핵심 데이터 구조에 대해 알아볼 것이다.

참고문헌

[1] Hackage. 2018. "Merkle-Tree: An Implementation of a Merkle Tree and Merkle Tree Proofs of Inclusion." http://hackage.haskell.org/package/merkle-tree.

[2] Kim, Kiyun. 2018. "Modified Merkle Patricia Trie—How Ethereum Saves a State." CodeChain. https://medium.com/codechain/modified-merkle-patricia-trie-how-ethereum-saves-a-state-e6d7555078dd.

[3] Goldwasser, S., S. Micali, and C. Rackoff. 2018. "The Knowledge Complexity of Interactive Proof Systems." SIAM Journal of Computing 18 ⑴, 186–208. https://dl.acm.org/citation.cfm?id=63434.

검증 가능한 자격증명[1]

데이비드 W. 채드윅David W. Chadwick, 다니엘 C. 버넷Daniel C. Burnett

검증 가능한 자격증명verifiable credential, VC은 SSI 아키텍처의 핵심이다. 이 장에서는 VC가 어떻게 발전했는지, 데이터 구조로서의 형태, 지원되는 다양한 형식 및 디지털 서명 옵션, W3CWorld Wide Web Consortium에서 VC가 표준화된 방법에 대해 알아본다. 이번 장은 W3C 검증 가능한 자격증명 데이터 모델Verifiable Credentials Data Model 1.0 표준의 주요 저자이며, 켄트 대학의 정보 시스템 보안 교수 데이비드 채드윅David Chadwick과 엔터프라이즈 이더리움 얼라이언스Enterprise Ethereum Alliance의 전무 이사이자 컨센시스ConsenSys의 전 블록체인 표준 설계자인 다니엘 버넷Daniel Burnett이 안내한다. 다니엘은 또한 VC 표준을 만든 W3C 검증 가능한 클레임 워킹 그룹Verifiable Claims Working Group의 공동 의장을 역임했다.

우리 모두는 매일 검증 가능한 자격증명의 물리적 버전을 여러 차례 사용하고 있다(비록 알지 못하더라도). 예를 들면, 신용카드, 운전면허증, 여권, 회원카드, 버스 탑승 카드 등이 있다. 이와 같은 것들은 우리에게 많은 혜택을 주기 때문에 우리는 이것들을 없이는 살 수 없다. 사실, 우리에게 그러한 혜택을 제공하지 않는다면 우리는 굳이 그것들을 가지고 있지 않을 것이며, 의미도 없을 것이다.

그러나 안타깝게도, 플라스틱 카드와 종이 증명서는 분실하거나 어디에 두었는지 잊어버리거나 혹은

---

1 옮긴이 7장 '검증 가능한 자격증명(verifiable credential, VC)'을 읽기 전에 8장 '분산 식별자(decentralized identifier, DID)'를 먼저 읽기 바란다. 기본적으로 VC는 DID를 생성한 이후에 발급되어 활용되기 때문이다.

도난당할 수도 있다. 더 나쁜 것은 여러분이 알지 못하는 사이에 누군가가 그것들을 복사하거나 복제할 수 있다는 것이다. 하지만 더 중요한 것은, 모든 세부 정보를 웹 양식에 입력하지 않는 한 온라인에서 사용할 수 없다는 점이다. 웹 양식에 세부 정보를 입력하는 것은 시간이 많이 걸리고 오류가 발생하기 쉬우며 개인 정보를 침해하기 쉽다. 이제 W3C의 완전한 개방형 표준이 된 VC(https://www.w3.org/TR/vc-data-model)를 통해 사용자들은 오늘날 생성된 물리적 VC를 디지털 VC로 변환하여 휴대폰, 태블릿, 노트북 및 기타 기기에 넣고 다니면서 화면을 가리키고 클릭하기만 하면 온라인에서 사용할 수 있다.

이러한 사용 편의성과 더불어 디지털 VC를 통해 다음과 같은 다른 이점도 제공해 준다.

- 복사하거나 복제할 수 없다.
- 훔치기가 매우 어렵다(공격자는 전자 기기와 그 기기를 인증하는 데 사용하는 방법도 함께 훔쳐야 한다).
- 선택적 공개(검증 가능한 데이터의 일부만 공개)를 지원하기 때문에 개인정보보호를 더욱 강화한다.
- 최소 권한(최소 승인이라고도 함: 필요한 작업만 수행할 수 있는 권한만 있고 그 이상은 없음)을 지원하므로 더 안전하다.
- 발급 비용이 거의 들지 않는다.
- 플라스틱 카드처럼 부피가 크지 않아 휴대하기에 좋다.
- 다른 사람이 사용할 수 있도록 위임이 가능하다(발급자가 허용하는 경우).

7.1 VC 사용의 예시

거의 매일 물리적 자격증명을 사용하는 것과 동일한 분야에 VC를 사용할 수 있지만, VC는 디지털 형태이므로 훨씬 더 많은 용도로 사용할 수 있다. 다음은 몇 가지 일반적인 사용 시나리오이다.

7.1.1 은행 계좌 개설

빅뱅크BigBank에서 은행 계좌를 개설한다고 상상해보자. 빅뱅크의 현지 지점을 방문하면 직원이 고객확인Know Your Customer, KYC 절차를 위해 두 가지 공식적인 신분증을 제시하도록 요구한다. 하지만 안타깝게도 여권과 각종 공과금 영수증을 집에 두고 왔다. 다행히 은행에서는 W3C VC 사용을 지원하며, 여러분이 항상 가지고 다니는 휴대폰에는 마침 수십 개의 VC가 저장되어 있다.

여러분은 국적, 이름 및 나이를 확인할 수 있는 정부에서 발급한 여권 VC와 현재 거주지 주소를 확인할 수 있는 건강보험 VC를 선택한다. VC 모두 여러분 얼굴이 나오는 디지털 이미지를 포함하고 있다. 은행은 정부와 보험회사를 신뢰하기 때문에, 이 VC들을 여러분의 이름과 주소에 대한 증빙 자료로 받아들일 수 있으며, 계좌 개설 신청서를 작성하는 사람이 정말 여러분이라는 것을 신뢰한다. 이를 통해 은행은 여러분의 계좌를 개설하고 여러분의 신원을 확신할 수 있다.

따라서 은행에서는 은행 계좌의 세부 정보를 제공하는 새로운 VC를 발급하고 이를 휴대폰의 VC에 추가한다. 새롭게 발급된 VC는 다양한 방법으로 사용할 수 있다. 이 은행 계좌의 세부 정보를 온라인 경매, 결제, 쇼핑 계좌에 추가하거나, 고용주에게 월급을 지불하도록 제공해 주거나, 다른 은행에서 고금리 저축 계좌를 신규 개설할 때도 사용할 수 있다.

7.1.2 무료 지역 복지 카드의 발급

여러분이 만 65세 이상의 경로우대자 또는 핏스포츠FitSports 클럽 회원이라면, 지역 주민센터 또는 핏스포츠에서 발급한 VC를 가지고 있을 것이며, 해당 지역에서 지하철을 무료로 이용할 수 있거나 핏스포츠에서 운영하는 모든 레저 센터에 입장할 수 있다. 지하철을 타거나 핏스포츠에 갈 때마다 NFC 근접식 판독기에 휴대폰을 올려놓기 만하면, 전철 무료탑승 패스 또는 핏스포츠 멤버십 VC 사본을 운영자에게 전송하고, 운영자는 지하철 또는 핏스포츠에 대한 무제한 무료 접근 권한을 부여한다.

여러분은 온라인으로 신청하고 수수료를 지불하여 VC를 정기적으로 갱신해야 한다. 웹 사이트에서 자신을 인증하는 데 사용자 이름 또는 비밀번호는 필요가 없다. 대신 신용 카드 VC(결제용)와 함께 기존 VC를 제시하기만 하면 된다. 그러면 새로운 만료 날짜로 갱신된 VC가 발급되고, 휴대폰의 이전 VC는 자동으로 갱신된다.

7.1.3 디지털 처방전의 사용

여러분은 아파서 의사를 만나 진료를 받고, 페니실린을 처방받는다. 처방전은 VC의 형태로 작성되는데, 여러분은 주체(발급 대상자)이고, 의사는 발급자이며, 내용은 처방받은 약이다.

그러나 여러분은 약국에 직접 가서 약을 받을 만큼 몸이 좋지 않아서, 아내에게 대신 약을 받아줄 것을 부탁한다. 여러분은 처방전 VC를 아내의 휴대폰으로 전송하고, 여러분(발급자)은 그녀가 여러분의 아내임을 보여주는 속성이나 특성을 나타내는 부부 관계 VC를 아내(주체[발급 대상자])에게 발급한다.

> **NOTE** 일부 신원 관리 시스템은 주체의 **특성**(subject's attribute)[2] 또는 **신원 특성**(identity attribute)이라고 말하고, 다른 시스템에서는 주체의 **개인 식별 정보**(Personal Information 또는 PII)라고도 한다. VC 사양은 주체의 속성(subject's properties)이라고 한다. 우리는 **특성**(attribute), **신원 특성**(identity attribute) 또는 PII와 동의어라는 것을 이해하고 이 장 전체에서 **속성**(property)이라는 용어를 사용한다.

---

2   옮긴이 '속성'이라고도 한다.

여러분의 아내는 약국에 가서 처방전 VC와 관계 VC를 제시한다. 약사는 처방전을 발급한 사람을 확인하고, 서명한 의사를 알고 있고 이전에 의사(면허증) VC를 확인했었기 때문에, 흔쾌히 아내에게 처방약을 제공한다. 약사는 향후 감사를 위해 이 모든 정보를 감사 로그에 기록한다.

이러한 시나리오는 VC가 온라인과 실제 세계에서 삶을 크게 단순화할 수 있는 몇 가지 예일 뿐이다. VC는 다음 두 가지 목적으로 만들어졌다.

- 현재 디지털 지갑에 보관하고 있는 인증 정보의 디지털 버전을 제공하기 위해.
- 신원을 정의한 다음 정보를 첨부하여, 식별자에 대한 '하향식'이 아니라 식별자에 대한 일련의 클레임으로 신원을 '상향식'으로 증명할 수 있도록 하기 위해.

이 장의 나머지 부분에서는 이러한 점을 설명하고 VC의 기술적 세부 사항에 대해 자세히 살펴본다.

7.2 VC 생태계

이전 예에서 볼 수 있듯이, VC 생태계에는 여러 엔티티와 역할이 관련되어 있다. 이러한 엔티티와 역할은 그림 7.1에 나와 있다.

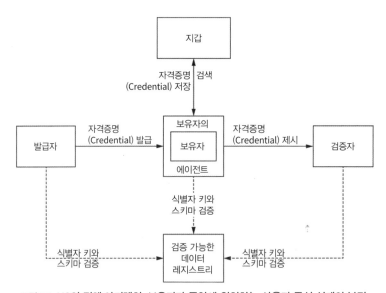

그림 7.1 **VC의 전체 아키텍처, 보유자가 중앙에 위치하는 사용자 중심 설계의 본질.**

NOTE 익숙해지는 데 도움이 되도록, 이 절에서 공식 W3C VC 사양에 정의된 특정 역할에는 굵은 글씨로 표기한다. 이후 절에서는 표준 일반 명사와 동일하게 표기한다.

VC 아키텍처의 구성 요소는 다음과 같다.

- **발급자**issuer: 사용자에게 VC를 발급하는 엔터티이다. 대부분의 경우 사용자는 주체이지만, 어떤 경우에는 그렇지 않을 수 있다. 예를 들어, 대상이 애완 고양이이고 VC가 예방 접종 인증서인 경우 발급자는 고양이 반려인에게 VC를 발급한다.
- **주체**subject: VC에 저장되는 속성의 엔터티이다. 주체는 정체성(신원)이 있는 모든 것이 될 수 있다. 사람, 조직, 인간이 만든 것, 자연적인 것, 논리적인 것 등이다.
- **보유자**holder: 현재 VC를 보유하고 **검증자**에게 제시하는 엔터티이다. 대부분의 경우 **주체**와 보유자는 동일하지만, 앞서 설명한 처방전과 고양이의 예에서 보았듯이 항상 그런 것은 아니다.
- **검증자**verifier: **보유자**로부터 VC를 받아 주체에게 혜택(서비스)을 제공하는 엔터티이다.
- **지갑**wallet: 보유자의 VC를 보관하는 엔터티이다. 대부분의 경우 지갑은 보유자 에이전트에 통합되어 있지만, 이 모델을 통해 클라우드 스토리지 지갑과 같은 원격 지갑이 존재할 수 있다.
- **보유자 에이전트**holder's agent: 보유자를 대신하여 VC 생태계와 상호 작용하는 소프트웨어다. 이것은 휴대폰에 로드되는 앱이거나 노트북에서 실행되는 프로그램일 수 있다.
- **검증 가능한 데이터 저장소**verifiable data registry: 개념적으로 VC 생태계 운영을 지원하는 모든 필수 데이터와 메타데이터를 포함하는 인터넷 접근 가능 저장소이다. 이 저장소에 저장할 수 있는 데이터 및 메타데이터 유형의 예는 아래와 같다.
  - **발급자**의 공개키
  - VC가 포함할 수 있는 모든 속성에 대한 스키마 또는 온톨로지, 해지된 VC의 해지 리스트
  - **발급자**가 권위 있다고 말하는 주체 속성(예를 들어, 미국 연방정부는 사회 보장 번호와 여권 세부 정보를 기재할 수 있고, 대학은 학위 및 성적 증명서를 기재할 수 있음)

실제로, 현재는 이러한 구성 요소에 대한 표준이 없기 때문에, 초기에는 다양한 **검증 가능한 데이터 저장소**가 존재할 것으로 예상된다. VC는 블록체인과 분산 원장이 분산되고 **검증 가능한 데이터 저장소** 역할을 할 수 있는 가능성으로 인해 대중화되었다. 그러나 블록체인이 유일한 옵션은 아니다. 일부 **검증 가능한 데이터 저장소**는 중앙형으로 관리될 수 있으며, 또 일부는 광범위하게 분산되지만 다른 기술에 기반하고, 다른 일부는 가상 및 사전 구성되어 **보유자의 소프트웨어 에이전트**로 구성되어 있다. 이는 표준이 발전함에 따라 장기적으로 변경될 수 있지만 현재로서는 이러한 저장소가 실제 VC 생태계가 효과적이고 효율적으로 작동하는 데 필수적임을 나타내는 지표이다.

VC 생태계는 **생태계** 또는 **신뢰 네트워크**에서 함께 작동하는 많은 **발급자, 검증자, 보유자** 및 레지스트리 서비스로 구성된다. 일반적인 생태계의 구성 요소는 다음과 같이 운영될 수 있다.

1. **검증자**는 지원되는 서비스에 대해 **보유자**에게서 VC를 수락하는 정책을 정의한다. VC 생태계의 한 가지 주목할 만한 기능은 **검증자**가 다양한 서비스를 제공할 수 있으며, 각 서비스의 정책이

다를 수 있다는 점이다. 그러면 **검증자**가 요청된 서비스에 필요한 주체의 속성만 요청하면 되므로 **최소 권한** 기능을 제공하는 데 도움이 된다. 각 정책에는 **검증자**가 이 서비스의 VC를 발급하기 위해 신뢰하는 **발급자**가 명시되어 있다. 예를 들어, 피자 웹 사이트에는 피자의 온라인 주문, 사용자는 비자 또는 마스터카드에서 발급한 신용 카드 VC(결제), 원하는 경우 자체 발급된 선호 고객 VC 또는 전국학생회에서 발급한 학생 VC(주문 시 10% 할인 청구)를 제시해야 한다.

2. 다양한 **발급자**는 1단계 전후 또는 동시에 그들의 **주체**에게 VC를 발급하고, 이를 디지털 지갑에 저장한다. 경우에 따라 VC는 **주체**가 아니거나(예 애완동물 백신 VC) 여러 **주체**(예 혼인 증명 VC)인 **보유자**에게 발급된다.

3. **발급자**에 의해 허용되는 경우, 일부 **주체**는 자신의 VC를 다른 보유자에게 전달할 수 있다.

4. 최종 **보유자**는 **검증자**에게 특정 서비스를 요청한다.

5. **검증자**는 보유자 에이전트에 정책을 전달하고, **보유자**는 **지갑**에 필요한 VC들을 가지고 있는지 확인한다. 만약 가지고 있다면, 그 정책을 이행할 수 있다.

6. **보유자**는 요청된 VC 집합을 **검증자**에게 제시한다. 검증 가능한 프레젠테이션verifiable presentation, VP은 **보유자**가 **검증자**에게 배치할 수 있는 모든 조건과 함께 VC를 암호화 방식으로 전송하고 있음을 증명하는 패키징 메커니즘이다.

7. **검증자**는 다음을 검증한다.
   - 제시된 VC와 VP(있는 경우)는 인증된 디지털 서명을 가지고 있다.
   - VC는 정책과 일치한다.
   - **보유자**는 그것들을 보유할 자격이 있다.
   - **검증자**는 **보유자**가 VP를 구성할 수 있는 모든 조건을 준수한다.

8. 모두 충족하는 경우, **검증자**는 **보유자**에 대해 요청된 서비스를 제공하고, 그렇지 않은 경우 오류 메시지를 반환한다.

한 가지 주의할 점은, 5장에서 언급한 바와 같이 **검증자**의 정책과 다양한 엔터티 간의 프로토콜에 대한 표준은 시장에서 여전히 발전하고 있다는 것이다. 또한 DID가 VC에게 식별을 위해 분산 원장 서비스를 이용하도록 요구하지 않는 것과 마찬가지로 VC를 사용할 때 DID가 필요하지 않다는 점도 주목할 필요가 있다. 그러나 VC와 DID를 결합하면 두 기술 모두에 많은 이점이 있다. VC는 분산 원장을 사용하여 **검증 가능한 데이터 저장소**의 구성 요소를 구현할 수 있으며, 분산 원장은 VC를 사용하여 이전에 설명한 대로 서비스에 접근할 수 있다.

7.3 VC 신뢰 모델

검증 가능한 자격증명에서 검증 가능하다는 것은 6장에 설명한 대로 자격증명이 디지털 서명이 가능하고, 디지털 서명이 암호화 검증될 수 있음을 의미한다. 그러나 이것이 검증자가 특정 VC를 신뢰할 수 있는지 여부를 결정하는 유일한 요소는 아니다. 이 절에서는 완전한 VC 신뢰 모델에 대해 설명한다.

7.3.1 연합형 신원 관리 vs. 검증 가능한 자격증명

오늘날 연합형 신원 관리Federated Identity Management, FIM 시스템(1장에서 설명)에 익숙한 사용자들은 VC 아키텍처가 FIM 아키텍처와 상당히 다르다는 것을 알 수 있다.

DEFINITION 'FIM 아키텍처'는 사용자, ID 공급자(identity provider, IDP) 및 서비스 공급자(service provider, SP)로 구성된다. 언뜻 보기에, 이것은 VC 아키텍처의 보유자, 발급자 및 검증자의 역할과 매우 유사하다. 그러나 다양한 당사자가 상호 작용하는 방식은 근본적으로 다르다. FIM 아키텍처에서 사용자는 먼저 서비스 공급자에 접속한 다음, IDP로 리다이렉션되어 로그인한다. 그 다음 서비스 공급자로 다시 리다이렉션되어 IDP가 전달해 주는 사용자의 ID 속성들을 전달받는다. 하지만 VC 아키텍처에서는 정의된 '연합' 내에서 이러한 웹 기반 리다이렉션이 없다. 보유자로서의 사용자는 발급자로부터 VC를 받고 이를 수락할 모든 검증자에 독립적으로 사용한다.

FIM 아키텍처는 **IDP를 생태계의 중심에 배치**하는 반면, VC 아키텍처는 **보유자를 생태계의 중심에 배치**한다. 이것은 사용자가 가장 중요하며, 그들이 VC를 누구에게 줄지 결정한다는 VC 철학을 이해하는 데 필수적이다. 이는 IDP가 가장 중요하며, 그들이 사용자의 ID 속성을 누가 받을 수 있는지를 결정한다는 FIM 철학과 크게 비교된다.

세계 최대의 FIM 인프라 중 하나는 에듀게인eduGAIN이다. 에듀게인은 수많은 교육 기관과 함께 전 세계 수천 개의 대학 IDP로 구성되어 있다. 이 커뮤니티는 FIM의 핵심적으로 부족한 요소를 제대로 인식하고 있다[1].

> 'IDP에 의한 불충분한 속성 공개는 오늘날 사용자 커뮤니티에서 에듀게인의 주요 문제로 간주되고 있다.'

IDP가 SP에 전송하는 사용자 속성의 개인정보보호와 기밀성을 유지하려면 SP를 신뢰해야 하므로 FIM 아키텍처에는 이러한 요구 사항이 있다. 그러나 VC 생태계에서는 이런 연결고리가 끊어졌다. 발급자는 사용자의 ID 속성을 VC의 속성으로 사용자에게 보내고, 사용자는 물리적 지갑에 있는 물리적 자격증명을 사용하는 것처럼, VC로 무엇을 할 것인지 결정한다. 발급자는 사용자가 VC를 어떤 검증자에게 제공하는지 알 수 없다(사용자나 검증자가 발급자에게 알리지 않는 경우). 따라서 발급자는 더 이상 검증자를 신뢰할 필요가 없다. 이는 기존 FIM 시스템과 VC 시스템의 신뢰 모델 간의 근본적인 차이이다.

7.3.2 VC 신뢰 모델의 특정 신뢰 관계

FIM 신뢰 모델과 VC 신뢰 모델 간의 차이는 그림 7.2에서 볼 수 있다. 여기에서는 발급자, 보유자 및 검증자라는 세 가지 주요 참여자와 보유자의 에이전트, 지갑 및 검증 가능한 데이터 저장소의 세 가지 기술 구성 요소와의 관계를 볼 수 있다. 신뢰 관계는 화살표로 표시된다.

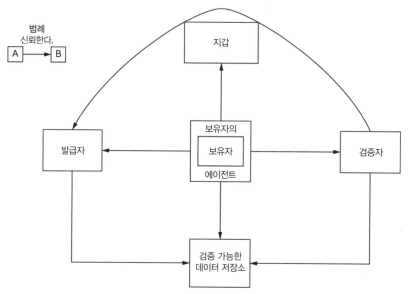

그림 7.2 보유자가 중심에 있고 검증자는 발급자(그리고 모든 당사자가 신뢰하는 검증 가능한 데이터 저장소)만 신뢰하면 되는 VC 신뢰 모델

여기에 설명된 각각의 신뢰 관계를 좀 더 자세히 살펴보자.

* **검증자는 수신한 VC에 포함된 주체의 속성에 대해 권위가 있는 발급자를 신뢰해야 한다.** 예를 들어, 검증자는 보통 특정 주체의 국적 속성에 대해 국가 정부가 권위 있다고 믿지만, 정부가 대학 학위 속성에 대해 권위 있다고 믿지는 않을 것이다. 반대로, 검증자는 보통 대학이 특정 주체의 학위 속성에 대해 권위 있는 것으로 믿지만, 그 주체의 골프 클럽 회원 속성에 대해 권위가 있다고 믿지는 않는다. **각 검증자는 고유한 신뢰 규칙을 결정한다.** 검증자가 VC 또는 발급자를 신뢰할 수 있도록 강제할 필요는 없다. 검증자는 위험 프로필[3]에 따라 신뢰할 발급자를 VC로 결정한다. 그러나, 검증자가 신뢰 결정을 내리는 것을 돕기 위해 검증 가능한 데이터 저장소(또는 거버넌스 프레임워크를 공표하는 거버넌스 기관 — 11장 참조)에는 알려진 발급자 목록과 이들이 권한을 가지고 있다고 명시

---

3 ⎡옮긴이⎤ 위험 프로필(risk profile): 위험 프로필은 주로 투자자의 포트폴리오에 대한 적절한 자산 배분을 선택하고 결정하는 데 사용된다. 기본적으로 투자자의 위험 프로필은 투자자가 처리할 수 있는 위험 수준을 식별하는 데 도움이 된다. 위험을 감수하려는 투자자의 의지는 위험 회피를 나타낸다.

한 속성이 포함되어 있는 경우가 많다. 그래서 검증자는 이 목록에서 누가 무엇을 신뢰할 것인지 결정할 수 있다.

- 따라서 **모든 참여자는 검증 가능한 데이터 저장소가 변조되지 않았고 어떤 엔터티가 어떤 데이터를 제어하는지 정확하고 최신의 기록임**을 신뢰한다. 우리가 **변조 방지**tamper-proof가 아니라 변조 여부tamper-evident라고 말하는 것에 주목하자. 지구상의 어떤 시스템도 공격자의 변조를 막을 수는 없지만, 검증 가능한 데이터 저장소는 사용자가 변조 여부를 감지할 수 있도록 해야 한다.
- **주체/보유자와 검증자 모두 발급자가 실제 진실인 VC를 발급할 것이라고 신뢰해야 한다.** 거짓말하는 발급자는 누구도 믿을 수 없다.
- **주체/보유자와 검증자 모두 발급자가 손상되었거나 더 이상 사실과 부합하지 않는 VC를 적시에 해지한다는 것을 신뢰해야 한다.** 이 정책은 발급자에 의해 결정된다. 가장 좋은 사례는 발급자가 운용 중인 해지 시점을 미리 알려주는 것이다. 이것이 검증자의 위험 완화 전략의 기본이기 때문이다. 경우에 따라 주체는 발급자가 오래된 정보를 보유하고 있고 해당 VC가 잘못되었다는 것을 알 수 있지만, 주체는 발급자가 데이터베이스를 업데이트하고 VC를 재발급하도록 하는 것이 매우 어렵다는 것을 알게 된다. 이러한 이유로 7.8.2절에서 자세히 논의되는 분쟁 절차가 있다.
- **보유자는 그들의 지갑이 VC를 안전하게 보관**하고, 보유자 이외의 누구에게도 공개하지 않으며, 보관 중에 손상되거나 분실되지 않음을 **신뢰**한다.

보시다시피, 이 모델은 수십 년 동안 사용해 온 물리적 자격증명에 대한 신뢰 모델과 거의 정확하게 일치하는 비교적 단순한 신뢰 모델이다. 이는 **실제 환경에서의 신뢰와 동일한 방식으로 작동**하기 때문에 VC 생태계의 주요 장점 중 하나이다. 즉, 모든 사용자 관계에 신원 제공자(IDP)를 인위적으로 추가할 필요가 없다.

7.3.3 상향식 신뢰

자격증명 시스템은 종종 공개키 기반구조public key infrastructure, PKI 세계에서와 같이 첫 번째 '자신의 신원 보호' 개념으로 시작된다. 그러나 신뢰에 대한 이러한 하향식 접근 방식은 정보 및 제어의 중앙화, 소수의 기업에 의한 지배, 개인 정보 손실로 이어진다. VC를 통한 상향식 신뢰 방식은 이러한 위험을 회피하는 것이다.

지금까지 채택에 있어 가장 큰 과제 중 하나는 VC 신뢰 모델의 단순성이었다. 세계적으로 가장 큰 FIM 시스템을 운영하는 거대 인터넷 기업들의 현재 지배력(모든 웹 사이트에서 볼 수 있는 '소셜 로그인' 버튼)은 검증자들이 믿을 만한 유일한 출처가 자신들이라고 인터넷 사용자들이 믿도록 학습시켰기에 가능했다. 그러나 오프라인 환경에서는 수백만 명의 자격증명 발급자와 검증자가 있으며, 전체 시스템은 분산되어 있다. 신뢰 관계는 보유자와 검증자 간에 직접 P2P로 설정된다. 이를 '신뢰의 웹' 모델이라고도 하며, VC가 따르는 상향식 신뢰 모델이다. 이 책의 3부와 4부에는 이것이 어떻게 작동하는지에 대한 많은 예를 보여주고 있다.

7.4 W3C와 VC 표준화 과정

현재 검증 가능한 자격증명이라고 부르는 작업은 W3CWorld Wide Web Consortium의 웹 결제 관심 그룹Web Payments Interest Group에서 파생된 것으로 시작되었다. W3C는 HTML 웹 프로그래밍 언어와 웹 상호 운용성을 위한 기타 주요 표준을 정의하는 표준화 기구이다. 웹 결제 관심 그룹의 업무는 웹에서 결제하는 방법, 즉 웹 브라우저에서 직접 결제하는 방법을 표준화하는 것이었다.

이를 위해서는 개인을 인증하는 방법이 필요했다. 그래서 웹 결제 관심 그룹은 W3C가 이 영역에서 생산적으로 작동할 수 있는지 여부를 조사하기 위해 검증 가능한 클레임 태스크 포스Verifiable Claims Task Force, VCTF(https://w3c.github.io/vctf)를 시작했다. 이 새로운 비표준 트랙non-standards-track 그룹은 대부분 웹 결제 관심 그룹 및 디지털 자격증명과 관련된 모든 것을 육성하는 또 다른 비표준 트랙 그룹인 W3C 자격증명 커뮤니티 그룹Credentials Community Group의 멤버로 구성되었다.

VCTF는 실제로 W3C가 이 분야에서 생산적으로 도움이 될 수 있다고 결론을 내려 초기 사양을 개발했다. VCTF는 2017년 5월에 마무리되어 새로 만들어진 W3C 표준 트랙 검증 가능한 클레임 워킹 그룹Verifiable Claims Working Group, VCWG으로 사양을 이전했다. 처음에 이 사양은 검증 가능한 클레임 데이터 모델과 문법Verifiable Claims Data Model and Syntaxes 사양으로 명명되었지만, 1년 동안 작업한 후 VCWG는 이름을 검증 가능한 자격증명 데이터 모델Verifiable Credentials Data Model 1.0으로 변경했다.

여기서 사양 이름이 검증 가능한 자격증명Verifiable Credentials에 대해 언급되는 동안, 정작 그룹의 이름은 검증 가능한 클레임Verifiable Claims으로 불렸던 이유가 궁금할 수 있다. 워킹 그룹의 초기 지지자들은 각 자격증명이 동일한 발급자의 하나 이상의 클레임을 포함할 수 있는 검증 가능한 **자격증명**을 생성하는 작업이라고 굳게 믿었으며, 여전히 그렇게 믿고 있다. 표준 트랙 워킹 그룹이 생성될 때, W3C의 일부 당사자들은 웹 보안 커뮤니티에서 **자격증명**이라는 단어가 사용자 이름과 비밀번호만을 의미한다는 우려 때문에 자격증명이라는 용어를 사용하는 것에 반대했다. 일단 VCWG가 계속 진행되었고 더 많은 사람들이 노력에 동참하자, 특히 **자격증명**이 정말 적절한 단어라는 것이 분명해지면서 이러한 우려는 줄어들었다.

요약하면, W3C 검증 가능한 '자격증명' 데이터 모델Verifiable 'Credentials' Data Model 1.0 사양(VC 데이

터 모델 사양이라고 한다. https://www.w3.org/TR/vc-data-model)은 W3C 검증 가능한 '클레임' 워킹 그룹 Verifiable 'Claims' Working Group에서 생성되었다.

그러나 이 사양에는 VC에 대한 데이터 모델만 정의하는 것이 아니라 아래와 같은 것들도 포함된다.

- 발급자가 보유자에게 제공하는 자격증명인 VC를 위한 데이터 모델
- 보유자가 검증자에게 제시할 수 있는 자격증명 모음인 검증 가능한 프레젠테이션verifiable presentation, VP 데이터 모델
- JSON-LD(JSON Linked Data) 구문을 사용하여 데이터 모델을 제시(또는 표현)하는 방법
- JWT(JSON Web Tokens) 구문을 사용하여 해당 데이터 모델을 제시(또는 표현)하는 방법

후자의 두 항목을 데이터 모델의 **구문 표현**syntactic representation('직렬화'라고도 함)이라고 한다. 데이터 모델과 구문 표현의 차이점은 데이터 모델이 한 엔터티와 다른 엔터티의 관계를 설명한다는 것이다 (**예** '나는 아버지의 아들' 또는 '그는 나의 아버지'). 다이어그램으로 표현할 수도 있지만, 다이어그램은 컴퓨터가 작업하기에 편리하지 않다. 대신, 컴퓨터, 사람 또는 둘 다 읽을 수 있는 서면 형식이나 **구문**을 사용하여 이러한 관계를 나타낼 수 있다. 우리가 다루는 VC에 대한 두 가지 구문 표현은 컴퓨터와 사람 모두가 읽을 수 있다.

7.5 구문 표현

데이터 모델이 구체적인 구문으로 표현되는 방법을 조사하기 전에 일반 데이터 모델을 설명하는 것이 논리적으로 보일 수 있지만, 데이터 모델은 구체적인 예를 사용하여 설명하는 것이 훨씬 쉽다. 따라서 이 절에서는 사양에 따라 정의된 구체적인 표현을 제시하며, 이는 나중에 보여주는 예를 뒷받침한다. 지금은 이러한 예에서 볼 수 있는 다양한 특징이나 속성에 대해 신경 쓰지 말자. 정의에 대해서는 7.6 절의 뒷부분에서 설명하므로 먼저, 배경지식을 좀 알아보자.

7.5.1 JSON

VC 데이터 모델 1.0 사양에 의해 정의된 두 개의 구문 표현은 **자바스크립트 객체 표기법**JavaScript Object Notation, JSON을 기반으로 하는데, 이는 자바스크립트 프로그래밍 언어로 데이터 항목 모음을 나타내는 데 사용되는 구문을 단순화한 것이다. 이 절에는 JSON에 대해 설명하고, 다음 절에는 JSON에 기반한 VC 데이터 모델 사양에 정의된 두 가지 구문 표현을 설명한다.

NOTE 이 두 가지 구문 표현인 'JSON-LD'와 'JWT'가 1.0 사양에 정의된 유일한 표현이지만, 향후 다른 표현들도 정의될 것으로 예상된다.

자바스크립트 객체는 쉼표로 구분된 0개 이상의 키-값 쌍을 포함하는 중괄호의 바깥쪽 쌍으로 구성되며, 여기서 각 키-값 쌍은 키 문자열, 콜론 그리고 값으로 구성된다. 두 부분 사이의 공백은 무시된다. 키는 객체의 속성이고 값은 속성의 값이다. 아래의 예시를 보자.

```
{height:5, width:7}
{"my height":75, "your height": 63}
{direction:"left",
 coordinates1: {up:7, down:2},
 coordinates2: {up:3, down:5},
 magnitude: -6.73986
 }
```

첫 번째 예에서 첫 번째 키 문자열은 'height'이고 값은 '5'이며, 두 번째 키 문자열은 'width'이며 값은 '7'이다.

기본적으로 키는 공백이 없는 영숫자 시퀀스(문자로 시작)이지만 문자열을 따옴표로 싸서 공백을 넣을 수도 있다. 값은 문자열, 정수, 부동 소수점 또는 다른 개체가 될 수 있다. true, false 및 null과 같이 따옴표가 없는 일부 문자열은 자바스크립트에서 사용될 때 특별한 의미를 가진다.

7.5.2 JSON을 넘어서: 표준화된 속성 추가

JSON을 사용하면 트리 구조 데이터를 직접 표현할 수 있지만, JSON 객체에 대한 표준 속성 집합은 없다. VC에 대한 속성 집합을 표준화하면 해당 자격증명의 생성과 사용을 자동화할 수 있다. 이어지는 7.5.3과 7.5.4절에서는 JSON-LD와 JWT라는 두 가지 구문 표현을 사용하여 표준화된 속성으로 VC 데이터를 표현하는 방법을 설명한다. 데이터 모델에 중요한 각각의 속성은 두 형식 간에 일대일로 매핑할 수 있다.

7.5.3 JSON-LD

JSON Liked Data를 사용하면 '스키마'라고 하는 구조화된 템플릿에 정의된 속성을 쉽게 통합할 수 있다. 예를 들어, https://schema.org/Person은 개인에 대한 속성 집합을 정의한다. JSON-LD 프로세서는 이러한 스키마를 사용하여 스키마의 속성에 필요한 값의 유형을 자동으로 확인하는 방법을 알고 있다.

JSON-LD에서, 원하는 스키마 위치는 '@context' 속성 값에 나열된다. 그런 다음 'type' 속성은 해당 위치에서 사용되는 특정 스키마를 지정한다. 그런 다음 허용되는 속성을 정의한다.

다음은 https://www.w3.org/2018/credentials/v1의 'VerifiableCredential' 스키마의 속성과 https://schema.org의 'Person' 스키마의 'alumniOf' 속성에 대한 사용 예시이다.

```
{
  "@context": [
    "https://www.w3.org/2018/credentials/v1",
    "https://schema.org",
  ],
  "id": "http://example.edu/credentials/58473",
  "type": ["VerifiableCredential", "Person"]
  "credentialSubject": {
    "id": "did:example:ebfeb1f712ebc6f1c276e12ec21",
    "alumniOf": "Example University"
  },
  "proof": { ... }
}
```

이름 지정에 대한 이러한 접근 방식은 누구나 새로운 스키마(**콘텍스트**라고 함)를 만들고, 인터넷의 유효한 URL에 게시한 다음 VC에서 해당 속성을 참조할 수 있으므로 매우 유연하다. 이전 예제는 alumniOf 속성에만 관심이 있으므로 alumniOf라는 속성 하나만 포함하는 AlumniCredential이라는 새롭고 보다 구체적인 JSON-LD 콘텍스트를 만들 수도 있다. 새로운 콘텍스트가 https://mysite.example.com/mycredentialschemas에 저장되어 있다고 가정하면 예제는 다음과 같다.

```
{
  "@context": [
    "https://www.w3.org/2018/credentials/v1",
    "https://mysite.example.com/mycredentialschemas",
  ],
  "id": "http://example.edu/credentials/58473",
  "type": ["VerifiableCredential", "AlumniCredential"],
  "credentialSubject": {
    "id": "did:example:ebfeb1f712ebc6f1c276e12ec21",
    "alumniOf": "Example University"
  },
  "proof": { ... }
}
```

JSON-LD 컨텍스트의 필수조건은 URL과 스키마 정의가 안정적이고 변경되지 않아야 한다는 것이다. 이를 통해 콘텍스트와 스키마 정의를 한 번만(자동 또는 수동으로) 조회해도 이후에도 변경 위험 없이 사용할 수 있다. VC용 JSON-LD 구문은 **콘텍스트 정보를 동적으로 가져오지 않고도** 사용할 수 있다는 것이 매우 중요하다. 기본적으로 이러한 콘텍스트는 별도의 네임 스페이스를 정의하는 것으로 생각할 수 있으므로, 한 사람의 alumniOf 정의가 다른 사람의 정의와 같을 필요는 없다. 콘텍스트가 다르면, 동일한 것이 아니라고 알 수 있다. JSON-LD의 이 기능은 VC 데이터 모델이 의도적으로 사용자 정의 속성이 언제든지 추가될 수 있는 **개방형** 데이터 모델이기 때문에 VC에서 매우 유용하다.

검증 가능한 자격증명 데이터 모델 사양에서와 같이, 이 장에서는 대부분의 예제에 대한 기본 구문으로 JSON-LD를 사용한다(이에 대해 자세히 알아보려면 https://json-ld.org/primer/latest를 살펴보길 바란다).

7.5.4 JWT

'제이-더블유-티JWT' 또는 '조트Jot'로 발음되는 JSON Web Token(RFC7519)은 JSON을 사용하여 서명 가능한 클레임 또는 '증명attestation'를 나타내는 표준화된 방법이다. 구문은 공백을 사용하는 데 있어 엄격하고, 저장과 전송 비용을 줄이기 위해 쉽게 압축되는 이진 표현으로 변환하는 데 편리하다. JWT 기반 생태계의 폭을 고려할 때, JWT를 사용해서 VC와 VP를 나타내는 방법을 찾아내는 것이 합리적이었다.

JWT는 '헤더header', '페이로드payload' 그리고 '서명signature(선택적)'과 같은 세 부분으로 구성된다. 우리의 목적을 위해, '헤더'와 해당 속성 값은 특별히 관련은 없지만, VC 데이터 모델 사양에 간단히 설명이 되어 있다. JWT '페이로드'는 본질적으로 JSON-LD VC의 재구성이므로, VC의 JWT 구문을 이해하는 가장 쉬운 방법은 먼저 JSON-LD 구문을 생성한 다음 변환해 보는 것이다. 가장 일반적인 속성은 다음과 같이 매핑된다.

- id 속성을 jti로 변경한다.
- issuer 속성을 iss로 변경한다.
- issuanceDate를 iat로 바꾸고, 날짜 형식을 UNIX 타임스탬프[4]NumericDate로 변경한다.
- expirationDate를 exp로 바꾸고, 날짜 형식을 UNIX 타임스탬프NumericDate로 변경한다.
- credentialSubject.id 속성을 제거하고, 값이 동일한 sub 속성을 생성한다.

유사한 프로세스가 VP를 JWT 페이로드로 변환하는 데 사용되며, 세부 사항은 사양에 설명되어 있다. JSON 웹 서명JWS, JSON Web Signature이 VC에 제공되면, 그것은 VC의 발급자임을 증명하고, VP에서는 VP의 보유자임을 증명한다. VC의 'proof' 속성은 다른 증명 정보(9 영지식 기반 접근)가 사용되는 경우에도 계속 제공될 수 있다.

---

4 (옮긴이) UNIX 타임스탬프: POSIX 시간이나 Epoch 시간이라고 부르기도 한다. 1970년 1월 1일 00:00:00 협정 세계시(UTC)부터의 경과 시간을 초로 환산하여 정수로 나타낸 것이다(위키피디아).

이전 변환 후, 나머지 모든 속성(존재할 경우 'proof' 포함)은 새로운 JWT 사용자 지정 클레임 'vc'(또는 프레젠테이션의 경우 'vp') 아래의 새로운 JSON 개체로 이동된다.

예를 들어, JSON-LD VC(proof 빼고)를 살펴보자.

```json
{
  "@context": [
    "https://www.w3.org/2018/credentials/v1",
    "https://schema.org"
  ],
  "id": "http://example.edu/credentials/3732",
  "type": ["VerifiableCredential", "Course"],
  "credentialSubject": {
    "id": "did:example:ebfeb1f712ebc6f1c276e12ec21",
    "educationalCredentialAwarded":
      "Bachelor of Science in Mechanical Engineering"
  },
  "issuer": "did:example:abfe13f712120431c276e12ecab",
  "issuanceDate": "2019-03-09T13:25:51Z",
  "expirationDate": "2019-03-09T14:04:07Z"
}
```

JWT 페이로드로 변환 후, 동일한 VC는 아래와 같다(암호화 통신에서 한 번만 사용할 수 있는 임의의 숫자 암호화 넌스nonce는 원래 JSON-LD VC에서 파생된 것이 아닌 JWT 자체의 특징이다).

```json
{
  "sub": "did:example:ebfeb1f712ebc6f1c276e12ec21",
  "jti": "http://example.edu/credentials/3732",
  "iss": "did:example:abfe13f712120431c276e12ecab", "iat": "1541493724",
  "exp": "1573029723",
  "nonce": "660!6345FSer",
    "vc": {
      "@context": [
        "https://www.w3.org/2018/credentials/v1",
        "https://schema.org"
    ],
    "type": ["VerifiableCredential", "Course"],
    "credentialSubject": {
      "educationalCredentialAwarded":
        "Bachelor of Science in Mechanical Engineering"
    }
  }
}
```

이 설명은 JWT에 익숙한 사용자들에게는 이 변환 프로세스가 어떻게 작동하는지에 대한 대략적인 아이디어를 제공하고, JWT에 익숙하지 않은 사용자들에게는 JWT 구문이라는 것이 존재한다는 것을 알리기 위해 설계되었다. 전체 JWT 기반 구문 프레임워크는 상당히 광범위하며, VC와 VP가 함께 작동하는 방법에는 미묘한 차이가 있으며, VC 데이터 모델 사양을 읽어보면 가장 좋은 답이 될 것이다.

7.6 기본 VC 속성

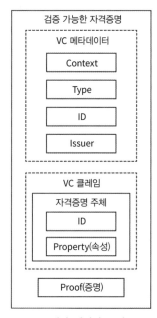

그림 7.3 **메타 데이터 구성 요소, 클레임 구성 요소 및 증명 구성 요소를 보여주는 기본 VC의 구조**

앞에서 구문 표현을 다루었으니, 이제 데이터 모델에서 정의한 속성에 대해 설명할 수 있을 것 같다. 가장 기본적인 VC는 그림 7.3에 표시된 것처럼 6개의 정보(JSON 속성으로 인코딩됨)만 가지고 있으면 된다.

이러한 각 JSON 속성의 내용은 다음과 같다.

- @context: 사람들이 의사소통할 때는 사용할 언어와 어휘를 알아야 한다. VC에 사용되는 기본 인코딩 언어는 JSON-LD이지만, VC에 포함될 수 있는 JSON 속성을 알려주지는 않는다. @context 속성은 이 VC를 구성하는 데 사용된 어휘 집합을 알려준다. 구문적으로 @context는 하나 이상의 URIUniform Resource Identifier 시퀀스로 구성된다. 이상적으로 각 URI는 검증자가 자동으로 다운로드하고 구성할 수 있는 어휘가 포함된 기계가 읽을 수 있는 문서를 가리켜야 한다. 많은 구현이 그렇게 정교하지 않을 수 있기 때문에, URI는 관리자가 필요한 어휘로 검증자 소프트웨어를 구성할 수 있는, 사람이 읽을 수 있는 사양을 가리킬 수 있다. @context 자체는 검증자가 사용하고자 하는 것보다 더 많은 정보(어휘)를 제공할 수 있다. 따라서 VC에는 type 속성도 포함된다.
- type: type 속성에는 이것이 어떤 유형의 VC인지를 설명하는 URI 목록이 포함된다. 첫 번째 유형은 항상 https://www.w3.org/2018/credentials/v1이어야 하며, JSON-LD @context 메커니즘을 사용하여 'VerifiableCredential'로 축약할 수 있다. 검증자는 유형 목록을 읽고 이 VC를 이해하고 처리할 수 있는지 신속하게 결정할 수 있다. VC가 검증자가 인식하지 못하는 유형인 경우 검증자는 다른 처리 없이 즉시 거부할 수 있다.
- id: id 속성은 발급자가 생성한 VC의 고유 식별자이며, 단일 URI로 구성된다. 이를 통해 모든 엔터티가 이 VC를 명확하게 참조할 수 있다.
- issuer: issuer 속성은 발급자를 고유하게 식별하는 URI이다. 이 URI는 발급자를 명확히 설명하는 문서(📖 DID 도큐먼트를 가리키는 DID)를 가리키거나 발급자의 DNS 이름을 포함할 수 있다.

검증 가능한 데이터 저장소는 발급자에 대한 X.509 공개키 인증서와 같은 추가 세부 사항을 포함할 수 있다.

- **credentialSubject**: 이 속성에는 발급자가 주체에 대해 만드는 클레임이 포함된다. 주체의 ID와 발급자가 주체에 대해 주장하는 속성의 집합으로 구성된다. 어떤 경우에는 ID가 누락될 수도 있다. 예를 들어, 이것이 누구에게나 속할 수 있는 무기명 VC(예 콘서트 티켓)인 경우가 그렇다. VC는 주체의 개인 정보를 보호하도록 설계되었으므로, ID는 URI 형식의 주체에 대한 가명이다. 주체는 수많은 가명을 가질 수 있으며, 각 VC는 다른 ID를 포함할 수 있다. 이런 식으로 추가 정보 없이 검증자는 주체 ID가 서로 다른 두 VC가 동일한 개인에 속한다는 것을 알 수 없다.

NOTE **선택적 공개**는 VC가 지원할 수 있는 또 다른 개인정보보호 기능이다. 이를 달성하기 위해 권장되는 두 가지 방법이 있다. 단일 VC(소위 '원자 VC')에 절대 최소 속성 수(가급적 1개)를 포함하거나, 영지식증명 VC(7.10절에서 논의됨)를 사용하는 것이다. 전자의 경우 발급자는 여러 속성을 포함하는 복잡한 VC를 발급하는 대신, 원자 VC 집합을 발급할 수 있다. 예를 들어, 운전면허증 VC에는 이름, 주소, 생년월일 및 차량 등급의 네 가지 속성이 포함될 수 있지만, 대안은 4개의 원자 VC를 만드는 것이며, 각각은 하나의 속성과 링크 ID(모두 함께 연결)를 포함한다. 그런 다음 보유자는 운전면허증에서 개별 속성을 선택적으로 공개할 수 있다.

- **proof**: 자격증명을 검증하려면, 일반적으로 VC 데이터 모델 사양에서 proof로 참조되는 서명이 필요하다. 이는 발급자가 이 VC를 발급했으며, 발급 이후 변조되지 않았음을 암호화 방식으로 증명한다. 모든 VC에는 proof 속성 또는 JWT 구문을 사용하는 경우 JSON 웹 서명이 포함되어야 한다. 여러 다른 유형의 증명이 있을 수 있기 때문에, proof 속성의 내용에 대한 단일 표준은 없다(7.10절 참조). 그래서 이 속성이 사용되는 경우, 모든 증명에는 증명의 유형을 나타내는 type 속성이 포함되어야 한다.

필수 사항은 아니지만, 일반적으로 매우 유용한 기타 기본 속성들은 다음과 같다.

- **issuanceDate**: ISO 8601[5] 형식으로 조합된 날짜와 시간으로 VC의 유효 날짜이다. 이는 VC가 발급된 실제 날짜일 필요는 없기 때문에, 발급자가 이 날짜 이전이나 이후에 VC를 발급할 수도 있다. 그러나 이 날짜 **이전**에 발급한다면, VC가 유효하지 않음을 의미한다.
- **expirationDate**: ISO 8601 형식의 날짜와 시간의 결합으로, 만료일 이후에는 VC가 유효하지 않다.
- **credentialStatus**: 검증자에게 VC의 현재 상태에 대한 세부 정보(발급일 이후 해지, 일시 중지, 대체 또는 기타 변경 여부)를 제공한다. 이것은 수명이 긴 VC에 특히 유용한 속성이지만 수명이 짧은

5 　(옮긴이) ISO 8601: 날짜와 시간과 관련된 데이터 교환을 다루는 국제 표준이다. 이 표준은 국제 표준화 기구(ISO)에 의해 공포되었으며 1988년에 처음으로 공개되었다. 이 표준의 목적은 날짜와 시간을 표현함에 있어 명백하고 잘 정의된 방법을 제공함으로써, 날짜와 시간의 숫자 표현에 대한 오해를 줄이고자 함에 있는데, 숫자로 된 날짜와 시간 작성에 있어 다른 관례를 가진 나라들 간의 데이터가 오갈 때 특히 그렇다 (위키피디아).

VC, 즉 VC가 만료 날짜 전에 상태를 변경하지 않을 것으로 예상되는 경우에는 덜 유용하다. (VC
가 단기인지 장기인지 여부는 VC를 사용하는 애플리케이션과 검증자의 위험 프로파일에 따라 다르다. 주식
시장 거래의 경우 장시간이라 해봐야 수명이 길어야 몇 초 정도일 수 있고, 여권의 경우는 단기간이라 해봐야
최소 24시간 정도일 수 있다.) credentialStatus 속성에 대한 표준 형식은 없지만 모든 상태에는 id
와 type 속성이 포함되어야 한다. id 속성은 이 자격증명 상태 인스턴스에 대한 고유한 URL이며,
검증자가 이 VC에 대한 상태 정보를 가져올 수 있는 곳이다. type 속성은 자격증명 상태의 유형
을 나타내며, 이는 status 속성에 포함되어야 하는 다른 속성을 나타낸다.

다음은 이러한 모든 기본 속성을 포함하는 JSON-LD로 인코딩된 VC이다.

```
{
  "@context": [
    "https://www.w3.org/2018/credentials/v1",
    "https://example.com/examples/v1"
  ],
  "id": "http://example.edu/credentials/3732",
  "type": ["VerifiableCredential", "UniversityDegreeCredential"],
  "issuer": "https://example.edu/issuers/14",
  "issuanceDate": "2010-01-01T19:23:24Z",
  "expirationDate": "2020-01-01T19:23:24Z",
  "credentialSubject": {
    "id": "did:example:ebfeb1f712ebc6f1c276e12ec21",
    "degree": {
      "type": "BachelorDegree",
      "name": "Bachelor of Science in Mechanical Engineering"
    }
  },
  "credentialStatus": {
    "id": "https://example.edu/status/24",
    "type": "CredentialStatusList2017"
  },

  "proof": {
    "type": "RsaSignature2018",
    "created": "2018-06-18T21:19:10Z",
    "verificationMethod": "https://example.com/jdoe/keys/1",
    "nonce": "c0ae1c8e-c7e7-469f-b252-86e6a0e7387e",
    "signatureValue": "BavEll0/I1zpYw8XNi1bgVg/sCneO4Jugez8RwDg/+
      MCRVpjOboDoe4SxxKjkCOvKiCHGDvc4krqi6Z1n0UfqzxGfmatCuFibcC1wps
      PRdW+gGsutPTLzvueMWmFhwYmfIFpbBu95t501+rSLHIEuujM/+PXr9Cky6Ed
      +W3JT24="
  }
}
```

이 예에서는 VC의 기본 속성을 설명하지만, 다음 사항들에 유의해야 한다.

- VC는 여러 클레임을 포함할 수 있으며, 각 클레임은 다른 자격증명의 주체에 대한 것이다. 예를 들어, 결혼 증명서 VC는 주체 ID x에 대한 하나의 클레임과 주체 ID y에 대한 또 다른 클레임을 포함할 수 있다. 첫 번째 클레임의 속성은 '주체 ID y와 결혼'이고 두 번째 클레임의 속성은 '주체 ID x와 결혼'일 수 있다.
- VC는 여러 증명을 포함할 수 있다. 예를 들어 기밀이거나 가치 있는 VC의 경우, 발급 회사의 이사 두 명이 서명해야 할 수도 있다.
- VC는 보유자에 의해 선택적으로 VP에 포함될 수 있다.

7.7 검증 가능한 프레젠테이션

검증 가능한 프레젠테이션VP는 보유자가 여러 VC를 결합하여 검증자에게 보낼 수 있는 한 가지 방법이다. 프레젠테이션에 대한 메타 데이터와 보유자가 서명한 증명을 포함한다는 점에서 VC와 매우 유사하다. 그러나 내용은 이제 클레임 집합이 아니라 VC의 집합이다(그림 7.4 참조).

VC와 VP의 눈에 띄는 차이점 중 하나는 issuer 속성이 없다는 것이다. 존재한다면 보유자의 ID가 포함되었을 것이며, 실제로 사양의 초안에는 해당 ID만 포함되어 있었다. 보유자의 ID가 존재했을 때, VP 발급자의 ID가 자격증명 주체의 ID와 같으면, 검증자가 보유자가 캡슐화된 VC의 주체임을 확인하기가 매우 쉬웠지만, 영지식증명 구현이 보유자의 ID를 공개하지 않도록 하기 위해 이 속성이 제거되었다(자세한 설명은 7.10절 참조). 영지식증명이 아닌 VC의 경우, 검증자는 VP가 전송되기 전에 프로토콜 교환에서 또는 VP의 proof 속성(서명자에 대한 식별자를 포함할 수 있음)에서 보유자를 확인할 수 있다.

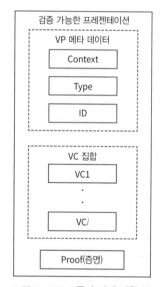

그림 7.4 **VC 그룹과 이에 대한 메타 데이터를 포함하는 기본 VP**

VP와 VC의 또 다른 차이점은 id 속성이 선택 사항이라는 것이다. 나중에 보유자가 이 VP를 고유하게 참조하려는 경우에만 존재해야 한다.

VC와 유사하게 VP는 여러 증명을 포함할 수 있다. 예를 들어, 보유자가 보유자를 식별하는 서로 다른 자격증명 주체 ID를 가진 여러 VC가 있다고 가정해 보겠다. 이는 각 VC에 대한 서로 다른 비대칭키 쌍을 의미한다. 그런 다음 보유자는 키 쌍 중 하나에 의해 각각 생성된 이 VC 집합과 증명 집합을 포함하는 VP를 검증자에게 보낼 수 있다.

일반적으로 문맥상 명확하지만 VC와 VP의 사용자가 VP에 대해 구체적으로 언급하지 않는 한, 두 가지 모두를 VC라고 부르는 것이 일반적이다.

7.8 고급 VC 속성

VC는 개방형 모델을 사용하여 개발되었으므로, 누구나 애플리케이션 요구 사항에 적합한 VC에 어떠한 속성도 추가할 수 있다. 그럼에도 불구하고, VCWG가 일반적으로 다양한 응용 분야에 유용하다고 생각한 몇 가지 속성이 있다. 그것들에 대해 이 절에서 설명한다. 다음 절에서는 VC를 확장하고 W3C 사양을 준수하며 다른 사용자와 상호 운용하려는 경우 VCWG가 애플리케이션 설계자가 따르도록 권장하는 규칙을 설명한다. 물론 누구나 원하는 방식으로 VC를 확장할 수 있지만, 이 경우 자신이 구현한 것이 다른 구현과 상호 운용될 것으로 기대해서는 안 된다.

7.8.1 리프레시 서비스

VC는 몇 가지 이유로 제한된 수명을 갖도록 설계되었다. 첫째, 암호화는 시간이 지남에 따라 약해지므로 향상된 증명 메커니즘을 적용해야 한다. 둘째, 사람들의 상황과 자격증명은 시간에 따라 변한다. 좋은 예는 연령 관련 속성을 기반으로 한 VC 또는 특정 학년 수준의 학생 ID이다.

refreshService 속성을 사용하면 발급자가 현재 VC를 새로 고치거나 업데이트하는 방법에 대한 세부 정보를 제공하고 제어할 수 있다. 발급자가 검증자에게 VC를 새로 고치는 방법에 대해 알려주기를 원하는 경우, 발급자는 refreshService 속성을 VC에 추가할 수 있다. 발급자가 VC를 새로 고치는 방법을 보유자만 알기를 원하는 경우, refreshService 속성을 VC에 **추가하지 말고**, 발급자가 보유자에게 보내는 VC를 캡슐화하는 VP에 추가해야 한다. 이 VP는 다른 사람에게 전달되지 않고, 보유자가 가지고 있기 때문이다.

refreshService 속성에는 두 가지 필수 속성이 있다.

- id: 조회자가 새로 고친 VC를 얻을 수 있는 URL
- type: 새로 고침 서비스 유형을 말하며, refreshService 속성에 포함되어야 하는 다른 속성을 제어한다.

검증자가 제시된 VC에 주체에 대한 최신 정보가 포함되어 있는지 알고 싶다면, 새로 고침 서비스를 사용하여 확인할 수 있다. 그러나 그렇게 하는 데에는 몇 가지 주의 사항이 있다. 첫째, 발급자는 이제 주체의 VC가 특정 검증자에게 제시되었음을 알게 되므로 주체의 개인 정보를 침해할 수 있다. 둘째, 발급자가 요청하는 사람에게 주체의 VC를 발급할 가능성이 낮기 때문에, 검증자는 발급자의 새로 고침 서비스에 접근할 수 있는 권한이 있어야 한다. 그러나 검증자가 이미 승인된 경우 새로 고침 서비스 세부 정보를 이미 알고 있으므로, refreshService 속성을 참조할 필요가 없다. 따라서 VC에 refreshService 속성을 추가하는 방법은 일반적으로 권장되지 않는다.

반대로 주체/보유자가 VC가 만료될 예정이거나 VC의 속성(클레임)이 오래되었음을 알고 있고 발급자가 새로운 속성값을 알고 있는 경우, VP에서 refreshService 속성을 사용하면 보유자가 업데이트된 VC를 얻을 수 있고 발급자가 이전 VC를 동시에 해지할 수 있는 쉬운 방법이 된다.

refreshService 속성을 포함하는 VC의 예는 7.8.4절의 코드 7.1에 나와 있다.

7.8.2 분쟁

발급자가 주체에 대한 오래된 정보를 보유하고 있는 경우도 있지만, 주체는 발급자가 데이터베이스를 업데이트하고 수정된 VC를 발급하도록 강요할 수 없다. 때때로 공격자가 위조된 VC를 사용하여 그 사람임을 가장해서 사람들을 신원 도용의 피해자로 만든다. 이 두 경우 모두 VC는 거짓이며, 정당한 주체는 VC가 해지되기를 원한다. 발급자가 이러한 상황에서 대응이 느리면, 정당한 주체는 어떻게 해야 할까? 해결책은 DisputeCredential 속성이며, 이것은 다음과 같은 점에서 일반 VC와 다르다.

- 발급자는 정당한 주체의 URI로 설정한다.
- 원본 발급자가 아닌 정당한 주체가 서명한다.
- credentialSubject 속성 ID에는 분쟁 중인 VC의 ID가 포함된다.
- credentialSubject 속성에는 다음이 포함되어야 한다.
  - 값이 Disputed로 설정된 currentStatus 속성.
  - 값이 분쟁 이유로 설정된 statusReason 속성. 이것은 현재 인코딩된 값이 아닌 자유 형식의 문자열이지만, 향후 표준화된 사유 코드가 만들어지리라 예상된다.
  - 분쟁중인 VC의 일부만 잘못되고 일부 클레임은 올바른 경우(즉, 원자 VC가 아님), credentialSubject 속성에는 분쟁 중인 클레임에 대한 참조도 포함될 수 있다.

정당한 주체가 보유한 오래되었거나 잘못된 VC의 경우, 분쟁 중인 VC와 DisputeCredential 속성 모두 검증자에게 전송될 수 있다. 그런 다음 검증자는 주체가 두 VC에서 동일한지 확인하고 분쟁 중인 속성(들)을 확인할 수 있다.

범죄자가 정당한 주체에 대해 신원을 도용하거나, 서비스 거부 공격자denial-of-service attacker[6] 가 검증자가 유효한 VC를 의심하게 되는 경우, 분쟁 중인 VC의 주체는 DisputeCredential 속성에 서명한 주체와 다르다. 이 경우 검증자가 유효성을 평가하는 긴급 수단이 없는 경우 검증자는 DisputeCredential 속성을 무시해야 한다. 검증자는 이러한 사례를 처리하는 방법에 대한 자체 정책을 수립해야 한다.

다음은 DisputeCredential 속성의 예시이다.

```
{
    "@context": [
        "https://www.w3.org/2018/credentials/v1",
        "https://www.w3.org/2018/credentials/examples/v1"
    ],

    "id": "http://example.com/credentials/123",
    "type": ["VerifiableCredential", "DisputeCredential"],
    "credentialSubject": {
        "id": "http://example.com/credentials/245",
        "currentStatus": "Disputed",
        "statusReason": "Address is out of date"
    },
    "issuer": "https://example.com/people#me",
    "issuanceDate": "2017-12-05T14:27:42Z",
    "proof": {
        "type": "RsaSignature2018",
        "created": "2018-06-17T10:03:48Z",
        "verificationMethod": "did:example:ebfeb1f712ebc
        6f1c276e12ec21/keys/234",
        "nonce": "d61c4599-0cc2-4479-9efc-c63add3a43b2",
        "signatureValue": "pYw8XNi1..Cky6Ed="
    }
}
```

7.8.3 이용 약관

오늘날 대부분의 실제 VC는 이용 약관의 적용을 받는다. 일부는 플라스틱 카드에 직접 명시되어 있지만, 다른 경우는 웹 페이지의 URL과 함께 웹 사이트에 게시된다. 실제 카드에 인쇄된 이용 약관의 예로는 '양도 불가'나 '승인된 서명인만 이 카드를 사용할 수 있음' 정도가 있고, 웹 사이트를 언급하는

6　옮긴이 서비스 거부 공격(denial-of-service attack, DoS attack) 또는 디도스 공격/도스 공격(DoS attack)은 시스템을 악의적으로 공격해 해당 시스템의 리소스를 부족하게 하여 원래 의도된 용도로 사용하지 못하게 하는 공격이다. 대량의 데이터 패킷을 통신망으로 보내고 특정 서버에 수많은 접속 시도를 하는 등 다른 이용자가 정상적으로 서비스 이용을 하지 못하게 하거나, 서버의 TCP 연결을 바닥내는 등의 공격이 이 범위에 포함된다(위키피디아).

예로는 '회원에 대한 자세한 내용은 〈URL〉로 이동' 또는 '이용 조건은 〈URL〉을 참조'와 같은 형태가 있다.

VC(또는 VP)에 이용 약관을 추가하는 표준 방법은 termsOfUse 속성을 사용하는 것이다. 발급자가 지정한 약관(보유자와 검증자 모두에게 적용)은 일반적으로 VC 내부에 있고, 보유자가 지정한 약관(검증 자에게만 적용됨)은 VP 내에 있다. 기본 VC(또는 VP)에 대한 모든 확장과 마찬가지로 termsOfUse 속성은 해당 내용을 제어하므로 해당 type 속성을 포함해야 한다. id 속성은 선택 사항이지만 존재하는 경우 이 VC(또는 VP)에 대한 이용 약관을 볼 수 있는 웹 페이지를 가리켜야 한다.

이용 약관에 검증자가 보유자로부터 VC(또는 VP)를 수락하는 경우 아래와 같은 조치를 명시하는 것이 좋다.

- ~해야 한다(의무)
- ~해서는 안 된다(금지 사항)
- ~하는 것이 가능하다(허가)

보다 정교한 이용 약관은 '이 VC를 수락할 때 주체에게 알리기', '2주 후 이 정보 삭제', '최대 1년 동안 이 VC 보관' 등과 같은 조치를 취해야 하는 시기를 지정할 수 있다. termsOfUse 속성의 예는 코드 7.1에 나와 있다.

7.8.4 증거

VC 생태계는 신뢰를 기반으로 한다. 그러나 신뢰는 맞다, 아니다로 따질 수 있는 것이 아니며, 검증을 거쳐 형성되는 것이다. 보통 소액(50달러)에 대해서는 쉽게 믿을 수 있지만, 고액(5,000달러)에 대해서는 쉽게 믿을 수 없다. 마찬가지로 검증자는 VC 발급자를 신뢰할 수 있지만, 검증자가 발급자와 발급된 VC에 부여하는 신뢰 수준은 발급자가 수행한 절차, 사용된 암호화 알고리즘의 강도, 수집한 증거, 보유자가 수행하고자 하는 서비스 등에 따라 결정될 수 있다. evidence 속성은 검증자가 VC 내부의 클레임에서 가질 수 있는 신뢰 수준을 결정하는 데 도움이 되도록 발급자를 위해 설계되었다.

인증 시스템에는 **보증 수준**level of assurance, LOA이라는 개념이 있다. 널리 사용되는 미국 국립표준기술연구소NIST의 표준[2]에 정의된 대로 이는 수신자에게 원격 당사자의 인증 강도에 대해 가질 수 있는 신뢰 수준에 대해 알려주는 4단계 측정법이다. 경험에 따르면, 단순한 1~4단계의 LOA로는 사용자 인증의 고유한 복잡성을 전달하기에 충분하지 않기 때문에 NIST의 보다 정교한 LOA 매트릭스로 대체되었다[3].

VC는 인증 토큰만큼은 아니지만 복잡하다. 결과적으로 VCWG는 인증 LOA와 유사한 간단한 고정 측정법을 VC에 추가하는 대신 evidence 속성을 사용하는 개방형 접근 방식을 채택했다. 이를 통해 발급자는 원하는 정보를 VC에 추가하여 검증자가 VC의 클레임에 대해 가질 수 있는 신뢰 수준을 결정하는 데 도움을 줄 수 있다. 또한 VC가 더 많은 견인력과 사용자 경험을 얻음에 따라 evidence 속성의 사용은 더욱 정교해질 것이다.

항상 그렇듯이, 모든 evidence 속성에는 해당 type이 포함되어야 한다. 이는 evidence 속성의 유형과 evidence 속성에 포함되어야 하는 다른 속성을 결정하기 때문이다. id는 이 evidence 인스턴스에 대한 추가 정보를 찾을 수 있는 위치를 가리켜야 하는 선택적 필드이다. 다음 코드에는 evidence 속성의 예가 포함되어 있다.

코드 7.1 여러 고급 속성을 포함하는 복잡한 VC

```
{
    "@context": [
        "https://www.w3.org/2018/credentials/v1",
        "https://example.org/examples/v1"
    ],
    "id": "http://example.edu/credentials/3732",
    "type": ["VerifiableCredential", "UniversityDegreeCredential"],
    "issuer": "https://example.edu/issuers/14",
    "issuanceDate": "2010-01-01T19:23:24Z",
    "credentialSubject": {
        "id": "did:example:ebfeb1f712ebc6f1c276e12ec21",
        "degree": {
            "type": "BachelorDegree",
            "name": "Bachelor of Science in Mechanical Engineering"
        }
    },
    "credentialSchema": {
        "id": "https://example.org/examples/degree.json",
        "type": "JsonSchemaValidator2018"
    },
"termsOfUse": {
        "type": "IssuerPolicy",
        "id": "http://example.com/policies/credential/4",
        "profile": "http://example.com/profiles/credential",
        "prohibition": [{
            "assigner": "https://example.edu/issuers/14",
            "assignee": "AllVerifiers",
            "target": "http://example.edu/credentials/3732",
            "action": ["Archival"]
        }]
    },
    "evidence": [{
        "id": "https://example.edu/evidence/f2aeec97-fc0d-42bf-8ca7-0548192d4231",
        "type": ["DocumentVerification"],
        "verifier": "https://example.edu/issuers/14",
        "evidenceDocument": "DriversLicense",
```

```
            "subjectPresence": "Physical",
            "documentPresence": "Physical"
    }, {
            "id": "https://example.edu/evidence/f2aeec97-fc0d-42bf-8ca7-0548192dxyzab",
            "type": ["SupportingActivity"],
            "verifier": "https://example.edu/issuers/14",
            "evidenceDocument": "Fluid Dynamics Focus",
            "subjectPresence": "Digital",
            "documentPresence": "Digital"
    }],
    "refreshService": {
            "id": "https://example.edu/refresh/3732",
            "type": "ManualRefreshService2018"
    },
    "proof": {
            "type": "RsaSignature2018",
            "created": "2018-06-18T21:19:10Z",
            "verificationMethod": "https://example.com/jdoe/keys/1",
            "nonce": "c0ae1c8e-c7e7-469f-b252-86e6a0e7387e",
            "signatureValue": "BavEll0/I1zpYw8XNi1bgVg/s...W3JT24 = "
    }
}
```

7.8.5 보유자가 주체가 아닐 경우

많은 VC에서 주체와 보유자는 동일한 엔티티이다. 검증자는 VC 내부의 credentialSubject ID가 VP에 서명한 보유자의 ID와 동일한지 확인하는 것만으로 간단히 이를 검증할 수 있다. 그러나 보유자와 주체가 다른 경우는 어떨까? 주체가 애완동물, IoT 장치 또는 보유자의 가족인 경우와 같은 몇 가지 예를 이미 언급했었다. 검증자는 주체와 발급자 모두의 완전한 허가를 받아 VC를 획득한 정당한 보유자와 이 보유자로부터 VC를 훔친 공격자의 차이를 어떻게 알 수 있을까? 보안을 위해 주체와 발급자 모두 VC가 전달될 수 있도록 허가해야 한다. VCWG는 발급자가 VC를 전달해서는 안 된다고 규정하는 방법을 표준화하고 있다. 예를 들어, 내가 여러분의 처방전을 훔친다고 가정해 보자. 내가 여러분의 약을 받기 위해 VC를 약국에 가져간다. 이때 약을 받으려는 사람과 그 사람의 친구라고 주장하는 나를 약사가 어떻게 구별할 수 있을까?

VC 데이터 모델 사양에는 이를 수행하기 위한 네 가지 방법이 다음과 같이 제안되어 있다. 그러나 이들 중 어떤 방법이 더 많이 사용될지 결정하기에는 너무 이르기 때문에 아직 버전 1.0에는 표준화되지 않았다.

- 발급자는 VC를 주체에게 발급하고, 주체는 이를 보유자에게 전달한다. 그런 다음 주체는 보유자에게 새롭고 유사한 VC를 발급한다. 이 새로운 VC에는 원래 VC와 동일한 credentialSubject

속성값이 포함되어 있지만, 이제는 보유자가 주체가 되고, 원래 주체가 새로운 VC의 발급자가 된다. 이 '전달'의 예는 코드 7.2에 나와 있다.

- 발급자는 VC를 주체에게 발급하고, 주체는 이를 보유자에게 전달한다. 그런 다음 주체는 보유자에게 '관계 VC'를 발급하여 이들 간의 관계를 나타낸다. 이 VC 관계의 예는 코드 7.3에 나와 있다.

- 발급자는 VC를 보유자(주체가 아닌)에게 직접 발급한 다음, 추가로 '관계 VC를 발급'하여 주체와 보유자 간의 관계를 나타낸다.

- 발급자는 주체와 제3자 간의 관계를 나타내는 '관계 클레임'을 포함하는 VC를 주체에게 발급한다. 이제 주체는 VC를 즉시 또는 나중에 보유자가 될 제3자에게 전달할 수 있다. 예를 들어, 부모 ID에 대한 관계 클레임을 포함하는 VC를 자녀에게 발급할 수 있다. 이에 대한 예는 코드 7.4에 나와 있다.

코드 7.2 VC를 포함한 VP가 확인과 함께 보유자에 전달

```
{
    "id": "did:example:76e12ec21ebhyu1f712ebc6f1z2,'
    "type": ["VerifiablePresentation"],
    "credential": [{
            "id": "http://example.gov/credentials/3732",
            "type": ["VerifiableCredential",
                "PrescriptionCredential"],
            "issuer": "https://example.edu",
            "issuanceDate": "2010-01-01",
            "credentialSubject": {
                    "id": "did:example:ebfeb1f712ebc6f1c276e12ec21",
                    "prescription": {
                            "drug1": "val1"
                    }
            },
            "revocation": {
                    "id": "http://example.gov/revocations/738",
                    "type": "SimpleRevocationList2017"
            },
            "proof": {
                    "type": "RsaSignature2018",
                    "created": "2018-06-17T10:03:48Z",
                    "verificationMethod":
                     "did:example:ebfeb1f712ebc6f1c276e12ec21/
                     keys/234",
                    "nonce": "d61c4599-0cc2-4479-9efcc63add3a43b2",
                    "signatureValue": "pky6Ed..CYw8XNi1="
            }
        },
        {
            "id": "https://example.com/VC/123456789",
```

```
            "type": ["VerifiableCredential",
                "PrescriptionCredential"],
            "issuer": "did:example:ebfeb1f712ebc6f1c276e12ec21",
            "issuanceDate": "2010-01-03",
            "credentialSubject": {
                    "id":"did:example:76e12ec21ebhyu1f712ebc6f1z2",
                    "prescription": {
                            "drug1": "val1"
                    }
            },
            "proof": {
                    "type": "RsaSignature2018",
                    "created": "2018-06-17T10:03:48Z",
                    "verificationMethod":
                     "did:example:ebfeb1f712ebc6f1c276e12ec21/ keys/234",
                    "nonce": "d61c4599-0cc2-4479-9efc-c63add3a43b2",
                    "signatureValue": "pYw8XNi1..Cky6Ed="
            }
            }
    ],
    "proof": {
        "type": "RsaSignature2018", "created": "2018-06-18T21:19:10Z",
        "verificationMethod": "did:example:76e12ec21ebhyu1f712ebc6f1z2/keys/2",
        "nonce": "c0ae1c8e-c7e7-469f-b252-86e6a0e7387e",
        "signatureValue": "BavEll0/I1..W3JT24="
    }
}
```

코드 7.3 자녀를 식별하는 부모에게 발급된 관계 VC

```
{
    "id": "http://example.edu/credentials/3732",
    "type": ["VerifiableCredential", "RelationshipCredential"],
    "issuer": "https://example.edu/issuers/14",
    "issuanceDate": "2010-01-01T19:23:24Z",
    "credentialSubject": {
        "id": "did:example:ebfeb1c276e12ec211f712ebc6f",
        "child": {
            "id": "did:example:ebfeb1f712ebc6f1c276e12ec21",
            "type": "Child"
        }
    },
    "proof": {
        "type": "RsaSignature2018",
        "created": "2018-06-18T21:19:10Z",
        "verificationMethod":
                "did:example:76e12ec21...12ebc6f1z2/keys/2",
        "nonce": "c0ae1c8e-c7e7-469f-b252-86ijh767387e",
        "signatureValue": "BavEll0/I1..W3JT24="
    }
}
```

코드 7.4 **엄마의 ID를 포함하는 자녀의 VC**

```
{
    "id": "http://example.edu/credentials/3732",
    "type": ["VerifiableCredential", "AgeCredential",
        "RelationshipCredential"],
    "issuer": "https://example.edu/issuers/14",
    "issuanceDate": "2010-01-01T19:23:24Z",
    "credentialSubject": {
        "id": "did:example:ebfeb1f712ebc6f1c276e12ec21",
        "ageUnder": 16,
        "parent": {
            "id": "did:example:ebfeb1c276e12ec211f712ebc6f",
            "type": "Mother"
        }
    },
    "proof": {
        "type": "RsaSignature2018",
        "created": "2018-06-18T21:19:10Z",
        "verificationMethod":
            "did:example:76e12ec21ebhyu1f712ebc6f1z2/keys/2",
        "nonce": "c0ae1c8e-c7e7-469f-b252-86e6a0e7387e",
        "signatureValue": "BavEll0/I1..W3JT24="
    }
}
```

7.9 확장성과 스키마

앞서 언급했듯이, VC는 개방형 모델을 기반으로 하기 때문에, 누구나 원하는 방식으로 VC를 자유롭게 확장할 수 있다. '비허가형 혁신'은 VC 데이터 모델 사양에서 사용되는 문구이다. 모든 응용 프로그램 개발자가 응용 프로그램의 요구 사항을 충족하기 위해 VC를 확장할 수 있기 때문에 개방형 확장성은 VC의 적용 가능성을 극대화한다. 그러나 이 확장성이 제대로 제어되지 않으면 소프트웨어 A가 소프트웨어 B에서 전송한 VC를 해석할 수 없기 때문에 상호 운용성이 부족하게 된다.

이것은 새로운 문제가 아니다. X.509 인증서에도 동일한 문제가 있었다. 그들은 인증서의 내용을 누구나 원하는 방식으로 확장할 수 있도록 허용하여 모든 확장에 글로벌 고유 개체 식별자object identifier, OID 레이블을 지정하여 문제를 해결했다. OID는 노드의 제어가 아래로 위임되는 숫자의 계층적 트리를 형성한다. 이를 숫자 형식의 DNS라고 생각할 수 있다. 이 솔루션의 결함은 글로벌 OID 저장소가 없었기 때문에 소프트웨어 A가 소프트웨어 B에서 사용하는 확장이 의미하는 바를 알아낼 수 없다는 것이다. 이로 인해 IETF[7] 공개키 기반구조 X.509Public Key Infrastructure X.509, PKIX 그룹은

---

[7] (옮긴이) 국제 인터넷 표준화 기구(Internet Engineering Task Force, IETF): 인터넷의 운영, 관리, 개발에 대해 협의하고 프로토콜과 구조적인 사안들을 분석하는 인터넷 표준화 작업기구다(위키피디아).

수십 개의 확장을 표준화하고 OID를 게시하여 모든 사람이 의미를 알 수 있도록 했다. 그러나 이것은 번거롭고 시간이 많이 걸리는 메커니즘이었기 때문에 더 나은 방법이 필요했다.

VC는 인터넷을 사용하여 응용 프로그램 개발자가 만들어낸 모든 확장을 게시하고, VC가 인코딩에 다음을 포함하도록 요구함으로써 확장성 문제를 해결하는 새로운 방법을 가지고 있다.

- **VC에 대한 @context:** 앞서 살펴본 것처럼 발급자, 보유자 및 검증자가 VC의 내용을 이해하기 위해 VC 어휘(속성과 별칭) 측면에서 올바른 콘텍스트를 설정할 수 있다. JSON-LD를 사용하지 않을 때 @context 속성의 한 가지 단점은 콘텍스트가 종종 중첩될 수 있기 때문에, 모든 정의(의미)를 검색하려면 여러 단계로 파헤쳐야 한다는 것이다.
- **어떤 유형의 VC인지:** 앞서 살펴본 것처럼 검증자가 이러한 유형의 VC를 지원하는지 여부를 매우 빠르게 확인하고, 지원하지 않는 경우 추가 처리 없이 신속하게 거부할 수 있다.
- **VC가 어떤 스키마를 사용하는지:** 서로 다른 유형의 VC에는 서로 다른 속성이 포함되며, @context와 credentialSchema 속성은 이러한 새로운 속성의 정의를 인터넷에서 찾을 수 있는 위치를 나타낸다. credentialSchema 속성의 예는 코드 7.1에 나와 있다. 비 JSON-LD 사용자가 @context 속성을 사용하는 것보다 더 쉽게 이해하고 사용할 수 있다.

VC를 확장하는 방법으로는 JSON-LD 구문과 내장된 @context 확장 메커니즘 사용을 더 선호한다. 이는 상호 운용성을 극대화하는 방식으로 객체를 확장하는 방법이 이미 정의되어 있기 때문이다. 그러나 JSON-LD의 @context 기능이 JSON 속성으로 지원된다는 전제하에 순수한 JSON을 사용할 수 있으므로 꼭 JSON-LD를 사용할 필요는 없다. @context 속성은 URI에 대한 약식 별칭을 제공하므로 VC에서 보다 쉽게 참조할 수 있다. 또한 VC의 핵심 속성에 대한 정의를 인터넷에서 찾을 수 있도록 위치를 알려준다.

그림 7.1과 같은 VC 생태계의 다이어그램에 이 확장성 데이터가 있는 검증 가능한 데이터 저장소를 포함시키는 것이 보통이다. 그러나 실제로는 이 데이터를 위한 단일 장소가 필요하지는 않다. 하나 이상의 분산 블록체인 또는 HTTPS를 통해 접근할 수 있는 표준 웹 페이지로 구현될 수도 있다. 그러나 검증 가능한 데이터 저장소 역할을 하는 시스템은 이를 참조하는 발급된 VC가 만료 기간 동안 지속되도록 설계하는 것이 중요하다.

7.10 영지식증명

6장에서 설명한대로 '영지식증명zero-knowledge proof, ZKP'이라는 용어는 비밀을 공개하지 않고 비밀번호와 같은 특정 비밀값에 대한 지식을 증명할 수 있도록 의도된 암호화 알고리즘 또는 프로토콜의 종류를 의미한다. 이 범주에 해당하는 알고리즘에는 'ZK-Snarks', 'ZK-Starks', '불릿프루프bulletproofs'[8] 및 '링 서명ring signatures'[9]이 포함된다.

많은 지침서에서 이러한 증명이 무엇이며 어떻게 작동하는지 설명하지만, 우리의 목적을 위해 다음 중 하나 이상을 수행할 수 있다는 것만 이해하는 것으로도 충분하다.

- 발급자가 관여하거나 검증자가 누구인지 알 필요 없이 VC에서 클레임 검증을 제공(즉, 디지털 서명)
- 보유자의 프라이버시를 보호하면서 VC의 클레임에 대한 검증 제공
- 다른 클레임의 내용이나 존재 여부를 밝히지 않고 VC에서 일부 클레임을 선택적으로 공개하도록 허용
- 전체 클레임(예 생년월일)을 제공하는 대신 파생된 클레임(예 18세 이상)이 검증자에게 제시되도록 허용

이러한 속성은 VC가 강력한 개인정보보호 맥락이나 생태계에서 사용될 때 매우 유용하다. 특히 VC 데이터 모델 사양에서 취한 접근 방식은 보유자의 프라이버시를 보호하는 데 중점을 둔다. 보유자가 주체이기도 한 많은 경우, 이것은 주체의 프라이버시를 보호한다.

VC 데이터 모델 사양에서 영지식증명의 활용은 다음 세 단계를 포함한다.

1. 하나 이상의 '기본' VC는 증명(서명) 접근 방식을 사용하여 발급자가 생성한다. 또한 각각의 credentialSchema 속성에는 사용할 영지식증명 시스템을 나타내는 기본 자격증명과 type을 식별하는 DID가 포함되어 있다. 이러한 시스템 중 하나는 **CL 서명**CL signatures이라고도 하는 **카메니시-리얀스키야**Camenisch-Lysyanskaya **영지식증명 시스템**(https://eprint.iacr.org/2001/019.pdf)이다.
2. 보유자가 검증자에게 제시하고자 하는 각 VC에 대해 보유자는 파생된 VC를 생성한다. 이 파생된 VC에서 credentialSchema는 원래 기본 자격증명과 똑같은 내용을 가진다. 이것이 서로 연관이 있다는 걸 알 수 있는 방법이다. 그러나 proof 섹션에는 보유자가 **서명을 공개하지 않고** 자격증명을 통해 발급자의 서명에 대한 지식을 증명할 수 있는 CL 증명이 포함되어 있다. 즉, 보유자만 서명을 증명할 수 있지만, 증명은 자격증명을 가로챌 수 있는 다른 사람에게 보유자가 누구인지 밝히지 않는다. 또한, 이 파생된 자격증명은 기본 VC 클레임의 하위 집합만 제공함으로써 선택적 공개를 지원할 수 있다.

---

8 [옮긴이] bulletproofs: 기밀 거래 등에 대한 짧은 증명, 나중에 Mimblewimble 프로토콜(Grin 및 Beam 암호화폐 기반)과 Monero 암호화폐로 구현되었다(http://web.stanford.edu/~buenz/pubs/bulletproofs.pdf).
9 [옮긴이] ring signatures: 암호화폐의 그룹 서명에서 원 서명자를 추적할 수 없도록 한 서명

3. 파생된 VC는 보유자가 검증자에게 발급한 VP 내부에 배치된다. VP의 proof 섹션에는 검증자가 파생된 모든 자격증명이 특정 보유자에게 발급되었다는 증명에 대한 사실을 후자의 증명을 공개하지 않고도 증명할 수 있는 속성인 CL 증명이 포함되어 있다. 즉, 검증자만이 이 증명을 검증할 수 있지만(검증자는 이를 다른 사람과 공유할 수 없음), VP의 증명은 여전히 VP를 가로챌 수 있는 다른 사람에게 보유자가 누구인지 밝히지 않는다.

여기에 나와 있는 많은 세부 사항은 주로 영지식증명 시스템의 엄청난 가변성 때문에 VC 데이터 모델 사양에도 설명이 되어 있다. 그러나 VC와 VP의 데이터 모델과 구문은 다양한 영지식증명 기반 검증 유형을 수용하기에 충분해야 한다. 영지식증명 유형 구현의 예는 하이퍼레저 인디(https://wiki. hyperledger.org/display/indy)와 하이퍼레저 에리즈(https://wiki.hyperledger.org/display/aries) 프로젝트를 참고하라.

7.11 프로토콜과 배포

VC 데이터 모델 1.0 사양은 발급자에서 보유자에게 VC 집합을 전송하고 보유자에서 검증자로 VC 집합을 전송하는 데 사용할 수 있는 VC와 VP의 형식과 내용을 정의한다. 그러나 VC 전송과 사용을 위한 프로토콜은 정의하지 않는다. 1.0 사양이 만들어지는 작업을 관리할 수 있도록 유지하기 위해 의도적으로 정의하지 않았다. 그러나 분명히 VC 신원 생태계가 운영되기 전에는 정의가 필요하다.

SSI 구현 개발자 커뮤니티는 VC를 전송하는 다양한 방법을 실험해 왔다. 이러한 프로토콜 중 몇 가지는 5장에서 자세히 설명했다. 이 절에서는 몇 가지 추가 고려 사항에 대해 설명한다. 앞서 우리는 운영 중인 VC 생태계와 관련된 가장 가능성 있는 것들을 설명했다. 이러한 것들의 대부분은 표준화되어야 한다.

- 검증자는 자원 접근에 대한 정책(또는 요구 사항)을 어떻게 설명하고 보유자에게 전달하는가?
- 보유자는 발급자에게 VC를 어떻게 요청하는가?
- 발급자는 발급할 수 있는 VC를 보유자에게 어떻게 알리는가?

VC의 첫 번째 데모는 디지털 바자르Digital Bazaar가 웹 사이트용 자격증명 핸들러 APICredential Handler API, CCHAPI(https://w3c-ccg.github.io/credential-handler-api)에서 진행했다. 이 프로세스에 대한 비디오 데모는 https://www.youtube.com/watch?v=bm3XBPB4cFY에서 볼 수 있다. 웹 사이트의 로그인 페이지에 페이스북 로그인, 구글 로그인, 링크드인 로그인 등 여러 로그인 방법 목록이 있는 것은 웹의 흔한 문제이다. 이러한 모든 ID 공급자를 수용하기 위해 웹 사이트에서 표시해야 하는 로그인 목록이 늘어나고 있기 때문에 이를 '나스카NASCAR[10]문제'라고 한다. CHAPI를 사용할 때 웹 브라우저는 사용자의 중개자 역할을 하여 사용자 경험을 단순화하기 위해 표준화된 방식으로 선택 사항을 제공한다. 다른 웹 사이트는 VC 저장소/보유자(지갑), VC 발급자, VC 검증자 또는 이들의 조합일 수 있다.

이 프로세스는 사용자가 새로운 지갑을 얻기 위해 자격증명 저장소 사이트를 방문할 때 시작된다. 이 사이트는 CHAPI를 사용하여 CredentialStoreEvents와 CredentialRequestEvents 모두에 대한 핸들러를 설정한다. 브라우저 에이전트는 이 사이트의 서비스 주소를 저장하고 이 사이트가 자격증명 저장소임을 기록한다. 그런 다음 사용자는 자격증명 발급 사이트를 방문한다.

사이트에서 자격증명 관리 store() 메서드를 호출하면 브라우저는 사용자에게 저장할 자격증명과 이를 저장할 수 있는 사용자의 지갑 목록을 보여준다. 사용자가 지갑을 선택하면 브라우저는 CredentialStoreEvent를 지갑 공급자의 서비스 주소로 전송한다. 이 시점에서 자격증명은 발급자에서 지갑으로 전송되어 지갑에 저장된다. 그리고 자격증명에 대한 '힌트'가 브라우저에 의해 저장된다.

마찬가지로, 사용자가 자격증명을 요청하는 사이트(검증자)를 방문하고, 사이트가 요청된 자격증명 유형으로 자격증명 관리 get() 메서드를 호출하면, 브라우저는 요청된 유형의 사용 가능한 자격증명 목록에 대한 힌트를 사용자에게 제공한다. 사용자가 자격증명을 선택하면 브라우저는 CredentialRequestEvent를 지갑 공급자의 서비스 주소로 전송한다. 이때 지갑은 자격증명을 요청자에게 보낸다. 지갑과 자격증명 옵션은 브라우저 에이전트를 통해서만 사용자에게 제공되며 자격증명은 지갑과 발급자/검증자 간에 직접 전송된다.

가장 초기의 VC 생태계 중 하나는 공동 저자 데이비드 채드윅이 2015년에 정의했고, 2016년에 구축되었으며, 2017년 유럽 아이덴티티 컨퍼런스European Identity Conference, https://www.kuppingercole.com/speakers/405에서 발표했다. 그것은 당시 새로운 FIDO[11] 사양의 향상을 기반으로 했다. 이 생태계에서 VC는 사용자의 휴대폰에 보관되며 검증자와의 쌍별 인증에 사용되는 FIDO 키에 연결된다.

이 시스템은 1장에서 논의된 중앙형 신원 모델과 분산형 신원 모델의 하이브리드 모델을 사용한다. 보유자, 발급자 및 검증자는 FIDO 키로 설정된 연결을 통해 통신하는 분산 모델의 피어이다. 블록체

---

10 [옮긴이] NASCAR 문제: 웹 사이트의 타사 아이콘/브랜드 클러스터가 NASCAR 경주용 자동차를 덮는 스폰서십 데칼의 콜라주와 유사하기 때문에 NASCAR 문제라고 한다.

11 [옮긴이] FIDO(Fast IDentity Online)는 비밀번호의 문제점을 해결하기 위한 목적으로 FIDO 얼라이언스에 의해 제안된 사용자 인증 프레임워크다(위키피디아).

인 구성 요소는 FIDO 얼라이언스FIDO Alliances[12]의 중앙형 스키마와 키 관리 서비스로 대체된다. 사용자가 발급자에게 연락하면 발급자가 VC로 발급할 수 있는 ID 속성을 말하고 사용자가 원하는 속성을 결정한다. 이는 발급자에게 유럽연합 일반 데이터 보호 규칙General Data Protection Regulation, GDPR의 중요한 요구 사항인 동의를 제공한다.

각 검증자는 다양한 서비스를 제공한다고 가정하고, 각 서비스에는 특정 리소스 접근에 대한 VC 요구 사항과 같은 고유한 권한 부여 정책이 있다. 사용자가 검증자의 서비스를 탐색하고 접근할 서비스를 결정하면 검증자는 특정 정책을 사용자의 장치로 보낸다. 사용자 장치의 에이전트는 정책이 이행될 수 있는지 여부를 결정하기 위해 다양한 발급자로부터 얻을 수 있는 VC를 검색한다. 가능한 경우, 각 발급자의 VC를 검증자의 FIDO 공개키에 함께 결합하도록 요청한다. 그런 다음 이들은 VP에 함께 패키징되고 검증자에 FIDO 공개키와 쌍을 이루는 개인키를 사용함으로써 사용자가 서명을 한다.

이러한 방식으로 검증자는 사용자가 VP에 서명하여 소유권을 입증한 동일한 공개키 ID에 각각 결합된 VC 집합을 수신한다. 이 시스템은 대학생들과 소수의 영국 국민보건서비스 환자들을 대상으로 테스트를 했는데, 이들은 사용자 이름 및 비밀번호 방식보다 사용하기 쉽고 훨씬 더 좋다는 것에 모두 동의했다.

이미 많은 다른 VC가 배포되어 있다. 예를 들어, 캐나다 브리티시 컬럼비아 주 정부는 비즈니스 자격증명의 공개 보유자 역할을 하기 위해 검증 가능한 조직 네트워크를 개발했다(https://vonx.io). OrgBookBC(https://orgbook.gov.bc.ca/en/home)에는 해당 주의 사업체에 부여된 공개 라이선스 및 허가증의 검색 가능한 저장소가 포함되어 있다. 디지털 자격증명은 결국 해당 조직에 직접 제공되지만, OrgBook에 자격증명을 게시하면 동일한 정보를 공개적으로 사용할 수 있고 암호화 방식으로 검증할 수 있다. 이를 통해 어떤 기업이 관련 법률 또는 더 엄격하게, 제안되었지만 의무화되지 않은 지침을 준수하는지 식별하는 프로세스가 간소화된다. 또한, 기업의 소유주는 VC 지갑을 한 번만 획득하면 그들의 비즈니스와 관련된 VC를 쉽게 얻을 수 있다.

7.12 보안과 개인정보보호 평가

VC 데이터 모델 사양의 보안 고려 사항(https://www.w3.org/TR/vc-data-model/#security-considerations)과 개인정보보호 고려 사항(https://www.w3.org/TR/vc-data-model/#privacy-considerations)은 각각 수십 페이

---

12 [옮긴이] FIDO 얼라이언스는 온라인 환경에서 비밀번호를 대체하는 안정성이 있는 인증방식인 FIDO 기술표준을 정하기 위해 2012년 7월 설립된 협의회다(위키피디아).

지에 달한다. 이 절에서는 해당 섹션의 주요 사항만 살펴본다.

- VC는 변조 감지를 제공하는 발급자가 삽입한 암호화 방식의 proof 속성(또는 JWT 서명)을 가지고 있기 때문에 발급자에서부터 중간 스토리지 지갑을 통해 검증자에게 이르기까지 완벽하게 보호된다.
- VC는 전송 중에 TLS와 같은 암호화된 통신 링크를 통해서만 전송하여 기밀로 보호되어야 한다.
- VC는 발급자 또는 다른 제3자와의 통신이 검증자에게 전송될 필요가 없기 때문에 보유자의 장치에 저장되어 있는 경우 고가용성을 갖는다.
- VC는 검증자가 서비스 제공에 필수적인 주체 속성만 요청할 수 있도록 하여 **최소 권한**의 보안 속성을 용이하게 한다.
- VC는 영지식증명 VC 또는 원자atomic VC 집합을 발급하는 발급자의 **선택적 공개**를 통해 개인정보보호를 제공한다. 이를 통해 보유자는 검증자가 필요로 하는 속성만 공개할 수 있고 그 이상은 공개할 필요가 없다.
- VC는 신원의 이름이 아닌 가명 ID를 통해 주체를 식별하여 주체의 개인정보를 보호한다. 이러한 가명 ID들이 주체와 검증자 사이에 쌍을 이루어 연결되는 경우에는 전역적으로 고유한 관련성은 생성되지 않는다.
- 검증자는 서비스에 접근할 수 있는 사용자의 ID가 아니라 서비스에 접근하는 데 필요한 역할이나 속성만 지정하면 되므로 VC는 유연한 역할 기반 및 속성 기반 접근 제어를 지원한다.

물론, 모든 운영 시스템의 궁극적인 보안 및 개인정보보호는 구현의 수준과 올바른 사용에 달려 있다. 보유자가 검증자에게 고유한 이메일 주소와 전화번호를 제공했다면, 가명 ID를 사용한다고 해서 고유한 관련성이 생기는 것을 방지할 수는 없다. 유사하게, 사용자가 보호되지 않는 기기에 VC를 저장했다가 도난당했다면 도둑은 사용자로 가장할 수 있다.

7.13 채택의 장애물

플라스틱 카드 및 여권과 같은 물리적 VC는 오늘날 사회에서 없어서는 안 될 필수품이다. 이제 이러한 자격증명을 전자 세계로 옮겨 모바일 기기를 통해 항상 휴대할 수 있게 되었다. 그러나, 지금까지 살펴본 바와 같이 플라스틱 IC 카드가 유비쿼터스화되기 전에 극복해야 할 기술, 보안 및 개인정보보호에 대한 문제가 남아 있다. 그리고 물론 발급자에게 이 새로운 모델을 채택하거나 채택을 위한 인센티브를 제공하는 데 필요한 비즈니스 모델에 대한 문제도 남아 있다.

이 장의 앞부분에서 설명했듯이, 오늘날의 연합형 ID 관리 인프라는 생태계의 중심에 있기 때문에 발급자IDP에게 큰 힘을 부여한다. VC는 이 모델을 뒤집어 놓아 사용자를 중심에 위치시키고 있다.

따라서 발급자는 새로운 모델로 옮기기 전에 약간의 재정적 이익을 살펴봐야 한다. 강력한 혜택 중 많은 부분이 4장에서 논의되었고 다른 혜택은 이 책의 4부에서 논의된다.

영화로 비유하자면, VC는 SSI의 영웅이다. 이들은 개인(및 조직)의 디지털 지갑에 직접 배치되고 오늘날 물리적 자격증명을 제시하는 것과 같은 방식으로 검증자에게 디지털 방식으로 제공되기 때문에 SSI 인프라의 가장 눈에 띄는 아이콘이다 (예 비행기에 탑승하고자 할 때 공항 보안 요원에게 제시).

그러나 종이와 플라스틱(최신 프리미엄 신용 카드의 경우 금속)으로 만들어진 물리적 자격증명에서 디지털 자격증명으로 이동하는 과정에서 말 그대로 마지막 부분이 중요하다. VC의 모든 보안 및 개인정보 속성은 암호화에 의존하기 때문에 VC를 구성하고 검증하기 위한 데이터 구조와 규칙은 마지막 세부 사항까지 제대로 점검해야 한다. 이것이 지원되는 구문에서 필수 및 선택적 속성, 다양한 서명 메커니즘 및 확장성 옵션에 이르기까지 이 장에서 살펴본 내용이다.

다음 장에서는 VC를 지원하도록 명시적으로 설계되었으며, 현재 자체 W3C 워킹 그룹에서 표준화되고 있는 암호화로 검증 가능한 식별자의 새로운 형태인 분산 식별자DID에 대해 한 단계 더 깊이 알아본다.

SSI 참고자료

SSI에 대해 더 자세한 내용은 IdentityBook.info와 SSIMeetup.org/book을 참고하라.

참고문헌

[1] Mantovani, Maria Laura, Marco Malavolti, and Simona Venuti. 2016. EU AARC Project Deliverable DNA2.4: "Training Material Targeted at Identity Providers." AARC. https://aarc-project.eu/wp-content/uploads/2016/07/AARC-DNA2.4.pdf.

[2] Burr, William, et al. 2013. NIST Special Publication (SP) 800-63-2: "Electronic Authentication Guideline." https://nvlpubs.nist.gov/nistpubs/specialpublications/nist.sp.800-63-2.pdf.

[3] Grassi, Paul A., Michael E. Garcia, and James L. Fenton. 2017. NIST Special Publication (SP) 800-63-3: "Digital Identity Guidelines." https://nvlpubs.nist.gov/nistpubs/specialpublications/nist.sp.800-63-3.pdf.

분산 식별자

드러먼드 리드Drummond Reed, 마커스 사바델로Markus Sabadello

분산 식별자decentralized identifier, DID는 검증 가능한 자격증명VC의 암호화에 대응되는 것이다. 이들은 함께 SSI 표준화의 '두 기둥'이다. 이 장에서는 VC로 시작된 작업에서 DID가 어떻게 발전했는지, URL 및 URN과 어떤 관련이 있는지, SSI에 새로운 유형의 암호로 검증 가능한 식별자가 필요한 이유, W3C-World Wide Web Consortium에서 DID를 어떻게 표준화하는지를 알아보자. 이번 장의 저자는 W3C 분산 식별자 1.0 사양의 두 편집자인 다누브 테크Danube Tech의 설립자이자 CEO인 마커스 사바델로와 에버님Evernym의 최고 신뢰 책임자인 드러먼드 리드이다.

가장 기본적인 수준에서 분산 식별지DID는 브라우지의 주소 표시줄에 표시되는 URL과 비슷한 단순히 새로운 유형의 전역적으로 고유한 식별자이다. 그러나 더 깊은 수준에서 DID는 인터넷을 위한 분산 디지털 ID 및 공개키 기반구조public key infrastructure, PKI의 새로운 계층의 원자적 구성 요소이다. 암호화된 웹 트래픽을 위한 SSL/TLS 프로토콜(현재 세계에서 가장 큰 PKI)의 개발만큼 이 분산 공개키 기반구조DPKI(https://github.com/WebOfTrustInfo/rebooting-the-web-of-trust/blob/master/final-documents/dpki.pdf)는 글로벌 사이버 보안 및 개인정보보호에 큰 영향을 미칠 수 있다.

이는 DID를 그림 8.1의 4가지 수준별 단계를 점진적으로 더 깊은 수준에서 이해할 수 있다는 것을 의미한다. 이 장에서 우리는 DID에 대한 훨씬 더 깊은 이해를 제공하기 위해 이 4가지를 순서대로 살펴볼 것이다.

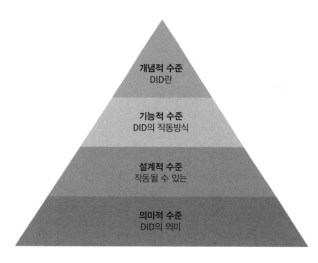

그림 8.1 DID를 이해할 수 있는 4가지 수준의 단계 - 기본 정의부터 작동 방식과 이유, 인터넷과 웹의 미래에 미치는 의미에 대한 깊이 있는 이해까지

8.1 개념적 수준: DID란?

W3C DID 워킹 그룹(https://www.w3.org/2019/did-wg)에서 발행한 W3C DID 핵심 1.0 사양DID Core 1.0 specification(https://www.w3.org/TR/did-core)에 정의된 대로, DID는 '리소스'를 식별하는 문자열인 '글로벌 고유 식별자'의 새로운 형태이다.

> **NOTE** W3C DID 핵심 사양은 계속 업데이트되고 있어 항상 최신 문서의 내용을 참조하는 것이 좋다(https://www.w3.org/TR/did-core/).

리소스는 모든 웹 표준에서 W3C에서 사용하는 용어이다. 디지털 ID 커뮤니티는 일반적으로 엔터티라는 용어를 사용한다. 이 책의 목적을 위해 두 용어는 동일한 것으로 간주될 수 있다. 리소스는 웹 페이지에서 사람, 행성에 이르기까지 **식별할 수 있는 모든 것이**다. 이 문자열(그림 8.2)은 http: 또는 https: 대신 did로 시작한다는 점을 제외하고는 다른 웹 주소와 매우 유사하다.

그림 8.2 DID의 일반 형식: DID 스키마 이름 뒤에 DID 메서드 이름이 오고, DID 메서드에 의해 정의된 구문인 DID 메서드의 하위 문자열이 온다.

8.1.1 URI

기술 표준 측면에서 DID는 통합 자원 식별자uniform resource identifier, URI의 일종이다. URI는 World Wide Web에서 모든 유형의 리소스를 식별하기 위해 W3C에서 채택한 IETF 표준(RFC 3986, https://tools.ietf.org/html/rfc3986)이다. URI는 문자열을 전역적으로 고유하게 만드는 특정 형식의 문자열이다.

즉, 다른 리소스에는 동일한 식별자가 없다. 물론 이것은 다수의 사람이 같은 이름을 가질 수 있는 사람의 이름과는 상당히 다르다.

8.1.2 URL

URLuniform resource locator은 웹에서 해당 리소스 **표현의 위치를 찾는** 데 사용할 수 있는 URI이다. 표현은 리소스를 설명하는 모든 것이다.

예를 들어 웹 사이트 URL의 경우, 리소스는 해당 사이트의 특정 페이지이다. 그러나 리소스가 사람이라면 분명히 '웹에' 직접 있을 수는 없다. 따라서 그 리소스의 표현은 이력서, 블로그 또는 연결된 프로필과 같이 그 사람을 설명하는 것이어야 한다.

웹에서 사용할 수 있는 모든 리소스의 표현에는 웹 페이지, 파일, 이미지, 비디오, 데이터베이스 레코드 등의 URL이 있다. URL이 없으면 '웹에 있는 것'이 아니다. 브라우저의 주소 표시줄에 나타나는 주소는 일반적으로 URL이다. 그림 8.3은 Manning 웹사이트에 있는 이 책에 대한 URL이다.

그림 8.3 **이 책에 대한 웹 페이지의 URL을 표시하는 브라우저 주소 표시줄의 예**

웹의 모든 항목에 URL이 있는 경우 URI와 URL을 구분해야 하는 이유는 무엇일까? 인터넷이 존재하기도 전에 이름 붙여진 모든 것들, 사람, 장소, 행성 등 웹에 **없는** 리소스들을 식별할 필요가 있기 때문이다. 이 모든 것은 리소스가 실제로 웹에 표시되지 않고 웹에서 종종 **참조해야** 하는 리소스이다. URL이 아닌 URI는 종종 **추상적 식별자**라고 한다.

> **NOTE** DID 지체가 URL 억활을 하는지 여부에 대한 질문은 사소해 보이지만 실제로는 상당히 깊은 내용이다. 답하기 전에 의미적 계층까지 살펴보아야 한다.

8.1.3 URN

URL이 네트워크 **리소스 표현의 위치**를 가리키는 URI의 하위 클래스라면(항상 변경될 수 있음), **추상적 리소스 자체를 식별**하여 변경되지 않도록 설계된 URI의 하위 클래스는 어떨까? 이러한 종류의 **영구적인 식별자**(또는 **지속적인 식별자**라고도 함)는 여러 용도로 사용된다. 리소스를 참조해야 할 때 필요한 것은 다음과 같다.

- 특정 표현과 무관함
- 특정 위치와 무관함

- 특정 인간 언어 또는 이름과 무관함
- 시간이 지나도 변하지 않는 방식으로

웹 아키텍처에서 영구 식별자용으로 예약된 URI의 하위 클래스를 'URNuniform resource name'이라고 한다. 이들은 RFC 8141(https://tools.ietf.org/html/rfc8141)에 의해 정의되며, 절대 변경되지 않는 식별자의 네임스페이스를 관리하는 데 필요한 구문과 정책에 대해 자세히 설명한다. 모든 전화번호, 이메일 주소, 사람 이름이

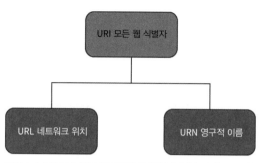

그림 8.4 URL과 URN은 URI의 하위 클래스이다. URL은 항상 웹의 리소스 표현을 가리키는 반면 URN은 웹 안팎의 모든 리소스에 대한 영구적인 이름이다.

한 번만 할당되면 이후 다른 사람이 사용하지 못한다면 얼마나 복잡해질지 생각해 보라. 그림 8.4는 URL과 URN이 모두 URI의 하위 클래스 방식임을 보여준다.

8.1.4 DID

URI, URL 및 URN에 대해 설명했으므로, 이제 DID의 정의에 대해 더 정확하게 알 수 있다. DID는 URL 또는 URN 중 **어느 하나**가 될 수 있고 DID로 식별되는 리소스에 대한 표준화된 정보(메타데이터) 집합을 얻기 위해 리졸브할 수 있는 URI이다(다음 절에서 설명). 식별된 리소스가 웹에 하나 이상의 표현이 있는 경우, 메타데이터에는 해당 URL 중 하나 이상이 포함될 수 있다.

그러나 이 정의는 DID의 네 가지 속성 중 두 가지 속성, **영구성과 리졸브 가능성**resolvability만을 포함한다. 다른 두 가지 특성인 암호화 검증과 분산은 DID를 다른 URI 또는 다른 전 세계적으로 고유한 식별자와 가장 강력하게 구별 짓는다. 2019년 9월 일본 후쿠오카에서 열린 W3C DID 워킹 그룹의 첫 번째 회의에서 한 발표자는 그림 8.5와 같이 네 가지 속성을 요약했다.

세 번째와 네 번째 속성의 특별한 점은 둘 다 암호화에 의존한다는 것이다(6장). 첫 번째 경우(암호화 검증 가능성)

> DID의 4가지 핵심 속성:
> 1. **영구(permanent, persistent) 식별자**
>   변경할 필요가 없다.
> 2. **리졸브 가능한 식별자(resolvable identifier)**
>   메타데이터를 찾기 위해 검색할 수 있다.
> 3. **암호로 검증할 수 있는 식별자**
>   암호화를 사용하여 제어를 증명할 수 있다.
> 4. **분산 식별자**
>   중앙형 등록 권한이 필요하지 않다.

그림 8.5 W3C DID 워킹 그룹의 첫 번째 회의에서 발표된 DID의 4가지 핵심 속성 요약

는 DID를 생성하는 데 사용된다. DID는 이제 정확히 하나의 공개키/개인키 쌍과 연결되므로 개인키의 컨트롤러는 DID의 컨트롤러이기도 하다는 것을 증명할 수 있다(자세한 내용은 8.3절 참조).

두 번째 경우인 분산 등록에서 암호화는 우편 주소에서 전화번호, 도메인 이름에 이르기까지 우리가 사용하는 거의 모든 다른 글로벌 고유 식별자에 필요한 중앙형 등록 기관이 필요하지 않다. 이러한

기관이 운영하는 중앙형 레지스트리는 특정 식별자가 고유한지 아닌지를 판단하고 고유한 경우에만 등록할 수 있다.

대조적으로, 공개키/개인키 쌍에 대한 암호화 알고리즘은 고유성을 효과적으로 보장하기 위해 중앙 레지스트리가 필요하지 않은 단 하나의 고유값을 생성하기 위한 난수 생성기, 큰 소수, 타원 곡선 또는 기타 암호화 기술을 기반으로 한다. 동일한 알고리즘을 사용하는 다른 누군가와 충돌할 가능성이 극히 적기 때문에 '효과적 보장effectively guarantee'이라고 한다. 그러나 이러한 충돌 가능성은 수학적으로 너무 작아서 모든 실제적인 목적을 위해 무시할 수 있다.

결과적으로 적절한 소프트웨어를 가진 사람은 특정 DID 메서드(다음 절에서 설명)에 따라 DID를 생성하고 중앙 등록 기관의 승인이나 개입 없이 즉시 사용할 수 있다. 이것은 비트코인이나 이더리움(또는 기타 인기 있는) 블록체인에서 공개 주소를 생성하는 데 사용되는 것과 동일한 프로세스이며, 이것이 **분산화된** ID의 핵심이다.

8.2 기능적 수준: DID의 작동방식

이제 DID가 어떻게 작동하는지 설명하기 위해 두 번째 수준으로 이동한다.

8.2.1. DID 도큐먼트

식별자는 리소스를 참조하는 데 사용할 수 있는 텍스트 문자열로 그 자체만으로도 유용할 수 있다. 이 문자열은 데이터베이스나 문서에 저장하거나, 이메일에 첨부하거나, 티셔츠나 명함에 인쇄할 수도 있다. 그러나 디지털 식별자의 경우, 유용성은 식별자뿐만 아니라 특정 유형의 식별자를 사용하도록 설계된 응용 프로그램에서 식별자를 사용하는 방법으로도 얻을 수 있다. 예를 들어 http 또는 https로 시작하는 일반적인 웹 주소는 그 자체로는 문자열로 그다지 흥미롭지 않다. 웹 브라우저에 입력하거나 하이퍼링크를 클릭하여 식별자 뒤에 있는 리소스 표현(예 웹 페이지)에 접근할 때만 유용하다.

이것은 DID와 유사하다. DID를 웹 브라우저에 입력하고 의미 있는 작업을 수행하는 것은 아직 불가능하지만, **DID 도큐먼트**라는 표준화된 데이터 구조를 검색하는 **DID 리졸버**DID resolver[1]라고 하는 특별한 소프트웨어(또는 하드웨어)로 보낼 수 있다. 이 데이터 구조는 웹 페이지나 이미지 파일과 다르다. 웹 브라우저나 유사한 소프트웨어에서 최종 사용자가 직접 볼 수 있도록 설계되지는 않았다. 앞으로는 'DID 네비게이터'를 사용하여 '신뢰의 웹'을 탐색할 수 있지만, 대부분은 DID와 관련된 기존 웹 페

---

1 옮긴이 DID 리졸버(DID resolver): DNS 리졸버가 웹 브라우저 및 기타 응용 프로그램에서 호스트 이름(예 www.example.com)을 수신하여 해당 호스트 이름에 대한 IP 주소를 추적하는 것과 마찬가지로 DID에 대한 DID 도큐먼트를 검색해 주는 서비스 혹은 서버를 의미함.

이지를 사용하여 수행될 것이다. DID 도큐먼트는 DID를 기본 구성 요소로 사용하는 디지털 지갑, 에이전트 또는 암호화된 데이터 저장소와 같은 디지털 ID 응용 프로그램 또는 서비스에서 사용하도록 설계된 기계 판독 가능 문서이다.

그림 8.6 DID, DID 도큐먼트, DID 서브젝트의 관계(DID 서브젝트가 DID 컨트롤러인 경우)

모든 DID에는 정확히 하나의 연관된 DID 도큐먼트가 있다. DID 도큐먼트는 DID에 의해 **식별**되고, DID 도큐먼트에 의해 **설명**되는 자원에 대한 용어인 **DID 서브젝트**[2]에 대한 메타데이터를 포함한다. 예를 들어, 사람(DID 서브젝트)에 대한 DID에는 일반적으로 암호화 키, 인증 방법 및 해당 사람과 신뢰할 수 있는 상호 작용에 참여하는 방법을 설명하는 기타 메타데이터가 포함된 관련 DID 도큐먼트가 있다. DID 및 관련 DID 도큐먼트를 제어하는 개체를 **DID 컨트롤러**라고 한다. 대부분의 경우 DID 컨트롤러는 DID 서브젝트(그림 8.6)와 동일하지만 다른 개체일 수도 있다. 예를 들면 부모가 자녀를 식별하는 DID를 제어하는 경우이다. 이때 DID 서브젝트는 자녀이지만 DID 컨트롤러(적어도 자녀가 성인이 될 때까지는)는 부모가 된다.

이론적으로 DID 도큐먼트는 이름이나 이메일 주소와 같은 개인 속성을 포함하여 DID 서브젝트에 대한 임의의 정보를 포함할 수 있다. 그러나 실제로 이것은 개인정보보호상의 이유로 문제가 된다. 대신 권장되는 모범 사례는 DID 서브젝트와 **신뢰할 수 있는** 상호 작용을 할 수 있도록 필요한 최소한의 기계가 읽을 수 있는 메타데이터만 DID 도큐먼트에 포함하는데, 일반적으로 여기에는 다음과 같은 것들이 있다.

- 상호 작용 중에 DID 서브젝트를 인증하는 데 사용할 수 있는 하나 이상의 **공개키**(또는 기타 검증

---

2 [옮긴이] 이 장에서 DID 주체와 VC 주체를 구별하기 위해 DID 주체를 DID 서브젝트로 명명하였다.

방법)이다. 이것이 DID와 관련된 상호 작용을 신뢰할 수 있게 만드는 것이며 DID에 의해 활성화되는 DPKI의 본질이기도 하다.

- 해당 서비스에서 지원하는 프로토콜을 통해 구체적인 상호 작용에 사용할 수 있는 DID 서브젝트와 관련된 하나 이상의 **서비스**. 여기에는 인스턴트 메시징 및 소셜 네트워킹에서 오픈ID 커넥트OIDC, OpenID Connect, **DIDComm** 등과 같은 전용 ID 프로토콜에 이르기까지 광범위한 프로토콜이 포함될 수 있다. 이러한 프로토콜에 대한 자세한 내용은 5장을 참조하라.

- **타임스탬프, 디지털 서명** 및 기타 **암호화 증명**과 같은 특정 추가 메타데이터 또는 **위임 및 권한 부여**와 관련된 메타데이터.

다음은 JSON-LD 표현을 사용하는 매우 간단한 DID 도큐먼트의 예이다. 첫 번째 줄(@context)은 JSON-LD 문서에 필요한 JSON-LD **콘텍스트 문**context statement이다(다른 DID 도큐먼트 표현에는 필요하지 않음). 두 번째 줄(id)은 이 문서가 설명하고 있는 DID이며, authentication 블록은 DID 서브젝트를 인증하기 위한 공개키가 포함된다. 마지막 블록(service)은 검증 가능한 자격증명을 교환하기 위한 서비스 엔드포인트이다.

코드 8.1 인증을 위한 하나의 공개키와 하나의 서비스가 있는 DID 도큐먼트

```
{
  "@context": "https://www.w3.org/ns/did/v1",
  "id": "did:example:123456789abcdefghi",
  "authentication": [{
    "id": "did:example:123456789abcdefghi#keys-1",
    "type": "Ed25519VerificationKey2018",
    "controller": "did:example:123456789abcdefghi",
    "publicKeyBase58" : "H3C2AVvLMv6gmMNam3uVAjZpfkcJCwDwnZn6z3wXmqPV"
  }],
  "service": [{
    "id":"did:example:123456789abcdefghi#vcs",
    "type": "VerifiableCredentialService",
    "serviceEndpoint": "https://example.com/vc/"
  }]
}
```

모든 DID, 특히 공개키 및 서비스와 관련된 이 메타데이터는 SSI 생태계에서 서로 다른 참여자 간의 모든 상호 작용을 위한 기술적 기반이다.

8.2.2 DID 메서드

이전 절들에서 설명했듯이 DID는 다른 유형의 URI처럼 단일 유형의 데이터베이스 또는 네트워크에서 생성 및 유지되지 않는다. 모든 DID를 쓰고 읽을 수 있는 권한이 있는 중앙형 레지스트리나 DNS

와 같은 연합형 레지스트리 계층은 없다. 오늘날의 SSI 커뮤니티에는 다양한 유형의 DID가 존재한다 (8.2.7절 참조). 모두 동일한 기본 기능을 지원하지만, 해당 기능이 구현되는 방식이 다르다. 예를 들어, DID가 정확히 어떻게 생성되는지 또는 DID와 관련된 DID 도큐먼트가 저장 및 검색되는 위치와 방법이 다르다.

이러한 DID의 각각 다른 형태를 **DID 메서드**라고 한다. DID 식별자 형식의 두 번째 부분(첫 번째 콜론과 두 번째 콜론 사이)을 **DID 메서드 이름**이라고 한다. 그림 8.7은 sov_Sovrin, btcr_Bitcoin, v1_Veres One, ethr_Ethereum, jolo_Jolocom의 5가지 다른 DID 메서드를 사용하여 생성된 DID의 예를 보여준다.

```
did:sov:WRfXPg8dantKVubE3HX8pw
did:btcr:xz35-jzv2-qqs2-9wjt
did:v1:test:nym:3AEJTDMSxDDQpyUftjuoeZ2Bazp4Bswj1ce7FJGybCUu
did:ethr:0xE6Fe788d8ca214A080b0f6aC7F48480b2AEfa9a6
did:jolo:1fb352353ff51248c5104b407f9c04c3666627fcf5a167d693c9fc84b75964e2
```

그림 8.7 5가지 다른 DID 메서드를 사용하여 생성된 DID의 예

NOTE 2021년에는 소버린 DID 메서드가 인디 DID 메서드로 진화될 예정이며, 그러면 접두사는 'did:indy:sov:'가 된다. https://wiki.hyperledger.org/display/indy/Indy%2BDID%2BMethod%2BSpecification을 참조하라.

2021년 초 현재 W3C DID 워킹 그룹(https://www.w3.org/2019/did-wg)에서 관리하는 DID 사양 레지스트리(https://www.w3.org/TR/did-spec-registries)에 80개 이상(2021년 12월 현재, 112개)의 DID 메서드 이름이 등록되었다. 각 DID 메서드에는 DID 메서드의 다음 측면을 정의해야 하는 고유한 기술 사양이 있어야 한다.

- DID의 두 번째 콜론 다음에 오는 구문이 DID 사양이다. 이를 **메서드 하위 식별자**라고 한다. 일반적으로 난수 및 암호화 기능을 사용하여 생성된 긴 문자열이다. DID 메소드 네임스페이스 내에서 항상 고유함을 보장한다. 그리고 그 자체로 전역적으로 고유할 것을 권장한다.
- DID에서 실행할 수 있는 네 가지 기본 'CRUD' 작업:
  - **생성**: DID 및 관련 DID 도큐먼트는 어떻게 생성할 수 있나?
  - **읽기(조회)**: 관련 DID 도큐먼트를 어떻게 검색할 수 있나?
  - **업데이트**: DID 도큐먼트의 내용을 어떻게 변경할 수 있나?
  - **비활성화**: DID를 더 이상 사용할 수 없도록 비활성화하려면 어떻게 해야 하나?
- DID 메서드와 관련된 보안과 개인정보보호 고려 사항.

DID 메서드는 매우 다양한 방식으로 설계될 수 있기 때문에 4가지 DID 작업에 대해 포괄적인 설명을 하기는 어렵다. 예를 들어, 일부 DID 메서드는 블록체인 또는 기타 분산 원장을 기반으로 한다.

이 경우 DID를 생성하거나 업데이트하려면 일반적으로 해당 원장에 트랜잭션을 작성해야 한다. 어떤 DID 메서드는 블록체인을 사용하지 않는다. 그들은 다른 방식으로 4개의 DID 작업을 구현한다(8.2.7절 참조).

DID 메서드의 기술적 다양성의 한 가지 결과는 일부가 다른 것보다 특정 사용 사례에 더 적합할 수 있다는 것이다. DID 메서드는 기본 기술 인프라의 확장성, 성능 또는 비용뿐만 아니라 '분산화' 또는 '신뢰할 수 있는' 정도가 다를 수 있다. W3C DID 워킹 그룹 헌장에는 특정 DID 메서드가 특정 사용자 커뮤니티의 요구 사항을 얼마나 잘 충족하는지 채택자가 평가하는 데 도움이 되는 '표제rubric' 문서라는 결과물이 포함되어 있다(https://w3c.github.io/did-rubric).

8.2.3 DID 레졸루션

DID와 관련된 DID 도큐먼트를 얻는 과정을 'DID 레졸루션'이라고 한다. 이 프로세스를 통해 DID 지원 응용 프로그램 및 서비스는 DID 도큐먼트에 표현된 DID 서브젝트에 대한 기계가 읽을 수 있는 메타데이터를 검색할 수 있다. 이 메타데이터는 다음과 같은 DID 서브젝트와의 추가 상호작용에 사용될 수 있다.

- 검증 가능한 자격증명 발급자의 디지털 서명을 검증하기 위한 공개키 조회
- 컨트롤러가 웹사이트나 앱에 로그인해야 할 때 DID 컨트롤러 인증
- 웹사이트, 소셜 네트워크 또는 라이선스 기관과 같은 DID 컨트롤러와 관련된 잘 알려진 서비스 검색 및 접근
- DID 컨트롤러와 DID 간 연결 요청

이러한 시나리오 중 앞의 세 가지를 그림 8.8에서 보여준다.

DID 레졸루션 프로세스는 해당 DID 메서드로 정의된 읽기 작업을 기반으로 한다. 우리가 언급했듯이 이것은 DID 메서드가 어떻게 설계되었는지에 따라 상당히 달라질 수 있다. 즉, DID 레졸루션이 DNS(도메인 이름을 IP 주소로 확인하기 위한 프로토콜) 또는 HTTP(웹 서버에서 리소스 표현을 검색하기 위한 프로토콜)와 같은 방식으로 단일 프로토콜에 국한되지 않는다.

예를 들어, 블록체인, 분산 원장 또는 데이터베이스(중앙형 또는 분산형)가 DID를 리졸브하는 데 사용되거나 DID-레졸루션 프로세스 중에 원격 네트워크와의 상호 작용이 필요하다는 가정을 해서는 안된다. 또한, DID 도큐먼트는 반드시 데이터베이스에 일반 텍스트로 저장되거나 서버에서 다운로드할 필요가 없다. 일부 DID 메서드는 이와 같이 작동할 수 있지만 다른 방법은 가상 DID 도큐먼트의 즉석 구성을 포함하는 더 복잡한 DID 레졸루션 프로세스를 정의할 수 있다. 따라서 DID 레졸루션을

구체적인 프로토콜로 생각하기보다는 DID(추가 매개변수 포함)를 입력으로 사용하고 DID 도큐먼트(추가 메타데이터 포함)를 결과로 반환하는 추상 기능 또는 알고리즘으로 간주해야 한다.

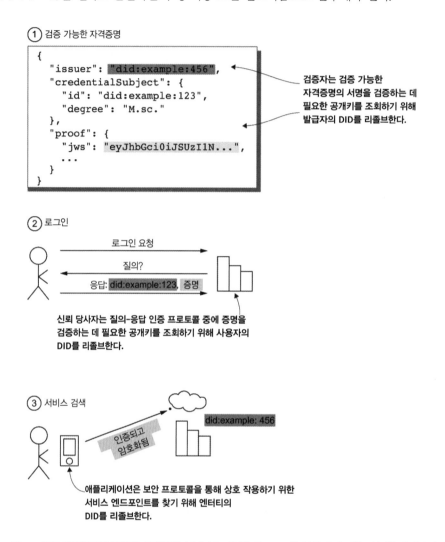

① 검증 가능한 자격증명

```
{
  "issuer": "did:example:456",
  "credentialSubject": {
    "id": "did:example:123",
    "degree": "M.sc."
  },
  "proof": {
    "jws": "eyJhbGci0iJSUzI1N...",
    ...
  }
}
```

검증자는 검증 가능한 자격증명의 서명을 검증하는 데 필요한 공개키를 조회하기 위해 발급자의 DID를 리졸브한다.

② 로그인

로그인 요청

질의?

응답: did:example:123, 증명

신뢰 당사자는 질의-응답 인증 프로토콜 중에 증명을 검증하는 데 필요한 공개키를 조회하기 위해 사용자의 DID를 리졸브한다.

③ 서비스 검색

did:example: 456

인증되고 암호화됨

애플리케이션은 보안 프로토콜을 통해 상호 작용하기 위한 서비스 엔드포인트를 찾기 위해 엔터티의 DID를 리졸브한다.

그림 8.8 DID 레졸루션이 필요한 일반적인 시나리오. 첫 번째는 DID를 사용하여 검증 가능한 자격증명의 발급자를 식별하고, 두 번째는 웹사이트에 로그인하고, 세 번째는 DID와 관련된 서비스를 검색하는 것이다.

DID 리졸버는 여러 아키텍처 형태로 제공될 수 있다. DNS 리졸버가 모든 최신 운영 체제에 포함된 것과 동일한 방식으로 애플리케이션이나 운영 체제에 포함된 기본 라이브러리로 구현될 수 있다. 또는 타사에서 DID 리졸버를 호스팅 서비스로 제공하여 HTTP 또는 다른 프로토콜을 통해 DID 레졸루션 요청에 응답할 수 있다. 하이브리드 형식도 가능하다. 예를 들어, 로컬 DID 리졸버는 DID 레졸루션 프로세스의 일부 또는 전체를 미리 구성된 원격 호스팅 DID 리졸버에 위임할 수 있다(그림

8.9). 이는 로컬 운영 체제의 DNS 리졸버가 일반적으로 인터넷 서비스 공급자(ISP)가 호스팅하는 원격 DNS 리졸버를 질의하여 실제 DNS 레졸루션 작업을 수행하는 방식과 유사하다.

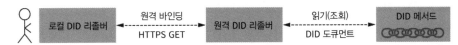

그림 8.9 로컬 DID 리졸버가 원격 DID 리졸버에 질의한 후 해당 DID 메서드에 따라 DID 도큐먼트를 검색하는 예

물론 DID 레졸루션 프로세스 중 중개 서비스에 의존하면 잠재적인 보안 위험과 중앙형의 잠재적인 요소가 발생하며, 이들 각각은 DID에 의존하는 SSI 스택의 다른 계층의 보안 및 신뢰 속성에 영향을 미칠 수 있다. 따라서 가능하면 DID 레졸루션 결과가 올바른지(즉, 올바른 DID 도큐먼트가 반환되었는지) 응용 프로그램이 독립적으로 검증할 수 있도록 DID 레졸루션을 DID 지원 응용 프로그램에 직접 통합해야 한다.

그림 8.10 DID와 DID URL

8.2.4 DID URL

DID는 그 자체로 강력한 식별자이지만, DID를 기반으로 하는 고급 URL을 구성하기 위한 기반으로 사용할 수도 있다. 이것은 웹에서 사용되는 http: 및 https:로 시작하는 URL과 유사하다. 그림 8.10과 같이 이들은 도메인 이름뿐만 아니라 선택적 경로, 선택적 질의 문자열 및 선택적 프래그먼트fragment[3]와 같이 도메인 이름에 추가된 다른 구문 요소로 구성될 수 있다.

웹 URL을 사용하면 이러한 다른 구문 요소를 통해 도메인 이름의 권한 하에 임의의 리소스를 식별할 수 있다. DID도 마찬가지이다. 따라서 DID의 주요 기능은 DID 도큐먼트로 리졸브하는 것이지만, DID와 관련된 추가 리소스에 대한 '식별자 공간'을 활성화하는 'DID URL' 집합의 근본적 권한 역할도 할 수 있다.

DID URL은 다양한 용도로 사용될 수 있다. 일부는 잘 알려져 있고 표준화되어 있는 반면, 다른 일부는 DID 메서드 또는 응용 프로그램에 따라 다르다. DID URL과 그 의미의 예는 표 8.1을 참조하라.

---

3 옮긴이 프래그먼트(fragment): 다른 메인 리소스에 종속된 리소스를 참조하는 문자열

표 8.1 DID URL의 예와 의미

---

did:example:1234#keys-1

프래그먼트가 있는 DID URL. DID의 관련 DID 도큐먼트 내에서 특정 공개키를 식별한다. 이것은 프래그먼트가 있는 http: 또는 https: URL이 HTML 웹 페이지 내의 특정 책갈피를 가리킬 수 있는 방법과 유사하다.

did:example:1234?version-id=4

DID 매개변수(version-id)가 있는 DID URL. 최신 버전이 아닌 DID 관련 DID 도큐먼트의 이전 버전을 식별한다. 이는 DID 문서의 내용이 업데이트 되었지만 특정 버전에 대한 안정적인 참조가 필요한 경우에 유용하다.

did:example:1234?version-id=4#keys-1

이 DID URL은 앞의 두 가지 예를 조합한 것이다. DID 관련 DID 도큐먼트의 특정 이전 버전 내에서 특정 공개키를 식별한다.

did:example:1234/my/path?query#fragment

경로, 질의 문자열 및 프래그먼트가 있는 DID URL. 이 DID URL의 의미 및 처리 규칙은 핵심 DID 표준에 의해 정의되지 않고, DID 메서드 및 DID URL을 사용하는 애플리케이션에 따라 달라진다.

did:example:1234?service=hub/my/path?query#fragment

DID 매개변수(service)가 있는 DID URL. DID의 관련 DID 도큐먼트 내에서 특정 서비스를 식별한다(이 경우 hub 서비스). 나머지 구문 구성 요소(경로, 질의 문자열, 프래그먼트)의 의미 및 처리 규칙은 핵심 DID 표준에 의해 정의되지 않고, 'hub' 서비스에 한정된다.

DID URL 처리에는 두 단계가 포함된다. 첫 번째 단계는 DID 리졸버를 호출하여 DID 도큐먼트를 검색하는 'DID 레졸루션'이다. 두 번째 단계는 'DID 역참조'이다. 레졸루션은 DID 도큐먼트만 반환하지만 역참조 단계에서 DID 도큐먼트는 DID 도큐먼트 자체의 하위 집합(🔟 앞에서 제시된 공개키 예) 또는 웹 페이지와 같은 별도의 리소스일 수 있는 DID URL로 식별된 리소스에 접근하거나 DID 도큐먼트를 검색하기 위해 추가로 처리된다. 이 두 가지 용어, '레졸루션'과 '역참조'는 URI 표준(RFC 3986)에 의해 정의되며 DID뿐만 아니라 모든 유형의 URI 및 식별되는 리소스에 적용된다. 그림 8.11은 이 두 처리 단계가 어떻게 다른지 보여주는 예이다.

8.2.5 도메인 이름 시스템과의 비교

DID의 특정 측면과 다른 식별자와의 차이점을 설명할 때 이미 도메인 이름과 DNS domain name system를 비유로 사용했다. 표 8.2는 DID와 도메인 이름의 유사점과 차이점을 요약한 것이다.

그림 8.11 먼저 DID를 리졸브한 다음 프레그먼트가 포함된 DID URL을 역참조하는 프로세스.
결과는 DID 도큐먼트 내부의 특정 공개키이다.

표 8.2 DID와 도메인 이름 비교

분산 ID(DID)	도메인 이름(DNS)
글로벌 유니크	글로벌 유니크
영구 또는 재할당 가능 (DID 메서드와 DID 컨트롤러에 따라 다름)	재할당 가능
기계 친화적인 식별자(즉, 난수 및 암호화 기반의 긴 문자열)	사람이 읽을 수 있는 이름
적용 가능한 DID 메서느에 의해 정의된 다른 메커니즘을 사용하여 리졸브 가능	표준 DNS 프로토콜을 사용하여 리졸브 가능
관련 데이터는 DID 도큐먼트로 표현	관련 데이터는 DNS 영역 파일에 표시
위임 없이 완전히 분산된 네임스페이스	최상위 도메인 이름(TLD)이 있는 중앙형 루트 레지스트리를 기반으로 하는 계층적 위임이 가능한 네임스페이스
DID 메서드별 프로세스와 인프라(웹 블록체인)로 보안 암호화로 검증 가능	신뢰할 수 있는 루트 레지스트리와 기존 PKI로 보호(DNSSEC)
DID URL에서 권한 구성 요소로 사용	DNS 보안 확장을 사용하여 검증 가능(DNSSEC) http: 및 https: 웹 주소와 이메일 주소 및 기타 식별자에서 권한 구성 요소로 사용
DID 메서드별 권한 관리(DID 메서드는 누구나 생성 가능)	국제인터넷주소관리기구(ICANN, Internet Corporation for Assigned Names and Numbers)에서 관리
DID 컨트롤러의 완전한 제어	각 DNS TLD에 대해 ICANN과 레지스트리 운영자가 궁극적으로 제어

8.2.6 URN과 다른 영구 식별자와의 비교

이전에 설명했듯이 DID는 URN의 기능 요구 사항을 충족할 수 있다. DID는 항상 동일한 엔터티를 식별하고 재할당되지 않는 영구 식별자로 사용되는 기능이 있다. 일반적으로 SSI 응용 프로그램에 덜 적합하게 만드는 방식으로 DID와 다른 많은 유형의 영구 식별자가 있다. 표 8.3에는 다른 유형의 영구 식별자와 DID와 비교하는 방법이 나와 있다.

표 8.3 **DID와 다른 유형의 영구 식별자 비교**

영구 식별자	비교
범용 고유 식별자(UUID, 전역 고유 식별자 또는 GUID라고도 함)	리졸브할 수 없음 암호로 검증할 수 없음
영구적 URL(PURL) 핸들 시스템(HDL) 디지털 객체 식별자(DOI) 아카이브 리소스 키(ARK) 오픈 연구원 및 기고자 ID(ORCID)[4]	분산되지 않음; 이러한 식별자를 만들고 사용하는 것은 중앙 또는 계층적 권한에 의존 암호로 검증할 수 없음
그 외 다른 URN	리졸브할 수 없거나 레졸루션 프로세스와 메타데이터가 유형에 따라 다름 암호로 검증할 수 없음

그림 8.12는 오늘날 사용되는 대부분의 다른 URI가 DID와 어떻게 비교되는지를 시각적으로 나타낸 것이다. DID가 해당 속성을 제공하는 유일한 식별자이기 때문에 **암호화 검증**을 위한 원은 포함되지 않는다. 그러나 여기에는 DID가 명시적으로 갖지 않는 **위임 가능성** 속성에 대한 원이 포함된다. 위임 가능성이란 한 식별자(기관)가 하위 네임스페이스를 다른 식별자(기관)에 위임할 수 있는 기능을 말한다. 예를 들어 .com 레지스트리는 구글에 위임하고 구글은 지도 서비스에 위임하는 maps.google.com과 같은 도메인 이름이 있다.

8.2.7 DID 유형

DID가 발명된 이후로 DID에 대한 관심은 기하급수적으로 증가했다(다음 8.2.8절 참조). 최초의 DID 메서드는 블록체인 및 분산 원장과 밀접하게 연결되어 있었지만 DID가 진화하기 시작하면서 더 많은 유형의 DID가 개발되었다. 2019년 9월 일본 후쿠오카에서 열린 W3C DID 워킹 그룹의 첫 번째 회의에서 진행된 발표 내용에서 그 시점까지 개발된 다양한 DID 메서드가 표 8.4의 광범위한 범주에 속한다고 설명했다.

---

4 [옮긴이] ORCID(Open Researcher and Contributor ID): 과학자와 다른 학문 저작자를 인식하기 위한 비영리 숫자 코드다(위키피디아).

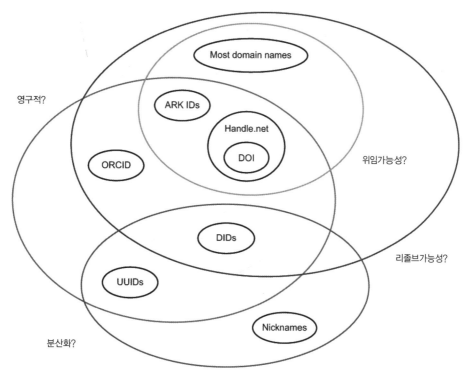

그림 8.12 다른 식별자와 비교하여 DID는 영구적이고 리졸브 가능하며 분산되어 있다
(암호화 검증 가능성은 다른 식별자에 적용되지 않으므로 표시되지 않음).

표 8.4 2020년 8월까지 개발된 DID 메서드의 광범위한 범주

범주	설명 및 예시

원장 기반 DID	DID 메서드의 원래 범주에는 단일 기관에 의해 제어되지 않는 레지스트리의 목적을 제공하는 블록체인 또는 다른 DLT(분산 원장 기술)가 포함된다. 이 레지스트리는 일반적으로 공개적이며 글로벌로 접근할 수 있다. DID 컨트롤러의 개인키로 서명된 원장에 트랜잭션을 작성하여 DID를 생성/업데이트/비활성화한다.
	
	`did:sov:WRfXPg8dantKVubE3HX8pw`
	`did:btcr:xz35-jzv2-qqs2-9wjt`
	`did:ethr:0xE6Fe788d8ca214A080b0f6aC7F48480b2AEfa9a6`
	`did:v1:test:nym:3AEJTDMSxDDQpyUftjuoeZ2Bazp4Bswj1ce7FJGybCUu`

원장 미들웨어 (레이어 2) DID	기존의 원장 기반 DID 메서드를 개선한 이 범주는 기본 레이어 블록체인 위에 분산 해시 테이블(DHT, distributed hash table) 또는 기존 복제 데이터베이스 시스템과 같은 추가 스토리지 레이어를 추가한다. DID는 매번 기본 레이어 원장 트랜잭션을 요구하지 않고 이 두 번째 레이어에서 생성/업데이트/비활성화될 수 있다. 대신 여러 DID 작업이 단일 원장 트랜잭션으로 일괄 처리되어 성능이 향상되고 비용이 절감된다.
	
	`did:ion:test:EiDk2RpPVuC4wNANUTn_4YXJczjzi10zLG1XE4AjkcGOLA`
	`did:elem:EiB9htZdL3stukrklAnJ0hrWuCdXwR27TNDO7Fh9HGWDGg`

표 8.4 2020년 8월까지 개발된 DID 메서드의 광범위한 범주(계속)

범주	설명 및 예시
피어 DID	이 특별한 범주의 DID 메서드는 블록체인과 같은 글로벌 공유 등록 레이어가 필요하지 않다. 대신 DID가 생성되어 다른 피어(또는 상대적으로 작은 피어 그룹)와만 공유된다. 관계의 일부인 DID는 P2P 프로토콜을 통해 교환되어 참가자 간에 비공개 연결이 생성된다(https://identity.foundation/peer-did-method-spec/index.html 참조). `did:peer:1zQmZMygzYqNwU6Uhmewx5Xepf2VLp5S4HLSwwgf2aiKZuwa`
정적 DID	DID가 생성 및 리졸브될 수 있지만 업데이트되거나 비활성화되지는 않는 '정적'인 DID 메서드 범주가 있다. 이러한 DID 메서드는 복잡한 프로토콜이나 스토리지 인프라가 필요하지 않은 경향이 있다. 예를 들어, DID는 단순히 DID 자체 이외의 데이터를 요구하지 않고 전체 DID 도큐먼트를 알고리즘적으로 리졸브할 수 있는 '래핑된(wrapped)' 공개키일 수 있다. `did:key:z6Mkfriq1MqLBoPWecGoDLjguo1sB9brj6wT3qZ5BxkKpuP6`

대체 DID	이전 범주에 속하지 않는 다른 여러 혁신적인 DID 메서드들이 개발되었다. 그들은 DID 식별 아키텍처가 Git, IPFS(Interplanetary File System) 또는 웹 자체와 같은 기존 인터넷 프로토콜 위에 계층화될 만큼 충분히 유연하다는 것을 보여준다.
	
	`did:git:625557b5a9cdf399205820a2a716da897e2f9657`
	`did:ipid:QmYA7p467t4BGgBL4NmyHtsXMoPrYH9b3kSG6dbgFYskJm`
	`did:web:uport.me`

8.3 아키텍처 수준: DID가 작동하는 이유

DID가 무엇이고 어떻게 작동하는지 설명했으니, 이제 DID가 작동하는 이유에 대해 더 자세히 살펴보자. 이 새로운 유형의 식별자에 왜 그렇게 많은 관심이 있을까? 이에 답하기 위해 우리는 그들이 해결하는 핵심 문제들, 즉 신원 문제와 더 중요한 **암호화** 문제들을 더 깊이 탐구해야 한다.

8.3.1 공개키 기반구조의 핵심 문제

공개키 기반구조PKI가 처음 고안된 이후로 PKI의 핵심에는 한 가지 어려운 문제가 있었다. 그러나 이 문제는 공개키/개인키 또는 암호화/복호화 알고리즘과 관련된 수학적 문제와 같은 암호화 자체의 문제는 아니었다. 오히려 어떻게 공개키/개인키 암호화를 사람과 조직이 대규모로 사용하기 쉽고 안전하게 만들 것인가와 같은 **암호화 인프라**에 대한 문제였다.

이것은 쉬운 문제가 아니다. PKI 용어가 사용된 이

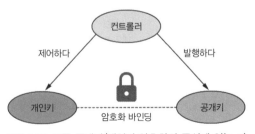

그림 8.13 모든 공개키/개인키 암호화의 중심에 있는 기본 신뢰 삼각형

래로 계속 괴롭히고 있는 문제이다. 그 이유는 공개키/개인키 암호화가 작동하는 방식의 본질에 있다. 이를 이해하기 위해 기본 PKI 신뢰 삼각형(그림 8.13)을 살펴보자. 이는 공개키/개인키 쌍에 대해 생각하는 것만으로는 충분하지 않음을 보여준다. 개인, 조직 또는 사물(사물이 키 쌍을 생성하고 디지털 지갑에 저장할 수 있는 기능이 있는 경우)과 같은 제어 권한(컨트롤러)과 관련하여 각 키 쌍을 확인해야 한다.

공개키/개인키는 위조될 수 없도록 수학적으로 서로 연결되어 있다. 각각은 특정 암호화 알고리즘에 의해 정의된 특정 기능들에만 사용할 수 있다. 그러나 키의 두 유형 '모두' 본질적으로 컨트롤러와 관련이 있다. 알고리즘에 관계없이 이 두 가지 기본 역할은 그림 8.14에 강조 표시되어 있다. 개인키는

컨트롤러(또는 그 대리인)에 의해 독점적으로 사용되어야 하며, 절대 다른 사람에게 공개되어서는 안 된다. 이와 대조적으로 공개키는 정반대이다. 컨트롤러와 안전하게 통신하려는 모든 당사자와 공유되어야 한다. 이는 해당 컨트롤러에 대한 메시지를 암호화하거나 해당 컨트롤러에서 보내는 메시지를 검증하는 유일한 방법이다.

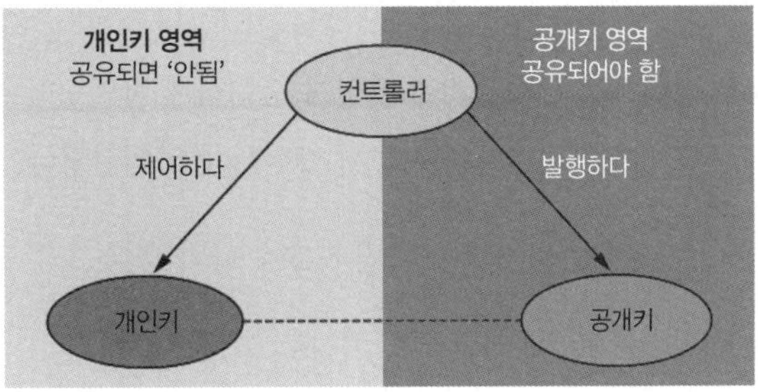

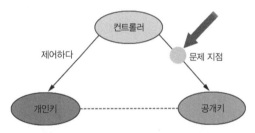

그림 8.14 PKI에서 공개키와 개인키의 기본 역할

개인키를 비공개로 유지하는 작업은 결코 사소한 일이 아니지만 PKI의 핵심에서 그렇게 어려운 문제는 아니다. 오히려 어려운 문제는 그림 8.15와 같이 PKI 신뢰 삼각형의 반대편에 있다.

문제는 다음과 같이 단순하다. 공개키를 신뢰하는 당사자들(신뢰 당사자)이 실제 컨트롤러와 상호작용하고 있는지 확인할 수 있도록 공개키를 컨트롤러

그림 8.15 PKI의 핵심 문제: 공개키를 컨트롤러에 어떻게 바인딩하나?

에 어떻게 강력하게 바인딩할 것인가? 결국 신뢰 당사자가 컨트롤러 A의 공개키라고 생각할 때 컨트롤러 B의 공개키를 수락하도록 속일 수 있다면 모든 의도와 목적을 위해 컨트롤러 B는 컨트롤러 A를 완전히 속일 수 있다. 암호화는 완벽하게 작동하며, 컨트롤러 B가 저지르는 사이버 범죄가 발생할 때까지 그 사실을 결코 알 수 없을 것이다.

따라서 신뢰 당사자는 처리 중인 모든 컨트롤러에 대해 올바른 시점에 올바른 공개키를 가지고 있음을 아는 것이 중요하다. 공개키는 암호화 유효성을 밀리초 단위로 확인할 수 있는 순수한 디지털 엔터티이지만 컨트롤러는 그렇지 '않기' 때문에 이는 참으로 어려운 문제이다. 그들은 현실 세계에 존재하는 실제 사람, 조직 또는 사물이다. 따라서 공개키를 컨트롤러에 디지털 방식으로 바인딩하는 유일한

방법은 퍼즐의 한 조각, 즉 컨트롤러의 디지털 식별자를 추가하는 것이다.

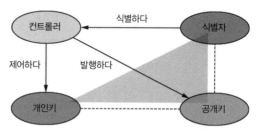

그림 8.16 실제 PKI 신뢰 삼각형에는 컨트롤러에 대한 디지털 식별자가 포함된다.

이것은 '실제' PKI 신뢰 삼각형이 그림 8.16에 표시된 삼각형임을 의미한다. 추가적인 퍼즐의 조각은 신뢰 당사자가 공개키가 다른 누구도 아닌 컨트롤러에 속한다고 확신할 수 있는 방식으로 공개키에 바인딩될 수 있는 컨트롤러에 대한 식별자이다.

그림 8.16에서 알 수 있는 것은 이 식별자 바인딩 문제가 두 부분으로 구성되어 있다는 것이다.

- 식별자를 컨트롤러에 어떻게 강력하게 바인딩하나?
- 공개키를 식별자에 어떻게 강력하게 바인딩하나?

이 두 가지 문제 지점이 그림 8.17에 나와 있다.

PKI가 1970년대에 탄생한 이래로 고군분투해 온 두 가지 문제 영역이 있다. 이 절의 나머지 부분에서는 이 두 가지 문제에 대한 네 가지 다른 솔루션을 살펴보겠다.

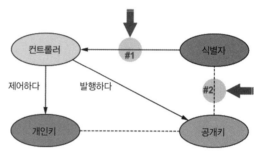

그림 8.17 식별자를 컨트롤러에 강력하게 바인딩할 때 두 가지 문제 지점

1. 기존 PKI 모델
2. 신뢰의 웹 모델
3. 공개키 기반 식별자
4. DID와 DID 도큐먼트

8.3.2 솔루션 1: 기존 PKI 모델

첫 번째 솔루션은 **디지털 인증서**digital certificates, certs 발급을 위한 기존 PKI 모델이다. 이것은 지난 40년 동안 진화한 지배적인 모델이다. 아마도 가장 잘 알려진 예는 X.509 인증서를 사용하여 HTTPS 프로토콜(브라우저 주소 표시줄에 표시되는 자물쇠)을 사용하는 브라우저에서 보안 연결을 제공하는 SSL/TLS PKI일 것이다.

첫 번째 문제인 식별자-컨트롤러 바인딩에 대한 기존의 PKI 솔루션은 가장 적합한 기존 식별자 중 하나를 사용한 다음 업계 모범 사례를 따라 이 식별자를 컨트롤러에 강력하게 바인딩하는 것이다. 그림 8.18은 기존 PKI에 대한 식별자의 잠재적 선택을 요약하고 X.509 인증서에서 가장 자주 사용되는 식별자를 파란색 박스로 표시했다.

식별자	강력한 바인딩을 위한 문제점
전화번호	재할당 가능, 제한된 수, 등록하기 어려움
주소	재할당 가능, 등록하기 어려움
도메인 이름	재할당 가능, 스푸핑[5] 가능, DNS 포이즈닝[6]
이메일 주소	재할당 가능, 스푸핑 가능, 취약한 보안
URL	도메인 이름 또는 IP 주소에 따라 다름
X.500 고유한 이름	등록하기 어려움 　　　　　X.509

그림 8.18 기존 PKI에 대한 다양한 식별자 선택.
강조 표시된 선택 사항은 일반적으로 X.509 디지털 인증서에 사용되는 선택 사항이다.

URL(도메인 이름 또는 IP 주소 기반)의 주요 이점은 공개키 컨트롤러가 URL도 제어하는지 확인하기 위해 자동화된 테스트를 수행할 수 있다는 것이다. 그러나 이러한 테스트는 동형 문자 공격homographic attacks, 유사한 이름 또는 다른 국제 알파벳의 유사 문자 사용 또는 DNS 포이즈닝을 탐지할 수 없다.

X.500 고유이름distinguished name, DN의 주요 이점은 관리상 컨트롤러에 속하는지 확인할 수 있다는 것이다. 그러나 이 검증은 수동으로 수행해야 하므로 항상 사람의 오류가 발생할 수 있다. 게다가 X.500 DN을 등록하는 것은 쉽지 않다. 이는 확실히 일반 인터넷 사용자가 수행할 것으로 기대할 수 있는 일이 아니다.

공개키-식별자 바인딩이라는 두 번째 문제에 대한 기존의 PKI 접근 방식은 **공개키와 식별자를 모두 포함하는 문서에 디지털 서명**을 하는 암호화의 맥락에서 두드러진다. 이것이 **공개키 인증서**(특정 종류의 디지털 인증서)의 원리다. 이 솔루션은 그림 8.19에 나와 있다.

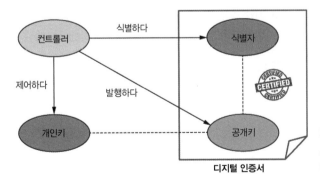

그림 8.19 기존 PKI는 특정 유형의 인증 기관에서 서명한 디지털 인증서를 사용하여 공개키-식별자 바인딩 문제를 해결한다.

5 　[옮긴이] 스푸핑(spoofing): 사전적 의미는 '속이다'이다. 네트워크에서 스푸핑 대상은 MAC 주소, IP 주소, 포트 등 네트워크 통신과 관련된 모든 것이 될 수 있고, 스푸핑은 속임을 이용한 공격을 총칭한다(위키피디아).

6 　[옮긴이] DNS 포이즈닝: DNS 스푸핑(DNS spoofing) 또는 DNS 캐시 포이즈닝(DNS cache poisoning)이라고도 한다. 컴퓨터 보안 해킹의 일종이며, 변질된 도메인 네임 시스템 데이터가 DNS 리졸버(DNS resolver)의 캐시에 유입되어 네임 서버가 유효하지 않은 결과 레코드(回 IP 주소)를 반환한다. 이를 통해 공격자의 컴퓨터(또는 다른 컴퓨터)로 공격 우회를 할 수 있다(위키피디아).

물론 문제는 '누가 이 디지털 인증서에 서명을 하느냐?'는 것이다. 이는 **신뢰하는 제3자**trusted third party, TTP의 개념을 도입한다. 즉, 디지털 인증서에 서명하기 위해 신뢰할 수 있는 당사자가 아니면 PKI에 대한 모든 아이디어는 무산된다. 이 문제에 대한 기존 PKI의 대답은 **인증기관**certificate authority, CA이다. CA는 컨트롤러의 ID와 공개키의 신뢰성을 확인하기 위해 지정된 일련의 관행과 절차에 따라 이들 둘을 바인딩하고 CA의 개인키로 서명하는 디지털 인증서를 발급하는 서비스 제공업체이다.

서로 다른 PKI 시스템은 CA에 대해 서로 다른 인증 프로그램을 사용한다. 가장 잘 알려진 것 중 하나는 원래 미국공인회계사회American Institute of Certified Public Accountants에서 개발했으며 현재는 캐나다공인회계사회Chartered Professional Accountants of Canada(https://www.cpacanada.ca/en/business-and-accounting-resources/audit-and-assurance/overview-of-webtrust-services)에서 운영하는 'WebTrust' 프로그램이다. WebTrust는 브라우저에서 보안 연결을 나타내는 SSL/TLS 인증서에 사용되는 인증 프로그램이다. 신뢰할 수 있는 제3자(TTP)의 역할을 하는 것이 본질적으로 인간의 프로세스이기 때문에 인증은 CA에게 분명히 중요하다. 그리고 인증은 자동화할 수 없다(가능하다면 TTP가 필요하지 않을 것이다). 그리고 불행하게도 인간은 실수를 한다.

그러나 사람은 TTP와 관련된 문제 중 하나일 뿐이다. 표 8.5에는 다른 문제가 나열되어 있다.

표 8.5 식별자 바인딩 문제를 해결하기 위해 기존 PKI에 필요한 TTP 사용의 단점

TTP의 문제	설명
비용	TTP(인간만이 할 수 있는 일을 수행해야 함)를 신뢰 관계에 삽입하면 누군가가 지불해야 하는 비용이 추가된다.
마찰(저항)	TTP를 도입하려면 신뢰 관계에 대한 모든 당사자의 추가 작업이 필요하다.
단일 실패 지점	단일 실패가 모든 디지털 인증서를 손상시킬 수 있기 때문에 각 TTP는 공격 지점이 된다.
식별자 변경	식별자가 변경되면 이전 디지털 인증서를 해지하고 새로운 인증서를 발급해야 한다.
공개키 변경	공개키가 변경되면(대부분의 보안 정책에서 주기적으로 요구함) 이전 디지털 인증서를 해지하고 새로운 인증서를 발급해야 한다.

이러한 모든 단점에도 불구하고 기존의 PKI는 식별자 바인딩 문제에 대해 상업적으로 실행 가능한 유일한 솔루션이었다. 그러나 인터넷 사용 및 상업적 가치가 증가하고 사이버 범죄율도 증가함에 따라 더 나은 솔루션에 대한 요구도 증가했다.

8.3.3 솔루션 2: 신뢰의 웹 모델

기존 PKI 모델에 대한 한 가지 대안은 공개키/개인키 암호화 분야의 선구자이며 PGP_{Pretty Good}
Privacy[7]의 발명가인 필립 짐머만Phillip Zimmermann에 의해 고안되었다. 그는 중앙형 CA에 의존하지
않고, 서로를 직접 알고 서로의 공개키에 개별적으로 서명할 수 있는 개인에 의존하기 때문에 **P2P 디
지털 인증서**를 효과적으로 만들 수 있다는 점에서 **신뢰의 웹**web of trust이라는 용어를 만들었다. 그림
8.20은 신뢰의 웹 모델이 작동하는 방식을 시각적으로 보여준다.

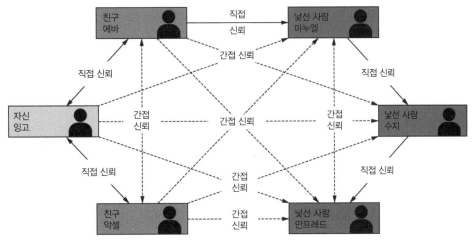

그림 8.20 신뢰의 웹을 구성하는 방법에 대한 다이어그램

최초 공식화 이후 수백 개의 학술 논문이 신뢰의 웹 모델의 문제를 드러내고 개선안을 제시해 왔다.
그러나 가장 큰 문제는 기존 PKI 모델에서 실제로 변경되는 유일한 것은 디지털 인증서에 서명하는
'사람'이라는 것이다. 그것은 '여러분은 누구를 신뢰하는가?'의 문제(TTP 문제)를 '여러분이 믿을 수 있
는 누군가가 알고 있는 다른 사람을 신뢰할 수 있는가?'의 문제로 바뀐다. 즉, 확인하려는 디지털 인
증서에 대한 '신뢰할 수 있는 경로'를 어떻게 찾는가의 문제이다. 지금까지 아무도 이 문제에 대해 합
리적으로 안전하고 확장 가능하며 채택 가능한 솔루션을 개발하지 못했다.

8.3.4 솔루션 3: 공개키 기반 식별자

기존 PKI 모델과 신뢰의 웹 PKI 모델의 단점은 궁극적으로 매우 다른 접근 방식으로 이어졌다. 즉,
TTP를 또 다른 영리한 암호화 사용으로 대체하여 TTP의 필요성을 제거했다. 다시 말해, 컨트롤러에
대한 기존 식별자(**예** 도메인 이름, URL, X.500 DN)를 재사용한 다음 이를 공개키에 바인딩하는 대신 전

7　[옮긴이] PGP는 'Pretty Good Privacy'의 약자로서, 컴퓨터 파일을 암호화하고 복호화하는 프로그램이다. 1991년 필립 짐머만이 개발하였다(위
키피디아).

체 프로세스를 역순으로 수행하고 직접 또는 블록체인, 분산 원장 또는 유사한 시스템을 통해 **공개키를 기반으로 컨트롤러에 대한 식별자를 생성**한다. PKI 신뢰 삼각형을 구성하는 이 새로운 접근 방식은 그림 8.21에 나와 있다.

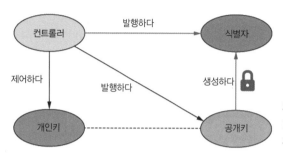

그림 8.21 공개키 기반 식별자는 공개키에서 컨트롤러에 대한 식별자를 생성함으로써 식별자 바인딩 문제에 대해 완전히 다른 접근 방식을 취한다.

공개키에서 범용 고유 식별자를 생성하는 기본적인 두 가지 접근 방식은 다음과 같다.

- **트랜잭션** 접근 방식에서 컨트롤러는 공개키/개인키 조합을 사용하여 블록체인, 분산 원장 또는 기타 알고리즘 제어 시스템과의 트랜잭션을 수행하여 트랜잭션 주소(예 비트코인 또는 이더리움 주소)를 생성한다. 이 트랜잭션 주소는 단 하나의 고유하고 컨트롤러에 의해 입증 가능하게 제어되기 때문에 식별자가 된다.

- **자체 인증** 접근 방식을 통해 컨트롤러는 공개키(및 잠재적으로 다른 메타데이터)에 대해 단방향 해시 함수와 같은 암호화 작업을 수행하여, 정의에 따라 컨트롤러만이 그들의 제어를 증명할 수 있는 전역적으로 고유한 값을 생성한다.

이 두가지 접근 방식의 중요한 차이점은 외부 시스템이 필요한지 여부이다. 첫 번째 방식의 트랜잭션 주소는 블록체인, 분산 원장, 분산 파일 시스템 등과 같은 외부 시스템이 필요하다. 이 외부 시스템은 본질적으로 사람이 실행하는 TTP(기존 PKI에 필요한 CA)를 기계가 실행하는 TTP로 대체한다. 이는 더 안전하고(트랜잭션 과정에서 사람의 개입이 없음) 보다 분산되어 있으며(블록체인의 설계와 구현에 따라) 비용이 획기적으로 낮다고 주장한다.

두 번째 방식인 자체 인증 식별자는 외부 시스템이 필요하지 않다는 장점이 있다. 암호화만 사용하여 밀리초 내에 누구나 검증할 수 있다. 이것은 또한 모든 옵션 중에서 가장 분산되고 가장 저렴한 비용이 될 것이다. 이 접근 방식에 대한 자세한 내용은 10장, 특히 키 이벤트 수신 인프라Key Event Receipt Infrastructure, KERI에 대한 10.8절을 참조하라.

특정 아키텍처에 관계없이 공개키 기반 식별자를 사용하여 공개키-식별자 바인딩 문제를 해결하면 두 가지 분명한 이점이 있다. 첫째, 이는 트랜잭션 과정에서 수작업을 제거한다. 둘째, '개인키 컨트롤러만이 식별자의 제어를 증명할 수 있기' 때문에 식별자-컨트롤러 바인딩 문제도 해결된다. 즉, 공개키 기반 식별자를 사용하면 컨트롤러가 소유한 키 자료를 사용하여 세 값 모두 암호화 방식으로 생성되기 때문에 '컨트롤러가 실제 PKI 신뢰 삼각형의 세 지점을 모두 제어'한다.

공개키 기반 식별자가 등장하는 만큼 강력하지만, 그 자체로 하나의 주요 아킬레스건이 있다. 컨트롤러의 식별자는 공개키가 순환될 때마다 변경된다. 10장에서 자세히 설명하겠지만 키 순환(공개키/개인키 쌍에서 다른 키 쌍으로 전환)은 모든 유형의 PKI에서 가장 기본적인 보안 모범 사례이다. 따라서 공개키 기반 식별자만으로는 키 순환을 지원할 수 없기 때문에 기존 PKI의 대안으로 채택할 수 없게 되었다.

8.3.5 솔루션 4: DID와 DID 도큐먼트

공개키 기반 식별자를 한 번 생성한 다음 모든 키 순환 후에 계속 검증할 수 있는 방법이 있다면 어떨까? DID와 DID 도큐먼트에 대해 알아보자.

먼저 컨트롤러는 그림 8.21과 같이 최초 공개키/개인키 쌍을 기반으로 원래의 공개키 기반 식별자, 즉 DID를 한 번 생성한다. 그런 다음 컨트롤러는 그림 8.22와 같이 DID와 공개키가 포함된 원본 DID 도큐먼트를 게시한다.

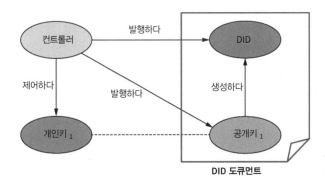

그림 8.22 **컨트롤러는 원본 DID 도큐먼트에 DID와 원본 공개키를 게시한다.**

이 시점에서 DID 도큐먼트에 대한 접근 권한이 있는 모든 사람은 트랜잭션 주소를 검증하거나 자체 인증 식별자를 검증하여 DID와 관련 공개키 간의 바인딩을 암호화 방식으로 검증할 수 있다.

이제 컨트롤러가 키 쌍을 순환해야(바꾸어야) 할 때, 컨트롤러는 '업데이트된 DID 도큐먼트'를 생성하고 그림 8.23과 같이 '이전 개인키'로 서명한다. 트랜잭션 DID 메서드를 사용하는 경우 컨트롤러는 업데이트된 DID 도큐먼트를 등록하기 위해 외부 시스템(예 블록체인)과 새로운 트랜잭션을 수행해야 한다. 그러나 이 과정에는 사람이 없다. 컨트롤러가 연결된 개인키를 제어한다면 컨트롤러는 언제든지 이 트랜잭션을 수행할 수 있다.

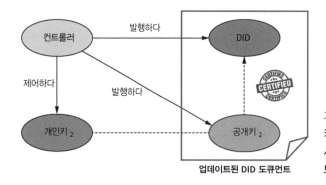

그림 8.23 컨트롤러는 원본 DID와 새로운 공개키를 포함하는 업데이트된 DID 도큐먼트를 게시한 다음 원본 개인키로 디지털 서명하여 DID 도큐먼트 간에 신뢰 체인을 만든다.

DID 도큐먼트 간의 이러한 신뢰 체인은 원래 공개키 기반 식별자를 사용하여 원래 DID 도큐먼트에 대한 업데이트를 통해 역추적할 수 있다. 기본적으로 각 DID 도큐먼트는 그림과 같이 새로운 공개키에 대한 새로운 디지털 인증서 역할을 하지만, 이를 인증하기 위한 CA 또는 기타 사람 기반의 TTP가 필요하지 않다.

8.4 PKI를 능가하는 DID의 4가지 이점

마침내 DID를 통해 공개키 기반 식별자의 광범위한 채택을 달성하고 단점 없이 기존 PKI의 키 순환 및 기타 필수 기능을 계속 사용할 수 있다. 그러나 DID의 이점은 여기서 그치지 않는다. 이 절에서는 오늘날 우리가 알고 있는 PKI가 제공하는 것 '이상'의 DID의 네 가지 이점을 다룬다.

8.4.1 PKI를 넘어선 혜택 1: 후견 및 통제권

DID는 DID 컨트롤러 이외의 엔터티를 식별하는 명확한 방법을 제공한다. 기존의 PKI는 일반적으로 디지털 인증서의 등록자(개인키의 컨트롤러)가 디지털 인증서로 식별되는 당사자라고 가정한다. 그러나 그렇지 않은 상황이 많이 있다. 갓 태어난 아기를 생각해 보자. 아기에게 DID가 필요한 경우(예 검증 가능한 자격증명으로 발급된 출생 증명서의 대상이 되는 경우), 신생아는 디지털 지갑을 가질 수 있는 위치가 아니다. 아기를 대신하여 이 DID를 발급해 줄 부모(또는 다른 후견인)가 필요하다. 이 경우 그림 8.24와 같이 DID로 식별되는 개체(DID 서브젝트)는 명시적으로 컨트롤러가 아니다.

물론, 신생아는 DID 서브젝트가 자신의 컨트롤러가 될 수 없는 경우의 한 예일 뿐이다. 늙은 부모, 치매 환자, 난민, 노숙자, 디지털 접근 권한이 없는 사람 등 인간 사이에는 수십 가지의 경우가 더 있다. 이들 모두는 **디지털 후견**(https://sovrin.org/guardianship/) 개념이 필요하다. 즉, 디지털 후견인은 '피보호자'라고 하는 DID 서브젝트를 대신하여 디지털 지갑을 관리할 법적, 사회적 책임을 수락하는 제3자를 말한다. SSI 디지털 후견은 거버넌스 프레임워크에 대한 11장에서 별도로 탐구되는 매우 광범위하고 심오하며 풍부한 주제이다.

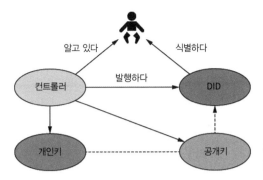

그림 8.24 DID의 컨트롤러가 아닌 DID 서브젝트(신생아) 식별에 사용되는 DID의 예시

그러나 디지털 후견은 인간에게만 적용된다. 세상의 인간이 아닌 모든 존재는 어떨까? 대다수는 DID를 발급할 수 있는 위치에 있지도 않다. 예를 들면 다음과 같다.

- **모든 종류의 조직**: 개인이 아닌 세계의 모든 법적 실체는 법 내에서 작동하기 위해 어떤 형태의 식별자가 필요하다. 오늘날에는 사업자 등록 번호, 세금 ID 번호, 도메인 이름 및 URL을 가지고 있지만, 앞으로는 DID를 갖게 될 것이다.

- **인간이 만든 사물**: 사실상 IoT(사물 인터넷)의 모든 것이 하나 이상의 DID를 가지고 있다면 많은 이점을 얻을 수 있지만, 상대적으로 소수의 서로 연결된 사물(웹 스마트 자동차, 스마트 드론)을 제외하고는 자체 디지털 에이전트와 지갑을 가질 만큼 충분히 똑똑하지 못하다. 그러나, 자체 디지털 에이전트와 지갑을 가진 소수의 사물들도 아직은 여전히 인간에 의해 제어될 것이다. 따라서 이러한 인간이 만든 엔터티는 검증 가능한 자격증명의 대상이 될 수 있는 '디지털 트윈digital twin'[8]을 갖게 될 것이다. 특히 국경을 넘어 공급망을 통해 이동하는 상품에는 이미 검증 가능한 자격증명이 할당되어 있다. https://www.cyberforge.com/attestation-patterns/에서 공급망의 VC에 대한 논의를 참조하라.

- **자연물**: 동물, 애완동물, 가축, 강, 호수, 지층 등은 정체성을 가질 뿐만 아니라 많은 관할 구역에서 최소한 제한된 법적 권리를 갖는다. 따라서 그들도 DID의 혜택을 받을 수 있다.

이들은 제3자 컨트롤러를 필요로 하는 엔터티의 범주를 나타낸다. 이러한 관계는 인간의 후견과 구별하기 위해 통제권이라고 불리는 관계이다. 후견과 통제권을 통해 이제 SSI와 DPKI의 이점을 식별 가능한 모든 엔터티로 확장할 수 있다.

---

8 옮긴이 디지털 트윈(digital twin)은 미국 제너럴 일렉트릭(GE)이 주창한 개념으로, 컴퓨터에 현실 속 사물의 쌍둥이를 만들고, 현실에서 발생할 수 있는 상황을 컴퓨터로 시뮬레이션함으로써 결과를 미리 예측하는 기술이다(위키피디아).

8.4.2 PKI를 넘어선 혜택 2: 서비스 엔드포인트 검색

DID의 두 번째 추가 이점은 DID 서브젝트와 상호 작용하는 방법을 찾는 **발견**을 가능하게 하는 능력이다. 이를 수행하기 위해 DID 컨트롤러는 DID 도큐먼트에 하나 이상의 서비스 엔드포인트 URL을 게시한다(예제는 코드 8.1 참조). 이 3자 간의 바인딩은 그림 8.25에 나와 있다.

이로 인해 DID 도큐먼트는 일반적으로 여러 유형의 검색에 유용하지만, DID 간의 연결(다음에 설명)을 원격으로 설정하고 DIDComm 프로토콜(5장)을 통해 통신하는 데 필요한 **에이전트 엔드포인트**를 검색하는 데 필수적이다. 에이전트 엔드포인트 URL의 DID 기반 검색은 웹에서 DNS 기반 IP 주소 검색만큼 SSI에 필수적이라고 말할 수 있다.

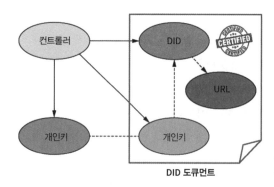

그림 8.25 **DID, 공개키, 서비스 엔드포인트 URL 간의 3자 간 바인딩**

8.4.3 PKI를 넘어선 장점 3: DID 간의 연결

SSL/TLS는 X.509 디지털 인증서의 공개키를 사용하여 웹 서버와 브라우저 간의 HTTPS 연결을 보호할 수 있기 때문에 세계에서 가장 큰 PKI이다. 즉, 안전한 이커머스, 전자 뱅킹, 전자 의료 및 기타 온라인 거래에 대한 수요가 SSL/TLS PKI의 성장을 주도했다.

SSI도 마찬가지일 것이다. DID 도큐먼트에는 공개키와 서비스 엔드포인트 URL이 모두 포함될 수 있으므로 모든 DID는 해당 컨트롤러가 다른 DID 컨트롤러와 즉각적이고 안전한 개인 P2P 연결을 생성할 수 있는 기회를 나타낸다. 더 나아가 CA에서 미리 얻어야 하는 정적 공개키 인증서와 달리 새로운 연결이 필요할 때 DID는 로컬에서 즉시 생성할 수 있다. 사실, 표 8.4에서 우리는 이 목적을 위해 독점적으로 생성된 하나의 DID 메서드인 피어 DID를 인용했다(https://identity.foundation/peer-did-method-spec/index.html).

원래 다니엘 하드맨과 하이퍼레저 에리즈 커뮤니티에 의해 개발되었으며 현재 분산 신원 재단Decentralized Identity Foundation(https://identity.foundation/working-groups/identifiers-discovery.html)의 워킹 그룹에서 표준화되고 있는 피어 DID는 블록체인, 분산 원장 또는 기타 외부 데이터베이스가 필요하지 않다.

DID 컨트롤러의 디지털 지갑에서 로컬로 생성되고 디피-헬먼 키 교환Diffie-Hellman key exchange[9] 기반 프로토콜을 사용하여 P2P로 직접 교환된다. 이는 기존 네트워크 아키텍처의 다른 모든 연결과 다른 두 당사자 간의 연결을 생성한다. 표 8.6은 DID 간 연결의 5가지 특별한 속성을 강조한다.

표 8.6 **DID 간 연결의 5가지 특별한 속성**

Property 속성	Description 설명
영구적	한쪽 또는 양쪽 당사자가 원하지 않는 한 연결이 끊어지지 않는다.
비공개적	연결을 통한 모든 통신은 자동으로 암호화되고 DID의 개인키로 디지털 서명될 수 있다.
종단간(end-to-end)	연결에는 중개자가 없다. 'DID 간 연결'은 안전하다.
신뢰됨	연결은 검증 가능한 자격증명 교환을 지원하여 모든 관련 콘텍스트에서 모든 보증 수준에서 더 높은 신뢰를 구축한다.
확장 가능	이 연결은 DIDComm 프로토콜 또는 두 에이전트가 모두 지원하는 기타 프로토콜을 통해 안전하고 비공개적이며 안정적인 디지털 통신이 필요한 모든 응용 프로그램에 사용할 수 있다.

피어 DID(기본값) 또는 공개 DID, DID 간 연결은 5장에서 설명한 IP 기반 신뢰Trust over IP, ToIP 스택의 레이어 2의 핵심이다. 이 레이어의 에이전트는 웹 브라우저 및 웹 서버가 보안 HTTPS 프로토콜을 통해 통신하는 것과 거의 동일한 방식으로 보안 DIDComm 프로토콜을 사용하여 통신한다. DID는 SSL/TLS PKI 연결을 '민주화'하여 이제 언제 어디서나 안전한 연결을 사용할 수 있다.

8.4.4 PKI를 넘어선 장점 4: 적합한 개인정보보호 중심 설계

이 시점에서 DID가 인터넷의 보안을 강화하는 데 얼마나 도움이 될 수 있는지 분명히 해야 한다. 그러나 개인정보보호를 위해 보안이 필요하지만 충분하지는 않다. 개인정보보호는 개인 정보가 스누핑 snooping되거나 도난당하는 것을 방지하는 것 이상이다. 이는 여러분이 개인 정보를 공유하기로 선택한 당사자(의사, 변호사, 교사, 정부, 여러분이 제품 및 서비스를 구매하는 회사)가 해당 정보를 보호하고 여러분의 허가 없이 사용하거나 판매하지 않도록 한다. 그렇다면 DID는 어떻게 '개인정보보호'에 도움을 줄 수 있을까?

그 대답은 여러분을 놀라게 할지도 모르겠다. 정부 발급 ID 번호, 보건 ID 번호, 운전면허증 번호, 휴대전화 번호와 같은 사람에 대한 기존 식별자는 제3자에 의해 한 번 할당된다. 이를 개인 데이터의 일부로 공유하면 다양한 신뢰 당사자 간에 쉽게 추적하고 상관 관계를 파악할 수 있다. 또한 해당 당사자들이 쉽게 정보를 공유하고 사용자에 대한 디지털 개인 문서를 편집할 수 있다.

---

9 옮긴이 디피-헬먼 키 교환(Diffie-Hellman key exchange)은 암호 키를 교환하는 하나의 방법으로, 두 사람이 암호화되지 않은 통신망을 통해 공통의 비밀 키를 공유할 수 있도록 한다. 휫필드 디피와 마틴 헬먼이 1976년에 발표하였다(위키피디아).

DID는 전체 상황을 뒤집는다. 많은 다른 신뢰 당사자와 동일한 ID 번호를 공유하는 대신 새로운 신뢰 당사자와 관계를 형성할 때마다 고유한 피어 DID를 생성하고 공유할 수 있다. 그 신뢰 당사자는 해당 DID(및 공개키 및 서비스 엔드포인트 URL)를 알고 있는 세계에서 유일한 사람이 될 것이다. 그리고 그 신뢰 당사자는 여러분을 위해 같은 일을 할 것이다.

따라서 정부 발급 ID 번호와 유사한 단일 DID가 아니라 관계당 하나씩 '수천 개의 DID'를 갖게 된다. 각 쌍별로 유일한 피어 DID는 원래 필립 짐머만이 PGP와 함께 구상한 것처럼 여러분과 여러분의 신뢰 당사자에게 두 사람을 연결하는 '영구적인 개인 채널'을 제공한다. 이 채널의 첫 번째 장점은 각 개인키가 서명한 메시지를 교환하기만 하면 양방향으로 서로를 자동으로 인증할 수 있다는 것이다. 이미 연결되어 있는 신뢰 당사자를 스푸핑하거나 피싱하는 것은 거의 불가능하다.

두 번째로 중요한 이점은 피어 DID와 개인 채널이 **서명된 개인 데이터**, 즉 신뢰 당사자에게 특정 권한 데이터를 부여한 개인 데이터를 공유하는 하나의 간단하고 표준적이며 검증 가능한 방법을 제공한다는 것이다. 사용자 쪽에서 얻을 수 있는 이점은 편의성과 통제력이다. 누구와 왜 공유했는지를 한눈에 확인할 수 있다. 신뢰 당사자 측에서 이점은 암호화로 검증 가능한 GDPR 감사 가능한 동의가 있는 자신의 최신 데이터와 함께 GDPR에서 의무화한 다른 모든 개인 데이터 권리(접근, 수정, 삭제, 반대)를 지원하는 쉽고 안전한 방법이다.

세 번째 주요 이점은 서명된 데이터를 사용하여 거의 매일 뉴스 기사로 읽는 대규모 데이터 침해(Target, Equifax, 소니, 야후, Capital One)로 인한 피해로부터 개인과 당사자를 모두 보호할 수 있다는 것이다. 범죄자가 이러한 데이터 보관소에 침입하는 동기는 해당 개인 데이터의 가치이다. 이는 주로 범죄자가 이를 사용하여 인터넷 전체의 계정을 해킹할 수 있기 때문이다.

이러한 계정이 쌍으로 이루어진 피어 DID 및 서명된 개인 데이터를 사용하도록 변환되면, '명시적으로 서명된 권한이 있는 신뢰 당사자를 제외한 모두'에게 해당 개인 데이터의 가치는 사라진다. 데이터 사용 권한이 있음을 암호화 방식으로 증명할 수 없으면 데이터가 가치 없을 뿐만 아니라 해를 끼친다. 서명되지 않은 개인 데이터의 단순한 소유는 불법이 될 수 있다. 독성 폐기물과 마찬가지로 기업, 조직, 심지어 정부도 가능한 한 빨리 없애고 싶어할 것이다.

이제 SSI 커뮤니티의 많은 사람들이 DID, 검증 가능한 자격증명 및 ToIP 스택의 도래를 인터넷의 개인정보보호에 큰 변화를 가져온 것으로 간주하는 이유를 알 수 있다. 우리는 이 새로운 접근 방식을 구현하는 초기 단계에 있지만 마침내 개인에게 개인 데이터 사용을 통제하기 위해 절실히 필요한 새로운 도구를 제공할 수 있다. 그리고 이 제어가 디지털 신뢰 구축 및 유지를 위한 ToIP 스택의 나머지 도구와 번들로 제공될 때 많은 사람들이 불가능하다고 믿었던 개인 정보라는 지니(거인)를 다시 램프 속에 넣을 수 있는 길이 될 수 있다.

8.5 의미 수준: DID가 의미하는 것

DID가 작동하는 방법과 이유를 설명한 후 이제 가장 낮은 수준의 DID 이해로 넘어가서 SSI와 인터넷의 미래에 대해 DID가 의미하는 바를 알아본다.

8.5.1 주소의 의미

주소는 자체적으로 존재하지 않는다. 그것들을 사용하는 네트워크의 콘텍스트에서만 존재한다. 새로운 유형의 주소가 있을 때마다 이전에는 수행할 수 없었던 작업을 수행하기 위해 이 새로운 주소가 필요한 새로운 유형의 네트워크가 있기 때문이다. 표 8.7은 지난 수백 년 동안의 이러한 진행 상황을 보여준다.

표 8.7 다양한 유형의 네트워크 주소의 진화에 대한 역사적 관점

기원	주소 형식	네트워크
역사전	사람 이름	인적 네트워크(가족, 씨족, 부족 등)
~1750	우편 주소	우편 네트워크
1879	전화 번호	전화망
1950	신용 카드 번호	결제 네트워크
1964	팩스 번호	팩스 네트워크
1971	이메일 주소	이메일 네트워크
1974	IP 주소	인터넷(기계 친화적)
1983	도메인 이름	인터넷(인간 친화적)
1994	영구 주소(URN)	월드 와이드 웹(기계 친화적)
1994	웹 주소(URL)	월드 와이드 웹(인간 친화적)
2003	소셜 네트워크 주소	소셜 네트워크
2009	블록체인 주소	블록체인 또는 분산 원장 네트워크
2016	DID	DID network

따라서 DID의 진정한 의미는 'DID 네트워크'에서 수행할 수 있는 작업으로 귀결된다.

8.5.2 DID 네트워크와 디지털 신뢰 생태계

인터넷의 모든 것에는 IP 주소가 있고 웹의 모든 것에는 URL이 있는 것처럼, DID 네트워크의 모든 것에는 DID가 있다. 그러나 그것은 다음과 같은 질문들을 던진다. 왜 DID 네트워크의 모든 것에서는 DID를 필요로 하는가? DID는 이전에는 불가능했던 어떤 새로운 통신 네트워크 기능을 가능하게 하는가?

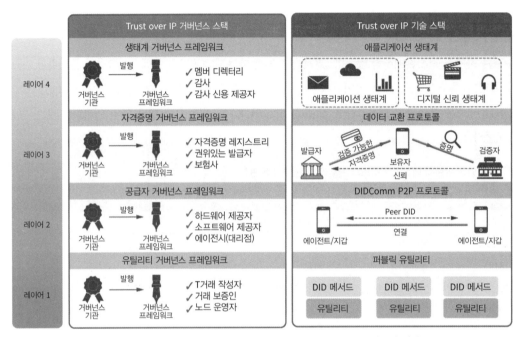

그림 8.26 DID는 Trust over IP 스택의 네 가지 수준에 있어서 기초가 된다.

간단히 답하자면, DID가 5장에서 소개되고 그림 8.26에 다시 표시된 'ToIP 스택'을 통한 신뢰를 기반으로 하는 모든 **디지털 신뢰 생태계**에 필요한 **암호화 신뢰**와 **인적 신뢰**를 모두 지원하기 위해 발명되었다는 것이다.

DID는 다음과 같이 스택의 각 레이어에 필수적이다.

1. **레이어 1: 퍼블릭 DID 유틸리티:** 비트코인 및 이더리움과 같은 퍼블릭 블록체인, Sovrin, ION, Element 및 Veres One과 같은 분산 원장 또는 IPFS와 같은 분산 파일 시스템에 게시된 DID는 모든 상위 계층의 참가자에 대해 공개적으로 검증 가능한 신뢰 루트trust root 역할을 할 수 있다. 그들은 말 그대로 인터넷에 대한 신뢰 계층의 기반을 형성한다.

2. **레이어 2: DIDComm:** 정의에 따라 DIDComm은 DID로 식별되는 에이전트 간의 P2P 프로토콜이다. 기본적으로 피어 DID 사양에 따라 발급 및 교환되는 한 쌍의 가명 피어 DID이므로 레이

어 2에만 존재한다. 그러나 DIDComm은 레이어 1의 퍼블릭 DID도 사용할 수 있다.

3. **레이어 3: 자격증명 교환:** 7장에서 다루었듯이 DID는 디지털 서명된 검증 가능한 자격증명을 발급 및 검증하는 프로세스와 자격증명 교환 프로토콜에 대한 서비스 엔드포인트 URL 검색에 필수적이다.

4. **레이어 4: 디지털 신뢰 생태계:** 11장에서 다루겠지만, DID는 모든 규모와 형태 또한 그들이 지정한 참가자들의 디지털 신뢰 생태계를 위한 거버넌스 기관(법적 실체) 및 거버넌스 프레임워크(법적 문서)의 발견과 검증을 위한 기준점이다. 또한 DID는 검증 가능한 자격증명이 발급된 거버넌스 프레임워크를 지속적으로 참조하고 거버넌스 프레임워크가 상호 운용성을 위해 서로를 참조할 수 있도록 한다.

간단히 말해, DID는 '모든 것을 지탱해주는' 암호화로 보호되는 디지털 신뢰 네트워크를 구축하고 유지하기 위해 명시적으로 설계된 최초의 널리 사용 가능한 완전히 표준화된 식별자이다.

8.5.3 왜 DID는 인간 친화적이지 않은가?

많은 사람들이 DID가 인터넷의 최첨단 통신에 대한 최신의 가장 중요한 식별자라면 왜 더 인간 친화적이지 않은지 묻는다. 그 답은 2001년에 이 용어를 만든 주코 윌콕스Zooko Wilcox-O'Hearn의 이름을 따서 명명된 주코의 삼각형이라는 수수께끼에 있다. 주코는 1990년대에 디지캐시DigiCash를 개발한 유명한 암호학자 데이비드 차움David Chaum과 함께 일했으며 사용자에게 향상된 개인정보를 제공하기 위해 암호 사용을 목표로 하는 암호화폐 지캐시Zcash도 설립했다. 식별자 시스템이 다음 세 가지 속성 중 최대 두 가지를 달성할 수 있다는 것이 그림 8.27에 설명된 트릴레마이다.

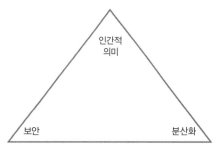

그림 8.27 주코(Zooko)의 삼각형은 식별자 시스템이 이 세 가지 속성 중 최대 두 개를 가질 수 있다는 트릴레마이다.

- **인간적 의미**human-meaningful: 식별자는 사람이 이해하고 기억할 수 있는 이름이다(따라서 정의상 낮은 엔트로피).
- **보안**secure: 식별자는 고유함을 보장한다. 각 식별자는 하나의 특정 엔터티에만 바인딩되며 쉽게 스푸핑되거나 가장impersonated할 수 없다.
- **분산화**decentralized: 중앙 기관이나 서비스를 사용하지 않고도 식별자를 생성하고 식별된 엔터티로 올바르게 리졸브할 수 있다.

일부 사람들은 주코의 삼각형이 해결될 수 있다고 믿지만, 대부분의 인터넷 설계자는 이 세 가지 속성 중 두 가지를 달성하는 것이 세 가지 모두를 달성하는 것보다 훨씬 더 쉽다는 데 동의한다. 이 장에서는 DID로 선택된 두 속성 **보안**과 **분산화**를 명확히 설명한다(후자는 'DID'라는 약어에 포함되어 있음). DID를 생성하는 데 사용된 암호화 알고리즘 때문에 포기하게 된 것은 '인간적인 의미'를 얻기 위한 모든 시도였다.

그러나 SSI 커뮤니티는 DID만으로는 인간적 의미가 있는 이름 지정 문제를 해결할 수 없지만 실제로 유망한 새로운 솔루션을 찾을 수 있음을 깨달았다. 그 방법은 퍼블릭 DID 유틸리티 레이어(ToIP 스택의 레이어 1) 또는 피어 DID 레이어(레이어 2)에서가 아니라 **검증 가능한 자격증명 레이어**(레이어 3)에서 이를 수행하는 것이었다. 다시 말해서, 검증 가능한 자격증명의 특정 클래스는 DID 서브젝트에 대해 하나 이상의 **검증 가능한 이름**을 주장할 수 있다. 이러한 자격증명의 이름에 대해 검색 가능한 **자격증명 레지스트리**를 생성하여 현재 DNS 이름 지정 레이어보다 의미가 더 풍부하고 공정하며 신뢰할 수 있고 분산된 이름 지정 레이어를 구축할 수 있다. 이것은 그림 8.28에 나와 있다.

그림 8.28 **DID 서브젝트의 인간적 의미가 있는 이름에 대한 검증 가능한 자격증명은 인간적 의미가 있는 DNS 이름이 기계 친화적인 IP 주소 위에 계층화된 것과 같은 방식으로 기계 친화적인 DID 위에 계층화될 수 있다.**

이 '검증 가능한 이름 지정 레이어'는 더 이상 최상위 도메인top-level domain, TLD 이름 레지스트리로 임의로 나눌 필요가 없지만, 사람, 조직, 제품, 개념 등 모든 종류의 DID 서브젝트에 대해 모든 언어로 다양하게 명명하는 것을 볼 수 있다. 또한 사람, 회사, 제품에 대한 이름의 신뢰성은 모든 종류의 발급자가 분산 방식으로 증명할 수 있으므로 스푸핑 또는 피싱은 오늘날의 인터넷 와일드 웨스트Internet Wild West에서보다 훨씬 더 어려워질 것이다.

8.5.4 DID는 무엇을 식별하나?

의미론적 관점에서 깊은 수준의 질문이기 때문에 이 질문을 마지막으로 남겨두었다. 가장 쉬운 대답은 바로 W3C DID 핵심 사양W3C DID Core specification(https://www.w3.org/TR/did-core/)에 있는 'DID는 DID 서브젝트를 식별한다.'이다. 그리고 사람, 조직, 부서, 물리적 개체, 디지털 개체, 개념, 소프트웨어 프로그램 등 그 주체가 무엇이든 상관없이 이 대답이 정확하다.

혼란이 발생할 수 있는 곳은 DID가 리졸브하는 DID 도큐먼트이다. DID는 DID 도큐먼트를 리소스로 식별하는가?

많은 토론 끝에 W3C DID 워킹 그룹의 대답은 '아니오'였다. DID 핵심 사양에 대한 부록으로 다음과 같이 명시되어 있다.

정확하게 말하면, DID는 DID 서브젝트를 식별하고 DID 도큐먼트로 리졸브한다(DID 메서드로 지정된 프로토콜을 따름). DID 도큐먼트는 DID 서브젝트와 별도의 리소스가 아니며 DID와 별도의 URI가 없다. 오히려 DID 도큐먼트는 DID 서브젝트를 설명하기 위해 DID 컨트롤러에 의해 제어되는 DID 레졸루션의 가공물artifact이다.

같은 부록에는 이 결론을 시각적으로 보여주는 그림 8.29가 포함되어 있다.

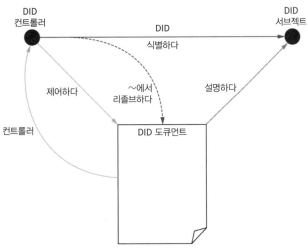

그림 8.29 **DID는 항상 DID 서브젝트**(무엇이든 간에)**를 식별하고 DID 도큐먼트로 리졸브된다. DID 도큐먼트는 별도의 리소스가 아니며 DID와 별도의 URI가 없다.**

그림 8.29에서 DID 컨트롤러와 DID 서브젝트는 이 장의 앞부분에서 논의된 것처럼 디지털 후견 또는 통제권이 필요한 경우일 수 있는 별도의 엔터티로 표시된다. DID 컨트롤러와 DID 서브젝트가 동일한 엔터티인 일반적인 경우는 그림 8.30과 같다.

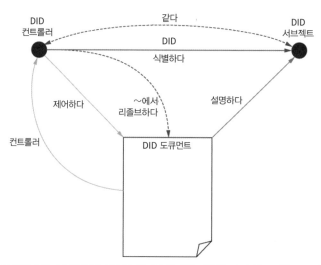

그림 8.30 DID 컨트롤러와 DID 서브젝트가 동일한 엔터티인 것만 제외한 나머지는 그림 8.29와 동일한 다이어그램

DID 식별의 또 다른 핵심 기능을 강조하기 때문에 DID가 실제로 식별하는 의미에 대한 이 마지막 요점은 DID는 '리소스가 웹에 있는지 여부에 관계없이' 모든 종류의 리소스를 식별하는 데 사용할 수 있지만 항상 해당 리소스에 대한 동일한 종류의 설명인 DID 도큐먼트를 생성한다는 것이다. 이는 중앙형 기관에 의존할 필요가 없는 암호화로 검증 가능한 리소스 식별의 보편적인 수단을 제공한다.

이 장은 이 책에서 분량이 많은 장 중 하나이지만, 여기까지 읽었다면 이제 DID를 '분산형 디지털 신뢰 인프라의 원자적 구성 요소'라고 부르는 이유를 훨씬 더 깊이 이해하게 되었을 것이다. 이는 단순히 새로운 유형의 범용 고유 식별자 그 이상이다. DID는 생성 및 검증 모두에 대해 암호화에 의존함으로써 인터넷의 기본적인 힘의 역학관계를 바꾼다. 모든 것을 중앙에 있는 인터넷 거대 기업의 중력 안으로 끌어들이는 규모의 법칙 대신, DID는 DID가 생성되고 DID 간의 연결이 이루어지는 개별 디지털 에이전트 및 지갑에 대한 권한을 가장자리로 밀어낸다. 이 코페르니쿠스적 역전은 분산화의 새로운 시공간을 생성하며, 모든 종류의 엔터티가 자기 주권을 가질 수 있고 ToIP 스택에서 4개의 레이어를 모두 사용하여 피어로 상호 작용할 수 있는 세계이다.

이것이 바로 다음 장에서 DID를 생성하고, DID 간 연결을 형성하고, 검증 가능한 자격증명을 교환하고, 분산 키 관리를 처리하는 데 필요한 디지털 지갑과 디지털 에이전트를 이해하기 위해 스택의 레이어 2로 이동하는 이유이다.

> **SSI 참고자료**
>
> DID에 대해 더 자세한 내용은 https://ssimeetup.org/decentralized-identifiers-dids-fundamentals-identitybook-info-drummond-reed-markus-sabadello-webinar-46을 참고하라.

디지털 지갑과 디지털 에이전트

대럴 오도넬Darrell O'Donnell

우리는 2장에서 SSISelf-Sovereign Identity의 기본 구성 요소로 디지털 지갑과 에이전트를 소개했다. 기본 개념은 비교적 간단하지만 세부 사항은 책 한 권을 쉽게 채울 수 있을 정도다. 이 장은 대럴 오도넬Darrell O'Donnell이 2019년 겨울에 쓰기 시작한 디지털 지갑 현황에 대해 지속적으로 업데이트된 보고서를 기반으로 했다. 디지털 지갑과 에이전트 기술은 매우 빠르게 발전하고 있기 때문에 대럴은 발전하고 있는 산업에 대해 포괄적으로만 설명하고 있다. 오도넬은 SSI, 디지털 지갑 및 에이전트를 구현하고 지원하는 기업가, 투자자 및 기술자로 SSI분야에서 어려움에 처한 많은 스타트업, 대기업, 정부에 자문하고 함께 일하면서 요구되는 기본 및 고급 기능을 구축하고 있기 때문에 이 주제에 대해 글을 쓰기에 매우 적합한 전문가이다.

내 지갑을 살펴보면 대부분 결제와 무관한 것들이다. 애플이나 구글이 내 지갑을 교체하기를 원한다면, 내 운전면허증, 로열티 카드, 철도 할인 패스, 여행 보험, 건강 보험 문서, 헌혈 카드, AA 멤버십 등을 교체해야 함을 의미한다. 여러분은 핵심을 이해할 것이다... 하지만 이것은 장기적으로 볼 때 훨씬 더 가치가 있을 것이다.

—데이브 버치Dave Birch, 포브스[1]

전체 인프라가 작동하도록 하는 데 필요한 기본 도구로서 웹에 브라우저와 서버가 있듯이, SSI에는 디지털 지갑과 에이전트가 존재한다. 브라우저와 서버가 웹 페이지를 교환하는 것처럼 디지털 지갑과 에이전트는 **검증 가능한 자격증명**VC을 교환한다. 디지털 지갑과 에이전트는 DIDComm 프로토콜을 사용하여 암호화로 검증 가능한 다른 형태의 데이터를 교환할 수도 있다(5장 참조).

디지털 지갑의 개념이 간단하게 보일지 모르지만 보안, 개인정보보호, 암호화, 기능성, 이식성 및 사용성에 대한 모든 요구 사항을 추가하면 실로 엄청난 엔지니어링 작업이 아닐 수 없다. 모든 기능을 갖춘 SSI 지갑을 구축하는 것은 모든 기능을 갖춘 브라우저를 구축하는 것과 유사한 수준의 설계와 개발 노력을 필요로 한다. 이 분야는 빠르게 발전하고 있기 때문에 현재 SSI 디지털 지갑 프로젝트의 목록은 위키피디아의 SSI 부분을 참조하라.

이 장에서는 다음과 같은 내용을 다룬다.

- 디지털 지갑이란 무엇이며 일반적으로 무엇을 포함하나?
- 디지털 에이전트란 무엇이며 일반적으로 디지털 지갑에서 어떻게 작동하나?
- 사용 사례
- 디지털 지갑과 에이전트를 위한 설계 원칙
- 디지털 지갑과 에이전트의 기본 구조
- 최종 사용자의 디지털 지갑과 에이전트의 표준 기능
- 백업과 복구
- 지갑과 에이전트의 고급 기능
- 엔터프라이즈 지갑과 에이전트
- 후견과 위임을 위한 특별한 기능
- '지갑 전쟁': 오픈 소스, 개방형 표준, 독점적인 지갑과 에이전트 간의 전쟁

디지털 지갑과 밀접하게 관련된 주제 중에서 '키 관리'는 다음 장에서 별도로 다룰 만큼 상당히 깊은 내용이다.

간단한 언급을 제외하고, 아래와 같은 주제들은 이 장에서 다루지 않는다.

- 암호화폐 지갑
- 지불 및 가치 교환
- 개인 데이터 저장소Personal data stores, PDS 및 보안 데이터 저장소Secure data storage, SDS(일명 ID 허브 및 암호화된 데이터 보관소)

9.1 디지털 지갑이란 무엇이며 일반적으로 무엇을 포함하나?

디지털 지갑이라는 용어에 대해 아직 보편적으로 받아들여지는 정의가 없다는 점을 미리 알아두기 바란다. SSI 커뮤니티에 근거하여 말하고 있는 적어도 6개의 정의가 있으며, 모두가 동의할 수 있는 정의는 다음과 같다.

> 디지털 지갑은 지갑의 컨트롤러가 암호화 키key, 기밀 정보 및 기타 민감한 개인 데이터를 생성, 저장, 관리 및 보호할 수 있도록 하는 소프트웨어(및 선택적으로 하드웨어)로 구성된다.

다시 말해, 디지털 지갑(및 이와 함께 사용되는 디지털 에이전트 - 다음 절 참조)은 SSI에 참여하는 모든 개인, 조직 및 사물에 대한 '제어의 연결고리'이다.

흥미롭게도, 디지털 지갑에 저장될 수 있는 '다른 민감한 개인 데이터'에 속하는 것은 사람들이 물리적 지갑이나 핸드백에 넣을 수 있는 것만큼이나 다양하다. 현재 구현되었거나 앞으로 구현될 몇 가지 SSI 디지털 지갑엔 다음의 내용들을 포함한다.

- 분산 식별자(DID: 피어 DID, 콘텍스트 DID, 모든 관계에 대한 공개 DID)
- 여러분이 보유자인지 검증할 수 있는 검증 가능한 자격증명
- 여권, 운전 면허증, 출생 증명서, 졸업 증명서 및 아직 검증 가능한 자격증명으로 변환되지 않은 기타 자격증명과 같은 물리적 자격증명의 디지털 사본(◐ PDF)
- 명함 및 기타 개인 연락처 정보
- 모든 종류의 개인 정보
- 이력서, 약력Curriculum Vitae, CV 및 기타 인명 정보
- 일반적으로 암호 관리자에 의해 관리되는 사용자 이름, 패스워드 및 기타 데이터

다시 말하지만, 이 목록에는 현재 더 전문화된 암호화폐 지갑의 영역인 암호화폐, 디지털 토큰 또는 다른 형태의 가치 교환과 관련된 데이터는 포함되어 있지 않다. 그러나 많은 사람들은 SSI 지갑과 암호화폐 지갑이 경쟁하고 있으며 앞으로 하나로 융합될 것이라고 믿는다. 자세한 내용은 17장을 참조하라.

9.2 디지털 에이전트란 무엇이며, 일반적으로 디지털 지갑과 어떻게 작동하나?

2장에서 우리는 물리적 지갑과 디지털 지갑을 비교했고, 물리적 지갑은 그 자체로는 아무것도 하지 않는다는 비유를 사용했다. 오히려 지갑에 자격증명을 넣고 소유자의 신원을 증명하기 위해 그것을

꺼내는 사람도 항상 소유자 자신이다. 디지털 지갑의 소유자는 이러한 상호 작용을 관리할 소프트웨어가 필요하며, 이 소프트웨어 모듈을 **디지털 에이전트**라고 한다.

에이전트라는 용어와 관련하여 SSI 커뮤니티에서 사용하는 용어는 여전히 모호하다. 예를 들어,

- 일부 SSI 공급업체는 디지털 지갑과 에이전트 기능을 구분하지 않고 단순히 전체 애플리케이션을 **디지털 지갑** 또는 **모바일 지갑**이라고 부른다. 이 경우 지갑에 내장된 에이전트 기능을 의미한다.
- 다른 SSI 공급업체는 반대의 접근 방식을 취하고 디지털 에이전트를 주요 제품으로 간주한다. 이 경우 지갑 기능은 에이전트의 기능으로 취급된다.
- 게다가 **에이전트**라는 용어는 소프트웨어와 네트워킹의 세계에서 무수히 많은 용도와 의미를 가지고 있다. 예를 들어 웹 브라우저와 이메일 클라이언트는 모두 기술적으로 **사용자 에이전트**라고 한다. **지능형 에이전트**는 디지털 온도 조절기에서 자율주행 드론에 이르기까지 모든 것을 포괄할 수 있는 또 다른 컴퓨터 공학의 범주이다. 에이전트의 전체 개체군은 19장에 설명된 것처럼 창발적 행위emergent behavior가 부분의 단순한 합 이상인, 복잡한 적응 시스템으로 결합될 수 있다.

이 장에서는 다음과 같은 정의를 사용한다.

> '디지털 에이전트'는 디지털 지갑에 있어 컴퓨터나 스마트폰의 운영 체제에 해당한다. 개인이 행동을 하고, 통신하며, 정보를 저장하고, 디지털 지갑의 사용을 추적할 수 있게 해주는 소프트웨어이다.

이는 디지털 에이전트가 일반적으로 제어하는 개인 또는 조직(이들을 **컨트롤러**라고 함)을 대신하여 다음 기능을 수행함을 의미한다.

- 지갑에서 암호화 키 쌍과 DID의 생성을 요청한다.
- 새로운 관계를 형성하기 위해 DID 간 연결을 시작하고 조율한다.
- 검증 가능한 자격증명 발급을 요청하고, 발급받은 자격증명을 수락하여 지갑에 보관한다.
- 자격증명credential에서 하나 이상의 클레임 증명proof을 위해 검증자로부터 요청을 받고, 컨트롤러에게 증명 공개에 대한 동의를 요청하고, 필요한 증명(필요한 디지털 서명 포함)을 계산하고, 검증자에게 증명을 전달한다.
- 연결을 통해 수신된 알림 메시지를 수락하고, 컨트롤러의 필터링 규칙을 적용하며, 필요한 경우 컨트롤러에게 알리고 결과 작업을 처리한다.
- 하나의 컨트롤러에서 하나 이상의 컨트롤러 연결로 디지털 서명된 메시지를 보낸다.
- 컨트롤러의 요청에 따라 문서 또는 가공물artifact에 디지털 서명을 적용한다.

9.3 예시 시나리오

디지털 지갑과 에이전트의 다양한 기능에 대한 논의의 근거를 마련하기 위해 물리적 지갑을 자주 사용하는 실제 시나리오로 출장을 가정해 보겠다. 처음부터 끝까지 일반적으로 물리적 지갑의 정보를 공유해야 하는 경우는 다음과 같다.

1. 비행기, 렌터카, 호텔 예약
2. 공항 보안 검색대 통과
3. 비행기 탑승권 제시
4. 렌터카 이용, 호텔 체크인 및 컨퍼런스 입장
5. 명함 교환

에이전트가 대부분의 작업을 수행하는 대리인으로, 디지털 지갑이 물리적 지갑을 대체하는 것으로 보는 경우, 이 시나리오의 전체 디지털 버전을 쉽게 상상할 수 있다. 스마트폰에 에이전트와 지갑이 설치되어 있다고 가정하면, 각 단계의 디지털 버전은 다음과 같다.

1. **비행기, 렌터카, 호텔 예약하기**: 각 웹사이트에서 휴대폰으로 QR 코드를 스캔한다. 에이전트는 개인 P2P 연결을 설정하기 위한 권한을 묻는 메시지를 표시한다. 이 새로운 연결을 기존 웹사이트 계정과 연결한 후 사용자 이름이나 비밀번호 없이 디지털 에이전트와 지갑을 사용하여 웹사이트에 '로그인'할 수 있어야 한다. 예약을 마치면 에이전트가 다음을 수행하라는 메시지를 표시한다. 예약에 대한 디지털 자격증명을 수락한다. '예'를 클릭하면 에이전트가 여행 준비를 위해 디지털 지갑에 예약 자격증명을 직접 저장한다.

2. **공항 보안 검색대 통과**: NFC 장치에 휴대폰을 가져다 대면 에이전트가 허용되는 정부 ID 자격증명에서 필요한 정보를 공유하라는 메시지를 표시되는데, '예'를 클릭하면 보안 요원이 사진을 확인한 후에 통과할 수 있다.

3. **비행기 탑승권 제시**: 비행기에 탑승하기 위해 줄을 설 때 게이트에서 약 1미터 거리에 있으면 휴대폰이 저전력 블루투스Bluetooth Low Energy, BLE 장치와 연결된다. 디지털 에이전트(게이트 에이전트 아님)가 비행기 예약 자격증명credential을 공유하라는 메시지를 표시한다. '예'를 클릭한다. 얼굴 인식 스캐너는 여러분의 얼굴을 비행기 예약 정보와 비교한다. 모든 것이 일치하면 표시등이 녹색으로 바뀌고 비행기에 탑승한다.

4. **자동차 렌탈, 호텔 및 컨퍼런스 입장**: 이것들은 모두 본질적으로 동일한 방식이다. QR 코드를 스캔하고 에이전트가 필요한 자격증명credential proof을 공유하라는 메시지가 표시되면 '예'를 클릭하고, 증명proof과 여러분의 생체 인식(셀 사진)이 일치하는지 검증되면 완료된다.

5. **명함 교환**: 컨퍼런스에서 명함을 교환하고 싶은 사람을 만났을 때 둘 중 한 명이 디지털 지갑 앱을 열고 메뉴를 클릭하여 QR 코드를 표시한다. 다른 사람은 그것을 스캔한다. 이 방식은 Bluetooth, NFC 및 기타 에지 네트워킹 프로토콜을 통해서도 작동할 수 있다. 두 에이전트는 비공개 DID 간 연결을 즉시 형성한다. 그런 다음 각 에이전트는 새로운 연결을 통해 공유할 명함을 컨트롤러에 요청한다. 카드를 선택하면 완료된다. 이제 둘 다 중개자 없이 직접적인 개인간 연결을 하게 되었으며, 이는 둘 다 원하는 한 지속된다. 이러한 개인간 연결 시나리오는 3장에서 자세히 살펴보았다.

> **NOTE** COVID-19 위기 및 유사한 상황에서 '앞에서 설명한 트랜잭션의 전부는 비접촉식일 수 있다'. 직접적인 물리적 접촉 없이 평소와 같이 업무를 수행할 수 있는 것은 SSI의 진정한 장점이다.

9.4 SSI 디지털 지갑과 에이전트를 위한 설계 원칙

SSI를 위해 설계된 이 새로운 종류의 디지털 지갑과 에이전트는 이전의 디지털 지갑과는 다르며, 이를 설계하기 위해 다양한 시도가 있었는데, 주된 이유는 이 책 전반에 걸쳐 논의된 바와 같이 SSI의 철학에 부합하기 위해서는 SSI 지갑과 에이전트가 이번 절에서의 설계 원칙을 따라야 하기 때문이다.

9.4.1 이식 가능과 기본적 공개

2장에서 설명했듯이, 오늘날 거의 모든 스마트폰에는 디지털 지갑이 내장되어 있다. 애플 및 구글과 같은 공급업체는 제3자가 지갑과 함께 사용할 자격증명을 설계하도록 허용하지만 여전히 단일 공급업체에서 제어하는 독점 지갑 API이다. 이 지갑에 저장된 자격증명은 다른 디지털 지갑으로 이동할 수 없다.

이것은 SSI 관점에서 넣을 수 있는 것과 그렇지 않은 것이 정해져 있는 물리적 지갑을 구매하는 것만큼이나 의미가 있다. 물론, 여러분은 이를 인정하지 않을 것이다.

따라서 SSI 호환 디지털 지갑에 대한 최고의 설계 기준은 DID, 암호화 키, 검증 가능한 자격증명 및 기타 사용자 제어 정보에 대한 **공개 표준**을 구현해야 한다는 것이다. 이를 통해 컨트롤러는 진정한 **데이터 이식성**을 누릴 수 있다. 즉, 언제든지 지갑의 모든 정보를 다른 공급업체가 제공하는 지갑으로 옮기거나 자체적으로 지갑을 구축할 수 있다.

이는 또한 여러 공급업체의 디지털 지갑과 에이전트가 동일한 컨트롤러를 대신하여 완전히 상호 운용될 수 있어야 함을 의미한다. 해당 컨트롤러가 여러 기기(☜ 스마트폰, 태블릿, 랩톱)를 사용하는 사람이거나 여러 공급업체의 운영 체제 및 애플리케이션을 사용하는 조직(다른 기기 및 운영 체제를 사용하는 다른 직원은 말할 것도 없음)인지 여부와는 상관없다.

일부 디지털 신뢰 생태계에서는 인증된 기기만 사용해야 하는 요구사항이 이식성을 제한할 수 있지만(11장에서 해당 주제에 대한 자세한 내용 참조), 이러한 제한은 매우 확실한 상황(예 고액 송금 승인, 기업의 법률관련 문서 서명)에만 적용될 가능성이 높다.

9.4.2 동의 기반

두 번째 핵심 설계 원칙은 디지털 지갑 콘텐츠의 민감한 특성과 가치를 고려할 때 '디지털 에이전트는 컨트롤러가 승인하지 않은 조치를 취해서는 안 된다는 것'이다. 이것은 에이전트가 트랜잭션이 이루어질 때마다 동의를 위해 컨트롤러를 중단해야 함을 의미하지는 않는다. 에이전트는 컨트롤러의 정책과 기본 설정을 기억하고 컨트롤러의 동의 하에 특정 작업을 자동으로 수행하도록 설계할 수 있다. 은행에서 이미 보편적으로 구현된 사례는 반복적으로 발행되는 청구서에 대해 자동으로 지불하는 것이다. 계좌의 소유자가 규칙을 설정하면 은행의 백엔드 시스템이 매월 특정 청구서에 대해 자동으로 지불되게 한다.

디지털 에이전트는 많은 일상적인 거래에 대해 동일한 작업을 수행할 수 있다. 그러나 새로운 관계를 형성하거나 새로운 유형의 거래를 수행하는 것과 같이 일상적이지 않은 모든 것에 대해 에이전트는 컨트롤러의 명시적 동의를 요청해야 한다. SSI 인프라의 가장 좋은 기능 중 하나는 디지털 에이전트와 지갑이 '모든 트랜잭션에 대해 양 당사자에 대한' 감사 가능한 컨트롤러 동의 작업 로그를 생성할 수 있다는 것이다. 따라서 B2C Business-to-Consumer 거래에서 기업과 소비자 모두 암호화로 검증할 수 있는 자체 이벤트 로그를 가질 수 있다. 이를 통해 기업은 일반 데이터 보호 규정General Data Protection Regulation, GDPR과 같은 데이터 보호 규정을 준수할 수 있으며 소비자는 언제 어디서 민감한 개인 데이터를 공유했는지 추적할 수 있다. 따라서 원하는 대로 더 쉽게 모니터링, 업데이트 또는 삭제할 수 있다.

9.4.3 개인정보보호 중심 설계

이전의 설계 원칙은 앤 카부키앙Ann Cavoukian이 온타리오 주 정부의 정보 및 개인정보보호 위원으로 재직하는 동안 처음 정의한 대로(그리고 2010년에 국제 개인정보보호 위원 및 데이터 보호당국 협의회에서 채택한) 설계에 의한 개인정보보호 원칙 중 일부를 이미 다루고 있다. 디지털 지갑과 함께 제공되는 에이전트가 다소 거친 월드와이드웹World Wide Web을 탐색하는 데 가장 신뢰할 수 있는 도구 중 하나여야 한다는 점을 감안할 때 구현하는 사람은 다음의 7가지 원칙을 모두 따르는 것이 좋다.

1. 개선이 아닌 예방차원에서, 사후 대응이 아닌 사전 대응

2. 기본 설정으로 개인정보보호

3. 설계에 포함된 개인정보보호

4. 완전한 기능: 제로섬이 아닌 양의 합

5. 생애주기에 대한 보안: 전체 수명 주기 보호

6. 가시성 및 투명성: 공개 상태 유지

7. 사용자 개인정보보호 존중: 사용자 중심 유지

5장에서 논의한 바와 같이, SSI의 전체 아키텍처는 이전에는 불가능했던 규모로 개인정보보호 중심 설계의 구현을 가능하게 한다. 구체적으로 SSI는 아래와 같은 것을 제공할 수 있다.

1. **암호로 보호되는 개인 저장소**: 오늘날 우리 중 일부는 비밀번호 관리자를 사용하지만 다른 많은 사람들은 웹에서 공유하는 개인 데이터를 안전하게 저장하고 보호할 장치가 없다. 그렇기 때문에 해당 데이터에 대한 접근 권한(또는 도용)만으로도 신분 도용을 가능하게 한다. 마침내 SSI 디지털 지갑은 비공개 개인 데이터를 안전하게 보호할 수 있는 표준 장치를 제공하므로 동의가 있어야만 사용할 수 있다.

2. **개인정보보호 연결**: 디지털 에이전트는 피어 DID와 DID 도큐먼트를 교환하여 개인 P2P 연결을 형성할 수 있으므로 통신 관계를 유지하고 모니터링하기 위해 중개자에 의존할 필요가 없다.

3. **종단 간 암호화**: 메시지와 데이터 교환은 지갑에서 지갑으로(또는 DID에서 DID로) 암호화되어 승인된 당사자만 볼 수 있다.

4. **워터마크가 표시된 개인 데이터**: 검증 가능한 자격증명을 사용하여 공유된 데이터에는 관련 동의에 대하여 암호화로 검증 가능한 증명proof이 있다. 이것은 기존의 상황을 뒤집어서, 이제 워터마크가 없는 개인 데이터(관련된 동의가 없는 데이터)를 사용하려는 데이터 브로커 및 외부인은 자신들에게 적법한 이유가 있음을 증명해야만 한다.

5. **공유 거버넌스 프레임워크**: 오늘날의 개인정보보호 정책은 주로 기업이 정의한 대로 개인 데이터를 사용할 수 있는 권리를 보호하기 위해 존재한다. 데이터 접근에 대한 권한이 너무 비대칭적이기 때문에 소비자는 기업이 제공하는 제품이나 서비스가 필요한지 여부를 본질적으로 거부할 수 없다. 11장에서 자세히 논의될 SSI 거버넌스 프레임워크는 훨씬 더 광범위한 개인정보보호 및 데이터 보호 규범을 수립하는 새로운 도구를 제공하며, 결과적으로 기업은 개인정보보호 및 데이터 보호 관행으로 '올바른 일을 해야' 한다는 훨씬 더 많은 공공 및 규제 압력을 받게 된다.

9.4.4 보안 중심 설계

모든 디지털 지갑이 정말 잘해야 하는 한 가지가 있다면, 그 정보를 안전하게 저장하고 보호하는 것이다. 정보는 디지털 왕국으로 들어가는 열쇠로 공격자가 디지털 지갑에 침입하거나 정보를 훔칠 수 있다면 매우 심각한 피해를 입을 수 있다.

다행히도 SSI 아키텍처의 다음과 같은 설계에 의한 보안 기능을 사용하여, 침입자보다 좋은 사람들에게 더 나은 환경을 만들 수 있다.

- **보안 하드웨어**: 디지털 지갑의 설계자와 개발자는 디지털 키와 기타 민감한 데이터의 보안 저장 및 보호를 위해 명시적으로 설계된 특수 하드웨어 구성 요소(스마트폰의 보안 엔클레이브,[1] 컴퓨터의 신뢰할 수 있는 실행 환경, 서버의 하드웨어 보안 모듈)를 활용할 수 있다.
- **SSI 분산 설계**: 일반적으로 디지털 지갑은 공격하기 가장 어려운 네트워크의 가장자리 전체에 분산된다. 또한, 단일 디지털 지갑에 침입하면 공격자는 단일 컨트롤러를 손상시킬 수 있는 제한된 키와 비밀 정보들만 얻을 수 있다. 그래서 이는 한 번 침투하면 수백만 명의 사람을 도용하는 데 사용할 수 있는 개인 데이터의 거대한 허니팟이 아니다.
- **비공개 DID 간의 연결**: 이러한 연결은 개별적으로 승인되고, 디지털 자격증명을 교환하여 인증된 것으로 확인되며, 기본적으로 종단 간 메시지가 암호화된다. 이는 공격자가 공격을 시도할 수 있는 진입점이 훨씬 적다는 것을 의미한다(특히 오늘날 모든 형태의 사회 공학적인 공격에 사용되는 공개 이메일 주소와 비교할 때).
- **제대로 설계된 거버넌스 프레임워크 사용**: SSI는 제대로 설계된 거버넌스 프레임워크를 사용하여 공급업체, 발급자, 보유자, 검증자, 감사인 등 디지털 신뢰 생태계의 모든 참여자에게 동급 최고의 보안 관행을 전파하고 실행할 수 있다.
- **자체 모니터링을 위한 디지털 에이전트**: 모든 디지털 에이전트는 로컬 보안 관련 활동에 대한 자체적으로 모니터링을 수행할 수 있으며 '많은 눈many eyes'이란 보안 원칙을 적용하여 전체 디지털 신뢰 생태계의 전반에 걸쳐 공격을 감지하고 대응책을 고려하여 위반 징후를 감시할 수 있다.

---

1 옮긴이 보안 엔클레이브(secure enclave): 여타 보안 프로세서와 비슷하게 사용자 암호, Touch ID, Face ID 데이터 저장이다. 또한 보안 엔클레이브에는 보안 전용 난수생성기가 있으며 은행 인증서 같은 개인정보를 보호하는 중요 데이터를 암호화하여 보관한다(나무위키).

9.5 SSI 디지털 지갑과 에이전트의 기본 구조

그림 9.1은 일반적인 SSI 지갑과 에이전트의 개념적 아키텍처를 보여준다. 상단 상자는 기본 에이전트 기능을 보여주고 하단 상자는 에이전트가 호출하는 기본적인 지갑의 기능을 보여준다.

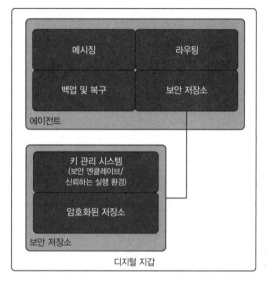

그림 9.1 일반적인 SSI 디지털 지갑과 에이전트의 개념적 아키텍처

특정 지갑/에이전트를 구현함에 있어서 기능을 구분하는 방식이 다를 수 있지만 일반적으로 표 9.1과 같은 구분에 따른다.

표 9.1 SSI 디지털 지갑과 에이전트의 핵심 기능

요소	기능
에이전트	**메시징**: 어떤 면에서 에이전트는 특수 이메일 또는 채팅 애플리케이션과 같은 기능을 한다. 컨트롤러를 대신하여 데이터, 구조화된 메시지 및 푸시 알림을 보내고 받는다. 이것은 엄격하게 정의된 프로토콜 메시지(圃 피어 DID 또는 검증 가능한 자격증명 교환에 사용되는 메시지), 당사자가 정의한 구조화된 메시지 및 범용 보안 메시지의 조합일 수 있다.
	라우팅: 일부 에이전트, 특히 기업이나 기관을 대표하는 에이전트는 다중 에이전트 라우팅을 위해 설계된 DIDComm과 같은 프로토콜을 사용하여 다른 에이전트 간에 메시지를 라우팅하는 중개자 역할을 한다. DIDComm은 하이퍼레저 에리즈(Hyperledger Aries) 프로젝트에서 시작되었으며 분산 신원 재단(Decentralized Identity Foundation, https://identity.foundation/working-groups/did-comm.html)의 DIDComm 워킹 그룹에서 표준화하고 있다. 개인 정보를 보호하는 다중 에이전트 라우팅을 지원하기 위해 암호화된 메시지의 '러시아 인형(Russian doll, 속이 비어 있어 그 안에 같은 모양의 인형이 중첩되어 여러 개가 차곡차곡 들어 있는 인형)'과 같은 중첩을 지원한다.
	백업 및 복구: 디지털 지갑에 저장된 데이터의 가치와 민감도를 고려할 때 거의 모든 경우에 지갑/에이전트 소프트웨어 또는 하드웨어의 손실, 손상 또는 해킹이 발생한 경우 지갑은 강력한 백업 및 복구 옵션을 지원해야 한다. 9.7절을 참조하라.
	보안 저장소: 에이전트의 이 구성 요소는 일반적으로 지갑에서 제공하는 보안 API를 통해 지갑 서비스를 호출한다.

지갑	**키 관리 시스템**: 모든 디지털 지갑의 핵심은 암호화 키 및 영지식증명에 사용되는 링크 시크릿과 같은 관련 비밀의 생성, 순환, 해지, 저장, 서명 및 보호를 처리하는 방법이다. 이에 대한 자세한 내용은 10장에서 볼 수 있다. **암호화된 저장소**: 다른 기본 지갑 기능은 컨트롤러가 지갑에 저장하기로 선택한 키, 비밀 및 기타 개인 데이터의 보호된 저장소이다. 지갑의 크기와 유형에 따라 휴대폰의 보안 엔클레이브, 신뢰하는 실행 환경(trusted execution environments, TEE)에 의해 관리되는 보안 저장소 또는 서버 및 클라우드 호스팅 지갑의 하드웨어 보안 모듈(hardware security modules, HSM)과 같은 다양한 형태를 취할 수 있다.

SSI 디지털 지갑에서 표준에 대한 또 다른 관점은 트랜스무트Transmute의 오리에 스틸Orie Steele이 2020년 8월에 W3C 자격증명 커뮤니티 그룹W3C Credentials Community Group에 제출한 범용 지갑 Universal Wallet 사양 초안을 참조하라(https://w3c-ccg.github.io/universal-wallet-interop-spec).

9.6 최종 사용자의 디지털 지갑과 에이전트의 표준 기능

표 9.1에서 다루는 기본 특징과 기능 외에도, 이 절에는 개인 용도의 상용 등급 디지털 지갑에서 일반적으로 제공하는 다른 기능이 나열되어 있다.

9.6.1 알림 및 사용자 경험

애플리케이션이 디지털 지갑이든 디지털 에이전트이든 아니면 둘 다이든 간에, SSI의 사용자 경험(UX)을 관리하는 것이 중요한 구성 요소라는 데에는 보편적으로 동의한다. 이것은 자기주권신원이 실제로 '자주적'으로 보이고 느껴지는지 여부에 대한 진가가 시험받는 곳이다.

예를 들어 최종 사용자는

- 자격증명과 해당 자격증명에 포함될 수 있는 민감한 개인 데이터(신원 데이터, 건강 데이터, 금융 데이터, 가족 데이터, 여행 데이터)에 대해 어떤 일이 일어나고 있는지 충분히 알고 있는가?
- 지갑과 에이전트 소프트웨어 및 하드웨어 제공업체를 신뢰하는가?
- 자격증명 발급자를 신뢰하는가?
- 자격증명 검증자를 신뢰하는가?
- 제공자, 발급자 또는 검증자가 운영하는 거버넌스 프레임워크와 신뢰 인증trust mark을 신뢰하는가?
- 그들이 만들고 있는 P2P 연결을 신뢰하는가?
- 인터넷 사용, 디지털 신원, 개인정보보호, 보안 및 개인 데이터 보호에 대한 사용자의 확신이 훨씬 (또는 극적으로) 향상되도록 전체 경험을 완전히 제어할 수 있다고 느끼는가?

물론 이것의 일부는 지갑과 에이전트 애플리케이션의 동작에 대한 최종 사용자의 만족도 문제에 포함되어 다음과 관련된다.

- 얼마나 쉽고 직관적인가?
- 보안, 개인정보보호 및 사용 편의성 사이에서 얼마나 신중하게 균형을 유지하는가?
- 얼마나 자주 그리고 정확하게 사용자에게 알리고 '사용자의 주의를 훔쳐야' 할 때 그것을 차단하는 것이 얼마나 적절한가?

이 마지막 질문은 디지털 지갑과 같은 매우 안전한 응용 프로그램과 관련하여 특히 중요하다. iOS, 안드로이드, macOS 및 마이크로소프트 윈도우즈와 같은 모바일 및 데스크톱 운영 체제에는 필요하거나 관련이 있을 때만 사용자에게 알리는 정교한 알림 시스템이 이미 있다. 마이크로소프트는 윈도우즈 10에 새로운 보안 알림을 너무 많이 추가하여 사용자가 무시하거나 모든 알림을 끄게 되면서 비싼 교훈을 얻었지만, 이미 있는 알림 시스템조차도 구성하거나 조정하기 어려울 수 있다. 디지털 지갑 및 에이전트 앱이 사용자의 관심과 신뢰를 얻기 위한 것이라면 사용자가 반드시 참고해야 하는(GDPR과 같은 법적 이유), 확인해야 하는(인증과 같은 보안상의 이유로) 또는 보고자 하는 알림(가치 교환 또는 개인 정보 제어 향상)만 제공하는 데 매우 민감해야 한다.

9.6.2 연결: 새로운 디지털 신뢰 관계 구축

지갑에 저장된 암호화 키, 비밀 및 자격증명은 자체적으로 아무것도 하지 않기 때문에 SSI 아키텍처는 디지털 에이전트와 디지털 지갑을 연결한다. 이것들의 목적은 컨트롤러를 대신하여 디지털 신뢰 관계를 구축하고 유지하는 것이다.

컨트롤러가 가장 많이 하는 작업 중 하나는 QR 코드를 스캔하거나 NFC(근거리 통신) 또는 저전력 블루투스 기기를 탭하거나 링크를 클릭하거나 또는 에이전트를 활성화하여 사람, 조직 또는 사물과 새로운 DID 간 연결을 형성하는 것이다. 예를 들어, 완벽하게 디지털화된 출장이라는 시나리오에서 여행 각 단계에는 항공사, 렌터카 회사, 호텔, 컨퍼런스 등록 등과 새로운 연결(아직 없는 경우)을 생성하는 것이 포함된다.

다행스럽게도 디지털 에이전트는 암호화, 키 관리 또는 기본적인 복잡성에 대한 지식이 필요없이 QR 코드를 스캔하거나 링크를 클릭하고, 새로운 연결을 승인하고, 특정 상호 작용에서 교환할 자격증명을 선택만 하면 되는 간단하고 표준적인 작업으로 만든다. 연결 당사자는 다음과 같은 이점을 누릴 수 있다.

- **에이전트와 지갑은 자동으로 연결을 기억한다.** 마치 새로운 사람을 만날 때마다 자동으로 어시스턴트(비서)가 주소록에 추가하는 것과 같다.

- **연결은 필요한 만큼 지속된다.** 상대방이 이사, 주소 변경 또는 연락 두절이 된다고 하더라도 연결이 끊어질 이유는 없다. SSI 연결은 한쪽 또는 양쪽 당사자가 더 이상 원하지 않을 때만 끊으면 된다.
- **연결에 필요한 중개자가 없다.** 연결된 당사자 사이에는 소셜 네트워크, 이메일 제공업체 또는 통신업체 등과 같은 중개자가 없다.
- **모든 메시지는 종단 간 암호화된다.** 이 새로운 통신 채널은 연결된 당사자에게 완전히 안전하고 공개되지 않는다.
- **원하는 모든 것에 연결할 수 있다.** SSI 연결에 대한 제3자에 대한 서비스 약관은 없다. 그것은 그들이 원하는 모든 응용 프로그램에 사용할 수 있는 연결된 당사자의 재량에 속한다.

9.6.3 디지털 자격증명 수신, 제공 및 제시

연결이 설정되면 일반적인 다음 단계는 당사자가 단방향 또는 양방향으로 자격증명을 교환하는 것이다. 새로운 자격증명을 발급하거나(그림 9.2에서 신뢰 삼각형의 왼쪽 화살표 부분), 발급된 자격증명을 검증(그림 9.2에서 오른쪽 화살표 부분)한다.

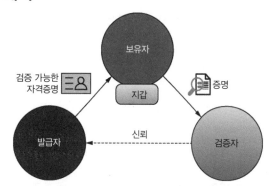

그림 9.2 검증 가능한 자격증명 신뢰 삼각형

두 프로세스 모두 양 당사자의 에이전트 간에 세심하게 설계된 것과 같으며, 이는 사용 중인 자격증명 형식에 따라 다를 수 있다. 일반적으로 자격증명 발급 프로세스는 다음과 같이 진행된다.

1. 발급자는 보유자가 새로운 자격증명을 받기 위해 필요한 모든 인증을 요청한다.
2. 인증되면 보유자가 새로운 자격증명을 요청하거나 '또는' 발급자가 새로운 자격증명을 발급한다.
3. 둘 중 어느 방식이든 발급자는 자격증명 발급에 동의하고 보유자는 자격증명을 수락하는 데 동의한다.
4. 발급자의 에이전트와 보유자의 에이전트는 원하는 형식의 자격증명을 발급하기 위한 특정 프로토콜 단계를 따른다.
5. 프로토콜 단계를 마치면 발급된 자격증명이 보유자의 지갑에 다운로드된다.

자격증명 검증 프로세스는 다음과 같은 일반적인 단계로 진행된다.

1. 보유자가 검증을 필요로 하는 검증자와의 일부 상호 작용(**에** 비공개 웹 페이지에 대한 접근 요청)을 요청한다.

2. 검증자는 보유자에게 증명 요청proof request을 제시한다(예 보유자가 스마트폰으로 스캔할 수 있는 QR 코드 표시).

3. 보유자의 에이전트는 증명 요청을 처리하고 보유자의 지갑에 자격증명 및 이를 충족하는 데 필요한 클레임이 포함되어 있는지 확인한다. 충족되면 보유자에게 증명을 공유하라는 메시지가 표시된다.

4. 보유자는 증명 공유에 동의한다.

5. 보유자의 에이전트는 증명 프레젠테이션proof presentation을 준비하여 검증자의 에이전트에게 보낸다.

6. 검증자의 에이전트는 증명을 검증하기 위해 자격증명 정의(및 관련 검증 가능한 데이터 레지스트리에서 필요한 기타 정보)와 함께 증명 응답에서 발급자의 DID를 사용한다.

7. 증명이 검증되면 보유자에게 접근 권한이 부여된다.

이 프로세스의 중요한 변형 중 하나는 자격증명에 영지식증명ZKP 암호화를 사용하는 경우이다. 이 경우 보유자의 에이전트와 지갑은 정교한 선택적 공개 기능을 지원할 수 있다(https://www.privacypatterns.org/patterns/Support-Selective-Disclosure 참조). 이는 검증자가 증명 요청에 필요한 정확한 정보만 볼 수 있음을 의미한다. 예를 들어 검증자는 단지 보유자가 21세 이상이라는 것만 알고자 한다면, 보유자는 실제 나이나 생년월일을 공개하지 않고 이 사실을 증명할 수 있다.

W3C 검증 가능한 자격증명 데이터 모델 표준에서 명시적으로 지원되는 영지식증명ZKP 기반 검증 가능한 자격증명에 대한 지원은 SSI 에이전트와 지갑의 주요 차별화 기능 중 하나이다. 이 기능에 대한 가장 초기 작업은 2018년 하이퍼레저 인디Indy와 에리즈Aries 오픈 소스 프로젝트에서 시작되었지만 현재는 다른 SSI 디지털 지갑과 VC 프로젝트로 확산되고 있다.

9.6.4 디지털 자격증명 해지와 만료

물리적 자격증명이 사람에게 발급되어 지갑에 저장되면 이를 해지하는 유일하고 실용적인 방법은 만료 날짜를 지정하는 것이다. 교통법규 위반으로 운전 면허증이 해지되거나 시민권이 변경되어 여권이 해지되는 등 만료 날짜 이전에 자격증명을 해지해야 하는 경우 검증자가 해지 상태를 확인할 수 있는 유일한 방법은 발급 기관에 연락하는 것이다.

디지털 자격증명, 에이전트 및 지갑을 사용하면 이와 같은 일들을 더 쉽게 할 수 있다. 다음은 선호도가 높아지는 순서로 나열한 구현 방법이다.

- 검증자는 온라인 API를 통해 발급자에게 확인할 수 있다. 이는 여전히 검증자가 발급자와 통합해야 하고 발급자가 고가용성 API를 호스팅해야 하기 때문에 가장 바람직하지 않은 옵션이다.

- 발급자는 블록체인 또는 분산 원장과 같은 레이어 1 검증 가능한 데이터 레지스트리verifiable data registry, VDR를 사용하여 해지 레지스트리를 유지할 수 있다. 이는 검증자가 발급자와 통합해야 하는 문제(검증자는 VDR과 통합하기만 하면 됨)와 발급자가 자체 해지 API를 호스팅해야 하는 문제를 해결한다. 그러나 기존의 해지 레지스트리는 해지된 자격증명에 대한 개인 정보를 유출할 수 있다.
- 개인 정보를 가장 잘 보호하는 솔루션은 영지식증명 암호화를 사용하는 VDR에서 해지 레지스트리를 유지 관리하는 것이다. 이를 통해 검증자는 거의 실시간으로 자격증명의 해지 상태를 확인할 수 있지만 이는 '보유자가 증명을 제시할 때에만' 가능하다. 그렇지 않으면 해지 레지스트리는 해지된 자격증명에 대한 정보를 공개하지 않는다.

다시 말하지만 자격증명의 해지 상태를 업데이트하고 검증하는 모든 복잡성(및 작업)은 발급자, 보유자 및 검증자의 에이전트가 자동으로 처리한다.

9.6.5 인증: 로그인

사용자 이름과 패스워드는 온라인의 골칫거리다. 우리 중 일부는 스프레드시트나 워드 프로세서에 작성하여 관리하고 있을 것이고, 다른 일부는 Apple Keychain, 1Password, LastPass 및 Dashlane과 같은 패스워드 관리 프로그램을 사용할 것이다. 솔루션에 관계없이 이 문제는 일반적이며, 30억 명이 넘는 온라인 사용자에게 이는 꽤 골치 아픈 문제다. 또한 사이버 보안 인프라의 가장 취약한 부분 중 하나이다.

4장에서 설명한 것처럼 '자동 인증'은 SSI의 주요 이점 중 하나이다. 지금까지 이 장에서 다룬 내용을 통해 에이전트와 지갑이 본질적으로 '로그인'할 필요 없이 사용자 이름과 패스워드에 대한 부담을 덜어줄 수 있는 방법을 쉽게 이해할 수 있을 것이다.

이것들은 단순히 여러분을 위해 작동한다. 에이전트가 처음으로 새로운 연결을 생성할 때 연결되는 피어 DID가 여러분의 '사용자 이름'이 되고 연결을 통해 전송된 메시지의 디지털 서명이 여러분의 '패스워드'가 된다.

NOTE 암호화 방식으로 피어 DID와 연결된 개인키를 사용하여 생성된 디지털 서명은 패스워드보다 훨씬 강력하다.

잠금을 해제하려면 디지털 지갑과 최소한 PIN 또는 패스코드가 모두 필요하기 때문에 이것은 이미 멀티팩터 인증multi-factor authentication, MFA으로 간주된다. 더 높은 수준의 확신이 필요한 검증자는 다음을 요청할 수 있다.

- 디지털 지갑을 여는 생체 인식(**예** 지문, 얼굴 스캔)
- 지갑에 있는 하나 이상의 검증 가능한 자격증명
- 지갑 보유자가 자격증명이 발급된 보유자임을 증명하기 위한 '활성 상태 확인'(짧은 비디오 녹화 등)

이 모든 것은 OpenID Connect 및 FIDO_{Fast IDentification Online}와 같은 연합 ID 표준에 통합되어 널리 알려진 멀티팩터 인증_{MFA} 기술이다. SSI 지갑과 에이전트는 스마트폰이 전화번호를 기억하고 전화를 거는 프로세스를 자동화한 것과 거의 같은 방식으로 멀티팩터 인증_{MFA}을 표준화하고 자동화한다. SSI 채택이 확산됨에 따라 웹 사이트에 로그인하기 위해 사용자 이름과 패스워드를 수동으로 입력하는 프로세스가 다이얼을 돌려 전화를 거는 방식과 같이 구식으로 보이기 시작할 것이다.

9.6.6 디지털 서명 적용

에이전트와 지갑이 메시지에 디지털 서명을 하여 사용자를 인증할 수 있는 것처럼 사용자의 서명이 필요한 거의 모든 다른 디지털 객체에 서명할 수 있다. 기본 단계는 다음과 같다.

1. 서명을 요청하는 당사자(검증자)와 연결을 설정한다.
2. 검증자는 연결을 사용하여 서명이 필요한 객체(예 구조화된 메시지, PDF 문서, JSON 파일)를 보낸다. 디지털 객체에 따라 직접 서명하거나 에이전트와 지갑이 해시를 확인한 후 객체의 해시에 서명할 수도 있다(6장 참조).
3. 에이전트가 서명 요청을 승인하라는 메시지를 표시한다.
4. 에이전트는 적절한 DID와 개인키를 기반으로 서명을 생성하기 위해 디지털 지갑을 호출한다.
5. 지갑은 에이전트에게 서명을 보낸다.
6. 에이전트는 검증자에게 서명을 보낸다.

이 디지털 서명 프로세스는 DocuSign, HelloSign 및 PandaDoc과 같은 대부분의 '전자 서명' 서비스보다 훨씬 강력하다. 일반적으로 이러한 서비스는 암호화 방식으로 생성된 디지털 서명을 적용하지 않는다. 오히려 그들은 손으로 쓴 서명의 디지털 버전을 적용하는데, 이는 대부분의 관할 구역에서 법적으로 허용되지만 기본 디지털 문서에 암호로 바인딩 되어 있지는 않다.

9.7 백업 및 복구

이 시점에서 많이 사용되는 디지털 지갑은 물리적 지갑보다 더 가치가 있는 것은 아니더라도 빠르게 가치가 높아질 것이라는 점을 분명히 해야 한다. 그렇다면 분실, 도난, 해킹 또는 손상된 경우에는 어떻게 해야 할까?

아이러니하게도 잘 설계되고 제작된 디지털 지갑은 물리적 지갑보다 '안전하고 손실로부터 더 잘 보호'되어야 하지만 '소유자가 필요한 복구 준비 단계를 수행하는 경우에만' 가능하다. 이 절에서는 그 이유를 설명한다.

9.7.1 자동 암호화 백업

모든 상업용 SSI 지갑에는 자동 암호화 백업 기능이 제공되어야 한다. 복구키를 설정하기 위한 초기 설정 단계 후에 에이전트는 선택한 위치에 지갑의 암호화된 백업 사본을 자동으로 지속적으로 유지한다. 일반적으로 이는 클라우드(드롭박스 또는 구글 드라이브와 같은 일반 클라우드 기반 스토리지 서비스 또는 지갑/에이전트 공급업체의 암호화된 특수 백업 서비스)를 의미한다.

NOTE 많은 암호화폐 지갑과 달리 SSI 지갑은 백업 파일과 복구키가 필요하다. 특정 데이터가 존재하는 유일한 곳이 지갑일 수 있으므로 백업 파일이 필요하다.

이렇게 하면, 기기 분실, 도난, 손상 또는 파손과 같은 지갑에 대한 문제가 발생하면 가장 최근에 수행한 작업까지 디지털 지갑의 내용을 복구할 수 있다. 복구는 일반적으로 다음에 설명하는 옵션 중 하나를 사용하여 수행된다.

9.7.2 오프라인 복구

첫 번째 옵션은 복구가 필요할 때 찾을 수 있는 안전한 오프라인 위치('콜드 스토리지')에 복구키 복사본을 저장하는 것이다(그림 9.3). 하지만, 이것은 말처럼 쉬운 일이 아니다. 먼저 복구키를 본인 또는 신뢰할 수 있는 대리인만 접근할 수 있는 안전한 곳에 숨겨야 한다. 그렇지 않으면 사용자의 허락 없이 디지털 지갑을 훔치는 데 사용될 수 있다.

둘째, 복구키를 처음 저장한 후 몇 년 또는 수십 년 후에도 찾을 수 있어야 한다. 은행에 있는 금고라도 장기간 사용하지 않으면 접근이 어려울 수 있다.

셋째, 복구키가 완전히 손상되지 않은 상태로 유지되어야 한다. 예를 들어 USB 키와 같은 콜드 스토리지 장치에 저장할 경우, 하드웨어 오류가 발생하지 않는 것을 선택하는 것이 좋다. 인쇄된 QR코드나 작성된 암호문구 등 종이에 보관할 경우 시간이 지남에 따라 인쇄물이 비래거나 불에 타지 않도록 주의해야 한다. 이것이 일부 전문가들이 티타늄이나 다른 내화성 금속에 복구키를 새기는 것을 권장하는 이유이다. 블록체인 커먼즈 스마트 커스터디 프로젝트Blockchain Commons Smart Custody Project에는 키 백업과 복구 옵션에 대한 더 많은 정보가 있다(https://www.smartcustody.com).

그림 9.3 일반적인 오프라인 복구 기술: QR 코드와 하드웨어 콜드 스토리지 장치

복구키를 분실하거나 손상된 경우 '디지털 지갑을 복구할 수 있는 다른 방법은 없다'. SSI를 사용하면 전화를 걸 수 있는 '비밀번호 재설정 서비스도 없고, 이의를 제기할 기관도 없다. 만약 그런 것들이 있다면, 그것은 자기주권적이지 않을 것이며, 궁극적으로 다른 누군가가 통제할 것이다.

9.7.3 소셜 복구

두 번째 옵션은 복구를 돕기 위해 하나 이상의 신뢰할 수 있는 연결에 의존하기 때문에 '소셜 복구'라고 한다. 이 접근 방식에서는 복구키를 오프라인으로 인쇄하거나 저장하는 대신(또는 이를 수행하는 것 외에) 에이전트와 지갑이 '키 샤딩key sharding'이라는 암호화 기술을 사용하여 복구키를 여러 조각으로 나눈다. 원래 복구키를 재생하려면 이러한 조각 중 'N개 중 최소 M개'(**예** 3개 중 2개)를 다시 가져와야 한다. 그런 다음 에이전트는 선택한 각 '수탁자'(사용자가 샤드를 보호하고 복구해야 할 경우 그 사용자에게만 샤드를 반환할 신뢰할 수 있는 사람 또는 기관)와의 연결을 통해 샤드를 암호화하고 공유한다. 이것은 그림 9.4에 설명되어 있다.

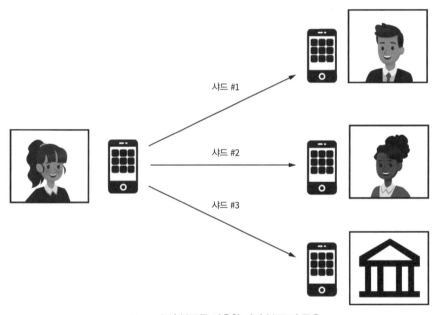

그림 9.4 소셜 복구를 사용한 샤딩 복구 키 공유

소셜 복구의 주요 장점은 다음과 같다.

- 오프라인 복구키의 '위치를 저장하거나 기억할 필요가 없다'.
- 충분한 수의 수탁자에게 연락할 수 있고 그들이 진짜 자신임을 확신시킬 수 있다면 '복구 프로세스는 완전히 온라인으로 수행할 수 있다'.

- '정기적으로 수탁자를 조정'하여 특정 시간에 가장 신뢰하는 연결 관계를 나타낼 수 있다.
- '에이전트'는 필요한 경우 쉽게 복구할 수 있도록 '여러분의 수탁자(및 여러분에 대해)'를 주기적으로 상기시켜 줄 수 있다'.

소셜 복구의 단점은 다음과 같다.

- 복구해야 할 때 샤드를 복호하고 다시 공유할 수 있는 '충분한 수의 수탁자가 있어야 한다'.
- '수탁자'는 잠재적으로 복구키를 조립하고 암호화된 백업을 훔치기에 충분한 샤드를 공유하도록 속이려는 확고한 적들의 '사회공학적인social engineering[2] 공격을 받을 수 있다'.

9.7.4 다중 장치 복구

복구를 위한 세 번째 옵션(일반적으로 가장 쉬운 방법)은 두 개 이상의 장치에 디지털 지갑이 설치된 경우 사용할 수 있다. 이 옵션은 소셜 복구와 동일하게 작동하지만, 자신의 기기들에서 수행되기 때문에 본질적으로 자가 복구이다. 장치 중 하나가 분실, 손상 또는 오염된 경우 다른 장치를 사용하여 복구키의 조각을 새로운 기기와 공유한다. 9.8.1절을 참조하라.

9.8 지갑 및 에이전트의 고급 기능

이 절에서는 이 책이 출판된 후 몇 년 이내에 시장에서 볼 수 있을 것으로 예상되는 보다 정교한 기능을 다룬다.

9.8.1 다중 기기 지원 및 지갑 동기화

다중 장치 지원은 모든 장치에서 일관된 사용자 경험을 제공하기를 원하기 때문에 많은 최신 앱(ᵉᵈ 슬랙, 페이스북, iMessage)[3] 및 운영 체제(Apple Keychain,[4] iCloud)의 표준 기능이 되었다. 일반적으로 클라우드 서비스를 통해 앱의 각 인스턴스를 동기화하여 이를 수행한다.

이러한 앱과 마찬가지로 디지털 지갑이 모든 장치에서 원활하게 작동할 수 있다면 훨씬 더 유용할 것이다. 그러나 보안 요구 사항으로 인해 동기화하는 것은 훨씬 더 어렵다. 보안상의 이유로 개인키를 보안 엔클레이브 또는 기타 하드웨어 보안 모듈에서 복사할 수 없기 때문에 완전한 동기화가 불가능

---

2 [옮긴이] 사회공학(社會工學, social engineering): 보안학적 측면에서 기술적인 방법이 아닌 사람들 간의 기본적인 신뢰를 기반으로 사람을 속여 비밀 정보를 획득하는 기법을 일컫는다(위키피디아).

3 [옮긴이] iMessage는 iOS 5 또는 그 이상을 실행하는 기기와 OS X 마운틴 라이언 또는 그 이상을 실행하는 컴퓨터에서만 가능하다. 무료로 메시지를 발송하고 수신할 수 있으며, 사진이나 동영상, 파일 전송이 가능하다(위키피디아).

4 [옮긴이] 키체인(Keychain)은 Apple에서 개발한 macOS의 암호 관리 시스템이다. Mac OS 8.6과 함께 도입되었으며 현재 macOS로 알려진 운영체제의 모든 후속 버전에 포함되었다(위키피디아).

한 경우가 많다. 그리고 일부 높은 보증 수준의 자격증명은 지갑을 특정 장치에 바인딩해야 할 수 있으며, 다른 지갑으로 이동하려면 자격증명의 재발급이 필요하다.

오픈 소스 프로젝트와 지갑/에이전트 공급업체는 현재 이러한 문제를 해결하는 동시에 디지털 지갑 이식성과 상호 운용성을 지원하는 지갑 간 동기화 프로토콜을 연구하고 있다. 이 영역의 초기 아키텍처 작업은 하이퍼레저 인디(http://mng.bz/5jP8)에 기여한 분산 키 관리 시스템Decentralized Key Management System, DKMS 프로젝트로 시작하여 분산 신원 재단(https://identity.foundation/working-groups/did-comm.html)의 DIDComm 워킹 그룹에서 계속되고 있다.

9.8.2 오프라인 작업

오늘날, 캐나다의 외딴곳에서 과속으로 운전하고 있을 때 캐나다 왕립 기마 경찰관이 차를 세우고 운전면허증을 보여달라고 요청하면 지갑에서 꺼내어 보여주기만 하면 된다. 인터넷 연결은 문제가 되지 않았다.

그러나 디지털 지갑만 가지고 있고 운전면허증을 보여줄 수 있는 유일한 방법이 인터넷에 연결하는 것뿐이라면 문제가 될 것이다. 인터넷 연결이 보장되지 않는 지역에 있거나 캐나다에서 휴대 전화의 데이터를 이용할 수 없는 경우, 경찰관이 디지털 운전면허증을 어떻게 검증할 수 있을까?

이것은 가상의 상황이 아니다. 여러 국가와 미국 여러 주에 있는 정부 기관은 인터넷 연결 없이 검증할 수 있도록 요구하는 내용을 디지털 운전면허증 제안 요청서requests for proposal, RFP에 담았다. 블루투스 및 NFC와 같은 많은 에지 네트워킹 프로토콜이 이를 가능하게 하므로 유일한 실제 장애물은 표준화 및 상호 운용성을 테스트하는 것이다.

9.8.3 검증자에 대한 검증

현저하게 새로운 이점을 제공하는 모든 신기술에는 새로운 위험도 수반된다. SSI가 시장에서 주목을 받으면서 유럽위원회와 같은 규제 당국이 우려하는 한 가지 위험은 강압이다. 검증자는 SSI 디지털 지갑과 에이전트의 힘을 남용하여 보유자가 서비스를 받기 위한 요구 사항으로 특정 자격증명이나 클레임을 공유하도록 강요하여 정보를 빠르고 쉽게 사용할 수 있도록 한다.

ToIP 스택에 대한 의견 요청서request for comments, RFC에서는 다음과 같이 강압의 위험을 언급했다.

> '자기주권' 신원의 개념은 당사자가 자유롭게 트랜잭션에 참여하고, 개인 및 기밀 정보를 공유하고, 상대방의 요청이 비합리적이거나 불법적이라고 간주될 때 거절할 수 있다고 가정한다. 실제로는 그렇지 않은 경우가 많다. 한 예로, 웹사이트 방문자가 '모든 쿠키를 수락하거나 계속 반복시키는 미로로 들어가기' 중에서 선택하는 악명 높은 쿠키 허용 팝업 창과 같은 경우가 있다.

NOTE https://github.com/hyperledger/aries-rfcs/tree/master/con cepts/0289-toip-stack#countermeasures-against-coercion을 참조하라. 반강압에 관한 내용은 네덜란드 응용과학연구기구(Toegepast Natuurwetenschappelijk Onderzoek, TNO)의 오스카 반 데벤터(Oskar van Deventer)가 기고했다.

RFC는 계속해서 이러한 강압으로부터 보호하기 위한 기본 전략을 설명한다.

> 거버넌스 프레임워크는 다양한 유형의 강압에 대한 하나 이상의 잠재적 대응 조치를 구현하도록 인증될 수 있다. 기계가 읽을 수 있는 거버넌스 프레임워크의 경우 이러한 대응책 중 일부가 자동으로 시행되어 사용자가 자신의 이익에 반하는 행동을 하지 않도록 보호할 수 있다.

이 RFC에서 권장하는 최고의 대책은 **검증자에 대한 검증**으로 알려져 있다. 그것은 특정 증명 요청을 하려면 검증자가 거버넌스 프레임워크에 따라 승인되어야 하는 거버넌스 프레임워크 정책이다. 보유자의 에이전트는 에이전트가 보유자에게 증명 공유에 대한 동의를 요청하기 전에 일반적으로 검증자의 공개 DID가 거버넌스 기관이 유지 관리하는 검증 가능한 데이터 레지스트리에 포함되어 있는지 확인하여 이 권한을 검증할 수 있다. '검증자에 대한 검증' 확인에 실패하면 에이전트는 진행을 거부할 수 있을 뿐만 아니라 보유자에게 사기 가능성을 경고할 수 있으며, 심지어 위반 가능성을 거버넌스 기관에 자동으로 보고할 수도 있다.

이 기술이 완전히 새로운 것은 아니다. 오늘날 글로벌 신용 카드 네트워크에도 유사한 보호 기능이 있다. 예를 들어 승인된 마스터카드 가맹점 네트워크만 마스터카드를 사용하여 결제를 요청할 수 있다. 그러나 SSI를 사용하면 이러한 종류의 보호를 모든 유형의 검증 가능한 데이터 교환으로 확장할 수 있다. 또한 다양한 관할 구역의 데이터 보호 규정을 직접 지원할 수 있다.

9.8.4 규정 준수 및 모니터링

검증자를 검증하는 것은 에이전트가 모니터링할 수 있는 규제 또는 거버넌스 준수의 한 유형일 뿐이다. 신뢰할 수 있는 디지털 어시스턴트(컨트롤러가 에이전트를 신뢰한다고 가정)로서 에이전트는 다음과 같은 다른 행동, 조건 및 작업을 감시할 수 있다.

- **적용 가능한 거버넌스 프레임워크:** 컨트롤러가 신뢰하는 거버넌스 프레임워크에서 자격증명이 발급되는가? 만약 새로운 것이라면, 에이전트가 거버넌스 기관의 진위를 확인할 수 있는가? 또 누가 거버넌스 프레임워크를 사용하거나 지지하는가?
- **민감한 데이터:** 검증자가 특히 민감한 데이터를 요구하는가? 그렇다면 그 이유는 무엇인가? 에이전트가 이러한 요청을 인식하는 방법은 9.8.6절을 참조하라.
- **트랜잭션 내역 추적:** 에이전트는 트랜잭션 내역을 자동으로 분류, 저장 및 모니터링하여 활동을 분석할 수 있다. Quicken 및 Mint와 같은 개인 금융 소프트웨어는 이미 이를 수행하고 있다. 애플

Health 및 CommonHealth(https://www.commonhealth.org)와 같은 개인 건강 모니터링도 마찬가지다. 엔터프라이즈 에이전트는 직원이나 계약자가 수행한 거래가 구매 권한, 구매 범주 및 지출 한도와 같은 역할에 적용되는 정책에 속하는지 모니터링할 수 있다.

또한 에이전트와 지갑은 이슈나 문제가 발생할 경우 법의학적 분석이 가능하도록 '암호화된 검증 가능한 감사 로그'를 유지할 수 있다. 어떤 경우에는, 특히 기업에서, 에이전트가 규제 당국에 의해 직접 호스팅 될 수 있는 정기적인 보고 트랜잭션과 연결을 유지하고 독립된 '감사 에이전트'에게 보낼 수 있다.

9.8.5 안전한 데이터 저장소 지원

실제 지갑(또는 주머니나 핸드백)이 휴대할 수 있는 양에 물리적 제한이 있는 것처럼, 디지털 지갑은 상대적으로 제한된 양의 민감한 데이터를 저장하고 보호하도록 설계되었다. 일반적으로 재무 기록, 세금 기록, 의료 기록(X-레이, 컴퓨터단층촬영), 교육 기록, 포트폴리오, 저널, 파일 등의 전체 생애 기록을 저장하도록 설계되지는 않았다.

그러나 이러한 문서를 내화성 파일 캐비넷, 가정 금고 또는 은행의 금고에 안전하게 보관하는 것처럼, 이러한 모든 기록을 디지털 잠금 장치와 키를 사용하여 저장할 수 있는 기능이 있어야 한다. 이러한 보안 데이터 저장소secure data store, SDS에는 다음을 포함하여 SSI 커뮤니티에 많은 이름이 있다.

- 개인 데이터 저장소Personal data store, PDS
- 개인 클라우드Personal cloud
- 허브(또는 ID 허브)
- 볼트[5](또는 암호화된 데이터 볼트)

이름에 관계없이 이들은 모두 동일한 기본 설계를 나타낸다. 콘텐츠가 컨트롤러의 디지털 지갑에서 개인키로 암호화되기 때문에 컨트롤러만 접근할 수 있는 전자 파일 저장소(일반적으로 클라우드에 있음)이다. 보안 데이터 스토리지 워킹 그룹Secure Data Storage Working Group은 분산 신원 재단(https://identity.foundation/working-groups/secure-data-storage.html)에서 상호 운용 가능한 보안 데이터 저장소에 대한 표준 및 오픈 소스 구현을 개발하고 있다.

9.8.6 스키마와 오버레이

디지털 지갑에 저장된 자격증명은 자격증명의 각 클레임(속성)에 대한 의미와 데이터 유형을 정의하는 기본 스키마를 기반으로 한다. 그러나 데이터 의미 체계는 매우 풍부하고 복잡할 수 있다. 클레임

---

5 [옮긴이] 볼트(vault): 대용량 저장장치

이름이라는 한 가지 차원만 살펴보자. 어떤 언어로 되어 있는가? 다른 언어로 이름을 설명할 수 있는가? 기본 스키마 정의를 매우 복잡하게 만들지 않고 추가하려면 어떻게 해야 하는가? 대답은 스키마 오버레이라는 아키텍처이다. 그림 9.5에서 볼 수 있듯이 스키마 오버레이는 기본 스키마를 복잡하게 하지 않고 풍부한 설명 및 콘텍스트 메타데이터를 추가할 수 있는 기본 스키마에 대한 설명이다.

입력과 의미 워킹그룹Inputs and Semantics Working Group은 ToIP 재단(https://wiki.trustoverip.org/display/HOME/Inputs+and+Semantics+Working+Group)에서 이 오버레이 캡처 아키텍처OCA, overlay-capture architecture를 표준화하고 있다. 스키마 오버레이를 지원하는 디지털 지갑과 에이전트는 발급자, 보유자 및 검증자가 필요한 자격증명과 클레임을 식별, 설명 및 관리하는 것을 더 쉽게 만든다. 이 장의 앞부분에 있는 예시를 인용하기 위해 규제 기관이나 산업 감시 기관은 특정 자격증명에 포함된 데이터의 개인 정보 민감도를 설명하는 스키마 오버레이를 게시할 수 있다. 에이전트와 지갑은 이 오버레이를 사용하여 검증자에게 요청과 공유(보유자에게 개인정보보호에 민감한 데이터에 대한)에 대해 경고할 수 있다.

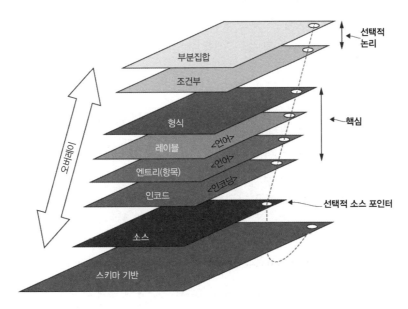

그림 9.5 데이터의 다양한 생산자와 소비자는 단일 데이터 집합을 설명하는 풍부한 메타데이터를 제공하기 위해 여러 스키마 오버레이를 개발할 수 있다.

9.8.7 응급상황

정부 기관과 의료 당국은 사고, 심장 마비 또는 알레르기 반응과 같은 의료 응급상황에서 사람들이 물리적 지갑에서 쉽게 사용하도록 하는 정보에 대한 지침을 게시한다. 다음과 같은 이유로 디지털 지갑에도 동일하게 적용된다.

- 최초 대응자가 디지털 지갑의 비상 정보에 접근할 수 있다면, 그러한 데이터를 더 쉽고 빠르게 얻을 수 있다.
- 사용 가능한 정보는 일반적으로 물리적 지갑에서 사용할 수 있는 데이터보다 훨씬 풍부하고 최신일 수 있다.
- 디지털 지갑은 최초 대응자가 보유자의 다른 의료 기록에 접근할 수 있도록 구성할 수 있으며, 이는 훨씬 더 도움이 될 수 있다.
- 디지털 지갑을 사용하면 최초 대응자가 개인 정보를 보호하면서 긴급 연락처에 신속하게 연락할 수 있다.

이러한 이유로 애플 지갑Apple Wallet과 같은 전용 스마트폰 지갑은 이미 비상 모드를 지원한다. 예를 들어, 이 장의 저자는 누구든지 자신의 휴대폰에 접근할 수 있다면, 그 사람에게 땅콩 알레르기에 대한 정보를 제공한다.

그러나 정보가 매우 제한적이며 누가 기기에 접근할 수 있는지에 대한 기준이 없다. 대조적으로, 선의의 최초 대응자가 그 사실을 입증할 수 있는 경우(예 상담원이 확인할 수 있는 표준 최초 대응자 자격증명을 사용하여) 에이전트는 훨씬 더 많은 정보를 공개할 수 있다.

9.8.8 보험

위험이 있는 곳에 보험이 있다. 디지털 지갑, 에이전트 및 자격증명에는 다음과 같은 위험이 있다.

- 지갑 또는 에이전트 소프트웨어의 공급업체가 부주의하거나 악의적이다.
- 디지털 자격증명 발급자가 오류를 범하거나 시스템이 해킹당한다.
- 디지털 지갑 보유자가 해킹이나 도난을 당해 그 결과 범죄가 발생하거나 신용도가 떨어진다.

이 세 가지 위험은 모두 다른 형태의 보험으로 완화할 수 있다.

- 지갑과 에이전트 소프트웨어 공급업체는 제조물 책임에 대해 보험에 가입할 수 있다.
- 발급자는 발급된 자격증명의 실수 또는 발급자 시스템의 손상에 대해 보험에 가입할 수 있다.
- 보유자는 디지털 지갑의 도난이나 분실 및 그에 따른 손해에 대해 보험에 가입할 수 있다.

물론, 이러한 유형의 보장에 대한 보험 증권의 신청과 발급은 디지털 자격증명을 통해 처리될 수 있다. 주택 소유자 또는 사업자와 같은 보험 당사자의 구매에 대한 암호화된 감사 기록을 보유하는 것은 화재, 도난, 자연재해 등으로 인해 클레임을 제기해야 하는 불행한 상황에서 매우 유용할 수 있다.

9.9 엔터프라이즈 지갑

'지갑'이라는 용어는 주로 개인적인 사용에 대해 생각하게 하지만, SSI에 참여하는 모든 주체는 디지털 지갑이 필요하다. 조직은 사람에 의해 운영되지만 법학에서는 법적 신원(따라서 디지털 신원)이 개인과 분리'되어야' 한다고 요구한다. 개인 사업체(단독 개인이 운영하는 사업)조차도 사업주의 개인 신원과 법적으로 분리되어 있다.

따라서 규모에 관계없이 모든 조직에는 자체 **엔터프라이즈 지갑**이 있어야 한다. 엔터프라이즈 지갑에는 우리가 논의한 모든 표준 기능이 필요하지만 이 절에서 다루는 특수 기능도 필요하다.

9.9.1 위임(권리, 역할, 권한에 대한)

SSI에서 '위임'은 한 신원 컨트롤러가 다른 컨트롤러에게 첫 번째 컨트롤러를 대신하여 특정 행위를 할 수 있는 권한을 부여하는 것을 말한다. 예를 들어, 연로한 부모는 부모의 은행 계좌를 관리할 권한을 성인 자녀에게 위임할 수 있다. 검증 가능한 자격증명을 사용하면 '위임 자격증명'을 사용하여 이 작업을 수행한다. 자세한 내용은 9.10절을 참조하라.

개인은 개인 에이전트와 지갑에 대한 위임이 필요하거나 필요하지 않을 수 있지만, 조직에는 선택의 여지가 없다. 엔터프라이즈 지갑은 특정 트랜잭션에 대한 권한을 조직 내에서 특정 역할을 수행하는 특정 개인에게 위임할 수 있어야 한다. 이러한 유형의 기능은 SSI 및 디지털 자격증명과 함께 작동하도록 조정된 많은 기업 내에서 디렉터리 시스템 및 신원 접근 관리identity and access management, IAM 시스템에 의해 관리되는 경우가 많다.

SSI의 다른 장점 외에도 위임을 위한 디지털 자격증명을 사용하면 회사와 국경을 넘어 법적 구속력이 있는 트랜잭션을 더 쉽게 디지털 방식으로 실행할 수 있다. 이 기능을 지원하기 위해 일부 검증 가능한 자격증명 생태계가 개발되고 있다. 글로벌 법인식별기호 재단Global Legal Entity Identifier Foundation, GLEIF(https://www.gleif.org)은 법인식별기호legal entity identifier, LEI의 검증 가능한 자격증명 버전인 vLEI를 개발 중이다. https://www.gleif.org/en/newsroom/blog/advancing-a-global-standard-in-digital-trust-with-the-trust-over-ip-foundation을 참조하라.

어떤 형태의 조직이라도 디지털 법인식별기호를 발급받아 법적 상태를 검증할 수 있다. 조직은 직원, 이사 및 계약 담당자에게 위임 자격증명을 발급하여 특정 자격으로 조직을 대신하여 문서를 생성하고 디지털 서명할 수 있는 권한이 부여된 특정 역할에 대한 증거를 제공할 수 있다.

9.9.2 규모

수백만 또는 수십억 개의 개인 지갑과 에이전트가 동시에 활성화될 수 있지만, 각각은 네트워크 경계에 있는 자체 컴퓨팅 기기에서 실행되므로 처리량과 규모는 오늘날의 인터넷 및 클라우드 컴퓨팅과 다르지 않다. 그러나 엔터프라이즈 지갑과 에이전트는 다르다. 여기서 한 사람이 인증을 수행하거나 자격증명을 교환하는 대신 수십만 명의 직원이 동시에 기업 자격증명을 인증하거나 제시하게 될 수 있다. 따라서 기본 지갑, 에이전트 및 에이전시는 이러한 규모에서도 작동해야 한다. 이 주제에 대한 자세한 내용은 10장, 특히 10.8절을 참조하라.

9.9.3 특수 지갑 및 에이전트

에이전트가 특정 유형의 연결 또는 자격증명 교환에 대해 특수 동작을 적용할 수 있지만, 개인은 기기당 단일 지갑과 에이전트에 의해 서비스를 받을 가능성이 높다. 그러나 기업은 특정 작업 그룹에 최적화된 특수 지갑과 에이전트가 필요할 수 있다. 예를 들면 다음과 같다.

- **회계 및 재무**: 구매, 송장 발행, 영수증 및 비용 추적 관리는 전문 대행인의 소규모 산업을 형성할 것이다. 예를 들어, 모든 직원의 에이전트는 자동화된 비용 추적, 보고 및 상환을 위해 기업 지출 Corporate Expense 에이전트와 연결되어 있을 것이다.
- **운영**: 4장에서 다루었듯이 SSI는 비즈니스 프로세스 자동화에 도움이 될 것이다. 필요한 비즈니스 로직을 적용하고 비용이 많이 드는 예외를 관리하는 데 도움이 되는 비즈니스 프로세스 에이전트에 직원 및 계약 담당자 에이전트를 연결하여 많은 비즈니스 프로세스를 조정하고 자동화할 수 있다.
- **규정 준수**: 규제 요구 사항을 준수하기 위해 트랜잭션을 기록하고 모니터링하는 작업을 간소화할 수 있으며 감사 및 보고 에이전트를 사용하여 일부를 자동화할 수 있다.
- **뉴스**: 조직의 여러 부서가 관련성이 있고 신뢰할 수 있는 정보를 더 빨리 공유할 수 있을 때 조직이 번창한다. 지갑과 에이전트가 발전함에 따라 그들이 참여하는 주요 이벤트(예 '계약서 서명', '구매 주문 접수')는 기존 시스템 통합에서 요구하는 것보다 느슨한 통합으로 즉시 공유될 수 있다.

9.9.4 자격증명 해지

IAM 시스템의 고전적인 과제 중 하나는 수백만 명의 직원을 위해 수천 개의 시스템에서 수백 개의 권한을 관리한 다음 직원이나 계약 담당자의 상태가 변경되면 신속하게 업데이트하는 것이다. SSI를 사용하면 이러한 복잡성을 크게 줄일 수 있다. 기업은 해지 가능한 검증 가능한 자격증명을 발급할 수 있으며 모든 시스템 또는 애플리케이션은 이를 검증자로 사용할 수 있다. 직원 또는 계약자의 상태가 변경되면 관련 자격증명은 어떤 검증자가 그것들에 의존하는지 알 필요 없이 거의 실시간으로 해지될 수 있다.

9.9.5 특별한 보안 고려 사항

지갑에 모든 것을 열수 있는 마스터키가 들어 있고, 엔터프라이즈 지갑이 심각한 보안 침해를 당할 경우 잠재적인 피해를 상상해 보자. 기업 평판은 말할 것도 없고 수백만 또는 수십억 달러에 달하는 기업 자산이 위험에 처할 수 있다.

긍정적인 부분은 은행 금고와 마찬가지로 엔터프라이즈 지갑이 처음부터 이러한 귀중한 자산을 보호하는 데 필요한 보안 수준을 지원하도록 구축되었다는 것이다.

- **다중 서명 권한 부여 정책**: 특정 트랜잭션의 민감도 수준에 따라 다양한 직원, 임원 또는 이사의 여러 디지털 서명이 필요할 수 있다.
- **신뢰 보장 프레임워크**: 대부분의 기업은 하나 이상의 거버넌스 프레임워크 조항에 따라 엔터프라이즈 지갑과 에이전트를 운영한다. 여기에는 일반적으로 기간 테스트 및 재인증과 함께 ISO 27001 인증(https://www.iso.org/isoiec-27001-information-security.html)과 같은 많은 산업 표준 보안이 필요한 신뢰 보장 프레임워크가 포함될 것이다.
- **침투 테스트**: 기업은 문제가 나타날 때까지 기다리지 않고 화이트햇[6] 전문가에게 비용을 지불하여 취약점을 찾아 수정할 수 있다.
- **자동화된 모니터링 및 자체 감사**: 기업 에이전트는 인공지능AI 및 기계학습을 사용하여 이상을 감지하고 문제를 예측하는 정교한 자체 모니터링 및 검사 도구를 사용할 수 있다.
- **기기 인증**: 일부 기업의 사용 사례는, 특히 높은 보증 사용 사례의 경우 특정 보안/개인정보보호 표준 또는 거버넌스 프레임워크를 충족하도록 인증된 특정 기기 또는 디지털 지갑만 지원한다.

9.10 후견 및 위임

이 장의 시작 부분에서 말했듯이, 디지털 지갑은 SSI 인프라의 모든 참여자를 위한 제어의 연결고리이다. 이 도구는 강력하지만 디지털 접근 권한과 해당 기술을 사용할 법적 능력이 있는 개인으로 SSI의 직접적인 사용을 제한한다. SSI가 모든 사람을 위해 작동하려면 디지털 접근 권한이 없거나 디지털 지갑 및 에이전트를 사용할 수 있는 적절한 신체적, 정신적 또는 경제적 능력이 없는 개인을 위해서도 작동해야 한다. 이러한 개인은 다른 사람이나 조직이 **디지털 후견인** 역할을 해야 한다.

---

6 [옮긴이] 화이트햇 해커(white-hat hacker) 또는 화이트햇(white hat): 모의 해킹(penetration testing)이나 다른 취약점 점검 등의 기법에 전문적인 보안전문가로 블랙햇(black-hat hacker)과 대비되는 개념이다. 이들은 공익 또는 학문적으로 정보 시스템에 대해 해킹을 시도하며 해킹에 대한 대응전략을 구상한다. 한국에서는 주로 화이트 해커라고 불린다(위키피디아).

디지털 후견은 무엇보다도 법적, 규제적 구조이므로 11장에서 더 자세히 다루며, 이 절에서는 디지털 후견의 두 가지 기술적 측면을 살펴본다.

9.10.1 후견인 지갑

대부분의 경우 후견 디지털 지갑은 일반적인 SSI 디지털 지갑과 기능적으로 동일하다. 차이점은 지갑의 컨트롤러가 후견인이며 지갑의 자격증명의 주체인 **피보호자**라고 하는 개인이 아니라는 것이다. 후견인이 피보호자를 대신하여 자격증명을 요청하거나 자격증명이 피보호자를 대신하여 검증자에게 제시될 때, 자기주권신원에 대한 피보호자의 권리를 주장하는 사람은 후견인이다.

이 패턴이 필요한 경우는 아기나 어린아이를 대신해 행동하는 부모, 노부모를 대신해 행동하는 성인 자녀, 치매나 다른 신체적 또는 정신 질환을 앓고 있는 환자들을 대신하는 후견인들, 난민, 노숙자, 추방된 사람들을 대신하는 NGO들, 그리고 기타 등등 셀 수 없이 많다.

다음은 후견인 지갑에 구별되는 사항들이다.

- **일반적으로 클라우드에서 호스팅된다.** 이렇게 하면 후견 대리인이 후견인 자격증명을 사용하여 더 쉽게 접근할 수 있다(다음 절 참조). 후견인 지갑 호스팅 전문 서비스를 후견인 에이전시guardian agency라고 한다.
- **그들은 생체 인식을 사용하여 피보호자의 존재를 인증한다.** 이것은 지갑과 그 지갑의 내용을 특정인으로 확실하게 특징지을 수 있는 남용을 방지하는 보호 장치이다. 그러나 생체 인식이 도난당하거나 피보호자에 대해 무기화되는 것을 방지하는 개인정보보호 중심 설계 원칙에 따라 이러한 생체 인식을 저장하고 관리하는 것이 가장 중요하다.
- **일반적으로 후견인 자격증명을 사용하여 제어된다**(다음 절 참조). 이를 통해 가족 구성원이나 NGO 직원과 같이 특별히 승인된 후견 대리인이 피보호자를 대신하여 조치를 취할 수 있지만, 자신의 SSI 지갑과 에이전트를 사용하여 자신을 확실하게 인증한 후에만 조치를 취할 수 있다.
- 그들은 일반적으로 사칭 및 남용을 방지하기 위한 특별 보안, 개인정보보호, 이식성 및 감사 요구 사항을 포함하는 **엄격한 거버넌스 프레임워크에서 작동한다.**

아이러니하게도 제대로 설계된 후견인 지갑은 엔터프라이즈 지갑과 많은 기능을 공유한다. 엔터프라이즈 지갑을 제어하는 이사, 직원 또는 파트너가 실제 보호자와 다른 법적 자격에서 기본적으로 '후견 대리인' 역할을 하기 때문이다.

9.10.2 후견 대리인 및 후견인 자격증명

후견인은 자녀의 부모와 같은 개인이거나 난민이나 노숙자를 돕는 NGO와 같은 조직이 될 수 있다. 개인의 경우 후견인은 후견인 자격증명(개인을 후견인으로 공식 지정하는 정부 기관과 같은 법적 기관에서 발급한 자격증명)이 있을 수도 있고 없을 수도 있다. 조직의 경우 후견인 자격증명은 일종의 후견인 거버넌스 프레임워크에서 필요하기 때문에 디지털 후견인의 전제 조건인 경우가 많다(11.7절 및 백서 'On Guardianship and Self-Sovereign Identity' Sovrin Guardianship Task Force, 2019, https://sovrin.org/wp-content/uploads/Guardianship-Whitepaper2.pdf 참조).

조직이 후견인 역할을 하는 경우 피보호자를 대신하여 수행되는 실질적 조치는 조직의 대리인으로서 역할을 하는 개인이 수행한다. 이러한 **후견 대리인**에게 권한을 부여하는 가장 좋은 방법은 이 장의 앞부분에서 다룬 위임 자격증명을 사용하는 것이다. 이러한 방식으로 피보호자를 대신하여 취한 각 조치는 승인된 후견인 조직을 대신하여 승인된 대리인이 수행한 것으로 암호학적으로 검증할 수 있다.

9.11 인증 및 인가

특정 디지털 지갑 또는 디지털 에이전트 애플리케이션을 신뢰할 수 있는지 어떻게 알 수 있을까? 이러한 애플리케이션이 저장 및 교환하게 될 매우 개인적이고 사적인 데이터, 그리고 마케팅 담당자에서 범죄자에 이르기까지 모든 사용자에게 높은 가치를 제공하게 될 데이터를 고려할 때, 사용자는 설계 및 엔지니어링이 안전하고 정보가 부적절하게 유출되거나 공유되지 않는다는 보장을 원할 것이다.

이런 요건을 위한 표준 솔루션은 스마트카드, 하드웨어 보안 모듈 등 다른 범주의 보안 하드웨어 및 소프트웨어에 대해 존재하는 인증certification 및 인가accreditation 프로그램이다. 은행이나 의료와 같이 특히 민감한 애플리케이션의 경우 안전을 위해 인증된 지갑과 에이전트를 사용할 수밖에 없다.

그러나 이로 인해 사용자 선택, 자기 주권 및 공정한 경쟁에 대한 심각한 의문이 제기되고 있다. 인증 기준은 누가 정할 것인가? (이러한 인증 기준은 종종 대기업에 유리하게 설정된다.) 누가 인가자를 인가할 것인가? (너무나 자주, 이러한 프로그램은 느리고 관료적으로 변한다.) 얼마나 많은 검토가 필요한가? (신뢰할 수 있는 제3자가 응용프로그램에서 보안 또는 개인정보보호 결함을 검토하는 것은 매우 비용이 많이 들 수 있다.)

무엇보다 예를 들어 부바의 지갑Bubba's Wallet이라는 앱을 개발한 부바Bubba에게 자신의 애플리케이션을 인증하기 위해 제3자에게 5,000달러를 지불하라고 요청하는 것이 공정한가? 만약 금액이 5만 달러라면? 25만 달러라면? 더 많이 요구한다면? 인증 비용이 SSI 디지털 지갑 커뮤니티에 필요한 혁신을 억제할 정도로 높을까?

마지막으로, 최종 사용자가 신뢰할 수 있는 디지털 '승인에 대한 날인seal of approval'을 제공하여 디지털 지갑 및 에이전트의 하드웨어 및 소프트웨어가 성공적으로 인증되었으며 그 이후로 조작되지 않았다는 것을 알 수 있는 사람은 누구일까? 이 질문들은 이어서 설명되는 지갑 전쟁에 대한 충분한 도입부가 될 것이다.

9.12 지갑 전쟁: 진화하는 디지털 지갑/에이전트 시장

애플은 최근 '신원의 검증된 클레임verified claims of identity'이라는 일반 분야에 걸쳐 많은 특허를 등록했는데, 이는 꽤 주목을 끌었다... 이런 애플리케이션이 정말 중요하고, 애플이 아이폰을 비롯한 기기를 통해 '신원'을 제시하고 검증하는 수단을 통제하려는 것은 지갑 전쟁이 가열될 조짐이라고 생각한다.

—데이브 버치Dave Birch, 《포브스》, 2020. 08. 29[1]

현대 인터넷의 초창기에는 두 번의 브라우저 전쟁이라는 두 개의 뚜렷한 시기가 있었다. 1995-2001년에는 넷스케이프Netscape에서 인터넷 익스플로러IE, Internet Explorer로의 전환이 있었다. 독점 금지 사건은 넷스케이프를 구하지 못했고, IE가 시장을 지배하게 되었다. 그 뒤 2008년 구글 크롬의 등장으로 또 한 번 시장이 바뀌었다. 2019년 초 현재 크롬과 크롬의 크로미움Chromium 엔진 기반 웹 브라우저의 사용량은 70% 이상을 차지했으며, 다른 주요 브라우저는 사용량이 10%를 넘지 못했다. 마이크로소프트도 2020년 엣지 브라우저에 크로미움을 채택하면서 패배를 인정했다.

웹 브라우저 판매에 대해 청구된 수익은 거의 없다. 그러나 브라우징을 지원하는 기본 기능과 상용 인터넷을 지원하는 기본 수익화 체제를 만들기 위해 수십억 달러가 R&D에 투입되었다. 그 이유는 간단하다. 웹 브라우저는 필수 인터넷 도구이며, 공급업체의 브라우저에 시선을 고정시키는 것은 공급업체가 시장에서 막대한 영향력을 행사할 수 있는 힘을 주기 때문이다.

디지털 지갑도 비슷한 전쟁이 벌어지고 있는데, 이 지갑은 웹 브라우저의 경쟁 구도를 뒤엎을 수도 있다. 다음 지갑 전쟁의 세 가지 측면을 빠르게 살펴보겠다.

- 지갑(및 에이전트)에 영향을 미치거나 통제하려는 자는 '누구'인가?
- 그들이 여러분의 지갑의 '어떤' 측면에 영향을 주고 통제하려고 하나?
- 그들이 이 통제력과 영향력을 '어떻게' 행사할 것인가?

9.12.1 누구인가?

모든 대규모 변화에서 이해해야 할 가장 중요한 것 중 하나는 주요 플레이어가 누구이며 달성하려는 것이 무엇인지이다. 지갑 전쟁에서 플레이어는 다양하다.

- **정부와 국가/주**: 국가/주가 제공하는 자유의 수준에 관계없이 국민이 사용하는 디지털 지갑의 일부분을 통제하고 영향을 미치기를 원할 것이다.
- **빅 테크**big tech: 대부분의 빅 테크는 타깃 광고에 크게 의존하는 동시에 모든 사람을 위한 개인정보보호를 지원한다고 주장한다. 웹에서 일상적인 활동을 더 많이 수행하기 위해 디지털 지갑과 에이전트를 채택함에 따라 빅 테크는 우리를 표적으로 삼는 감시 기술을 적용하는 능력을 잃을 수 있다. 그들은 적응하겠지만 전장을 자신에게 유리하게 만들고 싶어할 것이다.
- **이동통신사**: 이동통신 비즈니스가 점점 더 상품화되고 이동통신사가 순수한 데이터 파이프 공급자가 됨에 따라 그들도 경쟁 우위를 찾고 있다. 그리고 그들은 이미 우리와 직접적인 청구-지불 관계를 맺고 있다는 이점이 있다.
- **장비 및 OS 제조업체**: 기기(및 기기를 실행하는 운영체제)를 구축하는 애플, 안드로이드, 삼성, 화웨이 등 기업들은 강력한 통제 위치에 있다. 암호화, 키 관리 및 데이터 가용성을 지원하는 데 필요한 특수 하드웨어(보안 영역, 신뢰할 수 있는 실행 환경)부터 시작하여 가장 낮은 수준의 제어 지점에 접근할 수 있다. 또한 앱이 이러한 기능에 접근하는 데 필요한 API 레이어를 제공한다.
- **금융 기관 및 결제 네트워크**: 현재의 물리적 지갑과 초기 전용 디지털 지갑(애플 월렛, 구글 페이 등)은 결제를 보다 쉽게 하는 동시에 우리가 돈을 어디에 쓰는지에 대한 귀중한 정보를 수집하는 데 중점을 두고 있다. 이러한 인센티브는 SSI 지원 디지털 지갑이 우리의 모든 디지털 관계 및 커뮤니케이션에서 지속적인 도구가 되어 이러한 플레이어들에게 점점 더 디지털화되는 우리의 삶에서 더 큰 역할을 제공할 수 있기 때문에 증가할 것이다.

9.12.2 무엇을?

이 장에서는 디지털 지갑과 에이전트가 제공하는 다양하게 많은 기능을 소개했었다. 지갑 전쟁은 다음과 같은 특정 추가 기능에 중점을 둘 것이다.

- **보안 및 암호화**: 기본 하드웨어(보안 영역, 신뢰할 수 있는 실행 환경) 및 OS가 중요하다. 최고 수준의 보안을 정의하려면 특정 용도(예 디지털 여권, 지불 토큰)에 대해 인증 및 승인된 소규모 하드웨어 구성요소가 필요할 수 있다.
- **제3자 추가**: 디지털 지갑 및 에이전트의 많은 서비스는 중개자나 제3자 없이 P2P로 수행될 수 있다. 그러나 제3자가 꼭 필요한 것은 아니더라도 통제와 영향력이 미치는 영역과 같이 가치를 더하

거나 도움을 주기 위해 추가될 수 있는 경우가 많이 있다.

- **지불**: 지불은 이미 통합을 위한 성숙된 단계이다. 기존 결제 제공업체(마스터카드, 비자, 아멕스, 차이나 유니온페이)와 '신기술'(스트라이프, 스퀘어, 페이팔, 애플 페이, 알리페이, 위챗 페이)은 모두 '최고의 지갑' 위치를 놓고 경쟁하고 있다. 이는 우리의 디지털 지갑에서 더욱 강화될 것이다.

- **인증 및 인가**: 이전 절에서 논의한 바와 같이 '부바의 지갑'을 신뢰할 수 있는지 여부를 아는 것은 많은 거버넌스 프레임워크(11장 참조)의 핵심 고려 사항이 될 것이다. 산업이 성숙해짐에 따라 우리는 특정 고도로 안전한 연결, 자격증명 및 거래(예 여권의 디지털 버전 획득 또는 고액 지불)를 위해 공인 지갑 및 에이전트를 사용할 수 밖에 없다.

- **통합**: 오늘날 많은 사람들이 스마트폰을 선택한다. 그 이유는 스마트폰이 디지털 생활의 다른 많은 부분(노트북, 스마트 시계, 클라우드 스토리지, 이메일, 일정, 연락처, 지능형 비서 등)과 원활하게 통합되어 있기 때문이다. 디지털 지갑과 에이전트를 선택할 때도 마찬가지이다.

- **이식성 및 자기 주권**: 이것은 디지털 지갑과 에이전트 간의 경쟁에서 매력적인 측면이다. 이 책에서 여러 번 반복했듯이 '이식성이 없으면, 그것은 자기 주권이 아니다'. 디지털 지갑 공급업체는 우리가 지갑을 사용하도록 유도하는 특수 기능을 추가하기를 원하지만 이러한 기능에 우리를 가두려고 하면 이 기능을 잃게 된다.

9.12.3 어떻게?

브라우저 전쟁과 마찬가지로 지갑 전쟁의 전략과 전술은 다양할 것이다. 체스판에서의 전략과 전술은 분명하지만 다른 것은 백그라운드에서 발생하며 시간이 많이 흘러도 이해되지 않을 것이다. 체스의 말 중 일부는 다음과 같다.

- **표준**: 공개 표준이 얼마나 쉽게 무기화될 수 있는지는 작업해 본 사람이라면 누구나 알고 있다. 이를 위한 많은 전술이 있다. 즉, 시장에서의 빠른 표준화, 느린 속도로 표준의 속도 늦추기, 공통 분모가 너무 적어서 쓸모가 없을 정도로 특징 줄이기 등이다. 표준화를 위한 노력이 선의의 것이라 할지라도, 특히 SSI처럼 신규 기술에는 조기 표준화가 문제가 될 수 있다. 그림 9.6과 같이 표준과 프로토콜은 발전하는 데 시간이 걸린다. 이 주제에 대한 전체 설명은 2018 컨티뉴엄 루프Continuum Loop의 대럴 오도넬Darrell O'Donnell이 쓴 〈Protocol Evolution〉(https://www.continuumloop.com/protocol-evolution)을 참조하라.

- **규제**: 신분과 돈은 문명의 여명기부터 정부가 관여해 온 우리 삶의 두 가지 부분이다. 이것은 아마도 디지털 지갑으로 변하지 않을 것이다. 신분과 돈이 해왔던 어떤 역할은 때때로 정당화될 수 있다. 어려운 부분은 적절한 것과 과한 것에 대한 경계를 설정하는 것이다.

- **오픈 소스 프로젝트**: 오픈 소스가 보편화됨에 따라 참여자는 목표를 달성하기 위해 새로운 프로젝트를 만들거나 기존 프로젝트를 오픈 소스로 전환하기 시작했다. 이타주의도 좋지만, 어떤 내용을 가진 것인지 잘 살펴보아야 하는 선물이다. 후원자와 기부자의 인센티브를 잘 검토해야 한다. 그들은 모두 인터넷의 이익에 기여하고 있나? 그들의 목표는 무엇이며, 여러분의 목표와 일치하는가?
- **'프리웨어' 및 기능 제한**: 무료 도구는 인터넷에서 표준이 되었지만 우리가 알고 있듯이 진정한 무료는 없다. 우리는 우리의 관심, 우리의 데이터, 혹은 둘 다를 모두 부담해야 한다. 디지털 지갑과 에이전트의 경우, 흥정하는 것은 웹사이트와 디지털 광고와는 다르다. SSI의 세상에서 디지털 지갑/에이전트 공급업체가 어떤 새로운 흥정의 혜택을 제공할 것인지 보는 것은 흥미로울 것이다.
- **편의성과 사용성**: 궁극적으로 디지털 지갑과 에이전트에서 최고의 가치를 제공하는 UX가 승리할 가능성이 높다. 누가 그 UX를 주도할 것인가? 그것은 모든 사람에게 동일할까, 아니면 여러 가지 다양한 틈새와 취향이 있을까? 이 부분에 주목해야 지갑 전쟁에서 승리할 가능성이 높다.

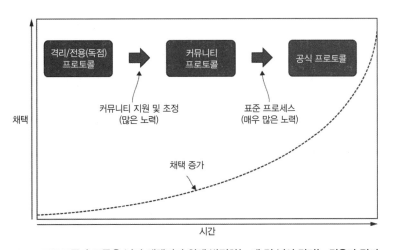

그림 9.6 프로토콜과 표준은 널리 채택되기 위해 발전하는 데 몇 년이 걸리는 경우가 많다.

이 장에서는 디지털 지갑과 에이전트에 대한 방대한 내용을 다루었으며, 요약하면 다음과 같다.

- SSI 디지털 지갑은 보유하고 있는 자격증명을 제외하고 개념적으로 물리적 지갑과 매우 유사하며 수행할 수 있는 기능이 훨씬 더 지능적일 것이다.
- 모든 디지털 지갑은 지갑, 사용자 및 기타 에이전트 간의 모든 상호 작용을 중재하는 소프트웨어 모듈인 디지털 에이전트와 쌍을 이룬다.
- SSI 디지털 지갑은 기본적으로 휴대성 및 개방성, 동의 기반, 개인정보보호 중심 설계 활용, 보안 중심 설계 활용 등 다양한 설계 원칙을 따르기 때문에 이전 세대의 디지털 지갑과 다르다.

- SSI 디지털 지갑의 기본 구조에는 4가지 기본 에이전트 기능(메시징, 라우팅, 백업 및 복구, 보안 스토리지)과 2가지 보안 스토리지 기능(암호화된 스토리지 및 키 관리 시스템)이 포함된다.
- 대부분의 SSI 디지털 지갑의 표준 기능에는 알림 및 사용자 경험, 디지털 자격증명의 수신, 제공 및 표시, 자격증명 해지 및 만료, 인증(로그인), 디지털 서명 적용, 백업 및 복구 처리 등이 포함된다.
- 백업 및 복구는 대체할 중앙화된 상위 기관이 없기 때문에 SSI 디지털 지갑에 매우 중요하다. 여기에는 자동 암호화 백업 기능과 오프라인 복구 방법(᠍ QR 코드 또는 콜드 스토리지 장치), 소셜 복구 방법, 복구 키가 여러 조각으로 암호화되어 신뢰할 수 있는 연결과 공유, 또는 다중 장치 복구 방법과 같이 분실, 도난, 손상 또는 해킹된 지갑을 복구하기 위한 여러 옵션이 포함되어야 한다.
- SSI 디지털 지갑 산업은 '매우' 빠르게 진화하고 있으며, 앞으로 출시될 고급 기능에는 다중 장치 지원, 다중 언어 지원, 오프라인 작업, 강압 방지 및 데이터 안전, 규정 준수 모니터링, 보안 데이터 저장 지원, 긴급 데이터 접근, 그리고 보험 옵션 등이 포함된다.
- 디지털 후견은 남용을 방지하기 위해 생체 인식 검증, 위임 자격증명 및 후견 거버넌스 정책의 자동 시행과 같은 특수 기능을 포함하고 클라우드에서 호스팅할 수 있는 특수 후견인 지갑이 필요하다.
- 디지털 지갑 및 에이전트에 대한 인증 및 인가 프로그램은 그들이 취급하는 매우 민감한 데이터와 해킹 또는 남용의 가능성을 감안할 때 불가피할 것이다. 가장 큰 문제는 이러한 프로그램이 개방적이고 공정하며 경쟁적인 시장과 양립할 수 있는 방식으로 발전할 것인지 여부이다.
- 인터넷의 다음 진화 단계에서 SSI 디지털 지갑은 브라우저만큼 전략적으로 사용될 것으로 예상된다. 이는 지갑 전쟁에서 더 많은 것은 아니지만 동일한 경쟁자와 전술이 많이 나타날 것임을 의미한다. 자기 주권이 궁극적으로 위태롭다는 것에 주의하라.

디지털 지갑의 핵심 기능인 키 관리는 다음 장의 주제로 삼을 정도로 매우 중요하다.

> **SSI 참고자료**
> 디지털 지갑의 진화에 대해 더 자세한 내용은 https://SSIMeetup.org/state-digital-identity-crypto-wallets-darrell-odonnell-webinar-22를 참고하라.

참고문헌

[1] Birch, David G.W. "Apple Pay Was Not Disruptive, but Apple ID Will Be." Forbes. https:// www.forbes.com/sites/davidbirch/2020/08/29/apple-pay-was-not-disruptive-but-apple-id-will-be/#52310fb44d0f.

10

분산 키 관리

샘 스미스 박사Dr. Sam Smith

9장에서는 SSI 디지털 지갑과 에이전트에 대한 전반적인 주제를 다루었다. 그러나 디지털 지갑의 핵심 기능인 암호화 키 관리는 하나의 챕터로 설명해야 할 만큼 충분한 가치가 있다. 키 관리를 주제로 한 수천 편의 논문과 수십 권의 책이 작성되었지만, 분산 키 관리에 대한 이 장은 SSI에 대해 여러 글을 쓴 저자이자 사상가 중 한 명일 뿐만 아니라 이 장의 마지막 절에서 다루는 키 이벤트 수신 인프라Key Event Receipt Infrastructurel, KERI의 발명가인 샘 스미스 박사에게 부탁했다. 스미스는 1991년 브리검 영 대학교Brigham Young University에서 전기 및 컴퓨터 공학 박사 학위를 받았고, 플로리다 애틀랜틱 대학교 Florida Atlantic University에서 10년간 정교수로 재직했으며, 은퇴 후에 전업 기업가이자 전략 컨설턴트가 되었다. 그는 기계학습, AI, 자율 주행 차량 시스템, 자동화된 추론,[1] 블록체인 및 분산 시스템 분야에서 인용된 100개 이상의 출판물을 보유하고 있다.

9장은 디지털 지갑에 대한 다음과 같은 포괄적인 정의로 시작되었다.

디지털 지갑은 지갑의 컨트롤러가 암호화 키, 비밀 및 기타 민감한 개인 데이터를 생성, 저장, 관리 및 보호할 수 있도록 하는 소프트웨어(및 선택적으로 하드웨어)로 구성된다.

---

1 [옮긴이] 자동화된 추론(automated reasoning)은 각기 다른 면의 추론을 이해하기 위한 컴퓨터 과학, 인지과학, 수리 논리의 한 분야이다. 자동화된 추론의 연구를 통해 컴퓨터가 완전히, 또는 거의 완전히 자동으로 추론할 수 있게 하는 컴퓨터 프로그램의 개발을 돕는다. 자동화된 추론이 인공지능의 하위 분야로 간주되지만 이론 전산학, 심지어는 철학과도 연결된다(위키피디아).

그 뒤를 이어 디지털 지갑이 SSI의 모든 참여자에 대한 '제어의 연결고리'라고 말했다. 그 제어의 본질은 암호화 키의 생성, 교환, 저장, 사용, 종료/파기, 순환/교체와 관련된 모든 것을 하는 '키 관리'이다. 여기에는 암호화 프로토콜, 키 서버 및 보안 스토리지 모듈의 설계가 포함된다. 또한 키 관리에는 조직 정책, 사용자 교육, 인증 및 감사와 같은 인적 프로세스도 포함된다.

이 장에서는 다음과 같은 내용을 다룬다.

- 모든 형태의 디지털 키 관리가 어려운 이유
- 기존 키 관리에 대한 표준 및 모범 사례
- 키 관리 아키텍처의 출발점: 신뢰 루트[2]
- '분산' 키 관리의 특수한 과제
- 검증 가능한 자격증명VC, 분산 식별자DID 및 자기주권신원SSI이 분산 키 관리에 제공하는 새로운 도구
- 원장 기반 DID 메서드를 위한 키 관리
- 피어 기반 DID 메서드를 위한 키 관리
- 키 이벤트 수신 인프라Key Event Receipt Infrastructure, KERI를 통한 완전 자율적인 분산 키 관리

KERI에 대한 마지막 절은 출판 당시 사용 가능한 분산 암호화 키 관리를 위한 가장 포괄적인 솔루션 중 하나인 KERI의 기술 아키텍처를 요약한 것으로 이 책의 특별한 장점이다.

10.1 디지털 키 관리가 어려운 이유

암호화와 공개키/개인키 인프라를 처음 접하는 사람들은 종종 키에 대해 왜 그렇게 논란거리가 많은지 의아해한다. 디지털 키를 관리하는 것은 일반적으로 열쇠 고리나 시곗줄과 같은 것에 보관하는 작은 세트가 있는 물리적 키를 관리하는 것과 비슷하지 않을까?

물리적 키와 디지털 키 사이에는 분명히 유사점이 있지만 실제로는 그 차이가 매우 크다.

- **디지털 키는 원격으로 도난당할 수 있다.** 물리적 키를 훔치려면 키가 저장된 위치 또는 키를 운반하는 사람에게 물리적으로 접근할 수 있어야 한다. 제대로 보호되지 않은 디지털 키는 네트워크를 통해 원격으로 도난당할 수 있다. 보안이 잘 되어 있는 경우에도 디지털 키는 여전히 부채널 공격 side channel attack[3]을 사용하여 도난당할 수 있다. 그러나 사실 이렇게 하기는 매우 어렵다.

---

2 [옮긴이] 신뢰 루트(roots of trust): 무조건적으로 믿을 수 있는 소프트웨어나 하드웨어 또는 데이터를 의미한다.
3 [옮긴이] 부채널 공격(side channel attack): 알고리즘의 약점을 찾거나(암호 해독과는 다름) 무차별 공격을 하는 대신에 암호 체계의 물리적인 구현 과정의 정보를 기반으로 하는 공격 방법이다(위키피디아).

- **디지털 키가 도난당했는지 여부를 알 수 없을 수도 있다.** 도둑이 빠르게 복사하여 교체할 수 없는 경우 도난당한 물리적 키는 쉽게 발견할 수 있다. 그러나 공격자가 디지털 키에 접근할 수 있는 경우 사용자가 알지 못하는 사이 밀리초 내에 복사할 수 있다.
- **디지털 잠금은 해제하기가 훨씬 어렵다.** 물리적 키를 훔치는 대신 자물쇠를 부수는 방법이 있을 수 있다. 자동차나 집과 같은 많은 실제 자산의 경우는 이것이 가능하다. 그러나 강력한 암호화로 보호된 디지털 잠금을 깨는 것은 거의 불가능하다.
- **디지털 키가 잠금 해제할 수 있는 가치는 실제 세계보다 훨씬 더 클 수 있다.** 물리적 키로 보호되는 대부분의 자산(자동차, 집, 은행 금고)은 자산에 제공된 물리적 보안의 강도에 비례하는 가치를 갖는다. 그러나 디지털 자산의 경우, 단일 키가 잠재적으로 암호화폐, 디지털 명목 화폐 또는 기타 형태의 디지털 자산으로 수십억 달러의 가치를 잠금 해제할 수 있다.

NOTE 가치가 큰 디지털 자산을 보호하는 사람은 보안이 디지털 자산의 가치가 훨씬 빠르게 커질 수 있기 때문에 다중 서명(multisig)을 사용해야 한다. 예를 들어, 일부 지갑이 수십억 자산을 보유하고 있음에도 불구하고 그노시스 다중서명 이더리움 지갑(Gnosis multisig Ethereum wallet, https://gnosis-safe.io)을 악용한 사례는 아직 보고되지 않았다.

- **분실하거나 도난당한 경우 디지털 키는 대체할 수 없다.** 이것이 진정한 장점이다. 충분한 시간과 돈으로 물리적 보안을 하더라도 물리적 자산을 완전히 보호하는 것은 거의 불가능하다. 그러나 디지털 자산은 강력한 암호화(양자 증명 방지도 가능)를 통해 보호될 수 있기 때문에 이론상으로는 남은 시간(또는 적어도 다음 몇 천 년 동안) 동안 우주의 모든 컴퓨팅 성능을 견딜 수 있다. 따라서 디지털 키는 실제 키보다 거의 측량할 수 없을 정도로 더 가치가 있다. 2019년 월스트리트 저널Wall Street Journal은 개인키가 복구 불가능하게 손실되었기 때문에 전체 비트코인의 5분의 1을 잃어버린 것으로 추정했다[1]. 우리가 이 글을 쓰고 있는 시점에서 잃어버린 비트코인의 가치는 1000억 달러(2021년 6월 기준) 가 훨씬 넘는다.
- **SSI를 사용하면 디지털 키가 '디지털 생활의 키'가 될 것이다.** 물리적 키에 대해 이렇게 말하기는 어렵다. 자동차, 집, 우편함, 사무실 및 안전 금고의 잠금을 해제하는 것은 중요하다. 그러나 모든 키를 분실한 경우 키를 교체하는 데 단지 며칠이나 몇 주가 소요된다. 그러나 발전된 SSI 디지털 지갑에서 모든 키를 분실한 경우(복구 방법이 없는 경우) 디지털 생활은 몇 달 동안 보류될 수 있다.

결론: 디지털 지갑의 나머지 내용도 마찬가지이지만, 디지털에 대한 제어는 아마도 SSI 아키텍처에서 가장 중요한 요소일 것이다.

10.2 기존 키 관리에 대한 표준 및 모범 사례

다행스럽게도 디지털 키 관리는 새로운 것이 아니다. 우리는 수십 년 동안 기존 공개키 기반구조public key infrastructure, PKI와 함께, 그리고 최근에는 암호화폐 키와 지갑에 배포한 경험이 있다. 또한 키 관리는 사이버 보안 인프라의 기본이기 때문에 미국 국립표준기술연구소National Institute of Standards and Technology, NIST와 같은 연구 기관에서는 이 주제에 대한 광범위한 권장 사항을 발표했다. NIST에서 가장 잘 알려진 몇 가지는 다음과 같다.

- **NIST 특별 간행물 800-130: 암호화 키 관리 시스템**Cryptographic Key Management Systems, CKMS **설계를 위한 프레임워크**: 키 관리의 모든 주제에 대한 포괄적인 가이드를 제공하는 112페이지 분량의 간행물(https://nvlpubs.nist.gov/nistpubs/SpecialPublications/NIST.SP.800-130.pdf)
- **NIST 특별 간행물 800-57: 키 관리를 위한 권장 사항**: NIST가 지속적으로 업데이트하는 세 부분으로 구성된 시리즈(https://csrc.nist.gov/projects/key-management/key-management-guidelines):
  - 파트 1: 일반 사항
  - 파트 2: 키 관리 조직을 위한 모범 사례
  - 파트 3: 애플리케이션별 키 관리 지침

다음은 NIST 800-57 파트 2(https://nvlpubs.nist.gov/nistpubs/SpecialPublications/NIST.SP.800-57pt2r1.pdf) 섹션 2의 지침 중 일부 예이다.

> 암호화 키가 손상되면 해당 키로 보호되는 모든 정보와 프로세스가 손상되기 때문에 클라이언트 노드가 키 및 키 구성 요소가 신뢰할 수 있는 소스에서 제공되고 해당 기밀성(필요한 경우)과 무결성이 보관 및 전송 모두에서 보호되고 있음을 신뢰할 수 있어야 한다.
>
> 비밀키의 경우, 통신 그룹의 구성원 또는 해당 그룹 간 링크에 의한 키 노출은 해당 키를 사용하는 그룹이 공유한 모든 정보를 손상시킨다. 결과적으로, 인증되지 않은 출처의 키를 사용하지 않고, 전송 중인 모든 키와 주요 구성 요소를 보호하며, 이러한 키로 보호되는 정보에 보호가 필요한 동안 저장된 키를 보호하는 것이 중요하다.

최신 버전의 NIST 800-57 파트 2의 2.3.9절에는 중앙형과 분산형 키 관리에 대한 다음 지침이 포함되어 있다.

> CKMS는 본질적으로 중앙화되거나 분산화될 수 있다. PKI의 경우, 공개키는 보호가 필요하지 않으므로, 분산 키 관리는 대규모 및 소규모 사례 모두에서 효율적으로 작동할 수 있다. 특히 대규모 작업의 경우 대칭키 관리는 종종 중앙형 구조를 사용한다.

예상할 수 있듯이 키 관리에 대해 많은 표준과 프로토콜이 개발되었다. 예를 들어, NIST 800-57 파트 2(https://nvlpubs.nist.gov/nistpubs/SpecialPublications/NIST.SP.800-57pt2r1.pdf)의 섹션 2.3.10에는 국제인터넷표준화기구Internet Engineering Task Force, IETF의 키 관리를 위한 14개의 RFCRequests for Comments 목록이 포함되어 있다. NIST 특별 간행물 800-152(https://doi.org/10.6028/NIST.SP.800-152)에는 미국 연방 정부의 표준을 충족하는 CKMS의 설계, 구현 또는 조달에 대한 요구 사항이 포함되어 있다.

또 다른 예로는 2010년부터 구조화된 정보 표준 기구Organization for Structured Information Standards, OASIS에서 개발한 키 관리 상호 운용성 프로토콜Key Management Interoperability Protocol, KMIP이 있다. 이는 중앙형 키 관리 서버의 상호 운용성을 위한 업계 표준으로 자리 잡았으며, 일반적으로 기업이 다수의 애플리케이션 및 서비스에 걸쳐 키 관리를 표준화 및 자동화하기 위해 구현된다.

10.3 키 관리 아키텍처의 시작점: 신뢰 루트

키 관리 아키텍처가 중앙형이든, 연합형이든, 분산형이든 상관없이 모두 **신뢰 루트**(신뢰 앵커라고도 함)에서 시작된다. 신뢰 루트는 신뢰가 파생될 필요가 없는 체인의 유일한 지점이기 때문에(어떤 수단에 의해 확인됨을 의미) **신뢰 체인**의 시작점이다. 대신, 신뢰 루트에서 신뢰는 '가정'된다. 즉, 검증자는 신뢰 루트를 신뢰할 수 있다는 것을 자명하게 받아들인다.

X.509 표준과 같은 기존 PKI 아키텍처에서 신뢰 루트는 '루트 인증서'라는 특수 디지털 인증서로 표시된다. 믿고 있는 당사자('신뢰 당사자'라고도 함)는 신뢰 체인의 추가 유효성 검사를 수행하기 전에 루트 인증서 복사본을 이미 소유하고 있어야 한다. 이것이 대부분의 컴퓨터 및 모바일 운영 체제가 루트 인증서의 기본 목록을 제공하는 이유이다. 파이어폭스Firefox와 크롬Chrome과 같은 브라우저도 마찬가지이다. 이는 사용자가 소프트웨어 또는 브라우저 개발업체와 루트 인증서를 발급한 인증 기관CA을 암시적으로 신뢰하고 있음을 의미한다.

SSI가 키 관리의 큰 변화를 나타내는 이유는 그림 10.1에 나와 있는 것처럼 신뢰 루트에 대한 다양한 가정으로 시작하기 때문이다.

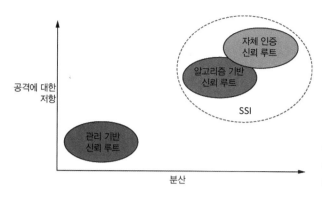

그림 10.1 **SSI는 신뢰 루트에 대한 다양한 가정으로 시작한다. SSI는 관리 루트 대신 알고리즘 또는 자체 인증 루트를 사용한다.**

- **관리 기반 신뢰 루트**administrative roots of trust는 기존 PKI에서 사용된다. 즉, 발급하는 디지털 인증서의 품질과 무결성을 보장하기 위해 엄격한 절차(인증 업무 지침)를 따르는 사람으로 구성된 인증기관(CA)이다. 관리 기반 신뢰 루트에 대한 가정된 신뢰는 업계 인증 및 인가에 의해 입증된 서비스 제공자의 평판을 기반으로 한다.

- **알고리즘 기반 신뢰 루트**algorithmic roots trust(**트랜잭션 기반 신뢰 루트**transactional roots of trust라고도 함)는 단일 당사자가 제어할 수 없지만, 모든 당사자가 공유된 신뢰의 근원에 동의할 수 있는 보안 시스템을 생성하도록 설계된 컴퓨터 알고리즘을 기반으로 한다. 블록체인, 분산 원장 및 IPFSInterPlanetary File System[4]와 같은 분산 파일 시스템은 모두 알고리즘 기반 신뢰 루트의 예이다. (서로 다른 SSI 아키텍처가 다양한 알고리즘 기반 신뢰 루트를 사용하는 방법에 대한 완전한 설명은 5장을 참조하라.) 모든 알고리즘 기반 신뢰 루트는 암호화를 기반으로 하지만 가정된 신뢰는 그 이상을 요구한다. 예를 들어 참가자의 수와 규모, 프로젝트의 이력, 원장이 얼마나 오래 운영되어 왔는지, 보안 문제가 있었는지 여부, 그리고 포크의 전망(또는 이력) 등 시스템 전체의 평판을 기반으로 한다. 5장에서 설명했듯이, 이러한 접근법 중 어느 것이 가장 신뢰할 수 있는지에 대해서는 많은 이견이 있다.

- **자체 인증 신뢰 루트**('자율 신뢰 루트'라고도 함)는 보안 난수 생성 및 암호화에만 기반한다. SSI의 경우 디지털 지갑만으로 생성할 수 있는 DID를 의미한다. 가장 안전한 자체 인증 신뢰 루트는 보안 엔클레이브 또는 신뢰할 수 있는 처리 모듈trusted processing module, TPM과 같은 특수 하드웨어를 사용하여 개인키를 생성하고 키 쌍을 만들고 저장한다. 자체 인증 신뢰 루트에 대한 가정된 신뢰는 하드웨어 및 소프트웨어의 사양, 테스트, 인증 및 평판을 기반으로 한다.

이러한 구분이 중요한 이유는 표 10.1에 요약되어 있다.

4　[옮긴이] IPFS(InterPlanetary File System): 분산 파일 시스템에서 데이터를 저장하고 공유하기 위한 프로토콜 및 피어 투 피어 네트워크다(위키피디아).

표 10.1 신뢰의 세 가지 유형 간의 차이점 요약

속성	관리 기반 신뢰 루트	알고리즘 기반 신뢰 루트	자체인증 신뢰 루트
중앙화 / 단일 장애 지점	Yes	No	No
검증에 사람의 개입 필요	Yes	No	No
외부 당사자의 참여 필요	Yes	Yes	No

간단히 말해, SSI 및 분산 키 관리로의 패러다임 전환은 본질적으로 중앙화되고 인간의 오류에 노출되는 관리 기반 신뢰 루트에서 부분적 또는 완전히 자동화되고 분산될 수 있는 '알고리즘 기반' 및 '자체 인증' 신뢰 루트로의 전환이다. 알고리즘 기반 신뢰 루트와 자체 인증 신뢰 루트의 유일한 차이점은 제3자의 역할이다(이 장 뒷부분에서 설명함).

10.4 분산 키 관리의 특수한 과제

수십 년 동안 중앙형 키 관리 방식에 대한 작업이 진행되었지만, 분산 키 관리는 훨씬 더 새로운 주제이다. DID의 첫 번째 버전(8장 참조)이 2016년 12월 커뮤니티 사양으로 게시될 때까지는 거의 존재하지 않았다. DID는 분산되고 암호화로 검증 가능하기 때문에 관련 공개키/개인키를 관리하기 위한 분산 솔루션이 필요했다. DID에 대한 관심이 높아짐에 따라 미국 국토안보부DHS, Department of Homeland Security는 2017년 SSI 공급업체인 에버님Evernym과 분산 키 관리에 대한 연구 계약을 체결했다[2]. 발표 내용을 요약하면 다음과 같다.

> 에버님은 '신원 관리를 존중하는 개인정보보호에 대한 블록체인 기술의 적용 가능성'이라는 프로젝트를 통해 온라인 인증 및 검증을 향상시키기 위해 블록체인 및 기타 분산 원장 기술과 함께 사용되는 암호화 키 관리 접근 방식인 DKMS를 개발하고 있다. DKMS 내에서 모든 참가자의 초기 '신뢰 루트'는 새로운 형태의 루트 ID 레코드인 분산 식별자를 지원하는 분산 원장이다.

DKMS는 **분산 키 관리 시스템**decentralized key management system을 나타낸다(암호화 키 관리 시스템 cryptographic key management system, CKMS과 대조됨). 2년간의 연구 프로젝트에서 에버님Evernym은 리눅스 재단에서 하이퍼레저 인디 프로젝트(http://mng.bz/5jP8)의 일부로 출판된 'DKMS Design and Architecture'라는 문서를 만들기 위해 암호화 엔지니어와 주요 관리 전문가 그룹을 소집했다. 소개 내용은 다음과 같다.

> DKMS는 중앙형 권한이 없는 블록체인 및 분산 원장 기술DLT과 함께 사용하기 위한 암호화 키 관리에 대한 새로운 접근 방식이다. DKMS는 기존 공개키 기반구조public key infrastructure, PKI 아키텍처의 핵심 가정, 즉 공개키 인증서가 중앙형 또는 연합형 인증 기관CA에서 발급될 것이라는 가정을 뒤집는다.

이 문서의 1.3절에 명시된 바와 같이 DKMS는 다음과 같은 주요 이점을 제공하도록 설계되었다.

- **단일 실패 지점 없음**: DKMS는 알고리즘 또는 자체 인증 신뢰 루트를 사용하므로 실패로 인해 많은 사용자를 위험에 빠뜨릴 수 있는 중앙 CA 또는 기타 등록 기관에 의존하지 않는다.

- **상호 운용성**: DKMS를 사용하면 두 명의 ID 소유자와 해당 애플리케이션이 독점 소프트웨어, 서비스 제공업체 또는 연합에 의존하지 않고 키 교환을 수행하고 암호화된 P2P 연결을 생성할 수 있다.

- **이식성**: DKMS를 사용하면 사용자는 DKMS 호환 지갑, 에이전트 또는 에이전시의 특정 구현에 종속되는 것을 피할 수 있다. 사용자는 적절한 보안 보호 장치를 사용하여 DKMS 프로토콜을 사용하여 호환되는 DKMS 구현으로 지갑에 있는 정보(실제 암호화 키가 아닐 수도 있음)를 이동할 수 있어야 한다.

- **탄력적인 신뢰 인프라**: DKMS는 암호화로 검증 가능한 데이터에 대한 분산 접근을 위해 분산 원장 기술의 모든 이점을 통합한다. 그런 다음 피어가 키를 교환하고, 연결을 형성하고, 다른 피어로부터 검증 가능한 자격증명을 발급/수락할 수 있는 분산된 신뢰의 웹을 그 위에 추가한다. 'DKMS Design and Architecture'는 KERI가 개발되기 전에 출판되었지만 KERI의 완전 분산 키 관리 아키텍처와 호환된다. 이 장의 마지막 절을 참조하라.

- **키 복구**: 개별 앱 또는 도메인의 키 복구 솔루션 대신 DKMS를 사용하면 에이전트 자동 암호화 백업, DKMS 키 에스크로 서비스 및 키의 소셜 복구를 포함하여 강력한 키 복구가 인프라에 직접 구축되어야 한다. 예를 들어, 신뢰할 수 있는 DKMS 연결 및 에이전트 간에 키를 백업하거나 분할한다. 키 복구에서 SSI 디지털 지갑 및 에이전트의 역할에 대한 자세한 내용은 9장을 참조하라.

그러나 이러한 이점을 제공하기 위해 DKMS는 다음과 같은 문제를 해결해야 한다.

- **의지할 '더 높은 권위'는 있을 수 없다.** 궁극적으로 중앙형 기관에 의존할 수 있다는 것을 안다면 시스템을 훨씬 더 간단하게 만들 수 있다는 것은 놀라운 일이다. 그러나 DKMS에는 '비밀번호 재설정' 옵션이 없다. 키를 교체할 수 있는 외부 기관이 있는 경우 해당 기관에서 항상 사용자의 키를 빼앗거나 해당 시스템이 손상되어 키에 침입할 수 있다. 따라서 DKMS 시스템은 처음부터 키 보유자를 위해 안전 장치로 설계되어야 한다.

- **DKMS는 단일 회사 또는 단일 컨소시엄에서 나올 수 없다.** 이미 SSI의 기초가 된 W3C 검증 가능한 자격증명 및 분산 식별자 표준과 같이 모든 오픈 소스 프로젝트 또는 상용 공급업체가 구현할 수 있는 공개 표준을 기반으로 해야 한다. 이는 Apple iMessage 및 Facebook Messenger와 같이 오늘날 인기 있는 보안 메신저의 독점 접근 방식을 제거한다.

- **DKMS는 모든 사람이 사용해야 하는 단일 암호화 알고리즘 또는 암호 제품군을 강요할 수 없다.** 많은 문제는 동일한 암호에 동의하는 모든 사람에 의해 해결될 수 있다. 그러나 DKMS가 단일 유형의 암

호화에 고정되기에는 너무 많은 옵션이 있으며 이 분야는 너무 빠르게 발전하고 있다. DKMS는 암호화 알고리즘 및 프로토콜의 진화적 발전을 수용할 수 있어야 한다.

- **DKMS 키와 지갑 데이터는 다양한 공급업체의 다양한 기술 구현 간에 이식이 가능해야 한다.** SSI 커뮤니티에서 자주 말했듯이 '이식성이 없으면 자기 주권이 아니다.' 또한 이식성은 마케팅 슬로건이 아닌 공식적인 상호 운용성 테스트를 통해 입증되어야 한다.
- **DKMS는 최종 사용자를 대신하여 전문 지식이나 기술을 가정할 수 없다.** DKMS 지원 디지털 지갑과 에이전트는 최신 브라우저 및 이메일 클라이언트만큼 사용하기 쉬워야 한다. 무엇보다도 최종 사용자에게 암호화, 블록체인, SSI 또는 공개키/개인키 개념에 대한 이해를 요구할 수 없다. 그리고 그것은 잘 작동하고, 안전해야 한다.

이러한 요구 사항을 읽는 일부 개발자는 손을 내저으며 할 수 없다고 말할 수 있다. 그러나 설계자, 암호학자 및 사용성 전문가 등이 속한 발전하고 있는 커뮤니티는 이를 수행하는 데만 그치지 않고 오늘날 이메일과 웹처럼 모든 사람이 사용할 수 있도록 인터넷 인프라 깊숙이 솔루션을 만드는 데 전념하고 있다.

10.5 VC, DID 및 SSI가 분산 키 관리에 제공하는 새로운 도구

SSI는 분산 키 관리에 의존하지만 이를 가능하게 하는 새로운 도구도 제공한다. 이 절에서는 VC(7장), DID(8장), 디지털 지갑과 에이전트(9장)의 구체적인 기여를 나열한다.

10.5.1 ID 검증과 공개 키 검증의 분리

분산 신뢰 루트 외에도 DKMS를 가능하게 하는 주요 혁신은 DID 컨트롤러의 공개키 검증을 컨트롤러의 법적 이름, URL, 주소, 정부 ID 번호 등과 같은 다른 ID 속성의 검증과 분리하는 DID의 기능이다. 기존 PKI를 사용하면 인증 기관CA에서 X.509 디지털 인증서를 발급할 때 이러한 두 단계가 결합된다. 이것은 그림 10.2에 나와 있다(8장의 DID가 작동하는 방식에 대한 심층 설명에서 가져옴).

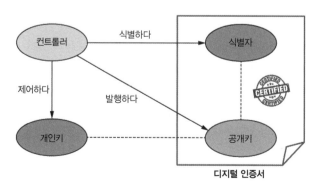

그림 10.2 기존의 PKI 기반 디지털 인증서가 엔터티의 공개키 검증과 엔터티 식별을 결합하는 방법

SSI를 사용하면 알고리즘 기반 신뢰 루트 또는 자체 인증 신뢰 루트를 사용하여 공개키/개인키 쌍에서 DID가 생성된다. 이것은 DID 컨트롤러가 그림 10.3(8장에서 가져온 것)에서 볼 수 있는 것처럼 자신의 개인키를 사용하여 자신의 DID 도큐먼트에 디지털 서명을 함으로써 항상 DID 제어 증명proof을 제공할 수 있음을 의미한다.

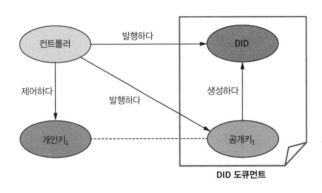

그림 10.3 **DID를 사용하면 ID 컨트롤러가 자신의 DID 도큐먼트에 디지털 서명을 함으로써 중개자 없이 자신의 공개키를 증명할 수 있다.**

DID 메서드가 자체 인증 신뢰 루트를 사용하는 경우, 키 생성 및 순환 작업은 전적으로 그들의 디지털 지갑이나 다른 키 생성 및 서명 시스템에서 그들이 제어하는 DID 컨트롤러의 보호 하에 수행될 수 있다. DID 메서드가 알고리즘 기반 신뢰 루트를 사용하는 경우, 두 번째 단계인 블록체인과 같은 외부 검증 가능한 데이터 레지스트리VDR와의 트랜잭션이 필요하다. 그러나 두 경우 모두 사람의 개입 없이 DID 컨트롤러의 에이전트가 이러한 단계를 자동으로 수행할 수 있다. 이러한 과정에 사람이 개입하지 않으면 두 가지 주요 이점이 있다. 이러한 단계의 비용은 거의 발생하지 않을 수 있고 DID를 생성 및 사용할 수 있는 규모는 크게 증가한다. 이 조합은 필요한 만큼의 DID를 갖는 DID 컨트롤러에 대한 모든 장벽을 제거한다.

NOTE 난수 생성과 암호화 알고리즘이 담합 없이 거의 무한한 수의 공개키/개인키 쌍 및 DID를 생성할 수 있는 방법에 대한 자세한 내용은 8장을 참조하라. 이것이 분산화를 가능하게 하는 본질이다.

10.5.2 신원 증명을 위한 VC 사용

DID와 DID 도큐먼트가 키 검증 문제를 처리할 수 있다면, VC는 DID 컨트롤러의 실제 신원 속성에 대한 제3자 증명을 전달하는 데 최선을 다해야 한다. 이것이 검증자가 실제 비즈니스 또는 사회적 신뢰를 구축하는 데 필요한 것이다.

또한, 신원 검증과 공개키 검증을 분리함으로써 신원 검증 속성에 대한 발급자의 수와 다양성이 훨씬 더 커질 것이다. 이것은 DID 컨트롤러와 검증자 모두에게 선택의 폭을 넓히고 모든 사람의 비용을 낮춘다.

10.5.3 자동 키 순환

DID가 해결하는 데 도움이 되는 또 다른 핵심 키 관리 문제는 8장에서 자세히 설명한 자동화된 키 순환key rotation이다. DID는 변경할 수 없는 식별자이기 때문에 모든 DID 메서드('정적static'이라고 하는 특수 범주 제외)는 DID 컨트롤러가 연결된 DID 도큐먼트에 대한 업데이트를 게시하여 DID와 연결된 공개키/개인키 쌍을 변경할 수 있는 방법을 정의한다. 이 작업이 수행되는 방법의 세부 사항은 DID 메서드에 따라 다르지만 모두 동일한 원칙을 따른다. DID 컨트롤러는 외부 관리자에 의존할 필요 없이 키 순환을 수행할 수 있다.

10.5.4 오프라인 및 소셜 복구 방법을 모두 사용하는 자동 암호화 백업

SSI 디지털 지갑이 암호를 재설정하거나 키를 교체하기 위해 상위(또는 중앙화) 기관에 호소할 수 없다는 사실은 백업 및 복구가 인프라에 직접 구축되어야 함을 의미한다. 이는 9장에 설명된 대로 디지털 지갑 및 에이전트에 직접 백업 및 복구 기능을 구축하거나 특정 DID 메서드로 설계된 특수 키 복구 기능을 사용하거나 두 가지 모두 사용하여 수행할 수 있다. KERI에 내장된 정교한 분산 키 복구 아키텍처에 대한 자세한 내용은 10.8절을 참조하라.

10.5.5 디지털 후견

중앙형 키 관리 시스템을 통해 기업이나 정부에서 운영하는 키 서버는 다양한 수준의 역할을 가진 광범위한 사용자에게 서비스를 제공할 수 있다. 분산 키 관리를 사용하는 솔루션은 자신의 기기를 작동하고 자신의 키를 관리함에 있어서 신체적, 정신적 또는 경제적 능력이 부족한 사람을 고려해야 한다. SSI 인프라에서는 이러한 중요한 측면을 **디지털 후견**이라고 하며, 11장에서 더 자세히 다룬다.

아이러니하게도 높은 수준에서 디지털 후견인은 중앙형 키 관리 시스템과 매우 유사하게 보일 수 있으나, 자세히 들여다보면 매우 다르다. 후견인은 일반적으로 **피보호자**라고 하는 각 개인에 대한 개별 클라우드 지갑을 관리한다. 후견인은 일반적으로 후견인 역할을 승인할 수 있는 공식 기관으로부터 **후견인 자격증명**을 받는다. 즉, 기관은 재직 중인 회사 직원이나 후견인 또는 계약 담당자에게 위임 자격증명을 발급하여 행위를 승인한다. 마지막으로, 디지털 후견인은 일반적으로 정보 수탁자로서의 역할에 대해 엄격한 법적 요구 사항을 적용하는 거버넌스 프레임워크에서 운영된다. (잭 M. 발킨의 '정보 수탁자와 수정헌법 제1조'를 참조: https://lawreview.law.ucdavis.edu/issues/49/4/Lecture/49-4_Balkin.pdf.) 모든 개인이나 조직이 디지털 후견인으로 활동할 수 있으며, 디지털 후견인은 SSI의 나머지 부분과 동일한 공개 표준 및 인프라를 사용하기 때문에 디지털 키를 스스로 제어하고 관리할 수 없는 사용자로 확장된다.

10.6 원장 기반 DID 메서드를 통한 키 관리 (알고리즘 기반 신뢰 루트)

모든 DID 메서드는 그림 10.1과 같이 공개키/개인키 쌍을 기반으로 신뢰 체인을 증명하는 하나의 신뢰 루트로부터 시작된다. 키 쌍은 일반적으로 긴 난수를 사용하여 보안 하드웨어에서 생성되지만(이를 안전하게 수행하는 방법은 https://tools.ietf.org/html/rfc4086 참조) 대부분의 DID 메서드는 이 신뢰 루트에만 의존하지 않는다(즉, '자체 인증'이 아님). 다음의 절차가 필요하다. 개인키를 사용하여 DID 및 초기 관련 공개키를 '기록'하기 위해 분산 원장 또는 블록체인의 트랜잭션에 디지털 서명을 한다. 일단 해당 기록이 생성되면, 원장은 DID에 대한 '알고리즘 기반' 신뢰 루트가 된다.

이는 검증자가 현재 공개키 및 DID와 관련된 DID 도큐먼트의 내용을 검증하기 위해 원장을 확인해야 함을 의미한다. 즉, 검증자는 다음을 신뢰해야 한다.

- 합의 알고리즘 및 특정 원장의 운영. 즉, 51% 공격 또는 기타 형태의 손상 또는 공격을 견딜 수 있는 능력
- 원장의 기록에 접근하는 데 사용되는 리졸버의 보안
- 레졸루션 결과를 검증하기 위해 리졸버(또는 검증자)가 사용하는 제네시스 레코드

비트코인 및 이더리움과 같이 제대로 구축된 대규모 퍼블릭 블록체인과 해당 원장에서 조회를 검증하는 메커니즘의 성공을 감안할 때 이들은 강력한 알고리즘 기반 신뢰로 널리 간주된다. 또한 많은 DID의 경우 공개적으로 리졸브 가능하고 검증 가능한 것이 바람직하다. 따라서 2021년 초 W3C DID 사양 레지스트리(https://www.w3.org/TR/did-spec-registries)에 등록된 80개 이상(2021년 12월 현재, 112개)의 DID 메서드 중 95%가 알고리즘 기반 신뢰 루트에 기반한 DID 메서드를 사용하는 것은 놀라운 일이 아니다.

그러나 원장 기반 DID 메서드에는 다음과 같은 몇 가지 단점도 있다.

- **다른 당사자 또는 네트워크에 대한 종속성**: 궁극적인 신뢰 루트는 여전히 DID를 생성하고 원장에서 DID 도큐먼트를 업데이트하는 데 키 쌍이 사용되지만, 원장 기반 DID 메서드를 사용하려면 DID 컨트롤러가 분산 원장과 신뢰할 수 있는 관련 거버넌스 메커니즘에 의존하도록 요구한다. DID 컨트롤러가 원장이 손상되지 않고 항상 사용 가능하다고 믿을 수 있는 한, 그 위험은 작을 수 있지만 전혀 없는 것은 아니다. 예를 들어, 모든 분산 원장은 51%의 공격, 분기 및 거버넌스 또는 규제 상태 변경의 대상이 된다.
- **비이식성**('원장 잠금'): 원장 기반 DID는 특정 원장에 '고정'되어 있고 원장 또는 그 거버넌스에 문제가 발생하거나 DID 컨트롤러가 다른 DID 메서드를 사용하려는 경우 이동할 수 없다.

- GDPR에서의 '잊혀질 권리'와 **잠재적 충돌**: 조직(또는 사물)에서 사용하기 위한 DID의 문제는 아니지만 개인 사용을 위한 DID 및 공개키는 EU 일반 데이터 보호 규정(GDPR)에 따라 '개인 데이터'로 간주된다. 따라서 일반적으로 '잊혀질 권리'로 알려진 **삭제할 권리**가 적용된다. 이것은 불변의 공개 원장에 심각한 문제가 될 수 있다. 이러한 원장은 모든 사용자의 트랜잭션을 혼합하기 때문에 지정된 DID에 대한 트랜잭션은 다른 모든 사용자에 대한 원장의 무결성을 해치지 않고 제거할 수 없다.

> **NOTE** 이 문제에 대한 심도 있는 논의는 소버린 재단 백서('Innovation Meets Compliance: Data Privacy Regulation and Distributed Ledger Technology', https://sovrin.org/data-protection)를 참조하라.

10.7 피어 기반 DID 메서드를 통한 키 관리(자체 인증 신뢰 루트)

DID와 DKMS가 인기를 끌기 시작하면서 얼마 지나지 않아 일부 보안 설계자들은 원장 기반 DID가 많은 이점을 가지고 있지만 DID의 이점을 활용함에 있어서 기술적으로 원장의 사용이 필요하지 않다는 것을 알게 되었다. 궁극적인 신뢰 루트가 공개키/개인키 쌍의 기반이 되는 긴 난수라는 점과 DID 컨트롤러의 디지털 지갑에만 존재한다는 점을 감안할 때, 설계자들은 많은 시나리오에서 DID 및 DID 도큐먼트가 디지털 지갑 내에서만 P2P로 직접 교환될 수 있음을 확인했다. 자체 인증 식별자self-certifying identifier, SCID는 다음 절에서 자세히 설명한다.

이로 인해 2018년 다니엘 하드맨Daniel Hardman이 처음 게시한 피어 DID 메서드 사양(https://identity.foundation/peer-did-method-spec)으로 정의된 'did:peer:' 메서드가 개발되었다. 2021년 12월 현재, 이 사양에는 17명의 공동 저자가 있으며 추가 표준화를 위해 분산 신원 재단DIF의 식별자 및 검색 워킹 그룹Identifier and Discovery Working Group으로 이관했고(https://identity.foundation/working-groups/identifiers-discovery.html), 요약하여 다음과 같이 언급하고 있다.

> 분산 식별자DID에 대한 대부분의 문서에서는 이를 블록체인, 데이터베이스, 분산 파일 시스템 등과 같은 공개적 신뢰의 근원에 기반을 둔 식별자로 설명한다. 이러한 공개성은 임의의 당사자가 DID를 엔드포인트와 키로 리졸브할 수 있도록 한다. 많은 사용 사례에서 중요한 기능이지만, 사람, 조직 및 사물 간 대부분의 관계에 있어 요구 사항은 단순하다. 앨리스(또는 회사나 기기)와 밥이 상호 작용하기를 원할 때 관심을 가져야 하는 당사자는 정확히 앨리스와 밥 둘뿐이다. 임의의 당사자가 DID를 **리졸브**해야 하는 대신 앨리스와 밥만 **리졸브**한다. 피어 DID는 이러한 경우에 완벽하다.

여러 면에서 피어 DID는 온체인 스마트 컨트랙트가 가능한 이더리움 플라즈마 상태 채널 또는 온체인 함호화폐 거래가 가능한 비트코인 라이트닝 네크워크와 같은 퍼블릭 블록체인 기반 DID가 될 수 있다.

- 트랜잭션 비용이 없으므로 기본적으로 생성, 저장 및 유지 관리가 자유롭다.
- 그들은 중앙 시스템의 능력을 기반으로 하지 않고 전적으로 참가자의 기능으로 확장하고 수행한다.
- 중앙형 시스템을 고집하지 않기 때문에 보호해야 할 정보가 없다.
- 관계의 당사자들만이 서로를 알기 때문에, 제3자 데이터 컨트롤러 또는 프로세서로 인한 개인 데이터 및 개인정보보호 규정에 대한 우려가 훨씬 줄어든다.
- 특정 블록체인에 종속되지 않기 때문에, 정치적 또는 기술적 부담을 최소화한다.
- 다른 DID 생태계의 네임스페이스에 매핑될 수 있으므로 피어 DID가 하나 이상의 다른 블록체인에서 예측 가능한 의미를 가질 수 있다. 이것은 상호 운용성 브리지를 생성하고 DID 소유권을 놓고 싸우는 블록체인 포크 문제를 해결한다.
- 중앙화된 신뢰의 근원에 대한 의존성에서 벗어나기 때문에 피어 DID는 대부분의 다른 DID 메서드를 특징짓는 빈번한 온라인 접속 요구 사항에서서 벗어나 분산 피어 지향 아키텍처를 필요로 하는 경우에 적합하다. 피어 DID는 인터넷에 의존하지 않고 신뢰 저하 없이 전체 수명 주기 동안 생성 및 유지 관리할 수 있다. 따라서 그들은 로컬 우선(https://www.inkandswitch.com/local-first.html) 및 오프라인 우선(http:// offlinefirst.org) 소프트웨어 운동의 정신과 아키텍처 사고방식과 밀접하게 일치한다.

피어 DID를 사용한 키 순환 및 키 복구는 피어 DID 도큐먼트에 대한 업데이트를 다른 피어에 전달하는 자체 피어 DID의 컨트롤러인 피어의 문제이다. 이것이 피어 DID 메서드 사양Peer DID Method Specification의 섹션 4에 정의된 '피어 DID 프로토콜'의 목적으로서 다음과 같이 피어가 수행해야 하는 DID CRUD(생성, 읽기, 업데이트 및 비활성화) 작업에 대한 표준을 정의한다.

1. 피어 DID와 DID 도큐먼트를 서로 **생성/등록**한다.
2. 피어 DID를 **읽고/리졸브**한다.
3. 키 순환, 서비스 엔드포인트 마이그레이션 또는 기타 변경 사항에 대해 피어 DID 도큐먼트를 **업데이트**한다.
4. 피어 DID를 **비활성화**하여 피어 관계를 종료한다.

피어 DID는 네트워크에 의존하지 않고 초기 키 쌍을 생성하는 데 사용되는 자체 인증 신뢰 루트를 기반으로 하기 때문에 알고리즘 기반 신뢰 루트가 필요하지 않다. 제대로 설계된 SSI 디지털 지갑은 이 기능을 제공하고 개인키를 보호할 수 있기 때문에 피어 DID는 외부 종속성이 필요하지 않다. 이는 완전히 '이식 가능'하며 인터넷 자체만큼 분산되고 확장 가능하다. 이러한 설계는 또한 분산 기술 커뮤니티에서 많은 사람들이 높이 평가하는 속성인 검열 저항을 찬성한다.

NOTE 인터넷의 TCP/IP는 여전히 연합 식별자(IP 주소)와 궁극적으로 국제 인터넷 주소 관리 기구(ICANN)에서 관리하는 중앙화 루트가 있는 라우팅 테이블에 의존한다. 피어 DID에는 중앙 루트가 없다.

유일한 단점은 피어 DID가 공개적으로 검색 및 리졸브할 수 없다는 것이다. 자체 인증하는 신뢰 루트에만 의존하면서도 공개적으로 검색/리졸브 가능한 DID와 피어 DID라는 두 가지 장점을 모두 제공하는 DID 메서드가 있다면 어떨까?

10.8 키 이벤트 수신 인프라를 통한 완전 자율적인 분산 키 관리

그림 10.1에서 알 수 있듯이 보안 관점(관리 및 알고리즘 모두에서 우수함)의 이상적인 신뢰 루트는 네트워크에 의존할 필요가 없는 '자체 인증' 신뢰 루트이다. 이것이 적절하게 구현되면 가장 분산되고 공격에 강하다. 모든 DID 컨트롤러의 지갑은 자체 인증 신뢰 루트 역할을 할 수 있으며 이러한 지갑은 네트워크 어디에서나 존재할 수 있다. 가장 이상적인 위치는 원격 공격이 가장 어려운 에지 기기이다.

피어 DID 메서드(이전 절에서 설명)는 간단한 유형의 **자체 인증 식별자**self-certifying identifier, SCID를 사용하여 아키텍처를 적용한다. SCID는 암호화 단방향 함수의 하나 이상의 애플리케이션을 사용하여 공개키/개인키 쌍에서 파생된다(6장 참조). SCID는 이제 해당 키 쌍에 바인딩되며 개인키 소유자만 SCID에 대한 제어를 증명할 수 있다.

다른 많은 블록체인도 이와 동일한 공개키 기반 식별자 개념을 사용한다. 예를 들어, 비트코인 사용자가 비트코인 주소의 제어를 증명하는 방법이다. 차이점은 SCID는 공개키와의 바인딩을 검증하기 위해 블록체인 또는 기타 인프라가 필요하지 않다는 것이다. SCID와 공개키가 있는 사람은 누구나 암호화만 사용하여 바인딩을 검증할 수 있다. 이것이 '자체 인증'의 진정한 의미이다.

다음 단계는 '전체 DID 메서드를 자체 인증하는 것'이다. 즉, 최초 SCID뿐만 아니라 그 이후의 모든 키 순환을 자체 인증한다. 이것이 '키 이벤트 수신 인프라Key Event Receipt Infrastructure, KERI'에 영감을 주었다. KERI 아키텍처에서 '공개키/개인키 쌍에 대한 모든 사용 또는 변경 이력'은 SCID와 관련 공개키/개인키 쌍 간의 바인딩에 대한 보편적인 자체 인증 증명을 가능하게 하기 위해 '컴파일될 수 있다'. KERI 아키텍처에서 SCID는 등록되거나 인식된 위치에 구애받지 않는다. 이는 완전히 이식 가능하며 동일한 컨트롤러에서 다른 SCID에 대한 네임스페이스의 루트를 형성할 수 있다. 작동 방식에 대한 자세한 내용은 다음 절을 참조하라.

우리가 아는 바로는 KERI는 필요에 따라 공개 또는 비공개가 될 수 있는 완전히 자율적이고 이식 가능하며 암호로 검증 가능한 식별자를 제안한 최초의 식별자 및 키 관리 시스템이다. 이는 PGPPretty Good Privacy에 대한 원래의 비전과 유사하게 들릴 수 있지만, PGP 키 공유 인프라는 키 서명 당사자를 통해 사람이 수동으로 설정하고 유지 관리해야 했다. 키 순환은 수동적이고 힘든(그리고 오류가 발생하기 쉬운) 프로세스이기도 했다[3]. KERI 출시 후 25년이 흘러 마침내 우리는 분산 컴퓨팅 인프라와 블록체인에서 영감을 받은 암호화 엔지니어링을 사용하여 필 짐머만Phil Zimmermann의 비전을 달성할 수 있었다. KERI는 모든 기본 디지털 지갑 또는 키 관리 서버에 적용할 수 있고 이들 모두에서 상호 운용할 수 있는 최초의 분산 키 관리 아키텍처를 목표로 한다. KERI 기반의 DID 메서드는 앞서 언급한 모든 기능을 계승한다. 따라서 SSI의 관점에서 KERI는 공유 원장에 기반을 둔 모든 것을 포함하여 DID 및 DKMS에 대한 모든 옵션 중 가장 큰 수준의 자기 주권을 제공할 수 있다.

이 절에서는 KERI 아키텍처의 7가지 주요 이점을 요약하여 기본 아키텍처에 대해 설명한다. KERI는 분산 신원 재단Decentralized Identity Foundation의 식별자와 검색 워킹 그룹Identifier and Discovery Working Group에서 표준화하고 있는 140페이지의 기술 백서에 정의되어 있다. 전체 기술 정보는 https://keri.one을 참조하라.

10.8.1 신뢰 루트로서의 자체 인증 식별자

앞에서 설명한 것처럼 KERI 아키텍처의 출발점은 자체 인증 식별자SCID이다. SCID는 자체 인증 신뢰 루트에만 의존하는 DID의 하위 클래스이기 때문에 8장에서 소개되었다. 관리 또는 알고리즘 기반 신뢰 루트가 필요하지 않다. 기본 개념은 그림10.4(8장에서 가져옴)에 설명되어 있다.

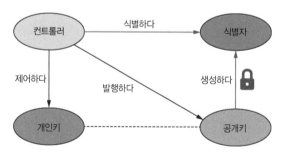

그림 10.4 자체 인증 식별자(SCID)는 외부 관리자나 알고리즘 기반 신뢰 루트 없이 공개키/개인키 쌍에서 직접 컨트롤러에 대한 식별자를 생성한다.

연결된 공개키가 주어지면 누구나 해시 함수와 같은 단방향 함수를 사용하여 공개키/개인키 쌍에서 식별자가 생성되었는지 즉시 검증할 수 있기 때문에 식별자가 자체 인증된다. 그림 10.5의 왼쪽에 있는 다이어그램은 컨트롤러가 디지털 지갑에 큰 난수를 생성하도록 지시하여 프로세스를 시작하는 방법을 보여준다(IETF RFC 4086에 설명된 엔트로피의 보안 소스를 사용한다. 이를 안전하게 수행하는 방법은 https://tools.ietf.org/html/rfc4086을 참조하라.). 그런 다음 디지털 지갑은 암호화 키 쌍을 생성한다. 마지막으로 디지털 지갑은 키 쌍에서 식별자SCID를 파생한다. 그 결과 원장, 관리자 또는 기타 외부 신뢰의 근원이 필요 없이 암호화만 사용하여 공개키와의 바인딩을 즉시 검증할 수 있는 SCID가 생성된다.

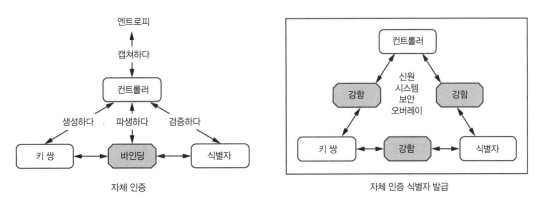

그림 10.5 (왼쪽) SCID를 생성하는 과정. (오른쪽) 컨트롤러, 암호화 키 쌍 및 SCID 간의 결과 바인딩.

SCID는 100% 이식 가능한 식별자이다. 컨트롤러가 '어디로든 가져갈 수' 있고 검증자가 컨트롤러의 디지털 지갑에 대한 암호화 및 보안 이외의 다른 것을 신뢰할 필요 없이 제어를 증명할 수 있기 때문이다. 이런 측면에서 피어 DID는 완전한 이식성의 동일한 이점을 보여주는 SCID의 하위 범주에 있다.

키 이벤트 수신 인프라Key Event Receipt Infrastructure, KERI의 다른 모든 기능은 SCID의 무결성과 강도에 의존하기 때문에 KERI 기술 문서에서는 구문 구조, 파생 코드, 개시문 및 생성 알고리즘과 함께 SCID의 몇 가지 특정 하위 유형(기본, 자체 주소 지정, 다중서명 자체 주소 지정, 위임된 자체 주소 지정 및 자체 서명)을 정의한다.

10.8.2 자체 인증 키 이벤트 로그

KERI는 아키텍처의 중심에 있는 SCID가 아니라 분산 키 관리에서 가장 어려운 문제 중 하나인 키 순환 및 복구를 처리하는 방식에서 이름을 따왔다. 이 접근 방식은 KERI 기술 문서의 32페이지(https://github.com/SmithSamuelM/Papers/blob/master/whitepapers/KERI_WP_2.x.web.pdf)에 요약되어 있다.

[KERI]는 개인키의 컨트롤러만 키에 대해 검증 가능한 작업을 수행하는 이벤트를 생성하고 주문할 수 있다는 사실을 활용한다. 이벤트 이력에 대한 하나의 완전한 검증 가능한 사본이 보존되는 한, 제어 권한의 출처를 정할 수 있다.

KERI를 사용하면 SCID와 연결된 키 쌍에 대한 모든 순환이 새로운 '키 이벤트'를 생성한다. KERI 프로토콜은 '키 이벤트 메시지'의 정확한 구조를 나타낸다. 모든 키 이벤트 메시지에는 시퀀스 번호가 포함된다. 첫 번째 메시지('시작 이벤트')를 제외한 모든 키 이벤트 메시지에는 이전 키 이벤트 메시지의 다이제스트(해시)도 포함된다. 그런 다음 컨트롤러는 새로운 개인키로 새로운 키 이벤트 메시지에 디지털 서명하여 '키 이벤트 수신'을 생성한다.

그 결과, 누구나 블록체인의 트랜잭션 시퀀스를 검증하는 것과 거의 동일한 방식으로 검증할 수 있는 키 이벤트 로그라고 하는 키 이벤트 수신의 시퀀스(체인)가 만들어진다(그러나 알고리즘 기반 신뢰 루트 필요 없음). 그림 10.6은 키 이벤트 로그에 있는 일련의 키 이벤트 메시지를 보여준다.

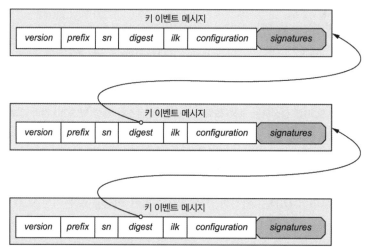

그림 10.6 키 이벤트 로그의 각 키 이벤트 메시지(첫 번째 메시지 제외)에는 이전 키 이벤트 메시지의 시퀀스 번호와 다이제스트[5]가 포함되어 있어 블록체인과 유사하지만 알고리즘 기반 신뢰 루트가 필요 없는 변조 방지 시퀀스를 만든다.

10.8.3 키 이벤트 로그에 대한 증인

KERI의 주요 혁신 중 하나는 '컨트롤러 이외의 당사자도 키 이벤트 메시지에 디지털 서명을 할 수 있다'는 것이다. 이러한 당사자는 종이 문서에서 사람의 물리적 서명을 목격하는 것처럼 키 이벤트 메시

---

5 〔옮긴이〕 암호 다이제스트(digest): 가변 길이의 입력 문자열을 고정 길이의 문자열로 출력하는 단방향 해시 기능. 고정 출력 문자는 각 입력 문자마다 유일한 해당 파일의 지문 확인 역할을 한다. 암호 다이제스트가 들어 있는 파일을 내려받을 경우 다이제스트를 다시 계산해서 출력 문자가 다이제스트와 일치하면 원래 전송된 파일임을 증명하게 된다(네이버 지식백과).

지에서 컨트롤러의 디지털 서명을 '목격'하기 때문에 '증인'이라고 한다. 종종 유언장 및 모기지와 같은 경제적 가치가 큰 문서에 법적으로 요구된다.

그림 10.7과 같이 KERI 프로토콜은 증인이 컨트롤러로부터 키 이벤트 메시지를 수신할 수 있는 방법을 표준화한다. 증인이 키 이벤트 메시지를 검증할 수 있으면 증인은 자체 서명을 추가하여 키 이벤트 로그의 자체 복사본을 만들 수 있다.

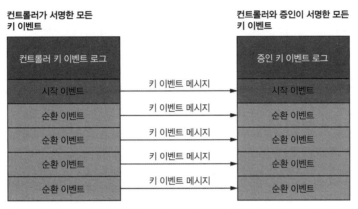

그림 10.7 증인은 각 이벤트에 고유한 디지털 서명을 추가하고 로그의 자체 복사본을 유지함으로써 KERI 키 이벤트 로그의 신뢰성을 높인다.

각 증인은 컨트롤러의 기본 자체 인증 신뢰 루트에 대한 '보조 신뢰 루트'가 된다. 증인이 키 이벤트 메시지에 대한 독립적인 신뢰의 근원 역할을 하도록 검증자가 신뢰하는 한, 각 추가 증인은 키 이벤트 로그의 신뢰성을 높인다. 다시 말하자면, 이것은 물리적 문서에 '잉크'를 사용한 서명에 대한 증인처럼 작동한다. 한 증인이 서명자가 문서에 서명하는 것을 언제 어디서 보았는지 증명하는 서명이 있으면 좋다. 4명의 증인이 서명자가 문서에 서명하는 것을 언제 어디서 보았는지에 대한 서명이 있으면 더 좋다.

10.8.4 키 손상에 대한 간단하고 안전하며 확장 가능한 보호로 사전 순환

모든 키 관리 시스템이 답해야 하는 문제는 키를 순환하는 방법뿐만 아니라 발생할 수 있는 무수히 많은 방법을 통해 개인키가 손상되지 않도록 보호하는 방법이다.

- 기기 분실 또는 도난
- 자체 인증 신뢰 루트(디지털 지갑)의 보안 결함
- 자체 인증 신뢰 루트에 대한 부채널 공격side-channel attack
- 컨트롤러에 대한 사회 공학 공격

- 컨트롤러에 대한 갈취 공격(고무 호스 암호 분석rubber-hose cryptanalysis)[6]

개인키의 손상은 키 컨트롤러보다 높은 권한이 없기 때문에 분산 키 관리에서 훨씬 더 위험하다. 따라서 개인키에 대한 통제권을 잃는 것은 개인키에 의존하는 모든 DID 또는 SCID에 대한 통제권을 넘겨주는 것과 같다.

이러한 이유로 KERI는 '사전 순환pre-rotation'이라는 기술을 사용하여 아키텍처의 핵심에 손상된 개인키에 대한 보호 기능을 구축한다. 간단히 말해서, 시작 이벤트에서 시작하여 모든 키 순환 이벤트에서 컨트롤러는 새로운 공개키뿐만 아니라 '다음 공개키('사전 순환된 공개키'라고도 함)에 대한 암호화 커밋'을 게시한다. 이 약속은 사전 순환된 공개키의 다이제스트(암호화 해시 함수 - 6장 참조)의 형태이다. 이 다이제스트는 그림 10.8과 같이 새로운 현재 공개키를 설정하는 키 이벤트 메시지에 포함된다.

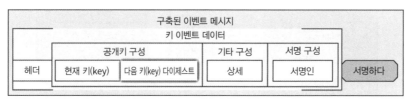

그림 10.8 **KERI는 개인키의 손상으로부터 보호하기 위해 키 쌍의 사전 순환을 사용한다.**

사전 순환을 통해 컨트롤러는 다음 키 순환 이벤트에 대해 완전히 새롭고 다른 공개키/개인키 쌍을 사전 설정할 수 있다. 즉, 현재 개인키를 손상시킨 공격자는 다음 공개키가 이미 확정되었기 때문에 새로운 공개키로 순환되어 SCID를 취득할 수 없다.

공격자가 SCID를 탈취할 수 있는 유일한 방법은 **사전 순환된 개인키를 탈취하는 것**이다.

그러나 여러 가지 요인으로 인해 다음과 같은 작업은 매우 어렵다.

- **공격자는 사전 순환된 공개키가 무엇인지 알지 못한다.** 공개된 모든 것이 다이제스트이기 때문이다.
- 다음 키 순환 이벤트까지 **사전 순환된 키 쌍은 서명 작업에서 노출될 필요가 없다.**
- **사전 순환된 키 쌍**은 다음 키 순환 이벤트 후에 활성 서비스에 배치될 때까지 필요하지 않기 때문에 매우 높은 보안 하에 오프라인(에어 갭)[7]으로 안전하게 저장될 수 있다.

---

6 〔옮긴이〕 이 용어의 기원은 농담이지만 대부분의 암호 시스템에서 인간 사용자가 가장 약한 링크이기 때문에 이 공격 벡터는 치명적이다.

7 〔옮긴이〕 에어 갭, 에어 월, 에어 갭 또는 연결 해제된 네트워크는 보안 컴퓨터 네트워크가 공용 인터넷 또는 보안되지 않은 LAN과 같은 보안되지 않은 네트워크로부터 물리적으로 격리되도록 하기 위해 하나 이상의 컴퓨터에서 사용되는 네트워크 보안 조치다(위키피디아).

- **사전 순환된 각 키 쌍을 사용하여** 활성 서비스에 들어가기 전에 '다음 키 쌍을 안전하게 생성할 수 있다.
- 다이제스트 함수가 양자 보안 암호화 해시 함수를 사용하는 한 **사전 순환은 양자 보안이 될 수도 있다.**

KERI 기술 문서의 9.3.1절에는 이 사전 순환 아키텍처가 왜 안전한지 다음과 같이 요약하고 있다.

> 많은 악용 사례에서, 성공 가능성은 지속적인 모니터링 또는 면밀한 조사에 노출되는 것이다. 특히 시간과 위치가 한 번만 발생하는 경우, 시간과 위치 및 방법 측면에서 악용에 대한 노출 기회를 좁게 제한하면 악용하기가 매우 어려워진다. 악용하는 자는 그 한 번의 시간과 위치의 노출을 예측하거나 모든 노출에 대한 지속적이고 일반적인 모니터링을 해야 한다. 시작 이벤트에서 최초의 사전 순환을 선언함으로써, 그 취약점window for exploit은 축소될 수 있다.

그러나 공격자가 기존 개인키를 손상시킨 경우 공격자가 개인키를 제어하는 사전 순환된 새로운 키 쌍을 주장하는 자체 충돌 키 이벤트 메시지를 즉시 게시할 수는 없을까? **컨트롤러에 컨트롤러의 이전 키 순환 이벤트 메시지에 대한 증인이 이미 한 명 이상 있는 경우에는 그렇지 않다.** 증인은 중복된 시퀀스 번호를 인식하고 공격자의 이후 키 순환 이벤트 메시지를 거부한다. 이상적으로는 잠재적인 개인키 손상을 컨트롤러에게 알린다.

컨트롤러가 악의적이면 어떻게 하나? 컨트롤러가 시퀀스 번호와 타임스탬프가 같지만 사전 순환된 키 쌍 다이제스트가 서로 다른 두 개의 충돌하는 키 순환 이벤트 메시지를 게시할 수 없을까? 다시 말하지만, 증인(또는 검증자)은 이러한 중복 이벤트를 보고 SCID를 더 이상 신뢰할 수 없는 것으로 표시할 수 있다.

사전 순환의 힘은 계층적으로 파생된 키의 사용과 대조하면 더 잘 이해할 수 있다. 많은 암호화폐 지갑은 랜덤 시드 생성으로 시작된다. 그런 다음 이 시드를 사용하여 지갑에서 제어하는 모든 공개키/개인키 쌍을 도출하고 더 많은 키가 파생될수록 시드 값이 커진다. 시드가 손상되면 파생된 모든 키 쌍이 손상되기 때문에 시드를 안전하게 저장해야 한다. KERI는 이 과정을 사전 순환으로 반전시킨다. 루트 시드를 저장하고 영원히 보호해야 하는 대신, 사전 순환은 다음 키 쌍을 생성하며, 이 키 쌍은 사용할 때까지만 안전하게 저장되면 된다.

사전 순환은 강력한 키 관리 보안 기술이다. 자세한 설명은 *KERI* 기술 문서의 섹션 9를 참조하라.

10.8.5 시스템 독립적 검증(주변 검증 가능성)

분산 원장과 같은 알고리즘 기반 신뢰 루트에 의존하는 DID 메서드는 해당 신뢰 루트에 대한 참조로만 검증할 수 있는 DID를 생성한다. KERI 기술 문서에서는 이러한 종속성을 '원장 잠금'이라고 한다. 이러한 DID는 다른 검증 소스, 즉 다른 분산 원장, 분산 파일 시스템, 중앙 레지스트리, P2P 프로토콜 또는 기타 잠재적인 신뢰의 근원으로 이식할 수 없다.

대조적으로, KERI는 '자체 인증 신뢰 루트'인 컨트롤러의 디지털 지갑에만 전적으로 의존한다. 따라서 KERI SCID 및 키 이벤트 로그는 자체 검증된다. 필요한 모든 잠재적 소스(컨트롤러 자체 또는 검증자가 접근할 수 있는 모든 증인)의 전체 키 이벤트 로그 사본만 있으면 된다. KERI 기술문서 13페이지(https://github.com/SmithSamuelM/Papers/blob/master/whitepapers/KERI_WP_2.x.web.pdf)에 아래와 같이 명시되어 있다.

> [키 이벤트 로그]는 종료 검증이 가능하다. 이는 사본을 받는 모든 최종 사용자가 로그를 검증할 수 있음을 의미한다. 로그를 검증하고 전송 체인을 검증하여 현재 제어 권한을 설정하기 위해 관련 인프라에 대한 신뢰가 필요하지 않다. 전송 명세서 기록 또는 로그의 사본이면 충분하기 때문에 사본을 제공하는 인프라는 사본을 제공하는 다른 인프라로 교체할 수 있다.

그 결과 모든 컨트롤러가 특정 상황에서 검증자가 요구하는 수준의 보증을 제공하는 데 필요하다고 느끼는 증인을 선택할 수 있는 매우 강력하고 유연하며 분산된 인프라가 생성된다. KERI SCID 및 키 이벤트 로그를 기반으로 하는 DID 메서드를 원장 잠금에서 해제할 뿐만 아니라 발급자와 검증자가 블록체인 또는 분산 원장과 같은 검증 가능한 데이터 레지스트리VDR 거버넌스에 동의할 필요가 없다. KERI 기술 문서에서는 86페이지(https://github.com/SmithSamuelM/Papers/blob/master/whitepapers/KERI_WP_2.x.web.pdf)에 있는 '제어 분리'를 다음과 같이 설명한다.

> ... 컨트롤러와 유효성 검사자 간의 제어 위치를 분리하는 설계 원칙은 전체 분산 합의 알고리즘의 주요 단점 중 하나, 즉 합의 알고리즘을 제공하는 노드 풀에 대한 공유 거버넌스를 제거한다. 강제 공유 거버넌스의 제약을 제거하면 각 당사자, 컨트롤러 및 유효성 검사자가 필요에 따라 보안, 가용성, 성능 수준을 선택할 수 있다.

2장에 소개된 ToIPTrust over IP 4-레이어 아키텍처의 관점에서 이것은 레이어 1 퍼블릭 유틸리티에 대한 거버넌스와 기술이 더 간단하고 빠르며 저렴하고 범용적일 수 있음을 의미한다.

KERI 기술 문서는 KERI 주변 검증 인프라의 프로토콜, 구성 및 운영에 대해 심도 있게 다루고 있다. 프로토콜 작동 모드에 대한 섹션 10, 제어 설정을 위한 KERI 계약 알고리즘에 대한 섹션 11, 이벤트 의미 및 구문에 대한 섹션 12를 참조하라.

10.8.6 엔터프라이즈급 키 관리를 위한 위임된 자체 인증 식별자

개인 사용을 위해, 개인은 디지털 지갑에서 필요한 만큼 SCID를 생성하고 관리할 수 있어야 한다. 그러나 엔터프라이즈 사용으로 전환하면 키 관리의 규모와 복잡성이 극적으로 증가한다. 이 책 전반에 걸쳐 논의된 바와 같이 기업은 DID, VC 및 그에 수반되는 키 관리의 사용을 이사, 임원, 직원, 계약 담당자 및 조직을 대신하여 행위를 하는 모든 사람에게 쉽고 안전하게 위임할 수 있어야 한다.

이 '위임된 키 관리'를 통해 조직은 자체 인증 신뢰 루트에서 '확장tree out'하여 대리인을 위한 하위 루트를 설정할 수 있다. 여기서 각각은 자체 인증 신뢰 루트 역할을 한다. KERI 기술문서 52페이지의 내용을 인용하면 다음과 같다.

> 일반적인 사용 사례는 서명 권한을 새로운 식별자에 위임하는 것이다. 서명 권한은 루트 식별자에 사용된 키와 구별되는 해지 가능한 일련의 서명 키에 의해 행사될 수 있다. 이것은 서명의 수평 확장성을 가능하게 한다. 위임 작업은 위임된 식별자에 권한을 부여하여 자체적으로 위임할 수도 있다. 이를 통해 분산 키 관리 인프라DKMI를 위한 일반 아키텍처를 제공할 수 있는 위임된 식별자 계층이 가능하다.

KERI 프로토콜에서 위임은 기본 SCID의 시작 또는 순환을 포함하지 않고 기본 SCID의 제어 권한 설정에 영향을 미치지 않는 작업을 수행하는 데 사용되기 때문에 명명된 '키 상호 작용 이벤트'를 사용하여 수행할 수 있다. 이 경우 키 상호 작용 이벤트는 위임된 SCID의 시작 또는 순환을 승인하는 데 사용된다. 그림 10.9는 새로운 위임 SCID에 대한 위임 날인delegation seal을 포함하는 키 상호 작용 이벤트 메시지를 나타낸다.

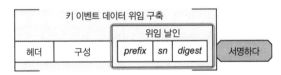

그림 10.9 KERI 키 이벤트에는 하나의 SCID가 다른 SCID에 위임하여 위임 트리를 생성하는 위임 이벤트가 포함될 수 있다.

위임 외에도 키 상호 작용 이벤트(및 해당 로그)를 사용하여 전자 문서에 대한 디지털 서명 생성과 같은 키 쌍으로 다른 작업을 추적하고 검증할 수 있다. 그림 10.10은 한 위임 컨트롤러(위임자 C)에서 다른 위임 컨트롤러(대리인 D)로의 일련의 키 상호 작용 이벤트를 보여준다. 위임된 SCID는 위임된 자체 인증 신뢰 루트가 적절한 보안 수준을 제공하는 모든 것을 사용할 수 있다. 일부는 하드웨어 보안 모듈HSM 또는 신뢰할 수 있는 플랫폼 모듈TPM에 위임해야 할 수도 있다. 다른 것들은 로컬 또는 클라우드의 서버에서 호스팅될 수 있으며, 다른 일부는 보안 엔클레이브를 사용하는 에지 장치에서 충분히 안전할 수 있다.

위임된 SCID에는 전체 기업에서 공유되는 증인이나 특별한 유형의 키 또는 기능에 대한 전용 증인이 있을 수도 있다. KERI 기술 문서의 섹션 9.5에

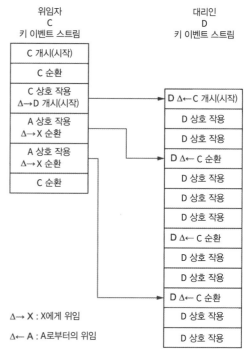

그림 10.10 개시를 수행한 후 위임된 SCID의 순환을 수행하기 위한 일련의 키 상호 작용 이벤트

서는 대규모 다국적 기업에도 서비스를 제공할 수 있을 만큼 강력해야 하는, 1인, 2인 또는 다수의 위임을 포함한 다양한 위임 모드 및 배치 아키텍처를 다룬다.

10.8.7 GDPR '잊혀질 권리'와의 공존 가능성

KERI는 또한 데이터가 영원히 존재하는 불변의 퍼블릭 블록체인과 개인의 잊혀질 권리(EU GDPR 및 다른 데이터 보호 규정에 따라 개인이 더 이상 법적으로 보관할 필요가 없는 시스템에서 개인 데이터를 삭제할 수 있는 권리) 사이에서 SSI의 오랜 이분법에 대한 솔루션을 제공한다.

개인을 식별하는 DID(DID 메서드에 관계없이) 및 관련 공개키는 모두 GDPR에 따라 개인 데이터로 간주되기 때문에('DID가 가명인 경우에도') 해당 DID와 DID 도큐먼트를 삭제할 수 없는 불변의 공개 원장에 쓰는 것은 양립할 수 없는 충돌을 야기하는 것으로 보인다. 소버린 거버넌스 프레임워크 워킹 그룹은 2019년 대부분을 소버린 스튜어드Sovrin steward(소버린 공개 승인 블록체인 노드를 실행하는 조직), 법률 고문 및 GDPR 전문가와 협력하여 이 문제를 해결하는 데 보냈다. 그 결과 35페이지 분량의 문서에서 개인의 자기주권신원을 주장할 권리가 어떻게 그리고 왜, 불변의 퍼블릭 블록체인을 사용하여 해당 자기주권신원을 확보할 수 있도록 하는 권리와 충돌하지 않아야 하는지를 제시했다(《Innovation

Meets Compliance: Data Protection Regulation and Distributed Ledger Technology〉, 소버린 재단, 2019, https://sovrin.org/data-protection).

그러나 EU 집행위원회 및 다른 데이터 보호 규제 기관이 아직 이 문제에 대해 직접적으로 결정하지 않았기 때문에 이는 규제 불확실성(그리고 SSI 채택에 대한 잠재적 억제제)의 영역으로 남아 있다. 따라서 명확한 대안은 매우 환영받을 것이다.

KERI는 그 대안을 제시한다. 앞 절에서 강조했듯이 KERI SCID 및 키 이벤트 로그의 기본 신뢰 루트는 블록체인이나 분산 원장이 '아니다'. 오히려 디지털 지갑 자체로 자체 인증하는 신뢰 루트이다. 블록체인과 같은 알고리즘 기반 신뢰 루트가 KERI 증인으로 사용되는 경우 '선택적' 보조 신뢰 루트 역할만 한다.

이러한 보조 신뢰 루트는 키 이벤트 로그가 GDPR 관련 이슈가 없는 공공 조직에 대한 것이라면 괜찮다(GDPR은 개인의 개인 데이터에만 적용됨). 그러나 컨트롤러가 '개인'인 경우(따라서 SCID 및 키 이벤트 로그가 '개인 데이터'로 간주됨) 확실한 해결책은 '변경 불가능한 공개 원장을 증인으로 사용하지 않는 것'이다.

대신 분산 데이터베이스, 복제된 디렉터리 시스템, 자동 장애 조치가 포함된 클라우드 스토리지 서비스 또는 모두와 같은 증인을 위해 무수히 많은 다른 옵션을 사용하라. 이러한 시스템은 저장된 데이터의 삭제를 허용한다. 그리고 KERI는 하나의 SCID에 대한 키 이벤트 로그를 다른 SCID에 영향을 주지 않고 삭제할 수 있도록 하기 때문에 증인이 잊혀질 권리를 준수하기가 쉬워진다. 그리고 컨트롤러가 모든 증인에게 삭제를 수행하도록 지시하는 단일 KERI 프로토콜 명령을 발급할 수 있기 때문에 '프로세스가 완전히 자동화될 수 있다'. 요컨대, KERI는 GDPR과 SSI 사이의 대립을 완화하여 둘 다 의도한 목표를 달성시킬 수 있다.

10.8.8 KERI 표준화 및 KERI DID 메서드

이 시점에서 분명히 알 수 있듯이, KERI는 DID보다 더 광범위하다. KERI는 모든 유형의 SCID와 함께 사용할 수 있다. 그리고 KERI 프로토콜은 KERI의 분산 키 관리 아키텍처를 지원하는 데 필요한 모든 키 이벤트 메시지 유형을 지정한다. 그렇기 때문에 분산 신원 재단(https://identity.foundation/working-groups)의 워킹 그룹에서 KERI의 표준화가 진행되고 있다.

그러나 KERI는 기본적으로 DID 아키텍처와 호환되므로 자체 DID 메서드로 구현하거나 다른 DID 메서드 내에서 옵션으로 구현할 수도 있다. KERI DID 메서드를 정의하는 것은 DIF IDWG의 작업 항목 중 하나이다. 현재 계획은 다음과 같은 DID 메서드 이름을 사용하는 것이다.

```
did:keri:
```

하이퍼레저 인디 기반 퍼블릭 허가 블록체인을 위한 DID 메서드에도 KERI 지원이 포함될 예정이다. 이 경우 KERI 기반 SCID는 다음 구문을 사용하여 모든 인디 블록체인에서 지원할 수 있는 하위 네임스페이스가 된다.

```
did:indy:[network]:[method-specific-id]
did:indy:[network]:keri:[scid]
```

여기서 [network]는 특정 하이퍼레저 인디 기반 원장의 식별자, [method-specific-id]는 비 KERI DID의 식별자, [scid]는 KERI 기반 자체 인증 식별자이다.

이러한 순방향 호환 방식을 통해 모든 인디 네트워크는 KERI 키 이벤트 수신을 포함하는 DID 도큐먼트를 반환하는 KERI SCID를 통합할 수 있다. 다른 DID 메서드에는 KERI SCID 전용으로 하위 네임스페이스를 예약하는 동일한 접근 방식을 사용하여 KERI와의 순방향 호환성도 포함될 수 있다.

10.8.9 인터넷을 위한 신뢰 확장 레이어

KERI 기술 문서의 인용문은 신뢰 아키텍처에 대해 아래와 같이 설명한다.

> 발급 시 자체 인증 식별자는 식별자와 키 쌍 사이에 보편적으로 고유하고 암호학적으로 강력한 바인딩을 만들기 때문에 키 쌍을 생성하여 개인키를 보유하는 컨트롤러 외에는 검증 가능한 다른 신뢰의 근원은 있을 수 없다.

이것이 바로 KERI가 분산 키 관리에 중요한 기여를 하는 이유이다. KERI는 모든 곳에서 모든 컨트롤러가 사용하는 모든 디지털 지갑이 자체 인증 신뢰 루트 역할을 할 수 있도록 한다. 그리고 KERI는 KERI 증인 역할을 하기 위해 장치, 시스템, 데이터베이스, 네트워크 또는 원장에 특별한 요구 사항을 부과하지 않으므로 이 모든 것은 '보조적인' 신뢰 루트가 될 수 있다.

보편적으로 이식 가능하고 상호 운용 가능하며 검증 가능한 SCID 및 키 이벤트 로그를 제공하는 KERI의 능력은 KERI 프로토콜이 인터넷 프로토콜(IP)이 인터넷을 위한 **데이터 확장 레이어**data spanning layer를 생성한 것과 같은 방식으로 인터넷에 대한 **신뢰 확장 레이어**trust spanning layer를 활성화할 수 있음을 의미한다. 이것은 KERI 기술문서의 섹션 5를 모두 포함하는 심오한 개념이다. 그러나 아이디어의 본질은 몇 가지 다이어그램으로 전달할 수 있다. 그림 10.11은 인터넷 프로토콜 제품군의 다양한 프로토콜 간의 종속성이 어떻게 모래시계 모양을 형성하는지 보여준다. 그림 10.12는 그림 10.11을 단순화하여 모래시계 모양을 더 명확하게 만든다.

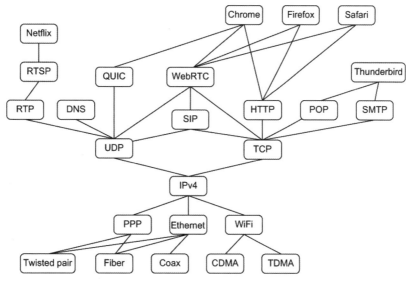

그림 10.11 인터넷 프로토콜 제품군은 중간에 '허리'로 IP가 있는 자연스러운 모래시계 모양을 형성한다.

프로토콜 스택 설계의 '모래시계 정리定理'는 미카 벡Micah Beck의 2019 ACM 논문에 훌륭하게 설명되어 있다[4]. 그는 모래시계 정리를 다음과 같이 설명한다.

모래시계 모델이 제안하는 형태는 확장 레이어가 다양한 애플리케이션을 지원하고 가능한 많은 지원 레이어를 사용하여 구현할 수 있어야 한다는 목표를 나타낸다. 모래시계를 설계 도구로 언급하는 것은 확장 레이어의 기능을 제한하는 것이 이러한 목표를 달성하는 데 중요하다는 직관을 표현한다. 모델의 요소는 모래시계 모양의 형태로 시각적으로 결합되며, 모래시계의 '얇은 허리'는 제한된 확장 레이어를 나타내고 큰 위쪽과 아래쪽 부분은 각각 응용 프로그램 및 지원 레이어의 다양성을 나타낸다.

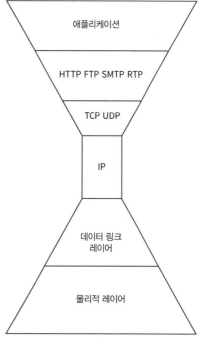

그림 10.12 아래의 지원 프로토콜과 그 위의 지원 프로토콜에 의해 형성된 모래시계의 중간에 IP가 있음을 보여주는 그림 10.11의 보다 추상적인 버전

그림 10.13은 확장 레이어가 가능한 한 얇거나 약하거나 제한적으로 설계되어야 하고 그 위의 응용 프로그램을 계속 지원하도록 설계되어야 하는 방법을 보여준다.

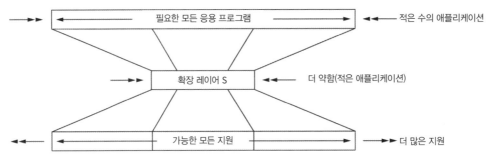

그림 10.13 확장 레이어는 그 위에 필요한 응용 프로그램을 여전히 지원하는 가장 약한(가장 단순한) 레이어이다.

벡의 논문은 계속해서 모래시계 정리가 작동하는 이유를 설명하기 위해 형식적 모델을 정의한다. 이 백서는 또한 모래시계 정리가 멀티캐스팅, 인터넷 주소 변환 및 유닉스 운영 체제에 적용된 몇 가지 예를 제공한다.

KERI 기술 문서의 섹션 5는 다른 종류의 확장 레이어(신뢰 확장 레이어)에 모래시계 정리의 또 다른 적용을 제안하여 이러한 기반을 구축한다. 40년 전에 출범하여 지속해왔기 때문에 기존 데이터 확장 레이어 수준에서 IP의 누락된 보안을 직접 수정할 수는 없다. 그러나 이제 더 높은 수준의 두 번째 확장 레이어를 추가하여 수정할 수 있다. 문서에서는 다음과 같이 기술하고 있다.

> [신뢰 확장 레이어]는 반드시 IP 레이어 위의 프로토콜을 사용하기 때문에 IP 레이어에서 인터넷을 확장할 수 없지만 그 위의 어딘가에 걸쳐 있어야 한다. 이것은 [신뢰 확장 레이어]가 목인 '이중 허리' 또는 '허리와 목' 모양을 생성한다.

그림 10.14는 IP 확장 레이어와 신뢰 확장 레이어를 모두 보여주는 이중 모래시계 모양의 다이어그램이다.

인터넷 어디에서나 작동하는 상호 운용 가능한 신뢰 계층에 대한 이러한 전망은 모든 두 피어가 연결하고 암호로 검증 가능한 상호 신뢰를 구축할 수 있도록 하는 것이므로 매우 흥미진진하다. 이는 레이어 2의 디지털 지갑에서 KERI가 구현될 수 있고 레이어 1에서 KERI 증인 역할을 하는 퍼블릭 유틸리티와 함께 레이어 1과 2에 대한 강조 표시와 함께 그림 10.15에 다시 표시된 ToIP 스택의 목표와 완벽하게 일치한다.

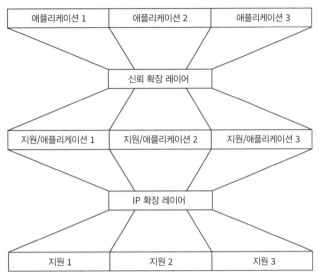

그림 10.14 KERI를 사용하면 IP 확장 레이어가 지원하는 애플리케이션 위에 신뢰 확장 레이어인
이중 모래시계를 사용할 수 있다.

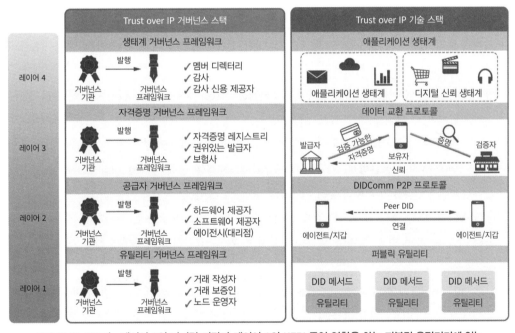

그림 10.15 KERI는 레이어 2의 디지털 지갑과 레이어 1의 KERI 증인 역할을 하는 퍼블릭 유틸리티에 있는
자체 인증 신뢰 루트를 통해 ToIP 스택에 완벽하게 맞다.

가장 중요한 것은 KERI가 우리가 매일 사용하는 모든 장치, 시스템, 네트워크 및 애플리케이션에 통합될 수 있는 분산 키 관리를 구현하는 일관된 방법을 제공한다는 것이다. KERI 인프라의 개발, 실전 테스트, 배포 및 통합에는 인터넷 채택에 시간이 걸렸듯이 시간이 걸릴 것이다. 그러나 KERI가 인터넷에 대한 신뢰 확장 레이어를 제공할 수 있다면 40년 전 인터넷이 도입되었던 것처럼 도입이 불가피해질 것이다.

10.9 키 관리에 대한 주요 내용

이 장에서는 SSI의 가장 심층적인 주제인 분산 키 관리에 대해 심도 있게 다루었다. 주요 내용은 다음과 같다.

- 디지털 키는 매우 조심스럽게 보호되어야 하는 비트 문자열이기 때문에 모든 형태의 암호화 키 관리는 어렵다. 분실, 도난 또는 손상된 경우 문자 그대로 대체할 수 없다.
- NIST의 주요 간행물과 OASIS의 키 관리 상호 운용성 프로토콜Key Management Interoperability Protocol, KMIP을 포함하여 기존 키 관리에 대한 표준 및 프로토콜이 잘 확립되어 있다.
- 분산 키 관리로의 패러다임 전환은 '관리 기반' 신뢰 루트에서 '알고리즘 기반' 또는 '자체 인증' 신뢰 루트로의 전환이다. 후자는 둘 다 사람에 대한 신뢰나 새로운 키 또는 순환된 키에 대한 조직의 주장에 대한 의존성을 제거한다.
- 이 새로운 권한에는 새로운 책임이 따른다. SSI에는 의지할 상위 기관이 없기 때문에 자기 주권적 개인에게 모든 키 관리에 대한 책임이 발생한다.
- 이를 위해서는 미국 국토안보부와의 계약에 따라 에버님이 2018-19년에 처음 설계한 분산 키 관리 시스템(DKMS)이 공급업체, 기기, 시스템 및 네트워크를 통해 디지털 지갑을 휴대할 수 있는 공급업체에 중립적인 개방형 표준이 되어야 한다.
- DID, VC 및 SSI는 키 검증과 ID 검증 분리, ID 증명을 위한 VC 사용, 자동화된 키 순환, 자동화된 백업 및 복구 방법, 디지털 후견을 포함하여 분산 키 관리를 가능하게 하는 새로운 도구를 제공한다.
- 현재 DID 메서드의 대다수(95%)는 블록체인 또는 분산 원장을 알고리즘 기반 신뢰 루트로 사용하지만, 이러한 DID는 원장 잠금(이식 불가)이며 GDPR의 잊혀질 권리와 충돌할 수 있다.
- 피어 DID는 원장을 사용하지 않는다. 자체 인증 신뢰 루트(디지털 지갑)에만 의존하고 각 피어가 검증할 수 있는 P2P로 직접 공유되는 간단한 형태의 자체 인증 식별자SCID, Self-Certificate Identifier를 사용한다. 또한 확장성이 뛰어나고 프라이버시를 보호한다. 유일한 단점은 그들이 공개적으로 발견될 수 없다는 것이다.

- 키 이벤트 수신 인프라Key Event Receipt Infrastructure, KERI는 모든 애플리케이션에 대해 완전한 분산 키 관리 인프라를 제공하는 SCID에 대한 일반화된 접근 방식을 사용하며, DID보다 훨씬 더 일반화된 솔루션이다. 이 장의 KERI 부분에서는 KERI의 7가지 주요 기능과 이점을 모두 다룬다.
- 보편적으로 이식 가능하고 상호 운용 가능하며 검증 가능한 SCID 및 키 이벤트 로그를 제공하는 KERI의 능력은 KERI 프로토콜이 인터넷 프로토콜이 인터넷을 위한 '데이터 확장 레이어'를 생성한 것과 같은 방식으로 인터넷에 대한 '신뢰 확장 레이어'를 활성화할 수 있음을 의미한다. 이것은 ToIP 스택의 레이어 1과 2에 완벽하게 들어맞는다.

이 책에서 가장 심층적인 기술 주제 중 하나를 다루었으므로 이제 SSI 기술에 대한 심층 분석을 완료하려면 한 챕터가 더 필요하다. 아이러니하게도 2부의 이 마지막 장은 기술에 관한 것이 아니라 디지털 신뢰의 인간적 측면인 '거버넌스 프레임워크'를 다루기 위해 기술과 함께 필요한 다른 종류의 '코드'에 관한 것이다.

> **SSI 참고자료**
>
> SSI에서 사용되는 KERI에 대해 더 자세한 내용은 https://ssimeetup.org/key-event-receipt-infrastructure-keri-secure-identifier-overlay-internet –sam-smith-webinar-58을 참고하라.

참고문헌

[1] Krause, Elliott. 2018. "A Fifth of All Bitcoin Is Missing. These Crypto Hunters Can Help." Wall Street Journal. https://www.wsj.com/articles/a-fifth-of-all-bitcoin-is-missing-these-crypto-hunters-can-help-1530798731.

[2] Department of Homeland Security. 2017. "DHS S&T Awards $749K to Evernym for Decentralized Key Management Research and Development." https://www.dhs.gov/science-and-technology/news/2017/07/20/news-release-dhs-st-awards-749k-evernym-decentralized-key.

[3] Franceschi-Bicchierai, Lorenzo. 2015. "Even the Inventor of PGP Doesn't Use PGP." Vice. https://www.vice.com/en_us/article/vvbw9a/even-the-inventor-of-pgp-doesnt-use-pgp.

[4] Beck, Micah. 2019. "On the Hourglass Model." Communications of the ACM 62 (7): 48–57, https:// cacm.acm.org/magazines/2019/7/237714-on-the-hourglass-model/fulltext.

CHAPTER 11

SSI 거버넌스 프레임워크

드러먼드 리드Drummond Reed

2장에서는 SSI 아키텍처의 핵심 구성 요소로서 **거버넌스 프레임워크**의 기본 개념을 소개했다. 이번 장에서는 SSI 기술과 비즈니스, 법률 및 사회의 현실을 융합함에 있어서 거버넌스 프레임워크의 특별한 역할에 대해 자세히 살펴보자. 이 장에서 설명하는 바와 같이 SSI는 첨단 기술 혁신이며 SSI 거버넌스 프레임워크는 SSI의 가장 핵심에 위치해 있다. 그 결과, 우리가 언급할 수 있는 상용화된 거버넌스 프레임워크는 여전히 상대적으로 많지 않다. 하지만, SSI 커뮤니티의 많은 사람들은 거버넌스 프레임워크가 SSI 성공의 중요한 부분이 될 것이라고 믿는다. 특히, **ToIP**Trust over IP 재단은 분산 디지털 신뢰 인프라에서 거버넌스 프레임워크의 역할에 초점을 맞춘 업계 최초의 단체이다. 이 장에서는 ToIP 스택과 다른 이니셔티브를 활용하여 서로 다른 거버넌스 프레임워크가 SSI 아키텍처의 각 레이어에 어떻게 관련되는지 설명한다. 이 주제는 의심할 여지없이 향후 몇 년 동안 빠르게 발전할 것이며, 우리의 목표는 이번 장에서 거버넌스 프레임워크 분야를 탐색 또는 기여하고자 하는 모든 사람들에게 출발점이 되는 것이다.

11.1 거버넌스 프레임워크와 신뢰 프레임워크: 몇 가지 배경

거버넌스는 인간 사회만큼 오래되었다. 오늘날의 세계에서, 그것은 정부, 회사, 그리고 다른 모든 인간 조직에서 역할을 하고 있다. 그러나 **거버넌스 프레임워크**의 개념은 좀 낯설다. 기술 인프라의 관점에서 ISO/IEC 38500 표준은 거버넌스를 '현재와 미래의 정보기술 사용이 규제와 통제되는 시스템'으로 정의한다. 좀 더 구체적으로 디지털 신원 산업에서 이는 신원 거버넌스 프레임워크로 특화될 수 있다. 신원 정책 영역에서는 이를 **신뢰 프레임워크**라고도 하며, **거버넌스 프레임워크**와 상호 대체가 가능한 용어이다.

아라스트리아Alastria 블록체인 생태계의 최고 신뢰 책임자이자 '블록체인 및 분산 원장 기술 — 분산 원장 기술을 기반 신원 관리를 위한 신뢰 앵커의 개요Blockchain and Distributed Ledger Technologies — Overview of Trust Anchors for DLT-based Identity Management(TADIM, https://www.iso.org/standard/81773.html)'에 관한 ISO/WDTR 23644의 리더인 이그나시오 알라밀로-도밍고 박사Dr. Ignacio Alamillo-Domingo는 다음과 같이 신뢰 프레임워크를 정의한다.

> '신뢰 프레임워크는 법적 구속력이 있는 협약에 존재하든 법률하에서 국가 또는 관할권 전반에 걸쳐 의무인지 여부에 관계없이 신뢰 커뮤니티에 있어서 디지털 신뢰 운영을 위한 정책, 절차 및 메커니즘을 설명하기 위해 존재한다. 거의 모든 경우에 신뢰 프레임워크의 출발점은 신뢰 프레임워크의 핵심을 형성하는 공통의 정책 프레임워크가 구축되는 법적 기준이다.'

신뢰 프레임워크는 원래 공개키 기반구조에 적용되었으며, 특히 교차 인증 및 인증 기관 브리지 모델을 지원하기 위해 적용되었다. 신뢰 프레임워크의 사용은 주최자가 연합 구성원(특히 ID 제공자)이 운영될 규칙에 동의해야 하는 연합형 신원 시스템(1장)의 출현과 함께 증가했다.

- 연합형 조직에 참여 가능 대상자, 회비, 운영비, 비즈니스 모델 등을 관리하는 **비즈니스 규칙**business rule
- 관할권, 회원제, 책임, 보험 등에 관한 **법률 규칙**legal rule
- 상호 운용성을 위해 필요한 표준, 시스템, 프로토콜에 대한 **기술 규칙**technical rule

변호사, 디지털 신원 컨설턴트 및 MIT 미디어 랩의 강사인 다자 그린우드Dazza Greenwood는 그림 11.1과 같이 이러한 정책 '스택'을 위해 **BLT 샌드위치**라는 용어를 만들었다.

비즈니스 정책

법적 정책

기술 정책

그림 11.1 BLT 샌드위치 비유를 사용하여 거버넌스 프레임워크를 일반적인 세 가지 부분으로 나눈 구조

2000년대 후반까지 연합형 신원 시스템은 표준화 및 홍보를 시작해야 할 정도로 성장했다. 2009년 오바마 행정부가 집권했을 때, 민간 산업과 협력하여 미국 정부 기관이 은행, 소셜 네트워크, 보험 회사 및 의료 기관과 같은 민간 신원 제공자로부터 연합형 신원을 받아들이기 시작할 수 있는 신뢰 프레임워크를 구축할 것을 제안했다. 기존 산업 협회도 이러한 목적으로 설계되지 않았으므로, 오픈 ID 재단과 정보 카드 재단Information Card Foundation은 함께 오픈 신원 교환Open Identity Exchange, OIX (https://openidentityexchange.org)이라고 불리는 새로운 국제 비영리 단체를 설립했다.

이후 10년 동안 오픈 신원 교환OIX은 정부와 업계 전반에 걸쳐 통신, 의료 및 여행을 비롯한 다양한 신뢰 프레임워크 개발을 주도했다. 공통의 목표는 특정 연합형 신원 및 데이터 공유 네트워크가 작동할 수 있는 규칙을 정의하는 것이었다. 하지만 2015년부터 신원 커뮤니티는 글로벌 무대에서 부상한 새로운 네트워크, 즉 블록체인 네트워크에서 영감을 받게 되었다. 1장에서 설명한 바와 같이, 일부 디지털 신원 설계자는 블록체인이 연합형을 넘어서 더 이상 중앙형 신원 공급자에 의존할 필요가 없는 디지털 신원 인프라에 대한 분산된 접근 방식을 어떻게 가능하게 할 수 있는지 살펴보기 시작했다. 그래서 SSI가 탄생하게 되었다.

그러나 분산화가 반드시 거버넌스의 감소를 의미하는 것은 아니다. SSI 운동에서 모든 사람이 이 견해를 공유하지는 않지만(15장 참조), 소버린 재단Sovrin Foundation의 창립 이사회 의장인 필 윈들리Phil Windley는 2018년 2월 블로그 게시물에서 다음과 같이 말했다.[1].

> "분산형 시스템의 아이러니 중 하나는 대부분의 중앙형 시스템보다 더 나은 거버넌스를 필요로 한다는 것이다. 중앙형 시스템은 중앙 제어 지점이 모든 참가자에게 무엇을 해야 하는지 쉽게 알려줄 수 있기 때문에 종종 임시방편 식으로 관리된다. 반면에 분산 시스템은 각자의 이익을 위해 독립적으로 행동하는 여러 당사자 간에 조정되어야 한다. 즉, 인센티브, 저해 요인, 결과, 프로세스 및 절차를 명확히 하고 사전에 합의 규칙 및 상호 작용 규칙을 설명하고 동의해야 한다."

그것은 간단히 말해서 거버넌스 프레임워크이다. 용어 자체는 블록체인 기술에 뿌리를 두고 있는데, 블록체인 네트워크가 진화함에 따라 거버넌스 모델은 다양한 블록체인 프로젝트들 사이의 주요 차별화 기능 중 하나가 되었다. 따라서 분산 식별자를 지원하도록 특별히 설계된 최초의 블록체인 네트워크가 등장했을 때 SSI 커뮤니티는 '신뢰 프레임워크'보다는 '거버넌스 프레임워크'라는 용어를 더 편하게 받아들이게 되었다. 그 이유 중 하나는 거버넌스 신뢰 삼각형이 검증 가능한 신뢰 삼각형과 얼마나 잘 매치가 되는 가 하는 것이다.

11.2 거버넌스 신뢰 삼각형

2장에서는 검증 가능한 자격증명을 위한 기본 신뢰 삼각형을 도입했다(그림 11.2의 위쪽). 그런 다음 거버넌스 신뢰 삼각형(그림 11.2의 아래쪽)을 추가하여 검증 가능한 자격증명을 기반으로 하는 신뢰 네트워크가 어떻게 모든 영역으로 확장될 수 있는지를 보여준다.

거버넌스 신뢰 삼각형의 개념은 새로운 것처럼 보일 수 있지만, 이는 세계에서 가장 큰 신뢰 네트워크 일부에서 사용하는 것과 정확히 동일한 구조이며, 이것은 그림 11.3에서 이러한 네트워크 중 하나의 이름을 입력하면 분명해진다.

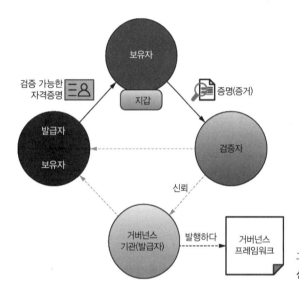

그림 11.2 거버넌스 신뢰 삼각형(아래쪽)은 검증 가능한 신뢰 삼각형(위쪽)의 사용을 배가한다.

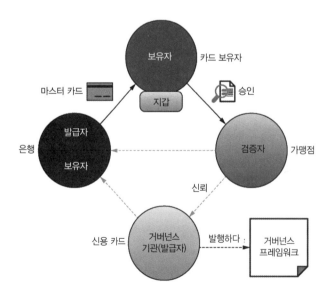

그림 11.3 마스터카드 및 비자와 같은 글로벌 신용 카드 네트워크는 거버넌스 프레임워크가 어떻게 신뢰 네트워크를 전 세계적으로 확장할 수 있는지를 보여주는 좋은 예이다.

다음은 마스터카드 네트워크의 예에서 두 개의 신뢰 삼각형이 함께 작동하는 방식이다.

- **마스터카드**는 **거버넌스 기관**이다. 신용 카드, 직불 카드 및 마스터 카드 네트워크의 기타 자격증명 (가입, 결제 승인, 비용청구, 책임 등)의 발급 및 수락에 관한 규칙과 정책을 설정한다. 또한 보안, 개인정보보호, 데이터 보호 및 기타 규정 준수 정책에 대한 요구 사항도 설정하며 마지막으로, 네트워크에서 작동하는 데 필요한 기술, 테스트 및 인증을 구체화한다.
- **은행**, 신용조합, 기타 금융기관은 네트워크상의 자격증명 **발급자**이다.
- **카드 보유자**는 자격증명 **보유자**이다.
- **가맹점**은 결제 승인을 받기 위한 자격증명의 **검증자**이다.

> **NOTE** 비자의 설립자이자 초대 CEO인 디 호크(Dee Hock)는 《많은 것 중의 하나(One From Many)》(원제: '카오딕 시대의 탄생(Birth of the Chaordic Age)', 베렛-쾰러, 2005))의 저자이다. 이 책은 우리의 현재 조직의 구조가 실패하고 있고 어떻게 '카오딕(chaordic)'[1] 조직들(혼돈+질서)이 제대로 된 과정의 일부가 될 수 있는지를 설명하는 획기적인 도서 중 하나이다. 호크의 아이디어는 15장에서 자세히 설명하는 블록체인 생태계의 분산화 운동과 밀접한 관련이 있다.

신용 카드 네트워크는 현재 비즈니스 세계에서 거버넌스 프레임워크의 좋은 일반적인 사례이지만 SSI에서는 거버넌스 프레임워크가 더욱 발전될 수 있다. ToIP 스택의 각 레이어에 적용할 수 있는 방법을 보여줌으로써 이를 설명한다.

11.3 ToIP 거버넌스 스택

2장의 마지막 부분에서 SSI의 기본 구성 요소가 인터넷을 위한 포괄적인 신뢰 레이어를 위한 아키텍처로 구성이 가능한 방법을 보여주기 위해 4개의 레이어로 구성된 ToIP$_{Trust\ over\ IP}$ 스택(그림 11.4)을 소개했다. 거버넌스와 관련하여 이 다이어그램에는 다음과 같은 세 가지 핵심 사항이 있다.

- **거버넌스는 스택의 절반에 해당한다.** 인터넷의 기반이 되는 TCP/IP 스택과 같은 대부분의 스택은 프로토콜 및 API와 같은 기술 구성 요소로 완벽하게 구성된다. ToIP 스택에는 기술 스택이 포함되어 있지만 그림의 절반에 불과하다. 전 세계적으로 신뢰 커뮤니티와 그 경계를 넘어 신뢰를 구축하는 데 있어서 거버넌스도 똑같이 중요하다. 하지만 많은 사람들은 거버넌스가 '더 중요하다'고 주장한다. (이것은 ToIP 재단에서 ToIP 거버넌스 스택 워킹 그룹을 설립한 주요 근거가 되었으며 그 역할은 스택의 4개 레이어 모두에서 거버넌스 프레임워크에 대한 표준 모델과 템플릿을 정의하는 것이다.)

1 　[옮긴이] (시스템, 조직 또는 자연적 과정의) 혼돈과 질서의 요소에 의해 통제되거나 결합된다. 비자카드처럼 가맹점 모두가 오너이면서 동시에 멤버가 되는 새로운 형태의 자율적 기업조직이런 새로운 개념의 조직원리를 카오스(혼돈, chaos)와 오더(질서, order)를 합성하여 카오딕이라 한다(네이버 영어사전 및 오픈사전).

- **기술적 신뢰는 인간의 신뢰와 분리된다.** 사람이 신뢰할 수 있도록 기계와 프로토콜을 설계하고 배포하는 방법을 관리하는 것은 사람과 조직이 서로 신뢰하기 위해 수행해야 하는 작업을 관리하는 것과는 매우 다르다. 스택의 하위 두 개의 레이어(레이어 1과 레이어 2)는 암호화, 분산 네트워킹 및 보안 컴퓨팅을 사용하여 기술적 신뢰를 위한 견고한 기반을 마련한다. 상위 두 개의 레이어(레이어 3과 레이어 4)는 인간만이 판단할 수 있는 구성 요소를 추가한다. 즉, 디지털 신뢰 생태계를 강화하기 위해 VC(검증 가능한 자격증명)를 생성하고 이용하는 실제 세계의 속성과 애플리케이션에 대한 검증 가능한 자격증명이다.

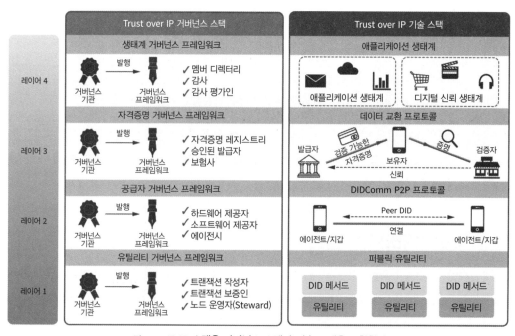

그림 11.4 ToIP 스택은 거버넌스 스택과 기술 스택을 포함한다.

- **각각의 레이어는 다른 유형의 거버넌스 프레임워크를 필요로 한다.** 이는 SSI 커뮤니티에 대한 중요한 학습이다. 거버넌스 프레임워크가 '일률적인' 것은 아니며, 4개의 레이어에는 해당 레이어에 맞게 조정된 정책이 필요한 구조적 역할과 프로세스가 있다.

다음 절에서는 각 레이어의 특별한 거버넌스 과제에 대해 설명한다.

11.3.1 레이어 1: 유틸리티 거버넌스 프레임워크

이 스택의 가장 낮은 레이어에서 거버넌스는 상위 레이어가 의존해야 하는 검증 가능한 데이터 레지스트리verifiable data registry, VDR 서비스를 제공하는 퍼블릭 유틸리티의 운영에 적용된다. VDR은 사용 중인 기술 아키텍처(블록체인, 분산 원장, 분산 파일 시스템, 분산 디렉터리 시스템 또는 P2P 프로토콜)에 따라 다양한 형태를 가질 수 있는 분산형 데이터 저장소로 생각할 수 있다. 레이어 1 공개 유틸리티의 거버넌스에 필요한 역할과 프로세스는 해당 VDR의 아키텍처에 따라 다르다. 사례는 다음과 같다.

- 비트코인과 같은 **퍼블릭 비허가형 작업증명**PoW **블록체인**은 공식적인 거버넌스가 없으며, 오픈소스 프로젝트의 성과 주의와 비트코인 노드를 운영하는 채굴자의 '참여 여부 투표'에 의존하며, 실행할 오픈 소스 코드베이스의 버전을 선택하여 네트워크를 효과적으로 관리한다. 비트코인 커뮤니티의 많은 전통적인 참여자들에게, 중앙형 조직들이 네트워크에 대한 규칙을 정의하는 개념은 블록체인 운동이 상징하는 모든 원칙과 배치된다. 하지만, 비트코인이 P2PPeer-to-Peer 금융 시스템으로 설계되었지만, 일부 사람들은 오늘날의 기술이 완전한 분산 신원 네트워크를 운영할 준비가 되어 있지는 않지만, 분산화를 시작하기에 충분히 적합할 것이라고 주장한다. 이것은 격론을 불러일으키는 주제로 15장에서 광범위하게 다루고 있다.

- **퍼블릭 비허가형 지분증명**PoS **블록체인**은 투표권을 투표자의 관련 토큰 보유 크기와 연결하는 블록체인 코드에 프로그래밍된 투표 알고리즘에 의해 관리된다(예 스텔라Stellar, 코스모스Cosmos 및 네오Neo를 포함하며 이더리움도 지분 증명으로 전환하는 목표가 명시되어 있다.) 그러나 유럽연합의 유럽 블록체인 서비스 인프라European Blockchain Services Infrastructure, EBS와 같이 이러한 블록체인 위에 구축된 프로젝트는 전자 식별, 인증 및 신뢰 서비스Electronic Identification, Authentication, and Trust Services, eIDAS와 같은 유럽연합의 법적 도구를 기반으로 하는 공식 거버넌스 프레임워크를 구축하고 있다.

- 소버린과 같은 하이퍼레저 인디(https://wiki.hyperledger.org/display/indy) 기반의 **퍼블릭 허가형 블록체인**은 공개형 퍼블릭 프로세스[2]에서 개발된 공식 거버넌스 프레임워크를 사용한다. 일례는 2017년 6월에 처음 게시되었으며 현재 3세대 개발 중인 소버린 거버넌스 프레임워크Sovrin Governance Framework(https://sovrin.org/governance-framework)이다.

- 베레스 원Veres One 및 히드라Hedera와 같은 **하이브리드 블록체인**은 허가 및 비허가 모델의 측면을 결합한다. 예를 들어, 베레스 원에서는 누구나 블록체인 노드를 실행할 수 있지만 네트워크 및 비즈니스 모델의 변경은 커뮤니티 그룹과 거버넌스 이사회에서 관리한다(https://veres.one/net work/governance).

---

2 옮긴이 이 문장에서 사용한 Open과 Public은 같은 의미를 지니고 있지 않다. 공개 프로세스는 해당 블록체인에 참여자 모두에게 공개될 필요는 없다. 공개된 프로세스(open process)가 진정으로 '개방'되기 위해서는 공개되어야 한다는 주장이 있을 수 있으나, 두 단어를 함께 사용하면 프로세스가 공개적이라는 것이 매우 명확하게 설명할 수 있기 때문이다.

- 쿼럼Quorum과 같은 **프라이빗 블록체인**은 참여자가 자체적으로 사용하기 위해 운영한다. 그들의 거버넌스 프레임워크는 공개될 수도 공개되지 않을 수도 있다.

'블록체인과 분산 원장이 레이어 1에서 VDR을 제공하는 유일한 수단이 아님'을 유념하라. 다른 선택 사항으로 IPFSInter Planetary File System와 같은 분산 파일 시스템, 키 이벤트 수신 인프라Key Event Receipt Infrastructure, KERI에서 사용하는 것과 같은 키 이벤트 로그 및 분산 해시 테이블distributed hash table, DHT이 있다.

NOTE 모든 VDR을 분산화 할 필요는 없다. 일부 신뢰 커뮤니티의 경우 중앙형 레지스트리, 디렉터리 시스템 또는 인증 기관에 의존하는 것이 허용된다.

순수한 비허가형 네트워크 지지자들은 수학과 암호화가 적절한 거버넌스를 보장하기 때문에 진정한 분산 네트워크에는 거버넌스 프레임워크가 필요하지 않다고 주장할 것이다. 우리는 다시 15장에서 이러한 많은 철학적 아키텍처 선택과 SSI 시장에서 자신을 표현하는 방법을 확장한다.

거버넌스 모델에 따라 레이어 1의 표준 거버넌스 역할에 다음의 내용이 포함될 수 있다.

- **유지관리자**Maintainers: 블록체인 코드 개발자
- **채굴자**Miners: 비허가형 블록체인 노드 운영자
- **노드 운영자**Stewards: 허가형 블록체인 노드의 운영자
- **트랜잭션 게시자**Transaction authors: 블록체인 트랜잭션을 개시한 모든 사람
- **트랜잭션 승인자**Transaction endorsers: 허가형 블록체인에 대한 트랜잭션을 승인할 수 있는 당사자

ISO 23257 표준 초안, 블록체인 및 분산 원장 기술—참조 아키텍처(https://www.iso.org/standard/75093.html)는 이 수준에서 블록체인 거버넌스 기관의 역할을 **DLT 거버넌스 기관**으로서 설명한다.

> 'DLT 시스템이 본질적으로 분산되어 있고 일반적으로 여러 조직이 소유하고 운영하는 여러 노드가 있다는 점을 감안할 때 DLT 시스템 전체를 관리하고 작업을 실행할 수 있도록 유지하는 역할이 필요하다.'

표준 초안은 거버넌스 기관의 다음과 같은 일반적인 활동을 포함한다.

- 관련 법규를 고려한 분산 원장 기술DLT 정책 수립
- 이해관계자와 정책 커뮤니케이션
- 갈등 해결 및 변경 관리
- 합의 메커니즘에 대한 정책 정의
- 최소 보안 요구 사항을 포함하여 DLT 네트워크에 참여할 수 있는 노드에 대한 정책 정의

- DLT 제공자와 협력
- 모니터링 및 거버넌스가 실행되도록 DLT 노드 운영자와 협력

11.3.2 레이어 2: 공급자 거버넌스 프레임워크

레이어 2 거버넌스는 레이어 1과 다른 유형이다. 관리되는 것은 공개 유틸리티가 아니라 디지털 지갑, 에이전트 및 에이전시의 기능이기 때문이다(9장 참조). 기본적으로 다음에서 설명하는 역할에 대한 기본 보안, 개인정보보호 및 데이터 보호 요구 사항과 상호 운용성 테스트 및 인증 프로그램을 설정해야 한다.

- 보안 엔클레이브secure enclaves, 신뢰할 수 있는 실행 환경 및 하드웨어 보안 모듈(HSM)과 같은 호환 하드웨어를 제공하는 **하드웨어 개발자**
- 규제를 준수하는 지갑, 에이전트, 보안 데이터 저장소 등을 제공하는 **소프트웨어 개발자**
- 개인, 조직과 후견인을 위한 클라우드 지갑과 에이전트를 호스팅하는 **에이전시**

하드웨어 및 소프트웨어 보안 요구 사항은 비교적 잘 이해하고 있으며(항상 제대로 구현되지는 않더라도) 엄격한 적합성 테스트를 받을 수 있다. 그러나 클라우드에서 디지털 지갑과 에이전트를 호스팅하려면 이전에 존재하지 않았던 새로운 유형의 서비스 제공업체인 에이전시가 필요하다. 엄밀히 말하면 에이전시가 필요하지 않다. 에이전트는 그림 11.5와 같이 P2P로 직접 연결할 수 있다. 그러나 항상 가능한 것은 아니므로, 그런 경우에 에이전시는 큐잉queuing,[3] 지갑 백업, 동기화 및 복구 서비스를 제공할 수 있다.

이러한 모든 서비스는 지갑 소유자의 활동과 밀접하게 연결되어 있으므로 레이어 2 거버넌스 프레임워크는 기관의 보안, 개인정보보호 및 데이터 보호 요구 사항을 다룰 것으로 예상된다. 더구나 9장에서 다루는 디지털 후견 서비스를 지원하려면 전문 기관 서비스가 필요하다. 개인이든 조직이든 후견인은 자신의 디지털 지갑이나 대리인을 관리할 수 없는 사람(**피보호자**, 〈옮긴이〉 난민, 노숙자, 노약자, 어린 아이들)을 대신하여 클라우드 지갑을 호스팅하고 관리할 수 있어야 한다. 후견인은 피보호자를 대신하여 정보 수탁자 역할을 하기 때문에 **디지털 후견인**의 법적 의무와 책임은 레이어 2 거버넌스 프레임워크에 명시되어야 한다.

---

3 〈옮긴이〉 개별 단위들이 채널을 통하여 이동하는 데 관계된 성질과 시간을 분석하여 큐를 만드는 방법. 예를 들면 슈퍼마켓의 계산대, 도선장, 공항, 톨게이트 따위에서 대기하는 행렬의 길이와 시간을 연구하여 큐의 길이·순서·시간 따위를 결정한다. 큐잉 모델(queuing model)은 입력 메시지가 도착한 시간과 서비스 시간 따위의 확률적 법칙에 따라 큐의 특성과 작동 모습을 기술하는 모형이다(네이버 국어사전 및 오픈 사전).

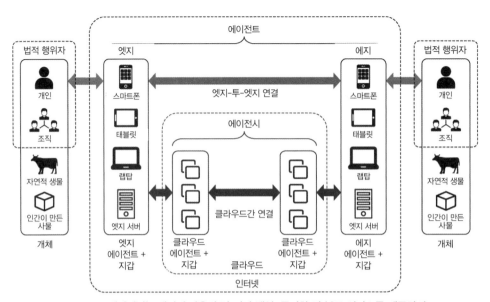

그림 11.5 에이전시는 메시지 라우팅 및 지갑 백업, 동기화 및 복구 서비스를 제공하여
SSI 인프라에서 핵심 역할을 할 수 있다.

11.3.3 레이어 3: 자격증명 거버넌스 프레임워크

레이어 3은 우리가 기술적인 신뢰에서 인간의 신뢰로 전환하는 곳이므로 이 레이어의 거버넌스 프레임워크가 더 친숙하게 보일 것이다. 그 이유는 단순히 디지털 자격증명에 대한 자격증명 신뢰 삼각형 및 거버넌스 신뢰 삼각형(이 장의 앞부분에 표시됨)이 물리적 자격증명의 경우와 매우 유사하기 때문이다. 오늘날 우리가 물리적 자격증명을 관리하기 위해 가지고 있는 많은 정책 프레임워크(신용 카드, 운전 면허증, 여권, 건강 보험 카드)는 디지털 버전을 비교적 약간의 수정으로 적용될 수 있다. 이 레이어의 표준 역할 및 정책 유형은 표 11.1을 참조하라.

표 11.1 레이어 3 거버넌스 프레임워크의 표준 역할 및 정책 유형

Role	Policy types
발급자	자격 및 등록 보안, 개인정보보호, 데이터 보호 발행할 자격이 있는 자격증명 및 클레임 신원 및 속성 검증 절차 보증 수준 자격증명 해지 요구 사항 및 시간 제한 비즈니스 규칙 기술 요구 사항
보유자	자격 및 등록 지갑 및 에이전트 인증 사기 방지 및 남용 방지
검증자	보안, 개인정보보호, 데이터 보호 증명요청 제한(강제방지) 데이터 사용 제한 비즈니스 규칙
자격증명 레지스트리	보안, 프라이버시, 데이터 보호 수락 보유 삭제 유효성 장애 복구
보험회사	보험증권 종류 자격 적용 범위 제한 요율 비즈니스 규칙

발급자, 보유자 및 검증자의 역할은 7장에서 자세히 설명했다. 그러나 자격증명 레지스트리의 개념은 W3C 검증 가능한 자격증명 데이터 모델 사양의 일부가 아니다. 오히려 이것은 캐나다 브리티시 컬럼비아 주의 디지털 신원 부서가 구상한 새로운 레이어 3의 역할이다. 그것은 W3C 검증 가능한 자격증명 데이터 모델의 암호화 아키텍처가 그림 11.6과 같이 분산형 디지털 신뢰 인프라의 강력한 새로운 구성 요소를 가능하게 할 수 있음을 알게 되었다.

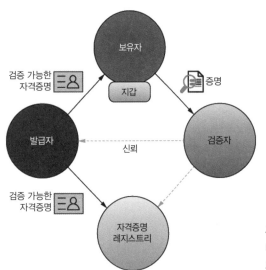

그림 11.6 **자격증명 레지스트리는 VC의 검증 가능한 디렉터리 역할을 할 수 있기 때문에 분산형 디지털 신뢰 인프라의 강력한 새로운 구성 요소다.**

그림 11.6 상단의 보유자에게 발급된 VC와 하단의 자격증명 레지스트리에 발급된 VC의 차이점이 무엇인지 궁금할 것이다. 이것은 '두 명의 다른 보유자에게 발급한 VC'다.

다시 말해, 자격증명 주체를 설명하는 자격증명의 클레임에 있는 데이터는 누구든지, 무엇이든지 **동일**하다. 유일한 차이점은 발급된 VC를 가진 보유자라는 것이다. 그림 상단의 보유자 또는 대리인도 포함이다. 그림 맨 아래에 있는 보유자는 '자격증명을 게시하여 자격을 갖춘 검증자가 검색, 발견 및 확인할 수 있도록 하는' 자격증명 레지스트리다.

분명히 자격증명 레지스트리는 모든 유형의 자격증명을 위한 것은 아니다. 운전 면허증, 여권 또는 기타 민감한 개인 정보에는 사용하지 않을 것이다. 그러나 공개된 정보(⑩ 법률에 따라 대부분의 관할권에서 공개적으로 게시되어야 하는 사업자등록 및 라이선스)의 경우, 자격증명 레지스트리는 해당 서비스를 제공하는 좋은 방법이다. 예를 들어, OrgBook(https://vonx.io)이라고 하는 브리티시 콜롬비아 주 정부의 자격증명 레지스트리 서비스는 브리티시 컬럼비아 주에 등록된 모든 단일 비즈니스의 사업자등록 및 라이선스를 게시한다.

자격증명 레지스트리의 비밀은 DID(또는 영지식증명 형태의 자격증명에 대한 링크 시크릿Link Secret)[4]가 실

---

4 [옮긴이] 링크 시크릿은 검증 가능한 자격증명과 더 신뢰할 수 있는 상호 작용을 가능하게 하는 데 중요한 역할을 한다. 링크 시크릿은 검증자에게 자격증명이 이것을 제시하는 개인에게 제대로 발급되었음을 알 수 있는 능력을 부여하고, 보유자가 다양한 자격증명을 강력한 복합 증명으로 결합할 수 있도록 한다. 링크 시크릿은 소유자가 비밀을 알고 있음을 증명할 수 있는 방식으로 래핑된 큰 난수이다. 이를 통해서 검증자는 자격증명을 제시하는 개인이 원래 자격증명이 발급된 개인과 동일한지 확인할 수 있고, 여러 자격증명(⑩ 은행 잔고 증명서와 재직 자격증명)이 관련 식별자를 제공하지 않고도 동일한 사람에게 연결되어 있음을 보여준다. 보다 자세한 내용을 알려면, 다음의 에버님 사이트를 참고하길 바란다. www.evernym.com/blog/how-does-a-verifier-know-the-credential-is-yours

제 보유자의 VC와 자격증명 레지스트리에 발급된 VC에 따라 다르다는 것이다. 이것이 자격증명 레지스트리가 실제 보유자인 척할 수 없는 이유이다. 그러나 자격증명 레지스트리는 검색 및 확인을 위해 자격증명의 진정한 보유자'이기도 하는' 암호화 증명proof을 생성할 수 있다. 그리고 이 암호화 증명은 자격증명 레지스트리 공급자의 외부 또는 내부의 공격자에 의해 변조될 수 없으며 특히 분산 시스템에서 매우 바람직한 보안 속성이다.

일부 거버넌스 프레임워크에서 또 다른 표준 레이어 3의 역할은 '보험사'이다. 위험은 항상 존재하기 때문에 보험이 존재한다. VC의 가치가 높을수록 발급자가 실수하거나 시스템이 해킹되는 경우 책임이 커진다. 일부 발급자는 보험으로 이러한 위험을 상쇄하여 표면상 위조, 해킹 또는 잘못된 자격증명에 의존할 경우에 대비할 수 있는 수단이 있다는 것을 알고 있는 검증자에게 VC를 더 매력적으로 만든다.

11.3.4 레이어 4: 생태계 거버넌스 프레임워크

ToIP 스택의 최상위 레이어는 어플리케이션 레이어이다. 이 레이어에서 거버넌스 프레임워크의 목적은 국가, 산업(금융, 의료, 교육, 제조, 여행) 또는 모든 유형 또는 규모의 기타 신뢰 커뮤니티를 위한 포괄적인 '디지털 신뢰 생태계'의 토대를 마련하는 것이다. ToIP 재단은 디지털 신뢰 생태계를 다음과 같이 정의한다(https://wiki.trustoverip.org/display/HOME/EFWG+Concepts+and+Workflow):

> 'ToIP 스택의 레이어 4에서 애플리케이션에 대한 거버넌스 프레임워크에 의거한 권리와 책임이 있는 모든 당사자이다.'

레이어 4 생태계 거버넌스 프레임워크는 그 범위가 가장 넓은데, 이것이 의미하는 것은 다음과 같다.

- **스택의 다른 모든 레이어에 적용되는 요구 사항을 지정할 수 있다.** 예를 들어 해당 생태계 내에서 동작하는 레이어 3 자격증명, 레이어 2 지갑 및 에이전트, 레이어 1 유틸리티에 적용되는 보안 및 개인정보 요구 사항을 지정할 수 있다.
- **여러 거버넌스 기관에 걸쳐 있을 수 있다.** 실제 생태계와 같은 디지털 생태계는 일반적으로 신뢰 커뮤니티로 구성되며, 각 커뮤니티에는 자체 거버넌스 기관과 거버넌스 프레임워크가 있다. 따라서 생태계 거버넌스 프레임워크는 이러한 다른 모든 거버넌스 기관 및 프레임워크에 걸친 협력 수준을 나타낸다.
- **다른 ToIP 레이어 4 생태계들에 걸쳐 있을 수 있다.** 생태계는 다른 생태계를 예로 들어보면, 거버넌스 프레임워크(범캐나다 신뢰 프레임워크, 11.9절 참조)에 의해 정의된 캐나다 연방 정부 생태계는 주 정부 생태계에 적용되는 정책을 정의할 수 있고 그것들은 차례로 도시 또는 카운티 수준의 생태계에 적용되는 정책을 정의할 수 있다.

애플리케이션 레이어에서 작동하기 때문에 생태계 거버넌스 프레임워크는 인간과 가장 직접적으로 접촉하는 요소, 즉 해당 생태계 내에서 운영하는 사람과 조직을 관리한다. SSI와 전체 ToIP 스택의 궁극적인 목적은 사람들이 디지털 신뢰 관계를 쉽게 형성하고 온라인에서 자신 있게 신뢰 결정을 할 수 있도록 하는 것이다. 따라서 생태계 거버넌스 프레임워크는 다음과 같은 영역을 다룬다.

- **상호 운용성**interoperability: 모든 디지털 신뢰 생태계의 첫 번째 목표는 생태계 내에서의 애플리케이션이 서로 통신하고 사용자가 원하는 데이터를 안전하게 공유할 수 있도록 하는 것이다. 수년 동안 우리는 이를 기술적으로 활성화하는 방법에 집중해 왔다. 그러나 이러한 기술적 문제를 해결하면서 남은 문제는 법적, 비즈니스 및 사회적 장벽이다. 여기에서 생태계 거버넌스 프레임워크가 빛날 수 있다.

- **위임 및 후견**delegation and guardianship: 우리 중 대다수는 우리의 정보에 대하여 스스로 관리하는 것을 원하지 않는다. 이것이 우리가 은행가, 변호사, 의사, 회계사 등 전문가와 서비스 제공자를 고용하는 이유이다. 물리적, 정신적, 경제적 또는 법적 능력이 없는 사람들은 SSI 디지털 지갑과 에이전트를 직접 다룰 수 없다. 두 경우 모두 책임을 관리하기 위해 신뢰할 수 있는 다른 사람에게 쉽고 효율적이며 안전하게 책임을 위임할 수 있는 방법에 대한 법적, 기술적 및 비즈니스 규칙을 수립해야 한다.

- **전이적 신뢰**transitive trust: SSI 기술 및 거버넌스 프레임워크를 사용하여 하나의 상황에서 개발된 신뢰가 다른 상황에서도 인식되고 적용되는 능력을 적용한다. 이것은 물리적인 자격증명으로 매일 발생한다. 예를 들어, 운전면허증과 신용카드가 있기 때문에 렌터카 회사에서 자동차를 렌트하기로 결정할 때에 발생한다. SSI가 있기 전까지는 온라인에서 거의 불가능했다. 디지털 신뢰 생태계는 모든 것을 바꿀 것이다. 예를 들어 여행 관련 네트워크나 학교 시스템과 같은 생태계 내에서 애플리케이션과 웹 사이트 간에 전이적 신뢰를 쉽게 구축할 수 있다.

- **사용성**usability: SSI의 작동 방식에 대한 전문 지식 없이도 누구나 사용하기 쉽고 안전해야 한다. 그렇지 않으면 모든 SSI가 무용지물이 된다. 생태계 거버넌스 프레임워크는 사용성 지침을 정의하고, 사용에 대한 인센티브를 부여하거나 제공하며, 규정 준수를 확인하기 위한 인증 프로그램을 제공할 수 있다.

- **신뢰 마크**trust mark: 현실 세계에서 사람들은 신뢰를 신뢰 마크로 대표되는 브랜드와 연관시킨다. 이것이 마스터카드 및 비자와 같은 글로벌 신뢰 네트워크가 그들의 이름과 로고를 위한 광고 캠페인에 수십억 달러를 쏟아붓는 이유이다. 전 세계 수천 개의 다른 주요 브랜드도 마찬가지다. 따라서 생태계 거버넌스 프레임워크의 가장 가시적인 기능 중 하나는 신뢰 마크의 획득 및 사용 규칙을 정의하는 것이다. 이것의 목표는 디지털 신뢰 결정을 내리는 데 필요한 모든 것을 하나로 묶는 것이어야 한다.

생태계 거버넌스 프레임워크의 경우 표준 역할이 하위 레이어보다 더 일반적이다. 다음과 같은 내용이 포함될 수 있다.

- **구성원 디렉터리**member directory: 생태계 구성원에게 전이적 신뢰를 구축하기 위해, 가장 중요한 기능은 특정 개체가 생태계의 구성원임을 확인하는 것이며, 따라서 거버넌스 프레임워크의 조건과 책임 요건에 구속된다. 구성원 디렉터리 서비스가 이 역할을 수행한다. 그것들은 전통적인 중앙형 디렉터리 서비스에서부터 연합형 레지스트리, 완전한 분산 원장에 이르기까지 여러 가지 방법으로 구현될 수 있다. 그리고 모두 이전 절에서 정의한 자격증명 레지스트리로서 기능을 할 수 있다.

- **인증 기관**certification authority, CA: 신뢰 마크가 생태계 거버넌스 프레임워크에 대한 의미 있는 도구라면 맞물려지는 톱니가 있어야 한다. 이를 수행하는 한 가지 방법은 거버넌스 프레임워크가 특정 역할에 대해 인증될 개체의 기준을 정의하는 것이다. 그런 다음 인증 기관은 이 평가를 (물론 VC를 사용하여) 감독하고 결과를 게시한다.

- **감사자**auditor: 특정 기관이 구현한 정책, 관행 및 절차를 검토하여 거버넌스 프레임워크의 요구 사항을 충족하고 인증 자격이 있는지 확인하는 것은 전문 감사인의 업무이다.

- **감사자에 대한 승인자**auditor accreditor: 이 역할은 감사자를 승인한다. 이것은 거버넌스 기관에서 직접 수행할 수 있지만 생태계의 확장 규모가 클수록 해당 기능을 감사 인증 기관에 외주로 해야 할 필요성이 커진다. 이것은 WebTrust(https://www.cpacanada.ca/en/business-and-accounting-resources/audit-and-assurance/overview-of-webtrust-services)가 SSL/TLS 프로토콜(브라우저의 자물쇠)을 사용하는 X.509 디지털 인증서에 대해 하는 역할과 칸타라 이니셔티브Kantara Initiative(https://kantarainitiative.org) 같은 단체가 다른 디지털 신뢰 프레임워크에 대해 하는 역할을 수행한다.

11.4 거버넌스 기관의 역할

모든 거버넌스 프레임워크에는 이를 개발, 유지 및 시행하는 거버넌스 기관authority이라는 하나의 표준 역할이 있다.

- **모든 수준의 정부**: 법률과 규정은 이미 거버넌스 프레임워크이므로 SSI 거버넌스 프레임워크를 생성하는 것은 국제적, 국가적, 지역적, 주, 지구, 지방 등 모든 수준에서 정부 기능의 확장이다. 이 모든 것은 자연스러운 레이어 3 자격증명이 있는 중첩된 레이어 생태계이다.

- **산업 컨소시엄**: 이것은 산업의 단일 구성원이 혼자서 해결할 수 없는 문제를 해결하기 위해 많은 산업에 존재한다. 특히 생태계 수준에서 산업 전반의 거버넌스 프레임워크가 완벽한 사례이다.

- **NGO**(비정부기구): 비영리 단체는 종종 이익 인센티브를 제거하여 신뢰를 구축하는 데 특별한 역할을 한다. 이것은 확실히 거버넌스 프레임워크에 적용된다.
- **기업**: 회사와 회사의 직원, 고객, 파트너, 공급업체 및 주주는 자연스러운 신뢰 커뮤니티를 형성하고 거버넌스 프레임워크를 위한 자연스러운 고향을 형성한다.
- **대학 및 학교 시스템**: 모든 종류의 교육 기관과 이들이 함께 구성하는 네트워크는 자연스러운 SSI 거버넌스 기관이다. 학습 시스템의 주요 결과 중 하나는 학습자가 평생 사용할 수 있는 자격증명이기 때문이다.(Internet of Education Task Force는 2020년 7월 ToIP Ecosystem Foundry Working Group에서 구성되었다: https://wiki.trustoverip.org/pages/viewpage.action?pageId=66102.)
- **종교 단체**: 세계에서 가장 강력한 신뢰 네트워크 중 일부는 종교에 기반을 두고 있으며, 이는 디지털 거버넌스 프레임워크로 확장될 수 있다.
- **온라인 커뮤니티**: 거버넌스 당국이 반드시 공식 법인일 필요는 없으며 특정 관할 구역에 구속될 필요도 없다. 새로운 유형의 가상 조직과 커뮤니티가 온라인에서 형성되고 있으며 이들은 자체 거버넌스 프레임워크를 정의할 수 있다.

요점은 SSI 거버넌스 프레임워크를 통해 디지털 신뢰를 촉진하기 위한 거버넌스가 이제 모든 관할 구역에서, 모든 규모의, 모든 커뮤니티에서 누구나 사용할 수 있는 도구라는 것이다.

누가 거버넌스 기관을 지배하는가? 이것은 모든 거버넌스 시스템의 고전적인 질문이며 대답은 '신뢰 커뮤니티에 효과가 있는 것은 무엇이든 지배할 수 있다'이다. 정답은 없으며 유사한 이니셔티브에 대한 경험을 바탕으로 많은 모범 사례가 있을 뿐이다. (SSI 거버넌스 기관을 위한 모범 사례를 수립하는 것은 ToIP 거버넌스 스택 워킹 그룹의 핵심 결과물이다(https://wiki.trustoverip.org/display/HOME/Governance+Stack+Working+Group). 그러나 한 가지 모범 사례는 처음부터 분명하다. 거버넌스 기관의 자체 거버넌스 구조와 정책은 거버넌스 프레임워크의 일부로 투명하게 게시되어야 한다(11.6.1절 참조).

11.5 거버넌스 프레임워크가 해결할 수 있는 구체적인 문제는 무엇인가?

거버넌스 프레임워크는 의도에 대한 추상적인 문서가 아니라, 신뢰 커뮤니티의 특정 문제를 해결하는 데 도움이 되도록 설계된 일련의 규칙, 정책 및 사양이다.

11.5.1 권한 있는 발급자와 검증된 구성원의 발견

디지털 자격증명에 대해 배울 때 대부분의 청중이 가장 먼저 하는 질문은 '자격증명 발급자를 신뢰할 수 있는지 어떻게 알 수 있는가?'이다. 이것은 레이어 3 및 4 거버넌스 프레임워크의 주요 목적 중 하나다.

예를 들어 보자. 여러분이 고용주이고 특정 분야에서 대학 학위를 가진 직원을 고용하겠다고 가정해 보자. 지원자는 학위 증명 VC의 증거를 제시한다. 디지털 에이전트는 VC의 디지털 서명이 발급자의 DID에서 유효한지 확인한다. 그러나 발급기관 DID가 공인된 실제 대학인지 어떻게 알 수 있는가? 모든 DID는 고사하고 세계의 모든 공인된 대학을 아는 고용주는 없다.

대답은 거버넌스 프레임워크 DID_{GF DID}도 발급된 VC에 포함된다는 것이다. 고용주의 디지털 에이전트는 이제 GF DID를 사용하여 두 가지 질문에 답할 수 있다.

1. 교육 자격증명에 대해 고용주가 신뢰하는 거버넌스 기관의 거버넌스 프레임워크 DID인가? (그림 11.4 참조)
2. 만약 그렇다면 에이전트가 해당 거버넌스 프레임워크의 구성원 디렉터리에 발급자 DID가 포함되어 있는지 확인할 수 있는가?

두 질문에 대한 대답이 '예'이면 고용주는 만족한다. 첫 번째 질문에 대한 대답이 '아니오'인 경우 고용주의 디지털 에이전트는 세 번째 질문에 대답할 수 있다.

3. GF DID가 고용주가 교육 자격증명에 대해 신뢰하는 다른 거버넌스 프레임워크의 회원 디렉터리에 포함되어 있는가?

이 질문은 전이적 신뢰가 어떻게 작동하는지 정확히 보여주기 때문에 매우 중요하다. 교육 자격증명을 위한 두 개의 서로 다른 디지털 신뢰 생태계(예 호주와 뉴질랜드)는 '교차 인증'을 결정할 수 있다. 각 생태계는 구성원 디렉터리에서 다른 생태계의 구성원으로 나타난다. 현재 고용주가 뉴질랜드에 있고 뉴질랜드 교육 거버넌스 당국을 신뢰한다. 그러나 지원지기 호주의 대학에서 학위를 취득한 경우에도 고용주는 뉴질랜드와 호주의 교육 거버넌스 프레임워크 간의 전이적 신뢰 때문에 고용주의 디지털 에이전트로부터 여전히 신뢰할 수 있게 된다. DID를 사용하면 이것이 양방향으로 작동할 수 있다. DID가 있는 경우 이를 해결하고 해당 에이전트에게 DID가 속한 거버넌스 프레임워크를 요청할 수 있다. 거버넌스 프레임워크의 구성원 디렉터리로 시작하여 검증된 구성원의 DID를 검색할 수도 있다.

11.5.2 강제력 방지

SSI의 기본 원칙은 당사자가 자유롭게 트랜잭션을 입력하고 개인 정보 및 기밀 정보를 공유하며 상대방의 요청이 비합리적이거나 불법적이라고 판단될 경우 회피할 수 있다고 가정한다. 하지만 실제로는 그렇지 않은 경우가 많다. TNO의 오스칼 반 데븐터Oskar van Deventer가 〈SSI: 훌륭할 수도, 나쁠 수도, 추할 수도 있다SSI: Good, Bad, and Ugly〉[2]에서 말했듯이, 이것은 오래된 농담과 같다.

"800파운드짜리 고릴라에게 무엇을 주는가?"

"요구하는 것 무엇이든지."

800파운드(약 360kg) 고릴라에 속하는 예를 들어보면 대형 기술 제공업체, 출입국 사무소 그리고 법 집행 기관을 대표하는 제복을 입은 사람이 있다. 웹 트랜잭션의 일반적인 클라이언트-서버 특성은 이러한 힘의 불균형을 강화한다. 브라우저 뒤에 있는 사람(클라이언트)은 그렇지 않으면 제품, 서비스 또는 위치에 대한 액세스가 거부되기 때문에 개인 데이터를 서버에 양도하도록 강요당한다고 느낀다. 웹사이트 방문자가 '모든 쿠키 허용' 또는 '출구 없는 미로로 들어가기' 중에서 선택할 수 있는 악명 높은 '쿠키 벽cookie wall'이 일례 중 하나이다.

거버넌스 프레임워크는 다양한 유형의 강제에 대한 대응책을 구현할 수 있다. 예시는 다음과 같다.

- **검증자는 생태계의 검증된 구성원을 요구하라.** 이것은 검증자가 거버넌스 프레임워크의 개인정보보호 및 강제력 방지 정책을 준수할 책임이 있도록 한다.
- **검증자가 거부할 수 없는 디지털 서명을 가지려면 증명 요청을 요구하라.** 이를 통해 보유자는 법정에서 검증자의 행위을 입증할 수 있다.
- **익명의 컴플레인 메커니즘 또는 옴부즈맨을 요구하라.** 거버넌스 프레임워크가 보유자의 에이전트가 검증자의 잘못된 행동을 보고하는 데 사용할 수 있는 서비스를 구축하는 경우 '수많은 시선'의 접근 방식은 그러한 행동에 대한 강력한 억제책이 될 수 있다.

기계가 읽을 수 있는 거버넌스 프레임워크의 경우, 대응책 중 일부는 사용자의 디지털 에이전트에 의해 자동으로 실행되어 사용자가 자신의 이익에 반하는 행동을 취하지 않도록 보호할 수 있다. 다양한 거버넌스 프레임워크는 이해관계와 적용 가능한 법률에 따라 완전한 자기주권과 엄격한 통제 사이에서 각기 다른 균형을 선택할 수 있다.

11.5.3 인증서, 인가 및 신뢰 보증

거버넌스 프레임워크의 다양한 참여자에 대해 자주 묻는 또 다른 질문은 '그들이 규칙을 지키는지 어떻게 알 수 있는가'이다. 다시 말해, 거버넌스 프레임워크가 아무리 잘 설계되거나 완벽하더라도 각 역할을 수행하는 참여자가 해당 역할에서 지정된 정책을 준수하고 있는지 어떻게 알 수 있느냐라는 것이다.

다음 절에서 설명하는 것처럼 대부분의 거버넌스 프레임워크에는 이러한 목적을 위한 핵심 구성요소인 '신뢰 보증 프레임워크'가 포함되어 있다. 이는 각 역할을 가진 참여자가 감사, 모니터링 및 규정 준수 인증을 받을 수 있는 정책을 설정하는 별도의 문서이다. 또한 감사인 또는 감사자에 대한 승인자를 선택, 인증 및 모니터링하기 위한 규칙을 지정한다. 이것은 '누가 감시자를 감시하는가?'라는 질문에 대한 답이기 때문에 가장 중요한 요소가 될 수 있다.

11.5.4 보증 수준

신원 및 기타 신뢰 결정은 이분법이 아니다. 그것은 심판의 판단(개인적 의견)으로, 언제든지 판단은 단순한 '예/아니오'로 끝나는 대답이 아니므로 보증 수준levels of assurance, LOA을 선택할 수 있다.

보증 수준은 자격증명의 하나 이상의 주장이 사실이고 의도한 내용에 속한다는 발급자의 확신 정도를 나타내는 것에 가장 자주 이용된다. 예를 들어, 은행은 계좌 소유자의 계좌에 $10,000 이상이 있다고 99% 확신하지만 계좌 소유자의 현재 우편 주소가 있다고 확신하는 경우는 80%에 불과하다.

보증 수준은 디지털 신원에서 매우 심오한 주제이므로 자격증명 및 생태계 거버넌스 프레임워크 모두에서 중요한 요소가 될 수 있다. 여기에서 단일 VC, VC 계열 또는 전체 디지털 신뢰 생태계에 대해 보증 수준 기준을 설정할 수 있다. (디지털 신원의 보증 수준에 대한 자세한 내용은 미국국립표준기술연구소 NIST 특별 간행물 800-63-3: 디지털 신원 가이드라인Digital Identity Guidelines(https://pages.nist.gov/800-63-3/sp800-63-3.html을 참고하라.)

11.5.5 비즈니스 규칙

다음으로 가장 많이 받는 질문은 '어떻게 하면 돈을 벌 수 있는가?'이다. 모든 거버넌스 프레임워크가 효과적이려면 구성원이 이를 개발, 구현, 운영 및 준수하기 위한 인센티브가 필요하다. 어떤 경우에는 이러한 인센티브가 규제 준수 또는 인도주의적 목표와 같이 완전히 외부적인 것일 수도 있다. 그러나 이런 경우에도 거버넌스 당국과 구성원은 비용과 부담이 공정하게 분배되길 원할 것이다. 물론 사용을 지향하는 거버넌스 프레임워크는 시장의 힘에 부합하는 명확한 비즈니스 동기가 필요하다.

결과적으로 **비즈니스 규칙**은 다음과 같은 거버넌스 프레임워크의 중요한 부분이다.

- 인프라의 공유 비용은 누가, 언제, 어떻게 부담하는가?
- 프레임워크 내에서 사용 가능한 수익원은 무엇인가? 누가, 무엇을, 언제 청구할 수 있는가?
- 수익이 어떻게 분배되는 가?
- 가격은 어떻게 책정되는가?
- 불이행에 대한 처벌이나 벌금이 있는가?

- 거버넌스 권한은 어떻게 지속가능한가? 회원은 회비나 라이선스 비용을 지불하는가? 수익은 공유하고, 세금은 납부하는가?

일반적으로 거버넌스 기관이 이러한 문제를 조기에 해결할수록 거버넌스 프레임워크의 성공 확률은 높아질 것이다.

11.5.6 책임과 보험

항상 한 가지 질문이 떠오른다. '문제가 발생하면 어떻게 되는가? 누가 고소를 당할 수 있는가? 얼마에 합의해야 하는가?' 이 질문은 가치 있는 것을 창출하는 모든 협력에 필수적이다. 그리고 신뢰에는 진정한 가치가 있다. 많은 기업 대차 대조표에서 '영업권Goodwill' 항목을 살펴보라.

따라서 거버넌스 프레임워크의 또 다른 표준 기능은 책임 한정 및 부담에 대한 정책이다. 프레임워크에 따라 이는 구성원이 자신의 역할에 적합한 보험 적용 범위를 가져야 한다는 요구 사항과 결합될 수도 있다.

11.6 거버넌스 프레임워크의 일반적인 요소는 무엇인가?

거버넌스 프레임워크를 만드는 데는 많은 접근법이 있지만, ToIP 거버넌스 스택 워킹 그룹은 그림 11.7에 개략적으로 설명된 모듈로 구성된 ToIP 호환 거버넌스 프레임워크(https://wiki.trustoverip.org/display/HOME/ToIP+Governance+Metamodel+Specification)를 위한 메타모델을 개발했다.

이러한 모듈로 거버넌스 프레임워크를 구성하면 다음과 같은 작업이 수행된다.

- 특정 관심 정책 또는 관련 정책에 **이해 관계자가 더 쉽게 집중할 수 있게 한다.**
- 해당 주제에 대한 전문 지식을 보유한 거버넌스 기관 내의 특정 위원회, 작업 그룹 또는 태스크포스에 **위임할 각 정책 모듈의 거버넌스를 활성화한다.**
- 전체 거버넌스 프레임워크의 '전면적 업그레이드' 없이 **정책 모듈의 버전을 독립적으로 버전화 할 수 있다.**

- 마스터 문서
  - 소개
  - 목적
  - 범위
  - 원칙
  - 핵심 정책
  - 개정
  - 확장
  - 통제 문서의 일정
- 통제 문서
  - 용어 사전
  - 위험 평가, 신뢰 보증 및 인증
  - 거버넌스 규칙
  - 비즈니스 규칙
  - 기술 규칙
  - 정보 신뢰 규칙
  - 포용성, 형평성 및 접근성 규칙
  - 법적 계약

그림 11.7 ToIP 재단의 거버넌스 스택 워킹 그룹이 개발한 거버넌스 프레임워크의 메타모델

내용이 상당히 다를 수 있지만 이러한 모듈은 ToIP 스택의 4개 레이어에서 거버넌스 프레임워크는 동일하다.

11.6.1 마스터 문서

웹사이트와 같은 거버넌스 프레임워크를 생각한다면(사실 대부분의 사람이 읽을 수 있는 거버넌스 프레임워크는 웹에 게시됨) 마스터 문서는 홈페이지이다. 프레임워크의 모든 구성 요소를 탐색하기 위한 시작점이 된다. ToIP 메타모델에서 마스터 문서는 표 11.2에 나열된 표준 항목을 포함한다.

표 11.2 거버넌스 프레임워크 마스터 문서의 표준 항목

항목	목적
소개	전반적인 배경, 상황 및 동기
목적	미션 선언문 – 일반적으로 몇 문장으로 구성됨
원칙	특정 정책이 일치하는지 확인하기 위해 평가할 수 있는 상위 수준의 지침
핵심 정책	일반적으로 전체 거버넌스 프레임워크에 적용되는 정책(특별한 정책은 정책 모듈에 있음)
개정	거버넌스 프레임워크 자체를 수정하거나 수정할 수 있는 방법을 관리하는 정책
확장	다른 거버넌스 프레임워크(동일한 ToIP 레이어 또는 다른 레이어에서)가 확장으로 통합될 수 있는 방법을 통제하는 정책
통제 문서의 일정	거버넌스 프레임워크의 모든 통제 문서 목록과 각 문서의 상태, 버전 및 위치

11.6.2 용어

디지털 신원은 개념이 모호하고 혼란스러우며 언어에 따라 달라질 수 있기 때문에 매우 정확하게 설명하는 것은 어려울 수 있다(예 러시아어에서는 '자기 주권' 개념에 대한 적절한 용어가 없음). 따라서 디지털 신원을 위한 기술 사양과 거버넌스 프레임워크 모두 연구되고 문서화된 용어집을 통해 큰 도움을 받을 수 있다.

분산 신원 재단의 용어 프로젝트(https://identity.foundation/open-groups/glossary.html), 소버린 용어(https://sovrin.org/wp-content/uploads/Sovrin-Glossary-V3.pdf) 및 ToIP 개념 및 용어 워킹 그룹(https://wiki.trustoverip.org/pages/viewpage.action?pageId=65700)을 참조하라.

좋은 소식은 용어가 기술, 법률 및 정책 해석에 필요할 정도로 용어집에서 세부적으로 정의되면 해당 용어를 참조해야 하는 거버넌스 프레임워크의 모든 문서에서 공유할 수 있다는 것이다. 더 좋은 점은 용어가 하나의 거버넌스 프레임워크에서 잘 정의되면 원본 소스에 대한 영구적인 링크를 사용하여 참조함으로써 다른 거버넌스 프레임워크에서 재사용할 수 있다는 것이다.

11.6.3 위험 평가, 신뢰보증, 인증

이 범주의 모듈에는 거버넌스 프레임워크에 대해 당사자를 인증하는 방법을 포함하여 위험 평가 및 관리를 위한 정책이 포함되며, 이 범주의 통제 문서에는 다음이 포함되어야 한다.

- 위험 평가
- 위험 처리 계획
- 신뢰 보증 프레임워크

이 장의 앞부분에서 정의한 것처럼 신뢰 보증 프레임워크는 신뢰 커뮤니티의 구성원이 준수에 대해 감사, 모니터링 및 인증될 수 있는 방법을 지정하는 모듈이다. 신뢰 보증 프레임워크는 감사인이 다양한 역할에서 구성원의 자격, 인증(또는 재인증) 및 인가를 위해 거버넌스 프레임워크가 요구할 수 있는 공식 평가를 수행하는 데 사용된다. 소버린 거버넌스 프레임워크의 구성 요소로 개발된 TAF의 예는 '소버린 신뢰 보증 프레임워크'Sovrin Trust Assurance Framework(https://sovrin.org/wp-content/uploads/Sovrin-Trust-Assurance-Framework-V1.pdf)를 참조하라.

(SSI를 위한 신뢰 보증 프레임워크의 전체 주제에 대한 자세한 내용은 ToIP 거버넌스 스택 워킹 그룹의 공동 의장 스콧 페리Scott Perry의 신뢰 보장 개발 키트Trust Assurance Development Kit: http://mng.bz/6gdG를 참조하라.)

11.6.4 거버넌스 규칙

이러한 모듈은 거버넌스 기관 자체의 거버넌스에 전념한다. 이는 거버넌스 기관의 법적 형태와 거버넌스 프레임워크의 성격(알고리즘, 사람에 의한 관리, 하이브리드형)에 따라 크게 달라질 수 있다. 거버넌스 규칙은 비영리 조직 또는 컨소시엄의 헌장, 내규 및 운영 정책에 구현되는 경우가 많다.

이러한 구성 요소는 거버넌스 프레임워크에 대한 신뢰가 책임 있는 거버넌스 기관에 대한 신뢰보다 더 클 수 없기 때문에 중요하다. 거버넌스 프레임워크 자체의 변경 사항(🔲 수정 또는 개정 프로세스)을 관리하는 규칙에 특히 주의하라. 이는 변화하는 신뢰 커뮤니티의 이해 관계자, 요구 사항 및 가치를 반영하기 위해 거버넌스 프레임워크를 발전시키는 것이 얼마나 쉽고, 공정하며, 평등한지 아니면 그렇지 않은지를 나타낸다.

11.6.5 비즈니스 규칙

레이어에 관계없이 모든 종류의 인프라는 개발, 관리 및 유지 관리하는 데 실제 비용이 소요된다. 15장에서도 언급하고 있지만, 이는 사실상 전 세계의 모든 블록체인 프로젝트가 구성원에게 인센티브를 제공하기 위해 일종의 암호화폐 또는 디지털 토큰을 사용하는 이유 중 하나이다. SSI 인프라도 마찬가지다. 모든 거버넌스 프레임워크의 표준 구성 요소는 인프라를 지속적으로 유지 관리하고 개선하기 위하여 모든 구성원/참여자가 거버넌스 기관에 참여하고 유지하도록 인센티브를 제공할 대상을 결정하는 비즈니스 규칙이다.

11.6.6 기술 규칙

기술 사양과 관련하여 ToIP 재단은 거버넌스 기관이 '자체 기술'을 사용하지 말 것을 권장한다. 왜냐하면 그러한 접근 방식은 일반적으로 상호 운용성에 대한 저주이기 때문이다(모든 웹사이트가 웹 브라우저를 구축하는 '방법'을 알려준다는 걸 상상해 보라). 오히려 그것은 ToIP 재단, 분산 신원 재단DIF, W3C 자격증명 커뮤니티 그룹, 마이데이터 컨소시엄MyData Consortium 및 기타 산업 컨소시엄의 목적이며, 신뢰 커뮤니티의 요구 사항을 충족한다. 이는 공급자 종속 가능성을 최소화하면서 상호 운용성과 전이적 신뢰를 극대화한다.

특히 ToIP 기술 스택(그림 11.4의 오른쪽 절반, https://wiki.trustoverip.org/display/HOME/Technology+Stack+Working+Group)의 목표는 거버넌스 기관이 필요로 하는 선택을 표준화하는 것이다. ToIP를 준수하는 다른 거버넌스 프레임워크와의 상호 운용성을 극대화하는 방식으로 정책을 구현한다. 이상적으로 기술 정책은 해당 거버넌스 프레임워크에 필요한 필수 및 선택적 ToIP 표준 사양TSS, ToIP standard specifications의 단순한 프로필이다.

11.6.7 정보 신뢰 규칙

정보 신뢰 규칙information trust rule은 서비스 조직에 대한 미국공인회계사회(AICPA, https://www.aicpa.org/content/dam/aicpa/interestareas/frc/assuranceadvisoryservices/downloadabledocuments/trust-services-criteria.pdf)에서 정의한 정보 보안, 개인정보보호, 가용성, 기밀성 및 처리 무결성을 관리하는 정책이다. 이 범주의 통제 문서에는 일반적으로 다음의 내용이 포함된다.

- 보안 및 접근 통제
- 프라이버시 및 데이터 보호
- 정보 가용성 및 견고성
- 정보의 기밀성
- 정보 처리 무결성
- 신뢰 마크 및 공개성 규칙
- 분쟁 해결

일부 업계의 경우 이러한 요구 사항 중 많은 부분이 이미 규정으로 지정되어 있거나 ISO/EIC 27001 또는 SOC-2와 같은 업계 표준 규정 준수 인증 프로그램이 적용된다.

11.6.8 포용성, 형평성 및 접근성 규칙

이는 프레임워크가 자격이 있는 참여자를 차별하지 않고 W3C 웹 접근성 지침Web Accessibility Guidelines(www.w3.org/WAI/standards-guidelines)과 같이 특히 디지털 접근성을 목표로 하는 기능을 포함하여 모든 참가자에게 공정한 접근을 제공하는 방법을 관리하는 정책이다. 관련성이 있는 한, 이러한 정책은 디지털 보호 및 통제권도 다루어야 한다(이 장의 뒷부분에서 설명함).

11.6.9 법적 계약

모든 거버넌스 프레임워크에 법적 계약이 필요한 것은 아니다. 이는 프레임워크의 설계 및 법적 아키텍처와 거버넌스 기관에 따라 다르다(11.8절 참조). 그러나 프레임워크가 특정 역할에서 구성원의 명확한 권리와 의무를 정의하는 경우 프레임워크에 이러한 목적을 위한 표준 법적 계약이 포함되는 것은 당연하다. 법적 계약을 포함하는 또 다른 일반적인 이유는 특히 보안, 개인정보보호, 데이터 보호 및 포용성 영역에서 규정 준수를 지원하기 위한 것이다.

일반적으로 이러한 계약은 구성원과 거버넌스 기관 간의 계약 형태이다. 여기에는 양 당사자의 권리와 의무가 포함된다. 거버넌스 프레임워크의 전체 구조는 종종 이러한 계약을 단순화할 수 있는데,

이는 법적 계약 내용의 표준 구성 요소 중 많은 부분('설명whereas'[5] 조항, 용어의 정의 및 관련 비즈니스 규칙)이 프레임워크의 다른 부분에 정의되어 있고 참조에 의해 포함될 수 있기 때문이다. 거버넌스 기관의 일반적인 운영 요건은 실행, 등록, 모니터링이며 필요한 경우 참여하는 구성원과의 계약을 해지하는 것이다.

11.7 디지털 후견

이 장에서 디지털 후견digital guardianship을 몇 차례 다루었다. 후견과 그들의 피보호자에게 적용되는 법적, 비즈니스 및 사회 정책과 비교하면 기술적인 측면은 약하다. 그 이유는 소버린 거버넌스 프레임워크(https://sovrin.org/wp-content/uploads/Sovrin-Governance-Framework-V2-Master-Document-V2.pdf)의 2항에서 가져온 후견에 대한 다음과 같은 정의에서도 볼 수 있다.

> 후견
>
> '개인의 신원 데이터를 직접 통제할 수 없는 개인(피보호자)은 통제할 수 있는 다른 신원 관리자(개인 또는 조직)를 지명할 권리가 있다. 피보호자가 후견인을 직접 지명할 수 없는 경우에도 피보호자는 자신을 대신할 후견인을 지명할 권리가 있다. 피보호자는 피보호자의 신원 데이터에 대한 완전한 통제권을 주장함으로써 자신에 대한 주권을 가질 후견인은 피보호자가 필요한 능력을 가지고 있음을 입증할 수 있는 경우 이 절차를 즉시 지원할 의무가 있다. 후견인은 위임 또는 사칭과 혼동되어서는 안 된다. 소버린 거버넌스 프레임워크에 따른 후견은, 생전 신탁 등을 포함한 다양한 법적 구성으로 적절한 상황에서 매핑되어야 한다.'

간단히 말해서 후견인의 경우 궁극적으로 피보호자가 후견인을 이용하거나 사칭하는 것을 방지할 수 있는 기술적 메커니즘이 없다. 이는 실제 후견의 동일한 수준의 취약성을 반영한다.

NOTE 이전 절에서 논의한 바와 같이, 디지털 후견을 위해 설계된 거버넌스 프레임워크는 정보 수탁자로서의 분류에 속한다. 이것은 법률 분야에서 새롭고 빠르게 확장되는 영역이다. 자세한 내용은 해당 주제에 대한 전자 프런티어 재단(Electronic Frontier Foundation, EFF) 문서와 예일대 로스쿨의 헌법 및 수정헌법 1차 개정 분야 교수인 잭 M. 발킨(Jack

---

5 　[옮긴이] 보통 설명 조항에 있어서는 당사자가 계약 체결에 이른 경위나 당사자의 목적, 즉 주된 계약의 주된 내용의 개요를 기재하는 것이 관례이다. 원칙적으로 설명 조항에 기재된 내용은 특별한 법적 효력을 갖지 아니하며, 따라서 계약내용에 영향을 미치지 아니한다. 그러나 계약내용이 조항만으로는 불명확한 경우에 설명조항은 계약 당사자의 진의를 파악하는 하나의 자료가 될 수 있다. 또 당사자는 '표시에 의한 금반언'(estoppel by representation)의 법리에 따라서 설명 조항의 내용에 반하는 사실을 주장할 수 없는 경우가 생길 수 있으므로 설명 조항은 되도록 간단하게 하고 불필요한 것은 언급하지 않도록 주의하여야 한다. 활용하는 예로는 다음과 같다. WHEREAS, PRINCIPAL is engaged in the business of manufacturing and exporting various Korea-made products(hereinafter referred to as "PRODUCTS") for sale of its majority in the world-wide markets including Indonesia ; and WHEREAS, AGENT desires to be appointed an agent to solicit orders for PRODUCTS, and PRINCIPAL is willing to make such appointment, but only subject to the terms and conditions set forth below(대한상사중재원, http://www.kcab.or.kr/html/kcab_kor/data/data_list02_4.jsp#data_guide02)

M. Balkin)의 2015년 기초 논문 '정보 수탁자와 수정헌법 1조(Information Fiduciaries and the First Amendment)'(https://lawreview.law.ucdavis.edu/issues/49/4/Lecture/49-4_Balkin.pdf)를 추천한다.

이것이 거버넌스 프레임워크와 관련하여 후견이 특별한 경우인 이유이며 이러한 목적에 특화된 거버넌스 프레임워크로 이어질 가능성이 높다. 일부는 정부에서 직접 제공하거나, 적십자 또는 세계은행 ID4D 프로젝트와 같은 국제 비정부기구NGO에서, 다른 것은 난민, 인신매매, 노숙자, 치매 등과 같은 문제에 전념하는 전문 비정부기구에서 제공될 수 있다. (이 주제에 대한 자세한 내용은 소버린 재단의 후견 워킹 그룹Guardianship Working Group의 백서 '자기주권신원에서 후견On Guardianship in Self-Sovereign Identity – https://sovrin.org/guardianship'을 참고하라.)

11.8 법적 집행

SSI 거버넌스 프레임워크에 대하여 자주 받는 또 다른 질문은 '법적 집행이 가능한가? 아니면 정책을 위반할 경우 실질적인 제제가 없는 신탁 커뮤니티 회원들이 선의로 하는 발언에 불과한가?'이다.

이 장의 앞부분에서 언급했듯이, 답은 신뢰 커뮤니티의 요구와 거버넌스 프레임워크의 설계에 따라 다르다는 것이다. 확실히, 거버넌스 프레임워크가 특정 역할을 수행하는 구성원에 대한 특정한 계약상의 의무를 설정하는 법적 계약을 명시하는 경우 다른 계약과 마찬가지로 계약법에 따라 법적 집행이 가능하다. 예를 들어, 소버린 거버넌스 프레임워크(다음 절에서 설명)에는 세 가지 역할에 대한 법적 계약이 포함되어 있다.

- 소버린 원장의 노드를 하는 '노드 운영자'Stewards(https://sovrin.org/wp-content/uploads/Sovrin-Steward-Agreement-V2.pdf)
- 원장에 트랜잭션을 기록하는 '트랜잭션 당사자'Transaction authors(https://sovrin.org/wp-content/uploads/Transaction-Author-Agreement-V2.pdf)
- 트랜잭션을 승인하기 위해 디지털 서명을 하는 '트랜잭션 승인자'Transaction endorsers(https://sovrin.org/wp-content/uploads/Transaction-Endorser-Agreement-V2.pdf)

2018년 유럽연합의 일반 데이터 보호 규정(GDPR)이 시행된 후 위에서 언급한 세 가지 법적 내용은 모두 '데이터 통제인' 또는 '데이터 처리자'로서 세 당사자의 규제 의무를 설명하기 위해 신중하게 수정해야 했다. 그 결과 2세대 소버린 거버넌스 프레임워크에 2개의 법적 내용이 더 추가되었다. (자세한 내용은 소버린 거버넌스 프레임워크 워킹 그룹에서 발행한 이 주제에 대한 백서(https://sovrin.org/data-protection)를 참조하라.)

그러나 디지털 권리를 법적으로 집행할 때마다 권력의 비대칭이 문제가 된다. 자신의 권리를 보호해야 하는 개인과 이를 침해한 기업 또는 정부 중 누가 더 큰 법적 전문성과 자원을 가지고 있는가? 이것은 공정한 것이 아니다. 사실, 대부분의 경우 분쟁이 발생하지 않는다. 왜냐하면 개인은 링에 올라갈 여유가 없기 때문이거나 두려워하기 때문이다.

SSI 거버넌스 프레임워크는 이러한 경쟁의 장을 평준화하고 신뢰 커뮤니티의 모든 사람이 올바른 일을 하도록 격려하는 새로운 도구를 제공한다.

- **커뮤니티 전반에 걸친 투명한 정책:** 개인정보보호 정책이 실제 개인 정보를 제공하는 데 그토록 비효율적인 이유 중 하나는 모든 사이트에 자체 정책이 있기 때문이다. 개인정보보호 전문가인 알리시아 M. 맥도널드Aleecia M. McDonald와 로리 페이스 크래너Lorrie Faith Cranor가 2008년에 작성한 보고서에 따르면 미국의 인터넷 사용자가 사용하는 모든 웹 사이트의 개인정보보호 정책을 읽는 데 평균 200시간 이상이 소요되며 모든 사용자가 미국 경제에 연간 7,810억 달러의 생산성 손실이 발생할 것으로 추정했다[3]. 제대로 설계된 거버넌스 프레임워크는 모든 구성원에게 적용되는 개인정보보호, 보안, 데이터 보호 및 기타 디지털 신뢰 정책에 대한 일정한 기준을 설정할 수 있으므로 전반적인 신뢰 커뮤니티의 신뢰를 높일 수 있다.
- **커뮤니티 모니터링 및 평판 인센티브:** 모든 결점에도 불구하고 소셜 미디어는 참여자가 시장에서 좋은 평판을 유지할 수 있는 강력하고 새로운 인센티브를 창출했다. 제대로 설계된 거버넌스 프레임워크와 커뮤니티 기반 모니터링 및 보고 메커니즘은 이와 동일한 인센티브를 활용하여 구성원이 규칙을 따르도록 동기를 부여할 수 있다.
- **집단 행동:** 처음 두 가지 도구가 충분하지 않은 경우 거버넌스 프레임워크는 위반자에 대해 집단 행동을 취하는 구성원에 대한 특정 법적 지원을 통합할 수 있다. 설계에 있어서 규칙을 위반하지 않도록 하는 매우 효과적인 유인이 될 수 있다.

일부 SSI 전문가는 신뢰 경계를 넘어 암호화로 검증 가능한 주장을 공유하기 위한 SSI의 기초가 훨씬 더 효과적이고 확장 가능한 평판 시스템을 가능하게 하여 거버넌스 프레임워크의 법적 집행이 거의 필요하지 않을 것이라고 믿는다. 우리는 이 예측이 사실인지 확인하게 될 것이다.

11.9 사례

SSI 거버넌스 프레임워크는 SSI의 초기에 있으므로 아직 제시할 만한 실제 사례가 많지 않다. 표 11.3은 초기 시장 진입자 중 일부를 요약한 것이다.

표 11.3 SSI 호환 거버넌스 프레임워크의 예

사례	설명
소버린 거버넌스 프레임워크 (SGF, https://sovrin.org/ governance- framework)	이 장에서 이미 여러 번 언급했지만 이것은 SSI를 위해 명시적으로 설계된 가장 성숙한 거버넌스 프레임워크이다. 첫 번째 버전은 2017년 6월 소버린 재단에서,F 두 번째 버전은 2019년 12월에 게시되었으며, 현재 세 번째 버전은 소버린 거버넌스 프레임워크 워킹 그룹에서 개발 중이다. SGF는 소버린 유틸리티 거버넌스 프레임워크와 소버린 생태계 거버넌스 프레임워크, 두 가지 ToIP 호환 거버넌스 프레임워크로 분할된다. SGF는 크리에이티브 커먼즈(Creative Commons)에 따라 라이선스가 부여되어 있으므로 신뢰 커뮤니티는 이를 자체 거버넌스 프레임워크의 기반으로 사용할 수 있다.
베레스 원(Veres One) 거버넌스 (https://veres.one/network/ governance)	베레스 원(Veres One)은 비허가형 및 허가형 모든 측면이 있는 하이브리드 블록체인 네트워크이다. 베레스 원 커뮤니티 그룹, 이사회, 자문 위원회, 노드 및 유지관리와 같은 5자 시스템에 의해 관리된다.
CCI 거버넌스 프레임워크 (https://www.covidcreds.com)	이것은 COVID-19 자격증명 이니셔티브의 규칙 태스크포스의 결과물이다. 첫 번째 버전은 2020년 6월에 제공되었으며 두 번째 버전은 현재 개발 중이다.
루메딕(Lumedic) 의료 네트워크 거버넌스 프레임워크(https:// www.lumedic.io/ perspectives/ introducing-lumedic- connect)	이는 환자 중심의 의료 서비스를 VC로 교환하기 위해 특별히 설계된 최초의 SSI 거버넌스 프레임워크이다. 2020년 11월에 발표된 첫 번째 버전은 2021년 4분기에 게재될 것이다.
범-캐나다 신뢰 프레임워크 (Pan-Canadian Trust Framework)	SSI에 대하여 구체적이지는 않지만, 이것은 전 세계에서 가장 성숙한 국가적 차원의 거버넌스 프레임워크이며, 최신 버전은 SSI의 핵심 아키텍처 설계 원칙을 통합하기 위해 특별하게 수정되었다. 전체 내용은 23장을 참조하라.

우리는 SSI 거버넌스 프레임워크의 수가 2021년에 빠르게 증가하기 시작할 것으로 예상한다.

이 책의 저자들이 알고 있는 일련의 노력은 다음과 같다(ToIP 거버넌스 스택 작업 그룹은 SSI 기반 및 ToIP 기반 거버넌스 프레임워크 목록을 시장에 출시될 때 유지 관리한다).

- 핀란드(https://www.findy.fi), 독일(https://www.snet.tu-berlin.de/menue/projects/ssi4de) 및 캐나다 (https://canacred.ca)의 ToIP 레이어 1 네트워크
- 유럽연합EU에서 진행 중인 국가 SSI 거버넌스 프레임워크: 유럽 자기주권 신원 프레임워크(https:// www.eesc.europa.eu/sites/default/ files/files/1._panel_-_daniel_du_seuil.pdf), eSSIF-Lab Lab(https://essif-lab.eu) 및 뉴질랜드(https://www.digital.govt.nz/digital-government/programmes-and-projects/digital-identity-programme/digital-identity-trust-framework/)

- 생태계 거버넌스 프레임워크는 조직 신원을 위한 글로벌 법인식별기호 재단Global Legal Entity Identifier Foundation과 글로벌 공급망을 위한 GS1[6]에서 개발 중이다.

다른 많은 블록체인 관련 프로젝트에는 SSI를 통합하려는 거버넌스 프레임워크가 있다. 예를 들면 엔터프라이즈 이더리움 얼라이언스EEA(Enterprise Ethereum Alliance, https://entethalliance.org) 및 코다 네트워크Corda Network(https://corda.network/governance/governance-guidelines)가 있다. 이 책이 출판된 시점에서 SSI 거버넌스 프레임워크의 좋은 예는 몇 개에 불과하지만 현재 많은 프로젝트가 진행되고 있다.

SSI 참고자료

SSI에 대해 더 자세한 내용은 IdentityBook.info와 SSIMeetup.org/book을 참고하라.

참고문헌

[1] Windley, Phil. 2018. "Decentralized Governance in Sovrin." Technometria. https://www.windley.com/archives/2018/02/decentralized_governance_in_sovrin.shtml.

[2] Van Deventer, Oskar. 2019. "Self-Sovereign Identity - The Good, the Bad and the Ugly." TNO. https://blockchain.tno.nl/blog/self-sovereign-identity-the-good-the-bad-and-the-ugly.

[3] McDonald, Aleecia M. and Lorrie Faith Cranor. 2008. I/S: A Journal of Law and Policy for the Information Society 4 (3): 543–568. https://kb.osu.edu/handle/1811/72839.

---

6   옮긴이 GS1은 글로벌 비즈니스 커뮤니케이션 표준을 개발하고 유지하는 비영리 단체다. 이 단체가 추진한 표준 중 가장 잘 알려진 것은 바코드로, 전자 스캔이 가능한 제품에 인쇄된 기호이다. 1억 개 이상의 제품이 GS1 바코드를 채용하고 있으며 매일 60억 회 이상 스캔되고 있다 (위키피디아).

III

삶의 모델로서 분산화

급속히 발전하는 다른 기술의 업적과 마찬가지로 SSI도 기존 기술을 바탕으로 하여 이루어졌다. 12장과 13장에서는 SSI를 이루는 두 가지 기본 요소를 설명한다.

- 오픈소스 및 자유 소프트웨어 운동
- 암호학을 변혁의 기반으로 하여 블록체인 기술의 발전을 이끈 **사이퍼펑크** 운동

14~17장에서는 이러한 토대를 마련하여 기술 안팎으로 현대 사회의 다른 측면에서 어떤 의미가 있는지 살펴본다. 여기에는 다음과 같은 내용이 포함된다.

- 세계평화운동
- 분산화에 대한 기술적·사회적 경향과 이러한 경향이 뿌리내린 신념체계
- 글로벌 SSI 커뮤니티의 진화(생각보다 큰 규모)
- 신원과 돈의 교차점(이것 또한 생각보다 큰 규모)

PART 3

Decentralization as a model for life

12

오픈 소스 소프트웨어가 자기 주권 신원을 제어하는 데 도움이 되는 방법

리처드 에스플린 Richard Esplin

닥 설즈Doc Searls와 데이비드 와인버거David Weinberger가 "아무도 소유하지 않고, 모든 사람이 사용할 수 있으며, 누구나 개선할 수 있다."라고 말한 것과 같이 기본적인 레이어(토대)가 되어야 하는 오픈 소스 소프트웨어에 모든 인터넷 인프라가 크게 의존하고 있다. 그러나 SSI에서는 오픈 소스가 훨씬 더 중요한 역할을 한다. 이를 설명하기 위해, 에버님Evernym(2021년 12월 Avast에서 인수)의 프로덕트 매니지먼트 이사인 리처드 에스플린에게 이 장을 써달라고 부탁했다. 그는 전에 알프레스코Alfresco(2020년 Hyland Software에서 인수)에서 영업, 마케팅, 프로젝트 매니지먼트 업무를 8년간 담당했다.

1984년, 기술 저널리스트 스티븐 레비Steven Levy는 그의 첫 번째 주요 서서인 《해커스: 컴퓨터 혁명의 영웅들Hackers: Heroes of the Computer Revolution》을 출간했다[1]. 그는 **해커**hacker라는 용어의 원래 의미 그대로, 창의력과 지적 장난기로 공학에 긍정적인 영향을 미친 기술 분야의 선구자들을 기렸다. 13장에서 자세히 설명하겠지만, 사실 해커는 악의적으로 컴퓨터 시스템에 침입한 사람이라는 꼬리표를 붙일 때 불쾌감을 느낀다. 왜냐하면 해커는 이를 **크래커**cracker라고 부르기 때문이다. [2]. 책을 출간하기 위한 회의에서 참석자들은 소프트웨어 기술의 미래에 대해 토론했는데, 스튜어트 브랜드Stewart Brand는 다음과 같이 말했다.

> "한편으로, 정보는 매우 가치가 있기 때문에 비싸게 될 것이라 한다. 올바른 곳에 있는 올바른 정보는 여러분의 삶을 바꿀 것이지만, 반면에 정보를 빼내는 비용은 점점 더 낮아지므로, 정보

도 무료가 되기를 원한다. 그래서 해커와 크래커가 서로 싸우게 된 것이라 할 수 있다."**1** [3].

이러한 긴장감은 기술분야에 항상 존재해왔고 우리의 디지털 신원에도 심각한 영향을 미친다. 소프트웨어 산업은 우리의 디지털 신원을 구성하는 정보를 상품화하려는 강한 동기를 가지고 있으며, 그 과정에서 많은 보상을 받았다. 이윤 추구는 '정보는 자유로워지고 싶다'는 구호를 따르는 일부 운동가와 시민 기술자들의 저항에 직면한다. 그들은 사회가 정보, 특히 과학 및 기술 지식의 접근을 제한함으로써 피해를 입었다고 믿기 때문에, 사용자가 소프트웨어 작동 방식에 대한 가시성을 확보하고 통제할 수 있도록 소프트웨어를 수정하는 데 필요한 소스 코드를 공유하도록 권장한다.

소프트웨어 개발에 대한 이러한 접근은 화자의 동기에 따라 다른 이름으로 지칭된다. 소스 코드를 공유하는 것이 사람들의 자유에 기여하기 때문에 윤리적 의무라고 믿는 사람들은 이를 '자유 소프트웨어'나 '리브레libre 소프트웨어'라고 부른다. '리브레libre'란 용어는 사용의 자유와 공학의 개방성을 강조하기 위한 것으로, 이런 움직임이 비용 절감 이상이라고 말하는 것이 종종 무료라는 용어와 대조된다. 자유 소프트웨어는 기술에 대한 액세스를 대중화하고 기술 공급 업체의 책임을 강화시키며 사용자가 사용하는 디지털 도구를 자유롭게 제어할 수 있도록 한다. 오픈 소스라는 용어를 사용하는 사람들은 일반적으로 더 빠른 혁신, 더 높은 수준의 품질, 더 폭넓은 협업, 시장에서의 경쟁력 향상을 할 수 있는 소스 코드에 접근할 수 있는 엔지니어링 이익에 초점을 맞추고 있다.

자기주권신원SSI의 세계와 그것이 사회에 미칠 수 있는 영향을 완전히 이해하기 위해서는 자유 소프트웨어와 오픈 소스 운동의 중요성에 대해 알아야 한다. 이러한 개념에 이미 익숙하다면 다음 장으로 건너뛰어 분권화가 SSI 세계를 어떻게 형성하는지 자세히 살펴볼 수 있다.

12.1 자유 소프트웨어의 기원

소프트웨어를 공유해야 한다는 태도는 컴퓨팅의 초기로 거슬러 올라간다. 계산 이론은 20세기 초에 수학의 한 분야로 여겨졌고, 디지털 계산 기술은 결과를 발표하는데 익숙한 정부 및 학술 연구자들에 의해 개발되었다. 1950년대에 이르러 범용 컴퓨터 하드웨어**2**를 구입할 수 있었지만, 그때까지도 사용자들은 소프트웨어를 제품이라고 생각하지 않았다. 그들의 디지털 계산 기술처럼 서로 교환하는 정보로 생각했다[4].

---

1   조슈아 간스가 실제 대화 영상을 추적하여 이 인용을 바로잡았지만(https://digitopoly.org/2015/10/25/information-wants-to-be-free-the-history-of-that-quote), 업계에 미친 영향 때문에 레비의 인용구에 오류가 있어도 그대로 사용하였다.

2   맨체스터 페란티 마크 1(Manchester Ferranti Mark I)은 1951년 2월에 인도되었으며, 컴퓨터 역사 박물관(https://www.computerhistory.org/time line/1951)에서 상업적으로 이용 가능한 최초의 범용 컴퓨터다.

1955년 IBM 사용자가 설립한 쉐어SHARE(https://www.share.org)와 같은 기술 사용자 그룹이 산업계와 함께 발전하였고, 이러한 환경에서 AT&T가 제품을 상용화할 수 없도록 한 미국 정부와의 독점 금지 합의로 인해 소스 코드와 함께 이를 학계에 배포한 AT&T 벨 연구소에서 기본 운영체제 유닉스Unix 가 만들어진 것이다[5]. 유닉스 도입과 광범위한 영향력은 운영체제에 대한 개선사항을 조사하고 수정하고 공유하는 문화에 의해 촉진되었다. 이것은 결국 소스 코드를 포함한 UC 버클리에서 유닉스 (BSD,³ 버클리 소프트웨어 배포)를 무료로 배포하게 만들었다.

산업이 성숙해지면서 애호가들은 업무 외 소프트웨어 도구를 실험하기 시작했다. 홈브루 컴퓨터 클럽Homebrew Computer Club은 나중에 애플 소프트웨어가 될 아이디어를 개발하면서 스티브 잡스와 스티브 워즈니악과 같은 훌륭한 실리콘 밸리 기업가를 키웠다[6]. 이 컴퓨터 클럽들은 또한 소프트웨어를 공유할 수 있는 유명한 장소였는데, 1975년에 '마이크로소프트'의 창립자인 젊은 빌 게이츠가 발행한 '애호가들에게 보내는 공개 편지Open Letter to Hobbyists'에서 애호가들이 '공유'라고 부르는 것이 실제로는 도둑질이고, 상업적인 소프트웨어 산업이 성공하는 것을 방해할 수 있다고 주장했다[7]. 그 때부터, 대부분의 소프트웨어 산업은 소프트웨어의 배포를 제한하고 소스 코드에 대한 접근을 제한함으로써 소프트웨어의 가치를 높이기 위해 노력해왔다.

일부에서는 제한에 대해 더 공유하는 것으로 대응했다. 매사추세츠 공과 대학에서 대학원생으로 일하는 동안, 리차드 스톨먼Richard Stallman이라는 재능 있는 소프트웨어 엔지니어는 AI 연구실의 동료가 회사에 취업했는데, 이후 회사가 그의 동료와 계속 협력하는 것을 방해한 것이 회사임에 실망하고는 불쾌하였고 비윤리적인 것으로 보았다. 이에 대해 그는 회사의 제품을 독단적으로 복제하고 무료로 출시하는 데 주력했다. 그는 이를 엔지니어 팀의 업무로 하여 성과를 내었을 때, 그는 뜻을 넓혀 1983년에 그누GNU, GNU's Not Unix의 약어⁴라는 명칭으로 모든 유닉스를 자유롭게 사용할 수 있는 복제본을 만들 계획을 발표했다[8].

공유와 협력을 장려하는 무료 유닉스 호환 운영체제라는 스톨먼의 목표를 달성하려면 소프트웨어 이상의 혁신이 필요했다. 1985년 스톨먼은 기부금을 모으고, 거버넌스를 조정하며, 자유 소프트웨어 프로젝트를 후원하기 위해 자유 소프트웨어 재단Free Software Foundation(https://www.fsf.org)을 설립했다.

---

3 옮긴이 BSD(Berkeley Software Distribution)는 1977년부터 1995년까지 미국 캘리포니아 대학교 버클리(University of California, Berkeley) 의 CSRG(Computer Systems Research Group)에서 개발한 유닉스 운영체제이다. 오늘날 BSD라는 용어는 유닉스 계열 운영체제에서 분기되어 형성된 BSD 파생판을 두루 가리키는 용어로 자리 잡혀 있다. 오리지널 BSD 코드로부터 파생된 운영체제들은 현재까지도 활발히 개발되고 널리 사용되고 있다.

4 옮긴이 GNU(그누)는 운영체제의 하나이자, 컴퓨터 소프트웨어의 모음집이다. GNU는 온전히 자유 소프트웨어로 이루어져 있으며, 그 중 대부분이 GNU 프로젝트의 GPL로 라이선스 된다. GNU는 GNU's Not Unix! (GNU는 유닉스가 아니다!)의 약자이며, 이렇게 선정된 이유는 GNU의 디자인이 유닉스 계열이지만 자유 소프트웨어인 점과 유닉스 코드를 포함하지 않는다는 점에서 차별을 두려는 것이다(위키피디아).

스톨먼은 재단을 통해 프로그램 사용자가 반드시 가져야 하는 4가지 기본적 자유('역사적 이유' 때문에 0부터 시작)를 정립했다[9].

0. 어떤 목적으로든 원하는 대로 프로그램을 실행할 수 있는 자유.

1. 프로그램의 작동 방식을 연구하고 원하는 대로 작동하도록 변경할 수 있는 자유. 소스 코드에 대한 접근은 이를 위한 전제 조건이다.

2. 다른 사람에 도움이 되는 복사본을 재배포할 수 있는 자유.

3. 수정한 프로그램을 다른 사람들에게 배포할 자유. 이렇게 함으로써 커뮤니티에 수정한 프로그램의 이익을 다시 환원할 수 있다. 소스 코드에 대한 접근은 이를 위한 전제 조건이다.

스톨먼은 소프트웨어를 중개인을 통해 받을 때에도 자유 소프트웨어의 사용자들에게 이러한 자유를 보장하기를 원했다. 1989년 그는 저작권법과 소프트웨어 라이선스를 교묘하게 사용함으로써 사용자의 자유를 보호할 수 있는 법적 도구를 고안했는데, 이는 다른 사람들이 소프트웨어 공유를 막기 위해 사용하는 기술과 동일한 기법이다. 저작권은 저작자의 허가 없이 소프트웨어의 복사를 제한하며, 그 허가는 종종 사용 조건을 규정하는 소프트웨어 라이선스의 형태로 제공된다. 스톨먼의 소프트웨어 라이선스인 GNU 일반 공개 라이선스GNU General Public License, GPL는 소스 코드가 소프트웨어의 복사본에 포함되도록 요구한다. 또한 개발자가 다른 프로그램에 그 코드를 포함하기로 결정한다면, 통합된 저작물은 일반 공개 라이선스의 조건에 의해서만 합법적으로 배포될 수 있다. 스톨먼은 이 저작권copyright의 교묘한 사용에 대해 카피레프트copyleft[5] 공유가 필요하다고 단정했다.

1991년까지 GNU 프로젝트는 운영체제 기능을 위한 대부분의 구성 요소를 포함했지만, 여전히 하드웨어와 모든 프로그램을 조정하기 위한 접점인 '커널kernel[6]'이 부족했다. 그 해, 헬싱키 대학의 리누스 토발즈Linus Torvalds라는 학생이 새로운 인텔 386 PC를 구입하여 연습용으로 커널을 작성했다. 그의 커널과 GNU 도구를 결합함으로써, 개인용 컴퓨터를 위한 유닉스 호환 운영체제를 만들 수 있었다. 토발즈는 이것이 개선에 기여하고자 하는 사람에게 유용한지 알아보기 위해 커널을 웹 이전의 인터넷에 공유했는데, 그는 전 세계 사람들이 커널을 사용하고 개선점을 제안했다는 것에 놀랐다.

---

5   [옮긴이] 카피레프트(copyleft) 또는 저좌권(著佐權)은 저작권(copyright, 카피라이트)에 반대되는 개념으로, 저작권에 기반을 둔 사용 제한이 아니라 저작권을 기반으로 한 정보의 공유를 위한 조치이다. 즉, 저작권 소유자가 자신의 창작물을 무료로 사용하도록 허용하는 것이다. 카피레프트를 주장하는 사람들은 보통, 지식과 정보는 소수에게 독점되어서는 안 되며, 모든 사람에게 열려 있어야 한다고 주장한다. 카피레프트는 정보를 사용할 권리를 2차 저작물의 저작자에게 전달하며, 또 이러한 권리의 전달을 막지 않을 것을 주요 요건으로 삼고 있다(위키피디아).

6   [옮긴이] 커널(kernel)은 컴퓨터의 운영체제의 핵심이 되는 컴퓨터 프로그램의 하나로, 시스템의 모든 것을 완전히 통제하며, 운영체제의 다른 부분 및 응용 프로그램 수행에 필요한 여러 가지 서비스를 제공한다(위키피디아).

이러한 새로운 운영체제는 곧 리눅스라고 불렸지만, 자유 소프트웨어 옹호자들이 강조하는 바와 같이 GNU/리눅스라고 하는 것이 더 정확한 표현이다. 토발즈는 많은 기여들을 관리하고, 개발하는 동안 GNU 툴의 도움을 받았기 때문에 개발 1주년 즈음에 GNU GPL로 라이선스를 변경했다. 시간이 지난 후에, 토발즈는 GNU GPL 라이선스를 선택한 이유는 자유 소프트웨어의 윤리에 대한 정치적인 선언 때문이 아니라, 소스 코드를 공유하는 것이 엔지니어링에 있어서 더 나은 접근방식이기 때문이라고 밝혔다[10].

12.2 오픈 소스로 기업들을 구애하다

소스 코드를 공유하는 것이 왜 더 나은 제품으로 귀결되는지를 설명하기 위해, 초기 리눅스 기고자이자 자칭 해커 인류학자 에릭 레이먼드Eric Raymond는 하향식 개발과 경쟁 방식의 개발을 구별했다. 두 가지 유형 모두 경제적 가치를 창출할 수 있지만, 경쟁 방식으로 참여하는 각자가 경쟁적으로 '스스로 가려운 곳을 긁어내는' 아이디어만큼 혜택을 받고 참가자들의 요구에 맞추게 된다. 이 프로젝트 또한 다양한 관점을 가진 다수의 개발자가 기여했는데, 어느 개발자들에게는 복잡한 것이 다른 개발자들에게 단순한 것일 수 있고, 레이먼드 말처럼, "보는 눈이 많을수록, 모든 오류bug는 드러나기 마련이다."**7**라는 것이기 때문이다[11]. 이러한 실용적인 이점 외에도, 많은 개발자들은 경쟁 방식의 개별적으로 추진하여 협력하는 개발 모델이 하향식 개발보다 더 재미있다고 본다.

단지 리눅스만 개방형 개발 모델의 혜택을 누리는 유일한 소프트웨어 프로젝트는 아니었다. 일리노이 대학에 있는 국가슈퍼컴퓨팅응용센터National Center for Supercomputing Applications, NCSA는 사람들이 새로운 월드 와이드 웹에 대한 정보를 게시할 수 있는 무료 프로그램을 발표했다. NCSA는 지속적인 개발에는 관심이 없었지만, 코드는 사용할 수 있었고, 다른 개발자들은 그것을 개선하고자 했다. 그들은 아파치 그룹Apache Group을 자체적으로 조직했고, 몇 년 후 아파치 HTTP 서버는 인터넷에서 가장 인기 있는 웹 서버가 되었다.

---

7 옮긴이 리누스의 법칙(Linus's Law)은 리누스토발즈의 이름을 따온 소프트웨어 개발에 관한 주장으로, 에릭 레이먼드가 그의 수필이자 책인 《성당과 시장》(1999년)에 표현하였다. 이 법칙은 "Given enough eyeballs, all bugs are shallow"로 기술하며, 즉 "베타 테스터와 공동 개발자 기반이 충분히 클 경우, 거의 모든 문제는 빠르게 특징을 구별해낼 수 있고 수정할 부분이 누군가에게는 명확히 보이게 된다"는 뜻이다. 소프트웨어 인수에 대한 합의 도달이 목표인 여러 개발자들에게 코드를 보이는 일은 소프트웨어 검토의 일반적인 형태이다. 연구자들과 이를 실행하는 사람들은 버그와 보안 문제를 찾아내는 다양한 종류의 검토 과정의 효율성을 반복적으로 보여주고 있다.

1990년대 중반까지 레드햇Red Hat[8]과 수세SUSE[9]와 같은 새로운 회사들은 자유 소프트웨어의 번창하는 생태계를 상용화하려고 시도했다. 이러한 젊은 기업들은 그들의 새로운 사업 모델을 설명하는 것이 지배 문화에 대항하는 개발 스타일 때문에 도전이 된다는 것을 알았다. 비즈니스 리더들은 'Free'가 법적 권리와 자유 대신 가격(무료)을 지칭하고 있어서 종종 자유 소프트웨어가 판매될 수 없다고 판단했고, 스톨먼과 자유 소프트웨어 재단이 취한 윤리적 입장은 협력 개발의 이점에 대한 상업적 논의에서 벗어나는 것으로 보였다.

그럼에도 불구하고, 자유 소프트웨어 운동은 1998년에 의미심장한 상업적 관심을 받기 시작했다. 먼저 넷스케이프Netscape는 모질라 파이어폭스Mozilla Firefox로 발전하게 될 웹 브라우저의 소스 코드를 공개할 것이라고 발표한 이후에, IBM은 아파치 HTTP 서버에 기여할 것이라고 했으며, 오라클Oracle은 주력 데이터 베이스를 리눅스로 이식port할 것이라고 했다. 이러한 발표들은 자유 소프트웨어를 주류가 되도록 하였고, 어떻게 하면 자유 소프트웨어 브랜드를 기업에 적합하게 만들 수 있는지가 자유 소프트웨어 컨퍼런스에서 일반적인 주제가 되었다.

1998년 말, 대부분의 개발자들은 예측 연구소Foresight Institute의 설립자인 크리스틴 피터슨Christine Peterson이 만든 '오픈 소스'라는 용어를 사용하고 있었다[12]. 오픈 소스 이니셔티브(https://opensource.org)는 상표를 보유하고 사용자의 자유를 충분히 보호할 수 있는 소프트웨어 라이선스를 중재하기 위한 법인으로 설립되었다. 오픈 소스 이니셔티브는 다양한 상업용 모델을 수용하는 자유 소프트웨어 재단보다 더 광범위한 라이선스를 승인했지만, 기업과 소비자들은 승인된 오픈 소스 라이선스에 따라 배포된 소프트웨어가 스톨먼이 기술한 4가지 필수적인 자유를 보호할 것이라 확신할 수 있었다.

많은 개발자들은 즉시 '오픈 소스' 브랜드를 받아들였지만, 리차드 스톨먼은 자유를 충분히 강조하지 않기 때문에 그 용어의 사용을 거부하는 중요한 세력을 대표한다. 그는 "다른 이름으로 자유 프로그램이 오늘날 여러분에게 같은 자유를 주겠지만, 지속적으로 자유를 확립하는 것은 사람들에게 자유를 소중하게 여기도록 가르치는 것에 달려 있다."라고 말한다[13]. 이 책의 많은 관점이 보여주는 바와 같이, 이러한 종류의 의견 불일치는 모든 커뮤니티에서 발생하는데, 이것이 거버넌스 시스템을 신중하게 설계해야 하는 이유이다(11장을 참고하라).

---

8 [옮긴이] 레드햇(Red Hat)은 1993년에 창립된 리눅스 배포판 제작회사로, 레드햇 리눅스를 제작했다. 오픈 소스를 비즈니스로 전개하면서 소프트웨어를 무료로 공급하고 지원을 유료로 하는 비즈니스 모델을 기본으로 하였지만, 최근에는 고도화된 소프트웨어를 유료로 판매하는 비즈니스도 시작하고 있다. 리눅스가 등장하고 초기에는 일반적인 사용자가 사용하기 쉽게 리눅스 커널을 중심으로 GNU 프로젝트, BSD, X11 등의 소프트웨어를 조합하여 공급하는 형태로 리눅스 초기의 확산에 많은 공헌을 해왔다.

9 [옮긴이] 수세 리눅스(SUSE Linux) 배포판은 컴퓨터 운영체제이다. 리눅스 커널을 최상위로 하여 만들어졌으며 다양한 프로젝트로부터 나온 시스템 소프트웨어와 응용 소프트웨어를 포함하여 배포한다. 수세 리눅스는 본래 독일에서 나왔으며 주로 유럽에서 개발된다. 최초의 배포판은 1994년 초에 나타났는데 수세 리눅스가 가장 오래된 상용 배포판임을 말해 준다. 수세 브랜드와 상표는 수세를 사들인 2003년 이후부터 노벨이 소유하고 있다.

12.3 실제로 오픈 소스가 동작하는 방법

우주 탐사선 보이저 1호$_{Voyager\ 1}$는 1977년 9월에 발사 후 2012년 8월 25일에 태양계 밖으로 벗어났다. 이 탐사선은 1980년 11월 토성 저공비행으로 1차 임무를 완료했지만, 2025년까지 데이터 전송을 계속할 것으로 예상된다[14]. NASA가 탐사선으로부터 계속 데이터를 받기 위해서는 탐사선의 안테나가 지구를 가리키고 있어야 한다. 자세 제어 추진기의 성능이 저하되었기 때문에, 2017년 11월 팀은 설계한 것과 다르게 궤적 보정 기동 추진기$_{trajectory\ correction\ maneuver\ thrusters}$를 거의 40년 만에 처음으로 사용하기로 결정했다.

이 임무를 완성하기 위해, 엔지니어들은 원래의 소스 코드를 연구해야 했다. 다행스럽게도, 이 궤적 보정 기동 추진기는 성공적이었고, 이로 인해 NASA는 예상했던 것보다 몇 년 더 오랫동안 탐사선으로부터 데이터를 받을 수 있게 될 것이다[15]. NASA의 탐사선 사례는 소프트웨어의 중요한 두 가지 이점을 보여준다. 첫 번째는 소프트웨어를 더 잘 이해하기 위해 연구할 수 있었다는 것이고, 두 번째는 소프트웨어가 원래 설계된 용도가 아닌 다른 목적으로 활용이 가능했다는 것이다.

NASA는 유로파$_{Europa}$[10]를 탐사하는 임무를 설계하는 동안 이러한 교훈을 적용했다. 그리고 이를 탐사선 구성 요소 간의 관계를 모델링하기 위해 오픈 소스 콘텐츠 관리 시스템을 선택했다(https://github.com/Open-MBEE). 시스템 설계자들은 이 사용 사례를 구상하지 않았지만, 시스템의 장점을 활용한다는 것을 인지했다. 코드를 연구하고 수정할 수 있다는 이점 외에도, NASA는 다른 사람들이 솔루션 개발에 협력하기를 바랐다[16]. NASA가 이러한 아주 세밀한 요구 사항에 대한 외부 기여자를 찾을 가능성은 낮았지만, 1년 내에 주요 항공 우주 기업으로부터 협력하자는 요청이 있었는데[17], 이것은 오픈 소스의 또 다른 역량을 보여준 것이다!

이 사례는 많은 현대 기술 기업이 오픈 소스 솔루션을 판매하는 주요 이유를 보여준다. 구매자는 오픈 소스 솔루션이 벤더 종속을 방지하고, 더 낮은 비용으로 사용할 수 있으며, 더 빠른 혁신을 수혜하고 더 안전해질 것이라는 인식을 하고 있다. 이러한 이점은 소프트웨어의 배포가 소프트웨어 자유를 존중하는 라이선스 하에서 이뤄질 때 얻을 수 있다.

앞서 언급했듯이 리눅스는 리차드 스톨먼이 작성한 GNU GPL로 배포된다. 이 소프트웨어 라이선스는 GPL 코드 사용을 선택한 개발자를 제한함으로써 다운스트림$_{downstream}$[11] 사용자의 네 가지 필수

---

10 [옮긴이] 유로파(Europa)는 목성의 위성 중 하나로, 갈릴레이 위성에 속하는 위성이며, 에우로파(그리스어: Ευρώπη) 또는 목성 II(영어: Jupiter II)라고도 불린다. 유로파는 목성의 위성 중 여섯 번째로 목성에 가까우며, 갈릴레이 위성 중 가장 작지만 태양계의 모든 위성 중에서는 여섯 번째로 크다(위키피디아).

11 [옮긴이] 통신의 흐름에서 상위 매체에서 하위 매체로 전해지는 데이터를 다운스트림(downstream)이라 한다. 이의 반대는 상향스트림(upstream)이다(위키피디아).

자유 영역을 보호한다. 개발자가 GPL 소프트웨어로부터 혜택을 받는 프로그램을 재배포하기로 선택한 경우, 개발자는 해당 프로그램의 최종 라이선스를 선택할 수 없다. GPL에 따라 재배포해야 하며 원본 지적 재산의 소스 코드도 공유해야 한다. 이러한 '바이럴' 특성 때문에 2001년 마이크로소프트의 CEO는 리눅스가 다운스트림 제품으로 확산되면서 '암cancer'이라고 불렀다[18].

그러나 GPL 제품을 자체적으로만 사용하기로 한 개인과 조직은 소프트웨어를 재배포하지 않아야 한다는 것을 인식하는 것이 중요하다.

이 경우 GPL은 다른 지적 재산권에는 영향을 미치지 않는다.

아파치 그룹은 버클리 유닉스 배포판에 사용된 라이선스를 적용하면서 다른 접근 방식을 선택했다. 아파치 라이선스를 통해 수신자는 소스 코드로 원하는 모든 작업을 수행할 수 있다. 여기에는 다운스트림 사용자에게 자유를 부여하지 않는 독점 제품에 소프트웨어를 통합하는 것이 포함된다. 이는 퍼블릭 도메인public domain[12]에 소프트웨어를 사용하게 한다는 것이지만, 법적 관할지역에서 작성자와 사용자를 일관되게 보호한다. 이러한 제한 없는 사용은 상업적 이해관계가 비즈니스 모델에 대한 통제를 포기하지 않고 공동 개발에 참여할 수 있게 한다.

오픈 소스를 정의한 브루스 페렌스Bruce Perens는 대부분의 목표를 충족하는 오픈 소스 라이선스에 대한 3가지 기본 접근 방식을 요약했다[19].

1. 광범위한 채택을 통해 표준 확산을 촉진하는 아파치 라이선스 같은 '선물gift' 라이선스.
2. 받은 것과 동일한 조건으로 공유하도록 보장하는 GPL과 같은 '규칙을 공유하는' 라이선스
3. 프로그램에 대한 수정을 공유하도록 요구하지만 그것을 통합한 것은 공개하지 않는 GNU 약소 일반 공개 사용 라이선스GNU Lesser General Public License, LGPL와 같은 '중간' 라이선스. 이렇게 하면 독점 프로그램에 포함될 수 있지만 일부의 공유는 오히려 권장된다.

이후에 페렌스는 비즈니스 소스 라이선스BSL(https://mariadb.com/bsl11)와 같은 '시간 기반' 라이선스를 추가적인 모델로 인정했다. 이는 향후 어느 시점에 오픈 소스 라이선스로 전환되는 제한적 라이선스이며, 허여[13] 기간은 최대 4년이다. 이를 통해 상용 개발자는 개발 비용을 회수하면서도 사용자에게 오픈 소스의 보증을 제공할 수 있다[20].

---

12 [옮긴이] 퍼블릭 도메인(public domain) 또는 자유 이용 저작물이란 저작권(저작재산권)이 소멸되었거나 저작자가 저작권 (저작재산권)을 포기한 저작물을 말한다(위키피디아).
13 [옮긴이] 허여(許與, grant)란, 어떤 권한, 자격, 칭호 따위를 허락하여 주다는 의미이다.

오픈 소스 라이선스가 소프트웨어 자유를 가능하게 했지만, 대부분의 오픈 소스는 커뮤니티 개발을 필요로 한다. 아파치 HTTP 서버가 기술의 역사에서 중요한 만큼, 아파치 그룹의 가장 큰 혁신은 소프트웨어를 협력적으로 개발하기 위해 채택한 민주적인 프로세스였다. 아파치 그룹이 아파치 소프트웨어 재단[14]Apache Software Foundation(http://apache.org)으로 발전함에 따라, 거버넌스 모델은 참가자들이 경쟁적인 상업적 이해관계를 가지고 있을 때에도 소프트웨어 프로젝트를 단일 주체가 통제하지 않고 다양한 배경을 가진 기여자들이 협업할 수 있도록 성숙되었다. 이는 기술이 공급업체에 종속되거나, 참여자가 기여하기를 중단하는 위험으로부터 보호하는 데 있어 중요하다.

11장에서는 SSI 솔루션이 오픈 소스 커뮤니티에 의해 채택한 모델 위에 거버넌스 레이어를 추가하는 것을 볼 수 있다. 이러한 거버넌스 프레임워크는 신뢰를 구축하고 인센티브를 조정하며 충돌을 해결하기 위해 동일한 많은 실례를 활용하는데, 이것을 '오픈 거버넌스'라고 부르기 시작했다.

마지막으로, 오픈 소스의 혜택은 개방형 표준의 채택에 달려있다. 이러한 표준을 통해 사용자는 시간이 지남에 따라 요구 사항이 변경되는 소프트웨어 패키지를 마이그레이션하고 다른 소프트웨어 패키지를 선택하는 사용자와 상호운용을 가능하게 한다. 대부분의 SSI 솔루션 개발자들은 이미 W3CWorld Wide Web Consortium의 두 가지 개방형 표준에 기반을 두고 있다. 하나는 상호 검증 가능한 자격증명을 위한 구성과 서명에 대한 '자격증명 데이터 모델 1.0 표준(https://w3c.github.io/vc-data-model, 7장)'이고, 또 다른 하나는 분산 식별자와 관련된 분산 식별자 문서의 생성, 조회, 수정, 삭제를 다루는 DID의 핵심 사양(https://w3c-ccg.github.io/did-spec, 8장)이다.

12.4 오픈 소스와 디지털 신원

디지털 신원 솔루션의 기본 목표는 개인과 조직 간에 신뢰를 구축하는 것이다. 저명한 보안 전문가이자 공익 기술자인 브루스 샤이어Bruce Scheier는 사회가 신뢰할 수 있는 행위를 위해 사용하는 네 가지 방법, 즉 도덕, 평판, 법률 및 기술 시스템으로 구분했다[21]. 헌법학 교수 로렌스 레식Lawrence Lessig은 코드가 행동의 규제 기관이 되는 것과 같이 정보기술에 대한 우리 사회의 의존도가 높아지면서, 기술 체계는 민주주의에서의 우리의 경험의 중심이 된다고 지적한다. 우리의 권리를 보존하기 위해, 우리는 기술 체계에 사용되는 코드와 알고리즘을 분석할 수 있는 능력이 필요하다[22].

14　[옮긴이] 아파치 소프트웨어 재단(Apache Software Foundation, ASF)은 아파치 HTTP 서버를 포함한 아파치 소프트웨어 프로젝트를 지원하는 비영리 재단이다. 1999년 6월, 아파치 소프트웨어 재단은 아파치 그룹으로 구성되어 미국 델라웨어에서 설립되었다. 아파치 소프트웨어 재단(이하 재단)은 개발자들의 분산 커뮤니티이다. 그들이 개발하고 있는 소프트웨어는 아파치 라이선스 조항 아래 배포되고 자유 소프트웨어/오픈 소스 소프트웨어이어야 한다. 아파치 프로젝트는 공동 제작과 합의에 기반한 개발 프로세스와 오픈되고 실용적인 소프트웨어 라이선스라는 특징으로 규정된다(네이버 백과사전).

오픈 소스 소프트웨어에 의해 보호되는 권리는 운영체제, 웹 브라우저, 우주선에도 중요하지만, '우리의 디지털 신원을 위해서 훨씬 더 중요하다.' 우리의 세계가 점점 더 연결됨에 따라, 우리의 신원 시스템은 우리의 삶에서 점점 더 '업무에 있어서 필수적인' 것이 되고 있다. 정부, 기업, 그리고 자선단체들은 그들의 업무를 수행하는 비용을 줄이기 위해 디지털 신원 시스템의 도입을 추진한다. 하지만 이러한 시스템은 개인의 권리가 아니라 기업의 이익을 보호하기 위해 설계된 경우가 너무 많다. 소스 코드의 비밀은 이러한 남용들을 조장한다.

이러한 문제의 실제적인 사례는 쉽게 찾아볼 수 있다. 페이스북을 설립한 마크 주커버그Mark Zuckerberg는 2019년에 "미래는 사적인 것이다the future is private."라고 발표했다[23]. 이러한 명백한 정책 변화는 페이스북의 독점 알고리즘이 어떻게 사용되는지를 알게된 대중의 광범위한 항의에 대한 반응이었다.

다음은 사람들이 페이스북의 시스템에 대하여 비판한 내용이다.

- 동의 없이 조작된 사용자의 감정[24]
- 정치적 목적으로 케임브리지 애널리티카Cambridge Analytica[15]에 사용자의 데이터 공유[25]
- 이메일에 남겨진 연락처 데이터 도용[26]

마찬가지로, 미국 소비자신용기관 에퀴팩스Equifax는 2017년 1억 4천 3백만 명에 달하는 미국인의 개인 정보가 노출되어 발생한 데이터 침해로 인해 어려움을 겪었다. (기술 저널리스트이자 보안 연구원인 브라이언 크렙스Brian Krebs가 작성한 자세한 내용은 https://krebsonsecurity.com/tag/equifax를 참고하라[27]). 에퀴팩스는 불투명한 운영으로 대중들이 수집되는 개인정보의 종류 그리고 그렇게 수집된 개인정보의 공유를 모르게 했다. 특히 그들의 형편없는 보안 시스템까지 말이다.

정부 프로그램은 시스템이 독점 소스 코드, 비밀 알고리즘 및 알 수 없는 보안으로 구축될 때, 남용에 취약하다. 생체정보와 신원정보의 중앙형 데이터베이스를 만들기 위한 인도의 아다하르Aadhaar[16] 프로그램은 다음과 같은 이유로 비난받아 왔다.

- 부패가 줄여지지 않음[28]
- 사회취약계층이 제외됨[29]

---

15 옮긴이 페이스북-케임브리지 애널리티카 정보 유출 사건(영어: Facebook-Cambridge Analytica Data Breach)은 2018년 초에 케임브리지 애널리티카 회사가 수백만 페이스북 가입자의 프로필을 그들의 동의없이 수거해서 정치적 선전을 하려는 목적으로 사용했다는 사실이 세상에 밝혀지면서 일어난 사회적 물의 및 정치적 논쟁이다. 이 사건으로 인해 개인 정보에 대한 이해와 인식이 높아졌고, 기술 관련 기업들의 데이터 사용에 대해 엄격한 규제를 요청하는 분위기가 생겼다.

16 옮긴이 아다하르(영어: foundation 또는 base)는 인도의 거주자나 여권 소지자가 생체정보와 인구통계 자료를 바탕으로 자발적으로 얻을 수 있는 12자리 고유신분 번호이며, 종이 형태의 신분증이다. Aadhaar에는 2019년 현재 약 12억 명이 등록되어 있다.

- 부적절한 상황에서 요구되는 사항[30]
- 부적절한 접근[31]

이 모든 결과는 아다하르 프로그램의 고귀한 목표와 모순된다.

다른 예로는 중국의 신흥 사회 신용 시스템은 사업을 하는데 필요한 신뢰를 높이기 위한 의도였지만 [32], 전 지역에 출시하기 전부터 지역 당국에 대한 불만을 제기하는 것을 방지할 목적으로 사용되고 있다[33].

이러한 신원 문제의 실패를 인도주의 비정부기구NGO iRespond가 태국에 있는 미얀마 난민들에게 배포한 시스템과 대조해 보자. 《뉴스위크》에 기록된 바와 같이, 시스템은 각 개인이 데이터를 통제할 수 있도록 설계되었다[34]. 비록 각각의 난민들이 이 시스템의 오픈 소스 구성요소를 조사하는 데 필요한 기술을 가지고 있지 않을 수 있지만, 그들은 개선을 위하여 제안을 한 많은 연구자들의 분석의 결과로 혜택을 누린다. 시스템을 구현하는 데 사용되는 공개 표준은 난민이 캠프를 떠날 때 디지털 신원을 보유할 수 있도록 하기 위한 것이다[35].

이 장에서는 '자기주권을 주장하는 신원 솔루션'이 오픈 소스가 되어야 하는 이유를 설명했다. 각 신원 보유자는 자신의 디지털 신원을 제공하는 소프트웨어에 대하여 이를 검토할 수 있는 법적 권리 그리고 해당 소프트웨어를 수정할 수 있는 커뮤니티와 협력할 수 있는 법적 권리를 보장받아야 한다. 이러한 시스템이 개방형 표준을 사용함에 따라, 신원 소유자의 자율성 범위는 더욱 확대된다. 개인과 시민으로서의 권리는 우연히 얻어지지 않는다. 우리의 권리를 누리기 위해서 시민과 소비자는 우리가 통제할 수 있는 디지털 시스템을 제공하는 정부와 판매업자에게 높은 책임의식을 가지도록 요구해야 한다.

소프트웨어 자유를 촉진하려는 오픈 소스 운동은 자기주권신원의 출현과 진화에 기여했다. 다음 장에서 우리는 사이퍼펑크가 초기 SSI 솔루션이 사용하는 비트코인과 다른 블록체인 기술을 만들면서 그 기반을 어떻게 구축했는지 살펴본다. 자유 소프트웨어와 마찬가지로, 그들의 업적 이면에 있는 철학은 기술 혁신만큼이나 중요하다.

> **SSI 참고자료**
>
> 오픈 소스로 SSI를 어떻게 지원하는지에 대해 더 자세한 내용은 다음의 링크를 참고하라.
> https://ssimeetup.org/self-sovereign-identity-ssi-open-source-richard-esplin-webinar-16

참고문헌

[1] Levy, Steven. 1984. Hackers: Heroes of the Computer Revolution. Anchor Press/Doubleday.

[2] Raymond, Eric S. "Hacker." 2004. The Jargon File v4.4.8 www.catb.org/jargon/html/H/hacker.html.

[3] Levy, Steven. 2014. "'Hackers' and 'Information Wants to Be Free.'" Backchannel. https://medium.com/backchannel/the-definitive-story-of-information-wants-to-be-free-a8d95427641c.

[4] Grad, Burton. 2015. "Software Industry." Engineering and Technology History Wiki. https://ethw.org/Software_Industry.

[5] Toomey, Warren. 2011. "The Strange Birth and Long Life of Unix." IEEE Spectrum. https://spectrum.ieee.org/computing/software/the-strange-birth-and-long-life-of-unix.

[6] Levy, Steven. 2010. Hackers: Heroes of the Computer Revolution, 25th Anniversary Edition. O'Reilly Media, Inc.

[7] Gates, William Henry III, 1976. "An Open Letter to Hobbyists." Homebrew Computer Club Newsletter2 (1). www.digibarn.com/collections/newsletters/homebrew/V2_01/gatesletter.html.

[8] Williams, Sam. 2002. Free as in Freedom: Richard Stallman's Crusade for Free Software. O'Reilly Media, Inc. Available online at Project Gutenberg: www.gutenberg.org/ebooks/5768. An updated version with changes by Richard Stallman was produced in 2010: https://www.fsf.org/faif.

[9] Stallman, Richard. 2001. "What Is free software?" https://www.gnu.org/philosophy/free-sw.en.html.

[10] Torvalds, Linus and David Diamond. 2001. Just for Fun: The Story of an Accidental Revolutionary. Harper Collins.

[11] Raymond, Eric S. 2001. The Cathedral & the Bazaar: Musings on Linux and Open Source by an Accidental Revolutionary. O'Reilly Media, Inc.

[12] Moody, Glyn. 2001. Rebel Code: Inside Linux and the Open Source Revolution. Perseus Publishing.

[13] Stallman, Richard. 2007. "Why Open Source Misses the Point of Free Software." https://www.gnu.org/philosophy/open-source-misses-the-point.html.

[14] NASA JPL. n.d. https://voyager.jpl.nasa.gov/frequently-asked-questions.

[15] NASA, JPL. n.d. https://voyager.jpl.nasa.gov/news/details.php?article_id=108.

[16] Esplin, Richard. 2014. "Alfresco Tech Talk Live 81: Alfresco as a Model-Based Engineering Environment." https://www.youtube.com/watch?v=SD1PFNLoc14.

[17] Personal experience of the author.

[18] Newbart, Dave. 2001. "Microsoft CEO Takes Launch Break with the Sun-Times." Chicago SunTimes (June 1).

[19] Perens, Bruce. 2009. "How Many Open Source Licenses Do You Need?" Datamation. https://www.datamation.com/osrc/article.php/3803101/Bruce-Perens-How-Many-Open-Source-Licenses-Do-You-Need.htm.

[20] Perens, Bruce. 2017. "MariaDB Fixes Its Business Source License With My Help, Releases MaxScale 2.1 Database Routing Proxy." https://perens.com/2017/02/14/bsl-1-1.

[21] Schneier, Bruce. 2012. Liars and Outliers: Enabling the Trust that Society Needs to Thrive. Wiley.

[22] Lessig, Lawrence. 2006. Code: Version 2.0. Basic Books.

[23] Kleinman, Zoe. 2019. "Facebook Boss Reveals Changes in Response to Criticism." BBC News. https://www.bbc.com/news/technology-48107268.

[24] BBC News. 2014. "Facebook Emotion Experiment Sparks Criticism." https://www.bbc.com/news/technology-28051930.

[25] BBC News. 2018. "Facebook Appeals Against Cambridge Analytica Fine." https://www.bbc.com/news/technology-46292818.

[26] BBC News. 2019. "Facebook copied email contacts of 1.5 million users." https://www.bbc.com/news/technology-47974574.

[27] Gressin, Seena. 2017. "The Equifax Data Breach: What to Do." Federal Trade Commission. https://www.consumer.ftc.gov/blog/2017/09/equifax-data-breach-what-do.

[28] Khera, Reetika. 2017. "Impact of Aadhaar in Welfare Programmes." SSRN. https://papers.ssrn.com/sol3/papers.cfm?abstract_id=3045235.

[29] Sinha, Dipa. 2018. "Aadhaar—A Tool for Exclusion." Swarajya. https://swarajyamag.com/magazine/aadhaar-a-tool-for-exclusion.

[30] Dixit, Pranav. 2017. "Amazon Is Asking Indians to Hand Over Their Aadhaar, India's Controversial Biometric ID, to Track Lost Packages." BuzzFeed News. https://www.buzzfeednews.com/article/pranavdixit/amazon-is-asking-indians-to-hand-over-their-aadhaar-indias.

[31] Khaira, Rachna. 2018. "Rs 500, 10 Minutes, and You Have Access to Billion Aadhaar Details." The Tribune. https://www.tribuneindia.com/news/nation/rs-500-10-minutes-and-you-have-access-to-billion-aadhaar-details/523361.html.

[32] Pak, Jennifer. 2018. "Inside China's 'Social Credit' System, Which Blacklists Citizens." Marketplace. https://www.marketplace.org/2018/02/13/world/social-credit-score-china-blacklisted.

[33] Mistreanu, Simina. 2019. "Fears About China's Social-Credit System Are Probably Overblown, but It Will Still Be Chilling." The Washington Post. https://www.washingtonpost.com/opinions/2019/03/08/fears-about-chinas-social-credit-system-are-probably-overblown-it-will-still-be-chilling.

[34] Piore, Adam. 2019. "Can Blockchain Finally Give Us the Digital Privacy We Deserve?" Newsweek. https://www.newsweek.com/2019/03/08/can-blockchain-finally-give-us-digital-privacy-we-deserve-1340689.html.

[35] Sovrin. 2019. "Use Case Spotlight: iRespond, Using Sovrin to Provide NGOs with Trusted Digital Identity Systems." https://sovrin.org/use-case-spotlight-irespond-using-sovrin-to-provide-ngos-with-trusted-digital-identity-systems.

CHAPTER 13

사이퍼펑크: 분산화의 기원

다니엘 파라모 Daniel Paramo**와 알렉스 프록샤트**Alex Preukschat

다니엘 파라모는 고객 및 비즈니스 개발 책임자, 데이터 과학자와 엔지니어로 경험이 풍부하다. 특히 러닝 머신Learning Machine에서 고객사 담당 임원과 벨 헬리콥터Bell Helicopter에서 사업개발 매니저를 역임하였으며 블록체인 및 공유 경제 분야에서 몇 개의 스타트업을 설립하기도 했다. 또한 텍사스 알링턴 대학University of Texas at Arlington에서는 항공우주공학 석사 학위를 받았다.

앞 장에서는 자유 소프트웨어와 오픈 소스 커뮤니티가 자기주권신원SSI의 출현에 어떤 영향을 끼쳤는지 설명했다. 이 장에서는 SSI가 어떻게 저명한 암호화 전문가들의 업적을 기반으로 구현되었는지 알아본다. 1970년대의 이러한 암호화 분야 개척자들은 '사이퍼펑크[1]'로 알려진 운동에 영감을 주었고, 이 운동은 이후에 블록체인과 분산 원장 기술에 기반한 비트코인과 암호화폐 운동에 영감을 불어넣었다. 사이퍼펑크의 동기를 이해하면 분산화, Web 3.0과 SSI에 대한 대세를 알 수 있을 것이다.

---

1 옮긴이 사이퍼펑크(cypherpunk)는 강력한 암호 기술과 프라이버시 강화 기술을 사회 및 정치적 변화의 경로로 널리 사용하는 것을 지지하는 모든 개인이다. 원래 사이버펑크 전자 메일 목록을 통해 통신하던 비공식 그룹은 사전 예방적 암호화 사용을 통해 프라이버시와 보안을 달성하는 것을 목표로 했다. 사이퍼펑크는 적어도 1980년대 후반부터 활발한 활동을 해왔다.

13.1 현대 암호학의 기원

스티븐 레비Steven Levy는 2001년 그의 획기적인 책 《크립토Crypto》에서 미국의 암호학이 지난 50년 동안 어떻게 진화했는지 설명한다[1]. 국가안보국NSA, National Security Agency이 통제하는 '독점'으로 시작한 것은 많은 비트코인, 암호화폐와 블록체인 개척자들이 관여했던 학계가 주도함으로써 독점을 점진적으로 해체했다.

> **NOTE** 《크립토》는 이 책의 주요 저자와 많은 기여 저자에 의한 주요 영향으로 인용되었다. 첫 장은 《뉴욕 타임즈》의 자료실(https://archive.nytimes.com/www.nytimes.com/books/first/l/levy-crypto.html)에서 무료로 볼 수 있다.

레비의 이야기에서 주인공 중 한 명은 베일리 디피Bailey Whitfield 'Whit' Diffie다. 디피가 암호학에 관심을 갖게 되었을 때, 그는 NSA가 가장 진보된 암호 기술에 대한 지식을 독점하고 있었으며 대학에서 매우 기초적인 기술만 연구되었다는 것을 빠르게 깨달았다. 레비에 의하면 디피가 1960년대 중반 보스턴 소재의 미트레 코퍼레이션²에서 근무할 때 그의 상사인 수학자 롤랜드 실버와 다음과 같은 대화를 나눴다고 한다[1].

> '어느 날, 실버와 함께 철로 근처의 매스 애비뉴를 따라 걸어가던 디피는 걱정거리를 털어놓는데, "암호화는 인간의 사생활에 필수적이야!"하며 소리를 쳤다.'

그래서 디피는 암호학에 대해 더 배우기 위해 전국적으로 정보를 찾기로 결정했다. 그는 1967년 데이비드 칸David Kahn의 《코드브레이커The Codebreakers》라는 책을 지침서로 사용했다. 그것은 당시 이용할 수 있는 몇 안 되는 참고문헌 중 하나였는데 NSA도 출판을 막으려고 했던 책이었다. 스티븐 레비의 책[1]의 1장을 인용했는데, 그 내용은 다음과 같다.

> "디피가 《코드브레이커》를 읽은 후에 암호학의 중요한 문제를 해결하기 위해서 더 이상 다른 사람들에게 의존하지 않게 되었다. 그는 스스로 직접, 그리고 열정적으로 암호학에 빠져들었다. 그에게 암호학은 꿈이자 집착이었다."

디피는 몇 년간 연구를 한 후에 스탠포드에서 마틴 헬먼Martin Hellman을 만나 더 나은 암호화 알고리즘의 개발을 위해 협력하기로 했으며 1970년대 초에 **공개키 암호화**의 핵심 개념을 개발하였다. 6장에서 자세하게 설명했듯이, 이것이 모든 현대 디지털 보안 기반구조의 핵심이 되는 암호화이다. 이것은 브라우저의 주소 표시줄에 자물쇠가 보일 때마다 내부에서 사용하는 것이다. 웹 세션은 SSL/TLS 표

---

2 [옮긴이] 미트레 코퍼레이션(Mitre Corporation)은 1958년 설립된 비영리 단체로 엔터프라이즈 지능적 지속적 위협이 사용한 일반적인 전술, 기술 및 절차(TTP)를 문서화하기 위해 ATT&CK(Adverarical Tactory, Technologies 및 Common Knowledge) 사이버 보안 프레임워크를 시작했다.

준(HTTPS 프로토콜)에서 공개키/개인키 암호화를 사용하여 보호된다.

NOTE SSL 1.0 표준의 공동 저자인 크리스토퍼 앨런(Christopher Allen)은 SSI의 선구자 중 한 명이며, 획기적인 에세이 〈자기주권신원으로의 여정(The Path to Self-Sovereign Identity)〉을 썼다. http://www.lifewithalacrity.com/previous/ 를 참고하라.

랄프 머클Ralph Merkle은 디피와 헬먼의 공개키 암호에 대한 보고서를 읽은 직후, 그들에게 연락했다. 머클은 대화 내용을 바탕으로 최초의 공개키/개인키 교환 프로토콜 중 하나를 구상하였으며, 이를 '디피-헬먼Diffie-Hellman 키 교환'이라고 명명하였다. 짐작했겠지만, 이 사람은 비트코인 블록체인 구조와 다른 퍼블릭 블록체인에 사용된 머클 트리를 고안한 사람이다(자세한 내용은 6장을 참고하라).

디피-헬만은 세 명의 MIT 교수, 즉 론 리베스트Ron Rivest, 아디 샤미르Adi Shamir와 레너드 아델만Leonard Adleman이 최초로 공개키 암호화를 구현하는 데 영감을 줬다.

그들은 디피와 헬만이 구상하는 단방향 함수one-way function를 만드는 실용적인 방법(소인수 분해에 근거한)을 발명했고 1977년 4월에 《디지털 서명과 공개키 암호 시스템을 얻는 방법A Method for Obtaining Digital Signatures and Public-Key Cryptosystems》을 출간했으며 미국 특허를 출원한 후, 1982년에 RSA 시큐리티RSA Security를 공동 설립하였다. 나중에 RSA로 알려진 이 회사는 전 세계적으로 가장 성공적인 보안 회사가 되었으며, 2006년에 EMC 코퍼레이션EMC Corporation에 210억 달러에 매각되었다.

1990년대에 단순 공개키 기반구조Simple Public Key Infrastructure, SPKI를 개발하면서 론 리베스트는 암호화 자격증명을 인증 토큰으로 사용하여 보유자가 서비스에 안전하게 액세스 할 수 있음을 깨달았다. 이로 인해 인증 시스템은 '여러분이 누구인가'보다 '여러분이 할 수 있는 것'에 초점을 맞출 수 있다. 이 기술은 SSI의 핵심인 검증 가능한 자격증명으로 성장하게 되었다. 특히 보유자가 자격증명에 있는 모든 데이터를 공개하지 않고 선택적으로 신원 데이터를 제공할 수 있게 해주었다. (검증 가능한 자격증명 및 영지식증명에 대한 자세한 내용은 7장을 참고하라.)

필 짐머만은 MIT 교수들의 결과물에 고무되었지만, 자유롭게 사용가능한 오픈 소스 암호화 소프트웨어가 아닌 것에 실망했다. 그래서 그는 1991년에 공개키 암호화 프로그램 PGPpretty good privacy를 만들었고, PGP를 전세계 누구나 사용할 수 있도록 오픈 소스 코드와 책으로 인터넷에 공개했다. PGP는 상당한 추종자가 있었으며, 암호 해독을 민주화하여 대중이 사용할 수 있도록 하는 주요 단계에 있었다.

13.2 사이퍼펑크 운동의 시작

브루스 베스케Bruce Bethke는 1980년에 **사이버펑크**cyberpunk라는 용어를 만들었고, 1983년에 동일한 제목으로 단편소설을 출판했다. 틀림없이 이 용어와 관련된 가장 유명한 작가는 1984년 유명한 소설 〈뉴로맨서Neuromancer〉를 쓴 윌리엄 깁슨William Gibson일 것이다. 사이버펑크는 주로 문학 운동으로 1980년대 유사저항문화의 성격을 가진다. 또한 사이버펑크는 표현의 자유, 정보의 자유 및 통신 보호를 과도하게 지지하는 개인이었다.

그러나 그들의 자유와 프라이버시를 보호하기 위한 도구를 만드는 데 관심이 있는 한 그룹의 사람들이 전자 메일링 리스트를 통해 소통하기 시작하면서 문학 장르가 현실세계 또는 1992년에 적어도 '사이버' 세계로 들어갔다. 첫 회의에서 그들은 자신을 '사이퍼펑크cypherpunk'라고 부르기로 결정했는데, 위키피디아에서는 이 용어를 '사회적, 정치적 변화의 경로로 강력한 암호화와 프라이버시 강화 기술의 광범위한 사용을 지지하는 모든 개인'으로 정의한다.

사이퍼펑크의 기원은 1992년보다 더 거슬러 올라간다. 1986년, '멘토'로 불리는 로이드 블랭켄십Loyd Blankenship은 〈해커의 양심The Conscience of a Hacker〉(www.phrack.org/archives/issues/7/3.txt)이라는 선언문을 미국의 한 감옥에서 손으로 썼다. '해커의 매니페스토The Hacker's Manifesto'로도 알려진 이 에세이는 '해커'와 '해커주의'의 동기를 최초로 명확하게 표현한 것으로 전설이 되었다. 그것은 해커들의 동기와 행동에 대한 분명한 정당화를 이해하기 위해 해킹을 멈추지 않고 불법화하는 사회에 대한 비난이다. 블랭켄십의 말로 "맞아, 나는 범죄자이고, 내 범죄는 호기심이다." (몇 년 뒤 블랭켄십은 미국 비밀 경호국이 압수한 롤플레잉 게임, 'GURPS 사이버펑크'도 만들었다.)

블랭켄십은 '직업'이 가치 있고, 거의 인도주의적이라고 생각하는 해커들 중 한 사람이었다. 그것은 장인정신과 지능을 겸비되고 폭력을 용납하지 않는 활동이었다. 가장 순수한 의미에서 해커들은 세계에서 가장 정교한 기계를 만들고 개발하는 것에 열광한다. 그들은 기술이 무언가에 기여하기 위해서 '무엇을 해야 할' 의무가 있다고 굳게 믿는다. 이러한 이유로, 그들은 기술적 문제에 대한 해결책을 개선하고 발견하기 위해 사용하는 아이디어, 코드, 조언을 공유하고 교환한다.

이 운동은 1997년까지 2,000명 이상의 가입자를 가진 사이퍼펑크 메일링 리스트를 통해 성장했다. 이것은 수학, 암호학, 컴퓨터 과학, 프라이버시와 정치학에 관련된 암호화에 대한 기술적인 논의를 위한 가장 적극적이고 권위 있는 포럼 중 하나였다. 1993년 스티븐 레비는 본질을 포착한 사이퍼펑크 운동에 대해 '암호화 반란Crypto Rebels'라는 제목으로 인터넷 기사를 썼다[2].

"이 방에 있는 사람들은 관련된 개인이 그것들을 공개하기로 선택해야만 개인 정보의 경로를 추적할 수 있는 세상을 희망한다. 이 비전이 실현되는 유일한 방법은 암호화를 널리 사용하는 것이다. 장애물은 정치적이다. 정부의 가장 강력한 세력 중 일부는 이러한 도구의 통제에 전념하고 있다. 요컨대, 암호를 해방시킬 사람들과 그것을 억압할 사람들 사이에 전쟁이 벌어지고 있는 것이다."

사이퍼펑크 메일링 리스트를 만든 사람 중 한 명인 존 길모어John Gilmore는 디지털 세계에서 개인의 정보보호와 자유를 지키기 위해 싸우는 가장 잘 알려진 비영리 단체 중 하나인 전자 프런티어 재단 Electronic Frontier Foundation, EFF을 설립했다.

13.3 디지털 자유, 디지털 현금과 분산화

사이퍼펑크가 디지털 프라이버시와 자유를 수호하기 위해 탐구한 핵심 아이디어 중 일부는 디지털 머니 영역으로 흘러 들어갔다. 웨이 다이Wei Dai, 닉 스자보Nick Szabo와 할 피니Hal Finney 같은 유명한 사이퍼펑크는 후에 비트코인의 창시자인 사토시 나카모토Satoshi Nakamoto에게 영감을 주었다.

> **NOTE** b-money는 웨이 다이가, 비트골드는 닉 스자보가, 재사용 가능한 작업증명(Reusable Proof-of-Work, RPOW)은 할 피니가 만든 것이다. 사토시 나카모토의 백서에서는 웨이 다이를 언급하고 있다. 할 피니가 사토시 나카모토와 사상 처음으로 비트코인 거래를 했다. 17장에서, 우리는 사이퍼펑크, 정체성, 화폐의 중첩에 대해 탐구한다.

그들은 또한 전설적인 암호학자인 데이비드 차움David Chaum에게도 영향을 미쳤는데, 그는 1981년부터 공개키 암호학의 창안자로부터 영감을 받아 신뢰할 수 있는 투표 시스템을 연구했다. 데이비드는 후에 실제 현금과 동등한 '디지털 익명 현금'에 대한 연구로 유명해졌다. 그는 디지털 현금이 마치 명목 화폐fiat money와 같이 익명이기를 원했지만, 물리적인 장벽은 없기를 바랐다. 그는 인터넷에 디지털 화폐를 제공하기 위한 그의 노력의 일환으로 디지캐시DigiCash라는 회사를 설립했다. (디지딜 신원, 돈 및 SSI의 관계에 대한 자세한 내용은 17장을 참고하라.)

디지털 가치를 교환하기 위한 이러한 모든 솔루션은 보안뿐만 아니라 분산 제어에도 의존했다. 디피 Whit Diffie는 MIT에 있을 때 초기에 프라이버시와 분산화 사이의 고유한 연결을 인식했다. 호환시분할시스템Compatible Time-Sharing System, CTSS이라고 불리는 MIT 컴퓨터 시스템은 여러 사용자가 동시에 컴퓨터에서 작업할 수 있도록 하는 방법인 시간 공유를 최초로 사용한 시스템 중 하나였다. 호환시분할시스템은 개별 사용자의 정보를 보호하기 위해 암호를 할당했다. 이것은 사용자가 자신의 파일을 잠금 해제하는 '키'였다. 스티븐 레비Steven Levy가 《크립토》에서 말한 것과 같다[1].

'비밀번호는 인간, 즉 시스템 운영자에 의해 배포되고 유지 관리되었다. 이 중앙 기관의 실세는 본질적으로 모든 사용자의 프라이버시를 통제했다. 비록 그 누군가가 비밀번호 보호에 양심적으로 정직했다고 할지라도, 비밀번호가 중앙화된 시스템 내에 존재한다는 것 자체가 절충의 여지를 제공했다. 외부기관은 이 정보에 대해 시스템 운영자에게 소환장을 제출하는 것으로 응수했다. 디피는 "그 사람은 여러분을 팔아넘길 것이다. 그는 명령에 불복하고 여러분의 데이터를 보호하기 위해 감옥에 가는 것을 원하지 않기 때문이다"라고 말한다.'

디피는 그가 말하는 '권력에 대한 분산화된 관점'을 믿었다.

적절한 암호화 도구를 만듦으로써 데이터 보호에 객관적인 제3자로부터 실제 사용자, 즉 프라이버시가 실제로 위험에 처한 사용자에게 정보 보호를 이전함으로써 문제를 해결할 수 있다고 생각했다.

디피가 구상했던 것은 SSI를 통해 구현되고 있는 것과 같다고 보이는데, 이것은 우리 각자가 우리의 신원, 데이터, 관계, 그리고 무엇보다 우리 자신의 돈에 대한 암호화 키를 제어할 수 있는 분산형 디지털 지갑이다.

13.4 암호화에서 암호화폐, 자격증명까지

이 장에서, 우리는 공개키 암호 생성에서부터 학문적 배경을 가진 기업가인 암호 사용자, 사이퍼펑크, 암호화폐 선구자와 SSI 커뮤니티에 이르기까지 '디지털 시대의 커뮤니케이션을 위한 더 많은 개인정보보호 도구를 사람들에게 제공하는 것'임을 보여주었다.

흔히 비트코인뿐만 아니라 자신을 사이퍼펑크라고 부르는 비탈릭 부테린Vitalik Buterin과 같은 리더들이 공동 설립한 이더리움과 같은 블록체인 생태계에도 여전히 사이퍼펑크 운동의 영향은 매우 크다. 그리고 비트코인, 이더리움 및 다른 블록체인 커뮤니티의 이러한 '현대 사이퍼펑크'들은 분산 경제를 구축하기 위한 비전의 일부로서 SSI의 근본적인 필요성을 인식하고 있다.

다음 장에서는 이러한 원칙이 인류의 또 다른 핵심 주제인 디지털 신원을 통한 평화에서 어떻게 표현되는지 살펴본다.

> **SSI 참고자료**
>
> SSI의 이념적 영감에 대해 더 자세한 내용은 다음의 링크를 참고하라.
> https://ssimeetup.org/self-sovereign-identity-why-we-here-christopher-allen-webinar-51

참고문헌

[1] Levy, Steven. 2001. Crypto: How the Code Rebels Beat the Government—Saving Privacy in the Digital Age. Viking.

[2] Levy, Steven. 1993. "Crypto Rebels." Wired. http://archive.wired.com/wired/archive/1.02/crypto.rebels.html.

14

평화로운 사회를 위한 분산 신원

마커스 사바델로 Markus Sabadello

3부의 첫 두 장은 SSI가 오픈 소스 기술, 암호학, 그리고 사이퍼펑크 운동에 어떻게 뿌리를 내리고 있는지 살펴보았다. 이 장에서, 우리는 SSI가 세계 평화에 중요한 기여를 할 수 있다는 중요한 잠재적 시사점 중 하나를 보게 될 것이다. 이 장을 쓴 마커스 사바델로는 두 가지 측면에서 이 주제에 대해 깊이 다룰 수 있는 전문적 식견을 갖추고 있다. 첫째, 그는 W3C DID 핵심 사양 DID Core Specification의 공동 편집자(이 책의 제8장 공동 저자), 분산 신원 재단Decentralized Identity Foundation, DIF의 식별자와 인식 워킹 그룹Identifier & Discovery Working Group의 공동 의장, 소버린 재단의 기술 거버넌스 위원회Technical Governance Board 창립 멤버로 이 주제에 관한 최고의 기술 전문가 중 한 사람이다. 또한, 마커스는 유럽 평화 대학교European Peace University에서 평화와 갈등 연구학 석사 학위를 취득했다.

분산 신원 기술을 구현하기 위한 노력에서, 우리는 개인과 조직을 위한 더 나은 도구를 구축하려고 노력하고 있으며, 우리들 중 많은 사람들 또한 인류 전체에 유익한 것을 만들기를 열망하고 있다. 이번 장에서는 자기주권신원SSI 패러다임이 평화의 이상에 어떻게 기여할 수 있는지 구체적으로 탐구하는데, 이는 좁은 의미의 평화(물리적 폭력의 부재)뿐만 아니라, 보다 '상위의 평화'(모든 사람이 만족하고 그들의 요구가 충족되는 상태)로 이해한다.

오늘날 디지털 애플리케이션과 서비스는 우리 삶의 모든 영역에서 영향을 미치고 있으며, 이런 종류의 온라인 거래 또는 상호작용을 위해서는 디지털 신원이 필수 조건임을 고려한다면, 디지털 신원을 위한 인프라의 성격이 인간의 안녕과 사회 전체에 직접적으로 영향을 미친다고 해도 과언이 아니다. 이러한 인프라가 개인에게 최상의 혜택으로 이어지지 않는다면 디지털 신원의 통제력 상실이나 오용과 현실 세계에서의 그 결과는 인권을 위협하고 부정적인 평화와 긍정적인 평화의 이상을 침해할 수 있으며 '구조적인 폭력', 즉 인간의 근본적인 욕구의 손상으로 이어질 수 있다.

2009년에 어느 온라인 이니셔티브는 인터넷을 노벨 평화상 후보로 지명하기 위한 캠페인을 성공적으로 수행했다[1]. 해당 이니셔티브는 인터넷이 '컴퓨터의 네트워크'라기보다는 '사람들의 웹'이라고 주장했다. 인터넷은 의사소통을 통해 대화, 토론, 합의를 진전시키는 새로운 종류의 사회를 위한 기반을 마련했는데 타인과의 접촉은 항상 증오와 갈등에 대한 가장 효과적인 해독제가 되었기 때문이다. 그러므로 인터넷은 평화와 비폭력 도구라 할 수 있다.

2005년 튀니지에서 열린 정보사회 2단계 세계정상회의의World Summit on the Information Society's second phase의 개막식(www.itu.int/net/wsis/docs2/tunis/off/6rev1.html)에서 당시 유엔 사무총장 코피 아난Kofi Annan은 평화의 이상을 향해 나아가기 위해 디지털 기술을 사용하려는 열망을 분명히 하고 다음과 같이 선언했다.

> "대부분의 다른 컨퍼런스는 글로벌 위협에 초점을 맞추고 있지만, 이번 컨퍼런스에서는 새로운 글로벌 자산을 가장 잘 활용하는 방법을 말해 줄 것이다."

이는 2005년 정상회담의 선언문 중 일부로서 정보사회와 그 기술 인프라가 '사람 중심적'이어야 한다는 것을 인식했다는 것이다. 다시 말해서, 그것은 강력한 중앙 기관을 중심으로 설계되어서는 안 된다는 것이다.

14.1 기술과 사회

'공동체는 구성원들이 자신들의 의사소통을 통제할 수 있을 때에만 진화할 것이다.'

—프란츠 파농(Frantz Fanon)

분산 디지털 신원 분야에서 종사하는 사람들은 항상 우리의 노력이 더 많은 프라이버시, 보안, 신뢰, 투명성 또는 경제적 가치를 창출하는 것 이상이라는 것을 이해해왔다. 궁극적으로, 우리의 목표는 개인의 신원과 사회 구조가 실제 세계에서 어떻게 작동하는지를 디지털 세계로 전달하는 것이다. 우리는 실제 개념을 모델링하기 위해 디지털 데이터 형식과 프로토콜을 만들려고 시도 중이다. 오늘날 지배적인 중앙형 디지털 신원 시스템이 개인 및 이들의 관계가 실제 세계에서 작동하는 방식과 불일치하고, 이러한 불일치를 해결하기 위해 노력하고 있다고 생각한다.

우리는 현재의 중앙형 신원 시스템이 현실 세계에서 당연하게 여기는 자유와 인권과 같은 가치를 반영하지 못한다는 확신을 표현하기 위해 '디지털 노예'와 '디지털 계몽' 같은 은유를 사용하는 것을 좋아한다. 이러한 불일치는 또한 우리가 원래 의도했던 방식대로 단순히 디지털 인프라를 구축하고 있음을 강조하기 위해 '분산화'뿐만 아니라 '재분산화'를 자주 언급하는 이유를 설명한다.

물론, 인간의 본성과 사회 구조에 대한 우리의 현실적 이해는 일정하지 않다. 그것은 문화에 따라 다르다. 예를 들어 서구 세계에서 분산 신원 기술의 필요성을 설명할 때, 우리는 종종 철학자 르네 데카르트René Descartes를 언급하는데, 그는 개인의 정체성은 권위에 의해 개인에게 주어지기보다는 자기 스스로 결정되어야 한다는 의미로 "나는 생각한다, 그러므로 존재한다."고 말했다. 그러나, 개인의 주권에 대한 이러한 개념은 개인의 통제보다는 공동 통치에 중점을 두는 동양 문화에서 덜 중앙화되어 있다. 그리고 남아프리카에서, 응구니 반투Nguni Bantu어로 우분투Ubuntu는 종종 '우리가 있기 때문에 내가 있다'로 번역되는데, 즉 집단 정체성 없이는 개인의 정체성은 있을 수 없다는 것이다. 그래서 우리가 모든 사람들에게 혜택을 주는 디지털 신원 시스템을 설계하고 싶다면, 우리는 이러한 문화적 차이를 고려해야 한다.

인간의 정체성에 대한 이해도 시간이 지남에 따라 변한다. 글로벌 연결성, 저렴한 장거리 여행, 그리고 이동에 의해 형성되는 오늘날의 세계에서, 우리의 정체성의 전통적인 측면(옘 국가의 시민)은 덜 중요해지고, 반면에 다른 측면은 더 우세해질 수 있다. 따라서 인간의 정체성을 정의하려는 시도는 결코 보편화되거나 일정하게 받아들여질 수 없으며, 그러한 정체성을 모델링하기 위해 우리가 구축한 기술은 항상 변화하는 우리 사회에 따라 진화해야 할 것이다.

우리는 또한 현실 세계의 아이디어가 우리가 창조하는 신원 기술에 영향을 미칠 뿐만 아니라 그 반대에도 영향을 미친다는 것을 알고 있다. 기술은 정치적, 사회적 현실에 영향을 미친다. 흔히 특정 기술의 긍정적, 부정적 효과를 평가할 때 '기술은 중립적'이라는 주장이 나온다. 모든 것은 오직 선과 악을 위해 기술을 사용하기로 결심한 인간에게 달려 있다고 말하는 것은 빠지기 쉬운 함정이지만 이는 기술 자체와는 아무런 관계가 없다.

그러나 이러한 관점은, '기술이 항상 내재된 가치와 편견을 가지고 있다'라고 보는 현대적인 관점과 대조를 이룬다. 따라서 그것은 중립적이 아니라 특정한 사용 및 행동을 선호하고 장려하는 특정한 가정과 의도를 가지고 구축된다. 디지털 분산으로의 전환을 정의하고 있는 리더와 엔지니어로서, 우리는 우리가 구축한 기술이 사용자에게 유리하게 작용할지 또는 불리하게 작용할지를 광범위하게 결정한다. 우리는 기술을 사용할 사람들에 대한 힘을 가지고 있다. 따라서 우리는 모든 사람들의 이익에 부합하는 방식으로 '올바르게' 기술을 설계해야 할 엄청나게 큰 책임과 의무가 있다.

14.2 글로벌 시민 사회

'우리는 운명이라는 하나의 천에 함께 붙어서 피할 수 없는 상호의존의 그물망 속에 얽혀있다. 그리고 어떤 것이든 직접적으로 영향을 주는 것은 모든 것에 간접적으로 영향을 미친다.'

— 마틴 루터 킹 주니어Martin Luther King, Jr.

〈대혁명을 통하여 깨어 있으라Remaining Awake Through a Great Revolution〉

디지털 인프라와 현실 사회 사이의 강한 상호 의존성을 염두에 두고, 우리는 평화의 이상을 증진하는 데 매우 적합한 조직과 상호 작용의 인간 형태로부터 배우도록 노력해야 한다. 이러한 조직의 형태에 기반을 두는 동시에 디지털 세계에서 이를 지원하는 방식으로 신원 기술을 설계할 수 있게 될 것이다. 그러한 본질적으로 평화로운 인간의 조직 구조를 찾을 때, 우리는 곧 직접적이고 역동적이며 근본적으로 분권화된 인간 관계와 상호 작용이 특징인 **시민 사회**civil society의 개념에 빠르게 도달한다.

시민 사회는 때때로 중앙화된 방식으로 조직되는 국가와 시장처럼 조직되는 경제에 더하여 '제3의 시스템'으로 묘사된다. 제3의 시스템은 정부나 경제력을 추구하지 않고 국가와 경제에 대하여 자율적인 권력을 추구한다[2]. 시민 사회의 등장은 지나치게 강력한 권위가 미치지 못하는 범위 내에서 자율성과 사적 영역을 구축하려는 욕구에 뿌리를 두고 있다.

시민 사회는 역사적으로 종종 전쟁을 일으키는 기능을 했던 국가들과는 대조적으로 항상 평화[3], 즉 폭력이 최소화되었던 '시민으로서의 사회'와 연결되어 왔다. 이런 의미에서 시민 사회는 직접적으로 평화를 위한 해결책이 아닐 수도 있지만, 그것은 확실히 갈등을 초래하는 문제에 대해서 토론하고 해결할 수 있는 메커니즘을 제공한다. 헤겔Hegel에게 시민 사회는 '현대 시대의 성과'였고, 마르크스Marx에게는 '역사의 극장'이었으며, 바츨라프 하벨Vaclav Havel에 있어서는 '모든 역할에서 우리의 잠재력을 실현할 수 있는 인권의 보편성'이었다.

자세히 살펴보면, 시민 사회의 핵심적 특성은 우리가 지금 만들고 있는 분산 신원 시스템의 특성과 동일하다는 것이 명백해진다. 이러한 공유된 속성은 다음의 내용이 포함된다.

- 자기 조직
- 자기 결정
- 자발적
- 변화에 대한 동적 적응
- 다원주의
- 국가 및 경제 행위자와의 상호 작용에 대한 독립성
- 자유와 독립에 대한 열망

- 상호 작용이 일어나는 공공의 영역

2장에서 설명하는 DID, 검증 가능한 자격증명, 디지털 에이전트 및 지갑, SSI의 기타 기술 구성 요소는 현실에서 시민 사회가 번영할 수 있는 토대를 반영하는 디지털 세계의 원칙을 표현한 것이다.

오늘날 시민 사회는 더 이상 영토 국가에 국한되지 않는다. 부상하고 있는 '글로벌 시민 사회'는 '세계화'와 '시민 사회'라는 용어가 융합되면서 가능해진 새로운 현실을 반영하고 있다. 그것은 결과이자 글로벌 상호 연결의 주체인 '글로벌 공공 영역'을 동반한다. 개인과 개인의 집단은 국경을 넘어 소통하며, 그들(그들의 정체성)을 정의하는 가장 강력한 개념은 더 이상 국가적인 가치가 아니라 그들이 공유하고 관심을 갖는 초국가적 가치이자 이유가 되는 경우가 많다. 글로벌 시민사회는 대부분 자신의 세력권에 관심을 갖고 있는 국가들과는 달리 글로벌한 총체적인 접근법을 글로벌 도전에 적용할 것을 약속한다.

NOTE '탈영토화'라 알려진 이 프로세스는 위치, 거리 및 경계가 더 이상 결정적 영향을 미치지 않음을 의미한다. 세계성이 영토권을 차지하지는 않았지만, 영토권은 더 이상 사회 지리에 대한 독점권을 갖지 않는다. P. 바그너(P. Wagner)의 《시민 사회의 언어(The Languages of Civil Society)》(177–205, Berghahn Books)에서 F. 미스리베츠(F. Miszlivetz)와 J. 젠슨(J. Jensen), 2006, 〈글로벌 시민 사회: 반체제 담론에서 세계 은행 용어로(Global Civil Society: From Dissident Discourse to World Bank Parlance)〉 부분을 참고하라.

SSI에 종사하는 사람들의 책임은 SSI가 가능하게 하는 세계 시민 사회의 조직적 형태를 반영하는 방식으로 기술적 기반을 마련하는 것이다. 이는 개인 간에 신원과 통신이 직접 흐르고 네트워크 연결이 그들이 제공하는 실제 통신 프로세스에 따라 동적으로 조정되는 개방적이고 분산된 동적 네트워크 구조를 의미한다. 글로벌 시민 사회가 진정으로 작동하기 위해서는, 그것의 소통 채널의 설계 구조와 거버넌스 메커니즘이 모두 시민 사회의 원리에 기초해야 한다. 이를 염두에 둔다면, 우리는 제대로 작동하는 글로벌 시민 사회, 즉 우리 시대의 큰 글로벌 문제에 접근하고 해결하는 데 필요한 담론을 효과적으로 할 수 있는 글로벌 공공 영역을 지원할 수 있는 기회를 갖게 될 것이다.

14.3 갈등의 원인으로서 정체성

문화적, 종교적 정체성이 갈등의 주요 원인이다.

— 사무엘 P. 헌팅턴Samuel P. Huntington,《문명의 충돌과 세계 질서의 재편
The Clash of Civilizations and the Remaking of World Order》(Simon & Schuster, 1996)

문화는 종종 시너지 효과보다 갈등의 원인이 된다.

— 게르트 호프스테드Geert Hofstede,《문화의 결과: 가치, 행동, 제도 비교
Culture's Consequences: Comparing Values, Behaviors, Institutions》(SAGE Publications, 2001)

역사를 통틀어, 개인과 집단의 정체성은 항상 갈등과 전쟁에서 중요한 역할을 해왔다. 갈등이 발전하려면 정체성이 필요한데, 결국 '우리'와 '그들'에 대한 개념이 없다면 적을 지정하는 것은 불가능하다. 그러나 정체성 이슈는 그 자체로 경쟁과 갈등을 초래할 수 있다.

프랜시스 후쿠야마Francis Fukuyama는 자신의 책《정체성: 존엄성에 대한 요구와 분노의 정치Identity: The Demand for Dignity and the Politics of Resentment》[4]에서 정체성이 오늘날 세계 정치의 많은 부분을 자극한다고 주장한다. 인간으로서, 우리는 우리의 정체성에 대한 인식과 존중, 즉 우리가 개인으로서 누구인지와 우리가 어느 문화, 국가, 종교, 부족 또는 다른 집단에 속해 있다고 느끼는지에 대한 자연적인 욕구를 가지고 있다. 불행히도, 이러한 정체성에 대한 욕망은 때때로 인간의 존엄성에 대하여 공유되고 보편적인 이해를 지향하는 것이 아니라 다른 사람들의 정체성이 우리의 정체성을 위협하고 있다는 느낌과 제한으로 향한다. 이러한 사고 방식에서, 정체성은 우리를 개인이나 집단으로 정의하는 것일 뿐만 아니라 한 개인이나 집단을 다른 개인이나 집단과 구분하는 설명이기도 하다.

포퓰리즘 정치 운동의 지도자들은 종종 정체성 정치에 이러한 배타적인 접근 방식을 사용한다. 그들은 자신들만이 '국민'을 이해하고 대표한다고 주장한다. 여기서 이 용어는 매우 광범위하지만 실제로는 모집단의 많은 부분을 배제하는 좁은 '집단'을 지정하기 위한 것이다. 결과적으로, 그러한 정치는 오해, 사회적 부당함, 갈등, 폭력으로 이어질 수 있으며, 적대적인 정치의 형태에는 극단적인 반이민정당, '이슬람주의' 정치집단, 분리주의, 백인 우월주의, 그리고 많은 다른 문제 있는 정치 운동들이 포함된다.

그래서 우리는 정체성에 대한 관념이 인간 갈등의 전제조건이자 원동력이라고 말할 수 있다. 한 걸음 더 나아가서, 역사적으로, 최악의 잔혹행위는 항상 정체성 문제를 주요 요인으로 혹은 갈등의 근본 원인인 분쟁에서 자행되어 온 것으로 밝혀졌다. 정체성은 갈등과 폭력의 직접적인 정당화로 사용된다. 역사를 통틀어 대량학살의 모든 사례는 그들의 인간성을 완전히 부정하는 개인의 집단들을 비인간화 과정을 포함하는 일련의 단계를 따랐다. 투치족을 '이넨지'inyenzi, 바퀴벌레라고 부른 르완다 집단학살과 '운터멘쉔'untermenschen, 하등인종 등의 용어가 사용된 홀로코스트가 그랬다. (이러한 인간으로서의 정체성을 완전히 부정하는 것은 '모든 사람은 어디에서나 법 앞에 인간으로서 인정받을 권리를 가진다'는 세계인권선언 6조의 위반으로 간주될 수 있다. https://www.un.org/en/universal-declaration-human-rights를 참고하라.) 분산 디지털 신원 시스템 구축에 대한 우리의 노력에 대한 교훈은 어떤 행위자도 '국민'의 정체성을 정의할 권한을 가질 수 없어야 하며, 개인 신원이 타인을 배척하는 방식으로 정의되어서는 안 된다는 것이다.

14.4 평화의 원천으로서 정체성

전쟁은 인간에게 내재된 것이 아니다. 우리는 전쟁과 평화를 배운다. 폭력도 전쟁도 학습된 것처럼, 평화의 문화도 학습되는 것이다.

— 엘리스 볼딩Elise Boulding, 1999년 2월 5일 기조 연설 〈평화의 문화Cultures of Peace〉

정체성은 갈등의 원천이 되기도 하지만 평화의 원천이 되기도 한다. 상호 이해, '타인'에 대한 인식, 존중, 공통점과 우리를 구별하는 것에 대한 감사는 대화에 참여할 수 있고, 서로에게서 배우고, 문화간 교류하고, 종종 갈등과 전쟁으로 이어지는 문화적 차이를 극복할 수 있는 토대가 된다. 만약 우리가 서로에 대해 충분히 알고 있다면, 즉 생물의 다양성이 자연에서 중요한 것만큼 인간에게 중요하다는 것을 깨닫는다면, 우리는 '우리' 대 '타인'식의 사고방식이나 수사학을 채택할 가능성이 적을 것이다.

우리는 서로의 정체성을 이해하고 존중하며 상대방을 기꺼이 받아들임으로써, 상호 갈등과 폭력을 일으킬 가능성이 줄어들 것이다.

그리고 우리가 적대적인 정체성 정치와 비인간화 과정에 관여하지 않고 서로 동등한 인간으로 인식한다면, 우리는 타인이 파괴적인 성향을 펼치기 전에 갈등을 해결할 수 있을 것이다.

유네스코(UNESCO)는 문화간 대화와 상호 이해를 증진시켜 전쟁의 원인을 미연에 방지하는 임무를 맡고 있다. 문화 다양성에 관한 세계선언(unesdoc.unesco.org/images/0012/001271/127160m.pdf)은 2001년 9월 11일 테러 공격 직후에 채택되었고, 다음과 같이 명시되어 있다.

> "서로 믿고 이해하며 문화적 다양성, 관용, 대화 및 협력을 존중하는 것이 국제 평화와 안전을 가장 확실하게 보장하는 것임을 확인한다."

문화는 세상을 바라보는 우리의 방식이다. 문화적 정체성은 개인이나 개인의 행동, 습관, 규칙, 전통, 관습, 태도, 가치, 그리고 신념의 집합이다. 이 정의는 또한 언어, 역사, 종교, 이념, 우주론, 예술, 그리고 우리의 전반적인 삶의 방식을 포함할 수 있다. 처음엔 잘 보이지 않지만 상호 작용 후에 펼쳐지는 문화의 요소를 '심층 문화'라고 부르기도 한다[5]. 우리에게 내재되어 있고 다양한 수준으로 다른 사람들과 공유하는 이러한 문화적 정체성은 우리 자신에 의해 정의될 수 있고 다른 사람들이 그것을 관찰할 수 있다.

기술자로서, 이것은 분산 신원 인프라를 설계할 때, 이름, 생년월일 또는 운전면허증 보유 여부와 같은 단순한 속성을 고려할 뿐만 아니라, 깊은 문화적 정체성을 포함하여 우리를 통합하고 분리시키는 인간 정체성의 다른 모든 측면을 모델링해야 한다는 것을 의미한다. 분산 신원 기술은 상호 이해, 글로벌 시민사회, 문화와 문명 간 대화 재개를 위한 여건을 조성하여 전쟁의 원인을 예방할 수 있다.

이 기술을 구축함에 있어, DID 및 검증 가능한 자격증명과 같은 기술 개발은 표준화되고 일관성이 있을 때 가장 효과적일 것이지만, '인간을 위한 디지털 신원 자격증명의 실제적인 내용은 다양하고 고유할 때 가장 가치가 있다'는 것을 관찰하는 것은 흥미로울 것이다. 신원 인프라는 세계적으로 상호운용 가능하고 문화 중립적이 되도록 노력해야 하지만, 신원 자체는 인간 다양성의 모든 형태에 의해 형성될 때 가장 강력하다.

> **SSI 참고자료**
>
> SSI에 대해 더 자세한 내용은 IdentityBook.info와 SSIMeetup.org/book을 참고하라.

참고문헌

[1] Wallace, Lewis. 2009. "Wired Backs Internet for Nobel Peace Prize." Wired. https://www.wired.com/2009/11/internet-for-peace-nobel.

[2] Nerfin, Marc. 1987. "Neither Prince Nor Merchant: Citizen—An Introduction to the Third System. Development Dialogue," IFDA dossier 56: 3–28.

[3] Kaldor, Mary. 2003. Global Civil Society. An Answer to War. Blackwell.

[4] Fukuyama, Francis. 2018. Identity: The Demand for Dignity and the Politics of Resentment. Profile Books.

[5] Shaules, Joseph. 2007. Deep Culture: The Hidden Challenges of Global Living. Multilingual Matters Ltd.

15

분산화에서 기술 선택 동인으로서의 신뢰 시스템

알렉스 프록샤트 Alex Preukschat

이번 챕터에서는 SSI를 이끈 역사적 기원 및 움직임과 향후 사회·정치·철학적 시사점을 탐구하며 제 3부의 주제를 이어가고자 한다. 이 장은 문제의 핵심인 신뢰 시스템, 기술 선택과 아키텍처를 포함하여 우리가 삶에서 하는 모든 것을 정의하는 중요한 정신 및 가치 패러다임으로 바로 이동한다. 이 장에서는 SSI 커뮤니티의 진화를 설명하는 16장을 이해하기 위한 토대를 마련한다는 점에 유의하라.

15.1 신뢰 시스템이란?

신뢰 시스템이 무엇인지에 대한 많은 책들이 쓰여졌고, 앞으로도 쓰어질 것이다. 히지만 간결하면시도 원컨데 일반적으로 받아들여질 수 있는 정의를 제시해보자.

'사람이나 사회의 신뢰 시스템은 무엇이 옳고 그르며 무엇이 진실이고 거짓인지에 대해 각자가 가지고 있는 믿음의 집합이다.'

신뢰 시스템은 삶의 모든 종류의 사소하고도 주요한 질문에 답하기 때문에 상당한 논란이 될 수 있다. 이런 질문에는 '국가를 위한다면 A정당과 B정당 중에 어느 당이 좋은가?', '사형에 찬성하나? 반대하나?', '우리 아이들은 종교 교육이 필요한가?', '자본주의가 빈부 격차의 원인인가?" 등이 포함된다.

거의 모든 문제에 있어서, 우리가 취하는 입장은 신뢰 시스템에 달려 있다. 이것은 증거가 있든 없든 일어날 수 있다. 어떤 식으로든, 신뢰 시스템은 우리를 이끌 것이다. 비록 그것이 단지 교육을 받은 근거로 하는 추측이나 삶의 경험들로 구성되어 있다 하더라도 말이다.

신뢰 시스템은 가장 도전적인 정치, 부, 가족, 그리고 종교적인 질문에서부터 인생에 대한 가장 사소한 질문까지 모든 것에 영향을 미친다.

이러한 관점에서 SSI를 살펴보면 SSI로 간주될 수 있는 것에 대해 일부 불일치가 존재하는 것은 놀랄 일이 아니다. 예를 들어 SSI를 정의하는 SSI 커뮤니티에서 참고할 수 있는 포인트는 크리스토퍼 앨런Christopher Allen이 2016년 에세이 〈자기주권신원으로의 여정The Path to Self- Sovereign Identity〉에서 정의한 SSI의 10대 원칙에 기초한다[1]. 그 중 하나는 SSI 아키텍처가 검열 저항성을 가지려면 분산화가 필요하다는 것이다. 검열 저항성은 분산 커뮤니티의 핵심 개념이다. 오픈 소스, 블록체인, SSI 커뮤니티의 사람들은 중앙화를 피해야 한다고 믿는다. 왜냐하면 어느 한 당사자가 완전한 통제권을 가지고 있다면 장기적으로 그 통제력은 남용될 것이 뻔하기 때문이다. 여러분은 이 생각에 동의할 수도 있고 동의하지 않을 수도 있지만 결국, 여러분이 그것을 받아들이거나 거절하도록 하는 것은 여러분의 신뢰 시스템이다.

SSI 기술 초기에는 많은 SSI 프로젝트가 분산되고 검증 가능한 데이터 레지스트리의 역할을 하기 위해 블록체인 또는 분산 원장 기술DLT을 선택했다(2장 참조). SSI에 사용되는 분산화 기술은 앞으로 바뀔 수 있지만, 이 장에서는 분산화 기술에 대한 논의가 얼마나 미묘한 차이를 갖고 이념적이며, 열정적일 수 있는지 1세대 블록체인과 DLT 기술의 차이점을 예시로 설명한다.

> **NOTE** 블록체인과 DLT라는 용어에 대해 합의된 것은 없다. 우리는 **블록체인**과 **분산 원장 기술**(DLT)의 이념적 차이를 강조하기 위해 이 장에서 이러한 용어들을 사용하여 설명하고 있다. 하지만 블록체인이 DLT의 하위 카테고리라는 주장도 있다. 이 장에서는 비트코인이 블록체인 기술을 시작했으며 DLT는 별개의 기술로 구분한다.

우리는 블록체인 또는 DLT에 대한 기술 선택이 소유권 및 거버넌스에 대한 신뢰 시스템의 반영이라고 주장하며, 이것은 SSI와 삶의 다른 모든 것에 대해 어떻게 관련이 있는지 강조한다. 우리가 전달하고자 하는 교훈은 열린 마음을 유지하는 것과 세계관이 우리가 듣고 말하는 모든 것에 영향을 미친다는 걸 기억하는 것이 다른 선택을 할 수 있는 사람들에게 공감하는 데 도움이 될 것이라는 것이다.

15.2 신뢰 시스템으로서 블록체인과 DLT

블록체인 생태계는 사토시 나카모토가 2009년 1월 3일 비트코인 네트워크를 출시하면서 시작되었다. 13장에서 자세히 설명했듯이, 사토시가 만든 비트코인은 중개기관이나 정부 당국이 화폐를 발행하지 않는 P2P 현금 시스템 역할을 했다. 대신, 네트워크는 모든 트랜잭션을 게임 이론에 기초한 금전적 인센티브를 사용하여 P2P 기술을 기반으로 구축된 아키텍처에서 발행하고 등록했다.

비트코인의 초기 수용자들은 암호화, 금융, 분산 시스템, 자유주의 이념, 오스트리아 경제 학파 등에 관심이 많았다. 비트코인 네트워크가 출범한 지 몇 년 후 다른 암호화폐로 인한 투기 버블이 발생했다. 당시 2013년의 암호화폐 상승 장세가 비트코인 가격을 사상 최고치인 1200달러까지 끌어올린 뒤 2년 만에 200달러까지 가격을 끌어내린 약세장으로 이어졌다.

NOTE 일반적으로 대문자 B(Bitcoin)는 비트코인 프로토콜, 소문자 b(bitcoin)는 비트코인 프로토콜의 토큰 또는 암호화폐를 가리킨다.

이 기간 동안, 암호화폐 토큰을 시스템의 중심 기능으로 삼지 않고, 합의 중심의 데이터를 위한 아키텍처로서의 블록체인의 장점을 주장하는 새로운 이론이 등장했다. 이러한 프로젝트 중 일부는 전송 가능성과 통화 속성을 제한한 비화폐성 토큰을 이용하였다.

NOTE 컴퓨터 보안 및 암호화폐 산업에서 **토큰**이라는 용어는 일반적으로 실제 데이터는 포함하지 않지만 실제 데이터와 관련된 숫자와 문자의 암호화 문자열을 가리킨다. 6장에서 설명한 것처럼 하나의 비트코인(bitcoin)은 그러한 암호화 문자열의 예이다.

이러한 사고방식은 처음에 토큰보다 원장의 역할을 강조하기 위해 'DLT'라고 불렀다. 여러 기술 개발 주체가 고도로 중앙화된 옵션을 포함하여 광범위한 거버넌스 옵션을 통해 기업 환경을 위한 분산 데이터 시스템을 구축하기 시작했다. 이 시기는 블록체인·SSI·DLT의 세계가 교차하며 융합했고, 이념적 접근과 기술적인 아키텍처를 교환하기 시작했기 때문에 SSI와 관련이 있다.

블록체인, DLT와 P2P

블록체인 및 DLT는 비트토렌트(BitTorrent)와 같이 서로 연결된 많은 컴퓨터에 의해 실행되는 P2P(peer-to-peer) 네트워크다. P2P 네트워크의 일부가 되어 다른 컴퓨터와 통신할 수 있는 소프트웨어를 컴퓨터에 설치해야 한다. 이 소프트웨어를 컴퓨터에 설치하면 컴퓨터가 분산 네트워크의 노드가 된다.

비트코인, 이더리움 등은 인터넷이 연결된 사람이면 누구나 참여할 수 있기 때문에 '비허가형(permissionless) 시스템'이라고도 불린다. 이 챕터에서는 이를 '블록체인' 기술이라고 부른다. 일반적으로 DLT에서는 노드로 참여하려면 권한이 필요하기 때문에 DLT를 '허가형(permissioned) 시스템'이라고 한다. DLT의 예로는 Fabric, Sawtooth 및 Indy와 같은 하이퍼레저(Hyperledger) 프로젝트가 있다. 더 헷갈릴 수도 있는 것이, DLT 프로젝트는 스스로를 블록체인으로 정의하는 경우가 많지만, 블록체인 프로젝트는 보통 자신을 정의하기 위해 'DLT'라는 용어를 사용하지 않는다는 점이다.

SSI가 블록체인 및 DLT 기술과의 연관관계를 설명하기 위해서는, 신뢰 시스템의 근본을 탐구하는 것이 좋다고 생각한다. 때로는 이렇게 함으로써 기술 선택에 관한 추상적 논쟁을 구체화할 수 있다. 시간이 지남에 따라 그것들이 시대에 뒤떨어질 수도 있지만, 핵심적인 것은 심지어 기술 선택조차도

신뢰 시스템에 의해 영향을 받는다는 것을 이해하는 것이다. 우리가 사용하는 두 가지(블록체인과 DLT) 중 어떤 것도 현실을 반영하지 않는다. 단지 이것은 예시에 지나지 않는다.

15.2.1 블록체인 '신봉자'

비트코인이나 이더리움 같은 초기 블록체인 프로젝트를 신봉하는 사람들은 전통적인 중앙화된 기관을 불신하는 경향이 있으며, 심지어 이러한 불신을 분산화 프로젝트에 투자하는 핵심 동기로까지 주장하고 있다. 그들은 종종 장기적으로는, 중앙화된 기관들이 경제 분야나 사회 분야에서 작고 약하거나, 독립적인 행위자들에 대항하여 강자나 큰 편에 설 것이라고 믿는다. 상대적으로 연약한 개인은 중앙화된 비즈니스, 정보 및 법률 기관의 지배로부터 스스로를 보호할 수 있는 도구가 필요하다.

사이퍼펑크(13장)의 경우, 건강한 시스템의 핵심은 권력을 분산시키는 데 있다. 중앙화된 기관에 대한 신뢰가 낮기 때문에 블록체인을 신봉하는 자들은 가능한 한 분산 거버넌스 시스템을 원하고 있다. 많은 사람들이 가능한 한 많고 다양한 노드 운영자를 보유하기 위해 인프라 노드를 실행하도록 유도하는 것과 같은 재중앙화를 차단하거나 인센티브를 제거하기 위한 메커니즘을 채택하려는 다양한 시도를 하고 있다. 이는 또한 검열 저항을 보장하는 데에도 도움이 된다. (**노드**는 P2P 네트워크를 실행하기 위해 다른 노드와 연결할 수 있는 특정 소프트웨어를 실행하는 컴퓨터 또는 서버이다.) 이러한 많은 시스템에서 고유한 토큰은 중심적이고 구조적인 역할도 수행한다. 이것은 블록체인 담론이 종종 경제 및 사회 권력 구조의 파괴적 변화에 초점을 맞추고, 종종 스타트업에서 초국가적 기업으로 가는 고전적인 실리콘 밸리의 궤적을 모델로 삼는 이유이기도 하다.

15.2.2 DLT '신봉자'

DLT 신봉자들은 일부 중앙화된 기관을 다른 기관보다 더 신뢰하는 경향이 있다. 때때로 이들은 분산 기술에서 현재 비즈니스 및 규정 준수 프로세스를 최적화하거나 투명성과 협력에서 새로운 비즈니스 기회를 발견하기 위한 기회를 본다. DLT 신봉자에게 있어서 일부 중앙화된 기관은, 특히 산업 전반에 걸쳐 공통 아키텍처를 장려하여 공유 인프라 위에 제공되는 서비스에 대한 경쟁을 제한한다면 제대로 작동할 것이라고 본다.

많은 사람들의 토큰에 대한 불신은 법적, 투명성 및 규제 관련 문제에 뿌리를 두고 있다. 또한 어떤 사람들은 토큰이 새로운 형태의 독점 또는 중앙화를 구축할 수 있다고 두려워한다. 두 경우 모두 DLT는 일반적으로 산업을 보다 안정적이고 규정을 준수하며 효율적으로 만드는 것보다 산업에 피해를 주지 않도록 설계되었다. DLT 신봉자들은 새로운 비즈니스 모델을 창출하는 방식으로 협력 및 경쟁 조건을 바꾸려고 노력한다.

15.3 SSI와 관련된 블록체인과 DLT 기술은 어떠한가?

블록체인과 DLT 신봉자의 주요 차이점이 경제적·사회적으로 중앙화된 기관에 대한 태도라면 SSI는 더 광범위한 문제에 초점을 맞춰 이러한 특징을 더욱 복잡하게 만든다. 예를 들어, SSI 생태계에는 분산화를 통해 사람과 (기업이 다른 사람과 기업으로부터) 프라이버시를 보호하도록 돕는 동기가 부여된다. 전부는 아니지만 많은 정부가 이러한 접근 방식이 자신의 권한을 훼손하지 않기 때문에 일반적으로 만족하고 있다. 그들은 사람들이 규모가 큰 기술기업들의 탐욕스러운 시선을 더 걱정하고 있다는 것을 알고 있다. 일부 정부는 프라이버시 문제에 대한 시장의 해결책을 적극 권장하는데, 특히 그러한 솔루션이 시민의 프라이버시 강화라는 부담스러운 과제를 덜어줄 수 있는 경우에 더욱 그러하다.

16장에서 보다 자세하게 언급하고 있는 것과 같이 그런 점에서 SSI 커뮤니티는 일부 블록체인 얼리어답터보다 덜 저항적이고, 덜 무정부주의적이다. 모든 SSI 커뮤니티는 분산화를 중앙화된 기관에 의존하지 않고 신뢰와 프라이버시를 보호할 수 있는 신원 시스템을 만들고자 하는 비전의 실현을 위해서 활용한다. 그러나 문제는 분산화가 흑과 백이 아닌 다양한 색조로 이루어진다는 것이다. 분산화의 달성은 근본적이고도 지속적인 설계 과제로, 활용 사례에 따라 다른 수준의 분산화가 가능하거나 필요할 수 있다. 이를 이해하기 위해 블록체인과 DLT 시스템의 몇 가지 구체적인 특성을 살펴보도록 하자.

15.4 블록체인과 DLT의 차이를 특정하기

블록체인과 DLT 신봉자의 양극단 사이에는 넓은 회색 지대가 존재한다. 하지만 간략하게 다음과 같이 두 가지로 분류할 수 있다.

- 블록체인은 신뢰가 없거나 비허가형 시스템으로 중앙화된 기관의 허가 없이 새로운 참여자에게 더 개방적이다.
- DLT는 신뢰 기반 또는 허가형 시스템으로, 미래의 불특정 참여자가 가입하기 위해서는 일반적으로 허가를 받아야 한다.

그림 15.1은 이 두 접근법 사이에 가능성의 스펙트럼을 보여준다. 초기에는 블록체인과 DLT 아키텍처가 SSI를 견인해왔지만, 순수한 P2P 네트워크와 같은 분산 아키텍처에 대한 새로운 접근 방식도 등장하고 있다는 점에 유의해야 한다. 따라서 블록체인이나 DLT에 의존하지 않고 SSI 원칙의 분산 및 개방성 요건을 충족시킬 수 있는 다른 방법이 있을 수 있다.

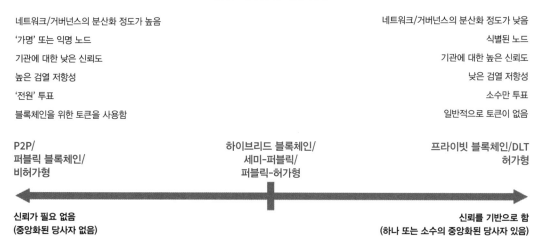

그림 15.1 신뢰가 필요 없는 시스템은 일반적으로 토큰 기반 시스템을 사용하여 보다 개방적이고 내부적으로 통제되는 반면, 신뢰 기반 시스템은 신뢰할 수 있는 기관에 거버넌스 및 검열을 위임하는 경향이 있다.

네트워크 거버넌스를 시작으로, 우리는 분산과 관련하여 블록체인, 하이브리드 블록체인 및 DLT가 어떻게 다른지 살펴볼 수 있다.

15.4.1 거버넌스: 네트워크는 참여를 개방하기 위해 얼마나 열려 있나?

블록체인이나 DLT의 거버넌스는 참여에 있어서 얼마나 개방적이냐에 따라 정의된다. 분산화 정도가 크고 개방적일수록 새로운 형태의 공격에 저항하는 시스템을 만드는 것은 일반적으로 더 어렵다.

- **블록체인**: 비트코인과 같은 블록체인의 거버넌스는 글로벌 배포를 통하여 모든 노드들이 전체 블록체인 데이터를 저장하는 형태로 분산된다. 이것은 누구나 비트코인에 참여할 수 있는 무료 오픈소스 소프트웨어에 의해 가능하게 되었다. 또한 채굴의 상대적 분산화(시간이 지남에 따라 중앙화됨)[2]를 통해 비트코인 블록체인에서 사실에 대한 합의에 도달할 수 있다. 비트코인 및 이와 유사한 블록체인에서는 합의를 가장 잘 달성할 수 있는 방법으로 분산화를 최대화하고 보호하기 위해 모든 노력을 기울인다.
- **하이브리드 블록체인**: 세미-퍼블릭 또는 퍼블릭 허가형 블록체인의 거버넌스는 식별된 검증 노드에 의해 정의된다. 검증 노드는 일반적으로 정부 기관, 컨소시엄, 교육 기관, 기업 등과 같은 조직에 의해 통제된다. 그러나 이는 원장 조회를 제한하는 DLT와는 달리, 조회를 위한 접근은 모든 사람들에게 열려 있다.
- **DLT**: DLT의 거버넌스는 식별된 하나 또는 소수의 검증 노드와 검증 노드의 허가로 조회 권한을

가진 다른 노드에 의해 중앙화 된다. 거버넌스는 폐쇄적으로, 네트워크는 권한에 의한 노드로 구성되며, 새로운 노드는 검증 노드 또는(혹은 그리고) 외부의 권한을 가진 자에 의해서만 참여할 수 있다.

15.4.2 검열 저항성: 중앙화는 어떻게 신뢰할 수 있나?

검열 저항성[3]은 블록체인 또는 DLT의 분산화 수준과 관련이 있다. 소수에 의해 시스템이 통제되면, 이들이 트랜잭션 검열에 영향을 줄 수 있기 때문에 검열 저항성이 떨어진다.

- **블록체인**: 검열 저항성은 많은 컴퓨터에서 트랜잭션 검증을 분산시킴으로써 매우 강하다고 생각되었다. 그러나 해시 파워(네트워크에서의 총 계산 파워)가 증가함에 따라 발생한 점진적으로 집중된 채굴은 비트코인의 검열 저항을 위협할 수 있어 불안감을 준다. 이것은 비트코인과 같은 시스템에서 끊임없는 논쟁거리다.
- **하이브리드 블록체인**: 하이브리드 블록체인에 대한 신뢰도는 프라이빗 허가형 DLT에 비해 낮지만, 그 신뢰는 공개적으로 식별된 노드에 위임된다. 이 모델의 검열 저항성은 노드의 위치 및 참가자 분포, 선택 및 확장의 투명성 수준, 식별된 노드에 대한 활성화된 공격의 위험에 따라 달라진다. 예를 들어, 일본에서 네트워크를 운영하고 모든 노드가 일본에 있을 경우, 결국 일본 정부가 아키텍처와 거버넌스에 대한 최종 결정권을 갖게 될 가능성이 높다.
- **DLT**: 기업이 자체적으로 내부 네트워크를 구성하려는 경우 또는 기업이나 정부가 모든 참여자가 서로를 신뢰하는 컨소시엄을 구성하려는 경우, 이 모델에서 참여 노드에 대한 신뢰도는 높고 타당할 수 있다. 이 모델의 검열 저항은 낮지만, 권한과 접근은 이미 중앙화 되어 있기 때문에 이는 핵심 요건이 되지 않는다. 사람들이 DLT를 관리하는 공공기관이나 민간기관에 대한 신뢰가 높을수록, 분산화에 대한 필요성이 줄어든다.

15.4.3 개방성: 누가 노드를 운영할 수 있나?

블록체인과 DLT는 P2P 네트워크에서 서로 연결된 다수의 컴퓨터 또는 서버(노드)로 구성된다. 노드가 서로 다른 권한과 책임을 갖는 계층형 시스템에 의해 복잡해질 수 있지만, 노드를 운영하기가 쉬울수록 네트워크는 보다 더 분산될 수 있다.

- **블록체인**: 노드의 운영은 원칙적으로 모든 사람에게 열려 있지만, 비트코인의 사례에서 프로토콜의 확장 문제로 인해 시간이 지남에 따라 전체 노드full node를 실행하는 것이 더 어렵고 비용이 많이 든다는 것을 보여주었다. 토큰 또는 계정 단위는 비허가형 블록체인의 게임 이론 모델의 근본적인 부분이다. 예를 들어, 개인 사용자가 전문적인 채굴 풀의 일부가 아닌 노드를 실행할 경우, 새로운 블록을 채굴하는 데 필요한 암호화 퍼즐을 해결할 가능성은 낮다. 그러나 트랜잭션

을 검증 및 중계하고, 이를 위해 새로운 블록을 검증하는 전체 노드를 실행하여 분산화에 계속 참여할 수 있다. 일부 확장성 연구는 이러한 노드의 중요성을 언급하지만, 이 역시 상당한 논란 거리다.

- **하이브리드 블록체인**: 하이브리드 블록체인에서의 참여는 일반적으로 모든 노드에 공개되지만, 이들은 대개 설정, 테스트, 노드 운영 비용, 퍼블릭 또는 세미-퍼블릭 식별과 관련하여 미리 결정된 요건을 충족해야 한다.
- **DLT**: DLT에서 선택하고, 초대되고, 식별된 노드만 트랜잭션을 검증할 수 있다. 이러한 프로세스는 외부에서 수행되므로 일반적으로 DLT에는 스팸 방지 메커니즘을 제외하고는 토큰이 필요하지 않다.

15.5 왜 옹호자나 열성 지지자가 아닌 신봉자인가?

분산화를 달성하기 위한 방법은 다양하다. 블록체인, DLT, 순수한 P2P 시스템은 SSI 기술에 대한 가능한 접근 방식 중 세 가지에 불과하며, 더 많은 방식이 있을 수 있다. 가장 유익한 것은 모든 방식을 배우고 모든 사람들의 삶을 개선할 수 있는 최고의 기술을 찾는 것이다.

또한, '블록체인 하이프 사이클'[4]의 발표 이후, 키워드 '블록체인'과 'DLT'는 큰 의미가 없어졌다. 기술에 대한 이름을 넘어서 다양한 솔루션과 사용 사례를 위한 분산화가 어떻게 달성될 수 있는지 볼 필요가 있다. 어떤 모델들은 전통적인 기관에서 이루어지는 외부 관리의 필요성을 없애기에 충분한 기술이므로 완전한 비허가형인 반면에 일부 솔루션에서는 허가형 또는 하이브리드 모델이 필요해졌다. 왜냐하면 정부나 기관에서 시민 또는 회사들을 위한 권한부여가 필요했기 때문이다. 그런데 때로는 중앙화된 솔루션으로도 충분할 수 있다.

앞에서의 사례들이 신뢰 시스템이 기술 선택을 이끄는 방식을 보여주었기를 바란다. 이제 이러한 선택이 분산 커뮤니티에서 어떻게 표현될 수 있는지 살펴보자.

15.5.1 우리는 분산화를 어떻게 측정하는가?

컴퓨터 공학의 관점에서, 사토시 나카모토Satoshi Nakamoto는 오랜 시간 동안 디지털 현금 프로토콜 또는 P2P 전자 현금 시스템의 개발에서 오랫동안 제약이 되었던 문제인 '이중 지불'에 대한 하나의 해결책을 마련했다[5]. 기술과 게임 이론이 결합된 사토시의 작업 증명proof-of-work, PoW 알고리즘은 통신 채널이 안전하지 않고 신뢰할 수 없을 때 합의에 도달하기 위한 컴퓨터 공학의 과제인 '비잔틴 장군 문제Byzantine Generals Problem'[6]에 대한 해결책을 제공하기도 했다. 블록체인 프로토콜 설계에 대한 대부분의 기술적 흥분은 이렇듯이 분산화에 대한 장애물들을 해결하기 위한 새로운 솔루션들에서 유래되었다.

2017년 참조 문헌에서 이더리움의 공동 창립자 비탈릭 부테린Vitalik Buterin[7]은 분산화에 대한 세 가지의 기준을 제시했다. 그는 아키텍처, 논리, 정치적 거버넌스가 미래에 분산화를 유지하기 위해 제대로 설계되지 않는다면 중앙화는 언제든지 분산화 설계가 된 시스템에 다시 침투할 수 있다고 했다. 물론 이 모든 논의는 반드시 분산화가 필요하다고 강력하게 믿는 경우에만 관련이 있다.

아키텍처 분산화는 다양한 하위 네트워크에 노드를 분배함으로써 P2P 네트워크에서 보장된다. 이들은 일반적으로 주류 인터넷의 전통적인 TCP/IP 주소 지정 구조로 통신한다. 전체 네트워크가 다운되는 경우를 제외하고 일부 노드의 실패를 인정하는 것이 분산화의 핵심이다. 물론 일부 노드들이 특정 주체에 의해 소유되거나 통제되는 것 또한 인정한다. 어떤 경우에는 하나의 관할구역, 주, 또는 국가에 위치한 노드의 일부이거나 특정 하드웨어, 소프트웨어 또는 인프라의 제조업체에 의존하는 노드의 일부가 있을 수 있음을 모두 인정한다.[1]

논리적 분산화는 모든 핵심 코드를 오픈 소스(독립적인 개발팀에게 명료해야 함)로 만들고 주어진 프로토콜의 다른 구현에서 모든 데이터를 읽을 수 있게 하는 것을 의미한다. 이러한 과정에서 중요한 질문에는 다음과 같은 것이 포함된다.

- 인터페이스와 데이터 구조는 하나의 개별 단위인가, 아니면 많은 서로 상호 작용하는 단위인가?
- 사용자와 공급업체 간에 시스템을 반으로 줄이면 어떻게 될까?
- 예를 들어, 노드들이 프로토콜의 서로 다른 구현으로 포크fork된다면, 서로 두 개의 프로토콜의 노드들이 독립적인 개체로 지속적으로 잘 운영될 것인가?

정치적 거버넌스 분산화는 코드베이스[2] 유지보수와 네트워크 운영 사이의 권력 분리가 게임 이론에 의해 알려진 인센티브 구조와 결합되어 단일 이해관계자 그룹(개발자, 채굴자, 투자자, 시장, 사용자 등)이 다수의 협업 없이 프로토콜을 변경하는 것을 방지한다. 이러한 측면에서 다음의 핵심 질문들은 명백하게 정치적이다.

- 프로토콜을 변경하기 위하여 개인, 컨트랙트 또는 컴퓨터는 얼마나 필요한가?
- 이해당사자 과반수의 지배력에서 소수를 보호하는 것은 무엇인가?

---

1   [옮긴이] 여기서 인정한다는 것은 그렇다 할지라도 분산화에 영향을 미치지 않는 것을 의미한다.
2   [옮긴이] 소프트웨어 개발에서 코드베이스(codebase)는 특정 소프트웨어 시스템, 응용 소프트웨어, 소프트웨어 구성 요소를 빌드하기 위해 사용되는 소스 코드의 집합이다. 일반적으로 코드베이스에는 사람이 쓴 소스 코드 파일만 포함한다. 그러므로 코드베이스는 일반적으로 도구나 바이너리 라이브러리 파일에 의해 생성된 소스 코드 파일을 포함하지는 않으며 사람이 작성한 소스 코드로부터 빌드 될 수 있다. 그러나 구성 및 속성 파일을 포함하지 않는 것이 보통인데, 이것들은 빌드에 필수적인 데이터이기 때문이다(위키피디아).

- 소수의 이해관계가 다수의 이해관계와 달라질 경우, 시스템에 머물 수 있게 할 수 있는 인센티브는 무엇인가?

이러한 정치적 분산화의 마지막 개념은 세 가지 중 관념적으로 가장 많이 공격받고 논란이 될 수 있으며 분산 시스템 간의 차이를 식별하는 데 가장 유용할 수 있다. 일부 분석가들은 블록체인 데이터 시스템이 경제 시스템과 비경제 시스템 양쪽 모두를 위한 인프라로 작동하기 때문에 내부 거버넌스의 권력 분리 모델은 실제 정치 시스템, 특히 현대 자유 민주주의에서의 권력 분산을 보다 명백하고 신중하게 모델링해야 한다고 제안한다.

이러한 모든 이유로 한 프로젝트를 '분산화'로 설계하는 것은 시스템의 모든 관점과 그것의 거버넌스를 고려하지 않는다면 의미가 없다. 분명하게 말하자면, 프로젝트 설계의 핵심 사항으로 분산화를 얼마나 유지할 수 있느냐가 여기에 달렸다. 비트코인은 글로벌 차원의 규모와 균형을 유지하는 이해관계자들로 인해 높은 수준의 분산화를 달성했다. 그러나 그 지위는 쉽게 달성된 것이 아니다. 분산화를 위한 구축은 특히 소규모, 폐쇄적으로 통제하는 프로토콜에서 중요한 과제이다. 더욱이, 분산화의 이점은 모든 사용 사례에 쉽게 적용될 수 없으며, 데이터를 고도로 분산화된 프로토콜에 고정하거나 데이터를 그 위에 구축을 해도 분산화가 보장되지 않는다.

15.6 분산화의 기술적 이점

부테린의 기술적 관점에서, 분산 시스템은 장애 허용, 공격 회피, 충돌 회피 기능이 있어야 한다. 이러한 특성은 다음과 같이 블록체인 개발 비용을 상쇄하는 데이터 시스템의 복원력과 내구성에 상당한 긍정적인 효과를 가져온다.

- **장애 허용**은 네트워크가 서로 독립적으로 계속 작동할 수 있는 많은 부분들로 구성되어 있기 때문에 네트워크의 일부가 장애나 부정행위에 의해 연결이 끊어져도 분산시스템이 지속적으로 정상 작동할 수 있음을 의미한다. 다시 연결되면 트랜잭션이 손실되더라도 네트워크는 인센티브에 따라 동기화한다. 장애 허용은 모든 분산 시스템에서 기본적인 기능이다.
- **분산 시스템에 대한 공격 회피**는 중앙 코드베이스나 데이터베이스 하나만 공격하면 되는 중앙화된 시스템과 달리 중복을 통해 많은 노드를 동시에 공격, 파괴 또는 조작하는 데 기하급수적으로 많은 비용이 든다는 것을 의미한다. 분산화는 그러한 공격의 규모가 시스템의 전체 크기에 비례하여 확대되어야 유효하도록 한다.
- **분산 시스템에서의 충돌 회피**란 다른 참여자의 행동을 이용하거나 강요하기 위해 공모한 그룹의 참여를 막거나 최소한 참여 동기를 상실하도록 설계된 것을 의미한다.

분산 생태계의 다양성은 세 가지 유형의 공격 모두에 저항하는 핵심 요소 중 하나이다. 분산 시스템이 주어진 사용 사례 및 이해 관계자의 가치에 대해 충분히 탄력적이고 분산되어 있는지 여부를 결정하기 위해 이러한 모든 요소를 평가하고 비교할 필요가 있다.

가치에 부합한다는 마지막 기준도 중요하지만 이해관계자간 합의 도출은 더디고 비용이 많이 드는 과정이 될 수 있다. 게다가, 분산 시스템을 만드는 것은 매우 복잡하고 비용이 많이 소요될 수 있으므로, 그러한 시스템에 명확한 수익 모델이 없을 때는 합의를 더욱 어렵게 만들 수 있다. 이런 상황에서는 많은 '이해관계자들'이 그들의 사용 사례에 필요한 이상 분산화 비용에 대해 바로 의문을 제기할 것이다.

원래의 사이퍼펑크의 꿈(13장)은 개인에게 힘을 실어줄 것을 약속하고, 분권화된 기술이 더 나은 유토피아적인 세상을 만들 수 있다는 믿음으로 이어진다. 그러나 이러한 기술이 역효과를 내어 보다 디스토피아적인 세상을 만들 위험도 있다. 기회와 위험을 평가하려면 우리의 신념과 그 안에 암호화된 거버넌스 모델에 대해 명확하고 신중해야 한다. 이것이 항상 쉬운 것은 아니지만, 글로벌 인프라가 위태로운 상황에서, 장기적인 결과는 정치와 가치에 대한 솔직한 이야기의 불편함과 마찰을 정당화한다.

SSI 참고자료

SSI에 대해 더 자세한 내용은 IdentityBook.info와 SSIMeetup.org/book을 참고하라.

참고문헌

[1] Allen, Christopher. "The Path to Self-Sovereign Identity." Life with Alacrity. http://www.lifewithalacrity.com/2016/04/the-path-to-self-soverereign-identity.htm.

[2] Kharif, Olga. 2020. "Bitcoin's Network Operations Are Controlled by Five Companies." Bloomberg. https://www.bloomberg.com/news/articles/2020-01-31/bitcoin-s-network-operations-are-controlled-by-five-companies.

[3] Andrew, Paul. 2018. "Bitcoin Censorship Resistance Explained. CoinCentral. https://coincentral.com/bitcoin-censorship-resistance.

[4] Litan, Avivah and Adrian Leow. 2020. "Hype Cycle for Blockchain Technologies, 2020." Gartner Research. https://www.gartner.com/en/documents/3987450/hype-cycle-for-blockchain-tech nologies-2020.

[5] Nakamoto, Satoshi. 2008. "Bitcoin: A Peer-to-Peer Electronic Cash System." https://bitcoin.org/bitcoin.pdf.

[6] Stevens, Anthony. 2018. "Understanding the Byzantine Generals' Problem (and How It Affects You)." Coinmonks. https://medium.com/coinmonks/a-note-from-anthony-if-you-havent-already-please-read-the-article-gaining-clarity-on-key-787989107969.

[7] Buterin, Vitalik. 2017. "The Meaning of Decentralization." https://medium.com/@VitalikButerin/the-meaning-of-decentralization-a0c92b76a274

16

SSI 커뮤니티의 기원

칼리야 영 Kaliya Young**과 비공개 저자**

자기주권신원은 10년에 걸쳐 사용자 중심의 신원으로 널리 알려진 운동에서 비롯되었고, 칼리야 영은 가장 저명한 개척자 중 한 명이다. 칼리야는 2005년에 닥 설즈Doc Searls, 필 윈들리Phil Windley와 함께 인터넷 신원 워크숍Internet Identity Workshop, IIW을 시작했다. 그 이후로 매년 두 번 개최되는 인터넷 신원 워크숍은 분산 디지털 신원에 대한 거의 모든 주요 혁신의 발현지가 되었다. SSI가 성장함에 따라 항상 커뮤니티에 많은 사람의 참여를 지원한 칼리야가 코칭했던 익명의 SSI 작가이자 큐레이터인 비공개 저자와 같은 신규 회원들을 참여시켰다. 이들은 함께 Identosphere.net을 공동으로 설립했다. 이 장의 저자들은 SSI 커뮤니티의 기원에서 현재까지 매력적인 진화를 설명한다. 분명히 이것은 시간이 지남에 따라 업데이트 되어야 하지만, SSI 운동이 어디에서 시작했고 왜 그렇게 많은 관심을 받았는지에 대한 광범위한 관점을 제공하기를 바란다.

자기주권신원self-sovereign identity, SSI이라는 용어는 2012년 데본 로프레트Devon Lofrett의 블로그 게시물 '주권의 원천적인 권위Sovereign Source Authority[1]'에서부터 공급자 관계 관리Vendor Relationship Management, VRM 메일링 리스트로 확장되었다. 이후 SSI는 사용자의 디지털 식별자 및 개인 정보에 대한 통제를 목표로 하는 커뮤니티, 조직, 도구 및 사양을 기반으로 대표적인 생태계로 성장했다. SSI에 대한 탐구는 사용자들에게 권한을 부여하는 도구와 프레임워크를 구축하고 홍보하는 공동체 의식과 조직의 여정이며, 아이러니하게도 인터넷 자체의 발전을 이끈 동일한 핵심 가치들 중 일부를 수용하고자 하는 여정이다.

16.1 인터넷의 탄생

아주 초기부터, 인터넷의 기반 시스템은 인터넷 운영에 사용되는 식별자의 할당을 위해 중앙화된 인터넷 할당 번호 관리기관Internet Assigned Numbers Authority, IANA에 의존해 왔다. IANA는 국제 인터넷 주소 기구Internet Corporation for Assigned Names and Numbers, ICANN와 인증 기관CA과 같은 다른 중앙 기관에 권한을 양도했다.

> **NOTE** 1990년 RFC 'IAB¹ 인터넷 식별자 할당 배포 권장 정책 및 인터넷 '연결 상태'에 대한 IAB 권장 정책 변경(IAB Recommended Policy on Distributing Internet Identifier Assignment and IAB Recommended Policy Change to Internet 'Connected' Status, https://tools.ietf.org/html/rfc1174)'을 참고하라.

제이크 엘리자베스 파인러'Jake' Elizabeth Feinler[2]는 1972년부터 1989년까지 스탠퍼드 연구소의 네트워크정보시스템 센터 소장을 지냈다. 그녀의 연구팀은 아르파넷ARPANET을 위한 네트워크정보센터 Network Information Center, NIC를 운영했는데, 이것이 국방 데이터 네트워크Defense Data Network, DDN가 되었고 나중에 인터넷이 되었다.

> '제이크는 2006년에 IIW를 시작했던 컴퓨터 역사 박물관의 자원봉사자였다. 그곳에서 열린 첫 회의에서 의제를 보고, 그녀는 국제 인터넷 주소 기구ICANN의 모임이냐고 물었고, 그녀의 팀이 최초의 네임스페이스 시스템 규칙namespace system convention을 만드는 것에 대하여 설명하기 위해 참석했다.'
>
> —칼리야 영

처음에는 중앙화된 기관들이 온라인상에서 식별자 할당을 관리하도록 요구되었다. 이러한 방식으로 계속 운영되어 온 것은 부분적으로 일단 권한을 부여받으면 조직이 그 권한을 포기하기를 꺼리기 때문이며, 부분적으로 널리 수용되고 상호 운용 가능한 분산형 솔루션을 만들어야 하는 많은 다른 과제 때문이다. 그러나 인터넷은 항상 분산되도록 설계되었고, 암호화 분야의 선구자들은 인터넷이 더욱 분산될 수 있는 길을 열어주었다(보다 자세한 내용은 13장을 참고하라).

16.2 우리의 개인정보에 대한 통제력 상실

은닉 서명Blind Signatures의 발명가이자 '디지털 화폐의 아버지'인 데이비드 차움David Chaum은 개인들이 어떻게 개인정보가 사용되는 방식에 대한 통제력을 잃어가고 있는지에 대해 최초로 논의한 사람

---

1 〔옮긴이〕 인터넷 아키텍처 위원회(Internet Architecture Board, IAB)는 인터넷 엔지니어링 태스크포스(IETF)의 위원회이자 인터넷 협회(ISOC)의 자문 기구이다. 그것의 책임은 IETF 활동에 대한 구조적 감독, 인터넷 표준 프로세스 감독 및 호소, 의견 요청(RFC) 편집자의 임명 등을 포함한다. IAB는 또한 IETF 프로토콜 매개변수 레지스트리의 관리를 담당한다.

들 중 한 명이었다. 차움이 제안한 솔루션은 우리가 거래하는 각 당사자들과 고유한 디지털 익명을 만드는 것을 포함했다. 그가 설명한 것은 다음과 같다[3].

> '가까운 미래의 대규모 자동화 트랜잭션 시스템은 개인과 조직 모두의 프라이버시를 보호하고 보안을 유지하도록 설계될 수 있다.'

차움은 이러한 시스템이 제3자에 의해 만들어진 토큰을 사용하는 것과 달리, 사용자들이 그들의 개인 정보의 관리를 맡기는 것 외에, 자신의 신원에 대한 통제권을 갖게 할 것이라는 것을 분명히 했다.

차움은 'SSI의 할아버지'라고 여겨질 수도 있고, 13장과 17장에서 묘사된 것과 같이 디지털 현금, 블록체인, 암호화폐 기술의 할아버지로도 명명될 수 있다. 그의 연구는 새로운 암호화 시스템과 개인정보보호 응용 프로그램을 만들 수 있는 가능성에 대하여 한 세대에 영감을 주었다.

차움이 등장한 직후 '데이터 감시'라는 용어를 소개한 로저 클라크Roger Clarke가 나타났다. 1988년에 그는 이를 다음과 같이 정의했다[4].

> '정보 기술의 적용을 통해 사람들의 행동 또는 의사 소통을 체계적으로 모니터링한다.'

클라크는 개인의 프라이버시를 보호하기 위한 법률의 필요성을 언급하고 있으며 IT 전문가는 사용자의 프라이버시를 보호하는 애플리케이션을 만들기 위해 노력해야 한다고 말한다.

16.3 공개키 암호화 프로그램, Pretty Good Privacy

제2차 세계 대전 이후, 많은 정부 기관들은 강력한 암호화 체계의 배포를 금지했다. 예를 들어, 미국에서는 암호화가 군수품으로 취급되었고, 그것을 수출하는 것은 불법이었다. 그 결과, 기업들은 수출용 상품에 대해 수준이 낮은 암호화를 사용해야 했고, 이는 실질적인 사업상의 이유로 내수용 상품에 대해서도 동일한 수준의 암호화를 사용해야 하는 경우가 많다는 것을 의미했다.

개인의 프라이버시에 대한 권리를 잃을 위험이 커짐에 따라, 필 짐머만Phil Zimmerman은 1991년에 공개키 암호화 프로그램인 PGPPretty Good Privacy를 만들었다[5]. 강력한 암호화가 확산되면 정부가 형사처벌하기 어렵다는 게 그의 생각이었다.

PGP의 출시는 역사상 처음으로 일반 대중이 강력한 암호화를 사용할 수 있게 했다. PGP의 공개키 암호화 프로그램과 짐머만의 '신뢰의 웹web-of-trust'[6] 개념은 SSI를 위한 초기의 기반을 제공했다. 불행하게도, PGP는 사용하기 어렵다는 평판을 가지고 있었기 때문에 개인 통신의 암호화에 널리 채택되지 못했다. 그러나 초기의 PGP 인기는 1970년대 초 암호학과 컴퓨터 공학의 학문 세계에 영감을 주었던 동일한 가치가 여전히 살아 있고, 혁신적인 신기술과 사건으로 이어진다는 것을 보여주었다.

16.4 국제 플래닛워크 컨퍼런스

2000년 5월, 제1회 국제 플래닛워크 컨퍼런스International Planetwork Conference(https://planetwork.net/about.html)가 샌프란시스코에서 지구생태와 정보기술을 주제로 열렸다. 2003년과 2004년에 다시 개최된 이 컨퍼런스(https://web.archive.org/web/20060714223112/http://www.planetwork.net/2004conf/)와 주변의 발전한 커뮤니티들이 다음의 내용과 같이 많은 씨앗을 심었다. 첫 컨퍼런스에서 시작된 대화는 2001년까지 비공식적으로 이어졌고, 2001년에는 '공익 유틸리티public interest utility로 운영되는 디지털 통신 플랫폼'을 만들고 유지하려는 단체인 링크탱크LinkTank(https://planetwork.net/linktank.html)로 알려지게 되었다.

XNS 공개 신뢰 조직XNS Public Trust Organization, XNS.org은 원네임 코퍼레이션OneName Corporation이 오아시스OASIS에 기여한 개방형 표준인 확장형 자원 식별Extensible Resource Identifier, XRI과 확장형 데이터 식별Extensible Data Interchange, XDI을 기반으로 한 디지털 ID와 개인 데이터의 소유권을 촉진하기 위해 2000년 7월에 설립되었다. (신원의 법칙 참조 – https://web.archive.org/web/20011101021136/http://www.onename.com [unrelated to Blockstack\Onename].)

2001년, 오웬 데이비스Owen Davis와 앤드류 넬슨Andrew Nelson이 이끄는 아이덴티티 커먼즈Identity Commons는 XNS.org와 협력하여 인터넷의 신원 레이어의 기반으로서 XRI와 XDI를 홍보했다. 그들은 코던스Cordance 및 뉴스타Neustar와 협력하여 확장형 네임 서비스Extensible Name Services(https://icannwiki.org/XDI.org)를 만들었다. 이 서비스는 사람과 새로운 데이터 공유 네트워크 사이에 신뢰를 구축하기 위해 노력했다. 그것은 사람이 읽을 수 있는 이름인 아이네임즈iNames를 위한 중앙화된 글로벌 레지스트리를 가지고 있었으며, 이는 아이넘버스iNumbers라고 불리며 재활용되지 않는 식별자의 네임스페이스namespace[2]와 짝을 이룬다.

> **NOTE** 코던스(Cordance, https://web.archive.org/web/20120117204002/http://www.cordance.net)는 XRI 및 XDI Oasis 기술 위원회하에 이 기술을 개발했다. 뉴스타(Neustar, https://www.home.neustar)는 북미 지역의 전화 지역 번호, 접두사 디렉터리 및 데이터베이스 시스템을 관리하는 통신 회사다.

---

2 [옮긴이] 컴퓨팅에서 네임스페이스는 다양한 종류의 개체를 식별하고 참조하는 데 사용되는 기호(이름) 집합이다. 네임 스페이스는 지정된 모든 개체 집합이 고유한 이름을 가지도록 하여 쉽게 식별할 수 있도록 한다. 네임스페이스는 일반적으로 다른 콘텍스트에서 이름을 재사용할 수 있도록 계층 구조로 구성된다. 비유하여 설명하자면 가족 구성원의 이름이 각 가족 내에서만 고유한 경우 이름과 성의 조합으로 각 개인을 고유하게 식별할 수 있다. Jane Doe는 한 명이지만 Jane은 많이 있을 수 있다. Doe의 가족 네임스페이스 내에서 'Jane'만이 사람을 모호하지 않게 식별하는 데 충분하지만 모든 사람의 글로벌 네임스페이스에서는 전체 이름을 사용해야 한다(위키피디아).

16.5 증강 소셜 네트워크와 Identity Commons Conference

2003년 켄 조던Ken Jordan, 얀 하우저Jan Hauser와 스티븐 포스터Steven Foster는 플래닛워크Planetwork 와 링크탱크LinkTank를 통해 개발된 아이디어에서 탄생한 〈증강 소셜 네트워크: 차세대 인터넷에 신원 과 신뢰 구축The Augmented Social Network: Building Identity and Trust into the Next-Generation Internet〉[7] 을 출간했다. 증강 소셜 네트워크Augmented Social Network, ASN는 인터넷 아키텍처에 지속적인 온라인 신원을 구축하여 사용자가 자신의 신원을 완벽하게 제어할 수 있도록 했다.

2004년 6월 플래닛워크 컨퍼런스에 이어 칼리야 영은 아이덴티티 커먼즈Identity Commons에서 함께 에반젤리스트와 커뮤니티 빌더로 일하기 시작했다. 그녀는 폴 트레비딕Paul Trevithick과 메리 러디Mary Ruddy가 이끄는 소셜 피직스Social Physics의 닥 설즈Doc Searls, 필 윈들리Phil Windley와 협력하여 같은 생각을 가진 사람들의 커뮤니티를 만들었다.

사용자 중심의 신원에 초점을 맞춘 이 커뮤니티는 2004년 가을에 열린 디지털 신원 세계Digital Identity World 컨퍼런스에서 처음 소개되었다. 이 커뮤니티는 메일링 리스트(https://lists.idcommons.net/lists/info/community)를 만들었고, 그 해 12월 어느 공휴일에 닥 설즈는 길모어 갱Gilmore Gang 팟 캐스트에 함께 출연할 수 있도록 많은 신원 분야 리더들을 초청했다. 거기서 '아이덴티티 갱Identity Gang'이라는 이름이 만들어졌고, 닥 설즈의 격려로 많은 사람들이 '사용자 중심의 신원'에 대해 블로그를 운영하기 시작했다.

16.6 신원의 법칙

블로거들 중에는 마이크로소프트의 수석 신원 아키텍트이며 《신원의 법칙Laws of Identity》[8]을 쓴 킴 카메론Kim Cameron은 우리에게 자신의 개인 정보가 어떻게 노출되었는지에 대한 완전한 통제 하에 있 는 시스템, 즉 최소한의 노출과 정당하게 필요로 하는 당사자들에게만 공유할 수 있는 시스템을 구축 해 달라고 부탁했다. 그는 또한 개인은 서비스에 종속되지 않으면서도 신원 기술은 신원 공급자 간의 상호 운용이 가능해야 한다고 가정했다.

킴과 다른 전문가들의 블로그 및 커뮤니티에서 이를 달성하기 위한 아이디어와 기술 방식이 활발하게 공유되었다. 폴 트레비딕Paul Trevithick은 이 모든 다른 전문가들 중에서 아이덴티티 갱 렉시콘Identity Gang Lexicon을 만드는 데 앞장섰다(https://web.archive.org/web/20080916112039/wiki.idcommons.net/Lexicon 참조).

16.7 인터넷 신원 워크숍

2005년 가을, 메일링 리스트는 버클리의 힐사이드 클럽에 있는 베이 지역에 인터넷 신원 워크숍(IIW, https://web.archive.org/web/20060720180524, http://www.socialtext.net:80/iiw2005/index.cgi?internet_identity_workshop_2005)이라 불리는 커뮤니티로 조직하게 되었는데, 이는 칼리야 영, 닥 설즈 및 필 윈들리가 공동으로 창립한 것이다.

첫째 날에는 사용자 중심의 8가지 신원 시스템/패러다임이 발표되는 정규 회의였다. 둘째 날 칼리야는 참석자들에 의해 공동으로 아젠다를 지지하는 회의인 언컨퍼런스unconference(http://unconference.net)를 진행했다. 여기서 야디스Yet Another Digital Identity Interoperability System, Yadis가 탄생했다[9]. 요하네스 에른스트Johannes Ernst[10]가 이끄는 야디스는 당시의 지배적인 신원 체계들의 상호운용성을 가능하게 하는 분산 시스템이었다.

16.8 사용자 통제의 지원 증가

이후 몇 년 동안, IIW는 OpenID, OAuth, SCIMSystem for Cross-Domain Identity Management, Information Cards, FIDOFast IDentity Online, UMAUser-Managed Access와 OpenID 커넥트OpenID Connect를 시작으로 점점 더 많은 사용자 제어를 지원하는 기술을 개발했다. 2010년, 마커스 사바델로Markus Sabadello는 다뉴브Danube 프로젝트(http://projectdanube.org)를 시작하여 항상 사용자 통제 하에 있는 XDI 기반의 개인 데이터 저장소를 만들기 시작했다. 그때부터, 일련의 신흥 기업들은 개인 데이터 저장소, 사용자 중심 신원, 개인 정보와 식별자를 관리하는 여러 도구들을 개발하기 시작했다. 그리고 2011년 칼리야는 이들을 연결하기 위해 개인 데이터 생태계 컨소시엄Personal Data Ecosystem Consortium(http://pde.cc/)을 설립했다.

리스펙트 네트워크Respect Network도 거의 같은 시기에 설립되었다. 아키텍트에는 드러먼드 리드Drummond Reed, 마커스 사바델로Markus Sabadello 및 레 체센Les Chasen이 포함되었는데 이들의 목표는 개인 데이터의 안전한 관리를 위한 클라우드 환경을 만드는 것이었다. 리스펙트 네트워크의 구성원들은 수상 경력에 빛나는 리스펙트 신뢰 프레임워크Respect Trust Framework(https://respectnetwork.wordpress.com/respect-trust-framework)의 5가지 원칙에 따라 관리되었다.

> '이 다섯 가지 원칙은 '5P' – 허가Permission, 보호Protection, 이식성Portability 및 증명Proof과 이것들에 대한 약속Promise으로 구성된 한 문장으로 요약할 수 있다.'

16.9 신뢰의 웹

2014년, 디지털 바자르Digital Bazaar의 마누 스포니Manu Sporny는 분산 자격증명 시스템을 위한 공통 표준을 탐구하기 위해 W3C(https://www.w3.org/community/credentials/)에서 자격증명 커뮤니티 그룹 CCG, Credentials Community Group을 결성할 것을 제안했다. 이것은 분산 신원을 위한 새로운 시대를 여는 것이었다.

2015년 가을, 크리스토퍼 앨런Christopher Allen은 블록체인 기술이 사용자 중심의 신원이라는 오랫동안 추구해 온 목표를 어떻게 실현시킬 수 있는지에 대한 주제에만 집중하는 새로운 유형의 행사로 '설계 워크숍'을 시작했다. 그 첫 번째 행사는 '리부팅 신뢰의 웹Rebooting the Web of Trust, RWoT'이라고 불렸다. 이러한 워크숍은 공동으로 결과물을 창출하기 위해 며칠 동안 집중적으로 협력하는 소규모 그룹을 지원한다.

리부팅 신뢰의 웹RWoT 참가자들은 백서, 사양, 코드 등 차세대 분산 신뢰의 웹Web-of-Trust, WoT 기반 신원 시스템을 만드는 모든 작업을 수행한다. 첫 번째 리부팅 신뢰의 웹 워크숍[11]은 참가자가 배포한 거의 50개의 주제 논문과 추가 자료를 강독한 후 다음의 내용을 포함하여 5개의 완성된 백서를 작성했다.

- du5t,[3] 칼리야 영, 존 에지John Edge, 드러먼드 리드Drummond Reed 및 노아 소프Noah Thorp에 의한 '개인 데이터 통제 및 활용을 위한 신뢰의 웹WoT에 의해 창출된 기회'(https://github.com/WebOfTrustInfo/reboot ing-the-web-of-trust/blob/master/final-documents/satisfying-real-world-use-cases.pdf)란 논문은 다음의 문구로 시작한다.
  '오늘날 분산화된 신뢰의 웹은 그 어느 때 보다 중요하다. 이제 디지털 네트워크에 접근할 수 있는 모든 사람들이 사용할 수 있도록 네트워크를 확장할 때다... 국적이 없는 난민이나 인신매매 피해자와 같은 소외된 사람들부터 비공식적이거나 규제되지 않는 경제 구성원들까지, 특권을 가진 경제 및 정치적 논의의 장에 참여해야 하지만, 기술적, 경제적, 정치적 장벽에 직면해 있다.'

- 크리스토퍼 앨런Christopher Allen, 아서 브록Arthur Brock, 비탈릭 부테린Vitalik Buterin, 존 캘러스Jon Callas, 듀크 도르제Duke Dorje, 크리스티안 룬드크비스트Christian Lundkvist, 파벨 크라브첸코Pavel Kravchenko, 주드 넬슨Jude Nelson, 드러먼드 리드Drummond Reed, 마커스 사바델로Markus Sabadello, 그렉 슬레팍Greg Slepak, 노아 소르프Noah Thorp 및 하란 T 우드Harlan T Wood가 작성한 〈분산 공개키 기반구조〉란 논문은 다음과 같은 첫 단락에서 설명한 바와 같이 블록체인 기술의 가장 중요한 용도 중 하나로 밝혀진 것에 대한 기반을 마련했다.

---

3 〔옮긴이〕 'du5t'는 영어단어 dust를 변형한 것으로 해당 문장에 인용된 논문 저자를 가명으로 나타낸 것이다.

'오늘날의 인터넷은 온라인 신원 관리를 제3자의 손에 맡긴다. 본 논문은 분산 공개키 기반구조 decentralized public key infrastructure, DPKI라고 불리는 대체 가능한 접근 방식을 설명하는데, 이는 온라인 신원에 대한 통제를 신원을 가진 주체에게 준다.'

이러한 내용을 가지고 컨센시스ConsenSys는 크리스티안 룬드크비스트Christian Lundkvist에 의해 2015년 11월 데브콘1DEVCON1에서 처음 발표된 SSI를 위한 이더리움 및 IPFS 기반의 솔루션인 uPort 프로젝트를 시작했다[12].

16.10 지속가능개발을 위한 아젠다와 ID2020

유엔의 지속가능개발 아젠다United Nations Agenda for Sustainable Development는 2015년 말에 발표되었으며 17개의 지속가능개발목표sustainable Development Goals, SDG를 포함하고 있다. 지속가능개발목표SDG 16.9는 '2030년까지 모든 사람에게 법적 신원을 제공하는 것'이었다. 이를 위해 세계은행은 '디지털 신원을 통합 시스템의 일부로 활용하여 사람들, 특히 빈곤층과 취약 계층에게 더 나은 서비스와 혜택을 제공'하기 위한 디지털 신원Digital IDs for Development, ID4D(http://www.worldbank.org/en/events/2015/06/23/digital-ids-for-development)를 설립했다. ID4D의 초기 개발은 주로 중앙화된 신원 관리 패러다임 및 국가에 도구를 제공하는 공급업체와 연계되었다.

'성폭력의 위험에 처한 아이들을 보호하는 데 있어서 큰 문제 중 하나는 출생증명서나 신분증이 없는 것[13]'이라는 것을 알게 된 존 에지John Edge는 출생증명서나 신분증을 공식적으로 발급받을 수 없는 사람들에게 블록체인을 이용하여 SSI를 발급할 가능성에 대한 영감을 받았다. 존은 뉴욕의 유엔 본부에서 열린 지속가능개발목표 16.9 '모두를 위한 법적 신원legal identity for all'과 연계된 행사인 첫 번째 ID2020 정상회의 개최를 지원했다. ID2020은 공식적으로 인정된 신원 확인없이 11억 명의 사람들에게 해결책을 모색하는 비영리 민관 파트너십이다(https://datacatalog.worldbank.org/dataset/identification-development-global-dataset 참고).

ID2020을 조직한 팀의 일원이었던 크리스토퍼 앨런은 킴 카메론의 '신원의 법칙[14](https://github.com/WebOfTrustInfo/self-sovereign-identity/blob/master/self-sovereign-identity-principles.md)', '리스펙트 신뢰 프레임워크Respect Trust Framework' 및 '검증 가능한 클레임 워킹 그룹(http://w3c.github.io/webpayments-ig/VCTF/charter/faq.html)'의 신원 구축 원칙을 요약한 '자기주권신원으로의 여정The Path to Self Sovereign Identity'[14]을 게재했다.

두 번째 리부팅 신뢰의 웹 워크숍은 ID2020과 공동으로 개최하였으며 마이크로소프트가 주관하고 칼리야 영이 주최하였다. 이것이 초기 분산 식별자DID 백서가 완성되는 워크숍이었다. 본 워크숍에서 주목할 만한 결과물은 다음과 같다.

- 드러먼드 리드 및 레 체센은 'DID 요구사항(Respect Network, https://github.com/WebOfTrustInfo/ rwot2-id2020/blob/master/final-documents/requirements-for-dids.pdf)'을 작성했다. DID는 전 세계의 개인과 조직이 안전하게 연결하고 통신할 수 있도록 하는 자신이 통제하고, 프라이버시를 존중하는 식별자에 대한 공통 표준이다(8장 참조). 이 문서는 XDI.org 레지스트리 워킹 그룹XDI.org Registry Working Group의 원칙에서 영감을 받아 상호운용성, 분산화, 중립성 및 주권적 신원을 극대화하는 것을 추구한다. W3C 자격증명 커뮤니티 그룹W3C Credentials Community Group의 목표에 부합하는 구체적인 DID 시스템을 만드는 최초의 프로젝트였다.

- 사무엘 스미스Samuel Smith와 드미트리 코브라토비치Dmitry Khovratovich의 '신원 시스템의 필수사항Identity System Essentials(https:// github.com/WebOfTrustInfo/rwot2-id2020/blob/master/topics-and-advance-readings/Identity-System-Essentials.pdf)'은 전적으로 SSI에 초점을 맞춘 스타트업인 에버님Evernym의 초기 백서였다.

신원 시스템의 필요성에 대해 논하는 그들의 논문과 더불어, 에버님은 추후에 소버린 원장Sovrin ledger이 될 SSI를 위한 퍼블릭-허가형 블록체인에 대한 연구를 시작했다.

16.11 초기 국가의 관심

2016년 봄, 미국 국토안보부U.S. Department of Homeland Security, DHS는 '신원 관리 및 개인정보보호에 대한 블록체인 기술의 적용'에 초점을 맞춘 중소기업 혁신 연구를 위해 4개 회사와 각각 10만 달러 규모의 계약을 체결했다. 이 계약에는 국토안보부DHS 사용 사례의 요구 사항을 충족하기 위해 DID 및 검증 가능한 자격증명을 지원하는 분산 원장에 대한 유연한 표준 개발 가능성을 연구하기 위해 디지털 바자르Digital Bazaar와의 계약이 포함되었다(https://www.sbir.gov/sbirsearch/detail/1241085). 그리고 다른 하나는 리스펙트 네트워크Respect Network가 '퍼블릭 블록체인과 통합할 분산 식별자를 위한 분산 레지스트리 및 검색 서비스'를 연구 개발하는 것이다(https://www.sbir.gov/sbirsearch/detail/1241097).

2016년 8월, 캐나다의 디지털 신원 및 인증 위원회Digital Identity and Authentication Council of Canada, DIACC는 상호운용 가능한 디지털 신원을 정의하기 위한 협력적 접근 방식으로 캐나다의 모든 주에 적용할 수 있는 〈범 캐나다 신뢰 프레임워크 개요Pan-Canadian Trust Framework Overview〉를 발간했고 (23장 참고, https://diacc.ca/wp-content/uploads/2016/08/PCTF-Overview.-FINAL.pdf), 여기에서 다음과 같이 말한다.

'신뢰 프레임워크는 합의된 정의, 요건, 표준, 규격, 프로세스 및 기준의 집합으로 구성되고, 합의된 세부 사항을 통해 다른 조직과 관할 기관이 수행하는 신원 관리 프로세스 및 승인 결정을 표준화된 신뢰 수준으로 신뢰할 수 있다.'

16.12 마이데이터와 러닝 머신

마이데이터MyData(http://mydata2016.org)는 2016년 8월 개인의 개인정보 통제권을 촉진하는 국제운동의 법적 체계를 제공하기 위해 설립됐다. 2016년 9월[15], 필 윈들리Phil Windley는 에버님이 개발한 퍼블릭-허가형 원장을 위한 코드베이스를 사용하여 인터넷을 위한 분산 신원 레이어의 개발을 촉진하기 위해 소버린 재단Sovrin Foundation의 설립을 발표했고 곧이어 에버님의 리스펙트 네트워크의 인수(https://pitchbook.com/profiles/company/53867-44 참조)가 강력한 시너지가 될 것이라 밝혔다.

이때까지, 러닝 머신Learning Machine은 약 1년 동안 MIT와 협력하여 블록체인 자격증명에 대한 개방형 표준을 개발해왔다. 크리스 재거스Chris Jagers, 킴 해밀턴 더피Kim Hamilton Duffy 와 존 파핀차크John Papinchak가 이끄는 블록서트Blockcerts의 시제품은 2017년 10월에 출시되었다[16].

조 안드리우Joe Andrieu는 샌프란시스코에서 개최된 제3차 리부팅 신뢰의 웹RWoT 워크숍에 제출된 〈기술에 종속되지 않는 자기주권신원의 정의A Technology-Free Definition of Self Sovereign Identity〉[17]에서 SSI의 원칙에 대하여 설명했다. 이 논문은 다음과 같이 언급하고 있다.

'UN 지속가능개발목표 16.9에 대한 글로벌 자기 주권 솔루션의 자금 지원, 공동 개발 및 궁극적인 배포를 위해서는 특정 기술과는 무관한 명시적 요구사항 프로세스부터 시작하는 것이 합리적일 것이다.'

안드리우는 UN 지속가능개발목표 16.9에 비추어 SSI의 세 가지 핵심 특성을 자세히 설명하였다.

1. 사용자는 자신의 신원 정보를 통제할 수 있어야 한다.
2. 자격증명은 가능한 한 널리 인정되어야 한다.
3. 사용자의 비용은 가능한 한 낮아야 한다.

16.13 검증 가능한 자격증명 워킹 그룹, 분산 신원 재단과 하이퍼레저 인디

2017년 4월, 검증 가능한 클레임 워킹 그룹의 헌장이 W3C에서 승인되었다[18]. 컨센시스ConsenSys의 대니얼 버넷Daniel Burnett과 디지털 신원 전문가 맷 스톤Matt Stone이 의장을 맡고 있는 이 워킹 그룹의 목적은 웹 상에서 제3자가 검증할 기계 판독이 가능한 개인 정보에 대한 표준을 개발하는 것이었다. 검증 가능한 자격증명에는 은행 정보, 교육 기록, 의료 데이터 및 개인 식별이 가능한 기계 판독 데이터 형식을 비롯한 모든 형태의 디지털 서명 데이터가 포함될 수 있다.

주요 글로벌 블록체인 컨퍼런스인 컨센서스Consensus 2017에서 마이크로소프트, 유포트uPort, 젬 Gem, 에버님, 블록스택Blockstack, 티어리언Tierion은 분산 신원 재단Decentralized Identity Foundation, DIF(http://identity.foundation)의 설립을 발표했다. 분산 신원 재단의 목표는 사람, 조직, 애플리케이션 및 기기를 위한 개방형 표준 기반 분산 신원 생태계의 기본 구성요소를 협력하여 개발하는 것이었다.

2017년 5월, 리눅스 재단Linux Foundation의 하이퍼레저 이니셔티브Hyperledger initiative는 블록체인 기술을 위한 오픈 소스 도구 및 프레임워크 제품군에 소버린 코드베이스를 도입했다고 발표했다. 이 새로운 프로젝트의 이름은 하이퍼레저 인디Hyperledger Indy[19]이다. 마지막으로, 2017년 7월, 디지털 바자르Digital Bazaar는 분산 신원 네트워크를 지원하는 데 적합한 퍼블릭 블록체인 베레스 원Veres One(https://github.com/veres-one)을 만들기 시작했다.

16.14 SSI를 위한 국가적 차원의 지원 증가

2017년 7월, 최초 자금 지원 이후 리스펙트 네트워크와 디지털 바자르가 수행한 작업의 결과로 미국 국토안보부 중소기업 혁신 연구DHS SBIR는 각 회사에 2단계 사업에 추가로 $749,000를 지원했다.

- 에버님의 프로젝트는 '미국표준기술연구소 특별 간행물National Institute of Standards and Technology Special Publication 800-130에 근거한 블록체인 기술의 분산 키 관리 시스템DKMS 설계 및 구현'[20] 이었다.
- 디지털 바자르의 프로젝트는 국토안보 관련 기업Homeland Security Enterprise, HSE의 다양한 신원 관리와 온라인 접속 이용 사례를 해결하기 위해 목적에 맞는 분산 원장 기술, 디지털 자격증명 및 디지털 지갑을 결합한 유연한 소프트웨어 생태계 개발'이었다[21].

디지털 신원 혁신의 오랜 역사를 가진 캐나다 브리티시 컬럼비아 주는 2013년에는 트리플 블라인드 백엔드 데이터베이스triple-blind backend database[4]가 있는 시민 서비스 카드를 출시했고 2017년 9월에는 검증 가능한 조직 네트워크인 본Verifiable Organizations Network, VON(https://archive.org/details/TBSIdentityPolicyWorkshop)을 통해 주에 소재하는 기업에 대한 공개 검증 가능한 자격증명의 생성을 지원하기 위한 도구를 구축할 세부 계획을 발표했다.

16.15 이더리움 기반 신원

졸로콤Jolocom은 원래 2002년에 기업들끼리 정보를 주고받을 수 있도록 지원하기 위한 프로젝트로 시작되었다. 2017년 8월, 졸로콤은 이더리움 기반 SSI 애플리케이션과 스마트 지갑을 만들기 위한 노력을 발표했다[22].

2017년 10월, 파비안 보겔스텔러Fabian Vogelsteller는 ERC 725에 대한 작업을 시작하여 복수의 키와 다른 스마트 컨트랙트로 제어할 수 있는 프록시 스마트 컨트랙트proxy smart contracts을 설명했다(https://github.com/ethereum/eips/issues/725). ERC 735는 ERC 725 신원 스마트 컨트랙트에 클레임을 추가하고 이를 삭제하기 위한 관련 표준이다. 이러한 신원 스마트 컨트랙트는 인간, 조직, 사물, 그리고 기계를 설명할 수 있다.

16.16 세계경제포럼 보고서

2018년 초 세계경제포럼은 디지털 신원을 위한 분산 원장의 사용을 촉진하는 〈알려진 여행자-안전하고 활기찬 여행자Known Traveler—Secure and Bloomed Traveler〉[23]를 출간했다. 소버린, 유포트, 블록서트 등도 공급업체에 구애받지 않고 사용자 통제를 지원하는 SSI 기술의 사례로 부각됐다.

2018년 5월 25일, 유럽연합에 적용이 되는 일반 데이터 보호 규정General Data Protection Regulation, GDPR이 제정되었다. 2015년 이후 제정 과정에서 이 규정은 고객 데이터의 소유권을 조직에서 개인으로 이전하고 유럽 시민과 거래하는 모든 기업[5]에게 적용된다. 규정 준수를 지속하려면 신원 시스템이 기본적으로 '개인정보보호 중심 설계privacy by design'와 '개인정보보호 기본설정privacy by default'을 지원해야 한다. GDPR은 SSI 원칙과 엄격하게 일치하는 데이터 보호 입법이 최초로 이루어진 것을 보여준다.

---

4 [옮긴이] 암호화에서 블라인드는 에이전트가 실제 입력이나 실제 출력을 모른 채 인코딩된 형식으로 클라이언트에 서비스를 제공(즉, 함수 계산)할 수 있는 기술이다. 블라인드 기술에는 암호화 장치에 대한 사이드 채널 공격을 방지하는 응용 프로그램도 있다(위키피디아).

5 [옮긴이] 유럽연합 내 소재하는 기업만이 아니라, 역외 기업도 포함된다.

2018년 9월, 세계경제포럼WEF은 〈디지털 세계에서의 신원: 사회적 계약의 새로운 장Identity in a Digital World: A New Chapter in the Social Contract〉을 발간했고 다음과 같이 언급했다[24].

'이 문서에서는 사용자 중심이 무엇을 의미하는지와 이를 실제로 유지하는 방법에 대해 지금까지 배운 내용을 요약하는데, 그것은 리더들에게 공동의 작업 의제 즉, 협력을 요구하는 즉각적인 우선 조치에 대한 초기 리스트를 제공하는 것을 시도한다.'

16.17 SSI를 지원하는 원장 기반 최초의 정부 시연

2018년 9월 3일, ERC 725 얼라이언스는 SSI를 지원하는 이더리움 표준의 개발을 촉진하기 위해 결성되었고 [25], 며칠 후 9월 10일엔 캐나다의 브리티시 컬럼비아 주정부의 검증 가능한 조직 네트워크인 본Verifiable Organization Network, VON의 개발을 착수했다[26]. 본VON을 사용하면 공공 기관에서 자격증명을 쉽게 신청할 수 있고, 발급도 간편하며, '전 세계 어디서나 자격증명 검증을 보다 표준화되고, 신뢰 가능하며, 투명하게 수행할 수 있다.'

또한 2018년 9월 마이크로소프트는 개인과 조직을 위한 개방되고 상호운용이 가능하며 표준기반 DID 솔루션을 구축하기 위한 다양한 커뮤니티에 참여하는 것에 대한 백서, '분산 신원: 여러분의 신원을 소유하고 통제하라Decentralized Identity: Own and Control Your Identity'를 발표했다[27].

16.18 SSIMeetup

2018년 초, 알렉스 프록샤트Alex Preukschat는 에버님의 초기 지원을 받아 SSIMeetup(https://ssimeetup.org)을 만들었고, 이는 전 세계 SSI 에반젤리스트를 지원하는 개방적이고 독립적이며 협력적인 커뮤니티가 되었다. SSIMeetup은 공유가 용이하도록 크리에이티브 커먼즈 라이선스Creative Commons license로 사전 표기된 광범위한 자료와 함께 제공되는 정기 웨비나를 주최한다. SSIMeetup은 SSI 커뮤니티를 위해 널리 공유되는 교육 자원이 되었다.

16.19 공식적인 W3C 표준

SSI의 진화에 있어 가장 중요한 이정표 중 하나는 'W3C 검증 가능한 자격증명 데이터 모델 1.0W3C Verifiable Credentials Data Model 1.0' 사양의 최종 승인이다. SSI 커뮤니티를 위해, 이것은 인터넷에서 SSI를 디지털 신원의 새로운 모델로 세계가 인정하는 공식적인 시작을 알렸다. 공교롭게도 같은 달 DID를 같은 수준의 W3C 표준으로 추진하기 위하여 지난 2년간 헌장에 대하여 합의한 W3C 분산 식별자 워킹 그룹W3C Decentralized Identifier(DID) Working Group 설립을 공표했다. DID는 웹의 초기에 HTTP 및 HTTPS URL이 채택된 이후 W3C에서 전체 워킹 그룹 표준화 프로세스에 진입한 첫 번째 식별자다.

16.20 처음으로 돌아가서

SSI 커뮤니티의 사람들은 인터넷 전체의 신원 레이어를 생성하려는 사람들을 위한 분위기가 정말 바뀌었다고 생각한다. GDPR의 규제 지원 외에도, 이제는 미국 국토안보부, 캐나다의 연방/지방정부, 핀란드의 핀디Findy(https://www.findy.fi)라는 퍼블릭/프라이빗 파트너십, 이와 유사한 독일 국가 프로젝트 4DE(https://www.snet.tu-berlin.de/ menue/projects/ssi4de) 및 UN 지속가능한개발목표의 요구를 충족시키기 위해 분산 신원을 위한 시스템이 개발되고 있다. 마이크로소프트, IBM, 마스터카드, 시스코, 액센츄어 등 기업들이 이더리움 엔터프라이즈 얼라이언스, 하이퍼레저, 소버린 재단 등 블록체인 컨소시엄과 손잡고 전 세계 사람과 조직, 사물에 적용할 수 있는 SSI 네트워크를 만들었다.

우리의 커뮤니티는 활발하게 진화중이다. 다양한 커뮤니티를 살펴보고 많이 배울 수 있는 가장 좋은 방법은 이러한 시스템이 활발히 공동으로 만들어지고 있는 워크숍 이벤트 중 하나에 참석하는 것이다. 인터넷 신원 워크숍(www.internetidentityworkshop.com)은 캘리포니아 주 마운틴 뷰에서 반기별로 개최되며, 리부팅 신뢰의 웹RWoT(www.weboftrust.info)은 전 세계 여러 지역에서 1년에 두 번 개최된다.

이외에도 SSI가 주요 주제인 정기 컨퍼런스는 다음과 같다.

- My Data: 데이터를 통제하기 위해 노력하는 기업과 함께 데이터 통제를 원하는 사람을 위한 글로벌 커뮤니티 구축(https://mydata.org)
- ID2020: 법적 신원 없이 전 세계 11억 인구에게 지속가능한 디지털 신원을 제공할 수 있도록 지원(https://id2020.org)
- Identity North: 캐나다의 디지털 신원과 디지털 경제에 관심이 있는 개인과 조직을 위한 일련의 행사(https://www.identitynorth.ca)
- The European Identity Conference: 유럽에서 가장 오래되고 신뢰할 수 있는 디지털 신원 컨퍼런스(https://www.kuppingercole.com/events/eic2021)

> **SSI 참고자료**
>
> SSI에 대해 더 자세한 내용은 IdentityBook.info와 SSIMeetup.org/book을 참고하라.

참고문헌

[1]   Lofretto, Devon. 2012. "What Is "Sovereign Source Authority?" The Moxy Tongue. https://www.moxytongue.com/2012/02/what-is-sovereign-source-authority.html.

[2]   Weber, Marc. 2009. Interview: "Oral History of Elizabeth (Jake) Feinler." Computer History Museum. https://web.archive.org/web/20110811175249/http://archive.computerhistory.org/ resources/access/text/Oral_History/102702199.05.01.acc.pdf.

[3]   Chaum, David. 1985. "Security Without Identification: Transaction Systems to Make Big Brother Obsolete." Communications of the ACM 28 (10): 1030. https://www.cs.ru.nl/~jhh/pub/secsem/chaum1985bigbrother.pdf.

[4]   Clarke, Roger. 1988. "Information Technology and Dataveillance." Communications of the ACM 31 (5): 498–512. www.rogerclarke.com/DV/CACM88.html.

[5]   Zimmerman, Philip. 1991. "Why I Wrote PGP." https://www.philzimmermann.com/EN/essays/WhyIWrotePGP.html.

[6]   Ryabitsev, Konstantin. 2014. "PGP Web of Trust: Core Concepts Behind Trusted Communication." https://www.linux.com/learn/pgp-web-trust-core-concepts-behind-trusted-communication.

[7]   Jordan, Ken, Jan Hauser, and Steven Foster. 2003. "The Augmented Social Network: Building Identity and Trust into the Next-Generation Internet." First Monday 8 (8). https://firstmonday.org/ojs/index.php/fm/article/view/1068.

[8]   Cameron, Kim. 2009. "7 Laws of Identity." Kim Cameron's Identity Weblog. https://www.identityblog.com/?p=1065.

[9]   Windley, Phil. 2005. "Yet Another Decentralized Identity Interoperability System." Technometria. http://www.windley.com/archives/2005/10/yet_another_dec.shtml.

[10] Ernst, Johannes. 2009. "From 1 to a billion in 5 years. What a little URL can do." Upon 2020. https://upon2020.com/blog/2009/12/from-1-to-a-billion-in-5-years-what-a-little-url-can-do.

[11] Galt, Juan. 2015. "Andreas Antonopoulos: The Case Against Reputation and Identity Systems." Bitcoin.com. https://news.bitcoin.com/andreas-antonopoulos-case-reputation-identity-systems.

[12] ConsenSys. 2015. "The Identity Crisis." https://medium.com/@ConsenSys/identity-is-defined-in-merriam-s-dictionary-as-who-someone-is-a3d6a69f5fa4.

[13] Jordan, Gina. 2016. "Projects Aim for Legal Identity for Everyone." SecureIDNews. https://www.secureidnews.com/news-item/projects-aims-for-legal-identity-for-everyone.

[14] Allen, Christopher. 2016. "The Path to Self-Sovereign Identity." Life with Alacrity. http://www.lifewithalacrity.com/2016/04/the-path-to-self-soverereign-identity.html.

[15] Windley, Phil. 2016. "Announcing the Sovrin Foundation." Technometria. http://www.windley.com/archives/2016/09/announcing_the_sovrin_foundation.shtml.

[16] Jagers, Chris. 2016. "Verifiable Credentials on the Blockchain." Learning Machine. https://medium.com/learning-machine-blog/blockchain-credentials-b4cf5d02bbb7.

[17] Andrieu, Joe. 2016. "A Technology-Free Definition of Self Sovereign Identity." https://github.com/WebOfTrustInfo/rwot3-sf/blob/master/topics-and-advance-readings/a-technology-free-definition-of-self-sovereign-identity.pdf.

[18] Jia, Xueyuan. 2017. "Verifiable Claims Working Group Charter Approved; join the Verifiable Claims Working Group (Call for Participation)." W3C. https://lists.w3.org/Archives/Public/public-vc-wg/2017Apr/0000.html.

[19] Sovrin Foundation. 2017. "Announcing Hyperledger Indy." https://www.cuinsight.com/press-release/announcing-hyperledger-indy-purpose-built-decentralized-independent-identity-individuals-enterprise.

[20] Department of Homeland Security. 2017. "DHS S&T Awards $749K to Evernym for Decentralized Key Management Research and Development." https://www.dhs.gov/science-and-technol ogy/news/2017/07/20/news-release-dhs-st-awards-749k-evernym-decentralized-key.

[21] Department of Homeland Security. 2017. "DHS S&T Awards $750K to Virginia Tech Company for Blockchain Identity Management Research and Development." https://www.dhs.gov/science-and-technology/news/2017/09/25/news-release-dhs-st-awards-750k-virginia-tech-company.

[22] Lohkamp, Joachim.2017. "Jolocom: Who Owns and Controls Your Data?" https://stories.jolo com.com/jolocom-who-owns-and-controls-your-data-effc7bc02ee8.

[23] World Economic Forum. 2018. "The Known Traveller—Unlocking the Potential of Digital Identity for Secure and Seamless Travel." http://www3.weforum.org/docs/WEF_The_Known_Traveller_Digital_Identity_Concept.pdf.

[24] World Economic Forum. 2018. "Identity in a Digital World: A New Chapter in the Social Contract." https://www.weforum.org/reports/identity-in-a-digital-world-a-new-chapter-in-the-social-contract.

[25] Bennett, George. 2018. "Introducing the ERC-725 Alliance." https://medium.com/erc725alliance/introducing-the-erc725-alliance-2fe0682e3515.

[26] Jordan, John, and Stephen Curran. 2018. "A Production Government Deployment of Hyperledger Indy." Decentralized Identity. https://decentralized-id.com/government/canada/bcgov/von/hgf-2018-production-government-deployment-hyperledger-indy/.

[27] Microsoft. 2018. "Decentralized Identity: Own and Control Your Identity." https://query.prod.cms.rt.microsoft.com/cms/api/am/binary/RE2DjfY.

17

신원은 화폐다

알렉스 프록샤트 Alex Preukschat

제3부의 마지막 장까지 살펴본다면, 자기주권신원SSI 기술과 철학이 세상을 조직하는 방법에 있어서 가능성의 최전선에 있다는 결론을 내릴 수 있을 것이다. 비트코인과 블록체인 운동은 돈이 기존의 경계를 뛰어 넘어서는 것이 무엇인가에 대한 논의를 시작했는데 신원 분야에서 SSI도 같은 역할을 하고 있는 것이다. 3부에서는 이러한 운동의 내적 작용과 그것들이 서로에게 영감을 주는 방법을 소개하는 것이 우리의 목표였다. 디지털 신원과 결제 분야에서 세계적인 전문가이자 《신원은 새로운 화폐이다 Identity Is the New Money》(http://www.dgwbirch.com/words/books/identity-is-the-new-money.html)와 최근의 저서 《바빌론 이전, 비트코인을 넘어서Before Babylon, Beyond Bitcoin》(https://beforebabylonbeyondbitcoin.com)의 저자 데이비드 버치David Birch는 가능성을 더 확대한 신원 분야 선구자이다. 버치는 이러한 개념들에 대한 우리의 사고방식을 바꾸기 위해 가속화된 기술적 변화 과정에서 사회를 구성하는 이러한 두 가지 기본적 도구가 어떻게 결합될 수 있는지에 대하여 여러분과 함께 공유하도록 영감을 주었다.

17.1 출발점으로 돌아가서

디지털 신뢰는 무형 및 명목적 화폐(즉, 물리적 자산이나 귀금속으로 유동화할 수 없는)가 사용되는 디지털 경제에서 필수적인 요건이다. 이런 맥락에서 신원과 신뢰의 결합이 핵심이 된다. 이와 마찬가지로, 인터넷은 전 세계적인 정보 공유를 저해할 수 있고, SSI는 화폐의 개념을 흔들 수 있다[1]. 이를 탐구하기 위해서는 분산 인터넷과 분산 화폐의 기원으로 거슬러 올라가야 한다.

NOTE 명목 화폐는 정부가 발행하는 통화로, 금과 같은 상품으로 유동화되지 않고, 발행하는 정부를 전적으로 신뢰하는 것을 의미한다. 명목 화폐는 중앙은행이 발행하는 통화량을 통제할 수 있으므로 경제에 큰 영향을 끼치게 한다. 미국 달러와 같은 현대 화폐의 대부분은 명목 화폐이다.

인터넷 화폐는 1990년대에 인터넷의 주요 주제였다. 분산 화폐를 추구하는 자들에는 디지캐시 DigiCash의 데이비드 차움David Chaum, 닉 스자보Nick Szabo, 웨이 다이Wei Dai, 할 피니Hal Finney처럼 사이퍼펑크(13장)와 같은 그룹이 포함되었다. 유명한 기업들과 밀턴 프리드먼Milton Friedman과 같은 저명한 경제학자들이 이 문제를 논의했는데 다음과 같이 말했다[2].

> '한 가지 빠진 것이 있는데 그것은 신뢰할 수 있는 e-캐시로 곧 개발될 것이며, 이를 통해 인터넷
> 에서 A가 B를 모르거나, B가 A를 모르더라도 A가 B에게 자금을 이체할 수 있다.'

1장에서 마이크로소프트의 최고 신원 설계자인 킴 카메론Kim Cameron이 2004년에 우리가 인터넷을 위한 신원 레이어가 없음을 어떻게 말했는지 설명했다. 동일한 관점으로 2015년 판테라 캐피탈Pantera Capital의 댄 모어헤드Dan Morehead는 인터넷을 완성하기 위해 빠진 조각 중 하나가 화폐라고 말했다. 그는 명목화폐가 아닌 비트코인이 인터넷 프로토콜 퍼즐의 누락된 조각인 것을 은유적 삽화(그림 17.1의 왼쪽 부분)로 보여주고 있다(론 리베스트Ron Rivest, 아디 샤미르Adi Shamir와 레너드 아델만Leonard Adleman이 1977년 논문에서 사용한 주요 문구 중 하나는 '전자 자금 이체'였는데, 사토시 나카모토Satoshi Nakamoto는 2009년 공개키 암호와 머클 트리와 같은 잘 알려진 서로 다른 암호 기술을 멋지게 결합시켜 현실화했다). 동일한 근거에 따라, 우리는 검증 가능한 자격증명VC(7장)과 분산 식별자DID(8장)라는 두 개의 핵심 W3C 개방형 표준을 통합하여 분산 디지털 신원을 퍼즐에 포함할 수 있다.

초기 인터넷 시대의 다른 많은 측면과 마찬가지로, 기술 선구자들은 분산 디지털 신원으로 화폐 개념을 재정립하기 위해 향후의 사용 사례와 응용 분야가 어떻게 결합될지 이미 예견하고 있었다.

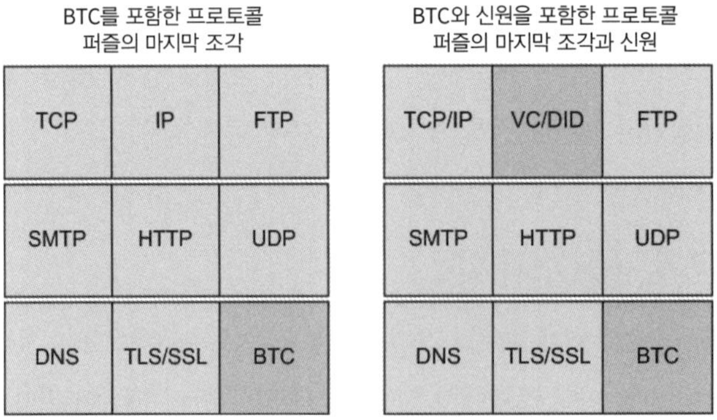

그림 17.1 (왼쪽) 프로토콜 퍼즐의 마지막 조각은 Bitcoin 또는 기타 암호화폐 기반 방법을 보여주는 것은 인터넷에서 누락된 결제 레이어일 수 있다(출처: 댄 모어헤드(Dan Morehead). (오른쪽) 우리는 검증 가능한 자격증명(VC)과 분산 식별자(DID)를 가진 분산 디지털 신원을 포함하도록 모델을 확장했다.

17.2 관계와 가치의 근원으로서 신원

오늘날 우리가 알고 있듯이, 산업 사회에서 신원은 종종 '행정적'이거나 '관료적'인 신원과 관련이 있는데, 이것은 우리의 여권이나 정부가 발행한 다른 신분 증명서에 의해 정의된다. 산업 혁명 이전에, 신원은 주로 가족, 종교, 그리고 종족에 의해 정의되었다.

만약 우리가 수렵 시대, 즉 사람들이 작은 무리를 이루어 살고 모든 사람들이 서로를 친밀하게 알고 있는 시대를 상상해 본다면, 신원은 각각의 개인에게 있어 개별적이었다. 무리의 신원은 개별 신원의 합으로 정의했다. 이 작은 무리들은 가치를 교환하기 위해 화폐가 필요 없었다. 오히려, 그들은 협력을 위한 주요 통로로 '상호주의'(일반적으로 친족관계를 통해 통제됨)를 추론했다[3]. 그런 문화권에 사는 사람들은 화폐를 전혀 이해하지 못할 것이다. (이 장에서 고대 신석기 시대 경제로 농업 이전 사회를 언급하면서 현대 사회와 산업화 이전 사회를 구분한다. 오해하지 말라. 화폐는 '발명'되었고 산업혁명 이전에도 매우 많이 사용되었다.)

CONSIDER 수렵 시대에서는 가치 교환을 각 개인이 휴대하는 주관적인 '심리적 원장'을 사용하여 회계처리 하였다. 그것은 또한 여러분이 진 빚과 다른 사람들이 진 빚에 대해 설명하기 때문에 'I owe you'의 약자를 사용하여 'IOU 원장'이라고 부를 수도 있다. 역할에 따른 개인의 기여는 이러한 IOU 장부에 기록되었다. 이것은 사냥, 도움, 상품 제작, 치유, 그리고 더 많은 것들을 위한 것이었다. 하지만 우리가 알고 있는 화폐는 어디에도 없었다.

비교적 작은 집단에서는 각 개인이 자신의 심리적 IOU 원장을 유지하기가 쉬웠으나, 집단이 점점 더 커지고, 집단 간에 더 많은 거래가 발생하기 시작하면서 IOU 원장들은 더욱 복잡해졌다. 화폐의 진화는 사람들이 서로를 알지 못하는 고도로 복잡한 사회의 요구를 반영했고, 신뢰는 교환을 위한 공통의 수단으로 화폐를 만든 것처럼 도구와 기술을 통해 구축되었다.

17.3 화폐의 속성

기술이 발전함에 따라 화폐의 형태도 진화했다. 점차적으로 인간은 점차 '좋은' 화폐가 갖춰야 할 속성들(IOU 원장을 추적하는 데 효과적인)을 이해하기 시작했다. 많은 통화학과 경제학자들이 이러한 속성을 설명했는데, 다음은 기본적인 내용을 요약한 것이다.

- **공급 제한**: 화폐가 그 가치를 유지하려면 공급이 제한되어야 한다. 공급 과잉은 구매력을 잠식한다. 역사적인 사례로 소cattle를 들 수 있는데, 부의 척도로서 소는 공급이 제한되고 수요가 많았기 때문에 화폐로 유용하다.
- **내구성**: 가치 유지를 위해, 화폐가 닳거나 쉽게 훼손되어서는 안 된다. 예를 들어, 소는 상대적으로 내구성이 강하고 위조하기가 매우 어렵다.

- **통일성**: 화폐가 대체가능하려면 모든 사물을 다른 사물과 교환할 수 있도록 통일되어야 한다. 이 것은 소를 화폐로 할 때 문제가 될 수 있다. 소는 가치가 일정하지 않기 때문에, 여러분은 각각의 동물에 대한 가치를 평가하는 전문가가 되어야 한다.
- **분할성**: 화폐는 분할되고 그러한 단위로 서로 다른 필요와 욕구를 측정할 수 있어야 한다. 이러한 관점에서 소는 적합하지 않다. 왜냐하면 소는 적어도 소비 시점까지는 분할할 수 없는데, 서로 다른 필요와 욕구는 물물교환을 벗어나서 상거래를 매우 복잡하게 만들었고, 심지어 두 거래 당 사자가 동시에 비슷한 가치를 원하는 욕망의 이중적 일치double coincidence of wants[1]가 요구되었다.
- **휴대성**: 상거래에서 유용하려면, 화폐는 운반하기 쉽고 안전해야 한다. 가축을 현금과 비교할 때 지갑에 넣고 휴대하기 더 쉬운 것은 무엇인가?
- **저장성**: 화폐는 저장 가능해야 미래에도 사용할 수 있도록 절약하거나 미래 세대를 위해 남겨둘 수 있다. 가축의 수명은 양호하지만, 노쇠해지기에 화폐를 대체할 수 없다.

> **NOTE** 회계는 성당 관계자들이 징수한 세금을 세어야 하는 최초의 국가들에서 시작되었다. 세금은 처음에는 생물(가공 되지 않은 상태의 상품)로 징수했었고, 나중엔 간접적인 계산 단위인 화폐를 통해 징수되었다. 그러한 국가들에서 부채(채 권)을 발행하여 인류 최초의 재정운영을 시작했다. 이 장에서 이 부분을 포함한 모든 기여에 대하여 알바로 로드리게스 Álvaro Rodríguez에게 감사드린다. 자세한 내용은 마이클 허드슨Michael Hudson이 쓴 〈궁전 같은 신용: 돈과 이자의 기원 Palatial Credit: Origins of Money and Interest〉(https://michael-hudson.com/2018/04/palatial-credit-origins-of-money-and-interest)을 참고하기 바란다.

17.4 화폐의 3가지 기능

우리가 정의한 속성을 가진 화폐는 다음의 3가지 기능을 가질 수 있다.

- **가치의 저장**: 화폐는 내구성이 있고, 위조하기 어렵고, 희소하며(공급이 제한되며), 저장이 가능하기 때문에, 시간이 지나도 가치가 유지될 수 있다. 토지, 예술, 귀중한 보석, 그리고 기타 내구재와 같 은 다양한 가치 저장 수단이 존재한다. 우리가 일반적으로 화폐를 사용하듯이, 화폐가 최고의 가 치 수단이 아닐 수도 있지만, 대부분의 다른 자산들보다 유동적이다.
- **교환의 매개체**: 균일하고 분할 가능하며 휴대성이 뛰어나며 신뢰할 수 있는 경우, 화폐를 교환 매 개로 사용하여 상거래를 촉진할 수 있다.
- **가치의 척도**: 앞에서 언급한 두 가지 기능을 결합함으로써 화폐는 교환되는 재화와 용역의 가치를 공통으로 측정하는 가치 척도의 역할을 할 수 있다.

---

1 [옮긴이] 욕망의 이중적 일치 또는 욕구의 쌍방간 일치(double coincidence of wants)란, 물물교환이 성립하기 위해서는 내가 원하는 재화를 상 대방이 내놓는 동시에 상대는 내가 가진 재화를 원해야 한다는 것을 의미한다. 그런데 화폐를 사용함으로써 이 문제를 제거하여 거래비용을 줄일 수 있다.

이러한 화폐의 특정 기능을 분리하면 화폐는 단순히 가치를 전달하고 교환하는 도구가 아닌 '기술'이라는 것을 알 수 있다. 우리의 대부분이 화폐가 지닌 기능을 지속적으로 활용하고 있는 사회에서 하나의 기술로서의 화폐로 접근하는 것은 놀랄만한 일이다. 하지만 특정한 공통적인 문제를 해결하기 위한 도구로써 화폐는 실제로 물을 이동시키기 위한 배관, 전구를 밝히고 열을 공급하며 자동차를 운전하기 위한 전기, 정보를 공유하기 위한 네트워크와 같은 기술이다. 이러한 다른 기술과 같이, 화폐가 필요한 모든 특성을 충족할 경우 이전의 화폐 기술을 상당히 개선할 수 있는 새로운 기술 발견의 대상이 될 수 있다.

그리고 다른 기술 혁신과 마찬가지로, 이러한 개선은 종종 그것들을 만든 인간 시스템의 모습과 형태를 바꾸게 된다. 분산 디지털 신원은 그저 혁신일 뿐이다. 급속하게 발전하는 다른 기술과 같이 기술로서의 화폐가 발전하는 새로운 단계일 수도 있다.

17.5 신원으로 가치의 토큰화

신원과 화폐에 대한 다음의 진화 단계는 소셜 그래프에서 다시 정의될 수 있다. 수렵 시대와 마찬가지로 이제 디지털 콘텍스트를 통해 산업화 이전 시대의 신원 개념으로 되돌아갈 수 있기 때문이다. 분산 트랜잭션 데이터베이스에서 암호화로 관리되는 계산 단위인 '암호 토큰(화폐)'은 앞서 언급한 화폐의 모든 속성을 충족시킬 수 있다. 여기에는 장기간의 가치 저장이 포함된다(일부에서는 비트코인이 이미 이러한 용도로 사용되고 있다고 주장하고 있음)[4]. 분산 경제에서 적절한 사용 사례가 기본 암호 자산에 기준 가치를 제공한다면 비트코인과 같은 암호화폐가 '화폐의 인터넷'이 될 수 있다.

오늘날, 우리의 명목 화폐[2]는 주로 일반적으로 두 가지 이유로 인해 화폐로 받아들여진다. 하나는 '법정 화폐'[3]로, 우리가 사업을 영위하는 관할 지역에서 화폐로 사용되어야 하는 통화이다. 예를 들어, 만약 여러분이 미국의 술집에서 술값을 지불하고 싶다면, 여러분은 미국 달러로만 지불할 수 있고 다른 통화로는 지불할 수 없는 것이다. 또 다른 중요한 이유는 관할 지역에서 '세금 납부'를 위해 법정 화폐로 납부해야 하기 때문이다. 세금은 일반적으로 경제의 중요한 부분이기 때문에, 이것

---

2 옮긴이 명목화폐(fiat currencies): 정부나 민간은행이 발행하며 그 가치와 통용을 보증하는 채권으로서 명목가치와 소재가치의 괴리가 큰 것이 특징이며, 원활한 통용을 위해서는 발행자의 권위와 능력에 대한 신뢰가 필수다(국제결제은행의 화폐 분류에 따른 디지털 화폐의 유형별 특징 및 시사점, KDB산업은행 미래전략연구소 산업조사월보).

3 옮긴이 법정화폐(legal tender): 정부나 중앙은행이 실정법에 의거하여 발행하고 그 관할권 내에서 가치와 통용을 법적으로 강제함. 미 연준이나 영란은행 역시 유력한 민간은행이 정부로부터 법정화폐 발행권을 부여받아 중앙은행으로 발전했다(국제결제은행의 화폐 분류에 따른 디지털 화폐의 유형별 특징 및 시사점, KDB산업은행 미래전략연구소 산업조사월보).

은 모든 관할 지역에서 명목 화폐에 대한 대규모의 수요를 창출한다. 게다가, '폭력에 대한 독점'[4]을 통해 법과 질서를 강요하는 현재의 국가들의 능력은 매우 섬세한 신뢰 시스템이 작동할 수 있게 하는 핵심 요소이다.

CONSIDER '법정 화폐'는 공적 또는 개인 부채를 청산하거나 세금 납부, 계약 이행, 벌금 납부 또는 손해 배상을 포함한 금융 의무를 이행하기 위한 수단으로 법적으로 인정되는 것이다. 채권자는 법적으로 채무 상환에 대한 법정 통화를 수령할 의무가 있다. 비트코인과 기타 암호화폐는 법정 화폐가 아니며 현재 어느 정부도 지원하고 있지 않다.[5] 이러한 암호화폐를 중심으로 발전하여 사용하는 커뮤니티는 토큰에 가치를 제공하며, 커뮤니티가 커질수록 토큰의 가치는 높아진다.

어떤 형태의 화폐이든, 화폐의 가치는 궁극적으로 특정 가치 저장, 교환 매개 또는 가치 척도에 대한 사람들의 신뢰에 달려 있기 때문에, 분산 디지털 신뢰 인프라 모델로서의 SSI와 분산 비허가형 화폐 시스템으로서의 암호화폐 사이의 연결은 분명해지기 시작한다. 데이비드 버치Dave Birch가 2014년 책 제목을 《신원은 새로운 화폐이다Identity is the new money.》라고 지은 이유와 댄 모어헤드Dan Morehead가 화폐의 인터넷과 신원의 인터넷Internet of Money with the Internet of Identity(그림 17.1)을 결합한 미래 디지털 신뢰 경제를 어떻게 구상했는지 알 수 있다.

결국, 오늘날 여러분은 실제 지갑을 사용할 때, 무엇을 위해 사용하는가? 신분증과 화폐 중에서 어떤 것을 보관하기 위한 것인가? 우리 중 99.9%는 둘 다 사용하고 있어서 이 둘은 불가분의 관계에 있다. 데이비드 버치와 댄 모어헤드의 요점은 다음과 같다. 미래의 SSI 디지털 지갑은 고도로 맥락화되고 프라이버시를 보호하는 방식으로 여러분의 정체성을 입증하는 방법과 가치를 교환하는 방법이 될 수 있다. 이 두 가지 방법의 핵심은 해당 지갑에서 생성, 저장 및 관리하는 암호화 키이다.

이것은 인터넷 그 자체만큼이나 많은 면에서 중대한 변화가 될 것이다. 인간에게 있어서 도전은 우리의 삶이 짧다는 것이며, 그러한 중대한 변화가 진화의 흐름과 주기에 어떻게 부합하는지 인식하기 어렵다는 것이다. 변화가 불확실성을 야기하기 때문에 우리는 종종 자연스럽게 변화에 저항한다. 그러나 지구상에 살고 있는 거의 80억 명의 사람들이 모든 진정한 인간 관계의 사회적 그래프를 포괄하는 거대한 P2P 네트워크로 표현될 수 있다면(페이스북과 같은 인공 소셜 네트워크뿐만 아니라) 인간을 사생활 보호와 권한 부여 방식으로 세계와 상호 연결된 중심에 두는 것은 아마도 화폐의 본질도 어떻

---

4   (옮긴이) 폭력의 독점(monopoly on violence)는 막스 베버가 그의 저서 직업으로서의 정치에서 주장한 주권 국가의 정의이며, 20세기 법철학과 정치 철학에서 우세했다. 일정한 영역에서 단일 주체(국가)가 폭력에 대한 권위, 권한을 행사하는 상태를 정의하는 것이며, 영역 또한 베버에 의해 국가의 특성으로 정의되었다. 중요한 것은 이러한 독점이 정통(legitimation)의 과정을 통해 발생한다는 것이다. 이것은 국가가 폭력을 사용하는 것을 정당화하는 것으로 비판될 수 있다(https://blog.daum.net/kmozzart/10644).

5   (옮긴이) 원서 출간과 번역하는 시차로 인해 다음과 같은 상이한 내용이 일부 있음을 양해바란다. 엘사바도르는 2021년 6월 9일 비트코인을 법정화폐로 인정하는 법안을 의회 재적 84명 중 62명의 찬성으로 통과되어 비트코인을 공식 법정통화로 채택했다고 발표했다. 그리고 세계은행에 비트코인을 공식통화로 채택하기 위한 기술지원을 요청했으나 세계은행이 지원 요청을 거절함에 따라 이에 따라 비트코인을 법정화폐로 채택하는데 어려움을 겪을 전망이다. 또한 2021년 6월 13일 탄자니아의 사미아 술루후 하산 대통령이 재무장관에게 비트코인을 법정통화로 도입하는 것을 검토하라고 지시했다고 한다(조선일보 2021년 6월 16일 및 17일자 기사).

게 바뀔 수 있는지를 암시한다. 어쩌면 《의도 경제The Intention Economy, Harvard Business Review Press, 2012》의 서문을 쓴 닥 설즈Doc Searls가 구상한 관심과 관계에 의해 구동되는 분산 P2P 경제에서 화폐의 인터넷과 신원의 인터넷은 '인간의 인터넷'으로 통합될 수 있을 것이다.

NOTE 복수의 사적 화폐(Private Currency)[6]의 사용은 미국 자유 은행 시대 이전에 시도되었지만 실패했다. 롭 와일(Rob Wile)의 'The Crazy Story of the Time When Almost Anyone in America Could Issue Their Own Currency'(https://www.businessinsider.com/history-of-the-free-bank-era-2013-2)를 참고하라. SSI 기술은 그것을 바꿀 수 있다.

우리는 서로를 신뢰하도록 만들어졌고, 분산화는 신뢰를 확장시킬 수 있는 플랫폼을 제공할 수 있었다. 오늘날 우리가 알고 있는 것처럼 효과적으로 결제 네트워크를 구축하는 비자Visa의 설립자 디 호크Dee Hock는 그의 저서 《많은 것 중의 하나One from Many(베렛-쾰러Berrett-Koehler, 2005)》에서 분산화를 다음과 가장 잘 요약한다.

> 공동체의 본질(마음과 영혼)은 돈으로 매길 수 없는 가치의 교환이다. 우리는 다른 이들과 그 지역의 선(善)을 돌보기 위해 행하고 공유한다.

처음에 말했듯이, 이번 장에서는 오늘날 인간의 제도와 앞으로의 발전 방향을 둘러보았다. 인간의 상호작용이 조직화되는 매혹적인 새로운 방법에 대해 더 많은 책과 기사가 쓰여질 것이다. 이제 이 책의 4부로 넘어가면서 우리는 삶의 터전으로 돌아와 오늘날 또는 매우 단기적으로 사람들의 삶과 산업을 변화시킬 수 있는 사용 사례를 살펴본다. 존 필립스John Philipps는 조직 내 사람들과 SSI를 채택하도록 영향을 주고 싶은 다른 사람들에게 SSI를 설명하는 방법을 제안하는 장으로 4부를 시작한다.

SSI 참고자료

SSI에 대해 더 자세한 내용은 IdentityBook.info와 SSIMeetup.org/book을 참고하라.

---

6 〔옮긴이〕 사적 화폐는 개인, 영리 기업, 비영리 단체 또는 분산화된 공동 기업 등 사적 단체에서 발행하는 화폐이다. 종종 정부나 중앙 은행에서 발행하는 법정 화폐와 대조된다. 많은 국가에서 개인 종이 화폐의 발행 및 화폐로 사용되는 금속 코인의 주조는 미국과 같은 국가에서는 범죄행위 일 수도 있다(18 U.S. Code § 486). 디지털 암호화폐는 때때로 화폐가 아닌 자산으로 취급된다. 암호화폐는 일부 국가(주로 서아시아 및 북아프리카)에서 통화로 불법이다. 오늘날, 35개국 이상에서 4,000개가 넘는 민간 발행 통화가 있다. 여기에는 교환 단위로 물물교환 신용을 사용하는 상업 무역 교환, 개인의 금과 은의 교환, 지역 지폐, 온라인 신용 및 직불 시스템, 디지털 화폐가 포함된다(위키피디아).

참고문헌

[1] Capie, Forrest, Geoffrey Wood, and Juan Castañeda. 2016. "Central Bank Independence in Small Open Economies," in Central Banks at a Crossroads. Cambridge Press. https://www.cambridge.org/core/books/central-banks-at-a-crossroads/central-bank-independence-in-small-open-economies/F3071D7C34896E6DF08CC1335B3E6683.

[2] Cawrey, Daniel. 2014. "How Economist Milton Friedman Predicted Bitcoin." CoinDesk. https://www.coindesk.com/economist-milton-friedman-predicted-bitcoin.

[3] Morehead, Dan. 2015. "Money – Past, Present, Future." Bitcoin.net. https://www.youtube.com/watch?v=iL7CM3bL4bc.

[4] Sahlins, Marshall. 2017. Stone Age Economics (Routledge).

SSI는 여러분의 비즈니스를 어떻게 변화시키는가?

4부에서는 역사적, 기술적, 사회학적 관점에서 SSI를 살펴본 후, 비즈니스에 적용해보기로 한다.

4부를 시작하는 18장은 경험 많은 SSI 실무자가 썼는데, 그는 SSI를 비즈니스 의사 결정권자에게 가장 잘 설명(또는 판매)하는 방법에 대하여 경험에서 나온 교훈을 알려준다.

19장~22장은 SSI가 이미 세분화된 시장에 어떻게 침투해서 혁신하고, 혜택을 제공해 주는지에 대한 구체적인 사례를 보여준다.

- 사물 인터넷
- 동물 보호 및 후견
- 열린 민주주의와 투표
- 건강과 제약 분야 공급 체인

마지막으로, 정부를 위한 디지털 신원 분야의 세계적인 전문가 몇 명이 23장과 24장을 마무리한다. 그들은 SSI가 캐나다(범캐나다 신뢰 프레임워크)와 유럽연합(eIDAS 및 EU SSI 프레임워크)에서 시민과 기업을 위해 어떻게 신원 인프라를 전환하고 있는지 설명한다.

PART 4

How SSI will change your business

CHAPTER 18

비즈니스에서 SSI의 가치 설명하기

존 필립스 John Phillips

SSI의 진정한 잠재력을 실현하려면 SSI가 조직과 사람들에게 제공하는 가치를 설명할 수 있어야 한다. 사람들 스스로가 SSI의 가치를 인식시키기 위해서는 SSI의 의미에 대하여 설득력 있고, 이해 가능하며, 진실된 설명을 제공할 필요가 있다. 이는 SSI의 성공을 뒷받침하는 기술만큼이나 중요하다. 우리는 이번 장이 SSI의 가치를 비즈니스 리더에게 가장 잘 전달할 수 있는 지침을 제공하기 때문에 4부의 첫 번째 장으로 선택했다. 이는 또한 기술 전문가에게 비즈니스 목표에 대해 보다 잘 이해하는 데 사용될 수도 있기 때문에 중요하다. 호주에 소재하고 있는 460degrees의 존 필립스는 세계 최고 수준의 전달자 중한 명인 자신의 경험을 바탕으로 SSI의 가치에 대해 설명한다. 국제 우주 연구기관들과 함께 일하며 많은 나라에서 살았던 존은 모두를 위한 더 나은 디지털 신뢰를 위해 그의 노력과 열정을 쏟고 있다.

호주 멜버른의 스윈번Swinburne 공대 학부 학생들과 함께 일하는 동안 필자는 SSI를 설명하는 방법을 이해하는 데 도움이 된 핵심 요소 중 하나를 얻었다. 4학년의 디자인 수업에서 마지막 전공 프로젝트로 멜버른 사람들을 위한 SSI와 디지털 지갑 접근 방법에 대한 캡스톤 프로젝트에 도전을 했다. 이 프로젝트는 2학기 대부분 동안 진행되었으며, 학생들은 도전 과제를 위해 여러 그룹으로 나뉘어 수행했다. 프로젝트가 끝날 무렵, 학생들은 기발한 아이디어를 구상했고, 우리는 적어도 그들만큼 많은 것을 경험으로부터 배웠다.

프로젝트 초기 토론에서 한 학생은 거의 평생 농부로 일해 온 50대 호주인 아버지에게 SSI에 대해 설명했을 때 "저희 아빠는 이해하지 못했어요! 아빠 같은 사람한테 어떻게 이런 걸 설명할 수 있죠?"라고 말하며 자신이 한 주 동안 집에서 겪었던 어려움을 공유했다.

우리는 그 질문에 가장 잘 대답할 수 있는 방법을 고민하면서 회의를 마쳤다. SSI를 설명하는 방법을 실험하고(이 도전에 대한 첫 회의가 아니라) 사무실에서 우리가 가진 혁신/디자인 공예품 서랍에 있는 아이템들을 살펴보기 시작했다. 우리는 익숙한 부동산 임대 시나리오를 사용하고 폼 피규어, 손으로 쓴 카드, 봉투 및 아이스크림 막대기를 사용하여 키트를 제작했다.

이후 며칠 동안, 우리는 어디를 가든 이 키트를 가지고 다니며, 함께 커피를 마시거나 미팅에서 만나는 모든 사람에게 이 키트를 테스트해 보았다. 우리는 연습할수록 이야기를 더 잘하게 되었다. 이것은 '공예 완구 키트' 수준에 불과했지만(어쩌면 그래서였을지도), 이런 접근은 사람들을 이해시키는 데 유용했다. 키트를 사용하여 대화의 내용을 구성하였고 사람들은 질문을 하면서 키트의 아이템을 집어들고 이리저리 옮겨 다녔다. 다음 회의에서는, 학생들에게 SSI를 설명하는 새로운 방식을 보여주었는데, 이는 농부는 물론, 은퇴한 양치기에게도 통할 수 있는 접근 방식이었다.

학생들과 함께 일한 경험, 학생들이 제기한 도전과 질문, 비즈니스 커뮤니티와 협력한 경험을 통해 우리는 SSI에 대해 보다 더 단순하고, 더 설득력 있고, 다양한 사람에게 다가갈 수 있는 방법이 필요함을 깨닫게 되었다. 이것은 SSI 커뮤니티가 풀어야 할 중요한 문제이다. SSI는 기술적으로 아무리 정교하더라도 사용자와 조직이 SSI를 사용하도록 설득할 수 있고, 문자 그대로 조직이 SSI를 구매하도록 설득할 수 있는 경우에만 성공을 거둘 수 있다.

스윈번 공대 학생들의 사례와 같이 SSI를 이해하는 것은 쉬운 일이 아니다. 기술과 근간을 이루는 철학은 깊고 넓으며 복잡하다. 이러한 방식으로 설계된 이유, 작동 방식, 할 수 있는 것과 없는 것을 이해하려면 시간이 걸린다. 모든 사람이 SSI의 모든 기술적 측면을 이해할 수 있을 만큼 깊이 있게 연구하기를 기대할 수 없으며, 그렇게 하지도 않을 것이다.

그렇다면 SSI가 성공하는 데 필수 요소인 채택을 어떻게 유도할 수 있을까? 이 문제에 대한 해답은 조직과 개인들의 시장과 삶의 맥락에서 SSI가 제공하는 가치를 이해하는 것이다.

다음의 내용에서는 여러 실험을 통해 알게 된, SSI를 설명할 때 효과가 있는 것과 없는 것에 대해 설명한다. 이 장은 주어진 상황에서 SSI를 설명하는 방법에 대한 권고로 끝을 맺는다.

18.1 어떻게 사람들과 조직에게 SSI를 가장 잘 설명할 수 있을까?

기술에 대해 설명해보자. 결국 여러분이 그것을 이해하게 되면 정말 멋질 것이고 충분히 잘 설명할 수 있다면 다른 모든 사람들이 틀림없이 멋지게 볼 것이다.

18.1.1 실패한 실험 1: 기술을 기반으로 설명하기

대부분의 SSI로 전환한 사람들은 기술이 핵심 전문 지식이기 때문에 이것을 탐색하는 것으로 시작한다. SSI를 작동시키는 수학, 소프트웨어, 표준 등 모든 부분에 대해 설명한다. 이러한 설명은 짧은 회의로는 대부분의 사람들이 이해할 수 없으며 SSI가 필요한 '이유' 즉, SSI가 어떻게 그들의 삶과 비즈니스를 더 좋게 만들 수 있는지도 명확하지 않다.

기껏해야 기술 우선 접근 방식은 소수의 사람에게 몇 가지 사례가 있을 때에만 적용된다. 물론, 기술이 작동하고 다른 사람들이 개별 리뷰를 할 수 있는 증거는 필수적이지만 SSI가 사람 및 조직과 함께 제공하는 '기회'에 대해 논의하고자 할 때 대부분의 경우 기본 기술을 이해할 시간이나 기술적 배경이 없다.

> **NOTE** 이미 SSI에 익숙한 사람들에게: 여러분이 처음 기술을 이해하는 데 얼마나 오래 걸렸는지 상기시켜보면 알 수 있다. 나는 여러분이 절대 한 시간 동안 진행된 회의로 다 이해했다고 생각하지 않는다.

다음은 기술을 설명하는 것이 최선의 접근 방식이 아닌 두 가지 주요 이유이다.

- **청중을 압도시킨다.** SSI를 설명하는 것은 TCP/IP 제품군의 표준을 정의하는 의견제시요구Request for Comments, RFC 문서를 설명함으로써 인터넷을 설명하는 것과 같다. 대부분의 사람들은 RFC 2616이 작동하는 방식(HTTP 프로토콜의 RFC)이 아니라 브라우저를 사용하면 무엇을 할 수 있는지 알고 싶어 한다. SSI 프레임워크를 개발하기 위해 뛰어난 많은 엔지니어들이 몇 년 동안 수많은 작입을 수행했으며 이것은 여전히 계속되고 있나. SSI의 가치에 대해 설명해야 하는 몇 분 안에 청중들이 '이러한 결과를 얻고자 하는 것을' 기대할 수 없다.
- **청중에게 부적절하다.** 청중을 고려하라. SSI를 탐색하는 조직은 일반적으로 기술자, 마케팅 담당자, 제품 소유자, 비즈니스 임원 등 다양한 인력, 관심사 및 경험을 보유하고 있다. 그들 각자는 디지털 신원과 디지털 신뢰에 대하여 개인적이고 전문가적인 사고 모델을 갖고 있다. 어쩌면 기술 및 상업 환경을 이미 갖추고 있을 수도 있다. 또한 디지털 신원과 조직의 신뢰를 다루는 그들만의 방식을 기반으로 집단적 견해를 가지고 있다.

대다수의 청중에게 기술 내용은 기껏해야 주의를 산만하게 할 뿐이다. 이들은 기술이 제대로 작동하기를 기대하지만(그렇지 않다면, 그들은 시간을 내서 보려고조차 하지 않았을 것이다), 이들은 기술이 해결할 수 있는 '자신들의' 문제에 훨씬 더 관심이 있다.

18.1.2 실패한 실험 2: 철학을 기반으로 설명하기

기술력으로 이끌기보다는 '자기', '주권', '신원'이란 용어에 대한 원칙과 철학을 설명하는 것부터 시작할 수 있을 것이다. 결국, 그것이 우리 중 많은 사람들이 개인적으로 매우 매력적이라고 생각하는 것이다. SSI의 기본 원칙과 역사는 매우 풍부하고 흥미로우며 진정한 SSI의 구조에 깊이 엮여 있기 때문에 공유하는 것이 중요하다고 느낄 수 있다. SSI가 세상을 더 나은 곳으로 만들고, 사생활을 보호하며, 민주주의를 강화하고, 감시 자본주의[1]의 해악으로부터 우리를 보호할 수 있다고 믿는 것은 정말 중요하다.

이러한 논의를 시작하면서 우리가 발견한 것은 '자기', '주권', '신원'이라는 단어가 개인적인 의미와 해석으로 가득 차 있다는 것이다. 이 단어 중 일부는 개인에 따라 상당히 다른 뜻으로 받아들여 진다. 각각의 용어는 철학 또는 인문학 과목이 될 수 있다. (많은 SSI 지지자들은 강력한 함축적인 의미 없이 또는 최소한 주의를 산만하게 하거나 오해할 위험이 적으면서 SSI의 본질을 더 잘 설명하는 대체 용어를 찾는 데 상당한 시간을 보냈다.)

지금까지의 경험에 따르면 거의 모든 조직은 SSI의 철학에 흥미를 가지지만, 조직에 제공하는 이점이 될 수 있는 주요 관심사와는 무관하다. 왜 SSI가 세계적인 선善을 위한 힘이 될 수 있는지를 설명하기 전에 먼저 이점에 집중하라. 짧은 만남에서 SSI 철학의 배경과 용어의 의미를 설명하는 것은 오히려 대화를 중단시키고 채택을 지연시킬 위험이 있다.

NOTE 2차적인 위험도 있다. SSI에 끌리는 많은 사람들은 이 일과 그것이 우리 삶에 주는 의미에 대해 열정적이기 때문에 이 메시지에 너무 많은 시간을 할애할 경우 실용적이거나 비즈니스 가치에 초점을 맞추고 있기 보다는 이상주의자나 완벽주의자로 인식될 위험이 있다.

따라서 SSI가 우리가 생각하는 만큼 성공하려면 SSI의 원칙과 철학에 충실하면서 채택하는 조직에 제공하는 이점에 초점을 맞춰야 한다.

18.1.3 실패한 실험 3: 기술을 시연함으로써 설명하기

우리가 이야기하고 있는 것이 존재하고 작동하는 것을 '증명'하고 있기 때문에 이 접근법이 적합할 수도 있지만, 아주 매력적인 방법은 아니다.

작동하는 기술을 시연하는 것은 어떤 것이 진짜이고, 보유하며, 사용할 가치가 있는지를 누군가에게 납득시키는 과정에서 요구되는 부분이다. 이것은 시연을 보는 사람들이 어느 순간에 가치를 발견하는 과정에서 중요하다. 그러나 그들은 여러분의 훌륭한 데모가 좋은 면만 보여주는 거라고 회의적으로 바라볼 수 있다. 요즈음은 프레젠테이션을 애플리케이션처럼 작동시키는 것이 쉽기 때문이다.

또한 모든 시연은 필수적으로 단순해야 하고, 오래된 웹사이트나 모의적으로 구현해야 한다. 그래서 회의론자들은 종종 확신하지 못하는 경우가 많다. 왜냐하면 여러분이 그 기술을 프로덕트 제작에 투입함에 있어서 어려운 부분은 수행하지 않기 때문이다.

이 기술의 시연이 우리가 바라는 것만큼 인상적이지 않은 또 다른 이유는 사람들이 이 기술이 제대로 작동하기를 '기대하기' 때문일 것이다. 그러므로 그것은 놀랄만한 일이 아니다. 어차피 작동 안되면 보여주지 않을 거니까.

또한 SSI 역량의 하나는 수학과 통신 프로토콜을 몰라도 마법처럼 동작한다는 것이다. 이것이 바로 SSI의 장점이자, SSI의 사용을 가능하게 하는 것이다. 코드를 인스트루먼테이션[1]하고 원장에 읽고 기록하지 않는 내용을 표시함으로써 이러한 마법을 외부로 드러내면 기술이 복잡해 보일 위험이 있다.

요점: 시연은 어느 시점에서 해야 할 역할이 있지만, 먼저 청중이 얻게 될 혜택으로 동기부여되어 있어야 한다. 그런 다음, 그들에게 시연을 통해서 마법을 보여주어야 하고, 실제 보지 못하는 부분이 있다면 그때 설명해줘야 한다.

18.1.4 실패한 실험 4: 세상의 문제를 설명하기

SSI 실무자들 사이에서는 우리 모두가 살고 있는 디지털 세상이 개인정보보호 및 신뢰와 관련된 심각한 문제를 상당히 많이 안고 있다는 것이 인정된 사실이다. 신원 도용, 해커를 위한 허니팟, 개인식별정보의 악성 저장소, 개인정보 침해 및 감시 자본주의의 개념은 주류 미디어[1]에서 점점 더 많이 언급되고 있고, 이러한 문제들은 SSI의 발전을 위한 몇 가지 요인이 된다.

우리는 SSI에 대해 이야기하는 사람들과 조직이 이러한 문제를 적어도 어느 정도 이해하고 토론하는 동안 그들의 인식을 확실히 높일 수 있다고 기대할 수 있다. 하지만, 솔직히 말해서 이것은 현재 대화와 무관할 가능성이 크다. 평화롭고 안전하며 개인정보보호가 가능한 미래를 이루는 데 도움을 주고 싶지만 우리가 지금 이야기하고 있는 조직이 UN이 아닌 이상, 해당 조직의 전략적 목표가 아니다.

1 　(옮긴이) 컴퓨터 프로그래밍에서 인스트루먼테이션(instrumentation)은 오류를 진단하거나 추적 정보를 쓰기 위해 제품의 성능 정도를 모니터하거나 측정하는 기능을 가리킨다. 프로그래머들은 시스템에서 특정한 구성 요소를 모니터링하는 코드 명령어 형태로 인스트루먼테이션을 구현할 수 있다(예를 들면 명령어는 로깅 정보를 모니터에 출력할 수 있다). 애플리케이션이 인스트루먼테이션 코드를 포함할 때 관리 도구를 사용해서 관리될 수 있다. 인스트루먼테이션은 애플리케이션의 성능을 검토할 때 필요하다(위키피디아).

물론, 앞서 언급한 문제를 청중들에게 의미 있게 만드는 방법들이 있다. 예를 들어 기업의 고객 데이터 및 해커의 허니팟 활용에 초점을 맞출 수 있다. SSI를 통해 기업과 고객 및 파트너 간의 디지털 신뢰를 강화할 수 있는 방법에 대해 말할 수도 있고, 위험 감소와 규정을 준수하거나 규정 준수의 부담을 줄이는 방법에 대해도 설명할 수 있다. 하지만 방금 언급한 것은 '비즈니스' 문제다. 비록 같은 문제가 세계적 차원에서도 발생할 수 있지만, 비즈니스에서는 자신의 문제를 해결하는 것이 훨씬 중요하다.

18.2 다른 분야에서의 교훈

다행히도 다른 많은 영역의 아이디어를 차용하여 SSI의 가치를 사람과 조직에 설명할 수 있다. 주로 다음 항목을 활용한다.

- **교육**: 우리가 목표로 하는 것은 교육이 분명하다. 그리고 교육에 관해서는 참고할 좋은 연구와 자료가 많이 있다.

- **인간 중심 설계**: 이 주제에 대해 IDEO와 같은 대학과 조직에서 많은 자원을 이용할 수 있다.

- **(전문적인) 스토리텔링**: 인류는 이야기나 일화를 사용하여 이해하고 기억하도록 되어 있다. 이야기 구조를 통해 설명하는 것이 청중으로 하여금 주제를 이해하고 기억하기 더 쉽다는 것을 의미한다. 그러므로, 이야기 구조를 통해 설명함으로써 더 쉽게 청중이 주제를 이해하고 기억하게 할 수 있다.

- **프레젠테이션**: 요약설명자료, 즉 흔히 볼 수 있는 투자 자문과 템플릿은 여러분의 새롭고 멋진(독특한) 아이디어에 대하여 듣는 사람으로 하여금 투자할 확신을 심어주는 데 초점을 맞춘다.

- **컨설팅 프로세스**: 모든 컨설팅 회사에는 비용을 지불한 고객에게 컨설팅 결과를 설명하는 프로세스가 있다. 세부 사항은 다르지만 목적은 거의 같다. 문제를 설명하고 해결책을 제시한다. 전통적인 사례는 《논리의 기술The Pyramid Principle: Logic in Writing and Thinking》(바바라 민토Barbara Minto, Prentice Hall, 2008)에서 볼 수 있다.

- **행동경제학**: 사람들이 어떠한 결정을 내린 이유와 결정에 영향을 끼친 사항들을 분석하는 연구와 연구자들이 늘어나고 있다. 다니엘 카네만Daniel Kahneman, 아모스 트베르스키Amos Tversky, 리처드 탈러Richard Thaler, 댄 아리엘리Dan Ariely 등은 이해 모델을 개발하였다. 특히 우리가 어떻게 '예측가능한 비합리성'일 수 있는지에 대해 알아냈다.

- **전문적 판매과정**: SSI의 아이디어를 판매한다는 사실에 부끄러워해서는 안 된다. 큰 규모로 영업하는 전문가가 신뢰관계를 구축하고 유지하면, 판매는 일회성 활동이 아닌 '명예로운' 판매를 위한 프레임워크를 따른다. 이것은 우리가 시간을 들여서 조직과 개인에게 SSI가 줄 수 있는 이점을 찾고, 그들에게 이야기하고, 그 고객과 조직이 SSI를 도입하는 최선의 방법을 찾아주어야 함을 의미한다.

18.3 그렇다면 우리는 어떻게 SSI의 가치를 잘 설명해야 할까?

앞에서 설명한 각 접근 방식(대면, 서면, 프레젠테이션 및 시연)을 시도하면서 얻은 교훈은 SSI를 비즈니스 관점에서 설명하는 방법을 보다 잘 이해하는 데 도움이 되었다. 궁극적으로 스원번 공대의 디자인 수업에 참여한 학생들은 우리가 이 과제를 '디자인 문제'로 생각할 수 있도록 도와주었다. 다시 말해, 여러분이 설명하고자 하는 기업을 위하여 SSI에 대한 설명을 '디자인'하는 사고를 의미한다.

디자인 프레임워크를 사용하여 다음과 같은 핵심 요소에 초점을 맞출 수 있다.

1. **공감하라.** 청중(즉, 그들의 시장, 비즈니스, 그리고 조직의 구성원들)을 이해하라. 청중이 누구인가? 그들의 전문적이고 개인적인 관심사는 무엇인가? 그들이 골머리를 앓는 이슈 또는 관심있는 이슈는 무엇인가?

2. **문제를 정의하라.** SSI를 통해 해결할 수 있는 문제와 실현 가능한 기회를 선택하라. 청중들에게 반향을 일으킬 간단한 용어로 정의하라. '어떻게 ...할 수 있을까'라는 디자인적 사고 구조를 사용하라.

3. **아이디어를 개발하라.** 식별한 문제의 해결방법에 대한 아이디어를 개발하라. 실용성과 적합성을 테스트하라. 사업상 말이 되는가? 아이디어가 가치 있는 문제를 해결하는가? 아니면 가치 있는 결과를 제공하는가? 돌아올 수익을 고려했을 때 투자가 타당해 보이는가?

4. **선택하라.** 가장 의미 있는 아이디어를 선택하라. 여러분이 영업하는 회사의 직원들(또는 그 회사를 잘 아는 직원들)과 사전 테스트를 통해 아이디어를 미리 테스트하는 것이 가장 좋다.

5. **시제품을 만들라.** 재료를 선택하고 필요한 요소를 구축하라. 여기에는 프레젠테이션, 공예품, 소프트웨어, 영상이 해당한다. 아이디어를 설명할 수 있는 다른 방법이 있다면 그것도 괜찮다.

6. **테스트하라.** 조직 내 사람들과 함께 접근 방식을 시도하고, 그 반응을 통해 학습한 후 초기 단계를 다시 살펴보라.

7. **시작하라.** 상담하고자 하는 기업과 공유하라. (이 단계에서도 배울 수 있다!)

각 단계에서 학습한 교훈은 이전의 가정을 재검토해야 할지 모른다. SSI가 특정 비즈니스에 가치를 더할 수 있음을 설명하기에 가장 좋은 개발 방식은 프로세스를 반복하는 것이다. 왜냐하면 한 번에 제대로 구현할 가능성은 매우 낮기 때문이다.

18.4 스토리의 힘

경험상 SSI의 가치를 전문가와 기업에 설명할 수 있는 한 가지 일관된 접근 방식이 있다. 바로 이야기를 하는 것이다. 이것은 사람들이 전문적이고 개인적으로 공감할 수 있는 일화를 사용하고, 친근하며 비즈니스에 의미 있는 여정을 의미한다.

왜 이이야기인가? 왜냐하면 우리들 대부분은 이야기를 듣도록 되어 있기 때문이다. 이것은 인간의 삶의 일부이며, 우리의 교육과 배경의 일부이다. 이야기는 사실이나 이해득실보다 기억하기 훨씬 더 쉽다.

비즈니스 스토리에도 구조를 만들어서 사용하는 것이 좋은데, 스토리에는 일반적으로 다음과 같은 내용으로 구성된다.

1. [어느 시점에서] 이것이 바로 그 경우에서…
2. … 그리고 나서 이런 일이 일어났고…
3. … 그래서 지금 우리는 이러한 당면 과제와 기회를 가지고 있는데…
4. … 그리고 우리가 이런 조치를 취한다면…
5. … 이와 같은 목표에 도달할 수 있다.

노련한 스토리텔러들은 이러한 요점들의 순서를 바꿀 수도 있고, 향후 공개에 대한 암시를 줄 수 있으며, 예상치 못한 반전을 주기도 하고, 배경 앞에 핵심 내용이 올 수도 있다. 하지만 우리 대부분은 앞에서 언급한 순서를 지키는 것이 가장 쉽다.

내 말은 '활용 사례'가 아니라 '이야기'를 말하는 것이다. 그렇다. 활용 사례도 스토리가 될 수 있다. 맥락과 의미를 부여하는 이야기를 해준다면 가장 좋을 것이다. 그러나 대부분의 활용 사례는 딱딱하고 개인에게 딱 들어맞지 않아서, 화자를 제외한 누구도 관심을 가지지 않는다. '페르소나'[2]가 있다고 해서 활용 사례가 바로 이야기가 되지 않는다. 여러분의 페르소나에 배경과 맥락을 부여하고 활용 사례에 줄거리와 교훈을 더했을 때 비로소 이야기가 된다.

18.5 재키의 SSI 스토리

다음은 우리가 스원번 공대 학생들과 함께 일할 때 개발한 사례로 이 이야기는 대부분 학생들과 회의에서 사용하기 위해 영상으로 담았는데 이 책의 편집자들의 관심을 끌었다. 이 이야기는 세 부분으로 이루어져 있다.

1. 물리적 문서의 세계(공유된 경험을 통해 모든 청중과 동일한 이해)
2. SSI의 적용으로 미래에 더 좋아진 세계
3. 알 수 없는 것들과 숨길 수 없는 것들이 가득해서 문제가 많은 디지털 세계

---

2 [옮긴이] 페르소나(persona) 인격, 위격(位格) 등의 뜻으로 쓰이는 라틴어로 본디 연극배우가 쓰는 탈을 가리키는 말이었으나, 그것이 점차 인생이라는 연극의 배우인 인간 개인을 가리키는 말로 쓰이게 되었다. 철학용어로는 이성적인 본성(本性)을 가진 개별적 존재자를 가리키며, 인간·천사·신 등이 페르소나로 불린다. 즉, 이성과 의지를 가지고 자유로이 책임을 지며 행동하는 주체를 말한다.

보통 소품을 이용해 직접 이야기하지만, 여기서는 책이기 때문에 만화 스토리보드 버전으로 이야기 할 것이다.

18.5.1 Part 1: 현재의 물리적 세계

우리의 이야기는 호주 멜버른에 살고 있는 가상의 인물인 재키를 소개하는데, 재키는 이제 일을 시작했다. 최근에 그녀는 도시에서 가까운 곳에 새 직장을 얻었다. 그녀는 현재 공동 아파트에 살고 있고, 공과금 일부를 내고 있지만, 새 직장과 가까운 도시로 이사 하길 원한다.

재키는 그녀가 임차하고 싶은 좋은 아파트를 임대업자가 비싼 임 대료로 임대하는 것을 발견했다.

임대업자는 재키에게 임차 신청서를 작성하고 신원 증명을 제공 해야 한다고 말한다. 재키는 신청서를 읽고 신분증 확인을 위한 호주 정부 표준인 100-point check[3]를 완료해야 한다는 것을 알 게 된다. 재키는 문서를 발급받기 위해 현재 거주하는 지역으로 돌아간다.

재키는 운이 좋게도 운전면허증과 출생증명서를 가지고 있다. 그 녀의 출생 증명서는 집에 있는 서랍 속에 두었고, 운전면허증은 지 갑에 있다.

---

3   옮긴이 100-point check는 호주 정부가 개인 및 기업의 금융 거래 사기를 방지하기 위해 채택한 개인 식별 시스템으로, 호주 신용 보고서 및 분석을 제정한 금융거래보고법(1988)(FTR 법)[1]에 의해 제정되었다. 2006년 자금 세탁 방지 및 테러 방지 자금 조달법에 따라 현재에도 활용 하고 있다.

재키는 발급자가 알 필요 없이, 그녀가 선택한 누구와도 이 문서들을 공유할 수 있다. 각 문서에는 발급자, 발급 신청자(재키) 및 보유자에 대한 확인 사항이 명시되어 있다. 재키는 운전면허증, 출생증명서, 급여 명세서를 100-point check에 사용하기로 한다.

재키는 급여 명세서를 발급받지 않았기에 그녀의 회사에 급여 명세서의 발급을 요청한다. 급여 명세서를 발급받은 후, 그녀는 다른 서류들과 함께 그것을 스캔하고 그 사본을 이메일로 임대업자에게 보낸다.

임대업자는 재키의 문서 사본을 저장하고 확인을 한다.

잠시만, 이 부분이 좀 무서운데. 재키가 중요한 문서를 이메일로 보냈을 뿐만 아니라 임대업자를 얼마나 신뢰할 수 있을까? 임대업자는 재키뿐만 아니라 많은 사람들에 대한 민감한 정보를 많이 가지고 있다. 현재와 향후에도 그러한 정보는 안전하게 보관될까?

문서 확인 프로세스가 완료되는 데 며칠이 걸린다. 마침내, 임대업자는 재키에게 전화를 걸어 서류 검토를 마쳤고 신청서가 접수되었으니, 아파트를 임대할 수 있다고 말한다.

임대업자 사무실에서, 재키는 손해 보증금(또는 채권)을 예치하고, 예치금에 대한 은행 계좌 정보를 제공하고, 임대 계약서에 서명한다. 반대급부로 임대업자는 재키에게 계약서 사본을 주고 그녀에게 새 아파트의 열쇠를 건넨다.

이것으로 Part 1을 마쳤다.

18.5.2 Part 2: 현재의 물리적 세계와 같지만 더 나은 SSI 세계

1부에서는 재키가 자신의 신원을 증명하기 위해 자신이 가진 문서로 아파트를 임대하는 과정을 보았다. 이것이 많은 사람들이 지금 살고 있는 모습이다. 2부에서는 SSI 지원 환경에서 이 프로세스가 어떻게 작동하는지 알아보자. 귀띔을 하자면, 현재 세계와 비슷하지만 더 나을 것이다.

이야기를 간단하게 하고 빠르게 넘어가기 위해 재키가 이미 몇 가지 자격증명이 저장된 SSI 디지털 지갑을 가지고 있다면 재키가 어떤 경험을 할 수 있는지 보여주겠다. (원래 핵심적인 이야기는 나중에 나온다. 항상 그렇지 않은가?)

	재키가 가지고 있는 각각의 디지털 자격증명은 그녀가 1부에서 가지고 있던 실제 버전과 매우 유사하다. 자격증명은 누가 발급했는지, 누구에게 발급되었는지, 그리고 발급자가 재키에게 확인한 항목들은 무엇인지를 담고 있다. 그녀는 자신이 선택한 디지털 지갑에 이러한 자격증명을 보관하고 있으며, 원하는 시간과 사람에게 이러한 자격증명을 보여줄 수 있다. 그녀는 자격증명 전체를 공유할 수도 있고 관련된 부분만 공유할 수도 있다. 그리고 그녀는 심지어 그녀가 어떤 세부 사항도 공유하지 않고 자격증명을 가지고 있다는 것을 증명할 수 있다. 정말 멋지지 않은가! 우선, 우리는 그녀의 디지털 지갑에 출생 증명서와 운전면허증을 넣어 줄 것이다.
	이번에, 임대업자는 재키에게 자신의 웹사이트에서 온라인으로 신청할 수 있고 며칠이 아니라 몇 분 안에 확인을 할 수 있다고 말한다. 하지만 그녀는 여전히 100-point check를 완벽하게 가질 필요가 있을 것이다. 재키는 임대업자의 웹 사이트를 사용하여 고유한 보안 SSI 연결을 생성하고 애플리케이션 프로세스를 시작한다.
	그녀의 디지털 지갑은 임대업자로부터 '증명 요청'을 받고 그녀가 필요로 하는 자격증명 세 가지 중 두 가지를 가지고 있다고 말한다. 하지만 그녀는 여전히 세번째 자격증명인 그녀의 재직 증명이 필요하다. 재키는 회사에 연락해서 SSI 인증 정보를 보내달라고 요구한다. (그렇다. 취업했을 때 이미 재직 증명을 발급받았겠지만, 우리는 재키가 필요할 때 어떻게 새로운 검증 가능한 자격증명을 발급받을 수 있는지 보여주고 있다.)

그녀가 고용주로부터 재직 증명을 받게 되면, 그녀는 임대업자의 증명 요청에 응답하는 데 필요한 모든 것을 갖게 된다. 그녀는 디지털 지갑을 사용하여 증명 요청에 응답하고 자신이 사용하고자 하는 VC 3개를 확인한다.

임대업자는 재키의 자격증명을 받아 즉시 확인할 수 있다. 네 가지 주요 점검 사항은 다음과 같다. 인증서는

- 누가 발급했는가?
- 재키에게 발급되었나?
- 재키가 바꿨는가?
- 발급자가 취소하였는가?

스토리에는 캐릭터가 필요하기 때문에 진행과정에서 재키의 자격증명을 발급하는 데 사람들의 개입이 필요했고 이것이 그들을 신뢰하게 만든다.

그러나 검증 프로세스를 자동화하기 위해 소프트웨어를 사용해야 한다. 우리는 사람들이 세부 내용에 계속 주의를 기울여야 하는 지루하고 반복적인 작업을 수행할 필요가 없다. 사람들은 자신과 주변의 다른 사람들에게 가치 있는 일을 하고 싶어한다.

그리고 임대업자는 재키가 계약서를 받았고, 회사가 필요한 서류를 교환했다는 것을 확인한다. 재키와 임대업자의 개인적인 SSI 연결은 이 모든 것뿐만 아니라 그들이 서로가 원하는 한 교환해야 하는 모든 것을 위해 안전하고 신뢰할 수 있는 커뮤니케이션 채널을 제공한다.

임대업자가 응답을 보낸 지 몇 초 만에 재키는 지갑에 임대 계약 오퍼를 받는다. 오퍼를 본 후, 그녀는 수락한다. 그러면 확인 메시지가 다시 임대업자에게 전송된다. 재키는 이제 검증된 임대 계약을 포함하여, 그녀가 임대업자에게 보내고 받은 모든 것에 대해 안전하고 검증 가능한 이력을 가지고 있다.

재키는 지불 내역을 설정해야 한다. (SSI가 개선할 수 있는 정말 흥미로운 내용이다.) 그리고 그녀는 아파트 열쇠를 받는 것이 남았는데, 적어도 그녀는 멋진 멜버른 커피를 마시면서 열쇠를 받을 수 있다.

이것으로 Part 2를 마쳤다.

18.5.3 Part 3: Sparkly Ball[4]이나 현재의 여러 가지 디지털 신원 모델의 문제점

1부에서는 재키가 자신의 신분을 증명하기 위해 자신이 가진 문서로 새 아파트를 임대하는 것을 살펴보았고 2부에서는 SSI가 재키 및 임대업자에 친숙하지만 더 나은 프로세스를 가능하게 하는 방법을 알아보았다. 3부에서는 현재 많은 디지털 신원 모델의 문제에 대해 설명한다.

현재 세계 대부분의 국가에서 신원 확인을 위해 사용하는 주요 문서는 실제의 서류이다. 우리 대부분은 여권, 운전면허증, 교육훈련증명서, 예방접종기록, 기타 신분증명서와 같은 것들은 지갑, 서랍, 서류 캐비닛에 보관하고 있다. 하지만 점점 더 온라인으로 서비스와 제품에 접근해야 하며 이를 위해서는 어떤 형태의 디지털 신원이 필요하다.

재키가 여러 조직에서 온라인으로 서비스에 접근할 수 있는 디지털 신원이 필요하다고 가정해 보자. 디지털 신원을 얻으려면 이를 발급할 수 있는 조직과 같은 '신원 서비스 공급업체'를 찾아야 한다. 온라인 조직은 온라인 신원을 생성할 수 있지만 유용하게 활용하려면 다른 조직에서 이 신원을 인식하고 신뢰해야 한다.

신뢰도는 공급업체의 평판, 공급업체가 사용하는 프로세스, 보유하고 있는 법률 및 소셜 라이선스에 따라 달라진다. 디지털 신원 서비스 제공업체는 정부 기관, 상업 회사 또는 비영리 조직일 수 있다. 호주에서 이러한 공급업체는 정부기관(█ MyGovID), 정부기관이 인정하는 사업체(AusPost Digital ID 등), 금융 기관 및 기술 기업과 같은 소셜 미디어/기업(애플, 구글, 페이스북, 아마존, 마이크로소프트 등)이 있다.

---

4   설명 영상 중 하나는 제3자 신원 제공업체를 나타내기 위해 '공예 완구 키트' 수준의 스파클리 볼(Sparkly Ball, 미러볼에 해당)을 사용한다 (https://www.youtube.com/watch?v=81GkdBRmsbE&feature=emb_logo).

기본 프로세스는 신원 서비스 공급자('발급자')에게 사용자에 대한 많은 정보를 제공하고 공급자가 수행해야 하는 확인에 근거하여 디지털 신원을 발급하는 것이다. 때로는 확인해야 하는 항목과 절차가 상당히 까다롭지만(국적 증명, 출생 증명, 은행 계좌 등), 때로는 이메일 주소나 휴대폰 번호를 보유하고 있다는 것을 증명하기만 하면 된다.

요구되고 검증된 증명의 수준은 디지털 신원이 여러분과 얼마나 강하게 연결되어 있으며 이를 사용할 때 얼마나 많은 신뢰를 제공하는지를 결정하는 요소 중 하나다. 공급자의 디지털 신원을 확보한 후에는 이를 신원 증명으로 받아들이는 다른 조직과 함께 사용할 수 있다.

SSI 모델이라면 신원 서비스 공급자가 여러분이 선택한 디지털 지갑에 저장할 수 있는 검증된 데이터가 포함된 검증 가능한 자격증명을 제공할 것이다. 발급자가 여러분이 자격증명을 사용하고 있음을 알 필요없이 선택한 것만 표시하고, 여러분이 원하는 때에 선택한 사람에게 이것을 사용할 수 있다.

하지만 이것은 SSI가 아니라, 기존 식별자가 포함된 레거시 디지털 신원이다.

중앙화된 것이든 연합형이든 이러한 레거시 시스템은 식별자를 제공하고 식별자가 부여되었음을 입증할 수 있는 방법을 제공한다. 이 증명은 암호일 수도 있고, 이상적으로 여러 가지를 조합한 것일 수도 있다. 식별자를 사용할 때마다 수신하는 조직('검증자')은 신원 서비스 제공자에게 식별자를 확인하도록 요청한다.

여기에 프라이버시 문제가 있다. 사용 중인 식별자가 발급자와 검증자 모두에게 알려져 있다. 여러 공간에서 동일한 식별자를 사용하면 오늘날의 웹 쿠키 추적 문제와 마찬가지로 상관 관계 위험 correlation risk이 발생한다.

식별자가 인증되면 수신하는 조직은 데이터베이스에서 사용자를 검색하여 식별자가 접근할 수 있는 서비스와 자원을 확인한다. 검증자는 사용자에 대한 이 모든 정보를 기억해야 한다. 검증자는 사용자가 누구인지 알 수 있는 다른 방법이 없으며 시스템에 접근할 수 없기 때문이다. 개인 정보가 해킹될 경우 신원을 도용할 수 있기 때문에 검증자에게 이는 관리상의 부담이며 검증자와 사용자 모두에게 있어서 위험이 된다.

윤리적인 신원 서비스 제공업체는 여러분이 무엇을 하고 있는지 지켜보거나 학습하지 않는다. 그들은 디지털 방식으로 '눈을 가리고'(의도적으로 연결 세부 정보를 잊어버림), 짧은 시간 내에(예를 들어, 30일마다) 학습한 모든 정보를 잊어버리기로 약속한다. 어떤 기업에서는 비즈니스 모델이 여러분의 정보를 수집하여 다른 기업에게 판매할 수 있도록 동기를 부여하기 때문에 그다지 마음이 내키지 않을 수 있다.

하지만 선의든 아니든 간에 신원 서비스 공급자의 문제는 이러한 서비스 공급자가 핵심에 있지 않을 수 없다는 것이다. 따라서 데이터 추적을 능동적으로 인증하든 수동적으로 연결하든 상관없이 개인 정보보호는 심각한 위험에 노출된다.

그렇기 때문에 중앙형, 연합형 또는 하이브리드형 '공유 신원' 모델을 선호하지 않는다. 항상 핵심에 있는 유일한 당사자인 여러분을 SSI를 활용하여 통제하는 주체가 되어야 비로소 강력한 보안과 개인 정보보호 모두를 확보할 수 있다.

18.6 아파트 임차를 위한 SSI 스코어카드

SSI 스코어카드는 다음과 같이 색상으로 구분된다.

변혁적	긍정적	중립적	부정적

이 책 4부의 모든 장에서는 4장에서 설명한 SSI 스코어카드를 사용한다. 스코어카드의 각 5개 범주(손익, 비즈니스 효율성, 사용자 경험과 편의성, 관계 관리, 규정 준수)에 대하여 SSI의 영향을 변혁적, 긍정적, 중립적 또는 부정적인지 평가한다.

이번 장에서는 재키가 아파트를 임차한다는 이야기를 다뤘다. 우리는 SSI가 사용자 경험과 편의성 및 규정 준수 항목에 있어서 변혁적일 것이라고 평가했다. 또한 손익, 비즈니스 효율성 및 관계 관리 항목(표 18.1)에도 분명한 긍정적인 영향을 미칠 수 있다.

표 18.1 **SSI 스코어카드: 아파트 임차**

범주	주요 혜택
손익	임대 계약 체결의 일부로 귀중한 신원에 대한 서류 사본(전자 또는 종이)을 통째로 가져가는 일반적인 관행은 임차인과 임내 대행업자에게 번잡스러운 부담을 준다. SSI는 이러한 위험을 최소화하고 신뢰를 극대화할 수 있다
비즈니스 효율성	최소한의 보안성, 검증 가능한 정보 교환으로 임대 계약을 훨씬 더 빠르고 효율적으로 체결할 수 있으므로 임차인과 임대인 모두의 비용과 노력을 절감할 수 있다.
사용자 경험과 편의성	경쟁이 치열한 시장에서 임차인들에게 실시간으로 임차를 신청할 수 있는 것은 그들이 원하는 아파트를 구하느냐, 놓치느냐 하는 차이가 있을 수 있다.
관계 관리	임대 계약의 각 당사자는 장기간에 걸쳐 상대방을 신뢰해야 한다. 따라서 이메일 주소, 전화 번호 또는 시간에 따라 변경될 수 있는 기타 연락처 정보에 종속되지 않는 안전한 전용 채널을 보유하는 데 도움이 된다. 또한 당사자 간의 모든 정보 교환이 안전하고 검증 가능한 추적을 제공한다.
규정 준수	일부 국가에서 SSI 모델은 검증 가능한 자격증명을 법률 문서로 인식할 수 있도록 규정의 변경이 요구될 수 있으며, 디지털 문서 교환은 물리적 문서에 대한 대안으로 허용된다. 하지만 전반적으로 SSI의 영향은 임대인과 임차인이 규정 준수를 입증하고 규제 당국이 관련 규정의 준수 여부를 확인하는 데 도움이 될 것이다

SSI 참고자료

SSI 사용 사례의 개념화에 대해 더 자세한 내용은 다음을 참고하라.
https://ssimeetup.org/explaining-ssi-c-suite-executives-anyone-else-john-phillips-webinar-48.

참고문헌

[1] Zuboff, Shoshana, 2019. The Age of Surveillance Capitalism: The Fight for a Human Future at the New Frontier of Power. PublicAffairs.

사물인터넷의 기회

오스카 레이지 Oscar Lage, **산티아고 데 디에고**Santiago de Diego**와 마이클 시어**Michael Shea

사물인터넷IoT의 세계도 인터넷과 같은 문제를 안고 있는데, 누구와 연결되어 있는지 알 수 있는 검증 가능한 신원이 빠져 있다. 이로 인해 IoT 기기 운영자와 일반 대중 모두에게 상당한 보안 및 개인정보보호 위험이 발생한다. IoT 기기의 수는 계속 증가하고 있지만, 이러한 기기의 ID와 관련된 보안 및 개인정보보호 문제를 해결하지 않으면 IoT 기기가 비즈니스와 사회에 제공하는 가치는 심각하게 훼손될 것이다. 이 장에서는 IoT 영역에서 SSI 패러다임을 적용하여 이러한 보안 격차의 일부를 해소하고 IoT에 탄력적인 ID 레이어를 제공할 수 있는 방법을 간략하게 설명한다. 이 장은 SSI 및 IoT 인프라에 대한 3명의 기여자(테크날리아Tecnalia의 오스카 레이지Oscar Lage, 테크날리아 리서치Tecnalia Research의 사이버 보안 연구원 산티아고 데 디에고, 딩글 그룹Dingle Group의 상무 이사 마이클 시어)가 작성했다.

19.1 사물인터넷: 안전하게 모든 것을 연결하기

IoT 환경은 엄청난 다양성을 내포한다. 간략하게 말하자면 IoT에는 통신을 통해 네트워크에 연결하고, 데이터를 스트리밍하고, 원거리에서 명령을 수신할 수 있는 모든 기기가 포함되어 있다. IoT는 산업 시스템, 빌딩 자동화, 홈 자동화, 의료, 농업, 광산, 차량 및 웨어러블 분야에서 사용되고 있다. 하지만 이것들은 일부만 언급한 것이지 현대 생활에서 IoT의 영향을 받지 않는 영역은 거의 없다.

구조상 IoT 시스템은 '허브'(또는 컨트롤러)와 '기기'로 구성되고, 기기에는 센서(예 온도, CCTV) 또는 액추에이터(예 조명, 도어 잠금 장치)가 포함될 수 있다. 일반적인 IoT 네트워크에는 여러 개의 허브(컨트롤러)와 수백 또는 수천 개의 기기가 구성될 수 있다. 대부분의 경우 허브(컨트롤러)는 클라우드 환경(예 아마존 웹 서비스AWS 및 마이크로소프트 애저Azure)에서 호스팅되지만 사내에서도 호스팅할 수 있다.

보안 및 개인정보보호 측면에서 고도로 연결된 세계에서는 모든 네트워크가 지속적으로 공격을 받는다고 가정하는 것이 좋다. 특히 보안에 취약하다고 알려진 IoT 시스템은 주요 인프라를 공격하기 위한 진입 지점이 되는데, 2019년에는 IoT 기기에 대한 사이버 공격이 300% 증가하였다. 같은 해 상반기에만 공격 건수가 29억 건에 달하여 처음으로 10억 건을 넘었으며 2018년 하반기에 비해 3.5배 증가하였다[1].

2020년 6월, JSOF 연구소는 트렉Treck, Inc.[2]에 의해 개발되어 널리 사용되는 저수준 TCP/IP 소프트웨어 라이브러리에서 다수의 제로 데이 취약점을 발견했다고 발표했다. Ripple20이라 명명된 19가지 취약점은 수백만 개의 IoT 기기에 영향을 미치며 여러 가지 원격 코드 실행 취약성을 드러내었다. 취약한 소프트웨어 라이브러리는 캐터필러Caterpillar, 시스코, 휴렛팩커드, 휴렛팩커드 엔터프라이즈, 인텔, 로크웰Rockwell, 슈나이더 일렉트릭Schneider Electric, 디지Digi 등이 제조한 IoT 기기에 사용되었다. 이러한 회사의 모든 기기는 사이버 범죄자의 원격 해킹에 취약할 수 있다.

NOTE 제로 데이 취약점(zero-day vulnerability)[1]은 취약성 완화에 관심을 가져야 하는 사람들(대상 소프트웨어 공급 업체 포함)에게 알려지지 않았거나, 해결되지 않은 컴퓨터 소프트웨어 취약성으로, 적극적으로 악용되고 있다.

네트워크의 기기 수가 수백 대 또는 수천 대에 달하고 네트워크의 모든 기기가 잠재적인 공격 벡터[2]인 경우 모든 기기를 식별하고 최신 상태로 유지하는 것은 엄청난 일이다. 네트워크 관리자가 공격자에게 뒤처지지 않으려면 10장에서 이야기한 것처럼 네트워크를 안전하게 해줄 프로비저닝, 키 순환 및 기기의 권한 회수 자동화가 필수적이다.

시장조사기관인 IDC는 2019년에 IoT 관련 기기 및 서비스에 대한 전 세계 지출이 7,450억 달러이며 향후 5년간 연평균 성장률CAGR이 17.8%에 이를 것으로 예측했다[3]. 이러한 정보는 IoT 분야에 참여

---

1   옮긴이 제로 데이 공격(또는 제로 데이 위협, zero-day attack)은 컴퓨터 소프트웨어의 취약점을 공격하는 기술적 위협으로, 해당 취약점에 대한 패치가 나오지 않은 시점에서 이루어지는 공격을 말한다. 이러한 시점에서 만들어진 취약점 공격(익스플로잇)을 제로 데이 취약점 공격이라고도 한다. 제로 데이 공격 대상물이 되는 프로그램은 공식적으로 패치가 배포되기 전에 감염된다. 이런 프로그램들은 보통 대중들에게 공개되기 전 공격자들에게 배포된다. 단어의 어원은 공격이 감행되는 시점에서 유래한 것이다. 제로 데이 공격 대상물은 대중과 프로그램 배포자들이 잘 모르는 것이 일반적이다(위키피디아).

2   옮긴이 공격 벡터(attack vector)는 해커가 컴퓨터나 네트워크에 접근하기 위해 사용하는 경로나 방법이다. 해커가 시스템의 취약점을 공격할 수 있는 수단을 제공하는 것으로, 바이러스, 이메일, 첨부 파일, 웹 페이지, 팝업 창, 인스턴스 메시지, 대화방 등을 이용한다. 이러한 방법은 모두 운용자의 방어 능력이 취약한 프로그래밍에서 기인한 것으로 방화벽이나 안티바이러스 소프트웨어로는 완벽하게 막기 어렵다(한국정보통신기술협회 정보통신용어사전, 위키피디아).

하는 기업들에게는 매우 긍정적인 정보이지만, 보고서는 지난 몇 년 동안 예상 성장률에 도달하지 못했다고 언급하고 있다. IDC는 이러한 성과가 계속 저조한 이유로 다음 두 가지를 들었다.

- 보안 및 IoT에 대한 우려의 지속
- 전환에 필요한 투자수익률ROI 설정의 어려움

우리는 SSI가 IoT 산업의 잠재력을 최대로 끌어올리는 원동력 중 하나가 될 수 있다고 믿는다.

19.2 SSI가 사물인터넷에 어떻게 도움이 되나?

SSI가 IoT 분야의 모든 보안 및 개인정보보호 문제를 해결할 수는 없지만 IoT 생태계에 SSI를 통합하면 다음과 같은 문제를 해결할 수 있다.

- 강력하고 상호 운용이 가능한 신원 및 인증
- 개인정보보호 및 정보기밀 유지
- 데이터 검증 및 무결성

SSI의 첫 번째 중요한 기여는 분산 식별자DID와 DID 도큐먼트(8장)이다. 이러한 기능은 다음과 같다.

- IoT 기기와의 신뢰할 수 있는 연결을 설정하는 데 필요한 '식별자 및 신원 검증 메커니즘'
- 표준화된 방식으로 기기가 제공하는 '서비스의 검증 가능한 목록'
- 기기와 컨트롤러(또는 다른 피어 기기) 간에 디지털 서명 정보를 교환할 수 있는 '안전한 비공개 연결'

두 번째 주요 기여는 검증 가능한 자격증명에서 나오는데(VC, 7장), 이는 다음과 같은 기능을 제공한다.

- 센서 또는 명령의 처리부터 액추에이터까지의 데이터의 출처를 주장할 수 있는 '표준 승인 메커니즘'
- 속성 처리 및 공개를 위한 보다 '풍부한 데이터 모델'
- 영지식 증명 또는 데이터 모델 확장이 가능한 의미 스키마를 통한 '선택적 정보 공개'. 이 두 가지는 기존의 X.509 인증으로는 불가능하다[4].

DID와 VC의 결합은 IoT에서 부족한 요소인 '높은 수준의 신원'을 제공해 줄 수 있다. 높은 수준의 보증된 ID로 다음이 가능하다.

- IoT 센서로부터의 '데이터 스트리밍'이 검증된 공급자로부터 온 것인지 추적할 수 있다. 이는 조직이 신뢰성을 입증하고 안정적인 데이터 공급망을 유지할 수 있도록 한다.
- '원격 기기'는 명령의 출처를 명확하게 알 수 있다.
- '펌웨어 업데이트'의 출처와 신뢰성을 쉽게 검증할 수 있다.

19.3 SSI와 사물인터넷을 위한 비즈니스 관점

SSI는 기술적으로 중요한 새로운 발전이지만, 종종 SSI가 해결한 비즈니스 문제와는 연계되지 않고 기술적 장점만 부각되어 판매된다. (기업에 SSI를 설명하는 방법에 대한 자세한 내용은 18장을 참조하라.) IoT 분야에서 SSI 채택을 설득하려면 다음과 같은 비즈니스에서의 이점을 강조해야 한다.

- **SSI를 통해 IoT 기기의 소유자와 사용자가 고유한 신뢰 기반이 되어** 제3자와 연관된 종속성, 취약성 및 비용을 제거할 수 있다.
- **기기를 식별하거나 키(공개키/개인키)를 순환하는 비용은 1센트보다 더 적게 소요될 수 있으며,** 기기의 추가 및 제거를 매우 낮은 리스크로 처리할 수 있다.
- **SSI의 높은 신뢰 수준의 신원은** IoT 네트워크 내의 **우려, 중단 및 지연을 감소시킨다.**
- **안전한 DID간 연결 및 검증 가능한 자격증명 교환은** 확실한 데이터 검증을 의미하며, 이는 해당 데이터를 처리하는 머신러닝 알고리즘의 결과가 향상됨을 의미한다.

IoT 시장에서 SSI의 영향력이 커짐에 따라 이러한 가능성을 뒷받침할 하드 데이터[3]를 볼 수 있기를 기대한다.

19.4 사물인터넷 아키텍처 기반 SSI

이것이 의미하는 바를 시각화 가능하도록 하는 IoT용 기본 SSI 참조 아키텍처를 만들었다. SSI 기반 IoT 생태계의 참여자들과 디지털 에이전트로 시작한다.

- **제조업체:** IoT 기기를 생산하는 주체
- **인증 기관(발급자):** 제조업체에 VC를 발급하는 주체
- **검증자:** VC를 검증하는 사용자, 기기 및 주체

---

3 [옮긴이] 주로 논쟁의 여지가 없는 명백한 사실, 합리적으로 제시되는 수치 등으로 일반적으로 쉽게 수집할 수 있으면서도 금전적 가치로 전환이 쉬운 데이터 유형이다. 관리의 효과성을 측정하기 위한 절대적인 기준은 생산성, 이윤, 비용조정, 품질관리와 같은 하드 데이터들이다. 하드데이터는 다음과 같은 조건을 만족해야 한다. 첫째, 측정하고 수량화가 쉬운 것, 둘째, 금전적 가치로 환산하기가 비교적 용이한 것, 셋째, 목표 지향적인 것, 넷째, 사업 성과의 일반적인 측정치, 그리고 마지막으로 경영층이 신뢰할 만한 측정치가 그것이다(네이버 지식백과).

- **검증 가능한 데이터 레지스트리:** 누구나 접근할 수 있는 신뢰할 수 있는 레이어 1 레지스트리(2장 참조)

첫 번째 단계로 초기화는 IoT 기기가 제조업체 및 인증 기관(발급자)과 연결된다. 이러한 단계에서 모든 통신은 보안 채널(전송 계층 보안, 데이터그램⁴ 전송 계층 보안, 및 DIDComm)을 사용한다. 그림 19.1을 참고하라.

1. 기기는 키 쌍(공개키/개인키), DID 및 DID 도큐먼트를 생성한다. 기기가 그 자체의 키를 보호하기 위해서는 보안 요소 또는 신뢰 실행 환경trust execution environment, TEE이 필요함을 주목하라.
2. 제조업체가 발급한 일회성 토큰은 제조 공정에서 기기에 통합하여 제조자와 인증할 수 있다.
3. 기기는 연결을 형성하고 보안을 위해 일회성 토큰을 사용하여 자체 생성된 DID를 제조업체와 공유한다. 초기화가 완료되면 제조업체는 IoT 기기의 DID를 인식하고, 두 기기가 영구적으로 연결된다.
4. 제조업체는 자체적으로 DID 및 DID 도큐먼트를 생성하여 검증 가능한 데이터 레지스트리VDR(레이어 1 블록체인, 분산 원장 기술DLT 또는 기타 데이터베이스)에 등록한다.

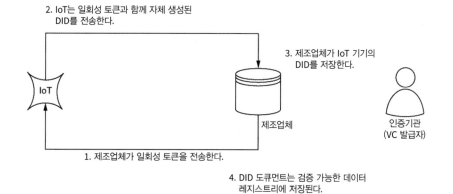

그림 19.1 IoT 기기가 키 쌍, DID 및 DID 도큐먼트를 생성하여 제조업체에 안전하게 등록하는 초기화 프로세스

첫 번째 단계에서 인증 기관(VC발급자)은 아직 참여하지 않는다.

그림 19.2는 VC가 발급되는 두 번째 단계를 보여준다.

---

⁴ 옮긴이 패킷 교환망에서 취급되는 패킷의 일종. 다른 패킷과는 독립으로 취급되며, 발신 단말에서 수신 단말에 이르는 경로를 결정하기 위한 정보를 내부에 포함하는 패킷. 예를 들면, 동일 발신자, 수신자 사이에 통신로를 설정하는 것도 하지 않는다(네이버 지식백과).

1. 인증기관(VC 발급자)과 제조업체는 실사를 진행하고, 보유자인 제조업체에게 VC(검증 가능한 자격 증명) C를 발급한다. 제조업체의 에이전트는 지갑에 자격증명 C를 저장한다.

2. 제조업체는 자격증명 C와 연결된 고유한 자격증명 C2를 생성하고 각 IoT 기기에 자격증명 C2를 발급한다. 제조업체는 이제 발급자이면서 동시에 보유자가 된다.

3. 제조업체는 각 기기의 DID 및 DID 도큐먼트를 검증 가능한 데이터 레지스트리에 기록한다.

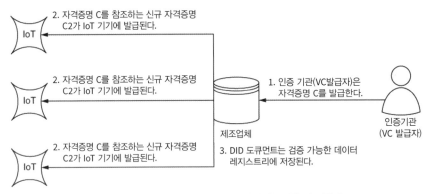

그림 19.2 인증 기관(VC발급자)은 품질 자격증명을 발급한다.

인증 기관(VC 발급자)이 추후에 자격증명을 해지해야 하는 경우, 검증 가능한 데이터 레지스트리에서 '해지 레지스트리'를 업데이트한다(7장 참조). 해지 레지스트리는 검증자가 발급자에게 확인하지 않고도 자격증명 상태를 쉽고 빠르게 확인할 수 있다.

이제 다른 참여자인 검증자를 추가하여 시나리오를 확장한다. 검증자는 사람, 또 다른 IoT 기기 또는 조직이 될 수 있다. 그림 19.3은 제조자가 기기를 등록하려는 IoT 네트워크를 검증자가 통제하는 시나리오를 보여준다.

1. 기기가 IoT 네트워크에 등록하도록 요청하므로 IoT 네트워크 컨트롤러가 IoT 기기에 인증된 VC의 증거proof를 요청한다.

2. IoT 기기는 자격증명 C2의 클레임 목록과 IoT 기기가 서명한 VP(검증 가능한 프레젠테이션)로 응답한다.

3. IoT 네트워크 컨트롤러는 먼저 인증기관(VC발급자), 제조업체 및 장치의 DID와 연결된 공개키에 대한 검증 가능한 데이터 레지스트리를 확인하여 디지털 서명을 검증한다. 그런 다음 IoT 네트워크 컨트롤러는 VDR에 대해 자격증명 C2의 해지 상태를 검증하며, 마지막으로 IoT 네트워크 컨트롤러는 자격증명 C2의 클레임을 검증한다.

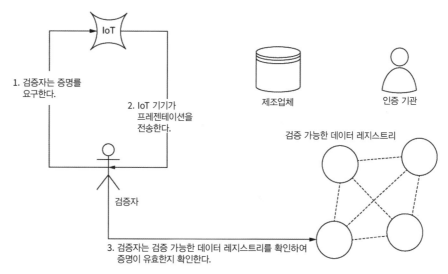

1. 검증자는 증명를
   요구한다.

2. IoT 기기가
   프레젠테이션을
   전송한다.

검증자

제조업체

인증 기관

검증 가능한 데이터 레지스트리

3. 검증자는 검증 가능한 데이터 레지스트리를 확인하여
   증명이 유효한지 확인한다.

그림 19.3 각 당사자 간의 검증 프로세스

실제 검증 과정에는 인증 기관이나 제조업체가 필요하지 않으며, 원본 자격증명의 발급에만 개입한다. IoT 장치는 IoT 네트워크 컨트롤러에 대한 자신의 신원을 암호화하여 증명할 수 있으며, 검증 가능한 데이터 레지스트리VDR는 검증 중에 IoT 네트워크 컨트롤러가 참조해야 하는 유일한 서비스이다.

이제 이것이 실생활에서 어떻게 적용될 수 있는지 이해하기 위한 사례를 살펴보도록 하자.

19.5 비극적 이야기: 밥의 자동차가 해킹당하다

다음과 같이 실제로 있을 법한 시나리오를 상상해 보라.

밥은 막 신차를 받았다. 축하하기 위해 그와 그의 동료 캐롤은 저녁을 먹으러 나간다. 밥은 무인 주차장에 차를 주차한다. 밥과 캐롤이 저녁을 먹는 동안, 에반은 밥의 차에 침입하여 GPS를 동일한 것으로 교체한다. 이 시스템은 밥의 현재 차량 위치를 에반에게 알려준다. 이제, 에반은 언제든지 밥이 어디에 있는지 알 수 있다. 몇 달 동안 밥을 따라다닌 후, 에반은 그가 어디에 사는지, 어느 길로 운행하는지, 캐롤이 어디에 사는지 알게 되었다. 에반은 이제 밥에 대해 악의를 가지고 계획을 실행할 준비가 되었다.

이제 SSI IoT 레퍼런스 모델을 이 시나리오에 적용해보자. 이번에는 밥의 자동차 운영체제에 SSI ID 검증 기능이 포함되어 자동차의 모든 부품 또는 하위 시스템이 신뢰 가능한 출처로부터 제공된다는 것을 가정해보자. 차량에 새 부품을 장착하는 경우 초기화 프로세스는 운영체제OS가 부품으로부터 ID 인증 자격증명에 대한 증거를 요청하도록 한다.

부품은 허용 가능한 증명으로 응답해야 한다. 운영체제는 증명에 대한 암호화 무결성을 확인한 다음 차량용 소프트웨어 무선 업데이트Over-the-Air, OTA[5] 프로세스를 사용하여 검증 가능한 데이터 레지스트리VDR에서 제조업체의 DID를 조회하여 증명을 확인하는 데 필요한 공개키를 가져온다. 두 가지 검증이 모두 통과되고 부품의 ID가 확인되면 운영체제는 부품과 피어 ID를 교환하므로 후속 통신은 이들 둘에게만 알려진 보안 전용 채널을 사용할 수 있다.

밥의 사례에서 조작된 GPS 부품은 복수의 레이어에서 작동하지 않을 것이다. 첫째, 운영체제와의 보안 통신 채널을 재설정하기 위해 원래 GPS의 피어 DID가 없을 것이고, 둘째, 연결된 GPS가 자격증명 초기화 요청을 수신했을 때, 승인된 제조사로부터 필수적인 자격증명도 받지 못할 것이다. 따라서 운영체제는 조작된 GPS를 받아들이지 않고 누군가가 차량을 조작하고 있다는 경고를 밥에게 알려줄 것이다.

19.6 비극적인 오스트리아 전력망

밥의 차량에 대한 스토리가 가상 시나리오일 수도 있지만, 전력망을 관리하는 것은 상상 속의 일이 아니다. 그것은 복잡하고 중요한 비즈니스이다. 전력망은 전력 생산자, 송전 사업자, 배전 사업자 및 소비자(주거용 및 산업용)로 구성되어 있다. 예를 들어 오스트리아의 전력망 운영자인 오스트리아 전력망Austrian Power Grid, APG은 모든 이해당사자 간에 신뢰할 수 있도록 송전 및 배전을 할 책임이 있다. 이것은 전력망에 안정적인 주파수를 유지하면서 전력을 실시간으로 관리할 수 있다.

2020년 초, 오스트리아 전력망과 에너지 웹 파운데이션Energy Web Foundation은 오스트리아 전력망에서 소규모 분산 에너지 자원distributed energy resource, DER의 참여를 가능하게 하는 개념 증명을 발표했다[5]. 소규모 에너지 생산 지원(옮긴이 가정에 설치된 태양광)은 현대 전력망의 디지털화의 전면에 나서 전력망의 복원력을 높이고 2030년까지 오스트리아 전력망을 100% 재생 가능한 전기로 전환하려는 전략적 목표의 일부이다.

역사적으로 DER 식별 프로세스는 전력망의 모든 수준에서 수행되어 DER 및 전력망 운영자에 대한 금융 비용이 증가하고 온보드 프로세스에 상당한 지연이 발생했다. 따라서 모든 이해관계자가 신뢰하고 공유할 수 있는 DER에 대한 높은 수준의 자격증명을 만들려는 강력한 동기로 전력망 분산에 대한 핵심 장벽을 제거한다.

SSI를 활용하여 각 DER은 전력망과 상호 작용할 때 DER의 VC를 제시할 수 있다. 전력망에 등록할 때 DER용 VC를 암호화된 방식으로 검증할 수 있다. 전력망 운영자는 훨씬 높은 신뢰 수준으로

---

5 옮긴이 OTA(Over-the-Air)는 차량을 구매한 이후에 무선으로 소프트웨어 업데이트를 배포하는 것을 의미한다.

DER을 수락하거나 거부할 수 있다.

이 SSI 신원 모델이 설정되면, DER에게 네트워크 참여 동기를 부여하는 보상 모델을 구현하는 등 추가적인 개선을 할 수 있다. 이 보상 시스템은 동일한 SSI 신원 관리 체계를 사용하는 블록체인 기술을 활용하여 구현될 수 있으며, DID를 사용하여 네트워크의 참여자를 식별하고 보상을 전송하고 상환하기 위한 안전한 개인 채널로 피어 DID 연결을 사용할 수 있다.

19.7 사물인터넷을 위한 SSI 스코어카드

대부분의 사람들은 거래하는 사람과 조직을 위한 SSI의 가치에 중점을 둔다. 그러나 SSI의 이점은 전체 IoT 산업에 동일하게 적용된다. 이 챕터에서는 교체된 부품이 어떻게 차량의 GPS 시스템을 가로챌 수 있는지와 제조업체가 교체되는 부품에 높은 수준으로 신뢰할 수 있는 SSI ID 모델을 사용할 경우 이를 어떻게 방지할 수 있는지에 대해 설명했다. 그런 다음 SSI 기반 IoT 아키텍처에 대한 일반화된 제안을 제시하고 오스트리아 전력망과 같은 실제 사례에 적용하는 방법을 제시했다. 또한 보안 및 개인정보보호 기능이 훨씬 강화될 뿐 아니라, SSI가 IoT 생태계 참여자IoT actor와 네트워크에 혁신적인 새로운 보상 모델을 도입하여 활용도와 가치를 높일 수 있다고 믿는다.

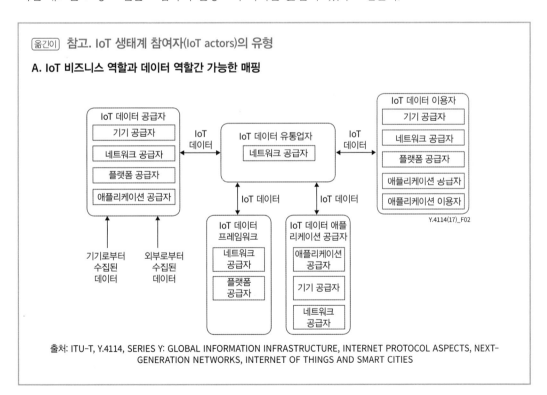

출처: ITU-T, Y.4114, SERIES Y: GLOBAL INFORMATION INFRASTRUCTURE, INTERNET PROTOCOL ASPECTS, NEXT-GENERATION NETWORKS, INTERNET OF THINGS AND SMART CITIES

B. ITU(국제전기통신연합) 권장 사항에서 IoT 생태계 참여자와 비즈니스 역할 간의 매핑.

ITU권장 사항(ITU-T Y.4100와 ITU-T Y.4114)에서의 식별된 IoT 생태계 참여자	ITU-T Y.4000의 부록I에서 비즈니스 역할
데이터 관리자는 IoT 서비스 프로비저닝 요구 사항을 충족하기 위해 IoT 데이터의 수집, 처리, 스토리지 및 전송을 관리한다. 데이터 관리자는 인간 또는 기기의 데이터 관리자에 대한 운영자가 될 수 있다.	애플리케이션/기기 공급자
서비스 공급자는 위치 추적, 모니터링 및 서비스 검색과 같은 관련 서비스를 제공한다.	애플리케이션/플랫폼/네트워크 공급자
IoT 이용자는 위치 추적, 모니터링 및 서비스 검색과 같은 관련 서비스를 사용한다.	애플리케이션 이용자
IoT 데이터 공급자는 사물에서 데이터를 수집하여 IoT 시스템 내에서 처리한 데이터와 외부에서 수집한 데이터를 IoT 데이터 유통업자를 통해 IoT 데이터 이용자에게 제공한다.	기기/네트워크/플랫폼/애플리케이션 공급자
IoT 데이터 이용자는 IoT 데이터를 소비하고, 소비된 데이터의 사용량은 애플리케이션 용도에 따라 다르다.	기기/네트워크/플랫폼/애플리케이션 공급자, 애플리케이션 이용자
IoT 데이터 프레임워크 공급자는 IoT 데이터 공급자, IoT 데이터 유통자, IoT 데이터 애플리케이션 공급자 및 IoT 데이터 이용자가 데이터 운영 지원을 위해 요구하는 일반적인 IoT 데이터 처리 기능과 관련 인프라(๗ 저장 장치 및 컴퓨팅 자원, 데이터 처리 런타임 환경)를 제공한다.	네트워크/플랫폼 공급자
IoT 데이터 애플리케이션 공급자는 IoT 데이터 작업 실행과 관련된 애플리케이션(๗ 데이터 분석, 데이터 전처리, 데이터 시각화, 데이터 쿼리)을 제공한다.	기기/네트워크/애플리케이션 공급자
IoT 데이터 유통업자는 IoT 데이터 공급자, IoT 데이터 프레임워크 공급자, IoT 데이터 응용 프로그램 공급자 및 IoT 데이터 소비자 간에 데이터를 전달한다.	네트워크 공급자

출처: Hadzovic, S.; Mrdovic, S.; Radonjic, M. Identification of IoT Actors. Sensors 2021, 21, 2093. https://doi.org/10.3390/s21062093

IoT의 경우 SSI가 비즈니스 효율성과 규정 준수 항목은 변혁적이라고 평가하지만, 수익 및 관계 관리에도 분명한 긍정적인 영향을 미칠 것이다(표 19.1). SSI 스코어카드는 다음과 같이 색상으로 구분된다.

변혁적	긍정적	중립적	부정적

표 19.1 SSI 스코어카드: 사물 인터넷

범주	주요 혜택
손익	현재 IoT와 관련된 보안, 개인정보보호 및 상호 운용성 문제가 시장의 발목을 잡고 있다. 이러한 문제를 해결하면 IoT 기기의 제조업체, 소유자 및 사용자에게 막대한 가치를 제공할 수 있다.
비즈니스 효율성	분산 인증, 승인 및 워크플로우 관리를 통해 IoT 기기를 관리하는 조직의 업무 환경을 크게 개선할 수 있다. 이를 통해 기업의 ID 허브 필요성을 크게 줄이고 보다 효율적이고 안전한 생태계를 구축할 수 있다. SSI는 검증 프로세스를 재정의할 수 있기 때문에 이 시나리오에서 변혁적이다. 게다가, 그것은 이미 학계에서 논의되고 있는 주제에서 새로운 '머신 경제'를 만드는 핵심 요소가 될 수 있다.
사용자 경험과 편의성	주요 사용자 환경의 이점은 보안 및 기기 모니터링에 있다. 모든 IoT 장치가 식별되고 해당 장치의 동작에 대한 책임이 있는 경우 사용자에게 더 명확한 신호를 전송하여 시스템에 대한 신뢰도를 높일 수 있다.
관계 관리	SSI 아키텍처에서 지원하는 DID간 연결은 상호 인증을 통해 신뢰를 구축하고 IoT 기기 관리를 간소화하는 데 보다 이상적이다. 또한 영구적 연결을 통해 향후 IoT 상호 작용을 간소화하고 로열티 및 보상 프로그램을 보다 쉽게 구현할 수 있으므로 보다 사용이 권장된다.
규정 준수	IoT 기기가 포함된 생태계에는 데이터의 출처(공급자), 보안, 프라이버시 및 보호 기능이 모두 필요하다. 원격 기기는 특히 공격자에게 취약하다. 중요한 인프라에서는 상황이 훨씬 더 위험하다. 이러한 인프라는 규정 준수에 크게 의존하는 경향이 있기 때문에 이 부문에서 SSI 기반 IoT 접근 방식은 혁신적이다.

SSI 참고자료

사물 인터넷(IoT)이 SSI 세계에 미치는 영향에 대해 더 자세한 내용은 다음을 참고하라.

https://ssimeetup.org/machine-identity-dids-verifiable-credentials-trust-interoperability-iot-webinar-25-mrinal-wadhwa

---

참고문헌

[1] Doffman, Zak. 2019. "Cyberattacks On IOT Devices Surge 300% In 2019, 'Measured In Billions', Report Claims." Forbes. https://www.forbes.com/sites/zakdoffman/2019/09/14/dangerous-cyberattacks-on-iot-devices-up-300-in-2019-now-rampant-report-claims/#461686625892.

[2] JSOF. 2019. "Ripple20: 19 Zero-Day Vulnerabilities Amplified by the Supply Chain." https://www.jsof-tech.com/ripple20.

[3] i-SCOOP. n.d. "IoT 2019: Spending, Trends and Hindrances Across Industries." https://www.i-scoop.eu/internet-of-things-guide/iot-2019-spending-trends.

[4] Fedrecheski, Geovane. 2020. "Self-Sovereign Identity for IoT Environments: A Perspective." https://arxiv.org/abs/2003.05106.

[5] T&DWorld. 2020. "Austrian Power Grid, Energy Web Foundation Launch Proof of Concept to Use DERs for Frequency Regulation." https://www.tdworld.com/distributed-energy-resources/article/21122056/austrian-power-grid-energy-web-foundation-launch-proof-of-concept-to-use-ders-for-frequency-regulation.

CHAPTER 20

이제서야 투명해진 동물 보호와 후견

앤드류 로완 Andrew Rowan, **크리스 라츠코프스키**Chris Raczkowski**와 리웬 장**Liwen Zhang

SSI를 위한 혁신적 기회는 인간을 위한 식별자와 자격증명 범위를 넘어 존재한다. 이 장의 저자는 동물에 적용되는 분산 디지털 신원의 선도자이다. 로완 박사Dr. Andrew Rowan는 터프츠 커밍스 대학의 동물 및 공공안전 수의학 센터Tufts Cummings School of Veterinary Medicine Center for Animals and Public Safety 소장과 휴먼 소사이어티 인터내셔널Humane Society International의 CEO, 미국 휴먼 소사이어티Humane Society의 최고 과학 책임자로 장기 재직하는 등 40년 동안 동물 복지를 위해 헌신적인 경력을 쌓아왔다. 리웬 장Liwen Zhang은 덴버 대학 사회 복지 대학원의 인간과 동물 연결 연구소University of Denver Graduate School of Social Work Institute for Human- Animal Connection에서 대학원 과정을 마치고 중국과 캐나다에서 동물 복지 비영리 단체를 설립하는 데 도움을 주었다. 크리스 라츠코프스키Chris Raczkowski는 SSI 분야 기업을 포함하여 아시아, 유럽 및 북미에서 지속가능한 개발에 주력하고 창업한 지 20년이 넘은 열정적인 기업가이다. 또한 세 명의 저자 모두 다양한 애완동물 반려인이다! 이들의 목표는 사람과 사회가 인간 또는 조직적 차원의 후견인이 있는 동물이 디지털 사회에서 검증 가능한 지위를 지닌 고유한 개인으로 인정받는 합법적인 디지털 신원 자격증명을 보유하기를 기대하는 세계적 패러다임의 변화를 가져오는 것이다.

> 일반적으로 길 잃은 개보다 이름을 가진 개가 생존할 가능성이 더 높은 것처럼, 알려진 난민일수록 생존 기회가 높아진다는 것은 사실이다.
>
> ─한나 아렌트Hannah Arendt, 《전체주의의 기원The Origins of Totalitarianism》
>
> (Houghton Mifflin, 1951)

인간은 우리에게 중요하고 가치 있는 개체에 이름과 식별자를 부여해야 할 필요가 있다. 반대로, 우리는 공식적인 신분을 부여하지 않았거나 쉽게 부여할 수 없는 것들을 간과하거나 무시하는 경향이 있다. 이 책은 법적으로 인정된 신원 자격증명을 신뢰하지 않는 한 특정한 사회적 지위를 거의 누리지 못하는 난민과 같은 사람에 대한 신원과 가치와의 연관성을 명확하게 하고 있다. 하지만, 합법적인 신원의 중요성은 인간 중심적 개념의 경계를 훨씬 넘어선다. 우리는 이제 신뢰할 수 있는 합법적인 신원을 무료로 동물에게 부여할 수 있는 기회를 갖게 되었다. 그렇게 함으로써, 우리와 함께 살아가는 세상에서 동물들의 중요성과 고유 가치를 더 잘 인식할 수 있다.

20.1 메이와 강아지 베일리의 이야기

능력 있고 성공한 메이는 어느 날 길을 걷고 있었고 한 남자가 개와 함께 공원에서 행복하게 산책하는 것을 보았다. 그날은 메이의 개가 죽은 지 거의 1년이 지난 시점이었고, 새로운 강아지를 입양할 시점이라는 생각이 들어서 다음 주에 그녀는 동물 보호소에 가서 새로운 삶을 위해 반려견을 입양하려고 한다.

운명인 것처럼 지난 주에 카를로스라는 젊은 남자가 자신의 아파트 뒷골목에서 집 없는 개를 발견했다. 그는 마음씨 좋은 사람이었기 때문에, 그 지저분한 어린 강아지를 조심스럽게 포획하여 지역 동물 보호소로 데려갔다. 이렇게 해서 인간과 동물을 위한 디지털 신원을 활용하여 메이와 강아지가 다시 만나게 된 이야기를 풀어보려고 한다.

20.1.1 강아지 베일리가 SSI를 취득하다

그 지저분한 개는 동물 보호소에 도착한 후, 씻기고 입소 절차를 시작했다. 개가 사회의 구성원으로 등록되는 시점이었다. 즉, 자신만의 디지털 신원 자격증명(7장)과 디지털 지갑(9장)을 취득한 것이다. 어떻게 개에게 이런 일이 일어날 수 있을까? 그것은 매우 쉬웠고 몇 분 밖에 걸리지 않았다. 보호소의 한 기술자가 태블릿 PC의 앱을 사용하여 개의 사진 몇 장을 찍고 새로운 이름 베일리를 추가한 다음 디지털 자격증명을 발급하여 안전한 클라우드 기반 디지털 지갑에 업로드했다.

이제 베일리는 사회의 일원이 되었다! 베일리의 첫 번째 디지털 자격증명은 사람들의 디지털 자격증명과 동일한 암호화 보안 기술을 사용했다. 물론 개였기 때문에 베일리는 자신의 지갑을 관리할 수도 없었고 지갑을 보관할 스마트 폰도 없었다! 하지만 그것은 문제가 되지 않았다. 보호소가 베일리의 새로운 보호자 자격으로 베일리의 지갑과 자격증명을 관리할 수 있었다.

간단하지만 중요한 작업이 완료되었으므로, 베일리를 더욱 신뢰할 수 있다. 베일리가 더 존중을 받을 사회의 일원이 되기 위해서, 자신이 훌륭하고 합법적인 개체라는 것을 보여줄 수 있는 몇 가지 다른 자격증명이 필요했다. 베일리는 보호소의 입소 절차를 마치면서 백신 접종, 건강 검진, 중성화, RFID 식별 칩 이식, 정부 등록 등을 거쳤다. 그림 20.1과 같이 보호소의 기술자들은 이러한 각 조치에 대해 베일리의 지갑에 디지털 자격증명을 추가했다. 베일리의 디지털 지갑에 이 모든 자격증명이 저장됨으로써 베일리는 입양될 준비를 마쳤다.

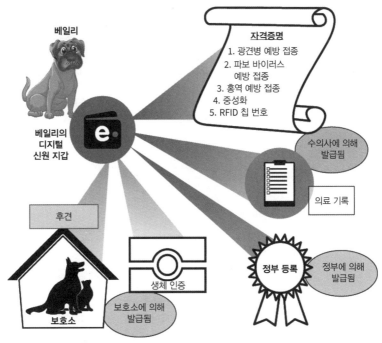

그림 20.1 베일리는 보호소나 다른 기관이 소유하지 않은 디지털 신분 자격증명을 발급받는다. 각각의 자격증명은 베일리의 디지털 지갑과 암호화된 방식으로 연결되어 있다.

20.1.2 후견의 이전

베일리가 동물보호소에 입소하고 며칠이 지난 후 메이는 보호소를 방문하고는 베일리에게 첫눈에 반했다! 그 순간, 메이와 베일리는 가족이 되었고, 이제 관계를 공식화하기 위해 몇 가지 디지털 자격증명 트랜잭션을 완료하는 것이 남아있었다.

보호소의 직원들은 메이가 베일리의 좋은 보호자로 적합한지를 신중하게 평가했다. 그녀는 승인을 받은 후, 보호소 직원이 베일리의 디지털 지갑의 보호자를 메이로 설정하는 데 불과 몇 분밖에 걸리지 않았다. 이 프로세스는 그림 20.2에서 보여준다.

베일리의 지갑과 자격증명은 여전히 베일리의 것으로 되어 있지만, 메이가 베일리의 새로운 보호자가 되었다. 메이는 베일리의 지갑과 자격증명을 관리할 권한과 책임을 지게 된 것이다. 베일리와 메이는 행복하게 보호소를 나와 새로운 삶을 함께 시작했다.

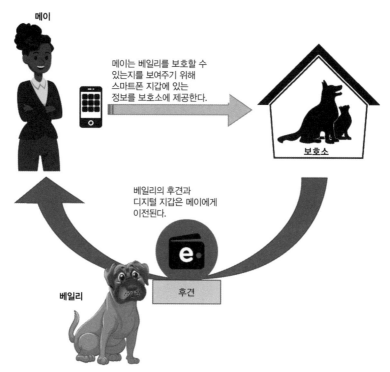

메이

메이는 베일리를 보호할 수 있는지를 보여주기 위해 스마트폰 지갑에 있는 정보를 보호소에 제공한다.

보호소

베일리의 후견과 디지털 지갑은 메이에게 이전된다.

후견

베일리

그림 20.2 **메이가 베일리를 입양할 때, 그녀는 보호소와 SSI 연결을 형성하고, 보호소는 그 연결을 통해 베일리의 디지털 지갑에 대한 후견인 권한을 메이에게 이전한다.**

20.1.3 메이와 베일리를 위한 휴가

메이와 베일리는 행복한 몇 달을 보냈다. 어느 날, 메이는 일주일간의 휴가를 위해 대도시를 떠나 있기로 결정했다. 그녀는 베일리가 일주일 동안 편안하게 보낼 수 있는 매우 좋은 강아지 호텔을 찾았다. 메이와 베일리 둘 다 검증 가능한 디지털 자격증명을 가지고 있었기 때문에, 강아지 호텔을 예약하는 과정은 사람이 호텔을 예약하는 것만큼 쉬웠다.

그림 20.3과 같이, 메이는 자신의 스마트폰에서 몇 번의 클릭만으로 강아지 호텔이 요구하는 베일리의 정부 등록 및 백신 접종을 증명하는 데 필요한 자격증명을 공유할 수 있었다. 그 후 강아지 호텔은 몇 초 만에 이러한 자격증명을 암호로 확인할 수 있었다(자세한 내용은 7, 8, 9장 참조).

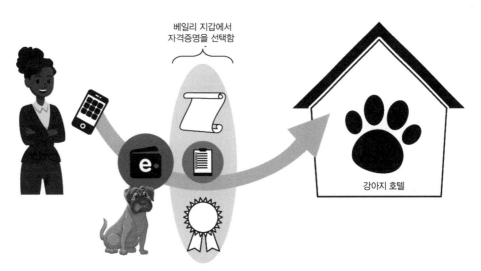

베일리 지갑에서
자격증명을 선택함

강아지 호텔

그림 20.3 베일리가 강아지 호텔 체크인 요건을 충족하는지 증명하기 위해 메이는 베일리의 지갑에 있는
자격증명을 강아지 호텔과 공유한다. 단 몇 초 만에 강아지 호텔은 필수적인 자격증명 발급기관이
디지털 서명한 자격증명을 검증할 수 있다.

베일리가 강아지 호텔에 체크인 하는 날이 다가왔고, 베일리의 디지털 자격증명은 다시 한 번 중요한 기능을 하게 되었다. 강아지 호텔은 베일리가 필요한 자격증명을 가지고 있다는 것을 이미 알고 있었지만, 어떻게 그 강아지가 실제로 베일리라는 것을 알았을까? 베일리의 RFID 칩을 간단히 스캔하고 보호소에서 찍은 베일리 사진과 대조하여 확인함으로써, 베일리가 지갑에 있는 자격증명으로 식별된 것과 동일한 개라는 것을 생체학적으로 쉽게 확인할 수 있었다. 체크인 수속은 2분도 안 돼 수월하게 완료됐고 메이는 공항으로 떠났다.

메이가 비행기 좌석에 앉았을 때 갑자기 베일리의 처방약을 강아지 호텔에 주는 것을 잊었다는 것을 알았다. 베일리는 약으로 치료하기 쉬운 경미한 귀 감염증을 가지고 있었다. 하지만 그 약이 없으면 베일리에게 문제가 생길 수도 있다. 다행히 베일리의 디지털 지갑을 관리하는 메이는 베일리의 처방전이 담긴 디지털 자격증명을 그림 20.4에서 보듯이 강아지 호텔에 보낼 수 있었다.

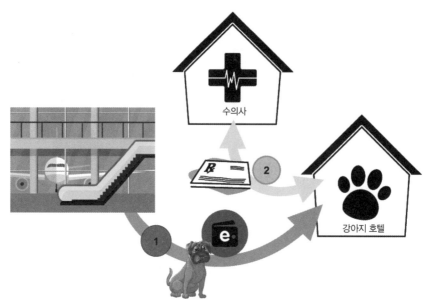

그림 20.4 1단계로 베일리의 보호자로서 메이는 디지털 지갑을 사용하여 베일리의 의약품 처방전 자격증명의
증거(proof)를 강아지 호텔에 보낸다. 2단계로는 강아지 호텔에서 약을 처방받기 위한
메이의 승인과 함께 처방전 자격증명의 증거를 수의사에게 보낸다.

자격증명 증거와 메이의 디지털 서명 승인 덕분에 강아지 호텔은 약을 쉽게 구입하고 투여할 수 있었다. 베일리의 디지털 자격증명 없이는 어려웠을 수도 있었던 문제가 몇 분 만에 쉽게 해결되었다.

20.1.4 폭풍과 행방불명

휴가를 마치고 돌아온 어느 주말, 메이는 긴급한 프로젝트 업무를 마무리하기 위해 서재로 가기 전에 울타리가 쳐진 뒤뜰로 베일리를 보내어 놀게 했다. 그녀는 일에 몰두하느라 오후에 갑작스러운 폭풍이 빠르게 다가오는 것을 알아차리지 못했다. 베일리는 천둥을 매우 무서워했기 때문에 폭풍이 올 때에 메이는 항상 베일리와 함께 있었다.

갑자기, 번개가 뒤뜰 바깥에 치면서 천둥소리가 크게 들렸다. 베일리는 겁에 질려 울타리 쪽으로 달려가 이전보다 더 높이 뛰어올랐고 순식간에 골목길로 질주했다.

잠시 후 메이는 뒤뜰로 달려나갔지만 베일리는 어디에도 보이지 않았다. 메이는 무슨 일이 일어났는지 깨닫고는 뛰어가서 차를 운전하여 비가 내리는 저녁 내내 사랑하는 반려견을 찾기 위해 밤을 지새웠다.

베일리는 근처에 비가 내리고 번개가 떨어지고 천둥소리가 들리자, 뛰어다닌 지 10분 만에 이상하게도 익숙한 냄새를 따라가고는 더 이상 달릴 수 없어서 어느 작은 대피소 밑 냄새나는 쓰레기통 옆에 멈춰서 벌벌 떨었다.

마침 그때 카를로스는 빗속에서 차를 차고에 주차했다. 차에서 내릴 때 그는 작은 강아지가 쓰레기통 옆에 있는 것을 발견했는데 뭔가 낯이 익었다. 카를로스는 손짓으로 강아지를 차고로 불렀다.

베일리는 고개를 옆으로 갸우뚱하며 이 남자를 호기심 있게 바라보았다. 베일리가 카를로스를 알아본 것이다! 베일리는 카를로스를 믿어도 된다고 했던 것이 기억났고 환영의 손짓을 보자 베일리는 조심스럽게 카를로스를 따라 집으로 들어갔다.

20.1.5 행방불명 후 쉽게 발견함

카를로스는 당황했다. 이 개가 오래 전에 보호소에 맡겼던 개처럼 보였지만, 분명히 더 건강하고 잘 자라고 있었다. 비록 그는 애완 동물을 기르지 않았지만 카를로스는 자신이 베일리를 맡긴 보호소에서 포스터를 보고 애완 동물에게 디지털 신원을 부여해야 하는 이유에 대해 공감했다는 것을 기억했다. 그는 스마트폰 앱을 통해 잃어버린 애완동물의 보호자를 찾는 것이 훨씬 쉬워졌다는 것을 회상하자마자 보호소 웹사이트에 접속해 앱스토어에서 다운로드 링크를 찾아 스마트폰에 무료 앱을 다운받았다. 간단한 설명에 따라 카를로스는 베일리의 사진을 여러 장을 찍어서 업로드했다.

그림 20.5에 설명된 일련의 단계를 시작했다. 첫째, 메이와 같은 반려동물 보호자가 이용할 수 있는 클라우드 기반 이미지 처리 서비스에 안전하게 사진을 업로드했다. 그곳에서 (페이스북과 다른 거대 인터넷 회사들이 사용하는 것과 같은) AI 이미지 인식 알고리즘은 카를로스의 집 근처의 특정 애완동물 보호자와 이미지들을 빠르게 연결했다. 잠시 뒤 메이의 스마트폰이 울렸다. 그녀는 비가 흠뻑 내린 어두운 거리에 차를 세우면서 심장이 멎는 것 같았다. 그녀는 디지털 지갑 앱을 실행하여 자신의 반려견일지도 모르는 잃어버린 개라는 통지를 수락할 것인지를 묻는 메시지를 보았다. 그녀는 눈에 눈물을 글썽이며 '수락'을 세게 누른 후 사랑하는 베일리를 보았다.

다시 한번 디지털 지갑과 자격증명의 암호화라는 마법은 이러한 상호 작용을 가능하게 했을뿐만 아니라 익명으로도 수월하게 만들었다. 카를로스는 낯선 사람에게 자신에 대한 어떤 정보도 공개하지 않으면서도 길 잃은 베일리의 이미지를 공유할 수 있었고, 메이도 자신의 신원을 밝히지 않고도 베일리의 이미지를 받을 수 있었다. 두 사람이 동의하자 메이는 카를로스에게 자신이 잃어버린 개라고 확신한다는 익명의 메시지를 보낼 수 있었다. 메이는 베일리의 사진이 포함된 정부 등록 자격증명의 증거를 카를로스에게 보냈고 자신의 개가 맞는지 확인하는 요청에 카를로스가 맞다고 회신했다. 이 모든 일은 몇 분 안에 이루어졌으며 카를로스와 메이는 자신에 대한 개인 정보를 공개할 필요가 없었다.

그리고 나서 메이는 카를로스에게 자신이 베일리의 보호자라는 암호 증명을 보내어 베일리를 어디서 데려올 수 있는지 물었다. 이때까지 카를로스와 메이는 서로의 이름조차 몰랐다. 왜냐하면 그들의 디지털 지갑은 자신의 신원을 암호화로 보호하고 필요로 하는 정보의 증거만 공유할 수 있었기 때문이다. 카를로스는 스마트폰 앱으로 메이가 보호자임을 확인되자 자신의 이름과 20분 후에 만날 카페 주소를 보내왔다.

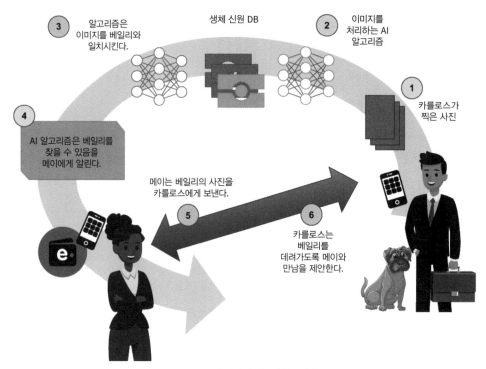

그림 20.5 **잃어버린 개를 찾는 절차:**
1. 카를로스는 스마트폰 앱을 사용하여 베일리의 사진을 찍고 업로드한다.
2. 클라우드 기반 이미지 분석 서비스는 베일리의 사진을 생체 인식 애완동물 신원 데이터베이스와 비교한다.
3. 베일리의 보호자와 일치하는 사람을 찾는다.
4. 시스템이 베일리의 보호자로서 메이에게 알람 메세지를 보낸다.
5. 메이는 자신이 베일리의 보호자임을 증명하기 위해 카를로스와 안전하게 익명으로 연락할 수 있다.
6. 카를로스는 베일리를 돌려보내기 위해 메이와 만남을 제안한다.

메이가 카페에 도착했다. 베일리는 메이가 차에서 내리자마자 그녀를 발견했고, 매우 행복하고 눈물겨운 재회를 했다. 메이는 카를로스의 친절함에 감사를 표하기 위해 차를 권했다. 그들은 수개월 전 베일리가 자신들의 삶에 무의식적으로 어떻게 연결되었는지, 그리고 디지털 자격증명과 디지털 후견 덕분에 베일리가 어떻게 돌아올 수 있었는지에 대해 놀랐다.

20.2 디지털 신원을 통한 동물과 사람의 복지 실현

메이의 이야기는 베일리의 일상생활뿐만 아니라 디지털 신원 자격증명도 어떻게 향상되었는지 보여준다. 그러나 이것은 단지 빙산의 일각에 지나지 않는다. 디지털 후견은 다음과 같은 다양한 상황에서 동물들에게 큰 가능성을 제공한다.

- 애완동물을 위한 생체 인식 및 디지털 자격증명의 대거 채택으로, 잃어버린 동물은 보호자를 찾기 위해 스마트폰으로 찍은 몇 장의 사진만 있으면 된다.
- 멸종 위기에 처한 야생 동물(코뿔소 등)의 전체 개체군에 디지털 자격증명, 지갑 및 보호자를 배정할 수 있다. 기부자들은 책임감 있는 동물보호 단체가 야생 동물의 복지를 관리하는데 도움을 줄 수 있도록 이 동물들의 디지털 신원 지갑에 직접 기금을 기부할 수 있다. 기부자들은 보호자로부터 안전하고 검증 가능한 자격증명을 업데이트하고 기부금이 야생 동물들을 지원하고 보호하는데 어떻게 사용되고 있는지를 추적할 수 있다.
- 인도적 동물 경영을 하는 농가는 농가의 디지털 지갑과 신원을 생성할 수 있다. 제3의 감사관은 동물의 생활 상태에 대한 감사를 바탕으로 이러한 지갑에 검증 가능한 자격증명을 발급할 수 있다. 이러한 자격증명은 가축 또는 가축을 가공한 제품의 공급망까지 추적할 수 있으며, 궁극적으로 소비자가 이러한 농장의 동물에 대한 정보, 예를 들어 치즈는 지속적이고 인도적으로 사육된 염소로부터 나온 것임을 확인할 수 있다.

이러한 모든 경우에서 디지털 신원 자격증명을 실제의 동물과 정확하게 연결하는 것이 중요하다. 수년간 RFID 칩이나 기타 장치를 이식한 야생 동물, 사육 동물, 반려 동물을 식별하기 위한 이니셔티브가 있었다. 그러나 이러한 이니셔티브는 물리적 식별 방법의 가치를 사용하기 위한 쉽고 안전하며 프라이버시를 존중하는 방법과 거리가 멀었다.

SSI와 암호화로 검증 가능한 디지털 자격증명, 디지털 후견인을 지원하는 데 필요한 추가 소프트웨어 및 거버넌스 프레임워크(11장)를 통해 우리는 마침내 RFID와 모든 종류의 동물에 대한 기타 식별 기술의 모든 가치를 실현할 수 있다. 그리고 동물들을 위한 디지털 지갑으로, 동물들의 건강과 복지를 유지하는 데 필요한 자격증명을 저장하고 공유할 수 있다.

20.3 SSI를 통한 동물의 고유 가치 재발견

이 장에서는 동물을 위한 디지털 신원의 기회를 소개하는 것으로 시작한다. 동물이 보호를 위해 인간에게 의존하는 모든 상황은 보호자가 필요한 사람들을 위해 개발된 동일한 SSI 인프라를 활용할 수 있다(9장, 10, 11장의 후견 부분 참조). 신뢰할 수 있고, 공개되지 않으며, 안전한 디지털 신원을 통해,

우리는 동물을 포함한 모든 개인의 고유한 가치와 지위를 진정으로 존중하는 인간 사회에 한 걸음 더 다가갈 수 있는 잠재력을 가지고 있다.

20.4 동물을 위한 SSI 스코어카드

표 20.1은 애완동물 및 기타 동물에 대한 SSI 및 디지털 후견의 이점을 평가한다. 다음과 같은 잠재적 영향을 나타내기 위해 색상으로 구분되어 있다.

변혁적	긍정적	중립적	부정적

표 20.1 **SSI 스코어카드: 동물의 신원**

범주	주요 혜택
손익	동물에 대한 검증 가능한 디지털 신원은 동물과 인간 모두에게 엄청난 혜택을 제공해 줄 것이다. 보호자의 지갑에 발급되는 표준화된 디지털 신원 자격증명은 동물의 고유 가치를 정당화하고 사회의 눈높이에서 동물의 사회적 지위를 향상시킬 것이다. 이러한 자격증명은 또한 동물 보호자와 애완동물 보호 단체 사이의 사회적 연결과 상거래를 촉진하여 동물과 인간 모두의 건강과 행복을 위한 새로운 기회를 창출할 수 있다.
비즈니스 효율성	동물을 위한 SSI는 인간 사회와 동물간 상호작용의 많은 측면을 단순화하고 개선할 것이다. 디지털 자격증명은 많은 종이 기반 자격증명 및 수동 검증 프로세스를 대체할 수 있기 때문에 동물 관련 서비스에 특히 혁신적일 것이다. 완전히 새로운 사업 모델은 동물의 소유, 후원, 보호 및 관리를 가능하게 한다.
사용자 경험과 편의성	메이와 베일리의 이야기는 다양한 디지털 자격증명의 응용으로 동물 소유와 보호자의 경험이 어떻게 바뀔 것인지에 대한 몇 가지 예를 보여준다. 이를 통해 애완동물 서비스 제공업체와의 마찰 없는 상호 작용을 가능하게 하고, 소유권 이전을 훨씬 쉽고 안전하게 해주며, 규정 준수와 관련된 모든 측면을 간소화할 수 있다.
관계 관리	동물을 위한 SSI는 새로운 비즈니스에서의 기회를 창출하는 것 이상의 역할을 한다. 그것은 동물 보호자와 동물 보호 단체로 구성된 세계적으로 연결된 공동체에 영감을 주고 힘을 실어줄 것이다. 동물들이 인간처럼 디지털 신원을 가져야 한다는 것을 세상이 받아들이기 시작할 때, 동물의 사회적 지위는 높아질 것이고, 이것은 인간과 동물의 복지와 우리 환경을 향상시킬 것이다.
규정 준수	동물을 위한 SSI는 인간과 똑같은 기본 기술과 표준을 사용하므로 동일한 규제 혜택을 얻을 수도 있다. 특히, 동물 보호자의 동물 등록, 예방 접종 및 진료 증명서 유지, 소유권 이전, 기타 필요한 기록 관리 및 공유 기능을 크게 단순화 할 것이다.

> **SSI 참고자료**
>
> SSI에 대해 더 자세한 내용은 IdentityBook.info와 SSIMeetup.org/book을 참고하라.

CHAPTER 21

열린 민주주의, 투표와 SSI

섀넌 아펠클린Shannon Appelcline

투표는 SSI를 활용하여 물리적 거리를 넘어선 집단적 선택을 지원함으로써 크게 개선할 수 있는 시스템의 대표적인 사례이다. SSI 컨퍼런스인 리부팅 신뢰의 웹Rebooting the Web of Trust, RWOT의 오래된 편집장이자 블록체인 커먼즈Blockchain Commons의 테크니컬 라이터인 섀넌 아펠클린Shannon Appelcline은 현장 투표의 문제를 깊이 있게 다룬다. 진정한 유권자 등록기관으로의 가능성과 열린 민주주의에 대한 새로운 비전에 SSI가 어떻게 부합하는지 설명한다.

민주주의의 경이로움은 도시, 지역 또는 국가의 구성원들이 직접 또는 대의 민주주의를 통해 사회가 어떻게 운영될지를 결정하기 위해 투표할 수 있다는 것이다. 그러나 특히 21세기에서 물리석으로 멀리 떨어져 있는 곳에서 투표를 관리하는 것은 생각만큼 쉽지 않다.

직접 투표는 각 개인을 특정 신원에 물리적으로 연결할 수 있을 때 이중 투표를 차단하기 쉽기 때문에 비교적 잘 작동한다. 투표를 하는 지역에서는 물리적 증거가 필요한 경우 사전 인증된 유권자로그를 확인하거나 자필 서명을 비교하여 신원을 확인할 수 있다. 그 지역에서 시민에 대한 상세한 정보가 없더라도 지울 수 없는 잉크를 사용하여 엄지 손가락으로 지장을 찍는 것과 같은 다른 물리적 수단을 사용하여 이중 투표를 최소화할 수 있으며, 또한 직접 투표는 민주주의 이상을 타락시킬 수 있는 강요나 부당한 영향력을 줄이는 것과 같은 다른 이점들도 가지고 있다.

직접 투표는 안타깝게도 접근성은 낮지만, 강력한 보안을 제공한다. 해당 지역에서는 투표가 적절하다는 것을 보장할 수 있지만 많은 유권자를 잃을 수도 있다.

2020년의 코로나-19 대유행 기간에 다양한 지역에서 발생한 다양한 종류의 재해로 인해 아무도 직접 투표를 할 수 없는 경우가 있었다[1, 2]. 이는 국민에 의한 정부를 표방하는 민주주의의 핵심적인 필요와 요구에 정면으로 대치되는 것이다.

접근성을 향상시켜 민주주의를 확장하기 위해서는 현장 투표소에서 벗어나서 신원을 인증하는 방법을 모색해야 한다. SSI는 이것을 가능하게 하고, 그 과정에서 국가가 발급한 신원의 역량을 훨씬 능가하는 유권자의 대리권을 위한 새로운 가능성을 만들 수 있다.

21.1 우편투표의 문제점

지난 수십 년 동안 우편투표가 증가하여 유권자들이 우편으로 신원을 증명할 수 있게 되었다. 한 때는 부재자 투표에 부정적이었던 지역에서 현재는 우편투표를 할 수 있는 유권자가 증가하고 있다. 미국의 콜로라도, 워싱턴 및 오리건 주 전체가 우편으로 투표하는 가운데, 28개 주(및 콜롬비아 지역)도 이제 예외 없이 사전 투표를 허용하고 있다[3]. 그 결과, 미국의 우편투표율은 1996년 7.8%에서 2016년 21%로 20년간 거의 3배가 증가했다[4]. 마찬가지로, 영국은 2001년에 온디맨드 우편투표[1]가 가능했으며[5] 이로 인해 2017년에는 우편투표의 22%를 기록했다[6]. 그러나 전 세계가 이러한 민주적 혁신에 서서히 다가가고 있는데 반하여 다른 많은 나라들은 여전히 부재자 및 해외거주 유권자들에 대한 우편투표를 제한하고 있다.

우편투표는 사람들이 집을 나서지 않고도 투표할 수 있기 때문에 민주주의의 접근성을 확실히 향상시킨다. 그러나 직접 투표를 넘어선 첫 단계에서, 약간의 보안상 이점도 잃게 된다.

비록 부정 선거를 우려하는 많은 주장들이 정치적인 동기에서 비롯되지만,《크리스천 사이언스 모니터The Christian Science Monitor》[7]는 공격자가 거짓 또는 강요된 투표를 도입하기 위해 유권자와 투표 관리 기관 사이의 틈을 이용했던 플로리다와 텍사스에서 실제 우편투표 부정의 사례들을 보여주었다. 영국에서는 '부당한 영향', '사칭', '뇌물수수' 및 '특별 대우'에 대한 유사한 우려가 제기되었는데[8],

---

1   울긴이 영국에서 부재자 투표는 모든 선거인에 대해 대리 또는 우편 (주문형 우편투표라고 함)을 통해 허용된다. 대리 투표는 자리를 비웠거나, 일하거나, 의학적으로 장애가 있는 사람들에게 허용된다. 선거에서 투표할 자격이 있는 사람은 가까운 친척과 관련이 없는 두 사람의 대리인이 될 수 있다. 우편투표는 이유가 필요하지 않다. 북 아일랜드를 제외하면 우편투표는 유권자가 고용, 장애 또는 교육의 결과로 투표일에 투표소에 가기를 기대하는 것이 부당할 경우에만 가능하다. 2003년과 2004년의 시범 우편투표에서 선거 부정이 증가했다는 증거가 없는 경우 투표율이 크게 증가한 것으로 나타났다. 그러나 2016년 정부 보고서에 따르면 우편투표는 "부정, 부당한 영향력, 절도 및 변조"에 취약한 것으로 나타났다(위키피디아).

이러한 예는 구분이 되는 것이 아니다.

특히 주목할 만한 사례는 2018년 미국 노스캐롤라이나 주의 9번째 선거구인 NC-9에서 발생했다. 투표 결과의 집계 이상은 한 지역의 선거관리기관이 부재자 투표의 결과를 수집하고 제출하기 전에 이를 변경해 왔음을 보여주었다[9]. 높은 비율의 '반환되지 않은' 우편투표도 일부가 폐기되었을 수도 있음을 시사했다[10].

CONSIDER 노스캐롤라이나 주의 문제는 부재자 투표를 집계하는 사람들이 중앙화 조직인 것에서 비롯되었다. 중앙화 조직도 마찬가지로 신뢰할 수 없는 것으로 판명될 수 있다.

이러한 문제들은 적어도 전통적인 신원을 사용할 때 물리적으로 거리가 떨어진 곳에서 신원을 확실하게 증명하는 것이 얼마나 어려운지를 보여준다. 이렇듯 단순하면서도 충분하게 이해하고 있는 우편투표 방식에도 불구하고, 오늘날 대부분의 정부 기관의 지원을 받는 것보다 더 나은 해결책이 필요하다.

21.2 전자투표의 문제점

우편 배송은 기술보다 배송 자체에 핵심이 있기 때문에, 우편투표가 투표를 위한 마지막 수단은 아니다. 현대 사회에서 투표에 참여하는 명백한 마지막 수단은 사람들이 인터넷을 활용하는 '전자투표'다. 하지만 애석하게도 전자투표는 보안 문제 때문에 결과를 집계함에 있어서 우편투표보다 더 많은 누락이 발생할 수 있다.

지금까지, 전자투표는 대부분 웹사이트에서 등급을 부여하는 데 사용되어 왔다. 온라인에서의 등급은 때론 유용하지만, 디지털 신원과 관련된 중요한 문제를 강조함으로써 자유롭게 익명으로 생성할 수 있다. 아마존의 경우에는 시빌 공격[11]과 리뷰[12]에 맞서 왔다. 마찬가지로, 로튼 토마토Rotten Tomatoes는 다양한 주연 영화들의 리뷰에서의 부정 행위에 대해 몇 년간 씨름하며 보냈는데, 그 결과 사이트에서 사전 개봉작에 대한 평점을 완전히 제거할 수밖에 없었다[13, 14].

CONSIDER 지금까지, 전자투표에 관한 많은 문제점들이 복수의 시빌 공격으로부터 발생했다. 디지털 계정이 '진짜'라는 것을 어떻게 알 수 있을까? 이것이 SSI가 해결하고자 하는 문제들 중 하나이다.

열린 민주주의를 지지한 전자투표 시스템은 호주, 프랑스 및 스페인에서 보여주고 있듯이 인터넷 등급 사이트에서 지금까지 사용된 방식보다 훨씬 더 좋은 해결책을 찾아야 할 것이다. 최근 몇 년간 전자투표에 관심을 가졌던 국가들은 보안 또는 잘못 적용된 결과에 문제가 있었다[15]. 해결책을 찾는 것이 어려울 수 있지만, 실제로 필요한 것은 허리케인 마이클이 2018년 플로리다 팬핸들을 강타한 이후, 베이 카운티 선거 감독관 마크 안데르센Mark Andersen은 약 150명의 사람들이 전자적인 수단으로 투표할 수 있도록 허용했으며, 그중 11명은 이메일을 통해 투표에 참여했다[16]. 비록 이 결정이 미국의 법률에 의해 직접적으로 지원되지는 않았지만, 증가하는 전자투표의 요구를 어떻게 지원할 수 있는지를 보여주었다. 그렇다면 그 요구에 대하여 어떻게 지원해야 할까?

21.3 사례 연구: 에스토니아

공교롭게도, 에스토니아는 이미 전자투표를 활용하고 있다. 에스토니아 국가 디지털 신원을 기반으로 하는 성숙한 전자투표 시스템(https://e-estonia.com/solutions/e-identity)을 갖추고 있다. 비록 이것이 SSI 기반의 신원이 아닌, 정부가 발급한 신원을 기반으로 하고 있지만, 열린 민주주의를 가능하게 하기 위해 인터넷을 사용하는 최초의 관점을 제공한다.

에스토니아의 'i-voting[2]'에서 주민들은 사전 투표 기간에 투표에 참여하기 위해 에스토니아 신분증과 컴퓨터를 사용하며 투표 마감 시까지 투표한 것을 변경할 수 있다. 매우 쉽게 투표할 수 있는 이 시스템에는 몇 가지 중요한 보안 기능도 있다. 6장에서 설명한 바와 같이, 시스템은 '인증' 및 '거부할 수 없는' 디지털 서명 생성을 위해 개인키를 사용한다. 다른 장점으로는 '프라이버시'와 제한된 '변성 mutability'이 있다. 2005년 에스토니아가 지방선거에서 전자투표를 시험했을 때 1,000명 미만의 사람들이 이 시스템을 사용했지만[17], 2019년에는 전체 유권자의 44%에 해당하는 약 25만 명이 인터넷을 통해 투표했다(https://rk2019.valimised.ee/en/voting-result/voting-result-main.html).

그러나 에스토니아의 i-voting 시스템에는 문제가 있다. 2014년 5월 '에스토이나에서 전자투표에 대한 독립 보고서Independent Report on E-voting in Estonia'[18]에서는 투표 및 그 결과의 변경 여부에 대한 심각한 우려를 제기했다. 에스토니아 전자투표 코드의 제한된 발행에 대한 불만도 있었다[19]. 이는 유권자들이 직접 투표를 하는 경우에도 투표 관리 시스템에 대해 점점 더 의구심을 갖게 되는 것을 해소하는 데 미흡하다[20, 21].

아마도 더 중요한 것은 에스토니아 전자투표 시스템이 실제로 투표한 유권자의 증가를 보여주지 '않았다'는 점이다. 2011년과 2019년 총선은 같은 기간 동안 전자투표가 급격하게 증가했음에도 불구하고 각각 약 63.5%의 투표율을 기록했다[22]. 결국, 우리는 다음과 같이 자문해야 한다. 이렇게 차이가 큰 시나리오에서 단순히 직접 투표 시스템을 따라하는 정도로 충분한가? 아니면 뭔가 더 할 수 있을까? SSI와 관련해서 새로운 가능성을 제공하는 기술 시스템이 있다면 더 많은 것을 '할 수' 있을까?

---

2 [옮긴이] '전자투표(e-voting)'는 이 장의 저자가 '전자투표' 또는 '온라인 투표'를 위해 사용한 일반적인 명칭이고, 'i-voting'은 에스토니아 정부가 전자투표 프로그램에 사용하는 특정 명칭이다.

21.4 투표의 세 가지 핵심 내용

투표에 대한 높은 접근성이 열린 민주주의의 큰 승리이기는 하지만, 투표 시스템을 보안과 접근성의 관점에서만 바라보면, 투표 시스템의 미래가 아닌 과거의 방식을 바탕으로 평가된다. 민주주의가 진정으로 한 국가의 구성원들에게 권한을 부여하는 것이라면, 그들의 투표권에도 역시 권한을 부여해야 한다. 이는 기존 시스템에서 대부분 고려되지 못했던 '유권자의 대리권'을 개선함으로써 이루어질 수 있다.

보안, 접근성 및 대리권의 이 세 가지 요소는 보다 정확한 원칙으로 구분될 수 있으며, 이는 완전히 개방된 투표 시스템의 필요성과 가능성을 함께 개괄적으로 설명한다.

21.4.1 주 정부의 요구 사항

미국 주 정부의 요구 사항에는 다음과 같은 '보안 원칙'이 있다.

- **진정성**: 유권자는 신원을 증명할 수 있어야 한다. '우리는 각 유권자를 안다.'
- **인가성**: 유권자는 검증 가능한 자격증명(https://www.w3.org/TR/verifiable- claims-data-model)과 같은 수단을 통해 투표권을 증명할 수 있어야 한다. '우리는 각 유권자의 권한을 인정한다.'
- **거부 불가성**: 유권자는 투표가 종료된 후에는 투표 내용을 변경하거나 거부할 수 없다. '우리는 각 투표가 유권자에 의해 바뀌지 않는다는 것을 안다.'
- **불변성**: 공격자가 투표를 변경할 수 없어야 한다. '우리는 각 투표가 공격자들에 의해 바뀌지 않는다는 것을 안다.'
- **검증 가능성**: 주 정부는 투표를 재검표하고 그 진정성, 인가성, 거부 불가성 및 불변성을 검증할 수 있어야 한다. '우리는 투표 결과가 정확하다는 것을 안다.'

21.4.2 유권자의 권리 명세서

유권자의 권리에는 다음과 같은 '접근성 원칙'이 있다.

- **개방성**: 유권자는 투표 참여율을 극대화하는 시간, 장소, 방식으로 투표할 수 있어야 한다. '나는 쉽게 투표할 수 있다.'
- **단순성**: 유권자는 과도한 복잡성이나 부담 없이 투표할 수 있어야 한다. '나는 간단하게 투표할 수 있다.'

유권자의 권리에는 다음과 같은 '대리의 원칙'이 있다.

- **프라이버시**: 유권자는 다른 사람이 어떻게 투표했는지 모르게 투표할 수 있어야 한다. '나는 내 투표를 비밀에 부칠 수 있다.'
- **위임성**: 유권자는 위임 자격증명을 사용하여 특정 주제에 대한 투표를 대리할 수 있어야 하며, 대의 민주주의를 확립할 수 있어야 한다[23]. '다른 사람에게 내 투표권을 위임할 수 있다.'
- **변경성**: 유권자는 투표를 변경하고, 대리인을 지원하며, 강요와 영향의 가능성을 상쇄하여 보안을 개선할 수 있어야 한다. '나는 마음을 바꿀 수 있다.'
- **검증 가능성**: 유권자는 투표가 수락되고 표로 집계되었음을 검증할 수 있어야 한다. '나는 내 투표가 집계되었다고 믿는다.'
- **투명성**: 유권자는 시스템의 작동 방식을 학습할 수 있어야만 정확성을 검증할 수 있다. '나는 투표 결과가 정확하게 집계될 것이라고 믿는다.'
- **증명 가능성**: 유권자는 자신이 선택한 투표 방식을 선택적으로 공개할 수 있어야 하며, 이러한 공개에 반박할 수 없는 증거를 제시해야 한다. '나는 내 투표를 공개할 수 있다.'
- **영구성**: 유권자는 시스템의 투명한 규칙에 명시되어 잘 납득되지 않는 한 투표권을 상실할 수 없다. '나는 항상 내 투표권을 가질 것이다.'
- **이동성**: 유권자는 각자의 규칙에 따라 다양한 장소에서 신분증 또는 자격증명을 사용할 수 있어야 한다. '나는 내가 투표한 기록을 받을 수 있다.'

21.5 SSI의 이점

에스토니아는 보안에 영향을 주지 않고 투표 접근성을 향상시킨 가장 성공적인 사례였지만, 유권자들의 투표 대리권을 늘리는 데는 별 도움이 되지 못했다. 유권자가 에스토니아를 신뢰한다고 가정할 때 대리의 원칙 중에서 '프라이버시'와 '변경성'만 충족한다. 유권자의 대리를 위한 보다 광범위한 가능성은 무시되며, 이는 대부분 전자투표 시스템의 기반으로 사용되는 정부가 발급하는 신원의 실패이다. 진정으로 사람들에게 권한을 부여하려면 유권자들이 자신의 신원을 보유하는 것에서 시작하여 처음부터 디지털 생태계에 권한을 부여해야 한다.

마지막으로 SSI를 사용한다. 이것은 단지 다른 기술일 뿐만 아니라 다른 사고 방식이다. 전능한 권력자가 부여해주는 수동적 시스템에서 개인이 개별적으로 제어하는 것으로 신원을 바꾼다. 그러면 각 사용자가 시스템에서 자신의 대리인을 설정하게 되고 신원이 사용되는 방식을 결정할 수 있다. 다시 말해, 그들은 대리인을 가지는 셈이다.

CONSIDER 획기적인 기술은 혁신적이다. 기존 작업의 효율성만 향상하는 것이 아니라 작업 방식에 변화를 가져다준다. 예를 들어, 인터넷이 정보 검색에서 구매에 이르기까지 모든 것을 어떻게 변화시켰는지 생각해 보라. SSI도 마찬가지로 혁신적일 수 있다.

전자투표 시스템이 지원하는 대리인은 디지털 지갑(9장)과 분산 식별자(DID, 8장)를 통해 SSI 자격증명을 직접 제어할 수 있는 유권자가 된다. 이는 본질적으로 대리인의 세 가지 권리를 지원한다. 즉, DID는 영구히 존재할 수 있고(**영구성**), 다른 시스템과 상호 작용할 수 있으며(**이동성**), 대리인을 위한 서명 검증 자격증명VC이다(**위임성**).

비록 국가는 개인의 투표권을 제한할 수 있지만, 유권자의 투표와 관련된 DID나 VC를 절대 삭제할 수 없으므로, 유권자는 합의된 **증명 가능성**을 통해 미래에 그들의 투표를 선별적으로 공개할 수 있다. 더 좋은 것은, 유권자가 영지식 증명ZKP을 포함한 다양한 VC 기반 선택적 공개 방법을 사용하여 도시, 지역, 국가, 심지어 온라인 투표 영역 전체에서 일관된 투표 기록을 보여줄 수 있다는 점이다.

이러한 사용자-대리인 중심의 전자투표 시스템은 SSI의 이상ideals을 기반으로 구축된 생태계의 일부로 존재할 것이다. 그러한 생태계의 핵심에 있는 신뢰가 필요 없는 합의 시스템은 더 많은 대리인을 만들 것이다. 즉, 투표 소프트웨어는 코드를 공개함으로써 '투명'할 필요가 있을 것이다. 이것은 유권자에게 '검증 가능성'을 부여할 것이다. 왜냐하면 그들은 기록에 의해 충분히 입증된 시스템을 사용하여 유권자들의 투표 기록을 보장할 수 있기 때문이다. 마지막으로, 유권자가 더 이상 국가를 신뢰할 필요가 없고, 신뢰할 수 없는 시스템을 신뢰할 필요가 없기 때문에 유권자의 '프라이버시'가 개선될 것이다.

SSI 인프라를 기반으로 구축된 전자투표 시스템의 힘은 향후에 커질 것이다. 이러한 생태계는 스마트 컨트랙트와 강화된 개인의 대리인으로 구성되기 때문이다. 이로 인해 대리인의 활용에 대한 가능성은 배가된다. 유권자는 스마트 컨트랙트를 사용하여 기업 실적에 따라 이사회에서 투표를 하는 데 동의하거나 개인의 대리인을 통하여 개인의 이익과 부합하는 방식으로 투표를 할 수 있다. 그리고 이 모든 것은 선거 관리 기관이 전자투표를 위해 신원과 검증 가능한 자격증명을 인식할 때 시작된다.

수십 년 동안, 우리는 우편투표를 통해 투표 접근성을 개선할 수 있는 방법을 모색해 왔으며, 이제 전자투표가 그 길을 따르는 첫 단계를 시작했다. 그리고 확실히, 전자투표는 투표에 혁명을 일으켜 진정으로 열린 민주주의를 만들 수 있다. 물론, 우리는 이 분야에서도 매우 큰 가능성을 보고 있지 않다. 하지만 SSI를 통해 유권자를 단순한 참여자가 아닌 민주적 절차의 필수 구성원으로 바꿀 수 있다. 우리는 이전에 갖지 못했던 방식으로 유권자에게 대리권을 부여할 수 있고, 그렇게 함으로써 민주주의를 처음으로 진정한 우리 것으로 만들 수 있을 것이다.

21.5.1 투표를 위한 SSI 스코어카드

SSI 스코어카드는 다음과 같이 색상으로 구분된다.

변혁적	긍정적	중립적	부정적

투표를 위해 SSI는 사용자 경험과 편의성, 규제 준수를 위해 가장 혁신적일 뿐만 아니라 손익과 비즈니스 효율성에도 분명히 긍정적인 영향을 미칠 것으로 평가한다(표 21.1).

표 21.1 SSI 스코어카드: 투표

범주	주요 혜택
손익	전자투표에서, 손익은 표를 수집하는 조직(일반적으로 정부)에 대한 것이다. 이 조직은 투표로 돈을 버는 것이 아니라, 가장 높은 투표율과 정확도 및 가장 낮은 비용으로 사람들이 투표를 하도록 한다. 일반적으로 SSI 인프라에 필수적이기 때문에 고객 온보드 비용 및 고객 서비스 비용 감소가 유기적으로 발생함에 따라 유권자 명단의 DB화 과정에서 이미 발생한 것과 유사한 긍정적인 개선 효과를 얻을 수 있을 것이다. SSI의 보안 또한 정치적으로 부정선거가 빈번함에도 불구하고 현재는 작은 문제이지만 부정선거를 줄이는 데 도움이 될 것이다. 가장 큰 소득은 투표율의 향상일 것이다. 지금까지 우편 또는 전자투표 시스템에 대한 대단한 증거는 없지만 SSI 전자투표에 대한 접근성이 향상되면 잠재력을 얻을 수 있다.
비즈니스 효율성	자동 인증, 자동 권한 부여 및 워크플로우 자동화와 같은 이점을 통해 투표 관리 기관에 점진적인 개선 효과를 제공할 수 있다. 유권자들의 투표를 위해, 이것은 투표소 부족으로 인한 문제들을 해결할 것이며, 따라서 투표소에서 오랫동안 대기하는 것과 부정 선거를 최소화할 것이다. 개표를 위해, 그것은 표 수거와 와 집계의 비효율성을 개선할 것이다.
사용자 경험과 편의성	SSI 기반 투표로 가능해진 사용자 대리권 덕분에 사용자에게 제공되는 많은 혜택은 가장 혁신적인 것이 될 것이다. 자동 인증과 자동 승인은 접근성을 개선하는 주요 요인이 될 것이다. 유권자들은 이러한 권리를 부정하는 어떠한 도전도 없이 투표권을 쉽게 증명할 수 있다. 워크플로우 자동화를 통해 세심하게 관리되는 물리적 투표의 관료적 프로세스가 전자투표 세계로 쉽게 옮겨갈 수 있다. 하지만, 위임과 후견은 가장 혁신적인 가능성을 제공한다: 오늘날, (기업의 투표에서 대리인들이 지배함에도 불구하고) 우리는 대부분의 정부 선거에서 다른 사람들이 우리를 위해 투표하도록 하는 선택권을 고려하지 않는다. 하지만 미래에는, 그것이 우리의 투표 문화의 필수적인 일부가 될 수 있다. 이것은 우리가 대규모로 대표를 선출하는 공화정 정부 형태를 훨씬 더 개인적인 것으로, 우리 각자가 자신의 투표를 위해 대표를 선택하는 정부 형태를 재구성할 가능성을 제공한다.
관계 관리	유권자가 상호 인증을 통해 실제 투표 관리 기관과 대화하고 있음을 알거나, 향후 투표에 대한 접근성을 개선하거나, 심지어 이를 장려하는 충성도 및 보상 프로그램과 같은 약간의 이점은 관계 관리를 통해 투표에 도입된다. 일반적으로 이러한 이점은 해당 지역을 SSI 기반 투표의 주요 요소로 만들만큼 중요하지는 않다.
규정 준수	투표는 규제 준수에 크게 의존하는 경향이 있기 때문에 이러한 혜택이 '환상적이지' 않더라도 여전히 혁신적일 수 있다. 외국 정부가 투표 소프트웨어를 공격할 수 있는 신세계에서는 데이터 보안, 데이터 프라이버시 및 데이터 보호가 절실히 필요하다. 한편 데이터 이동성은 위임 및 후견과 유사한 또 다른 아이디어로, 전체 투표 프로세스의 변화로 인해 그 영향을 완전히 파악할 수 없다. 데이터 이동은 투표 기록 및 이동 능력에 대한 유권자 전체의 대리인에 권한을 부여하고 적합하다고 판단되는 대로 데이터를 선별적으로 공개될 것이다.

참고문헌

[1] Doubek, James. 2020. "Louisiana Postpones Presidential Primary Over Coronavirus Fears." NPR. https://www.npr.org/2020/03/13/815464629/louisiana-postpones-presidential-primary-over-coronavirus-fears.

[2] Proctor, Kate. 2020. "Local Elections and London Mayoral Race Postponed for a Year." The Guardian. https://www.theguardian.com/world/2020/mar/13/local-london-mayoral-elections-postponed-year-coronavirus-uk.

[3] National Conference of State Legislatures (NCSL). 2020. "Voting Outside the Polling Place: Absentee, All-Mail, and Other Voting at Home Options." http://www.ncsl.org/research/elections-and-campaigns/absentee-and-early-voting.aspx.

[4] File, Thom. 2018. "Characteristics of Voters in the Presidential Election of 2016." US Census Bureau. https://www.census.gov/content/dam/Census/library/publications/2018/demo/P20-582.pdf.

[5] Parliament of the United Kingdom. 2000. "Representation of the People Act 2000." The National Archives. http://www.legislation.gov.uk/ukpga/2000/2/contents.

[6] Electoral Commission. 2017. "The Administration of the June 2017 UK General Election." https://www.electoralcommission.org.uk/sites/default/files/pdf_file/The-administration-of-the-June-2017-UK-general-election.pdf.

[7] Richey, Warren. 2017. "Voting by Mail Grows in Popularity—But It is Reliable?" The Christian Science Monitor. https://www.csmonitor.com/USA/Politics/2017/1221/Voting-by-mail-grows-in-popularity-but-is-it-reliable.

[8] White, Isobel. 2012. "Postal Voting and Electoral Fraud 2001-09." House of Commons Library. https://commonslibrary.parliament.uk/research-briefings/sn03667.

[9] Blinder, Alan. 2019. "Inside a Fly-by-Night Operation to Harvest Ballots in North Carolina." New York Times. https://www.nytimes.com/2019/02/20/us/north-carolina-voter-fraud.html.

[10] Gardella, Rich and Leigh Ann Caldwell. 2018. "Investigation into N.C. Election Fraud Focused on Unreturned Absentee Ballots." NBC News. https://www.nbcnews.com/politics/elections/investigation-n-c-election-fraud-focused-unreturned-absentee-ballots-n948241.

[11] Zheng, Haizhong, et al. 2017. "Smoke Screener or Straight Shooter: Detecting Elite Sybil Attacks in User-Review Social Networks." NDSS Symposium 2018. https://arxiv.org/pdf/1709.06916.pdf.

[12] Kailath, Ryan. 2018. "Some Amazon Reviews Are Too Good to Be Believed. They're Paid For." All Things Considered. https://www.npr.org/2018/07/30/629800775/some-amazon-reviews-are-too-good-to-be-believed-theyre-paid-for.

[13] RT Staff. 2019. "Hello, We're Making Some Changes." Rotten Tomatoes. https://editorial.rottentomatoes.com/article/making-some-changes.

[14] Robertson, Adi. 2019. "How Movie Sites Are Dealing with Review-Bombing Trolls." The Verge. https://www.theverge.com/2019/3/7/18254548/film-review-sites-captain-marvel-bombing-changes-rotten-tomatoes-letterboxd.

[15] Verified Voting Staff. 2019. "Internet Voting Outside the United States." https://web.archive.org/web/20200803084143/https://www.verifiedvoting.org/resources/internet-voting/ internet-voting-outside-the-united-states.

[16] Koh, Elizabeth. 2018. "Hurricane-Ravaged Florida County Allowed Some 'Displaced' People to Vote by Email." Tampa Bay Times. https://www.tampabay.com/florida-politics/buzz/2018/11/12/hurricane-ravaged-florida-county-allowed-150-displaced-persons-to-vote-by-email.

[17] Mardiste, David. 2007. "Estonia Set for World's First Internet Election." Reuters. https://www.reuters.com/article/us-estonia-election-web/estonia-set-for-world-first-internet-election-idUSL 213415120070221.

[18] Halderman, J. Alex, et al. 2014. "Independent Report on E-Voting in Estonia." University of Michigan. https://estoniaevoting.org.

[19] Ojasild, Heiki. 2013. "Open Letter on Freedom and Internet Voting to Estonia's National Electoral Committee." FSFE. https://fsfe.org/news/2013/news-20130730-01.en.html.

[20] Tapper, Jake and Avery Miller. 2004. "Conspiracy Theories Abound After Bush Victory." ABC News. https://abcnews.go.com/WNT/story?id=239735.

[21] Addley, Esther. 2014. "Scottish Referendum Vote-rigging Claims Spark Call for Recount." The Guardian. https://www.theguardian.com/politics/2014/sep/22/scottish-referendum-vote-rigging-claims-recount-petitions.

[22] Vabariigi. n.d. "Statistics about Internet Voting in Estonia." https://web.archive.org/web/20120325012644/http://www.vvk.ee/voting-methods-in-estonia/engindex/statistics.

[23] Ramos, Jose. January 2014. "Liquid Democracy: The App that Turns Everyone into a Politician". Shareable. http://www.shareable.net/blog/liquid-democracy-the-app-that-turns-everyone-into-a-politician.

CHAPTER 22

SSI가 제공하는 의료 공급망

다니엘 프리츠 Daniel Fritz**와 마르코 쿠오모**Marco Cuomo

많은 산업에 있어, 글로벌 공급망에서 상품의 이동을 추적하고 모니터링하는 것은 핵심적인 우선순위이며, 때로는 규제 요건이기도 하다. 스위스에 본사를 둔 제약사인 노바티스Novartis의 혁신 리더인 다니엘 프리츠와 마르코 쿠오모는 업계의 공급망을 어떻게 변화시킬 수 있는지, 그리고 이를 통해 전 세계 다른 공급망 비즈니스 리더들이 SSI 기술을 활용함에 있어서 어떻게 고무될 수 있는지를 간략히 설명한다.

■ ■ ■

> 신뢰하라, 하지만 검증하라(Доверяй, но проверяй (Trust, but verify))
>
> — 로널드 레이건 대통령President Ronald Reagan이 소련과의
> 핵무기 군축 협상에서 언급한 러시아 속담

SSI는 공급망의 운영 방식을 변화시킬 것인데, 이는 공급망의 운영 여부가 아닌 운영 과정에 대한 문제이다. 제품 및 고객 식별과 트랜잭션을 위한 신뢰할 수 있는 공통의 개인정보보호 접근 방식을 통해 복잡성, 비용 및 시간을 줄일 수 있다. SSI를 광범위하게 채택하면 부가가치를 창출하고자 하는 참여자를 위한 새로운 비즈니스 모델이 가능해져 지역 사회와 환경에 혜택을 제공할 수 있다. 단일 산업을 고려할 때 공급망에서의 전체적인 투명성을 신뢰하게 되는 것은 좋은 일이다. SSI는 여러 산업을 혁신할 때 단순히 좋은 영향을 미치는 것이 아니라 패러다임의 변화로 산업 혁신을 가속화할 수 있다.

공급망이란 무엇인가? '정보, 물리적 유통, 현금의 흐름을 통해 원자재에서부터 최종 고객에게 제품과 서비스를 제공하기 위해 사용되는 글로벌 네트워크이다'(www.apics.org/apics-for-individuals/publications-and-research/apics-dictionary).

이 장에서는 지속적으로 증가하는 비용과 규정 준수 요건에 따라 SSI가 의료 산업 공급망에 미치는 몇 가지 분명한 영향을 검토한다. 이러한 사례들은 다른 산업의 모범이 될 수 있고 독자들에게 영감을 줄 수 있다. 왜냐하면 '모든 사람'은 환자가 될 수 있고, 최고의 아이디어는 우리에게만 있는 것이 아니기 때문이다.

22.1 엠마의 스토리

우리의 여주인공 엠마는 2주간의 휴가를 보내기 위해 남아메리카의 카이트 서핑kite-surfing의 메카에 도착했다. 그녀는 해변에 있는 호텔에 체크인한 직후 갑상선 기능 항진증 약을 가지고 오지 않았다는 것을 알았지만 조금도 당황하지 않았다. 하지만 외국에서 내분비과 의사를 찾는다는 것은 향후 2주 동안 신진대사가 제대로 이루어지지 않을 가능성 보다 훨씬 낮았으나, 엠마는 주치의가 발급한 검증 가능한 자격증명VC으로서 처방전의 원본을 휴대전화의 디지털 지갑에 보관하고 있음을 기억했다. (여기에서 VC는 처방전의 디지털 버전이다. VC는 2장에서 SSI의 기본 구성 요소로 소개하고 있고 7장에서 자세히 설명하고 있다.) 주치의는 디지털 처방전과 건강 기록이 수작업의 오류를 없애고 모든 프로세스를 간소화하여 궁극적으로 엠마의 건강에 도움이 된다고 설명했었다. 그래서 안심하게 된 엠마는 첫 휴가의 시작을 약국에서 보냈다!

모퉁이 인근에 포르투갈어로 표기된 '약국farmácia'이 있음을 발견했고, 엠마는 자신을 친근하게 클라리스라고 소개한 그 약국의 '약사'가 비록 영어는 부족하지만 도움이 절실한 관광객을 돕는데 친절한 것에 안도했다. 클라리스는 엠마에게 환자 등록증을 스캔하여 디지털 처방전을 확인해 달라고 요청했고 그 결과 주치의의 DID와 처방전의 진위를 증명했다. (DID는 SSI의 또 다른 핵심 구성 요소로서, 2장에서 소개되고 8장에서 자세히 설명한다.)

클라리스는 두 종류의 약을 판매하고 있다. 엠마는 약의 포장이 포르투갈어로 되어 있어서 브랜드를 알지 못했다. 클라리스는 그 상품들에 대해 설명하려고 했지만, 대부분의 내용을 영어로 설명하지 못했다. 스마트폰에 의약품 확인 앱이 설치되어 있다는 것(그림 22.1 참조)을 기억하지도 못한 채로 낙담하는 기분이 들었다. 그녀는 앱을 열고 첫 번째 약의 바코드를 스캔했다. 이 앱을 통해 그녀의 사생활을 보호하기 위해 추적할 수 없는 익명의 식별자를 사용하여 확인할 수 있었다. 그녀의 주치의와 약사 외에 누가 그녀의 건강 상태에 대하여 알아야 할까?

앱은 즉시 검색한 약이 진품임을 표시했다. 이 약은 가짜가 아닌 실제로 등록된 제품이었다. 클라리스는 바코드에 고유의 일련 번호가 포함되어 있고, 제조사가 이 일련 번호를 제품에 VC로 등록한 것임을 보여주었다. 또한 엠마는 자신의 언어로 된 디지털 복용 지침서(e-리플릿)를 읽은 후 자신에게 적합한 약이라는 것을 확인할 수 있었다. e-리플릿은 복용 지침이 엠마가 복용하는 약과 동일하다는 것을 분명하게 보여주었고 제품의 VC로 발급된 e-리플릿이 보건기관의 승인을 받은 것으로 나타났다. 엠마는 즉시 약을 구할 수 있다는 사실에 안도했지만, 더 나은 약은 없을까?

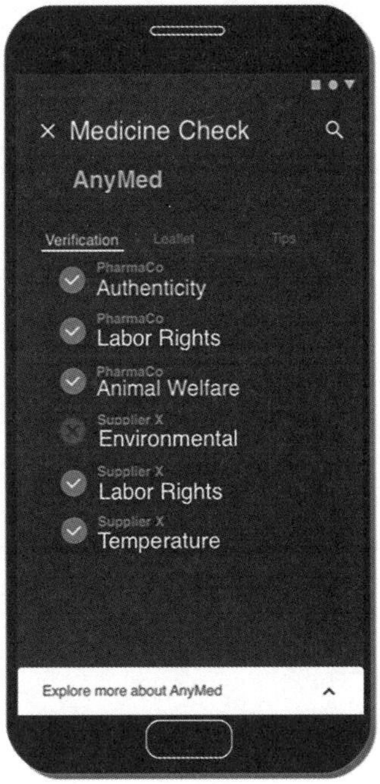

두 번째 제품은 조금 더 비쌌다. 앱이 제품의 진위를 확인해 주었지만 제조사의 환경 및 노동 관행에 대한 인증서를 포함하는 등 추가 자격증명도 사용할 수 있었고, 활성 의약품 원재료 생산지 및 생산자 등 공급업체에 대한 정보도 포함되어 있었다. 앱은 또한 그 인증서가 유효함으로써 해지되지 않았음을 확인해주었다.

엠마는 지속가능성을 중요하게 여겼고, 추가적인 투명성을 높이 평가했다. 좀 더 많은 정보를 얻게 되자 그녀는 두 번째 제품을 선택했다. 클라리스는 엠마의 의료 보험을 통해 자동으로 구매 내역에 대한 결제를 처리할 수 있었는데, 결제와 디지털 처방전이 연계되어 있기 때문이다.

그림 22.1 **의약품 확인 앱. 사용자는 제조국, 지속가능 정책, 사업자 등록 여부 등의 추가 정보를 기반으로 특정 공급업체를 선택할 수 있다.**

엠마는 그녀의 디지털 의약품 보관소 역할도 했던 전자지갑eWallet에 약을 등록하기로 했다. 엠마는 다음과 같은 표준 알람을 선택할 수 있다.

- 의사의 처방전에 따라 복용할 것을 알림
- 상품의 정보가 업데이트되는 경우 통보
- 특정 의약품에 영향을 미치는 경우 경고
- 디지털 의약품 보관소에 있는 다른 의약품과의 알려진 약물의 상호작용 문제에 대한 정보를 제공
- 유효기간이 지난 약물을 환경친화적으로 폐기하는 방법에 대한 지침을 내림

적합한 약으로 갑상선에 문제가 없을 것이라고 알게 된 엠마는 클라리스에게 감사를 표하고 약국을 나왔다. 바람이 점점 불기 시작했지만, 멋진 휴가가 될 것이다!

22.2 SSI를 통한 공급망의 투명성과 효율성

무엇이 구매 결정에 영향을 주는가? 가격, 품질, 브랜드 인지도, 그리고 편리함(가장 좋아하는 콜라나 아마존의 편리함을 생각해보라)인가? 하지만 소비자들은 이제 제품, 서비스, 공급업체에 대한 더 많은 정보와 근거 자료를 원한다: '이 바나나가 정말 유기농 바나나인가? 농부는 누가 인증했는가? 유전자가 조작된건가? 항공편으로 배송되었나, 아니면 해상운송이 되었나?' 제품과 공급망의 환경, 경제, 사회적 지속가능성은 개인과 기업, 모두의 구매 결정에 점점 더 영향을 미친다.

엠마의 구매 결정은 높아진 투명성과 신뢰에 의해 영향을 받았다. 이는 엠마와 공급업체뿐만 아니라 지속가능한 방식으로 제품에 가치를 더하는 당사자들에게도 유용하다. 공급업체의 직원, 가족, 커뮤니티 및 환경이 혜택을 받을 수 있다. VC는 디지털화되어 실시간으로 간편하고 신뢰할 수 있는 정보를 통해 투명성에 대한 높아진 요구를 충족시켜 사람들이 구매하는 물건과 조직이 더 많은 신뢰를 얻도록 지원한다.

CONSIDER 공급업체는 구매자에게 자신의 자격증명을 자발적이고 자동으로 공개하여 투명성을 높이고 이에 따라 구매자의 신뢰를 확보하여 제품과 서비스에 가치를 더한다.

공정 무역(https://www.fairtrade.net/about-fairtrade.html)은 커피, 꿀, 바나나와 같은 제품에 대한 높은 투명성의 가치를 보여주는 좋은 예이다. 공정 무역은 상대적으로 불리한 생산자들에게 혜택을 주고 소비자 신뢰를 높이는 것을 목표로 하는데, 구성원들을 감사하여 지속가능한 사업을 보장하고 인증 제품에 공인된 라벨을 사용한다. 하지만 개별 소비자가 어떻게 모든 인증을 추적할 수 있을까? SSI 기반 VC는 공정 무역의 기본 개념을 광범위한 상품 및 서비스에 걸쳐 신속하게 확장할 수 있도록 지원한다. 이것은 엠마가 두 가지 의약품 중 선택할 때 스캔한 것처럼 간단하며 개인정보보호를 보장한다. 이 기능은 QR 코드 또는 기타 스캔 가능한 식별자로 라벨을 표시할 수 있는 모든 제품에 사용할 수 있다.

일반적으로 여러분은 판매하는 사람이나 회사를 신뢰한다. 신뢰하지 않으면 여러분은 구매하지 않을 것이다. 하지만 항상 그렇게 하기가 쉽지만은 않다. 글로벌 공급망은 많은 조직과 지역에 걸쳐 있기 때문이다. 제약업과 같은 일부 업종에서는 현장 감사로 공급업체의 내부 시스템과 정책을 점검하여 공급업체가 비즈니스를 수행할 수 있는 자격을 부여한다. 구매자는 직접 공급하는 업체에 대해 확신할 수 있지만, 공급업체가 누구로부터 구입하는지, 그 공급업체의 성분, 재료, 서비스도 지속가능하게 생산하고 있는지 확신할 수 있는가?

SSI는 광범위한 조달 네트워크로 확장되고 오늘날의 비즈니스 환경을 주도하는 지속적인 변화에 유기적으로 적응하는 방식으로 투명성을 확보할 수 있다. 이를 통해 공급망 내의 모든 참여자가 가치 사슬 전체에서 자격증명을 발급하고 확인할 수 있다. 그림 22.2는 공급망 결정에 직면했을 때 구매자의 딜레마를 보여준다. 구매자는 직접 공급업체(1단계)로부터 제한된 공급업체와 제품 투명성을 선택할 것인가? 아니면 구매자는 자신의 공급업체(2단계, 3단계 및 하위 단계 공급망)가 자발적으로 지속가능한 비즈니스에

그림 22.2 다중 단계 공급자 네트워크로 왼쪽은 제품과 공급자의 투명성이 없고 오른쪽은 완전한 투명성을 가지고 있다. 어느 쪽을 더 선호하는가?

대한 정보를 공개하는 공급업체로부터 구입하는 것을 선호할 것인가?

22.3 SSI를 통한 산업 생태계 효율성

엠마의 이야기는 많은 노력과 사고의 전환이 없이는 하루 아침에 일어날 수 없다. 기업, 소비자 및 규제 당국이 이러한 목표를 위해 협력해야 한다. 투명성을 실현하기 위해서는 효과적인 거버넌스 모델과 결합된 공통의 데이터 및 프로토콜 표준을 정의해야 하고 이를 위해서는 업계의 공통된 비전이 필요하다.

모든 브랜드에 대해 의약품 확인 앱을 사용할 수는 없다. 전 세계적으로 모든 브랜드에 대해 의약품 확인 앱이 작동해야 하지만 그렇지 못하다. 공급자들 역시 공정 무역의 요건과 같은 공통적인 기준이 필요하다. 그러나 협력의 이점은 모든 당사자들에게 명확하다. 제조업체가 공통 표준을 정의하고 사용하면 업계 모두가 사용 가능한 앱을 개발할 수 있으며, 환자를 위한 최고의 앱을 만들기 위한 소프트웨어 개발자들 간의 건전한 경쟁이 일어날 것이다.

모든 브랜드 또는 제조사의 e-리플릿을 읽고 표시할 수 있는 모바일 앱에 대해 생각해 보라. 그렇게 되면 환자가 자신에게 가장 적합한 제품을 결정할 수 있을 것이다. 또한 모든 공급업체가 새로운 양식을 작성하거나 중복 감사를 수행할 필요 없이 잠재 고객에게 공통의 자격증명을 제공할 수 있는 경우 모든 공급업체가 혜택을 누릴 수 있다. 필요한 것은 공급망의 투명성이 소비자에게 제품의 가치를 증가시킬 것이라는 업계의 믿음이다. 그것은 경쟁할 만한 가치가 있는 인센티브다.

이 접근법은 어떻게 작동할까? 그림 22.3은 이러한 검증 가능한 공급망 생태계의 개요를 보여준다.

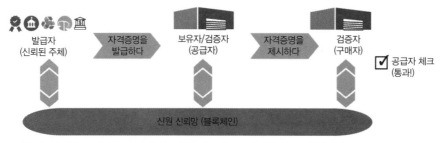

그림 22.3 인증서, 라이센스, 감사 보고서 등을 교환할 수 있는 VC를 통한 공급망 생태계에 대한 향상된 투명성 및 신뢰

제품 및 공급업체의 인증 또는 자격증명은 감사 보고서, 정부에서 발급한 라이선스, 대행 기관 인증 또는 재사용에 대한 자가 인증의 형태를 취할 수 있다. 기본적으로 권한 있는 승인이나 스탬프가 필요한 모든 항목은 VC에서 반환할 수 있다. 이러한 디지털 자격증명을 복수의 거래처에게 재사용하면 전체 프로세스를 자동화할 수 있기 때문에 시간, 노력 및 비용이 절약되고 예외적인 경우에만 인적 개입이 필요하다. 신뢰할 수 있는 관계가 구축되면 마찰 없는 거래가 발생하여 공급망 효율성이 향상된다.

공급업체들은 사업을 위해 더 빨리 자격을 취득할 뿐만 아니라 투명성에 대한 보상을 받게 될 것이다. 특히 상당한 준비와 자원을 필요로 하는 고가의 현장 감사 대상인 다른 공급 업체에 의해 확인되고 채택될 것이다.

VC 및 DID를 사용하는 SSI 원칙은 공급업체가 유출을 엄격히 통제하여 중요한 정보의 기밀성을 보장하도록 한다. 공급업체는 받은 요청에 대해 어떤 정보를 제공할지를 결정하여 수고를 줄이고 그 과정을 가속화한다. 엠마의 사례에서, 의약품 공급업체는 최신 데이터로 실시간으로 업데이트된 의약품 제조 및 회사의 노동 정책과 관련된 정보를 자동으로 공개하기로 결정했다.

마지막으로, '탈중개화의 개념'은 제품 가치의 실질적인 변화 없이 두 당사자를 연결하는 일부 대리인을 제거할 수 있다. 채용하는 기업을 대표해 채용 공고를 심사하는 헤드헌터도 비슷하다. 채용 업체는 자격 요건(학위, 경력, 취업 허가)을 표준화하고 지원자의 자격 확인 과정을 자동화할 수 있기 때문에 이 작업을 효율적으로 수행할 수 있다. 부가가치를 창출하지 못하는 중개자를 제거하는 것은 결국 소비자에게 이득이 될 수 있다.

CONSIDER SSI 및 VC의 이러한 주요 이점은 이해 관계가 있는 두 당사자가 있는 거의 모든 산업, 워크플로우 또는 공급망에 적용된다.

22.4 큰 그림: 산업 전반의 미래 공급망 전환

공급망 정의에서, **공학적 정보의 흐름**은 매우 체계적이고 효율적으로 들릴 수 있다. 하지만 그것은 사실이 아니다. 글로벌 수출입 프로세스에는 상당한 양의 서류(종이!)가 필요하다. 서류는 최종 고객의 제품 입고와 공급업체의 수금을 지연하도록 하는 동시에 비용과 복잡성을 가중시킨다.

오늘날의 공급망 현실은 모든 파트너가 각자의 시스템에서 자체의 정보를 관리하는 형태로 분리되어 있다. 정보에는 가격, 수량, 배송 날짜, 제품 사양, 취급 지침, 위치, 공급업체 및 고객이 포함될 수 있다. 협력과 의사소통이 필요한 경우, 여러 당사자들 간에 정보를 공유하기보다는 일대일 방식으로 소통하게 된다.

SSI를 사용하면 글로벌 네트워크의 모든 참여자가 정보에 대한 신뢰할 수 있는 단일 관점을 가질 수 있으므로 조정과 협업을 강화할 수 있다. 신뢰 관계는 주문 관리와 수출입 관련 법률 및 규제의 준수를 촉진한다. 전 세계적으로 추적 가능한 제품의 ID를 통해 현재 각자의 자체적인 시스템에 갇혀 있는 공급망 가치를 떨어뜨리는 원인이 되는 폐기되거나 위조되는 제품과 같은 문제를 개선할 수 있다.

22.5 낭비 제거하기

부패하기 쉬운 제품은 공급망 파트너 간의 효율적인 협업이 부족하기 때문에 창고에서 썩게 된다. 이러한 프로세스 비효율성에 대한 비용은 결국 고객이 부담하게 된다. 한 보고서는 1조 2천억 달러에 달하는 전 세계 식량 공급량 중 16억 톤이 매년 낭비되고 있다고 추정한다[1]. 이러한 폐기 비용에 유해 화학 비료, 보조금 및 추가 운송에 따른 환경 관련 추가 비용은 반영되지도 않았다.

제품의 고유하고 추적 가능한 ID는 다른 기술과 결합되어 폐기물을 줄이는 데 큰 도움이 될 것이다. 식품업계에서 부패하기 쉬운 제품은 센서나 IoT 기기(19장)를 적용할 수 있어 위치와 온도를 실시간으로 모니터링할 수 있다. 물류업체는 배송 기간을 단축할 수 있으며 프로세스를 간소화하여 소비자에게 직접 전달할 수 있다. 불량품은 소비자에게 전달되기 전에 교체할 수 있다. 이것은 특히 의약품과 의료 기기와 같은 생명과 직결되는 제품에 중요하다. 공급망 전체에 걸친 단일 진실 출처single source of truth[1]는 또한 프로세스의 고급 분석 평가를 가능하게 하여 부가가치가 없는 활동의 제거를 가속화할 것이다.

---

1 [옮긴이] 정보 시스템 설계 및 이론에서 단일 진실 출처(single source of truth, SSOT)는 모든 데이터 요소가 한 곳에서만 숙달(또는 편집)되도록 정보 모델과 관련 데이터 스키마를 구조화하는 것이다. 이 데이터 요소(관계형 스키마의 다른 영역 또는 원거리 통합 데이터베이스)에 연결할 수 있는 모든 링크는 참조로만 제공된다. 데이터의 다른 모든 위치는 기본 '진실 출처' 위치를 나타내므로, 기본 위치의 데이터 요소에 대한 업데이트는 중복된 값을 잊어버릴 가능성이 없이 전체 시스템으로 전파된다(위키피디아).

22.6 인증과 품질

많은 산업에 위조품이 만연해 있다. 국제상공회의소가 의뢰한 보고서에 따르면, 위조품이 세계 무역의 2.5%를 차지할 것으로 추정된다[2]. 이 보고서는 위조품의 경제적 영향이 계속 증가하고 있으며 범죄 행위로 인해 수백만 개의 일자리가 없어질 것이라고 말한다. 위조품에 의한 피해는 단순히 경제적인 영향 그 이상으로 '위조품이 실제로 사람들을 죽인다'고 본다. 세계보건기구는 저소득 국가에서 10% 이상의 의약품은 가짜이며 이로 인해 매년 수십만 명의 사람들이 사망한다고 추정한다[3]. 미국 질병관리예방센터는 의약품 위조가 개발도상국에서의 매출 중 9~41%를 차지하는 것으로 추정한다 (https://wwwnc.cdc.gov/travel/page/counterfeit-medicine).

`CONSIDER` 소비자들은 자신이 구매하거나 또는 온라인에서 주문하는 제품이 진짜라고 믿을 수 있는가?

SSI의 세계에서 원자재 공급업체에서 최종 고객에 이르기까지 공급망의 각 참여자는 제품의 진위 여부를 증명하거나 확인할 수 있다. 이는 구매에 앞서 공급업체와 제품을 확인할 수 있는 권한을 지불하는 주체가 가지게 될 것이기 때문에 판도를 바꾸는 것이다. 예를 들어, 스마트폰에서의 빠른 스캔을 통해 구매 시점에 인증하면 악의적인 행위자가 지원하는 불법적이고 숨겨진 공급망에서 유통되는 위조 제품을 식별할 수 있다. 소비자가 구매 전에 위조품을 식별하면 소비자가 구매를 계속할 가능성이 낮아지고 정품 제품을 구입할 가능성이 높아진다. 소비자는 인증된 제품을 구매할 수 있고 공급업체는 더 많은 비즈니스를 통해 혜택을 누릴 수 있다. 위조품 업체를 제외한 또 다른 상생 거래가 가능하다.

22.7 제약 공급망을 위한 SSI 스코어카드

SSI를 통해 우리는 제품, 공급업체, 소비자, 센서 및 의료기기와 같은 '사물'의 투명성을 통해 모든 산업에서 새로운 기능을 지원하고 기존의 공급망을 파괴적으로 혁신하여 더 나은 결과를 얻을 수 있는 새로운 공급망 패러다임을 눈앞에 두고 있다. 의료 분야에서 점진적인 개선은 담당 의사의 진료실부터 UN에 이르기까지 모든 수준에서 지속적으로 논쟁하는 주제이다. 하지만 상황이 바뀌어서 이제 많은 사람들이 의료 산업의 디지털 혁신이 최우선 과제임을 깨닫고 있다. SSI는 같은 생각을 가진 정부, 기업 및 조직의 중요한 집단에서 널리 받아들여지고 채택되면 이러한 변화를 가속화할 것이다. 그것을 실현시켜보자.

제약 공급망에 대해, 우리는 관계 관리를 제외한 모든 범주를 변혁적으로, 관계 관리는 긍정적으로 평가했다(표 22.1). SSI 스코어 카드는 다음과 같이 색상으로 구분된다.

변혁적	긍정적	중립적	부정적

표 22.1 SSI 스코어카드: 제약 공급망

범주	주요 혜택
손익	손쉬운 위조 식별(사기 감소)은 많은 구매자를 허위 판매자가 아닌 면허가 있는 약국에서 구입할 수 있도록 전환할 수 있으며, 그 결과 환자에게 적합한 의약품으로 생명을 구하는 결과를 얻을 수 있다. 처방약의 거래와 폐기는 규제를 기반으로 하고 있으며, 필요한 면허와 유효한 처방, 수백만 달러의 벌금을 통해 법적으로 관리된다. SSI는 표준 및 거버넌스와 함께 약품을 구매, 판매 및 조제할 수 있는 권리를 검증하는 확장 가능한 공통 기능을 제공할 수 있다(온보딩 시간 및 비용 감소). 맞춤형 의약품이 미래이며 환자에게 직접 치료하는 모델이 온라인 약국을 대체할 수 있다(이커머스를 통한 판매 개선).
비즈니스 효율성	자동 인증 및 자동 승인은 공급망에서의 상호 작용을 크게 간소화하지만 워크플로우 자동화 및 지불은 자동 공급, 주문 및 송장 발행과 같은 기업 간 비즈니스 프로세스를 지원한다. 공급망 문서를 디지털화하고 주문-지불 프로세스, 거래 문서를 간소화하고 궁극적으로 공급망의 참여자 간의 사일로를 해체할 수 있는 잠재력은 현재의 단편화와 낭비를 크게 개선할 것이다.
사용자 경험과 편의성	엠마의 이야기를 보라. 환자와 의료 서비스 제공자를 위한 사용자 경험은 진정으로 변화할 것이다. 로그온과 비밀번호가 없고, 워크플로우와 결제가 자동화되어 있기 때문에 환자는 진단과 처방을 받기 위해 (면허를 보유한) 의사를 만나기 위해 병원을 방문하지 않아도 되며, 온라인 상담 몇 분 후 처방약은 물류회사를 통해 배송될 것이다. e-리플릿, 디지털 리콜 및 용량 알림과 같은 추가 서비스는 SSI를 신뢰하며 추가 비용이나 노력이 필요하지 않다.
관계 관리	오늘날, 중개자들은 독점 플랫폼이나 기술을 통해 당사자들을 연결한다. 공급업체, 고객, 총판, 규제 기관, 의료 기관 등 제3자와의 상호 작용은 SSI를 통해 비공개, 영구적, 신뢰할 수 있는 방식으로 검증된다. 모든 당사자는 자신의 기밀 정보가 보호된다는 것을 믿을 수 있기 때문에 혜택을 받고 참여하도록 장려된다.
규정 준수	아마도 SSI의 가장 중요한 영향 중 하나는 규제에 있을 것이다. 의료 공급망 시나리오에서 사람, 조직, 제품 및 기기를 쉽게 식별할 수 있는 기능을 통해 규제 당국은 해당 정보에 대한 클레임의 무결성을 확인할 수 있다. 승인된 약품을 시장에 출시하는 과정에서 당국(또는 알고리즘)에서 원격으로 데이터 무결성, 입증 및 규정 준수 여부를 확인할 수 있다. 이것은 의료 산업의 판도를 바꿀 진정한 혁신이 될 것이다.

SSI 참고자료

SSI에 대해 더 자세한 내용은 IdentityBook.info와 SSIMeetup.org/book을 참고하라.

참고문헌

[1] Hegnsholt, Esben, et al. 2018. "Tackling the 1.6-billion-ton Food Loss and Waste Crisis." BCG Henderson Institute. https://www.bcg.com/publications/2018/tackling-1.6-billion-ton-food-loss-and-waste-crisis.aspx.

[2] International Chamber of Commerce. 2017. "Global Impacts of Counterfeiting and Piracy to Reach US$4.2 Trillion by 2022." https://iccwbo.org/media-wall/news-speeches/global-impacts-counterfeiting-piracy-reach-us4-2-trillion-2022.

[3] World Health Organization. 2017. "1 in 10 Medical Products in Developing Countries Is Substandard or Falsified." https://www.who.int/news-room/detail/28-11-2017-1-in-10-medical-products-in-developing-countries-is-substandard-or-falsified.

CHAPTER 23

SSI의 활성화: 캐나다의 사례

팀 부마 Tim Bouma**와 데이브 로버츠**Dave Roberts

신원은 대부분의 정부 업무 프로세스의 핵심이며 국민과 정부 간의 상호작용에 대한 신뢰와 확신의 출발점이다. 캐나다 정부의 고위 공무원인 팀 부마와 데이브 로버츠는 캐나다 정부의 기존 신원 관리가 어떻게 SSI로 발전하고 있는지 간략히 설명한다.

이 장에서는 다양한 정부의 수준에 걸친 제도적 변화를 이끌 목적으로 SSI의 요소가 캐나다의 공공 부문에 적합하도록 어떻게 조정되며, 개발되고 있는지에 대하여 보여준다. 이러한 제도적 변화는 단순히 새로운 기술을 채택하는 것이 아니다. 이를 위해서는 규제 준수, 혁신 및 민첩성의 균형을 이루는 방식으로 변화를 추진할 수 있는 올바른 정책, 지침 및 프레임워크를 마련해야 한다.

캐나다 연방 정부는 2009년에 첫 번째 신원 관리 정책을 발표했으며, 10년 이상 주, 준주[1] 및 시 정부와 협력하여 범캐나다 신뢰 프레임워크Pan-Canadian Trust Framework, PCTF를 개발하고 있다. PCTF는 몇 가지 목표를 달성코자 하는데 즉, 정책 요구 사항을 지원하고, 연방 정부와 및 지방 정부에서 다양한 디지털 신원 프로그램의 상호 운용성을 지원하며, 기존 신원 기술과 SSI가 공존할 수 있는 방법을 개략적으로 보여준다.

---

1 [옮긴이] 캐나다는 10개의 주(province)와 3개의 준주(territory)로 이뤄진 연방 국가이다. 주는 독립된 법률이 있으나, 준주는 연방 정부법으로 통치한다(위키피디아).

SSI와 같은 신흥 기술을 채택할 수 있는 역량은 매우 중요하다. PCTF는 SSI 모델이 제공하는 긍정적인 파괴적 잠재력을 최대한 활용하도록 설계되었다. 캐나다는 고유의 거버넌스 구조와 신원 분야에서의 깊은 전문성을 바탕으로 디지털 신원의 선두 주자가 될 수 있는 위치에 있다. 우리는 SSI에서의 경험과 진보를 통해 다른 나라 정부들이 차세대 디지털 신원 서비스를 개발하는 데에 고무되길 바란다.

23.1 캐나다의 상황

캐나다는 입헌 군주국이자 의회 민주주의 국가이다. 캐나다 정부의 행정권은 공식적으로 여왕에게 있다. 그래서 정부의 모든 행위는 여왕('왕위')의 이름으로 수행되지만, 그러한 행위에 대한 권한은 민주적으로 선출된 의원(입법 주체)을 선출하는 캐나다 국민에게 있다. 캐나다 헌법은 정부의 책임을 연방, 주 및 준주의 관할권으로 나누고, 주 정부 및 준주 정부의 일부 책임을 재량에 따라 시 정부에 위임할 수 있도록 허용하고 있다.

캐나다의 정치, 사회, 경제 및 기술 환경은 정적인 것과는 거리가 멀다. 모든 수준의 관할지역(정부)은 캐나다인들에게 차세대 디지털 서비스를 제공하는 방법을 재고하고 있다. 우리는 또한 원주민들과 비원주민들 사이의 화해를 위한 여정을 시작했다. 1999년까지만 하더라도 정부와 이누이트족 Inuit people 사이에 이루어진 최대 규모의 원주민 토지청구권 협정의 결과로 새로운 영토인 누나부트 Nunavut가 설정되었다.

이러한 계층화되고 역동적인 거버넌스 환경은 연방, 주 및 준주의 관할지역에 걸친 공식적인 등록 기관에 의존하는 다수의 신원 제공자들로 구성된 신원 관리 생태계를 만들었다. 캐나다에서는 국가 신원 시스템에 대한 요구가 없다. 결론적으로 개인을 식별하는 것이 유일한 목적이 되는 단일 문서 또는 권한이 없다는 것이다. 대신, 다른 관할지역에서 발행한 많은 문서들이 사용되고 있다. 이러한 분산된 접근 방식은 캐나다인들에게 서비스를 제공하는 데 효과적이었다. 그러나 그것은 전체 관할 지역에 걸쳐 일관된 서비스 경험을 제공하고 사기 행위를 근절하기 위한 과제를 남긴다.

시간이 지남에 따라 '신원 관리에 대한 범캐나다식 접근 방식Pan-Canadian Approach to Identity Management'으로 알려진 연합형 신원 모델이 발전했다. 이 연합형 신원 모델은 캐나다의 공공 부문에서의 채택이 늘어나고 있다. 2020년 PCTF(https://github.com/canada-ca/PCTF-CCP)의 발표와 함께 캐나다의 관할 지역들은 이제 SSI 모델의 주요 요소를 채택할 수 있게 되었다.

23.2 캐나다의 접근 방법과 정책 프레임워크

캐나다의 공공 부문에서 SSI 모델의 채택은 2021년에도 여전히 진행되고 있다. 하지만 이것이 캐나다 공공 서비스의 기술적 또는 제도적 인프라를 어떻게 변화시킬지에 대해서 말하기에는 너무 이르다. 자기 주권이란 용어에도 불구하고 (많은 사람들이 '자기 주권'이라는 용어와 관련된 문제를 가지고 있다. 이것의 진화에 대한 광범위한 논의는 1 장 참조) SSI 모델의 핵심 아이디어는 현재 캐나다의 공공 부문의 상황에 적합하게 발의되며 적용되고 있다. 이것은 하룻밤 사이에 이루어진 것이 아니라 지난 10년간 의도하고 단계적이며 점진적인 접근의 결과였다.

신원 관리 정책을 정의한 초창기(2005년)에 캐나다 정부는 주로 기업이 접근하는 방식을 차용하여 정부 프로그램의 보안과 프라이버시를 보장하는 데 초점을 맞췄다. 다음으로는 캐나다인들에게 더 나은 서비스를 제공하는 것이었다. 시간이 지남에 따라 SSI 모델의 구성 요소를 채택하는 데 프로그램 중심 접근 방식에서 더 바람직한 사용자 중심으로 초점이 바뀌었다. 기술이 때로는 예측할 수 없는 방식으로 진화하고 있음을 인식한 캐나다 정부는 확립된 접근 방식을 사용하여 구현을 제약하지 않으면서 새로운 접근 방식과 기술의 채택을 허용하는 방식으로 신원 관리 정책을 정의하는 데 신중을 기했다.

NOTE 캐나다 재무부(Government of Canada Treasury Board)의 정책은 이러한 새로운 접근법을 반영하기 위해 개정되었다. 정부 보안에 관한 정책(Policy on Government Security)에 따라 신원 관리 지침은 2019년에 승인되었으며 디지털 신원 및 신뢰 프레임워크와 관련된 새로운 정의 및 요구 사항이 통합되었다. 2020년 4월부터는 서비스 및 디지털 정책이 시행되었다. 사용자 중심 모델에 초점을 맞춘 신원 관리 지침은 이제 보안에 관한 정책에서 서비스 및 디지털에 관한 정책(Policy on Service and Digital)으로 바뀌고 있다. 재무부의 정책 문서는 https://www.tbs-sct.gc.ca/pol/doc-eng.aspx?id=32603에서 확인할 수 있다.

SSI와 같은 신기술이 더 나은 방법일 수도 있지만, 다른 신원 모델의 공존에 대한 여건이 마련되어야 한다. 캐나다의 주, 준주 및 시 정부들은 현재 중앙회된 통합 신원 모델을 채택하고 있으며, 이는 가까운 미래에도 계속 공존할 것이다.

SSI가 등장하기 훨씬 이전에 개발된 캐나다 정부의 신원 관리 정책의 결과는 SSI의 채택을 가능하게 하기에 충분하다. 첫 번째 정책의 결과는 정부 프로그램 및 서비스가 적절한 사람들에게 서비스를 제공하기 전에 적합한 사람과 상호 작용하고 있는지에 대하여 확신할 수 있어야 한다는 것이다. 두 번째 결과는 캐나다 정부가 승인된 신뢰 프레임워크의 기준을 충족하면 다른 관할지역에서 만들어진 신뢰할 수 있는 디지털 신원을 수용할 수 있다는 것이다. 승인된 신뢰 프레임워크는 다음 23.3절에서 설명하는 범캐나다 신뢰 프레임워크Pan-Canadian Trust Framework, PCTF이다.

23.3 범캐나다 신뢰 프레임워크

범캐나다 신뢰 프레임워크PCTF는 일련의 합의된 개념, 정의, 프로세스 및 적합성 기준과 평가 접근방식으로 구성된 모델이다. PTCF는 주, 준주 및 시 정부가 캐나다 내에서나 국제적으로 관할 지역 및 다양한 부문에 걸쳐 디지털 신원을 생성, 발급 및 수용하는 방법을 표준화한다.

표준화가 핵심이지만 PCTF 자체는 공식적인 '표준'이 아니다. 대신에 기존의 표준, 정책, 지침 및 관행과 관련 짓고 적용하는 프레임워크이며, 이러한 표준과 정책이 존재하지 않는 경우에는 추가 기준을 명시한다. PCTF의 역할은 보안, 개인정보보호 및 서비스 제공과 관련된 기존 표준과 정책을 보완하는 것이다.

PCTF는 또한 공식적인 거버넌스 프레임워크가 아니다. 이는 ToIPTrust over IP 스택의 레이어 4에 연결되지만(23.8절 참조) 관련 법률, 정책, 규정 및 당사자 간의 합의와 관련하여 디지털 신원 프로그램을 평가하는 데 도움이 되는 가장 중요한 도구이다.

PCTF의 최신 버전은 캐나다의 관할 지역 간 10년 이상의 노력과 협력의 결과이다. 신원 관리 소위원회Identity Management Subcommittee, IMSC(https://canada-ca.github.io/PCTF-CCP)가 수행한 이전 작업을 기반으로 2015년 초반, PCTF에 대한 구축 작업이 본격적으로 시작되었다. 여러 차례 반복, 협의 및 테스트를 거친 후 2021년 2월 PCTF는 버전 1.2를 마련하였으며, 공공 부문에서 디지털 신원 프로그램을 평가하는 데 사용할 수 있다. PCTF는 디지털 신원을 신뢰할 수 있는 방법, 즉 정부 프로그램 및 서비스에서 디지털 신원을 사용할 수 있는 방법을 간과하지 않고 다양한 기술, 솔루션 공급자 및 기관의 참여를 허용하도록 개발되었다.

2021년 PCTF는 다음의 내용을 채택하고 상호 인정을 지원한다.

- 개인 및 조직의 디지털 신원
- 개인 간, 조직 간, 개인과 조직 간 디지털 관계

PCTF는 기술에 구애받지 않으며 디지털 생태계에 대한 혁신과 참여를 장려하기 위해 정의되고, 다양한 플랫폼, 서비스, 아키텍처 및 기술의 상호 운용성을 지원한다. 이것은 공공 부문에서의 기존 신원 기술에서 SSI로의 전환을 촉진할 것이다. 또한 PCTF는 다음과 같은 국제적인 디지털 신원 프레임워크를 사용하도록 설계되었다.

- 유럽연합의 전자식별, 인증 및 신뢰 서비스Electronic Identification, Authentication, and Trust Services, eIDAS(https://ssimeetup.org/eidas-regulation-anchoring-trust-self-sovereign-identity-systems-ignacio-alamillo-webinar-49)

- 자금세탁방지기구Financial Action Task Force, FATF(https://www.fatf-gafi.org/publications/fatfrecommendations/documents/digital-identity-guidance.html)
- 유엔 국제상거래법위원회United Nations Commission on International Trade Law, UNCITRAL

그림 23.1은 PCTF의 개괄적인 개요를 보여준다. 앞서 언급한 바와 같이 PCTF의 목표는 여러 정부 및 관할지역에서 채택 가능한 신뢰할 수 있는 디지털 신원을 구축하는 것이다.

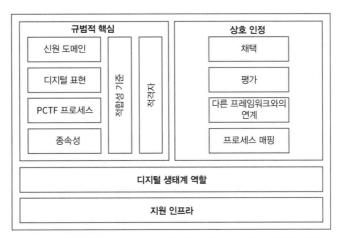

그림 23.1 **디지털 신원의 평가 및 상호 인정에 사용되는 PCTF의 주요 구성 요소**

PCTF 모델은 다음 23.4절에서 설명하는 4가지 주요 구성 요소로 구성된다.

- 평가 프로세스에 필요한 PCTF의 핵심 개념을 내재화한 **규범적 핵심** 구성 요소
- 디지털 생태계의 참여자 평가 및 인증에 사용되는 방법론을 개략적으로 기술한 **상호 인정** 구성 요소
- 디지털 생태계 내의 역할과 정보 흐름을 정의하는 **디지털 생태계 역할** 구성 요소
- PCTF의 기반 인프라 역할을 하는 기술적, 운영적 및 정책적으로 가능하게 하는 것들을 설명하는 **지원 인프라** 구성 요소

23.4 규범적 핵심

규범적 핵심에는 적합성 평가 결과를 인정하기로 동의하는 두 개 이상의 관할지역 간에 상호 인정으로 이어질 수 있는 적합성 평가 프로세스에 필요한 PCTF의 핵심 개념이 요약되어 있으며, 평가 및 상호 인정 프로세스에 필요한 항목(신원 도메인, 디지털 표현, PCTF 프로세스, 종속성, 적합성 기준 및 적격자)을 추가로 정의하기 위한 하위 구성 요소가 있다.

신원 도메인 하위 구성 요소는 두 가지 유형의 신원을 특정하고 구분한다.

- **기본적 신원**은 기본적인 사건의 결과로 만들어지거나 변경되었다(뗴 출생, 개인의 법적 이름 변경, 이민, 법적 거주, 귀화 시민권, 사망, 조직의 법적 이름 등록, 변경 또는 파산).
- **상황적 신원**은 특정 상황에서 특정 목적으로 사용되었다(뗴 은행, 보건 서비스, 운전면허 또는 소셜 미디어). 상황에 따라 상황적 신원이 기본 신원과 연결되거나 그렇지 않을 수도 있다.

NOTE 프로그램 및 서비스를 공급함에 있어 공급자는 신원 관리 영역에서 신원 콘텍스트라고 하는 특정 환경 또는 일련의 관습에서 운영된다. 신원 콘텍스트는 위임, 대상(뗴 고객, 고객 기반), 입법 또는 협정에 의해 규정된 다른 책임과 같은 요인에 의해 결정된다.

디지털 표현 하위 구성요소는 법률, 정책 또는 규제의 적용을 받는 모든 기업의 전자적 표현으로 디지털 표현을 명시한다. 현재 두 가지 유형의 디지털 표현이 정의되어 있다.

- **디지털 신원**: 동일한 개인 또는 조직이 가치 있는 서비스에 접근하고 신뢰와 확신을 가지고 거래를 수행하기 위해 독점적으로 사용하는 개인 또는 조직의 전자적 표현
- **디지털 관계**: 사람 간, 조직 간 또는 사람과 조직 간의 관계에 대한 전자적 표현

PCTF가 발전함에 따라 이러한 디지털 표현은 기기, 디지털 자산 및 스마트 컨트랙트와 같은 다른 개체의 유형으로 확장될 것이다. 또한 미래에는 PCTF가 국가 간 디지털 표현의 상호 인정을 촉진하는 데 사용될 것으로 예상된다.

PCTF 프로세스 하위 구성 요소는 디지털 생태계에서 상호 운용되도록 별도로 평가하고 인증할 수 있는 일련의 원자적 프로세스를 명시한다. **원자적 프로세스**는 상태가 전환되는 논리적인 활동의 집합체다(개체 입력 상태를 출력 상태로 변환). 현재, **신원 레졸루션, 신원 검증, 자격증명 발급** 및 **공식 통지**(https://canada-ca.github.io/PCTF-CCP)를 포함한 26개의 프로세스가 정의되어 있다.

종속성 하위 구성 요소는 두 가지 유형의 종속성을 명시한다. 첫 번째는 원자적 프로세스 간에 존재하는 종속성이다. 각 원자적 프로세스는 기능적으로 별개이지만, 수용가능한 산출물을 생성하기 위해 원자적 프로세스는 또 다른 원자적 프로세스의 성공적인 사전 실행을 요구할 수 있다. 두 번째는 원자적 프로세스 산출물의 제공을 위한 외부 조직에 대한 의존성이다. 이러한 유형의 의존성은 평가 프로세스에서 식별되고 기록된다.

적합성 기준은 원자적 프로세스의 무결성을 보장하는 데 필요한 사항을 정의한다. 적합성 기준은 공정하고 투명하며 증거에 기초한 평가 및 인증 과정을 지원하기 위해 사용된다. **적격자**는 신뢰 수준, 다른 신뢰 프레임워크와 관련된 요구되는 엄격성, 신원 도메인 요건 또는 특정 정책이나 규제 요구 사항을 추가적으로 나타내기 위한 적합성 기준에 적용된다.

23.5 상호 인정

규범적 핵심의 하위 구성 요소는 **상호 인정** 구성 요소로 사용된다. 상호 인정 프로세스는 PCTF에 정의된 원자적 프로세스에 매핑되어 평가되는 관할지역의 프로그램 활동, 비즈니스 프로세스 및 기술적 역량으로 발휘되는 **프로세스 매핑**으로 시작한다. 기존 비즈니스 프로세스가 원자적 프로세스에 매핑되면 **평가**가 수행되고 관련된 각각의 원자적 프로세스 적합성에 대해 결정이 내려진다. **채택**은 평가 과정의 결과를 공식적으로 승인하는 과정이다. 채택 프로세스는 각 명령, 법률, 규정 및 정책을 고려하여 적용 가능한 거버넌스에 따라 달라진다. 상황에 따라, 상호 인정은 채택 문서의 발행을 통해 공식화될 수도 있고, 보다 공식적인 방식 또는 합의의 일부가 될 수도 있다. **다른 프레임워크와의 연계**는 유럽연합의 전자식별, 인증 및 신뢰 서비스eIDAS 규정과 같이 다른 프레임워크가 사용되는 국가들에서 상호 인정에 도움이 될 수 있다.

23.6 디지털 생태계의 역할

PCTF를 개발하면서 다양한 디지털 생태계 참여자들의 역할과 책임을 명확히 해야 한다는 것이 명백해졌다. 이러한 참여자들은 다양한 자격으로 활동하는 광범위한 정부 기관, 조직 및 개인으로 구성되어 있다. W3C 검증 가능한 자격증명 모델(https://www.w3.org/TR/vc-data-model)을 포함한 기존 모델을 분석하고 여러 번 반복 작업한 후, 그림 23.2에 나타난 일반적인 개념 모델이 만들어졌다.

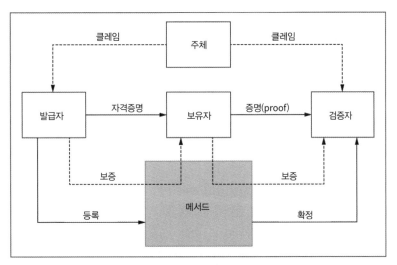

그림 23.2 **PCTF에 정의된 디지털 생태계 역할 모델을 사용하여 발급자, 보유자 및 검증자 역할과 함께 SSI 모델을 채택할 수 있다.**

디지털 생태계 역할 모델은 2장에서 소개하고 5장에서 자세히 살펴본 검증 가능한 자격증명 신뢰 삼각형의 보다 공식적인 표현으로 인식하게 될 것이다. 이러한 심층적인 구성 요소는 5개의 역할과 6개의 정보 흐름으로 구성된다. 이 모델은 누구나(정부 기관, 조직 또는 개인) 포괄적 측면에서 이러한 역할 중 일부 또는 여러 개를 맡을 수 있도록 하였다. **디지털 생태계 역할**은 참여자가 수행할 수 있는 다양한 역할이다.

- **주체**: '클레임'이 만들어지는 개체(**디지털 표현**은 주체를 전자적으로 표현한 것이다.)
- **발급자**: 하나 이상의 '주체'에 대한 '클레임'을 주장하는 개체로, 이러한 클레임으로부터 자격증명을 생성하고 **보유자**에게 자격증명을 전달한다.
- **보유자**: 생성되고 **검증자**에게 제시된 **증명**proof으로 **자격증명**을 통제하는 개체로, 보유자는 일반적인 자격증명의 **주체**이지만 항상 그런 것은 아니다.
- **검증자**: 서비스 제공 또는 프로그램 관리를 위해 **클레임의 증명**을 사용하는 개체로, 검증자는 **보유자**로부터 증명을 수락한다.
- **메서드**: 이러한 규칙을 사용하거나 관리하는 개체와 규칙의 다양한 집합체를 일반화한 표현. 메서드에는 데이터 모델 및 관련 스키마, 통신 프로토콜, 블록체인, 중앙 관리 데이터베이스, 이러한 규칙들과 유사한 규칙의 조합이 포함될 수 있다. (제8장에 상세히 설명되어 있는 W3C DID 사양에서의 DID 메서드 개념과 유사함에 유의하라.)

생태계 내 참여자 간의 **디지털 생태계 정보 흐름**은 다음과 같다.

- **클레임**: 주체에 대한 주장
- **자격증명**: 발급자에 의해 만들어진 하나 이상의 **클레임**의 모음. 자격증명에서 클레임은 하나 이상의 주체에 대한 것일 수 있다.
- **증명**: 하나 이상의 **발급자**가 발급한 **자격증명**에서 파생되어 특정 **검증자**와 공유되는 정보
- **보증**: **자격증명** 또는 **증명**proof이 특정 메서드를 준수함을 보증함
- **등록**: 발급자에 의해 생성된 기록
- **확정**: 검증자에 의해 확인된 기록

이 모델은 당사자 간의 비대칭적인 권력 관계를 가정하지 않는다. 누구든지 다양하게 많은 **메서드**를 활용하여 **주체**, **발급자**, **보유자** 및 **검증자**가 될 수 있다. 디지털 생태계 역할은 다양한 레이블로 특정 역할을 수행하는 다수의 다른 개체에 의해 수행될 수 있다. 이러한 특정 역할은 표 23.1과 같이 디지털 생태계 역할로 분류할 수 있다. 디지털 생태계 내에 존재하는 다양한 비즈니스, 서비스 및 기술 모델을 감안할 때 주어진 상황에서 여러 복수의 참여자가 역할을 수행하거나 하나의 참여자가 여러 역할을 수행할 수 있다.

표 23.1 중앙형 및 연합형 모델에서 디지털 생태계 역할을 기존 역할에 매핑하기

역할	사례
발급자	권한 있는 당사자, 신원 보증 공급자, 신원 증명 서비스 공급자, 산원 공급자, 자격증명 보증 공급자, 자격증명 공급자, 인증 공급자, 자격증명 서비스 공급자, 디지털 신원 공급자, 위임된 서비스 공급자
주체	개인, 조직, 기기
보유자	디지털 신원 소유자
검증자	신뢰할 수 있는 당사자, 인증 서비스 공급자, 디지털 신원 사용자, 위임된 서비스 공급자
메서드	인프라 공급자, 네트워크 운영자

23.7 지원 인프라

지원 인프라는 PCTF의 기반 인프라 역할을 하는 기술, 운영 및 정책을 지원하는 수단의 집합이다. 지원 인프라는 PCTF에 매우 중요하지만, 많은 하위 구성요소가 이미 도구와 프로세스(예 개인 정보 영향 평가, 보안 평가 및 승인)를 확립했기 때문에 별도의 구성요소이다. PCTF의 목표는 PCTF에 특징적인 원자적 프로세스 및 적합성 기준의 핵심을 유지하면서 이러한 도구와 프로세스를 가능한 한 많이 사용하는 것이다.

23.8 PCFT 모델에서의 SSI 스택

SSI를 활성화하기 위해, PCTF는 ToIP 스택에 매핑되었는데(2장에서 소개되고 5장과 11장에서 더 자세히 설명되었음), 그림 23.3을 참고하라. 이러한 매핑은 정부와 업계가 SSI를 사용하는 디지털 생태계를 개발하는 데 있어 협력할 수 있는 방법을 보다 효과적으로 정의하는 데 도움이 될 수 있다.

<table>
<tr><th>Trust over IP 스택</th><th>PCTF 모델</th></tr>
<tr><td rowspan="2">레이어 4: 거버넌스 프레임워크</td><td>규범적 핵심</td></tr>
<tr><td>상호 인정</td></tr>
<tr><td>레이어 3: 자격증명 교환</td><td>디지털 생태계 역할</td></tr>
<tr><td>레이어 2: DIDComm</td><td rowspan="2">지원 인프라</td></tr>
<tr><td>레이어 1: DID 레지스트리</td></tr>
</table>

그림 23.3 PCTF 모델의 주요 구성요소에 해당하는 Trust over IP 스택의 4개의 레이어. 이러한 레이어 대응 모델은 비즈니스/정책과 기술 커뮤니티 간의 협업을 지원할 수 있다.

다행히 매핑은 간단하다.

- **레이어 4: 거버넌스 프레임워크** 레이어는 PCTF **규범적 핵심** 및 **상호 인정** 구성요소에 매핑된다. PCTF는 공식적인 거버넌스 프레임워크는 아니지만, 정책, 규제 및 법률과 명확하게 연결되는 광범위한 거버넌스 프레임워크의 일부로 사용될 수 있다.
- **레이어 3: 자격증명 교환** 레이어는 **디지털 생태계 역할**에 매핑된다. 이러한 역할을 사용하여 검증 가능한 자격증명(VC)과 모든 사용자가 준수해야 하는 규칙의 제공 및 교환함에 있어서 **발급자, 보유자** 및 **검증자**를 지정할 수 있다.
- **레이어 2: DIDComm**과 **레이어 1: DID 레지스트리**가 **지원 인프라**에 매핑된다. SSI 모델을 실현하기 위해 지원 인프라 내 가능한 것들이 활용되지만, 기존의 중앙형 및 연합형 모델이 전략적 방향에 부합되도록 하기 위해 다른 지원하는 것들이 계속 사용될 것이다.

23.9 검증 가능한 자격증명 사용하기

PCTF를 개발하면서 캐나다의 공공 부문은 VC 분야에서 흥미로운 개발을 진행하고 있음을 알게 되었다. 공공 부문에서 프로그램 중심의 정보 공유 모델에서 사용자 중심의 모델로의 전환으로 인해 개인들이 자신의 **디지털 증명**digital proof 또는 VC를 제시할 수 있게 되었다.

VC의 개념을 테스트하기 위해 공공 부문은 업계에 혁신적인 솔루션 과제를 발의하고 있다. 이러한 과제는 신뢰하는 발급자와 다양한 사용자의 역동적 구조 안에서 사용가능하며, 국가적 또는 세계적으로 상호 운용 가능한 검증 플랫폼 개발의 실현 가능성과 특성을 결정하기 위한 것이다. 한 가지 좋은 예는 많은 참여자와 당국이 조직 및 지리적 경계를 넘나드는 항공 보안 분야이다. 목표는 분산되고 상호 운용이 가능한 디지털 검증 생태계가 오픈 소스 라이브러리와 표준 기반 기능을 사용하여 많은 독립적인 발급자, 운영자와 가장 중요한 사용자가 활용할 수 있도록 구축될 수 있음을 입증하는 것이다.

캐나다의 공공 부문은 이제 기존의 중개된 서비스(예 중앙형 또는 연합형 로그인 공급자)가 사라질 가능성을 보고 있다. 가까운 미래에 이것이 일어나지 않을 수 있지만 PCTF 모델은 VC의 보다 근본적인 개념을 통합하고 물리적 자격증명(예 출생 증명서 및 운전면허증)이 그 모델에서 디지털 방식으로 발전할 수 있도록 일반화하고 보완될 것이다.

캐나다 공공 부문은 공공 부문과 민간 부문 모두에서 이러한 기술을 생태계에 적용하는 의미를 평가한다. PCTF는 개방형 표준 기반 VC 및 독립 검증 시스템을 사용하여 디지털 생태계로의 전환을 촉진할 수 있다.

23.10 자기주권신원의 활성화

PCTF와 SSI 신원 모델과 같은 신뢰 프레임워크는 매우 거대한 글로벌 그림의 일부이다. 국내외적으로 신기술과 기존 시스템이 결합하여 새롭게 부각되는 글로벌 생태계가 형성되어 있다. 이러한 기술과 접근법이 가까운 미래에 공존할 것으로 예상된다.

PCTF는 신흥 생태계의 특정 영역에 초점을 맞추는 데 도움이 될 수 있다. SSI와 관련하여, 새로운 개념이 테스트되고 반복됨에 따라 이러한 새로운 개념을 기존의 비즈니스, 정책 및 법률 프레임워크와 연계하여 PCTF를 활용하면 적절한 시기에 기관의 변화를 주도할 수 있다.

캐나다 정부는 PCTF를 활용하여 두 개의 주 정부 관할지역(앨버타 주와 브리티시 컬럼비아 주)에서 신뢰할 수 있는 디지털 신원을 평가하고 승인했다. 기존의 연합형 시스템을 사용하여 통합이 이루어졌지만, 초기에는 앨버타 주 자격증명 생태계(https://digitalcanada.io/ace-ssi/) 및 브리티시 컬럼비아 주 자격증명 조직 네트워크VON(https://vonx.io)를 통해 SSI 모델을 사용하기 시작했다.

23.11 범캐나다 신뢰 프레임워크를 위한 SSI 스코어카드

캐나다 정부가 SSI를 적극적으로 추진하고 있지만, 미래를 예측하기에는 아직 이르다. PCTF는 정부의 측면에서 SSI를 이해하고 캐나다인들에게 더 나은 서비스를 제공하기 위한 제도적 변화를 이끄는 도구이다. 그것은 SSI를 사용할 수 있는 새로운 제도적 관계를 장려할 것이다. SSI에 올바르게 접근하면 SSI가 널리 보급되어 모두에게 더 나은 디지털 생태계가 조성될 것이다.

캐나다의 광범위한 SSI 채택으로 인한 편의에 대한 평가는 색상별로 구분되며 다음과 같은 잠재적 영향이 있다(표 23.2).

이 시나리오에서는 관계 관리에 미치는 영향이 긍정적인 것으로 간주한다. 다른 모든 범주는 변혁적인 것으로 평가된다.

표 23.2 SSI 스코어카드: 범캐나다 신뢰 프레임워크

범주	주요 혜택
손익	SSI에는 조직을 더 큰 디지털 생태계의 구성원으로 인식할 수 있도록 외부적으로 초점을 맞춘 새로운 관점이 필요하다. 기관의 차원에서 변경 관리를 지원하는 도구가 없다면 SSI의 채택은 단편화되거나 파편화될 것이다. PCTF는 기관의 차원에서 제도적 변경 관리가 필요한 신기술을 채택하는 데 도움이 된다. 기존 프로세스를 SSI 모델로 다시 개념화하고 표준 기반 발급자, 보유자 및 검증자로 구성된 대규모 디지털 생태계에 적합한 방법을 이해하는 데 사용할 수 있다. 오늘날 인터넷과 마찬가지로 유비쿼터스와 전 세계적으로 접근할 수 있는 검증 기능을 구현할 수 있다.
비즈니스 효율성	잠재적인 효율성은 매우 다양하다. 더 이상 개인 정보를 저장하는 맞춤형 인증 앱이 필요하지 않다. SSI 모델을 사용할 수 있도록 표준이 개발됨에 따라 다양한 디지털 생태계 서비스 전반에서 디지털 지갑과 VC를 사용할 수 있게 되었다.
사용자 경험과 편의성	사용자는 수행해야 할 많은 작업을 볼 수 없다. 사용자에게 명시적으로 제공하고 애플리케이션으로 별도로 설치해야 하는 것은 결국 지원하는 하드웨어 및 검증 프로토콜로 사라지게 된다. 사용자는 모든 디지털 상호 작용으로 완전한 대리인과 보안 및 안전 의식을 가지고 있다는 것을 알고 자신이 누구인지 제시하기만 하면 된다. .
관계 관리	디지털 생태계 참여자는 SSI가 지원하고 PCTF를 사용하여 공급자 또는 기술이 상호 관계를 제한하거나 제한하지 않는다는 지식을 바탕으로 적응력이 뛰어나고 유연한 거버넌스 프레임워크를 개발하고 유지하는 데 주력할 수 있다.
규정 준수	PCTF는 기존 법률, 정책 및 규정에 매핑하는 데 사용할 수 있다. 평가 및 상호 인정 프로세스는 고객 확인(KYC) 및 자금 세탁 방지(AML)에 대한 완전한 규정 준수 요건에 따라 공식화되고 조정될 수 있다.

SSI 참고자료

캐나다 및 다른 국가에서 SSI를 사용하는 방법에 대해 더 자세한 내용은 https://ssimeetup.org/pan-canadian-trust-framework-pctf-ssi-tim-bouma-webinar-59를 참고하라.

CHAPTER 24

유럽연합의 전자식별, 인증 및 신뢰 서비스부터 SSI까지

이그나시오 알라밀로-도밍고 Dr. Ignacio Alamillo-Domingo

SSI는 미국, 캐나다, 한국, 호주 및 뉴질랜드에 이르는 정부들의 주요 기술이 되었다. 앞장에서는 캐나다의 대표적인 SSI 선도자 중 두 명이 캐나다 정부가 SSI에 접근하는 방법을 설명했다. 이 장에서는 법률 전문가인 이그나시오 알라밀로-도밍고 박사가 유럽의 모든 길이 SSI로 이어지는 과정을 설명하기 위해 유럽연합의 디지털 신원의 발전 과정을 공유한다. 그는 ISO/TC307, CEN-CLC/JTC19 및 ETSI TC ESI에서 표준화 활동에 참여하고 있는 유럽 블록체인 서비스 인프라EBSI 프로젝트의 법률 전문가이며 유럽연합의 전자식별, 인증 및 신뢰 서비스eIDAS에 관한 공법 박사 학위를 보유하고 있다.

인터넷 거래에 대한 신뢰를 구축하는 것은 정보 사회와 유럽연합 입장에서 유럽 내에서의 적절한 기능을 위한 주요 요건 중 하나이다. 1장에서 설명한 바와 같이, 1960년대와 1970년대에 설계된 초기 인터넷 아키텍처는 보안을 우선시하지 않았다. 디지털 신원의 채택을 촉진하기 위해서는 사람들이 안전하며 확신할 수 있는 환경을 조성하는 것이 필요하다.

2014년 7월 23일 유럽 의회와 유럽 이사회가 제정한 EU 규정 No 910/2014 - EU 역내 지역을 위한 전자식별, 인증 및 신뢰 서비스eIDAS는 전자적으로 수행되는 법적 규제에서 중요하고 혁신적인 이정표였다[1].

> **NOTE** EU에서는 유럽 의회(유럽 시민이 선출한 대표자로 구성)와 유럽 이사회(EU 회원국 정상들로 구성)가 참여하는 공동 프로세스에서 기본 입법이 승인된다. 이들을 때로는 **공동 입법자**라고 한다.

eIDAS 규정은 유럽연합EU과 유럽경제지역EEA**1**의 주요 신뢰 프레임워크를 구성하며, 일반적으로 인터넷에서 자연인과 법인legal person에 의해 전자적으로 수행되는 **법적 행위**(법적 결과를 의도하는 의지의 표현)를 지원한다. eIDAS 규정은 신원 관리에 대한 두 가지 접근 방식, 즉 **공개키 기반구조**public key infrastructure, PKI와 **연합형 신원 관리**federated identity management, FIM의 역사적 결과이다.

NOTE 거버넌스 프레임워크라고도 하는 신뢰 프레임워크에 대한 자세한 내용은 11장에서 확인할 수 있다. 그리고 6장에서는 PKI에 대해, 8장에서는 분산 식별자(DID)에 대해 설명했다.

유럽이 SSI를 적용하기 위해 어떻게 노력하고 있는지 살펴보기 전에, 유럽에서 공개키 기반구조와 연합형 신원 관리가 어떻게 발전했는지에 대한 몇 가지 배경을 알 필요가 있다. 이것은 우리가 유럽의 입장에서 SSI의 이점을 이해할 수 있게 해줄 것이다.

24.1 공개키 기반구조: EU 최초의 규제된 신원 서비스 도구

엄격한 관점에서 유럽의 법률은 처음에 인터넷에서의 법적 거래를 수행하는 데 유용하다고 간주되었던 정보 보안 메커니즘과 서비스를 규제했다. 여기에는 **디지털 서명**이 포함되는데, 데이터 수신자가 데이터의 원본과 무결성을 입증하고 일례로, 수신자에 의한 위조(ISO 7498-2)로부터 보호할 수 있는 데이터의 추가 또는 암호화 변환 데이터도 포함된다.

디지털 서명 기술은 데이터 출처 인증 및 데이터 무결성을 보장하며 부인 방지 서비스에 사용된다.

- **데이터 출처 인증**은 수신된 데이터의 출처가 주장한 바임을 확인하는 것이다(ISO 7498-2).
- **데이터 무결성**은 데이터가 무단으로 변경되거나 데이터에 대한 신뢰를 훼손하지 않는 속성이다(ISO/IEC 9797-1).
- **부인 방지 서비스**는 사건이나 행위의 발생 여부에 관한 분쟁 해결을 위해 청구된 사건이나 조치에 관한 증거를 생성, 수집, 유지, 이용 가능하게 하고 검증한다(ISO/IEC 13888-1).

따라서 특히 공개키 기반구조에 기반을 둔 경우, 디지털 서명은 손으로 쓴 서명을 대체할 수 있는 것으로 여겨졌다.

공개키 기반구조는 인증 기관CA이 식별된 개체와 공개키를 연계하는 디지털 인증서를 발급하여 구성하고, 개인의 신원이나 공개키를 보유한 시스템에 대한 중요한 '보증 수준'levels of assurance, LOAs을 제

---

1 옮긴이 동질적인 경제지역의 창설을 목표로 결성된 유럽의 경제블록. 1992년 5월, 유럽공동체(EC) 12개국과 유럽자유무역연합(EFTA) 7개국 및 유럽경제공동체(EEC), 유럽석탄철강공동체(ECSC)가 포르투갈의 오포르토(Oporto)에서 협정에 서명하여 출범하였다. 약어는 EEA다(두산백과).

공한다. 디지털 서명(6장에서 설명)의 기반이 되는 비대칭 암호의 수학적 특성 덕분에, 디지털 인증서는 인증서에서 식별된 개인에 대한 서명된 문서 또는 메시지의 속성을 지원한다. 이런 점에서 디지털 인증서는 잠재적으로 민간 기업에서 제공할 수 있는 신원 서비스를 구성한다.

국가들은 인증 기관의 역할을 기반으로 한 디지털 서명 관련 법률 제정이 이커머스를 개발하는 데 필수적인 요소가 될 수 있음을 알았다. 또 다른 이점이자 목표는 UN 프레임워크에서 디지털 서명에 대한 새로운 법을 제·개정하거나 최소한 이 분야에서 공통의 원칙을 수립하고 글로벌 인프라를 제공할 수 있는 가능성이었다.

24.2 유럽연합의 법적 프레임워크

유럽연합의 공개키 기반구조에서 **인증서**는 자연인 또는 법인의 이름(및 기타 관련 신원 속성)을 해당 개인의 공개키에 연계된 공인된 기관이 발급하는 전자 문서이다. 인증서는 엄격한 관행과 통제에 따라 디지털 서명을 받는 모든 당사자가 서명자의 신원에 대해 높은 수준의 신뢰를 할 수 있도록 한다.

공개키 인증서는 전자식별, 인증 및 신뢰 서비스eIDAS 규정에 의해 특정 신뢰 서비스로 규제되는데 용도에 따라 세 가지 유형의 인증서로 구분한다. 자연인 인증서는 **전자 서명**electronic signatures, 법인 인증서는 **전자 날인**electronic seal, **웹 사이트** 인증서는 브라우저 및 웹 서버와 관련하여 사용된다.

유럽연합 법률에서 규제되는 세 가지 유형의 인증서는 비대칭(공개키) 암호화의 세 가지 활용에 해당한다.

- 자연인이 만든 전자 서명을 **디지털 서명**digital signature이라고도 하는데, 자필 서명과 같은 법적 효력을 가질 수 있다.
- 법인이 작성한 전자 서명은 **디지털 날인**electronic seal이라고도 하며, 데이터의 무결성과 전자 날인과 연결된 데이터의 출처의 정확성을 보장하는 것과 동일한 법적 효력을 가질 수 있다.
- **서버에서 구현하는 인증 방법**(⧉ TLS 1.2의 사용)으로 디지털 서명이 사용된다. 이 서명은 웹 사이트로 이동하여 주소 표시줄에 녹색 잠금이 표시될 때 브라우저에서 검증하는 서명이다.

eIDAS 규정에서 디지털 인증서는 자연인이든 법인이든 전자 서명, 전자 날인 또는 웹 사이트의 인증을 지원할 목적으로 사용되는지에 관계없이 항상 전자 신원 증명으로 취급된다.

당사자들의 신뢰를 뒷받침하기 위해, eIDAS 규정은 개별 인증서의 유형과 발급하는 자의 의무에 대한 최소한의 표준을 규정한다. 이 표준은 모든 신뢰 서비스 공급자trust service providers, TSP(유럽연합에서는 전자 서명을 생성 및 검증하고 웹 사이트 인증을 위해 디지털 인증서를 제공하고 보존하는 사람 또는 법인)에 적용된다.

그런데 이러한 인증서를 개인과 법인에 대한 인증 서비스에서 사용할 수 있는지 여부에 대한 의문이 제기된다. 일부 회원국은 국가 차원에서 전자 신원을 위한 수단으로 자격 인증서를 승인했다. 한 회원국이 다른 국가에서 식별 시스템으로서 전자 서명용 인증서 또는 전자 날인용 인증서의 사용을 허용하기로 결정한 경우, 이 시스템은 본 장의 뒷부분에 설명할 유럽연합의 연합형 신원 관리 체계의 일부가 될 것이다.

왜 eIDAS를 준수하는 공개키 기반구조가 유럽연합에서 SSI를 향한 중요한 첫 단계로 간주해야 하는가? 이에 대하여 다음과 같은 몇 가지 주장이 있다.

- eIDAS 규정에 명시된 공개키 기반구조 법률은 **공개키 인증서의 사용자(보유자)에 관한 법령**을 제정하였다. 즉, 자격 인증서를 발급하는 신뢰 서비스 공급자TSP는 인증서의 발급 및 해지에 대한 법적 조건을 포함하여 eIDAS 규정(및 이를 보완하는 모든 국가 법률)의 엄격한 규칙을 따라야 한다. TSP는 법적으로 인정되는 사유가 발생한 경우에만 인증서를 해지할 수 있으므로 인증서 보유자의 자율성이 더욱 보장된다. 이것은 적어도 유럽연합의 공개키 기반구조 시스템을 SSI 원칙과 부분적으로 일치시킨다.

- eIDAS 규정에서는 고급 전자 서명advanced electronic signatures 및 고급 전자 날인advanced electronic seals에 대한 법적 요건도 마련하였다. 여기에는 서명자가 서명 또는 날인 생성 데이터를 통제할 수 있도록 함으로써 제3자가 데이터를 탈취할 수 없도록 '데이터를 관리하는 개인의 자율성을 보장'하는 것이 포함된다. 자연인의 경우, 이 통제는 배타적이어야 하며, SSI의 핵심적 철학과 매우 일치한다.

- 또한 eIDAS 규정은 **위임된 사용자의 키 생성 및 관리**를 위임받은 사용자에게 제어권을 유지하는 가능성을 규제한다. 이는 9장부터 11장까지 설명한 바와 같이 클라우드 지갑 보관 및 디지털 후견을 지원하는 또 다른 중요한 SSI 원칙과 일치한다.

- 공개키 기반구조를 위해 구축된 관행, 절차 및 법률 지식은 SSI, 특히 '검증 가능한 자격증명VC 관리 수명주기'의 기준이 될 수 있다. 이를 통해 SSI 인프라는 국제전기통신연합ITU Telecommunication Standards Sector, ITU-T, 국제인터넷기술표준화기구Internet Engineering Task Force, IETF, 유럽전기통신 표준협회European Telecommunications Standards Institute, ETSI와 같은 표준화 기구에서 20년 이상 국제 표준을 활용할 수 있다.

공개키 기반구조는 인터넷을 위한 글로벌 신원 메타시스템을 구축하기 위한 중요한 첫 단계이기는 하지만, 지역 차원에서 그러한 시스템의 모든 요구를 충족시킬 수는 없다. 그리고 공개키 기반구조는 일부 SSI 원칙에 미치지 못한다. 예를 들어, 사용자는 합법적인 목적을 위해 자신의 신원을 삭제할 수 있는 단일 TSP에 의존한다. 이는 공급자의 행위가 법적으로 규제되고 삭제 시 합리적인 이유에 대응해야 하는 경우에도 마찬가지다. 또한 공개키 기반구조는 다른 신원 데이터와 식별자를 분리하는 것을 지원하지 않는다.

마지막으로, 공개키 기반구조는 **선택적 공개**를 지원하지 않는다. 선택적 공개는 검증자가 요구하는 데이터만 공개하는 것을 통제하는 데이터 주체의 권리를 의미한다. 현재의 디지털 인증서 기술은 사용자가 인증서에 포함된 모든 정보를 공유하도록 강제한다(GDPR과 같은 유럽연합 데이터 보호 규정을 위반할 수 있다).

이러한 제한으로 인해 인증서는 전자 서명, 전자 날인 및 웹 사이트 인증을 지원하는 데 필요한 최소 데이터만 포함할 수 있다. 따라서 역설적으로 일부 유럽 회원국에서 인증서는 적어도 유럽에서 고유한 식별을 목적으로 사용될 만큼 충분한 정보를 포함하지 않는다.

이러한 문제와 더불어 회원국과 민간 기업이 강력한 다중 인증과 같은 다른 인증 메커니즘을 제공한다는 사실 때문에 공개키 기반구조는 글로벌 신원 메타 시스템이 되지 못했다. 다만 인증 기관/브라우저 포럼CA/Browser Forum의 정책 요구 사항을 준수하는 TLS 서버 인증서는 한 가지 예외가 될 수 있다. 주요 인터넷 브라우저는 알려진 인증 기관에 대한 최상위 인증서를 신뢰 저장소에 포함(또는 제외)하여 이러한 인증서를 적용한다. 법률 위반이나 업계의 압력으로 인해 인증 기관이 갑자기 취소될 경우 이러한 관행이 수백만 사용자의 인증서와 신원에 영향을 미칠 수 있는 실질적인 위험이 있다.

> **NOTE** 2005년에 조직된 인증 기관/브라우저 포럼CA/Browser Forum(https://cabforum.org)은 SSL/TLS 및 코드 서명을 위해 X.509 v.3 디지털 인증서를 사용하는 인증 기관, 인터넷 브라우저 소프트웨어 공급자 및 기타 애플리케이션의 공급자가 자발적으로 구성하였다.

이러한 위험은 분산 공개키 기반구조decentralized PKI, DPKI라는 SSI 개념에 대한 관심을 유도하는 데 도움이 되었다. 1장에서 먼저 설명하고 5, 8, 10장에서 자세히 살펴본 이 개념은 단일 장애 지점인 중앙형 서비스 공급자(CA 인증 기관)에 의존할 필요 없이 공개키 기반구조가 오늘날 지원하는 것과 동일한 핵심 이점을 제공하는 수단이다. DPKI의 채택은 2000년과 2014년 사이에 유럽연합에서 일어난 신원 메타시스템을 향한 두 번째 단계, 즉 유럽연합의 신원 연합 구성과 공개키 기반구조의 추가적인 확장을 의미한다.

24.3 유럽연합의 신원 연합

유럽연합의 공개키 기반구조 규정의 신원 증명 한계와 각 회원국의 국가 전자식별 체계가 다른 회원국에 의해 인정되지 않기 때문에, 유럽연합은 eIDAS 규정을 제정했다. 이것은 모든 전자 식별eID에 대한 상호 인정 시스템을 제공하는 유럽연합의 신원 연합이다. 본질적으로는 각 국가에서의 신원 메타시스템으로서 기능을 하지만 몇 가지 제한이 있다.

24.3.1 전자 식별의 법적 개념

신원 메타시스템의 기능을 위해, eIDAS 규정은 국가별 신원 체계를 비교 및 평가하고 이를 유럽연합 수준에서 통합하기 위한 특정 용어를 정의했다. 그림 24.1은 다음의 개념[2]을 보여준다.

- **전자 식별**electronic identification: 자연인, 법인, 법인을 대표하는 자연인을 고유하게 나타내는 전자 형식의 개인 식별 데이터를 사용하는 과정(eIDAS 규정 제3조(1)항).

- **개인 식별 데이터**person identification data: 자연인, 법인 또는 법인을 대표하는 자연인을 식별할 수 있는 일련의 데이터(eIDAS 규정 제3조(3)항). 이러한 디지털 신원은 이름(한 개 또는 두 개의 성씨)과 정부가 부여한 등록 번호일 수 있다. 개인을 식별하는 다양한 데이터가 존재하고 가능한 모든 식별 데이터로 집계된 고유 식별 정보를 만들어야 하는 법적 문제를 고려할 때, 이 규정은 일반적으로 전자 신원의 일부를 참조한다. eIDAS의 경우 공공 서비스에 접근하는 데 필요한 최소한의 데이터가 있다.

- **전자 식별 체계**electronic identification scheme: 자연인, 법인 또는 법인을 대표하는 자연인에게 발급되는 전자 식별 수단 하에서 전자 식별을 위한 체계(eIDAS 규정 제3조(4)항).

- **전자 식별 수단**electronic identification means: 온라인 서비스의 인증을 위해 사용되는 개인 식별 데이터를 포함하는 물질적 또는 비물질적 구성 단위(eIDAS 규정 제3조(2)항).

- **인증**authentication: 자연인 또는 법인을 전자적으로 식별하거나 전자 형태로 데이터의 출처와 무결성을 확인할 수 있는 전자적 프로세스(eIDAS 규정 제3조(5)항)로, 잘 알려진 보안 서비스 3개를 참조한다.

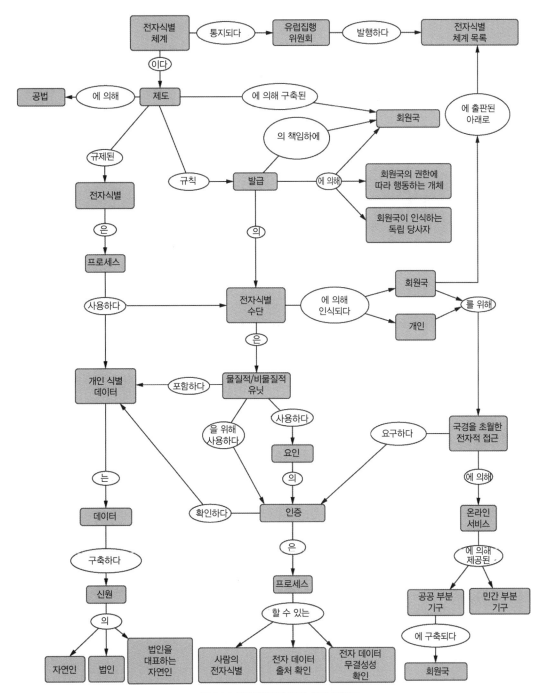

그림 24.1 **유럽연합의 전자 식별 개념도**

유럽연합의 법률적 관점에서, 전자 식별의 개념은 적어도 공공 서비스에 대해 국가 간 인증을 위한 '식별 데이터를 포함하는 구성 단위'들을 발급하는 것이 특징이다. 이러한 법적 개념은 컴퓨터 응용 프로그램이나 암호화 카드에 포함된 디지털 인증서, 고유한 인증 코드(예 일회용 암호)를 생성하는 물리적 또는 논리적 기기 및 기타 많은 것을 포함하는 잠재적 기술 구현을 지원한다.

여러 회원국에서 이미 사용되고 있는 전자식별 수단의 다양성은 국가간 활용을 어렵게 하거나 지연시키는 실질적인 보안 및 상호 운용성 문제를 야기했다. 이것이 바로 유럽연합의 신원 메타시스템이 필요했던 이유이며, 국가 간 거래에서 개체에 대한 인증이 새로운 규정에 있어서 핵심적인 혁신인 것이다. 또한, 전자 서명 지침eSign Directive은 데이터 원천 인증과 데이터 무결성을 다루는데, 이 두 가지는 모두 고급 및 적격 전자 서명(과 또한 현재의 고급 및 적격 전자 날인)의 표준 속성이다.

SSI는 기술적 및 조직적 관점에서 충분히 중립적이기 때문에 이러한 유럽연합의 신원 메타시스템은 SSI의 핵심 개념을 지원할 수 있다.

24.3.2 eIDAS 연합형 신원 관리 규정의 범위 및 회원국 법률과의 관계

eIDAS 규정은 '회원국들이 다른 회원국의 통지된 전자 식별 체계에 해당하는 자연인 및 법인의 전자 식별 수단을 인식하는 조건'을 제정하는 데 국한된다. 즉, 신원 신뢰 프레임워크의 핵심은 전자 식별 시스템의 보안과 상호 운용성을 다루는 것이다.

NOTE eIDAS 규정의 관점에서 전자 식별이 직접적 또는 간접적 관리 기법에 따라 제공될 수 있는 신뢰할 수 있는 서비스(공공 또는 상용 서비스로서 제공될 수 있는 서비스)와 달리 전자적 공공 서비스의 집합임을 알 수 있다. 전자식별은 또한 회원국이 인정한 개인 서비스(eIDAS 규정 제7조 a항)가 될 수 있으며, 항상 eIDAS 규정 제11조에 따라 그 책임을 진다.

eIDAS 규정 제6조 제(1)항에 따라, 전자 식별 시스템의 국가 간 인정이 법적 효과를 가지려면, 다음의 세 가지 조건을 모두 충족해야 한다.

1. 전자 식별 수단은 eIDAS 규정 제9조에 근거하여 유럽 집행 위원회EC가 발표한 목록에 포함된 전자 식별 체계에 따라 발급되어야 한다(회원국이 새로운 목록에 대한 사전 통지를 제공해야 함).
2. 전자 식별 수단은 상당한 또는 높은 보안 수준을 적용해야 하며, 이는 공공 기관이 최초의 회원국에서 온라인으로 해당 서비스에 접근하는 데 필요한 보안 수준 이상이어야 한다.
3. 공공 기관은 해당 서비스에 온라인으로 접속하는 것과 관련하여 상당한 또는 높은 수준의 보안을 적용해야 한다. (놀랍게도 이 조항은 공공 기관이 요구하는 것보다 더 나은 시스템을 가진 자가 사용할 수 있는 가능성을 배제한다. 예를 들어, 서비스의 보안 수준이 낮기 때문에 낮은 수준의 비밀번호만 필요한 다른 회원국의 서비스에 접근하기 위해 스페인의 국가 전자 신원을 사용하려는 스페인 시민에게 이러한 문제가 발생할 수 있다.)

이러한 요건을 제정함으로써, eIDAS 규정은 규제 적용 분야에서 회원국이 발급한 디지털 신원을 법적으로 상호 인정할 수 있게 하고, 이러한 시스템을 나머지 유럽연합 회원국에서 사용할 권리를 확대하는 데 초점을 맞추고 있다.

eIDAS의 법적 효과는 개인과 공공 기관간의 관계에서만 보장되지만(회원국의 공공 행정에 전자적 수단을 사용할 수 있도록 하는 유럽연합의 정책에 따름), 유럽연합의 연합형 신원 관리(FIM)는 신원 공급자의 회원국이 승인한 경우, eIDAS에 따라 회원국이 통지한 전자식별 수단을 민간 부문 용도로도 사용할 수 있도록 설계되었다.

유럽연합에서 특히 법적 규제를 받는 환경에서, eIDAS 연합형 신원 관리가 SSI 채택을 위한 두 번째 중요한 단계로 간주될 수 있는 몇 가지 이유가 있다.

- eIDAS 규정은 유럽경제지역의 '주요 전자 식별 신뢰 프레임워크'이다.
- 전자 식별은 '디지털 단일 시장의 구성 요소로, 전자 정부 분야에서 국가 간 전자적 관계를 구축할 수 있다.
- eIDAS는 자금세탁방지AML, 테러자금조달방지CFT, 온라인 플랫폼 등과 같은 '민간부문 이용에 대한 전자 식별의 인식'으로 확대될 수 있다.
- '기술 중립적 접근' 방식으로 SSI 시스템을 쉽게 사용할 수 있으므로 SSI 시스템을 채택할 수 있는 진정한 기회가 될 수 있다.
- 유엔국제무역법위원회(UNCITRAL)의 기여로 '국제 규제 분야'에서 eIDAS 규정이 '큰 영향력'을 발휘하고 있다.

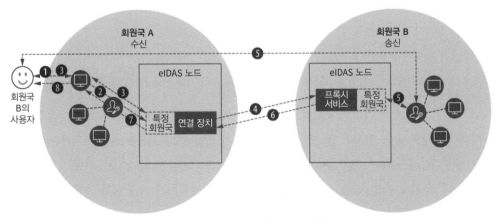

그림 24.2 eIDAS 프록시 노드 간 체계

발표 당시 유럽연합의 신원 메타시스템은 몇 가지 잠재적 한계를 가지고 있었으며, 특히 프록시-미들웨어 모델보다 더 광범위하게 보여주는 그림 24.2의 프록시 노드 간 모델에서 그러했다. 프록시노드의 개입은 SSI 패러다임을 채택하면 보다 효과적으로 해결할 수 있는 몇 가지 잠재적 문제를 야기한다.

- **사회적·법적 문제**: 분산 인증의 SSI 모델은 프록시 노드 간 모델에 필요한 중앙형 인증을 통해 인지된 개인정보보호 부족 문제를 극복할 수 있으며, 이는 eIDAS 채택을 지연시킬 수 있다. 또한 유럽연합의 GDPR 관점에서 허용 가능한 조건에서 매우 민감한 데이터를 공유할 수 있다.
- **신원 공급자의 기술 및 인프라 기능**(복원성, 연속성, 용량, 보안 등): SSI 모델을 사용하면 프록시 노드 간 모델에서 중앙형 인증 노드를 분산 원장 기술로 대체할 수 있으므로 단일 장애 지점을 제거하고 더 나은 보안 보장을 제공할 수 있다.
- **비용 및 책임 측면**: 프록시 노드 간 체계에 사용되는 공공 단일 노드 모델은 비용을 기업에게 이전하는 것을 어렵게 하고, 특히 공공 기관인 경우 발급자의 책임을 지나치게 부과한다. 반대로 분산 원장 기술을 사용하는 SSI 모델을 활용하면 복잡한 법적 관계를 설정할 필요 없이 인증 비용을 부담할 수 있다. 이러한 접근법은 발급자의 잠재적 책임도 감소시킬 수 있다.

24.4 SSI 채택을 위한 eIDAS의 가치

이전 절들에서 소개한 바와 같이, eIDAS 규정은 두 가지 다른 신원 신뢰 프레임워크를 포함하는 역사적 진화의 결과로 보아야 한다.

- 자연인, 법인, 웹사이트의 신원을 확인하는 자격 인증서에 대한 **PKI 기반 신뢰 프레임워크**. 자격 인증서는 일반적으로 국가 수준에서 사람을 식별하는 데 사용된다.
- 최소한의 데이터와 보안 요건을 준수하는 자격 인증서를 포함하여 국가 간 전자 식별 및 인증 목적으로 사용되는 모든 기술을 포괄하는 **연합형 신원 관리 기반 신뢰 프레임워크**다.

eIDAS 규정은 법적으로 유효한 SSI 검증 가능한 자격증명에 대하여 탁월한 지원을 제공할 수 있다. 이것이 23장의 공동 저자인 팀 보우마Tim Bouma가 **합법적으로 사용할 수 있는 자기주권신원**(legally enabled self-sovereign identity, LESS identity)이라는 표현을 만든 이유 중 하나다[3]. 이 용어는 평판과 같은 다른 사회적 신뢰 메커니즘을 사용하는 SSI 솔루션과 차별화하기 위한 법적 요건을 충족하는 SSI 검증 가능한 자격증명VC의 특정 범주를 지칭한다.

법적으로 유효한 SSI VC는 전체 사용자에 대한 통제 및 이동성, 최소한의 공개, 강력한 보안 및 개인정보보호, 광범위한 상호 운용성 등 이 책에 설명된 모든 이점을 누릴 수 있다. 이러한 모든 이점을 고려할 때 eIDAS는 향후 어떻게 발전해야 하는가? SSI에 대한 특정 지원을 포함하도록 조정해야 하는가?

이 주제는 2020 'SSI eIDAS 법률 검토SSI eIDAS Legal Report(https://joinup.ec.europa.eu/sites/default/files/document/2020-04/SSI_eIDAS_le gal_report_final_0.pdf)에서 다루었다. 이것은 eIDAS 규정에 대한 기술적으로 중립적이고 광범위한 해석(더 구체적으로, 인증서 정의에 대한)이 DID 메서드(8장)와 특정 유형의 VC(제7장)를 자연인과 법인 모두에게 자격 인증서의 사용을 지원할 것이라는 점을 지적한다.

자격 인증서는 주체의 신원(서명인 또는 날인 생성인)을 확인하기 때문에, 이러한 DID 메서드와 VC의 특정 조합은 자격 인증서로서 동일한 법적 효력을 갖는다. 또한, 블록체인 트랜잭션에서 고급 자격 인증 서명과 고급 자격 인증 전자 날인을 지원한다. 더욱이, 이러한 접근법은 공개키 기반구조에서 분산 공개키 기반구조[4] 및 SSI 시스템으로의 원활한 전환을 촉진하는 동시에 가치 있는 시장을 유지 및 육성하고 편리하고 입증된 감독 및 책임 제도를 다시 활용할 것이다.

오늘날 eIDAS 규정에 따른 전자 식별은 보안 보장 생성 언어Security Assertion Markup Language, SAML나 OpenID와 같은 고전적인 연합형 신원 관리 인프라와 명확하게 연계되어 있지만, eIDAS나 그 구현 방법에서 SSI 시스템을 종단간 전자 식별의 수단으로 사용하는 것을 막는 것은 없다.

따라서 SSI eIDAS 법률 보고서는 최소한 공공 (행정) 기관과의 거래에 사용될 수 있는 'eIDAS 준수 전자 식별 수단'과 자금세탁방지AML/테러자금조달방지CFT 및 기타 용도에 대한 민간 부문 조직에 통지된 전자 식별 체계의 프레임워크에서 발급자에 의해 식별하기 위해 사용되는 VC를 고려했다.

24.5 유럽 연합 신원 메타데이터에서 SSI 채택 시나리오

다음의 두 가지 다른 시나리오는 유럽 신원 메타시스템에서 SSI를 채택하는 데 도움이 될 것이다. 첫 번째 시나리오(그림 24.3)는 SSI 시스템이 현재 존재하는 노드 뒤에서 사용되어 즉각적인 인식과 상호 운용성을 보장하기 때문에 프록시 노드 접근 방식을 유지할 것이다. 이는 과도기적 시나리오이지만 SSI를 신속하게 통합할 수 있으며 eIDAS 규정에 대한 개정이 필요하지 않을 것이다.[2]

---

2 최근 eIDAS 2.0 제안서가 발간되었으므로 확인바란다(참고자료: https://www.enisa.europa.eu/events/trust-servicies-forum-ca-day-2021/ca-day-presentation/04_cwanko_module_certification_1-0.pdf).

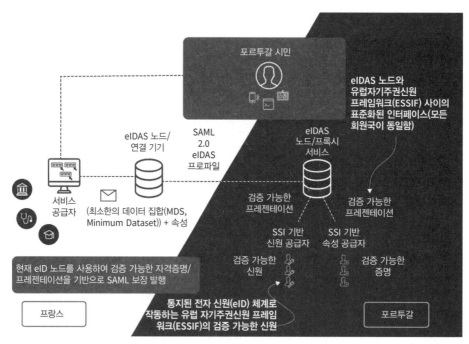

그림 24.3 현재 유럽연합 신원 메타시스템에서 SSI의 채택

이전에 식별된 모든 문제를 해결하지는 못하더라도 민간 부문 거래에서 이미 입증된 중요한 SSI 사용 사례를 통합하여 이 두 국가 간의 신뢰를 연결할 수 있을 것이다.

두 번째 시나리오(그림 24.4)는 SSI 운영 프로토콜 및 아티팩트를 eIDAS 프록시 노드로 대체하여 미들웨어 모델을 발전시킬 것이다. 이것은 잠재적으로 더 많이 사용될 것이다.

SSI eIDAS 법률 보고서의 섹션 10.1에 설명된 바와 같이, eIDAS는 넓은 의미에서 신원 관리를 다루지 않고 오직 전자 식별 정보만 다룬다. 따라서, 학위 증명 및 고용 자격증명과 같은 다른 VC 또는 프레젠테이션(유럽 블록체인 서비스 인프라[EBSI] 및 유럽 자기주권신원 프레임워크 [eSSIF]의 검증 가능한 증명)의 발급 및 공유에 즉시 적용할 수 없다. 신원 증명을 위한 자격증명이 법적으로 인정되기 때문에 이것을 이해할 수 있다. 그러나 여러 규정으로 인해 국경을 넘어서는 시나리오에서 이러한 자격증명을 사용하는 것은 어렵다.

두 번째 시나리오는 eIDAS 규정이 모든 유형의 VC를 발급하고 교환하기 위한 일반화된 프레임워크로 확장될 수 있는 기반을 마련할 수 있다. 다시 말해, SSI 기술이 제공하는 진정한 혁신은 나이 검증, 학위, 고용 등 모든 종류의 합법적이고 국가간 신원 증명을 지원하기 위해 규정을 개정 중에 있다.

명확히 하자면, eIDAS 규정에서 과거 법적 접근은 충분히 정당화된다. 이 문서는 구체적이고 상세하며, 전자 식별(전자 식별 체계, 전자 식별 수단, 개인 식별 데이터), 인증, 보증 수준, 상호 운용성 및 거버넌스 규칙과 관련된 정확한 법적 정의를 포함하고 있다. 간단히 말해서, 이는 회원국 간 신원 관리의 필수적인 부분인 국가 간 인증을 위한 완전한 법적 신뢰 프레임워크이다.

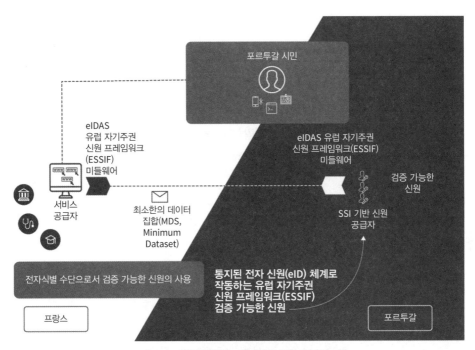

그림 24.4 SSI 지원하는 유럽연합 신원 메타시스템

이 시나리오의 제안은 다른 신원 속성을 발급하고 공유하기 위한 **병렬 신뢰 프레임워크**parallel trust framework를 구성할 것이다. 이러한 다른 신원 속성의 의미와 규칙이 상당히 다르기 때문에 이 목표는 전자 식별을 위한 현재의 접근법과 동일한 방식으로 달성할 수 없다. 이러한 다른 속성은 매우 일반적인 의미에서는 개인을 식별하는 데 사용될 수 있지만, 식별 및 인증에 사용하도록 설계되지 않았다. 그러나 자격증명의 법적 유효성을 지원하는 기술은 동일하다. 즉, eIDAS 규정이 현재 새로운 전자 식별 수단을 등록하는 데 사용하는 것과 동일한 통지 절차를 사용하여 품질, 보안 및 상호 운용성을 보장하는 방법으로 다른 많은 유형의 신원 자격증명을 등록할 수 있다.

신원 증명을 규제하는 부문의 프레임워크 분석(예를 들어, 유럽 블록체인 서비스 인프라EBSI의 사용 사례를 포함하여 전문 자격의 인가를 지원하는 학위 증명)은 일반적으로 공공 행정 기관에 의해 발급되는 기존의 인증 문서를 변형하는 복잡성을 보여준다. 검증 가능한 증명으로 신속하게 변환하기 위해 새로운 동일성 규칙을 제안할 수 있다. 이 규칙은 법적 표준이 자연인 또는 법인의 신원 속성을 인증하는 문서를 요구할 때마다 (신규) eIDAS 규정에 따라 검증 가능한 증명의 사용을 허가할 수 있다.

24.6 유럽 블록체인 서비스 인프라를 위한 스코어카드

유럽 블록체인 서비스 인프라EBSI는 유럽 블록체인 파트너십의 결과로 국가 간 공공 서비스를 제공할 유럽 전역의 분산 노드 네트워크로, 27개 회원국 및 리히텐슈타인과 노르웨이가 최고 수준의 보안 및 프라이버시의 표준을 가진 국가 간 디지털 공공 서비스 제공에 협력하기 위해 합의한 선언이다.

유럽은 개인과 법인의 전자 식별을 위해 기존의 **eIDAS** 인프라를 구축함으로써 SSI 채택에 있어서 글로벌 리더가 될 준비가 잘 되어 있다. 이것은 유럽의 민주주의 전통과 일치하며 유럽을 세계의 모범으로 만들 수 있는 중요한 기회이다.

EU에 대한 광범위한 SSI 채택에 대한 유익성 평가는 다음과 같이 색상으로 구분된다.

변혁적	긍정적	중립적	부정적

이 시나리오에서는 수익에 미치는 영향과 규정 준수는 긍정적인 것으로 보이며, 다른 모든 범주는 변혁적으로 평가된다(표 24.1).

표 24.1 **SSI 스코어카드: 유럽 블록체인 서비스 인프라**

범주	주요 혜택
손익	유럽 블록체인 서비스 인프라(EBSI)에 의해 제안된 바와 같이, 유럽 SSI 접근방식은 디지털 단일 시장의 약속을 이행하는 동시에 EU의 가치를 육성하고 향상시킬 수 있다. SSI를 사용하여 전 세계적으로 허용되는 전자식별 및 신원 데이터 공유를 통해 EU 시민과 기업은 기존 관리 신원과 인프라를 사용하여 이커머스에서 사기를 줄이고, 새로운 시장에 안정적으로 접근하며, 신원 데이터 교환을 촉진하여 추가 매출을 올릴 수 있다.
비즈니스 효율성	EBSI SSI 지원 솔루션은 보유자가 신원 데이터를 직접 관리하여 고객과 비즈니스 파트너의 온보딩을 촉진하여 비즈니스 효율성을 높일 수 있다. 이는 특히 분산된 비즈니스 프로세스의 채택과 관련이 있다. 현재 신원 사일로가 디지털 전환의 이점을 가로막고 있다. 이는 기존의 신원 데이터 원천(특히 권위있는 출처)가 사라진다는 것을 의미하지는 않지만, 현재 이러한 신뢰 가능한 신원 데이터의 글로벌 적용과 사용을 가로막는 상당한 장벽을 제거하는 것을 의미한다.
사용자 경험과 편의성	EBSI SSI 지원 솔루션은 특히 국가 간 시나리오에서 유럽연합 시민들이 기업 또는 공공 행정 측면에서 자신의 신원 데이터에 훨씬 더 쉽게 접근하고 사용할 수 있도록 한다. 여기에는 법적 구속력이 있는 조치를 위해 상당한 또는 높은 수준의 보증이 필요한 전자식별이 포함된다. 또한 필요할 때 가명 데이터를 쉽게 선별적으로 공유하여 훨씬 더 효과적인 개인 정보를 제공할 수 있다.
관계 관리	모든 회원국의 여러 신원 데이터 출처에 연결할 필요 없이(상당한 기술적, 보안 및 상호 운용의 복잡성을 처리할 수 있음) 기업과 공공 행정 기관은 사용자와 직접적인 전자적 관계를 구축하고 관리할 수 있게 된다. 또한 이러한 자체적인 관리 신원 데이터 생태계에서 기존 자격증명을 수락하고 자체적으로 자격증명을 발급할 수 있다. 또한 신원은 관계로 특징지어지므로, EBSI SSI 지원 솔루션은 중앙화된 제3자의 개입 없이 데이터의 잠재적 가치를 실현하는 데 도움이 될 자체 관리형 사용자 통제의 소셜 그래프에 기여할 것이다.

규정 준수	eIDAS 규정에 기반한 신원 신뢰 프레임워크를 포함한 법적 설계로 인해 EBSI SSI 지원 솔루션은 비즈니스 및 관리 프로세스에 적용되는 법적 및 규제 요구사항을 단순화하고 준수할 수 있다. 이를 통해 새로운 공간에서 적절한 보증을 제공하는 모든 기업에 도움이 될 것이다.

SSI 참고자료

유럽연합이 SSI의 혜택을 어떻게 받게 되는지에 대해 더 자세한 내용은 https://SSIMeetup.org/introducing-ssi-eidas-legal-report-ignacio-alamillo-webinar-55을 참고하라.

참고문헌

[1] De Miguel-Asensio, P.A. 2015. Derecho privado de Internet. Cizur Menor, Navarra, España: Aranzadi.

[2] Alamillo Domingo, I. 2019. Identificación, firma y otras pruebas electrónicas. La regulación jurídico-administrativa de la acreditación de las transacciones electrónicas. Cizur Menor, Navarra: Aranzadi.

[3] Bouma, Tim. 2018. "Less Identity." https://trbouma.medium.com/less-identity-65f65d87f56b.

[4] Reed, D., and G. Slepak. 2015. "DPKI's Answer to the Web's Trust Problems." White paper. Rebooting the Web of Trust.

APPENDIX A

추가적으로 집필 중인 내용

특정 산업 및 해당 관할 지역에서 SSI의 영향에 대한 전 세계 전문가들의 의견을 공유하기 시작했을 때, 그들의 의견이 너무 많은 것을 보고 놀랄 수밖에 없었다. 이 책이 코로나-19 대유행으로 인해 출간이 지연되고 있을 때, 그들의 의견에 대해 보다 많은 사람들이 알게 되었고, 그 결과 4부에 대해 처음 계획했던 것보다 더 많은 내용(장)이 쓰여졌다.

이 책의 지면 제한보다 더 많은 내용(장)이 작성되는 것이 결정되자, 매닝의 편집팀은 나머지 투고 분량을 라이브북Livebook 판에 게재하겠다고 제안했다. 이 부록에서는 책이 인쇄되기 시작한 시점부터 라이브북에 내용을 추가하고 있다. 다른 전문가들이 SSI에 대한 의견을 공유함에 따라 라이브북에 내용을 추가할 것이므로, 업데이트되는 내용은 라이브북(https://livebook.manning.com/book/self-sovereign-identity)에서 확인하기 바란다.

25장: SSI, 지불 및 금융 서비스

아미트 샤르마

은행, 신용 조합, 금융 규제와 관련된 정부 기관과 같은 전통적인 기관들은 초기에 SSI를 채택했다. 그러나 대략 35억 명의 인구와 수백만 개의 조직이 기본적인 금융 서비스를 이용하지 못하고 있다. 은행은 종종 '위험을 제거'하거나 많은 개인들을 제거해야 하는 이유로서 비판적이고, 비용이 많이 들며, 비효율적인 규제 준수 요건을 꼽는다. SSI는 고객 온보딩, 부정 방지 및 고객 확인KYC, 자금세탁방지 및 테러자금조달방지AML/CFT를 현대화하여 금융 서비스 접근을 지원하고 금융 시스템 무결성을 보호할 수 있도록 지원함으로써 이익을 얻을 수 있다. 아미트 샤르마Amit Sharma는 하이브리드 핀테크/규제기술 회사인 핀클루시브FinClusive의 설립자이자 CEO로, 기존 은행 업무로 인해 서비스가 취약하거나, 배제되거나 또는 위험에 노출되지 않는 개인 및 회사에 금융 범죄규정준수financial crimes compliance, FCC 플랫폼을 제공한다. 또한 소버린 재단Sovrin Foundation의 규제 준수 및 포용 금융 워킹 그룹Compliance and Inclubled Finance Working Group, CIFWG의 의장도 맡고 있다.

26장: 검증 가능한 법인식별기호를 통한 조직의 신원 해결

스테판 울프, 칼라 맥케나, 크리스토프 슈나이더

법인식별기호legal entity identifier, LEI는 모든 사법권의 모든 법적 주체(법인, 파트너십, 개인사업자, 비영리 등)에 대한 글로벌 고유 식별자를 위한 ISO 표준이다. 글로벌 법인식별기호 재단Global Legal Entity Identifier Foundation, GLEIF은 금융안정위원회Financial Stability Board가 2009년 법인의 금융 거래를 확인하고 추적하여 각기 다른 관할지역 및 기관에 등록함에 따른 조직의 신원과 관계를 숨길 수 없도록 하기 위해 설립되었다. SSI의 등장으로 GLEIF는 **검증 가능한 법인식별기호**verifiable LET, vLEI라고 하는 법인식별기호에 대한 검증 가능한 자격증명 발급을 하도록 확장하고 있다. vLEI 시스템을 사용하면 전 세계 모든 산업 부문에 걸쳐 거래하는 상대방의 디지털 신원을 즉시 자동 검증할 수 있다. 이 장은 vLEI 시스템을 담당하는 GLEIF 경영진 – 스테판 울프Stephan Wolf, CEO, 칼라 맥 케나Karla McKenna, 표준 책임자, 크리스토프 슈나이더Christoph Schneider, IT 개발 및 운영 책임자가 집필했다.

27장: SSI와 헬스케어

폴 놀스와 만리트 니자르 박사

휴대용 의료기기 제조의 기술 발전으로 개인 의료 서비스가 개선되었지만, 기업 간의 원격 상호작용으로 단편화 되었다. 기술과 데이터의 융합으로 사회가 인공지능의 시대로 접어들면서 기계 생성 데이터의 폭발적인 증가로 연결과 개인 데이터 취급에 있어 새로운 패러다임이 필요해졌다. 이 장에서는 인류발전재단Human Colossus Foundation의 공동 설립자인 폴 놀스Paul Knowles와 Barts Health NHS Trust[1]의 컨설턴트 의사이자 Truu의 공동 설립자인 만리트 니자르 박사Dr. Manreet Nijjar가 더욱 분산화되는 의료 산업에서 SSI 솔루션을 통해 신뢰할 수 있는 의료 환경을 유지할 수 있는 방법에 대해 설명한다.

---

1 (옮긴이) 2012년에 설립되어 영국 런던 전역에 5개의 병원을 운영하고 있으며 영국에서 가장 큰 NHS 신탁 중 하나임. 참고로 NHS Trust는 잉글랜드와 웨일즈의 National Health Service 내의 조직으로, 지역 주민들에게 의료 서비스를 제공하는 다양한 신탁으로 구성됨.

28장: SSI를 통한 엔터프라이즈 신원 및 접근 관리 실현

안드레 쿠드라

1부에서 설명한 바와 같이, 신원 및 접근 관리(IAM)는 이미 엔터프라이즈 소프트웨어 시장에서 이미 수십억 달러 규모의 시장으로 형성되어 있다. SSI는 이 분야의 혁신적인 신생 분야이다. 그렇다고 해서 SSI가 기존 IAM 시스템을 대체해야 하는 것은 아니다. 이 장에서는 독일의 선도적인 엔터프라이즈 보안 및 IAM 기업 중 하나인 esatus AG의 공동 설립자이자 CIO인 안드레 쿠드라^{André Kudra}가 오늘날의 기업, 특히 애플리케이션 환경이 복잡한 대규모 조직에서 IAM이 구현되는 방식에 대해 설명한다. 현재는 여전히 개별화된 데이터 구조가 우세하다. 이러한 환경에서 SSI 기술은 비즈니스 실적에 영향을 주는 중요한 원천으로서의 유용성을 빠르게 찾을 수 있다. 또한 SSI는 많은 IAM 프로세스, 특히 시간이 많이 소요되는 온보드 프로세스 또는 기업 간의 거래를 간소화 및 자동화할 수 있다. 안드레는 또한 esatus AG가 수행한 실제적인 SSI 통합을 토대로 처음부터 끝까지 전체 내용을 살펴본다.

29장: SSI를 통해 새롭게 개발된 보험

데이비드 하니와 제이미 스미스

이 장에서 아이리쉬 라이프 그룹^{Irish Life Group} CEO인 데이비드 하니^{David Harney}와 에버님^{Everym}의 비즈니스 개발 담당 선임 이사 제이미 스미스^{Jamie Smith}는 SSI가 보험의 설계, 운영 및 경험을 혁신하는 방법에 대해 설명한다. 개인이 자신의 디지털 신원 관리자가 되고 자신의 정보를 전송함으로써 오랫동안 확립된 보험 업계의 프로세스가 어떻게 변화할 것인지 알아본다. 보험 회사는 고객과의 보다 깊고 오래 지속되는 관계를 개발하고, 가격 책정 및 위험 분석을 위한 통찰력 개발, 부정 행위 감소, 비용 절감, 데이터 규정 준수를 개선하여 데이터 무결성 및 신뢰성에 대한 새로운 보험 상품 및 서비스를 통해 혁신을 이룰 수 있다. 개인들도 SSI의 영향을 받게 될 것이다. 즉, 더 저렴하고 개인화된 스마트한 보험 상품과 서비스뿐만 아니라 정보를 통해 자신의 삶을 이해하고 실제로 필요한 보장 범위와 보험료를 결정하는 데 도움이 되는 새로운 상품도 그 영향을 받게 될 것이다.

30장: 인도주의적 상황에서의 SSI 활성화

네이선 쿠퍼와 아모스 돈보우즈

SSI는 인도주의적 맥락에서 큰 가능성을 가지고 있지만, 이를 구현하는 데는 기술적 및 비기술적 과제가 수반된다. 예를 들어, 인도주의적 단체들은 지구상에서 가장 외딴 곳에서 활동하고 있으며 세계에서 가장 취약한 사람들과 함께 일하고 있다. 대부분의 SSI 인프라는 웹과 스마트폰 기반이지만 대부분의 환경은 그렇지 못하다. 또한 인도주의적 상황에서는 인프라가 열악하다고 가정해야 하고(네트워크, 도로, 전력, 건강 등), 연결성이 제한적이거나 존재하지 않으며, 환경이 가혹하고(모래, 고온, 전력 수요 급증 등), 문맹률이 높으며(디지털 및 언어적 측면), 가장 보편적으로 사용하는 기기는 기껏해야 피처폰이다. 네이선 쿠퍼Nathan Cooper는 국제적십자사연맹의 재해 대비 혁신 선임 고문이며, 아모스 돈보우즈Amos Doornbos는 월드비전의 재해 관리 전략 및 시스템 담당 이사이다. 이들은 이러한 과제의 현실을 제대로 인식하고 있기에 난민과 소외된 사람들을 돕기 위해 SSI가 필요하다는 것을 진심을 다해 설명한다.

31장: SSI를 통한 후견 및 기타 형태의 위임된 권한

잭 A. 나자리안, 아미르 S. 압둘라, 제프 아레스티와 칼리야 영

법에 정의된 용어로서, **후견**은 매우 구체적인 것을 의미한다. 이 용어는 SSI 인프라 분야의 기술자들에 의해 공동으로 채택되어 검증 가능한 자격증명을 보유할 수 없는 사람을 대신하여 해당 자격증명을 보유하는 단체와 관련된 특정한 관계를 기술한다. 그러나 이것이 후견에 대한 법적 정의에 반드시 들어맞는 것은 아니다. 법률과 판례는 법 체계에서 매우 중요하기 때문에 정책 입안자와 거버넌스 프레임워크 작성자들이 이러한 차이를 이해하는 것이 중요하다. 이 차이를 이해하면 국회의원과 기술자가 모든 요구를 충족하는 SSI 기술에 적합한 거버넌스 프레임워크를 개발할 수 있다. 잭 A. 나자리안Jack A. Najarian, 아미르 S. 압둘라Aamir S. Abdullah, 제프 아레스티Jeff Aresty는 모두 인터넷 법률 분야에서 다년간 경험을 쌓은 변호사이며 칼리야 영Kaliya Young은 인터넷 신원 워크숍Internet Identity Workshop, IIW의 공동 설립자이자 16장 글로벌 SSI 커뮤니티의 발전에 대한 공동 저자이다.

32장: SSI를 위한 설계 원칙

자스민 후버와 요하네스 자이들마이어

SSI는 2016년 부각된 이후 상당히 발전해 왔지만, 지금까지 SSI의 기본 원칙에 대한 정의는 단 한 가지도 없었다. 널리 참조되는 것은 크리스토퍼 앨런Christopher Allen의 SSI 10대 원칙이다(본 책에는 부록 C에 포함). 이 장에서 자스민 후버와 요하네스 자이들마이어Jasmin Huber and Johannes Seidlmeir는 SSI의 지속적인 진화와 성숙을 설명하기 위해 업데이트된 설계 원칙을 제시한다. 독일 바이로이트 대학University of Bayreuth의 연구원으로서, 이들은 학계와 산업 모든 분야에서 SSI의 정의에 대해 알려진 많은 잘못된 견해로부터 동기부여가 되었다. 문헌에 대한 체계적 연구와 전문가 인터뷰를 통해, 그들은 'SSI 원칙'에서 영감을 얻은 설계 원칙을 도출하였고 2021년 8월 현재 소버린 재단에 의해 16개 언

어로 게재되었다(이 책의 부록 E에 포함됨).[2]

33장: SSI: 우리의 디스토피아적 악몽

필립 셸드레이크

이 책의 대부분은 SSI가 가능하게 된 미래에 대해 매우 밝은 그림을 그리지만, 그 미래는 그리 밝지 않다. 오히려 책의 전체를 '무엇이 잘못될 수 있는가?'에 대한 답으로 채울 수 있다. 아카샤 재단 AKASHA Foundation[3]의 필립 셸드레이크Philip Sheldrake는 SSI 아키텍처가 왜 인간의 신원과 관계에서의 많은 것들에 대해 극히 일부만 표현할 수 있는지, 그리고 왜 나머지 부분은 절대 표현할 수 없는지에 대해 제대로 보여주고자 한다. 그는 원클릭 신원이 어떻게 디스토피아적인 미래로 이어질 수 있는지 매우 현실적인 위험성에 대해 설명하고 **생성된 신원**에 대한 새로운 관점을 통해 이러한 격차를 해결할 방법에 대한 권고사항을 제시한다. 필립은 디지털 혁신 및 분석, 프로세스 엔지니어링, 조직 설계, 마케팅 및 커뮤니케이션 분야의 기술자, 공인된 엔지니어 및 웹 분야 연구자이다.

34장: SSI 생태계에서의 신뢰 보증

스코트 페리

디지털 거래의 신뢰성은 거버넌스 프레임워크, 책임 요건 및 생태계 구성원 모두의 이익에 기여하는 숙련된 참여자를 통해 보장된다. 이 장에서는 디지털 신뢰가 구축되는 방법과 SSI 생태계에서 신뢰 보증 프레임워크의 구성 요소가 어떻게 운영되어 이해관계자들에게 적절한 수준의 위험 완화를 달성하는지에 대해 알아본다.

35장 SSI를 통한 게임 산업의 발전

박성준과 제이크 호스테틀러

개인 데이터와 계정의 보안은 모든 산업과 애플리케이션에서 문제가 되고 있다. 그러나 게이머의 계정에는 개인 정보뿐만 아니라 게임에 투자한 시간, 구매한 아이템과 게이머의 아바타에 대한 선호도가 포함되어 있기 때문에 게이머에게 있어서 더 심각하거나 감정적인 문제가 될 수 있다. 이 장에서는 블록체인 기업인 코인플러그의 프로덕트 매니저 박성준과 메타디움의 작가 겸 SSI 전문가인 제이크 호스테틀러Jake Hostetler가 SSI 기술 구현으로 게임 산업을 어떻게 변화시킬 수 있는지 살펴본다.

---

2 옮긴이 한국어 버전은 2021년 8월 게재되었음

3 옮긴이 블록체인과 집단지성의 융합으로 설립된 비영리 단체로 지역 및 글로벌 규모에서 집단 지성을 확장시키는 개방된 시스템을 통해 개인들이 잠재력을 발휘할 수 있도록 돕는 프로젝트를 육성하는 재단이다(아카샤 재단 웹사이트).

B

SSI에 대한 기발한 에세이

2016년 이후 SSI가 인터넷 신원 및 분산 디지털 신뢰에 대한 새로운 접근 방식으로 발전함에 따라 SSI 운동의 선구자들은 새로운 패러다임의 중요한 측면과 기반이 되는 디지털, 법률적, 조직적, 사회적 및 문화적 신원에서 보다 더 큰 과제를 살펴보는 기본 에세이를 집필했다. 이 에세이는 이미 웹에서 널리 참조되고 있기 때문에, 특히 유용하다고 생각한 것들에 대한 지침을 부록으로 제공한다. 혹시 누락된 저자가 있다면 미리 양해를 구한다. 다른 적합한 분을 추천하려면 매닝 포럼(https://livebook.manning.com/book/self-sovereign-identity/discussion)에 문의하기를 바란다.

〈신원의 영역The Domains of Identity〉

칼리야 영

http://identitywoman.net/domains-of-identity

인터넷 신원 워크숍Internet Identity Workshop, IIW의 공동 설립자가 작성한 이 요약본은 16개의 뚜렷한 신원 '영역'에 대한 매우 명확하고 설득력이 있어서 이후에 이 주제로 쓴 책의 기초가 되었다. 모든 형태의 디지털 신원을 더 깊이 탐구할 수 있는 것이라 적극 권장된다. 단순히 문제의 영역을 적절하게 구성하기만 하면 수많은 오해를 해소할 수 있기 때문이다. 이것은 왜 신원이 스펙트럼인지 설명하고 있으며, 이 스펙트럼에 대한 여섯 가지 뚜렷한 '요점'을 구별하는 2010년 칼리야 영Kaliya Young의 에세이 〈신원 스펙트럼The Identity Spectrum〉을 보완하는 내용이다.

〈디지털 신원에 대한 새로운 희망New Hope for Digital Identity〉

닥 설즈

https://www.linuxjournal.com/content/new-hope-digital-identity

이것은 2017년 말 인터넷 신원 워크숍(IIW)의 공동 설립자이자 이 책의 서문 작성자 닥 설즈Doc Searls가 썼다. 이것은 이제 막 '자기주권신원'으로 알려지기 시작한 사회적 인프라가 왜 인터넷의 중심부에 구축되어야 하는지를 설명하는 에세이 중 하나이다. 이것에 개인을 위해 인터넷이 작동하는 방식의 미래가 걸려 있기 때문이다.

〈신원 시스템의 아키텍처The Architecture of Identity Systems〉

필 윈들리

https://www.windley.com/archives/2020/09/the_architecture_of_identity_systems.shtml

필 윈들리Phil Windley는 칼리야 영Kaliya Young, 닥 설즈Doc Searls와 함께 인터넷 신원 워크숍IIW의 공동 설립자이자 2005년 디지털 신원에 대하여 포괄적으로 다룬 최초의 책을 집필한 저자이다. 이 에세이는 필이 소버린 재단의 창립 이사회 의장으로 재임 중 자신의 블로그에 SSI에 대하여 쓴 수십 건 중 하나다. 이를 돋보이게 하는 것은 SSI 아키텍처에 대한 대략적인 그림과 SSI 아키텍처가 인터넷에서 누락된 신원 레이어를 어떻게 제공할 수 있는지, 마지막으로 디지털 라이프에 있어서 실제와 같은 신원을 활용할 수 있는 방법을 제공한다는 점이다.

〈신원의 3가지 차원Three Dimensions of Identity〉

제이슨 로와 다니엘 하드맨

https://medium.com/evernym/three-dimensions-of-identity-bc06ae4aec1c

이것은 디지털 신원의 복잡성의 핵심을 다루는 또 다른 에세이이다. 소버린 원장Sovrin Ledger의 기초가 된 오픈 소스 코드베이스의 원본을 두 사람이 작성했으며, 리눅스 재단이 하이퍼레저 인디Hyperledger Indy 원장 프로젝트가 되도록 기여했는데, 신원이 실제로 무엇을 의미하는지 많은 사람들이 가지고 있는 단편적인 관점을 살펴본다(인증인가? 계정 및 자격증명인가? 개인 데이터 및 메타데이터인가?). 제이슨 로Jason Law와 다니엘 하드맨Daniel Hardman은 각각의 관점이 너무 단순하다고 주장한다. 신원은 여러 차원으로 나타나며, 신원 솔루션(SSI 포함)은 이 모든 차원을 모델링해야 완성된다고 말한다.

〈메타 플랫폼과 협력적인 네트워크 효과
Meta-Platforms and Cooperative Network-of-Network Effects〉

샘 스미스

https://medium.com/selfrule/meta-platforms-and-cooperative-network-of-networks-effects-6e61eb1 5c586

10장의 분산 키 관리에 대하여 쓴 샘 스미스Dr. Sam Smith는 키 이벤트 수신 인프라Key Event Receipt Infrastructure, KERI의 발명가이기도 하다. 그는 이 학술논문에 버금가는 혁신적인 에세이에서 메타 플랫폼(플랫폼의 플랫폼)의 네트워크 효과는 인터넷이 소규모 네트워크를 능가(결국 '먹어버린' 방식)하는 방식으로 항상 개별 플랫폼을 능가할 것이라는 매우 설득력 있는 주장을 펼친다. 이것은 특히 SSI 메타 플랫폼(Phil Windley가 에세이에서 '신원 메타 시스템'이라고 부르는 것)에 중요한데, SSI 메타 플랫폼은 참여자들에게 중앙화의 구조를 영원히 무너뜨리기에 충분한 가치와 힘을 제공할 수 있기 때문이다.

〈검증 가능한 자격증명은 자격증명이 아니다. 그것은 컨테이너다.
Verifiable Credentials Aren't Credentials. They're Containers.〉

티모시 러프

https://rufftimo.medium.com/verifiable-credentials-arent-credentials-they-re-containers-fab5b3ae5c0

에버님Evernym의 공동 설립자이자 현재 디지털 신뢰 벤처스Digital Trust Ventures의 대표인 티모시 러프 Timothy Ruff는 SSI 분야의 가장 실질적인 초기 선구자 중 한 명이다. 그의 에세이 〈디지털 신원 관계의 3가지 모델The Three Models of Digital Identity Relationships〉도 이 책의 1장에 인용되어 있다. 최근 이 에세이에서 티모시는 **검증 가능한 자격증명**verifiable credential, VC이라는 용어가 잘못된 명칭이라는 통찰력을 공유한다. VC는 데이터를 전달하는 컨테이너와 같은 실제 컨테이너이다. 그는 선적하는 컨테이너가 다른 컨테이너를 포함하는 것과 마찬가지로 VC가 다른 VC를 포함할 수 있는 방법과 VC에서의 '날인seal'이 컨테이너에서의 '날인'과 어떻게 같은지에 대해 설명한다. VC는 컨테이너의 무결성을 탑재되는 데이터의 유효성을 검증하지는 않는다. 이것은 모두 권장되는 세 부분으로 구성된 것 중 첫 번째에 해당한다.

〈고객 관계의 7대 죄악 The Seven Deadly Sins of Customer Relationships〉

제이미 스미스

http://evernym.com/seven-sins

전 세계의 기업들이 더 많은 고객 데이터를 수집하기 위해 경쟁하고 있음에도 불구하고 브랜드는 고객과의 관계에서 멀어지고 있다. 고객 상담은 얼굴 없는 챗봇으로 대체되었고, 개인정보보호는 별로 중요하지 않은 듯하며, 점점 더 많은 접점과 시스템에서 상호 작용이 단절된 느낌이다. 이러한 격차의 중심에는 일반적이지만 위험한 7가지 행동이 행동이 있는데, 그것은 디지털 고객 관계에 있어서 7대 죄악이다. 런던에 소재하고 있는 개인 데이터 컨설팅 회사인 컨트롤-시프트Ctrl-Shift의 수석 컨설턴트였던 제이미 스미스Jamie Smith가 작성한 에세이는 이러한 행동을 살펴보고 기업이 더 나은 고객 환경을 제공할 뿐만 아니라 신뢰할 수 있는 디지털 관계를 구축하는 방법에 대하여 처음부터 다시 고민해 볼 기회를 제공한다.

자기주권신원으로의 여정

크리스토퍼 앨런

우리는 원래 이 에세이를 부록 B의 에세이에 포함시킬 계획이었다. 그러나 별도로 구분하려는 것은 SSI의 역사에 있어 매우 중요한 부분이기 때문이다. 이 내용은 크리스토퍼 앨런Christopher Allen이 2016년 4월 25일 자신의 웹사이트인 Life with Alacity에 게재한 것이다. 전체 내용은 https://www.lifewithalacrity.com/previous/에서 볼 수 있다. 크리스토퍼는 인터넷에서의 협업, 보안 및 신뢰 분야의 선구자이다. 1990년대 후반, 그는 넷스케이프Netscape와 협력하여 보안 소켓 레이어Secure Sockets Layer, SSL를 개발하고 웹에서 보안 상거래의 핵심인 국제인터넷표준화기구Internet Engineering Task Forcel, ETF의 전송 계층 보안Transport Layer Security, TLS 표준을 공동 집필했다(이것은 브라우저 주소 표시줄의 잠금 기능을 작동시킨다). 크리스토퍼는 W3C 자격증명 커뮤니티 그룹W3C Credentials Community Group의 공동 의장이면서 블록체인 커먼즈Blockchain Commons의 창립자이자 반기별로 개최되는 리부팅 신뢰의 웹Rebooting the Web of Trust, RWoT 워크숍의 창립자이다.

여러분은 '내I'가 없이 '신원Identity'을 말할 수 없다.

신원은 독특한 인간의 개념이다. 그것은 말로 표현할 수 없는 자의식의 '나'로, 모든 문화권에 살고 있는 모든 사람들이 전세계적으로 이해하는 것이다. 르네 데카르트René Descartes가 "나는 생각한다, 고로 존재한다."라고 말했듯이.

하지만 현대사회는 신원의 개념을 뒤죽박죽으로 만들었다. 오늘날 국가 및 기업들은 운전면허증, 사회 보장 카드[1] 및 다른 국가에서 발급한 자격증명을 신분증과 혼동한다. 이는 국가가 자격증명을 취소하거나 국경을 넘어가기만 해도 신분이 없음을 의미하기 때문에 문제가 된다. '나는 생각한다. 하지만 존재하지 않는다.'라고 해야 하지 않을런지.

디지털 세계에서 신원은 도용에 훨씬 더 취약하다. 중앙화된 기구에서 통제함으로써 발생하는 문제를 겪고 있지만, 동시에 매우 개별적으로 활용되고 있다. 즉, 각각의 신원은 인터넷 도메인마다 다르고, 단편적이다.

디지털 체계가 물리적 세상에서 점점 더 중요해지면서, 새로운 기회도 생긴다. 즉, 신원에 대한 현대적 개념을 재정의할 수 있는 가능성을 보여준다. 이것은 형언할 수 없는 '나'와 신원을 한 번 더 재결합함으로써 우리가 우리 스스로를 통제할 수 있게 될 것이다.

최근 몇 년 동안, 신원의 재정의는 새로운 용어, 즉 **자기주권신원**SSI으로 시작했다. 하지만, 이 용어를 이해하기 위해서, 신원 기술의 역사를 살펴볼 필요가 있다.

신원의 발전

온라인 신원 모델은 인터넷의 출현 이후 네 가지의 폭넓은 단계를 거쳐 발전해왔다. 즉, 중앙형 신원, 연합형 신원, 사용자 중심 신원과 자기주권신원이다.

1단계: 중앙형 신원(단일 권한 또는 계층에 의한 행정적 통제)

인터넷 초기에는 중앙형 기관이 디지털 신원의 발급자이자 인증자가 되었다. 인터넷 할당 번호 관리기관Internet Assigned Numbers Authority, IANA, 1988과 국제 인터넷 주소 기구Internet Corporation for Assigned Names and Numbers, ICANN, 1988는 도메인 네임을 할당 및 중재했다. 그 후, 1995년부터 인증 기관은 인터넷 상거래 사이트들이 자신이 누구인지 증명하는 것을 지원하기 위해 나섰다.

이러한 기관들 중 일부는 중앙형을 뛰어넘어 계층 구조를 만들었다. 루트 컨트롤러root controller는 다른 조직에 각각의 고유한 계층을 감독하도록 지정할 수 있다. 하지만 이 루트에도 여전히 핵심은 남아 있었는데, 단지 이름만 새로울 뿐, 상대적으로 약화된 중앙화가 구축되었다.

유감스럽게도 온라인 세계에서의 중앙화된 기관에 디지털 신원 제어권을 부여하는 것은 물리적 세계에서의 국가 기관에 의해 야기되는 동일한 문제로 인한 어려움을 겪고 있다. 사용자는 자신의 신원을

부인하거나 심지어 가짜 신원을 확인할 수 있는 단일 권한에 갇혀 있다. 중앙화는 자연스럽게 사용자가 아닌 중앙화된 기관에 통제권이 주어진다.

인터넷이 성장하면서 계층 전반에 걸쳐 권력이 축적됨에 따라, 추가적인 문제가 드러났다. 즉, 신원이 점점 더 개별화된 것이다. 웹 사이트가 그랬던 것처럼 인터넷 상에서의 개별적인 신원의 사용이 증가하여 사용자가 수십 개의 사이트에서 수십 개의 아이디를 사용할 수밖에 없었지만, 어느 사이트도 통제할 수 없었다.

오늘날 인터넷에서의 신원은 대체로 여전히 중앙형이거나 그나마 좀 나아진 것이 계층형 구조를 가진다. 디지털 신원은 인증 기관, 도메인 등록자 및 개별 사이트에 의해 소유되고 사용자에게 사용되어지거나 언제든지 해지된다. 하지만, 지난 20년 동안, 사람들에게 신원을 돌려주어서 그들이 실제로 자신의 신원을 통제하기 위해 많은 노력이 있었다.

미래를 예고하기

공개키 암호화 프로그램 중 하나인 PGP(Pretty Good Privacy, 1991년)는 최초로 무엇이 자기주권신원이 될 수 있는지에 대한 하나의 힌트를 제공했다. 그것은 다른 사람들이 공개키의 사용자 및 검증자 역할을 하도록 허용함으로써 디지털 신원에 대한 신뢰를 확립한 '신뢰의 웹(Web of Trust)'을 도입했다. PGP 모델에서는 누구나 검증자가 될 수 있다. 그 결과, 분산 신뢰 관리 분야에서 매우 좋은 사례가 되었지만, e-메일 주소를 기반으로 하기에 여전히 중앙형 계층 구조에 의존했다. 그리고 다양한 이유로 인해 PGP가 광범위하게 채택되지 않았다.

초기의 다른 아이디어들은 디지털 신원이 어떻게 만들어졌는지 조사한 칼 엘리슨(Carl Ellison)의 논문 〈인증 기관없이 신원을 구축하기(Establishing Identity without Certification Authority)〉(1996)에서 보여준다. 그는 디지털 신원을 정의하기 위하여 인증 기관과 같은 기관 및 PGP와 같은 P2P 시스템을 고려했다. 그런 뒤 보안 채널을 통해 공유된 비밀 정보를 교환하는 방식으로 온라인 신원을 검증하는 방식을 택했다. 이를 통해 사용자는 관리 기관에 의존하지 않고 자신의 신원을 제어할 수 있었다.

엘리슨은 또한 단순 공개키 기반구조 및 단순 분산 보안 기반구조 프로젝트의 중심에 있었다(SPKI/SDSI, 1999). 이 프로젝트의 목표는 복잡한 X.509 시스템을 대체할 수 있는 단순한 신원 인증서를 위해 보다 더 단순한 공개 인프라를 구축하는 것이었다. 중앙화된 기관이 선택 사항으로 고려되었지만, 그것이 유일한 해결책은 아니었다.

이것은 시작에 불과했지만, 자기주권을 진정으로 전면에 내세우기 위해서는 21세기에 보다 더 변혁적인 신원에 대한 인식이 요구될 것이다.

2단계: 연합형 신원(연합된 기관들에 의한 관리적 통제)

디지털 신원에 대한 다음의 큰 발전은 다양한 기업들이 계층을 넘어서 새로운 방식으로 온라인 신원을 통합하는 과정에서 일어났다.

마이크로소프트의 여권 이니셔티브Passport initiative, 1999는 초기의 연합형 신원 중 하나였는데, 사용자가 여러 사이트에서 동일한 아이디를 사용할 수 있는 통합 아이디를 구상했다. 하지만 이것은 마이크로소프트를 연합형 기관의 중심에 위치하게 했고 전통적인 기관만큼이나 중앙형으로 만들었다.

이에 대응하여 썬 마이크로시스템즈Sun Microsystems는 리버티 얼라이언스Liberty Alliance, 2001를 구성했다. 이것은 중앙화 개념에 저항했고, 대신 '진정한' 연합형 기관을 만들었지만, 그 결과는 과두적이었다. 즉, 중앙형 기관이 독점한 권한은 이제는 몇몇 강력한 참여자들에게 나눠지게 되었다.

연합형은 개별화 문제를 개선했다. 즉, 사용자는 시스템 하의 사이트들을 넘나들며 서핑할 수 있었다. 그러나 개별 사이트들은 여전히 권한을 가지고 있었다.

3단계: 사용자 중심 신원
(연합을 요구하지 않고 복수의 기관에 걸친 개별적 또는 관리적 통제)

증강 소셜 네트워크Augmented Social Network, ASN, 2000는 차세대 인터넷을 만들자는 제안으로부터 새로운 종류의 디지털 신원을 위한 토대를 마련했다. ASN은 광범위한 내용을 담은 백서에서 인터넷 아키텍처에 '영구적 온라인 신원'을 구축할 것을 제안했다. 자기주권신원의 관점에서 볼 때, 가장 중요한 발전은 '모든 개인이 자신의 온라인 신원을 통제할 권리를 가져야 한다는 것'이었다. ASN은 마이크로소프트의 여권 이니셔티브와 썬 마이크로시스템즈의 리버티 얼라이언스가 이러한 목표를 달성할 수 없다고 느꼈다. 왜냐하면 '비즈니스 기반 이니셔티브'는 정보를 사유화하고 소비자로서의 사용자를 모델링하는 데 너무 중점을 두었기 때문이다. 이러한 ASN의 아이디어는 이후 다른 많은 것들의 토대가 될 것이다.

아이덴티티 커먼즈Identity Commons(2001~현재)는 분산화에 초점을 맞춰 디지털 신원에 대한 새로운 업무를 통합하기 시작했다. 가장 중요한 기여는 인터넷 신원 워크숍Interent Identity Workshop, IIW(2005~현재)의 워킹 그룹인 아이덴티티 갱Identity Gang과 협력하여 만든 것일 수 있다. 지난 10년 동안, IIW는 반기별 회의에서 분산 신원에 대한 아이디어를 발전시켜 왔다.

IIW는 중앙형 기관의 서버 중심 모델에 대항하는 새로운 용어인 **사용자 중심**의 신원에 초점을 맞췄다. 이 용어는 사용자가 신원 프로세스 중심에 있음을 나타낸다. 이 주제에 대하여 초기에는 더 나은 사용자 환경을 만드는 데 초점을 두었으며, 온라인 신원을 구축함에 있어서 사용자를 최우선으로 해야 한다는 점을 강조했다. 그러나 사용자 중심의 신원에 대한 정의는 곧바로 확장되어 사용자가 자신의 신원에 대한 더 많은 통제권을 가지길 원하고 신뢰가 분산되기를 바라는 바램이 포함되었다.

IIW는 OpenID2005, OpenID 2.02006, OpenID Connect2014, OAuth2010, FIDO2013를 포함한 디지털 신원 생성 방법을 지원했다. 구현된 바와 같이 사용자 중심의 방법론은 사용자 동의와 상호 운용성의 두 가지 요소에 초점을 맞추는 경향이 있다. 신원을 한 서비스에서 다른 서비스로 공유하기로 결정함으로써 디지털 신원을 통합하여 사용할 수 있다.

사용자 중심의 신원 커뮤니티들은 훨씬 더 야심찬 비전을 가지고 있었다. 사용자가 자신의 디지털 신원을 완벽하게 제어하도록 하기 위한 것이었다. 강력한 기관들은 이들의 노력을 함께 받아들였지만, 불행하게도 그 목표를 완전하게 실현하는 것을 막았다. 리버티 얼라이언스와 같은 많은 곳들도 오늘날 사용자 중심의 신원에 대한 최종 소유권은 등록 기관에 남아있다.

OpenID를 예로 들 수 있는데 사용자는 이론적으로 자신의 OpenID를 등록하면 자동으로 사용할 수 있는 신원이 된다. 하지만, 이것은 약간의 기술적 노하우가 필요하므로 일반 인터넷 사용자는 다른 웹사이트에 로그인할 때 공개된 웹 사이트의 OpenID를 사용할 가능성이 더 크다. 사용자가 오래 지속되고 신뢰할 수 있는 사이트를 선택하면 자기주권신원의 많은 이점을 얻을 수 있지만 등록 주체에 의해 언제든지 제거될 수 있다!

OpenID 이후 몇 년이 지나서 페이스북 커넥트Facebook Connect, 2008는 그 동안의 학습을 바탕으로 출시되어 사용자 인터페이스가 개선되어 매우 성공적이었다. 하지만 유감스럽게도 페이스북 커넥트는 이상적으로 사용자가 통제하는 본래의 사용자 중심 방식에서 훨씬 많이 벗어났다. 페이스북의 경우에는 공급자를 선택할 수 없다. 더욱이 페이스북은 최근 불거진 실명 공개 논란에서 보듯 계정을 임의로 닫은 전력도 있다. 따라서 '사용자 중심'의 페이스북 커넥트 아이디로 다른 사이트에 접근하는 사람들은 한 번에 여러 사이트에서 해당 ID를 분실하게 되는 OpenID 사용자보다 훨씬 더 취약할 수 있다.

이것은 다시 중앙화로 돌아온 것이다. 더욱 나쁜 것은 국가가 통제하는 신원과 유사하다(스스로 불량하게 된 국가를 제외하고). 다시 말해, 사용자 중심적인 것만으로는 충분하지 않다는 것이다.

4단계: 자기주권신원(여러 기관에 대한 개인의 통제)

사용자 중심 설계 덕분에 중앙형 신원이 중앙형 통제 기능을 갖춘 상호 운용 가능한 연합형 신원으로 바뀌었으며, 신원을 공유하는 방법(및 누구와 공유하는 방법)에 대한 사용자 동의도 어느 정도는 존중했다. 이는 신원에 대한 진정한 사용자 제어를 위한 중요한 단계였지만, 시작에 불과했다. 다음 단계를 수행하려면 사용자의 자율성이 필요했다.

이것은 2010년대에 더 많이 사용되는 용어인 **자기주권신원**의 핵심이다. 사용자가 신원 프로세스의 중심에 있어야 한다고 주장하는 대신, 자기주권신원은 사용자가 자신의 신원을 통제해야 한다는 것이다.

개발자 막시 말린스파이크Moxie Marlinspike가 '주권의 원천적인 권위Sovereign Source Authority'에 대해

쓴 글에서 2012년 2월에 신원 주권에 대한 첫 언급이 있었다. 그는 개인이 '신원'에 대한 확고한 권리를 가지고 있지만 국가에 등록하는 것은 그 주권을 파괴한다고 말했다. 몇 가지 아이디어가 구체화되고 있었기 때문에 거의 동일한 시기인 2012년 3월에 패트릭 디건Patrick Deegan이 사용자가 분산 시스템에서 디지털 신원과 데이터를 통제할 수 있는 오픈 소스 프레임워크인 오픈 머스타드 시드Open Mustard Seed를 시작했다는 것은 놀라운 일이 아니다. 이는 비슷한 시기에 등장한 여러 '퍼스널 클라우드' 이니셔티브 중 하나였다.

그 이후로 자기주권신원의 개념이 확산되었다. 말린스파이크는 이 용어가 어떻게 발전해 왔는지 블로그에 글을 썼다. 개발자로서 그는 사용자의 자율성과 통제를 보호하기 위해 암호화를 사용하는 수학적 방법으로 자기주권신원을 다루는 방법을 보여준다. 그러나 이것이 유일한 모델은 아니다. 리스펙트 네트워크Respect Network는 자기주권신원을 법률적 관점에서 다루고 있다. 네트워크 참여자가 동의한 합의 규칙과 원칙을 정의한다. 디지털 신원, 신뢰와 데이터를 위한 윈드후버의 원칙Windhover Principles[2]과 에버님의 신원 시스템 필수 사항Identity System Essentials[3]은 2012년 이후 자기주권신원의 갑작스런 등장에 대한 몇 가지 추가적인 관점을 제공한다.

지난해에 자기주권신원도 국제적 정책의 영역에서 채택되기 시작했다. 이는 주로 유럽으로 몰려온 난민 중 많은 사람들이 신원을 발급한 국가로부터 탈출했기에 그 신원을 인정받지 못하는 결과를 초래했다. 하지만, 외국인 근로자들은 때론 국가에서 발급한 신원을 인정받지 못함으로 인해 그들이 일하는 국가에서 외면을 받아왔기 때문에 이것은 국제적인 문제이기도 하다.

몇 년 전에는 자기주권신원이 삶에 유의미한 것이었다면 최근의 국제적 위기 상황을 감안할 때 현재는 그 중요성이 더욱 높아졌다고 볼 수 있다. 그래서 지금이 바로 자기주권신원을 향해 나아가야 할 때라고 본다.

자기주권신원의 정의

그럼에도 불구하고, 명확하게 자기주권신원이란 무엇일까? 사실, 이에 대한 정의는 합의된 것이 없다. 무엇보다도, 이 주제에 대해 시작하고자 하지만 나는 논의의 출발점을 제안하고 싶다.

---

2 [옮긴이] 소셜 네트워크, 정부 또는 기업이 아닌 개인은 자신의 신원 자격증명과 개인 데이터를 관리해야 한다. 신원 자격증명 및 개인 데이터의 통제는 개인 데이터에 대한 무제한 또는 무단 접근을 방지하고 개인 신원 프로필의 속성을 확인할 수 있는 기능을 의미한다. 궁극적으로, 이상적인 프레임워크는 세 가지 주요 원칙(투명한 시행 및 효과적인 경량 거버넌스, 신뢰 및 개인정보보호 보장 및 오픈 소스 협업)으로 구성되어 있다(미디엄).

3 [옮긴이] 주권, 보안 및 프라이버시를 제공하는 신원 시스템의 본질적 특성을 설명한다. 여기서 신원의 의미는 신원 시스템의 특징, 즉 신원 시스템이 제공하는 특징에서 파생됩니다. 에버님이 작성한 백서에서는 신원 시스템을 설명한 다음 해당 신원 시스템의 콘텍스트 내에서 신원을 정의한다. https://www.evernym.com/wp-content/uploads/2017/02/Identity-System-Essentials.pdf를 방문하기 바란다.

자기주권신원은 사용자 중심의 신원을 넘어선 다음 단계이며, 그 지점에서 사용자가 신원 관리의 중심이 되는 것을 시작하는 것을 의미한다. 이를 위해서 사용자의 동의하에 여러 분야에서 사용자 신원의 상호운용성뿐만 아니라 해당 디지털 신원에 대한 진정한 사용자의 통제가 필요하므로 사용자의 자율성이 중요하다. 이를 달성하려면 자기주권신원의 전송이 가능해야 한다. 하나의 사이트에 갇혀 있을 수 없다.

또한 자기주권신원은 일반 사용자가 클레임을 만드는 것을 허용해야 하며, 여기에는 개인의 능력이나 조직 구성원으로서의 자격에 대한 개인식별정보 또는 내용이 포함될 수 있다. 다른 사람이나 조직이 주장하는 사용자에 대한 정보도 포함될 수 있다.

자기주권신원을 생성함에 있어서, 개인을 보호하는 데에 신중해야 한다. 자기주권신원은 금전적 또는 다른 손해로부터 보호하고, 권력자들에 의한 인권 침해를 방지해야 하며, 개인이 자유로운 권리를 행사하도록 지원해야 한다.

그러나 이러한 간단한 설명 외에도 자기주권신원에 훨씬 더 많은 것들이 있다. 모든 자기주권신원은 일련의 원칙을 충족해야 하며, 이러한 원칙은 자기주권신원이 무엇인지에 대하여 보다 포괄적인 정의를 제공한다. 그것은 다음과 같다.

자기주권신원의 10가지 원칙

많은 사람들이 신원의 원칙에 대하여 정립했다. 킴 카메론Kim Cameron은 최초로 '신원의 법칙Laws of Identity'을 작성했으며, 앞서 언급한 리스펙트 네트워크Respect Network의 정책과 W3C 검증 가능한 자격증명 TF FAQ는 디지털 신원에 대한 추가적인 관점을 제공한다. 이러한 모든 아이디어를 바탕으로 자기주권신원과 관련된 원칙을 만들었다. 정의 그 자체로 무엇이 진정으로 중요한지에 대한 논의를 할 출발점으로 봐야 한다.

이러한 원칙들은 자기주권신원의 핵심인 사용자의 통제를 보장하는 것을 시도한다. 그러나 신원은 양날의 칼이 될 수 있어서, 긍정적이거나 부정적인 영향을 모두 줄 수 있다. 따라서 신원 시스템은 개인의 보호를 위한 투명성, 공정성 및 지원 사이에서 균형을 유지해야 한다.

1. **존재. 사용자들은 독립적인 존재이어야 한다.** 어떤 자기주권신원은 궁극적으로 신원의 중심에 있으면서 형언할 할 수 없는 '나'를 기초로 한다. 그것은 결코 완전한 디지털 형태로 존재할 수 없다. 이것은 유지되고 지원되는 자체 커널이어야 한다. 자기주권신원은 단순하게 이미 존재하는 '나'의 제한된 일부의 측면을 공개하고 접근 가능하게 한다.
2. **통제. 사용자들은 자신의 신원을 통제해야 한다.** 신원과 신원의 클레임의 지속적인 유효성을 보장하는

잘 이해되고 안전한 알고리즘에 따라 사용자는 자신의 신원에 대하여 기본적으로 권한이 있다. 사용자는 항상 참조하거나 업데이트하거나 숨길 수 있어야 한다. 사용자는 자신이 원하는 대로 가시적이고, 명성이 있으며 개인정보보호 수준을 선택할 수 있어야 한다. 사용자가 자신의 신원에 대한 모든 클레임을 제어할 수 있다는 것을 의미하지 않는다. 다른 사용자가 사용자에 대해 클레임을 제기할 수는 있지만 신원 자체에 중심을 두어서는 안 된다.

3. **접근. 사용자는 자신의 데이터에 접근할 수 있어야 한다.** 사용자는 항상 자신의 신원에 있는 모든 클레임 및 데이터를 쉽게 검색할 수 있어야 한다. 자신의 데이터가 가려지거나 숨기는 주체가 없어야 한다. 이것이 사용자가 신원과 관련된 모든 클레임을 수정할 수 있다는 것을 뜻하진 않지만 사용자가 클레임을 알고 있어야 한다는 것을 의미한다. 또한 사용자가 다른 사용자의 데이터에 접근할 수 있는 것이 아니라 자신의 데이터에만 접근할 수 있다는 것을 말한다.

4. **투명성. 시스템과 알고리즘은 투명해야 한다.** 신원 네트워크를 관리하고 운영하는 데 사용되는 시스템은 신원의 작동 방식, 관리 및 업데이트 방식 모두에서 공개되어야 한다. 알고리즘은 자유롭고, 오픈소스이며, 널리 알려져 있으면서, 특정 아키텍처에서 가능한 독립적이어야 하며, 누구나 작동 방식을 검사할 수 있어야 한다.

5. **지속성. 신원은 오래 지속되어야 한다.** 가급적, 신원은 영구적 또는 사용자가 원하는 만큼 지속되어야 한다. 개인키를 순환하고 데이터를 변경해야 할 수 있지만 신원는 그대로 유지된다. 빠르게 변화하는 인터넷 세상에서, 이러한 목표는 완전히 합리적이지 않을 수 있으므로, 최소한 신원은 새로운 신원 시스템에 의해 시대에 뒤떨어지기 전까지 지속되어야 한다. 이는 '잊혀질 권리'에 위배되는 것이 아니라, 사용자가 원할 경우 사용자가 신원을 처리할 수 있어야 하며, 클레임은 시간이 지남에 따라 적절히 수정되거나 삭제되어야 한다. 이를 위해서 신원과 신원의 클레임 사이에 확실한 분리가 필요하다. 영구적으로 묶여 있을 수 없다.

6. **이식성. 신원에 대한 정보와 서비스는 전송할 수 있어야 한다.** 사용자에게 가장 이익이 될 것으로 예상되는 신뢰 가능한 개체인 경우에도 단일한 제3자가 신원을 보유해서는 안 된다. 문제는 그 개체가 사라질 수 있고, 인터넷에서는 대부분 그럴 수 있다는 것이다. 제도는 바뀔 수 있고 사용자는 다른 관할권으로 이동할 수 있기 때문이다. 전송 가능한 신원은 사용자가 어떤 일이 있어도 자신의 신원을 제어할 수 있도록 보장하며 시간이 지남에 따라 신원의 지속성을 향상시킬 수 있다.

7. **상호운용성. 신원은 가능한 널리 사용할 수 있어야 한다.** 제한된 곳에서만 작동하는 신원은 가치가 거의 없다. 21세기 디지털 신원 시스템의 목표는 신원 정보를 널리 사용 가능하게 하여 사용자의 통제력을 잃지 않고 국제적 신원을 만드는 것이다. 지속성과 자율성 덕분에, 이러한 널리 이용 가능한 신원들은 지속적으로 이용할 수 있다.

8. **동의. 신원을 사용함에 동의해야 한다.** 모든 신원 시스템은 신원과 신원의 클레임을 공유하기 위해 구

축되며 상호 운용 가능한 시스템은 공유를 확대한다. 그러나 데이터 공유는 사용자의 동의가 있어야만 가능하다. 고용주, 신용 정보 기관 또는 친구와 같은 다른 사용자가 클레임을 요청할 수 있지만, 사용자는 클레임이 유효하도록 동의를 해야 한다. 이 동의는 상호작용방식의 동의가 아닐 수 있지만, 신중하고 잘 이해되는 방식이어야 한다.

9. **최소화. 클레임의 공개를 최소화해야 한다.** 데이터가 공개될 때 해당 공개에는 당면한 작업을 수행하는 데 필요한 최소한의 데이터가 포함되어야 한다. 예를 들어, 최소한의 연령만 요구하는 경우 정확한 나이를 공개하지 않으면서 연령대만 공개하고 생년월인은 공개하지 않아야 한다. 이 원칙은 선택적 공개, 범위 증명 및 기타 영지식 기술로 뒷받침될 수 있지만, 비상관성은 여전히 매우 어려운(아마도 불가능한) 작업이다. 우리가 할 수 있는 최선은 최소화를 사용하여 개인정보보호를 최대한으로 지원하는 것이다.

10. **보호. 사용자의 권리는 보호되어야 한다.** 신원 네트워크의 요구와 개별 사용자의 권리 사이에 충돌이 있을 때 네트워크는 네트워크의 요구보다 개인의 자유와 권리를 보호하는 측면에서 오류를 범해야 한다. 이를 보장하기 위해 신원 인증은 검열 저항성이 있고, 강제 복원력이 있으며 분산 방식으로 실행되는 독립적인 알고리즘을 통해 수행되어야 한다.

결론

디지털 신원에 대한 개념은 중앙형 신원에서부터 연합형 신원, 사용자 중심 신원, 자기주권신원에 이르기까지 수십 년 동안 진화해 왔다. 그러나 현재까지도 자기주권신원이 정확히 무엇인지, 어떤 규칙을 인정해야 하는지는 잘 알려져 있지 않다.

이 글은 21세기의 새로운 형태의 사용자 통제 및 지속적인 신원을 위한 출발점으로 정의와 일련의 원칙을 제시함으로써 해당 주제에 대한 대화를 시작하려고 한다.

이더리움 블록체인
생태계에서의 신원

파비안 포겔스텔러와 올리버 테르부

1장에서 언급하는 것과 같이 블록체인 기술은 SSI의 어머니이며, 순수하고 단순하다. 블록체인의 양대 축은 비트코인과 이더리움인데, SSI는 두 커뮤니티 모두에서 활성화되고 있지만, 스마트 컨트랙트의 힘과 유연성으로 인해 이더리움이 더 특별하게 주목을 받고 있다. 2015년 7월 이더리움 재단에 참여하여 이끌고 있는 파비안 보겔스텔러Fabian Vogelsteller가 이더리움 지갑과 미스트(Mist) 브라우저 등핵심 애플리케이션을 구축했다. 2018년 이후 컨센시스ConsenSys의 프로젝트인 유포트uPort에서 신원아키텍트로 재직중인 올리버 테르부Oliver Terbu는 이 부록의 공종 저자로 이더리움 생태계에서 SSI의 발전과 표준화를 설명하고 있다. 그는 W3C 자격증명 커뮤니티 그룹Credentials Community Group, CCG, 분산 신원 재단Decentralized Identity Foundation, DIF, 이더리움 엔터프라이즈 얼라이언스Ethereum Enterprise Alliance, **OpenID** 재단OpenID Foundation 및 그 외의 언급하기에도 많은 단체에서 활발히 활동하고 있다.

블록체인은 합의 네트워크이며, 참여자들이 네트워크에 의해 합의된 명확한 규칙을 사용하여 분산원장의 상태를 보고 수정할 수 있도록 한다. 다양한 블록체인이 있으며, 각각의 블록체인에는 자체규칙과 목적이 있는데, 이더리움 블록체인은 분산 컴퓨팅 네트워크를 만들기 위해 구축되었다.

이더리움은 이더리움 가상머신Ethereum Virtual Machine, EVM)[1]이나 이더리움 웹 어셈블리Ethereum Flavored WebAssembly, eWASM[2] 등 가상 머신에서 실행되는 간단한 프로그램인 '스마트 컨트랙트'를 통해 분산 컴퓨팅을 가능하게 한다. 투표 등 특정한 기능 실행이나 이더리움 블록체인의 고유한 암호화폐인 이더의 전송 등에 활용할 수 있다. 그리고 스마트 컨트랙트를 실행하는 데 소액의 거래 수수료를 가스gas란 단위를 통해 이더Ether로 계산한다.

스마트 컨트랙트는 꽤 복잡해 보이지만, 각각의 컨트랙트는 다른 규칙을 가진다. 개인별 또는 단체별로 다른 규칙을 가지거나 아무도 규칙을 가지고 있지 않을 수도 있다. 가장 중요한 것은 스마트 컨트랙트가 상호 커뮤니케이션 할 수 있기 때문에 하나의 트랜잭션이 네트워크에서 전체 블록체인의 실행을 할 수 있다는 점이다. 따라서 단순한 지갑에서 프록시 계정, 그리고 완전한 신원 시스템에 이르기까지 다양하게 복잡한 비즈니스 로직[3]이 가능하다.

하지만 이더리움이 무언가를 할 수 있는 유일한 방법은 아니다. 이것은 프로그래밍 가능한 블록체인이기 때문에 튜링 완전한Turing-complete[4] 스마트 컨트랙트를 이더리움 블록체인에서 흥미롭고 새로운 것을 찾는 것이 아니라, 다른 시스템들이 상호 운용될 수 있도록 체계적이고 잘 정의된 방식으로 무엇이든지 구축하는 방법을 찾는 것이다. 이것이 바로 이더리움 의견 요청ERC, Ethereum Requests for Comment[5]이 작동하게 되는 부분으로 각각의 ERC는 이더리움 네트워크에서 무언가를 할 수 있는 방법을 정의한다.

ERC는 ERC 725 v2(프록시 계정Proxy Account) 및 ERC 1056(경량 신원Lightweight Identity) 등 두 개의 ERC를 통해 특별히 식별되며 이것들은 또한 이더리움 블록체인 상의 자기주권신원이 상호 운용 가능하고, 관리 가능하며, 검증 가능함을 보장하는 데 도움이 된다.

---

1 [옮긴이] 이더리움 가상 머신(Ethereum Virtual Machine, EVM)은 스마트 컨트랙트 배포 및 실행을 처리하는 이더리움의 일부다. 하나의 EOA(Externally Owned Account)에서 다른 EOA로의 간단한 값을 전송하는 트랜잭션은 사실상 EVM이 필요하지 않지만, 그 외 모든 것은 EVM에 의한 상태 업데이트를 수반한다. 넓게 보면 이더리움 블록체인에서 실행되는 EVM은 자체 영구 데이터 저장소가 있는 수백만 개의 실행 가능 객체를 가진 전 세계의 탈중앙화된 컴퓨터다(안드레아스 M 안토노폴로스 외 1명, 《마스터링 이더리움》, 제이펍(2019), p.339).

2 [옮긴이] 이더리움의 구체적인 요구 사항을 충족하기 위해 이더리움 2.0의 웹 기반 EVM 제안에는 이더리움 웹어셈블리(eWASM)의 개념이 도입됐다. eWASM 사양은 이더리움의 요구에 적합한 웹어셈블리 구성요소, 즉 결정론 및 관련 기능으로 구성된다. 이더리움 플랫폼 기능에 대한 접근을 제공하는 다수의 시스템 스마트 컨트랙트도 포함되어 있다(www.mycryptopedia.com/ewasm).

3 [옮긴이] 비즈니스 로직(business logic)은 컴퓨터 프로그램에서 실제 세계의 규칙에 따라 데이터를 생성·표시·저장·변경하는 부분을 의미한다.

4 [옮긴이] 영국의 수학자이자, 컴퓨터 과학자인 애런 튜링의 이름을 따서 명명한 개념으로, 데이터 조작 규칙 시스템(컴퓨터의 명령어 세트, 프로그래밍 언어 또는 셀룰러 오토마톤(cellular automaton)은 튜링 기계를 시뮬레이션 하는데 사용할 수 있다면 '튜링 완전' 또는 '계산상 보편적'이라고 한다(안드레아스 M 안토노폴로스 외 1명, 《마스터링 이더리움》, 제이펍(2019), p.339).

5 [옮긴이] 이더리움 사용의 특정 표준을 정의하려고 시도하는 일부 EIP(Ethereum Improvement Proposal)에 주어진 라벨(안드레아스 M 안토노폴로스 외 1명, 《마스터링 이더리움》, 제이펍(2019), p.339)

블록체인에서의 신원

블록체인은 신원 시스템에 독특한 이점을 제공하는 경향이 있는데 이더리움도 예외는 아니다. 블록체인은 모든 사람이 접근할 수 있고 검증할 수 있는 공개 데이터베이스이므로 신원 데이터도 공개된다. 블록체인 상의 자기주권신원은 궁극적으로 개인키로 조작되는 계정이기 때문에 개인, 회사 또는 개체에 의해 제어될 수 있다. 이러한 신원은 기존의 신원, 단순한 프로필, 블록체인 접근 포인트 또는 아바타가 될 수 있다. 물론 이더리움 블록체인은 프로그램 작동 가능성 때문에 기존의 장점을 뛰어넘는다. 이는 이더리움 신원이 단순한 수동적 데이터가 아니라, 보다 복잡한 컴퓨터 프로그램이라는 것을 의미한다.

또한 블록체인에서 신원을 호스팅하는 데 어려움이 있다. 첫째, 블록체인은 익명성이 있기 때문에 다른 시스템이 계정을 인식하거나 관계를 이해하거나 증명 및 클레임을 확인해야 하는 문제가 있다.

둘째, 블록체인 데이터는 모두가 볼 수 있기 때문에, 어떤 개인 데이터가 블록체인에 저장되고('온체인') 어떤 데이터가 다른 곳에 저장되며 블록체인에서 연결되는지('오프체인')를 신중하게 결정해야 한다. 이러한 각각의 방법론은 ERC에 의해 지원되며, ERC는 이러한 체계에 내재된 일부 문제를 해결한다. ERC는 블록체인 신원의 과제를 배타적이 아닌 상호 보완적인 방식으로 해결할 수 있다.

셋째, 신원을 위한 키를 잘 관리해야 한다. 키는 백업해야 하며 키를 분실할 경우 신원의 분실을 방지하기 위한 대비를 해야한다.

일부 키 관리 문제를 해결하기 위해 샤미르의 비밀공유Shamir's Secret Sharing와 같은 다중 서명 및 키 복구 방식이 존재함에도 불구하고, 추가적인 논의가 필요하지만 신원 자체를 변경하지 않고 스마트 컨트랙트와 관련된 허가 시스템 업데이트 또는 교체를 지원하려면 이더리움에서 세밀한 뭔가가 더 필요하다.

신원에서의 핵심

오늘날 이더리움 분산 애플리케이션(DApp)은 모두 스마트 컨트랙트와 통신하고 이더와 같은 자산을 이동하는 데 사용되는 개인키를 중심으로 구축된다. 이것은 위험하기도 하고 제한적이기도 하다. 한편 개인키를 분실하면 컨트랙트 및 자산에 대한 모든 접근이 불가하게 된다. 이것은 사실상 신원이 상실된다는 것을 의미하기 때문에 엄청난 손해가 될 수 있다. 블록체인에서는 두 번의 기회가 없다. 또한, 아바타, 페르소나 및 회사 계정 등 공개된 신원에 긍정적 영향을 주지 못하는 접속자 수를 효과적으로 제한하고 키 복구 위험도 내포하고 있다. 따라서 뛰어난 블록체인 신원 시스템은 단순한 개인키 사용 이상의 복잡한 신원 관리 체계가 필요하다.

첫째, 신원 관리 시스템은 신원을 변경하지 않고 권한을 업데이트하는 문제를 해결해야 한다. 한 가지 방법은 별도의 키 관리 및 신원 스마트 컨트랙트를 생성하는 것이다. 이렇게 하면 온체인 식별 주소를 변경할 필요 없이 시간이 지남에 따라 키 관리를 업그레이드하고 발전시킬 수 있다. 따라서 전체 허가 시스템을 교체하더라도 클레임, 평판 및 기타 식별 정보와 같은 연결된 온체인 정보가 변경되지 않는다. 또 다른 방법은 소유권 변경을 스마트 컨트랙트에 직접적으로 통합하는 동시에 계정의 식별 주소가 변경되지 않도록 하는 것이다.

둘째, 신원 관리 시스템은 다음과 같은 강력한 기능을 지원해야 한다.

- **다중 접근 방법**: 서명, 다중 서명 또는 키 관리 스마트 컨트랙트를 포함할 수 있음
- **상이한 키 유형**: 컨트랙트 관리, 클레임에 서명하는 것을 개별적으로 지원할 수 있음
- **사회적 복구 체계**: 다양한 연관성이 있는 정보를 결합하여 개인키를 복구할 수 있음

이러한 키 관리 방법론은 각각 다른 방식으로 문제에 접근할 수 있지만, 온체인 또는 오프체인 신원 솔루션에 적용할 수 있다.

온체인 신원 솔루션

온체인 신원 체계에서, 개인 정보는 블록체인 신원에서 참조된다. 이는 공개 프로필 정보 또는 체인에 완전히 게시된 관리되는 정보일 수도 있고, 구체적인 개인 식별 정보를 드러내지 않는 검증 가능한 클레임일 수도 있다. 온체인 신원 체계를 사용하려면 키(예 '클레임의 일부' 또는 '닉네임')와 값(예 '...에 의해 식별되는 사람' 또는 '슈퍼맨(이름)')이 모두 자체 발급되거나 발급자가 서명할 수 있도록 키-값 저장소를 지원하는 스마트 컨트랙트가 필요하다. ICO[6] 또는 다른 게이트웨이 시스템과의 상호 작용을 지원하는 다른 스마트 컨트랙트에 의해 이 정보를 자동으로 검색하고 검증할 수 있다.

하지만 이 방식에는 주목할만한 단점이 있는데 체인에 저장된 정보는 공개적이고 불변한다는 것이다. 이 정보는 사람, 회사 또는 다른 개체와 연결되거나 연결되지 않을 수 있지만, 블록체인에 영원히 남아 있게 된다. 신원과 관련된 '행위'도 영원히 지속된다!

이러한 변경할 수 없는 정보들은 많은 '공개된' 다수의 사람과 조직에게는 도움이 될 수 있지만, 공개적이고 변경 불가능한 방식으로 '개인' 데이터를 유지 관리하는 것이 훨씬 더 문제가 될 소지가 있다. 대부분의 개인 정보는 비공개되며 일반 대중이 볼 필요가 없기 때문이다. 따라서 이러한 방식으로 온체인을 호스팅할 신원을 결정할 때는 신중한 결정을 내려야 한다.

---

6 [옮긴이] Initial Coin Offering의 약어로 가상 화폐를 발행하고 투자를 유치하는 것을 의미한다.

ERC 725 v2: '프록시 계정'

ERC 725 v2('프록시 계정')은 검증 가능하고 관리 가능한 프록시 계정인 퍼블릭 블록체인 프로필을 생성하여 신원을 지원하는 키-값 저장소와 별도의 키 관리 방법론을 지원한다. ERC의 표준화 덕분에 사용자 인터페이스에 통합되고 다른 스마트 컨트랙트에 의해 쉽게 검증될 수 있다.

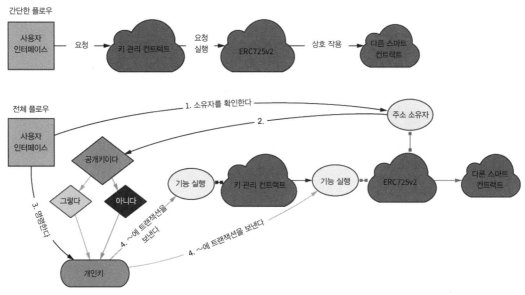

그림 D.1 ERC 725 v2를 사용한 신원 관리

프록시 계정은 **소유자**와 **키-값 저장소**가 있는 간단한 스마트 컨트랙트를 설명한다. 이 방법론에서 소유자는 신원을 통제하며 키-값 저장소는 연결된 정보를 인코딩하게 되고, 스마트 컨트랙트의 주소는 디지털 신원의 식별자 역할을 한다.

소유자

ERC 725 v2는 소유자가 단순한 개인키라는 일반적인 DApp 방법론을 지원하지만, 그것은 다른 스마트 컨트랙트를 소유자가 되게 하며, 그 컨트랙트 자체에는 소유자의 제어 방식에 대한 특정 규칙이 있을 수 있다. 이는 다중 서명, 정확하게는 허가된 키와 같은 보다 복잡한 키 관리 체계를 지원한다. 특정 키는 사용자 기반 또는 신원이 조직이거나 직원을 기반으로 할 때, 특정 스마트 컨트랙트와의 상호 작용만 허용하도록 제한될 수도 있다.

스마트 컨트랙트를 통제하는 것은 소유자의 키 중 하나에서 유효한 서명을 포함하고 있다면 제3자에 의한 트랜잭션 제출을 지원할 수 있다. 이를 통해 가스 비용gas cost은 애플리케이션 개발자나 제3자

중개 거래 서비스가 컨트랙트를 통제하지 않고도 지불할 수 있다. 즉, 블록체인에 상호 작용하여 모든 당사자가 블록체인의 고유 암호화폐에 접근해야 하는 기존의 문제를 해결할 수 있다.

ERC 725 v2 신원의 소유자를 위임할 수 있으므로 스마트 컨트랙트 소유자를 변경할 수 있다. 이를 통해 통제하는 스마트 컨트랙트가 스마트 컨트랙트의 주소를 변경하지 않고 시간이 지남에 따라 업데이트 및 개선될 수 있으므로 신원의 공개된 식별자를 변경할 수 있다.

키-값 저장소

ERC 725 v2의 키-값 저장소를 사용하면 32바이트 키에 대해 임의의 값을 설정할 수 있다. 이 간단한 메커니즘은 모든 종류의 정보를 신원 스마트 컨트랙트에 연결할 수 있도록 하고 소유자만이 이 정보를 첨부할 수 있으므로 정보에 대하여 접근이 허가되었음을 증명한다.

연결된 정보가 온체인 상태에 있으면 ICO, 보험 및 분산 거래소와 같은 다른 스마트 컨트랙트가 계정이 특정 행위를 하도록 허용하는지의 여부를 자동으로 검증할 수 있다. 키-값 저장소는 또한 클레임 레지스트리, 평판 시스템, 영지식 증명, 기타 스마트 컨트랙트 또는 다양한 유형의 온체인 신원에 연결할 수 있다. 이 모든 것은 이 계정을 소유한 사람에 대한 정보를 공개하지 않고도 가능하다.

ERC 725 v2의 대부분은 온체인 솔루션에 중점을 두고 있지만 키-값 저장소는 분산 식별자(DID) 또는 머클 루트 해시를 통해 오프체인 데이터에 추가로 연결할 수 있다. ERC 725 v2 키-값 저장소의 유연성을 통해 신원을 기록하고 다양한 정보에 연결할 수 있으므로 수용 가능하고 미래에도 사용 가능한 신원 시스템을 만들 수 있다.

공개형 온체인 신원

ERC 725 v2 디지털 신원의 핵심은 스마트 컨트랙트에 의해 소유되는 이더리움 주소이다. 전통적으로 이러한 주소는 관리하기 어렵고 검증이 어려운 공개키였다. ERC 725 v2는 관리 용이성과 검증 가능성을 만들어 공개형 온체인 신원의 토대를 마련하기 위한 것이다.

이러한 공개된 신원은 많은 자기주권신원 시스템의 핵심인 개인 신원 및 개인 식별 정보personally identifying information, PII와 상당히 다를 수 있다. 대신에, 그것은 공개 페르소나, 디지털 아바타 및 온라인 인플루언서일 가능성이 더 크다. 기업과 기관은 이러한 종류의 공개 신원을 유용하게 사용할 수도 있다. 공개형 온체인 신원을 사용하여 작업을 투명하게 하여 쉬운 검증과 클레임의 발급을 지원할 수 있다. 이러한 종류의 온체인 신원은 관련 정보를 입증 가능한 방식으로 나열할 수 있기 때문에 오늘날의 기업을 위한 정부 시스템, 근로자를 위한 전문 프로필, 스타나 정치인과 같은 공개 페르소나를 위한 정보 웹사이트를 대체하거나 보완할 수 있다.

마지막으로, 공개형 온체인 신원은 주식 브로커나 투자자처럼 일부 비공개된 개인에게 유용할 수 있다. 이것은 신뢰할 수 있고 검증된 계정이 필요한 자동화된 온체인 상호 작용을 지원한다. 현재는 채택하기 어렵지만 투명하고 안전하게 만든 활용 사례이다.

이러한 개인의 공개형 신원은 궁극적으로 사용자가 요구하는 대로 공개적이거나 익명일 수 있다. 비록 온체인 신원이 개인 식별 가능 정보에 연결 '가능'하지만, 특정 클레임에 의해서만 식별 '가능'하다. 직업 운전자를 위한 온체인 신원은 운전면허증을 가지고 있고 5년 동안 무사고였거나 범칙금 납부 이력이 없다는 클레임을 포함할 수 있지만, 운전자의 이름은 포함하지 않을 수 있다.

개인의 세미-퍼블릭semi-public 신원은 블록체인 프루닝Blockchain Pruning[7]이 잊혀질 권리를 도입할 수 있는 미래에 훨씬 더 많이 사용될 수 있으나 블록체인 프루닝이 없어도 세미-퍼블릭 신원은 반드시 필요할 것이다.

오프체인 신원 솔루션

오프체인 신원 체계에서 신원 정보는 블록체인과 분리된 허브와 같은 데이터 저장소에 저장된다. 분산 식별자와 같은 방식으로 블록체인에서 데이터를 연결할 수 있지만, 특별히 요청된 경우에만 데이터에 접근할 수 있다. 이를 통해 오프체인 데이터를 비공개로 유지하고 P2P 방식으로 공유할 수 있다. 또한 데이터에 접근 가능한 자와 공유되는 데이터를 세부적으로 구분하여 통제할 수 있다.

오프체인 신원 솔루션의 분명한 개인정보보호 이점에도 불구하고 여기에도 문제가 있다. 첫째, 블록체인과의 상호 작용이 더 복잡하다. 계정들은 연결(링크)의 집합일 뿐이므로 본질적으로 가명이다. 소유자, 대리인 및 계정은 스마트 컨트랙트로 검증할 수 있지만 고객 확인(KYC)과 같은 보다 집중적인 프로세스는 익명성을 해치지 않고는 검증을 제공할 수 없다.

둘째, 오프체인 신원은 의도한 것보다 비공개 수준이 낮을 수 있다. 오프체인 데이터가 트랜잭션에 연결되면 결국 온체인 계정에 연결된다. 이것은 온체인 신원 솔루션과 동일한 공개 딜레마를 야기한다.

셋째, 트랜잭션의 데이터에 서명해야 하기 때문에 트랜잭션의 크기가 커질 수 있다. 그리고 넷째, 키 관리가 더 복잡해진다. 오프체인 데이터는 스마트 컨트랙트가 아닌 특정 키에 연결될 가능성이 높다. 즉, 개인키를 분실하는 것은 데이터에 대한 접근이 불가함을 의미할 수 있으며 그것이 서명된 클레임 또는 증명인 경우 치명적일 수 있다.

---

7 [옮긴이] 블록체인에서 일부의 연결 제거하여 성능을 개선하거나 유지하면서 더 가볍게 만드는 것

ERC 1056: '경량 신원'

ERC 725 v2와 마찬가지로 ERC 1056, '경량 신원Lightweight Identity'은 온체인 및 오프체인 신원 저장소를 모두 지원하지만 경량 레지스트리는 정보의 신뢰성을 높이기 위해 이더리움 네트워크를 사용하여 오프체인 신원 데이터를 효율적으로 관리하는 데 특히 유용하다. 신원 데이터는 오프체인에서 관리되지만 ERC 1056 스마트 컨트랙트는 온체인 앵커를 제공한다.

ERC 1056은 특별히 퍼블릭 이더리움 네트워크에 국한되지 않고 프라이빗 블록체인 및 허가형 블록체인 네트워크에서도 사용할 수 있지만 비용 효율성, 확장성 및 키 관리와 같은 퍼블릭 블록체인의 일반적인 문제를 해결하는 데 중점을 둔다. ERC 1056의 주요 사용 사례는 개발자가 신규 사용자를 등록하고 검증 가능한 신원 데이터를 제공하도록 지원하는 것이다.

경량 레지스트리

ERC 1056의 경량 레지스트리는 세 가지 주요 기능을 제공한다. 첫째, 신원의 소유자를 기록한다. 둘째, 특정 시간 동안 소유자를 대신할 수 있는 대리인을 기록한다. 셋째, 신원에 키와 공개된 속성을 추가하여 허브 서비스 엔드포인트를 생성하는 기능을 갖춘 분산 공개키 기반구조를 구현한다.

이러한 요소를 통해 신원 데이터가 레지스트리에 의해 관리하는 식별자와 연결되어 있다고 가정할 때, 레지스트리는 오프체인 신원 데이터 교환을 보호할 수 있다. 다른 스마트 컨트랙트는 레지스트리를 통해 데이터에 연결된 암호화 정보를 획득하여 오프체인 데이터 교환을 인증하고 검증할 수 있다. W3C 검증 가능한 자격증명에서 내린 용어의 정의로 보유자Holder는 데이터 교환의 레지스트리에 포함된 식별자를 포함하고 해당 공개키로 프레젠테이션에 서명한다. 그런 다음 검증자는 식별자를 추출하고 프레젠테이션의 서명을 검증할 목적으로 보유자의 검증키를 획득하기 위해 레지스트리를 사용한다. 키 또는 속성이 변경되면 변경된 내용은 ERC 1056 스마트 컨트랙트 자체에 기록되지 않는다. 대신 이더리움 이벤트가 내보내지고 이더리움 이벤트 로그에 기록된다. 기술적으로, 이것은 트랜잭션 내역에 포함되어 있는데, 이 내역은 트랜잭션 내역 해시가 블록에 저장되어 있기 때문에 이더리움에 의해 검증된다. 경량 레지스트리는 이러한 이벤트를 서로 연결하여 소유자에 대한 모든 관련 변경 사항을 신속하게 검색할 수 있다. 이러한 접근 방식은 신원 관리 작업identity management operations, IMO에 대한 가스 비용을 크게 줄인다. 이러한 트랜잭션은 메타 트랜잭션으로 제3자에 의해 시작할 수도 있다. 소유자는 여전히 작업에 서명하지만 IMO의 가스 비용을 지불할 제3자가 트랜잭션을 제출할 수 있다. 그림 D.2는 관련 당사자들이 ERC 1056을 사용하여 신원 데이터를 관리하거나 검증하는 방법을 보여준다.

ERC 1056을 사용하여 이더리움에 개인 데이터를 저장할 필요가 없다. 분산 공개키 기반구조는 데이터가 기록되는 허브에 연결하는 데 간단하게 사용할 수 있다. 이를 통해 GDPR과 같은 규정을 더욱 제대로 준수할 수 있다. 이 주제에 대한 논의가 아직 진행 중이지만 오프체인 신원 데이터가 삭제되면 온체인 정보는 더 이상 개인 데이터로 간주되지 않을 수 있다.

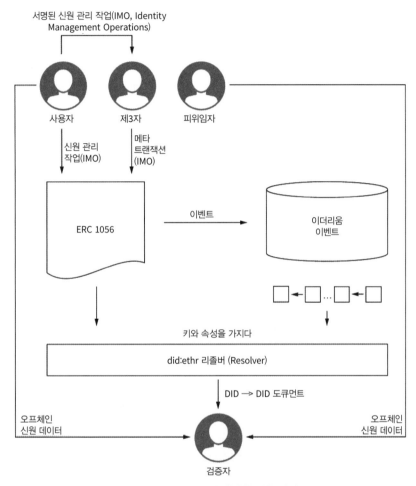

그림 D.2 ERC 1056을 활용한 신원 관리

소유자와 피위임자

ERC 1056을 사용하면 개인키를 사용한 간단한 작업으로 모든 이더리움 계정이 신원의 소유자가 될 수 있다. 신원의 소유자는 해당 계정의 소유자와 동일하게 된다. 이더리움 계정은 오프체인에서 생성할 수 있기 때문에 이더리움 트랜잭션이 필요하지 않다. 단일 ERC 1056 스마트 컨트랙트가 애플리케이션 또는 애플리케이션 그룹에 대한 모든 신원의 소유자를 추적할 수 있으므로 현재로서는 새로운

스마트 컨트랙트를 배포할 필요가 없다. 이러한 이점은 사물 인터넷 분야와 같이 수십억 개의 신원을 생성해야 하는 분야에서 신원 생성 시 가스 비용을 대폭 줄여주며, 이는 매우 중요하다.

소유자를 온체인에 기록하는 것은 소유자가 변경된 경우에만 필요하다. 레지스트리가 특정 신원에 대한 항목을 포함하지 않는 경우, 소유자가 변경되지 않은 것으로 가정하고 이더리움 계정의 주소를 제시하여 공개 인증 및 검증 키를 오프체인에서 파생할 수 있다.

다중 서명 컨트랙트와 같은 프록시 컨트랙트를 사용하여 ERC 1056 신원의 소유자가 되는 것은 가능하다. 신원의 소유자는 메타 트랜잭션을 사용하여 스마트 컨트랙트의 새로운 소유자로 신규 이더리움 계정을 설정하면 된다. 이러한 접근 방식은 후견, 엔터프라이즈급 키 관리, 소셜 복구 또는 더 복잡한 소유권 관계를 지원한다.

ERC 1056 신원은 또한 유효한 시간 동안 또는 소유자가 위임을 취소할 때까지 신원의 소유자를 대신할 수 있는 이더리움 계정이 복수의 대리인을 설정할 수 있다. 이는 신원 소유자가 대리인을 지정하거나 특정 당사자와 오프체인 데이터의 소유권을 공유하려는 경우에 유용하다. 예를 들어, 오프체인 데이터가 스마트 락smart lock을 해제하는 데 사용되는 자격증명인 경우 소유자는 파트너를 대리인으로 추가하여 소유자와 대리인 모두가 보호된 소유물에 접근할 수 있다.

기타 ERC

- ERC 725 v2 및 ERC 1056은 현재 이더리움에서 표준화되고 있는 가장 완벽한 두 가지 신원 시스템이지만 생태계의 다양성으로 인해 더 많은 것이 있을 수 있다. 사실, 이미 더 작은 범위의 여러 제안을 ERC에서 볼 수 있다.
- ERC 734, '키 관리자' 및 ERC 735, '클레임 보유자'는 ERC 725 v2와 함께 작동하여 키 관리 및 클레임 요소에 대한 상세한 내용을 제공한다.
- ERC 780, '이더리움 클레임 레지스트리'는 ERC 1056의 저자가 작성했으며 자체 발급 클레임과 P2P 클레임 모두에 대한 표준을 제공한다.
- ERC 1812, '이더리움 검증 가능한 클레임'은 부분적으로 GDPR과 같은 새로운 규정 준수의 필요성으로 인해 클레임을 온체인 대신 오프체인으로 설정한다.

이 글을 읽을 즈음에는 이더리움 블록체인에 자기주권신원의 새로운 방식으로 접근하는 매력적이고 새로운 ERC가 있을 수 있다.

결론

ERC 725와 ERC 1056은 서로 다른 기능을 하는 자기주권신원에 대한 두 가지 접근 방식이다. ERC 725는 이더리움 계정을 공개된 온체인 신원으로 만드는 데 중점을 두고 있으며, 여기에는 정보를 얼마든지 추가할 수 있다. 이것은 주로 블록체인에 활성화되고 다른 블록체인의 참여자들과 상호 작용하기 위한 것이다. 이와 대조적으로 ERC 1056은 모든 신원 정보를 오프체인으로 유지한다. 온체인 스마트 컨트랙트는 해당 신원에 대한 공개키 레지스트리 역할을 한다. 이더리움에서 작업을 수행하는 다른 방법이 항상 존재하기 때문에 더 많은 방법이 있을 수 있다.

SSI의 원칙

2020년 가을, 소버린 재단Sovrin Foundation은 글로벌 SSI 커뮤니티를 대표하여 SSI에 대한 다양한 정의를 하나의 포괄적인 원칙으로 통합하기 위해 노력하기 시작했다. 5개월에 걸쳐 80명 이상이 참여한 인터인터넷 아이덴티티 워크숍IIW 세션을 포함한 수많은 회의와 문서 작업을 통해 원칙을 아래와 같이 12개로 요약했다. 2021년 8월 현재, 전 세계적으로 자원한 사람들에 의해 16개의 언어로 번역되었다. 이 모든 번역본은 소버린 재단(https://sovrin.org/principles-of-ssi)에 의해 SSI 커뮤니티를 대표하여 게재되었다. 아래의 내용은 한글 버전[1]이다.

SSI의 기본 원칙은 모든 디지털 신원 생태계에서 사용하기 위한 것이다. 모든 조직은 이러한 원칙을 완전하게 포함하는 경우 디지털 신원 생태계 거버넌스 프레임워크에 이러한 원칙을 통합할 수 있다. SSI의 원칙은 관련 관할권에서 적용되는 공식적인 법률 및 규정에 의해서만 제한되어야 한다.

1. 표현

SSI 생태계는 어떠한 개체(인간적, 법적, 자연적, 물리적 또는 디지털적 실체)라도 디지털 신원을 통해 표현될 수 있도록 수단을 제공해야 한다.

2. 상호 운용성

SSI 생태계는 로열티가 없는 공개 표준을 사용함으로써 각각의 개체를 위한 디지털 신원 데이터가 상호운용적으로 표현, 교환, 보호되도록 해야 한다.

---

1 [옮긴이] 역자가 번역 및 검토 후 소버린 재단에 제공하여 게시된 내용과 동일함(https://sovrin.org/wp-content/uploads/Principles-of-SSI-V1.01-Korean.pdf)

3. 분산화

SSI 생태계는 개체의 디지털 신원 데이터를 표현Represent, 통제Control, 검증Verify하는데 있어 중앙형 시스템이 요구되지 않도록 해야 한다.

4. 통제 및 대리

SSI 생태계는 자신의 신원과 관련된 자연적, 인간적, 법적 권리를 가진 개체(신원권리보유자Identity Rights Holder)가 자신의 디지털 신원을 사용할 수 있는 통제권을 제공하고, 또한 자신이 선택한 대리자 혹은 보호자에게 그 권한을 위임함으로써 이러한 통제권을 행사할 수 있는 권리 역시 제공해야 한다. 이러한 위임의 대상은 개인, 조직, 기기 그리고 소프트웨어를 포함한다.

5. 참여

SSI 생태계는 신원 권리 보유자의 참여가 요구되지 않도록 해야 한다.

6. 형평성과 포용

SSI 생태계는 신원 권리 보유자가 그 거버넌스 구조 내에서 배제되거나 소외되지 않도록 해야 한다.

7. 사용성, 접근성 및 일관성

SSI 생태계는 신원 권리 보유자가 에이전트 및 기타 SSI 구성요소에 대한 사용성, 접근성 그리고 사용자 경험의 일관성 측면이 극대화될 수 있도록 해야 한다.

8. 이식성

SSI 생태계는 신원 권리 보유자가 자신의 디지털 신원 데이터 사본을 에이전트나 자신이 선택한 시스템으로 이동 또는 전송할 수 있는 가능성을 제한하지 않아야 한다.

9. 보안

SSI 생태계는 신원 권리 보유자가 안전하게 자신의 디지털 신원 데이터를 보호하고, 자신의 식별자와 암호화 키를 관리할 수 있으며, 모든 상호작용에 대해 종단 간 암호화가 적용될 수 있는 환경을 제공해야 한다.

10. 검증 가능성 및 진위성

SSI 생태계는 신원 권리 보유자가 자신의 디지털 신원 데이터에 대한 진위성을 검증할 수 있는 증거 Proof를 제공할 수 있도록 해야 한다.

11. 프라이버시 및 최소한의 공개

SSI 생태계는 신원 권리 보유자가 자신의 디지털 신원 데이터에 대한 프라이버시를 보호할 수 있도록 하고, 특정한 상호작용에 대해 요구되는 최소한의 디지털 신원 데이터를 공유할 수 있도록 해야 한다.

12. 투명성

SSI 생태계는 신원 권리 보유자 및 다른 이해 관계자들이 SSI 생태계의 에이전트 및 기타 구성 요소가 작동하는 인센티브, 규칙, 정책 및 알고리즘을 이해하는 데 필요한 정보에 쉽게 접근하고 검증할 수 있도록 해야 한다.

공동 저자 소개

아미르 S. 압둘라AAMIR S. ABDULLAH, 라이브북는 현재 콜로라도의 법률정보관리자law librarian**1**이다. 텍사스에서 5년 동안 변호사로 일하면서 주 및 연방 사건을 처리했다. 정의에 대한 접근과 법과 기술의 융합에 열정적이다. 인터넷바Internetbar.org, 휴스턴 리걸 해커Houston Legal Hacker 및 소버린 후견 TFSovrin Guardianship Task Force에서 일했다.

이그나시오 알라밀로-도밍고 박사 Dr. IGNACIO ALAMILLO-DOMINGO, 24장는 로걸티Logalty에서 최고 정보보호 책임자CISO를 겸임하고 아스트레아Astrea에서 유럽 변호사 겸 경영 파트너로 재직중이다. 또한 스페인 무르시아대학교University of Murcia의 혁신.법률.기술 연구 그룹iDerTec Research Group과 협업하고 아라스트리아 블록체인 프로젝트Alastria Alastria Blockchain Ecosystem에서 최고 신뢰 책임자로 재직중이며, ETSI TC ESI, CEN-CLC/JTC19, ISO TC 307, ISO/IEC-JTC1/SC27를 포함한 표준화 활동에도 참여하고 있다.

크리스토퍼 앨런CHRISTOPHER ALLEN, @ChristopherA, 부록 C은 협업, 보안 및 신뢰를 전문 분야로 하는 기업가이자 기술자이다. 그는 넷스케이프Netscape와 협력하여 전송계층보안(SSL)을 개발했으며 웹에서 보안 상거래의 핵심인 국제인터넷표준화기구IETF, Internet Engineering Task Force의 전송 계층 보안TLS, Transport Layer Security 인터넷 초안을 공동 집필했다. 최근에는 블록스트림Blockstream의 수석 설계자였으며 W3C 자격증명 커뮤니티 그룹W3C Credentials Community Group의 공동 의장으로서 표준 관련 업무를 담당하고 있다. 분산 신원 재단DIF, Decentralized Identity Foundation과 블록체인 커먼즈Blockchain Commons의 설립자이기도 하다. 또한 반기마다 열리는 리부팅 신뢰의 웹 설계 워크숍Rebooting the Web of Trust design workshops을 설립하여 운영하고 있다.

---

1   옮긴이 법률 정보관리자(law librarian)는 법률 정보를 전문적으로 다루는 정보 전문가이다. 로스쿨, 로펌, 기업 및 정부 기관을 포함한 다양한 법적 및 비법률적 조직에서 일하며 품질과 정확성을 위해 법률 관련 다양한 자료를 조사, 분석 및 평가한다. 이들은 또한 가르치고, 훈련하고, 도서관 장서를 개발하고, 도서관과 정보 센터를 관리한다(미국 덴버 대학교 로스쿨 웹사이트).

섀넌 아펠클린SHANNON APPELCLINE, @appelcline, 21장은 블록체인 생태계 경험이 풍부한 테크니컬 라이터이다. 타원곡선 암호화ECC, Elliptic Curve Cryptography알고리즘 혁신 기업 쎄리콤Certicom, 비트코인 선두 기업 블록스트림Blockstream, 블록체인 재산권 선두기업 비트마크Bitmark에서 근무했다. 또한 리부팅 신뢰의 웹Rebooting the Web of Trust의 편집국장을 맡아 차세대 분산 기술에 대한 40여 편의 논문을 게재하기도 했다.

제프 아레스티JEff ARESTY, 라이브북국제 비즈니스 법률, 사이버 법률 및 기술 이전 분야에서 40년 이상의 경력을 보유한 국제 비즈니스 및 이커머스 분야 변호사이다. 그는 온라인 분쟁 해결에 대한 선도적인 전문가이며 기술과 온라인 법률 시스템의 활용을 통한 인권 증진에 전념하고 있다. 2005년 4월에 개발 지역과 분쟁 지역에서의 개인에게 지속가능한 소득 기회를 주기 위해 주식회사 인터넷바Internetbar.org, IBO를 설립했다. 온라인에서의 상호 작용을 위한 통합된 법률 프레임워크를 개발함으로써, IBO는 기술, 커뮤니케이션 및 혁신적인 사회 및 경제적 정의 이니셔티브로 지역사회에 힘을 실어주면서 전 세계 현지 파트너와 협력할 수 있게 되었다.

팀 보우마TIM BOUMA/@trbouma, 23장는 캐나다 정부 최고정보책임자Chief Information Officer of Canada 산하 사이버 보안 부서 내 디지털 신원에 대한 선임 분석가로 재직했으며, 2021년 1월 CIO Strategy Council의 검증 및 평가 담당 이사로 자리를 옮겼다. 신원 관리를 위한 캐나다 재무 위원회Canada Treasury Board에서 정부 정책 문서의 주요 작성자이자 범 캐나다 신뢰 프레임워크Pan-Canadian Trust Framework 개발 부문 수석 분석가를 역임했으며, 캐나다 정부에서 범 캐나다 보증 모델Pan-Canadian Assurance Model, 신뢰하는 신원에 대한 범 캐나다 접근 방법Canadian Approach to Trusting Identities, 연합형 신원 관리Federating Identity Management 등의 다양한 정책 및 전략 문서를 작성하거나 기고하였다.

대니얼 버넷 박사DR. DANIEL BURNETT/@DanielCBurnett, 7장는 20년 동안 주요 웹 및 인터넷 표준화의 선두자였다. W3C와 IETF에서 여러 워킹 그룹의 (공동) 의장을 역임했으며 음성XML 포럼VoiceXML Forum의 의사회 의장을 역임했고 현재 IEEE-ISTO의 이사를 역임중이다. 또한 사우스웨스턴 벨Southwestern Bell, 뉘앙스Nuance, 복세오Voxeo, 트로포Tropo에서 일했고 지금은 컨센시스ConsenSys와 페가시스 표준 그룹PegaSys standards group에서 일하고 있으며, 또한 W3C의 검증 가능한 자격증명 데이터 모델Verifiable Credentials Data Model 사양의 공동 편집자이자 검증 가능한 클레임 워킹 그룹Verifiable Claims Working Group의 공동 의장이다.

 데이비드 W. 채드윅David W. Chadwick, 7장은 영국 켄트 대학University of Kent, UK 의 정보 시스템 보안 교수로 20년 넘게 분산 인증 시스템 분야에서 일해 왔으며 X.509 속성 인증서를 최초로 구현한 페르미스PERMIS[2] 인증 인프라의 아키텍트로 일했다. 30년 이상 국제 표준에 기여했으며, 두 개의 인터넷 RFCrequest for comments[3]를 공동 집필했으며, X.518의 편집자였으며, X.509 권한 관리에 대한 상당한 부분을 작성했으며, 현재 W3C 검증 가능한 자격증명 워킹 그룹W3C Verifiable Credentials Working Group에 초청된 전문가이다.

 네이선 쿠퍼NATHAN COOPER/@buff_n_n, 라이브북는 국제 적십자 연맹의 재해 대비 혁신 선임 고문이다. 지난 20년 동안 그는 인도주의적 비상사태에 대비하고 대응하면서 다양한 국제적 상황에서 일했다. 가장 최근에는 케냐의 가뭄 피해를 입은 가정에 원조를 배분하기 위해 사용되는 현금 이체 시스템에 블록체인을 테스트하기 위해 여러 단체들을 규합했다.

 마르코 쿠오모MARCO CUOMO, 22장는 블록체인, IoT, API 관리 등과 같은 신기술의 탐색, 엔지니어링 및 구현을 담당하는 선임 디지털 솔루션 아키텍트이다. 그는 2005년부터 노바티스Novartis에서 일했고, 2016년부터는 블록체인 분야와 제약 분야 활용 사례 등을 집중적으로 살펴보고 있다. 소프트웨어 개발, 엔지니어링, 운영, 서비스 관리 및 솔루션 설계 분야에서 다양한 직책을 역임했다.

 산티아고 드 디에고SANTIAGO DE DIEGO, 19장는 그라나다 대학University of Granada의 수학자이자 IT 엔지니어로 침투 테스트pentesting,[4] 프로그래밍 및 정보 보안과 관련된 여러 국내 및 국제 회의에 참여했다. 현재 테크날리아 연구 및 혁신Tecnalia Research & Innovation에서 사이버 보안 연구원으로 근무하며 주요 인프라, 분산 원장 기술 및 암호화에 대한 사이버 보안에 대해 연구하고 있다.

---

2 [옮긴이] PERMIS(PrivilEge and Role Management Infrastructure Standards)는 미국표준기술연구소(NIST, National Institute of Standards and Technology) 표준 역할 기반 접근 제어(RBAC, Role-Based Access Control) 모델의 향상된 버전을 구현하는 정교한 정책 기반 권한 부여 시스템이다. PERMIS는 사용자에게 역할을 중앙 집중식으로 할당하는 NIST 모델과 달리 여러 분산 속성 권한이 사용자에게 역할과 속성을 모두 할당하는 것을 지원한다. PERMIS는 공개키 암호화 기술과 X.509 속성 인증서를 사용하여 사용자의 속성을 유지 관리하는 암호로 안전한 권한 관리 인프라(PMI)를 제공한다(미국 덴버 대학교 로스쿨 웹사이트).

3 [옮긴이] 미국의 인터넷 아키텍처 위원회(IAB)가 인터넷에 관한 조사, 제안, 기술, 소견 등을 공표한 온라인 공개 문서 시리즈. 네트워크 프로토콜 또는 서비스를 구현할 때 필요한 절차와 형식 등 인터넷에 관한 정보를 알리기 위한 주요 수단으로 사용되고 있다(네이버 지식백과).

4 [옮긴이] Penetration test를 줄여서 Pentest라고도 하는데, 구어체로 펜 테스트, 침투 테스트 또는 윤리적 해킹으로 알려진 침투 테스트는 시스템 보안을 평가하기 위해 수행되는 컴퓨터 시스템에 대한 승인된 가상 사이버 공격으로 취약성 평가와 혼동되어서는 안된다(위키피디아).

아모스 돈보스AMOS DOORNBOS/@AmosfromFaces, 라이브북는 월드비전 인터내셔널 World Vision International의 재난 관리 전략 및 시스템 책임자이자 소버린 재단 Sovrin Foundation의 모든 것을 위한 신원 위원회ID4A(ID for All) Council의 구성원이 다. 인도주의 단체를 위한 최종 단계에서 디지털 등록 시스템으로의 전환을 주도 했으며 25개 이상의 국가에서 인도적 지원 분야 15년 이상의 경험을 가지고 있다.

리처드 에스플린RICHARD ESPLIN, 12장은 프로덕트 담당자이자, 기술 전파자이다. 엔 지니어링에서부터 스타트업, 글로벌 기업에서의 영업, 마케팅에 이르기까지 다양 한 경험을 가지고 있다. 그는 에버님Evernym에서 자기주권신원(SSI)용 오픈 소스 솔루션을 개발하여 정보 격차를 해소하는 데 주력하고 있다.

다니엘 프리츠 Daniel FRIZ, 22장는 노바티스Novartis의 공급망 도메인 설계자로, 비 즈니스를 혁신할 새로운 기술의 아키텍처 비전 및 선택을 담당하고 있다. 미군, IT 컨설팅, 제약 제조 및 글로벌 공급망 기업에서 25년간 리더십과 공급망 IT 경 험을 보유하고 있으며 또한 미국생산재고관리협회APICS, American Production and Inventory Control Society의 생산재고관리사CPIM, Certification Production and Inventory Management와 공급망관리사CSCP, Certified Supply Chain Professional 및 공급망 운영 전문가SCOR-P(Supply Chain Operations Reference-Professional) endorsement 자격을 보유하고 있다.

다니엘 하드만DANIEL HARDMAN/@dhh1128, 3장, 5장과 라이브북은 수십 년 동안 소프트 웨어를 구축했고 포춘 500대 기업에서 소규모 신생 기업, 인큐베이터 및 다국적 기업의 사업부에서 엔지니어링 팀을 이끌었다. 에버님의 수석 설계자이자 SICPA 의 주요 생태계 엔지니어였던 지난 몇 년 동안 사이버 보안 담당자 시절부터 SSI 와 블록체인과 더불어 신원 및 개인정보보호에 관여해 왔다. 또한 소버린 네트워 크Sovrin Network의 창립에 참여했으며 소버린 기술 거버넌스 위원회Sovrin Technical Governance Board 의 간사로 활동하고 있다.

데이비드 하니DAVID HARNEY, 라이브북는 아이리쉬 라이프Irish Life에서 30년 이상 재 직 중으로 2016년 7월 CEO로 임명되었으며 아일랜드 보험계리사 협회의 회원이 다. 데이비드의 디지털 시대에 아일랜드인의 건강과 금전적으로 삶을 변화시키는 것에 관심을 가지고 있다.

제이크 호스테틀러JAKE HOSTETLER, 라이브북는 특히 신원의 영역에서 블록체인의 가능성에 대한 인식을 높이는 데 관심을 둔 국제적 마인드를 가진 작가이다. 메타디움Metadium, 회사명은 코인플러그 팀의 일원으로서 그는 '진정한' 자기주권신원을 현실화하는 것을 목표로 글로벌 파트너십에 중점을 둔다. 제이크는 미국에서 자랐고 디킨슨 칼리지Dickinson College에 다녔으며 필라델피아에서 몇 년 동안 제약 산업에서 경험을 쌓은 후 독일 아헨Aachen으로 이주하여 소프트웨어 분야에서 글을 쓰고 작업하기 시작했다. 메타디움 팀을 지원하기 위해 한국 서울로 거처를 옮겼으며, 현재는 바이오 스타트업 BIOGRAPHENE에서 시압 개발 선임 매니저로 근무 중이다.

자스민 후버JASMIN HUBER, 라이브북는 아일랜드 칼로의 공과대학Institute of Technology in Carlow에서 공급망 관리를 전공하는 석사 과정 학생이다. 독일 바이로이트 대학University of Bayreuth에서 경영학 학사 과정에서 운영 관리 및 정보 시스템 관리 분야를 전공했다. 비즈니스 정보 시스템에 중점을 두면서 SSI라는 새로운 주제에 관심을 갖게 되어 이에 대한 학사 논문을 집필했고, 현재 석사 논문에서 SSI와 공급망 관리의 연구 분야를 결합하는 것을 목표로 하고 있다.

비공개 저자@infominer33, 16장는 오픈 소스 정보 교환, 분산 신원, 콘텐츠 생성 및 게시에 중점을 둔 웹 작업, 블록체인 및 암호 시스템의 분야를 공부하고 있는 학생이자 야심찬 사이퍼펑크이다. 이러한 복잡한 주제를 보다 쉽게 탐색할 수 있도록 블록체인 및 암호화폐와 관련된 역사 및 정보를 목록화하고 있다. 이 글을 쓰는 시점에서 비트코인과 관련된 분산 신원과 역사는 가장 관심을 가지고 다루는 주제다.

리크 요스트RIEKS JOOSTEN/@TNO_Research, 2장는 현재 TNO 리서치의 선임 과학자로, 자기주권신원 그룹과 네트워크화된 리스크 관리Networked Risk Management[5] 그룹의 책임자이다. 2014년부터 IT 보안 표준의 27000 시리즈를 관리하는 ISO/IEC JTC1/SC27 WG1 그룹의 전문가 회원이며, 1990년대 중반에 세계에서 가장 빠른 비대칭 암호화 칩 설계를 담당했고 마쯔시다Matsushita의 첫 번째 휴대용 컴퓨터를 위한 운영체제, 시스템 소프트웨어 및 소프트웨어 도구를 만든 네 명 중 한 명이었다.

---

5 옮긴이 NRM(Networked Risk Management)은 동적 위험 관리를 목표로 하는 방법론이다. 방법론은 위험 관리에서 성공 거버넌스로 마음의 전환을 촉진한다. 그 결과 실패로 이어질 수 있는 위험의 책임 있는 우선 순위를 지정한다. NRM은 ISO/IEC 27000과 같은 표준 및 위험 평가를 위한 기존 방법과 결합하여 적용할 수 있다(TNO 웹 사이트).

폴 놀스PAUL KNOWLES, 라이브북는 스위스 제네바에 기반을 둔 비영리 기술 단체인 인류발전재단Human Colossus Foundation의 자문위원회 의장이다. 제약 생체 인식 분야에서 25년 동안 로슈Roche, 노바티스Novartis, 글락소스미스클라인GlaxoSmithKline, 암젠Amgen 및 화이자Pfizer와 같은 회사에서 근무한 분산형 시맨틱스 전문가로 데이터 모델 및 데이터 표현 형식 전반에 걸쳐 데이터의 의미를 제대로 정립하기 위해 오버레이 캡처 아키텍처OCA, Overlays Capture Architecture를 비롯한 분산 기술을 표준화하는 ToIP 재단Trust over IP Foundation의 시맨틱스 워킹 그룹Semantics working group[6]을 이끌고 있다. 또한 IEEE, 마이데이터 글로벌MyData Global 및 칸타라 이니셔티브Kantara Initiative[7]에서 적극적인 기여를 하고 있다.

제이슨 로JASON LAW, 부록 B는 픽스페이크FixFake의 공동 설립자이자 CTO이다. 기술자, 혁신가 및 기업가인 제이슨은 온라인에서 본 것이 진짜인지 알 수 있는 도구와 기술에 관심을 가진다. 에버님의 공동 창립자이자 CTO였으며 소버린 재단이 소버린 원장을 출시한 후 리눅스 재단에 기여하여 하이퍼레저 인디Hyperledger Indy 프로젝트가 된 오픈 소스 분산 원장 기술의 수석 아키텍트이었다.

칼라 맥케나KARLA MCKENNA, 라이브북는 글로벌 법인식별기호 재단Global Legal Entity Identifier Foundation, GLEIF의 표준 책임자이자 전무 이사로 금융 서비스 분야의 국제 표준 전문가로 이 재단에서 표준 개발 및 구현을 촉진하는 일을 담당하고 있다. 2006년부터 2018년까지 ISO 기술위원회 68ISO/TC 68에서 금융 서비스 의장을 역임했으며 금융 서비스 표준에 대한 표준 상호 운용성, 규제 사용 및 모범 사례 분야에서 위원회와 계속 협력하고 있다. 현재 확장가능한 사업보고용 전산언어extensible business reporting language, XBRL International의 이사로 재임중이며 유로파일링 재단Eurofiling Foundation의 초대 이사이다.

6　[옮긴이] 칸타라 이니셔티브(Kantara Initiative)는 '공통' 윤리학으로 501c(6) 비영리 산업 전문 무역 협회를 운영하여 정체성과 개인 데이터 관리 표준을 개발하는 일을 하고 있다. 디지털 아이덴티티 관리 및 데이터 프라이버시 분야에서 신원 및 개인 데이터의 신뢰할 수 있는 사용을 향상시키는 데 중점을 둔다(위키피디아).

7　[옮긴이] 정식 명칭은 시맨틱스 영역 워킹 그룹(Semantics Domain working group)으로 목적은 인터넷 규모 배포를 위해 변경할 수 없는 스키마 기반과 상호 운용 가능한 오버레이로 구성된 데이터 캡처 아키텍처를 정의하는 것이고 범위는 이러한 표준이 리눅스 재단에서 호스팅되든 외부에서 호스팅되든 ToIP 스택 전체에서 데이터 캡처 프로세스 및 기타 의미론적 표준에 통합을 가져오는 사양 및 모범 사례를 정의하는 것이다(TNO 웹 사이트).

안드레 쿠드라 박사 Dr. ANDRE KUDRA,라이브북는 정보 보안과 SSI에 열정적이다. 유럽 경영대학원European Business School에서 박사 학위를, 미국 제임스 매디슨 대학James Madison University에서 컴퓨터공학 학사 학위를 받았다. 2013년부터 강력한 SSI 비전을 가진 독일 기술 회사인 이스테이터스 AGesatus AG의 CIO로 재직하고 있다. 이스테이터스 AG는 소버린 재단 노드 운영자Steward이자, ToIP에 참여하고 있고, ISO/TC 307의 블록체인 신원 표준화에 기여하고 있다. 또한 독일 텔레 신뢰 IT 보안 협회 TeleTrustT IT Security Association의 이사로 블록체인 및 보안 플랫폼Blockchain and Secure Platform 워킹 그룹을 이끌고 있다.

잭 A. 나자리안JACK A. NAJARIAN, 라이브북은 텍사스 휴스턴 지역에 거주하며 활동하는 기업 및 부동산 변호사로 주로 중개 시장의 기업과 기업가를 대표하며 비즈니스 거래에서 고객에게 조언하고 대표하며 비즈니스를 구조화하는 데 중점을 둔다. 여가 시간에는 현재 회원으로 있는 인터넷바Internet Bar와 같은 조직에서 디지털 신원과 같은 크고 중요한 글로벌 법적 문제를 해결하는 데 자원 봉사를 하고 돕는다.

만리트 니자르 박사DR. MANREET NIJJAR/@truu_id, 라이브북는 전염병 분야 및 일반 내과 의사로 영국의 의료 보험NHSS, National Health Service에서 10년 이상 근무했다. 지난 4년 동안 그는 의료 생태계에서 분산 디지털 신원의 역할에 집중했다. NHS에서 분산 원장 기술의 사용을 평가하는 프로젝트 팀의 구성원이며, 의회의 블록체인 및 의료 분과 소위원회 자문 그룹에 소속되어 있고 의료 분야의 분산형 디지털 신원을 위한 IEEE 사전 표준 그룹의 공동 의장을 맡고 있다.

대럴 오도넬DARRELL O'DONNELL/@darrello, 9장은 기술 기업가, 이사회 구성원이자, 여러 투자자, 기업, 정부 및 군사 분야의 고문으로 현재 분산 신원과 이것이 금융, 의료 및 기타 산업에 미치는 영향에 관심을 두고 있다. 여러 기술 및 비즈니스 커뮤니티에서 적극적으로 자원 봉사하고 젊은 기술자들에게 멘토링을 제공한다.

다니엘 파라모DANIEL PARAMO, 13장은 스위스swys의 공동 설립자이자 에코 인텔리전트 솔루션즈Echo Intelligent Solutions의 설립자이며, 검증 가능한 자격증명, 블록체인 및 분석을 사용하여 학생, 근로자 및 기관 간의 커뮤니케이션, 발급 및 검증을 용이하게 하는 기업 엑서티파이Xertify의 고문이다. 그는 블록체인 및 공유 경제와 관련된 여러 신생 기업을 설립했으며 러닝 머신Learning Machine의 거래처 담

당 임원 및 벨 플라이트Bell Flight의 비즈니스 개발 담당 및 엔지니어로 일했다.

박성준라이브북은 코인플러그Coinplug에서 블록체인 기반 서비스를 제공하기 위한 새로운 비즈니스 개발에 집중하고 있다. 토론토에서 어린 시절의 대부분을 보냈고 워털루 대학교에서 컴퓨터 공학을 공부했으며 이후 모국인 한국으로 건너와 딜리 버리 히어로 코리아Delivery Heros Korea에서 데이터 사이언티스트로 시작하여 다 양한 환경 요인과 인센티브 모델이 상품과 서비스를 구매할 때 인간 행동에 미치 는 영향을 분석했다. 현재는 남미와 동남아시아에서 여러 분산 신원 프로젝트를 이끌고 있으며 한국 에서 블록체인 기술을 활용하는 다른 프로젝트도 책임지고 있다.

스코트 페리SCOTT PERRY, 라이브북는 Scott S. Perry CPA, PLLC의 대표이다. 이 회 사는 미국 전역에서 사이버 보안 컨설팅 및 감사 분야의 사업을 영위하는 미국 회 계 법인이다(인증 기관에 WebTrust 의견 보고서를 발행할 수 있는 라이센스를 받은 소수 의 회계법인 중 하나로 웹사이트에 디지털 인증서를 발급한다). 2005년부터 미국 연방 공 개키 기반구조Public Key Infrastructure, PKI 디지털 신원 네트워크의 고문 및 감사직 을 맡고 있으며 소버린 거버넌스 프레임워크Sovrin Governance Framework의 기고자이자, Sovrin Trust Assurance Framework의 주요 저자이다. 또한 Trust Over IP Foundation의 거버넌스 스택 워킹 그룹 Governance Stack Working Group의 공동 의장이기도 하다.

존 필립스JOHN PHILLIPS/@11dot2john, 18장는 우주 산업에서부터 금융 및 고등 교육 에 이르는 분야에서 20년 이상의 국제적 경험을 보유하고 있다. 전문가 관리 대행 기관Expert Management Agency인 460degrees에서 신흥 기술을 선도하고 교육 부문 에서 일하고 있다. 현재 소버린 후견 워킹 그룹Sovrin Working Group on Guardianship 의 공동 의장 겸 호주 정부의 산업과학에너지자원부Department of Industry, Science, Energy, and Resources의 국가 블록체인 로드맵 운영 위원회의 자격증명 워킹 그룹 회원이다.

크리스 라츠코프스키CHRIS RACZKOWSKI, 20장는 다국적 대기업과 스타트업에서 25년 이상의 국제적 전문 경험을 갖고 있으며 여러 기술의 개발 및 상업화를 주도하였 으며, R&D, 엔지니어링 및 경영진 비즈니스 리더십 역할 등의 업무를 담당했다. 지난 3년 동안 SSI 사용 사례에 중점을 둔 여러 회사를 설립하고 이끌었고 현재 소버린 재단의 이사회 의장이기도 하다.

데이브 로버츠DAVE ROBERTS, 23장는 캐나다 정부 CIO 산하의 디지털 신원 수석 분석가이다. 범캐나다 신원 관리 검증 표준 및 범캐나다 신원 관리 정보 교환 사양을 포함하여 다양한 캐나다 재무부 표준 및 사양을 저술하거나 기여했다. 현재 범캐나다 신뢰 프레임워크Pan- Canadian Trust Framework의 공공 부문 프로필 개발 수석 분석가로 일하고 있으며 35년 동안 캐나다 정부에서 IT 전문가로 일하고 있다.

앤드류 로완 박사DR. ANDREW ROWAN, 20장는 신원의 가치를 지지하고 동물 복지 과학, 동물 및 환경 지원 분야에서 40년 이상의 경험을 가지고 있다. 정부 및 기업 자문 위원회와 국내 및 국제 비정부기구의 수많은 이사회에서 활동했으며 가장 최근에는 미국동물보호협회HSUS, Humane Society of the United States의 야생 구역 신뢰Wildlife Land Trust 이사회 의장과 함께 휴메인 소사이어티 인터내셔널Humane Society International의 CEO를 역임했다.

티모시 러프TIMOTHY RUFF, 부록 B는 디지털 트러스트 벤처스Digital Trust Ventures의 GPGeneral Partner이자 크리덴셜 마스터Credential Master의 CEO이다. 또한 에버님의 공동 창립자이자 소버린 원장의 공동 발명가였다. 또한 SSI와 검증 가능한 자격증명으로 가능해진 비즈니스 모델 전용 팟캐스트인 '사일로 파괴Breaking Silos'의 호스트이다.

마커스 사바델로MARKUS SABADELLO/@peacekeeper, 8장과 14장는 Federated Social Web, 리스펙트 네트워크Respect Network, 프리덤박스FreedomBox와 같은 분산화 운동의 초기 참여자였다. 인터넷과 소사이어티를 위한 하버드 버크만 센터Harvard Berkman Center for Internet & Society, MIT 미디어 랩Media Lab의 인간 동적 그룹 Human Dynamics Group, 세계경제포럼World Economic Forum 및 개인 데이터 생태계 컨소시엄Personal Data Ecosystem Consortium에서 분석가 및 컨설턴트로 일했다. 2015년에 소버린 재단, 분산 신원 재단 및 전 세계의 다양한 SSI 프로젝트에 기여하는 컨설팅 및 개발 회사인 다누베 테크 Danube Tech를 설립했으며 또한 W3C DID Core 1.0(분산 식별자 핵심 1.0) 사양의 공동 편집자이다.

크리스토프 슈나이더CHRISTOPH SCHNEIDER, 라이브북는 글로벌 법인식별기호 재단 GLEIF의 IT 개발 및 운영 책임자이다. 2017년 6월 디지털 신원을 다루는 기술 위원회Technical Committee 68 핀테크 기술 자문 그룹FinTech Technical Advisory Group – ISO TC 68 FinTech TAG 작업 흐름의 공동 의장으로 ISO국제 표준화 기구에 합류했다. 금융 기술 솔루션을 개발하고 구현하는 데 광범위한 경험을 가지고 있으며 다름 슈타트 공과대학교Technische Universität Darmstadt에서 비즈니스 정보 시스템 석사 학위를 받았다.

 **닥 설즈**DOC SEARLS/@dsearls, 서문과 부록B는 인터넷에서 마케팅이 작동하는 방식을 단독으로 재정의한 책인 《The Cluetrain Manifesto》를 쓴 네 명의 공동 저자 중 한 명이며, '고객의 소리voice of the customer'를 위한 세계 최고의 지지자이다. '하버드 비즈니스 리뷰Harvard Business Review'에서 2012년에 출간한 그의 저서 《The Intention Economy》는 고객이 최종 책임을 지는 비즈니스에서 일어나는 변화를 설명했다. 자기주권신원이라는 용어는 공급자 관계 관리Vendor Relationship Management에 대한 하버드 버크만 메일링 리스트Harvard Berk- man mailing list에서 처음 만들어졌다. 또한 지난 15년 동안 SSI의 핵심을 구축한 인터넷 신원 워크숍Internet Identity Workshop의 설립자 중 한 명이다.

 **요하네스 자이들마이어**JOHANNES SEDLMEIR, 라이브북는 프라운호퍼 응용정보기술 연구소FIT, Fraunhofer Institute for Applied Information Technology의 프로젝트 그룹인 비즈니스 및 정보 시스템 엔지니어링 연구원이며 바이로이트 대학교University of Bayreuth 금융정보관리FIM, Finance & Information Management 연구 센터에서 정보 시스템 박사 학위 과정에 있다. 확장성 및 성능 문제, 에너지 소비 신화, 개인정보 보호 및 기밀성 문제를 포함하여 공공 및 민간 부문에서 분산 원장 기술(블록체인)을 적용하는 데 따르는 기술적 문제와 비즈니스 영향에 관심이 있으며, 이론 및 수리 물리학 석사 학위를 취득했다.

 **오스카 레이지 세라노**OSCAR LAGE SERRANO/@Oscar_Lage, 19장는 여러 회사의 자문위원회 위원인 테크날리아Tecnalia의 사이버 보안 담당 글로벌 책임자이며 유럽 최초의 산업 블록체인 연구소장이다. 엔터프라이즈 이더리움 얼라이언스와 하이퍼레저의 멤버로, 다분야의 스페인 블록체인 네트워크, 알라스트리아Alastria의 산업 노드 코디네이터, OECD 블록체인 전문가 정책 자문위원회 위원, 아메틱AMETIC의 블록체인 위원회 부회장, 유럽 사이버 보안기구와 산업 사이버 보안 센터의 주요 국제 사이버 보안 포럼 회원이다.

 **아미트 샤르마**AMIT SHARMA, 라이브북는 금융 시장, 위험 관리, 규정 준수 및 개발을 연계하는 수많은 프로젝트에 참여했다. 계정 및 다중 형식 지불에 대한 디지털 접근이 포함된 풀-스택 규제 기술 회사인 핀클루시브FinClusive의 설립자이자 CEO이다. 그 이전에는 임파워먼트 캐피탈Empowerment Capital, 마츠시다 UFJ 증권Mitsubishi UFJ Securities 및 미국 재무부를 포함하여 공공 및 민간 부문에서 근무했으며 미 재무부에서 테러 및 금융 정보국Office of Terrorism and Financial Intelligence, TFI을 처음 창설했을 때 초국가적 불법 금융 위협에 대처하기 위한 전략을 주도했으며 이후 헨리 폴슨Henry Paulson 장관이 이끄는 재무부 고위 인사들의 고문이자 차관보의 비서실장이었다.

 마이클 시어MICHAEL SHEA, 19장는 기술 분야에서 30년 이상의 경험을 가지고 있다. 현재 딩글 그룹Dingle Group의 상무이사이며 소버린 재단의 자기주권신원 및 사물 인터넷 TFSSI and IoT Task Force를 이끌고 있으며 IEEE P2933 클리니컬 사물인터 넷 워킹 그룹Clinical IoT Working Group의 신뢰 및 신원Trust and Identity 하위 그룹의 공동 의장이다. 여러 기업을 설립했으며 풋프린트프로젝트FootprintProject.org 및 이윙즈eWINGZ.aero의 고문이다.

 필립 셸드레이크PHILIP SHELDRAKE, 라이브북는 아카샤AKASHA 재단의 연구원으로 디 지털 혁신, 프로세스 엔지니어링, 시스템 사고, 조직 설계, 마케팅 및 커뮤니케이 션 전반에 걸친 경험과 전문 지식을 갖춘 공인 엔지니어이다.

 제이미 스미스JAMIE SMITH, 라이브북는 에버님의 사업 개발 수석 이사를 역임하였고, 최근엔 아바스트Avast의 사업개발 선임 매니저로 재직중에 있다. 전 세계적으로 디지털 기술과 파괴적인 비즈니스 모델을 설계하고 제공한 15년 이상의 경험을 가 지고 있으며, 조직이 새로운 SSI 접근 방식을 수용하고 성장을 주도하는 새로운 디지털 생태계를 구성하도록 지원하고 있다.

 사무엘 스미스 박사SAMUEL M. SMITH PH.D., 10장는 기업가이자 전략 컨설턴트로서 AI, 블록체인, 분산형 신원 시스템의 융합한다. 분산 신원, 평판 AI, 분산 컴퓨팅 및 머신 러닝에 관한 획기적인 백서를 지속적으로 작성하고 있으며 기본 표준을 형성하고 채택을 주도하는 데 적극적이다. 수많은 연방 자금 지원 연구 프로젝트 의 수석 연구원이었으며 키 이벤트 수신 인프라KERI의 창시자이며 그의 초기 백서는 소버린과 SSI에 영감을 주었다.

 올리버 테르부OLIVER TERBU/@OliverTerbu, 부록D는 2018년부터 컨센시스/유포트 ConsenSys/uPort의 신원 아키텍트였다. 또한 W3C 자격증명 커뮤니티 그룹, W3C 검증 가능한 클레임 및 분산 신원 재단의 워킹 그룹에서 활발히 활동 중이며, 이 더리움Ethereum Enterprise Alliance, OpenID 재단, ISO/IEC C307 WG2 블록체인 프라이버시, 보안 및 신원, 블록체인 및 분산 원장 기술에 대한 CEN/CENELEC 포커스 그룹에 참여하고 있다. 2018년까지 ISO/IEC JTC1/SC17 WG10의 회원이었고 온라인 모바일 운전 면허증 분야에서 활동했다.

오스칼 반 데벤터DR. M. OSKAR VAN DEVENTER/@TNO_Research, 2장는 블록체인 네트워킹 및 SSI에 대한 TNO의 선임 과학자로 그의 관심은 공공-민간 R&D 파트너십, 유럽 공동 R&D 프로젝트 및 국제 표준으로 국제 표준 기구에 적극적으로 기여하고 있다. SSI를 위한 세계 최고의 블록체인인 소버린 경제자문 위원회Sovrin Economic Advisory Council의 지명 회원이다. 또한 테크럽션Techruption 프로그램에서 블록체인 및 SSI에 대한 여러 프로젝트를 이끌고 있다.

파비안 보겔스텔러FABIAN VOGELSTELLER/@feindura, 부록 D는 오픈 소스 콘텐츠 관리 시스템(feindura.org)을 포함하여 많은 오픈 소스 프로젝트를 구축했다. 2015년 7월에 이더리움 재단에 합류하여 이더리움 지갑 및 미스트 브라우저와 같은 핵심 애플리케이션 중 일부를 구축했다. 그는 이더리움에서 가장 많이 사용되는 JavaScript 라이브러리인 web3.js와 같은 RPC API 및 개발자 도구를 제작했다. 또한 ERC 20 토큰 표준과 ERC 725 프록시 계정 표준을 제안했다. 현재 패션 및 디자인 분야를 위해 룩소LUKSO라는 블록체인을 구축하고 있다.

필 윈들리PHIL WINDLEY/@windley, 부록 B는 브리검영대학교BYU, Brigham Young University 정보 기술 부서의 수석 엔지니어이다. 2016년부터 2020년까지 소버린 재단의 창립 의장이었고, 인터넷 신원 워크숍(IIW)의 공동 창립자이자 주최자이기도 하며 브리검영대학교의 컴퓨터 과학 겸임 교수로 재직하고 있으며 인기 있는 '테크노메트리아Technometria' 블로그에 글을 게재 중으로 《라이브 웹The Live Web》(2011) 및 《디지털 신원Digital Identity》(2005)의 저자이기도 하다. 브리검영대학교의 컴퓨터 공학 교수이자 여러 인터넷 기술 회사의 설립자이자 CTO였으며 유타 주 정부에서 CIO를 역임했고 캘리포니아대학교 데이비스University of California, Davis에서 컴퓨터 공학 박사 학위를 받았다.

스테판 울프STEPHAN WOLF, 라이브북는 글로벌 법인식별기호 재단Global Legal Entity Identifier Foundation의 CEO로 2017년 1월부터 핀테크 기술 자문 그룹ISO TC 68 FinTech TAG의 공동 의장을 맡고 있다. 2017년 1월, 원 월드 신원One World Identity에서 100인의 신원 분야 리더로 선정되었다. 데이터 운영 및 글로벌 구현 전략 수립에 대한 광범위한 경험을 보유하고 있다. 1989년에 IS 혁신 소프트웨어IS Innovative Software GmbH를 공동 설립했으며 처음에는 전무 이사를 역임했으며 추후에 인수자인 IS.텔레데이터 AGIS.Teledata AG의 이사회 대변인으로 임명되었다. 이 회사는 나중에 그가 CTO를 역임하게 되는 인터액티브 데이터 코퍼레이션Interactive Data Corporation의 계열사가 되었다.

칼리야 영KALIYA YOUNG/@IdentityWoman, 16장/라이브북은 코로나 바이러스 자격증명 이니셔티브Covid Credentials Initiative의 생태계 책임자이다. 닥 설즈 및 필 윈들리와 함께 2005년 IIW를 공동 설립했다. 그녀는 《신원의 영역: 현대 사회의 정체성 시스템 이해를 위한 프레임워크The Domains of Identity: A Framework for Understanding Identity Systems in Contemporary Society》(2020) 및 《자기주권신원에 대한 종합 안내서A Comprehensive Guide to Self-Sovereign Identity》(2019)의 저자이다. 2012년에는 세계경제포럼에서 젊은 글로벌 리더로 선정되었고 2017년에는 텍사스주립대학교UT Austin에서 신원 관리 및 보안 석사 학위를 받았으며 2019년 뉴 아메리카 인도-미국 공익 기술 분야 신규 전문가New America India-US Public Interest Technology Fellow에 선정되었으며 2020년 1월에 '와이어드 영국Wired UK'에 소개되었다.

리웬 장LIWEN ZHANG, 20장은 베이징에 소재한 다국적 기업들에서 10년 이상의 HR 및 운영 관리 경험을 가지고 있으며 다양한 글로벌 기업의 전략적 비즈니스 파트너이자 프로젝트 관리자였으며 동물 복지 지지자이다. 이러한 경험으로 중국에서 REAL 동물 복지 단체를 공동 설립했다. 또한 캐나다 회사인 ID 링스ID Lynx Ltd. 와 디그니프ID 동물 재단DignifID Animals Foundation의 공동 설립자로서 이끌고 있다. 두 회사 모두 동물 복지를 지원하기 위한 SSI 사용 사례를 개발하고 있다.

사지다 조우아르히SAJIDA ZOUARHI/@Saj_JZ, 6장는 오렌지 연구소Orange Labs와 그렌노블Grenoble의 Computer Science Lab에서 연구원으로 경력을 시작했다. 2015년에 신장 이식을 위한 프라이버시 보호 분산 매칭 시스템인 Kidner Project를 공동 설립했고 2018년 분산형 블라인드 계산 플랫폼인 헬하운드HellHound를 공동 설립한 컨센시스ConsenSys와 같은 분야의 선도 기업에서 블록체인 설계자로 일했다. 2019년에 테조스Tezos의 핵심 R&D 센터인 노마딕 연구소Nomadic Labs의 수석 기술 전략가가 되었으며 2020년 지속가능한 사회적 영향을 위해 디파이DeFi를 사용하여 분산 익명 조직DAO, Decentralized Autonomous Organizations 기반 플랫폼인 필레아Philea를 설립했다.

브렌트 준델BRENT ZUNDEL, 6장은 암호화 엔지니어이자 산업 제어 시스템의 엔지니어였으며 에버님Evernym에서 재직하기 전에 제품 품질 테스트를 위한 소프트웨어를 만들었고 여기에서 자격증명 교환을 위한 개인정보보호 프로토콜 설계를 지원했다. 또한 신원을 위한 글로벌 공개 유틸리티를 제공하는 데 주력하는 비영리 단체인 소버린 재단에서 상호 운용이 가능한 가능한 자격증명 데이터 모델을 설계하는 W3C 검증 가능한 클레임 워킹 그룹과 함께 일했으며, W3C 분산 식별자 워킹 그룹의 공동 의장이기도 하다.

찾아보기 ────────────────